知识分子图书馆
INTELLECTUAL LIBRARY

CONTEMPORARY MARXIST THEORY: A READER

当代西方马克思主义文选

编 [加] 安德鲁·彭达基斯 (Andrew Pendakis)　　[加] 杰夫·戴阿曼蒂 (Jeff Diamanti)
　　[美] 尼古拉斯·布朗 (Nicholas Brown)　　[英] 乔希·罗宾逊 (Josh Robinson)　　[加] 伊莫瑞·济曼 (Imre Szeman)

译 王珊　郭建　张贯之

中国社会科学出版社

图字：01-2018-4988号

图书在版编目（CIP）数据

当代西方马克思主义文选/（加）安德鲁·彭达基斯等编；王珊，郭建，张贯之译．—北京：中国社会科学出版社，2022.3（2024.11重印）

（知识分子图书馆）

书名原文：Contemporary Marxist Theory：A Reader

ISBN 978-7-5203-9868-8

Ⅰ.①当… Ⅱ.①安…②王…③郭…④张… Ⅲ.①西方马克思主义—文集 Ⅳ.①B089.1-53

中国版本图书馆CIP数据核字（2022）第042318号

First edition published by BLOOMSBURY 2014

Copyright © Andrew Pendakis, Jeff Diamanti, Nicholas Brown, Josh Robinson, Imre Szeman, and contributors, 2014

出版人	赵剑英
责任编辑	刘志兵
责任校对	水 木
责任印制	李寡寡

出 版	中国社会科学出版社
社 址	北京鼓楼西大街甲158号
邮 编	100720
网 址	http://www.csspw.cn
发行部	010-84083685
门市部	010-84029450
经 销	新华书店及其他书店

印刷装订	北京君升印刷有限公司
版 次	2022年3月第1版
印 次	2024年11月第2次印刷

开 本	650×960 1/16
印 张	47
字 数	609千字
定 价	198.00元

凡购买中国社会科学出版社图书，如有质量问题请与本社营销中心联系调换
电话：010-84083683
版权所有 侵权必究

《知识分子图书馆》编委会

顾　　问　弗雷德里克·詹姆逊
主　　编　王逢振　J. 希利斯·米勒
编　　委　(按姓氏笔画为序)
　　　　　J. 希利斯·米勒　王　宁　王逢振
　　　　　白　烨　弗雷德里克·詹姆逊　史慕鸿
　　　　　李自修　刘象愚　汪民安　张旭东
　　　　　罗　钢　郭沂纹　章国锋　谢少波

总　序

　　1986—1987年，我在厄湾加州大学（UC Irvine）从事博士后研究，先后结识了莫瑞·克里格（Murray Krieger）、J. 希利斯·米勒（J. Hillis Miller）、沃尔夫冈·伊瑟尔（Walfgang Iser）、雅克·德里达（Jacques Derrida）和海登·怀特（Hayden White）；后来应老朋友弗雷德里克·詹姆逊（Fredric Jameson）之邀赴杜克大学参加学术会议，在他的安排下又结识了斯坦利·费什（Stanley Fish）、费兰克·伦屈夏（Frank Lentricchia）和爱德华·赛义德（Edward W. Said）等人。这期间因编选《最新西方文论选》的需要，与杰费里·哈特曼（Geoffrey Hartman）及其他一些学者也有过通信往来。通过与他们交流和阅读他们的作品，我发现这些批评家或理论家各有所长，他们的理论思想和批评建构各有特色，因此便萌发了编译一批当代批评理论家的"自选集"的想法。1988年5月，J. 希利斯·米勒来华参加学术会议，我向他谈了自己的想法和计划。他说"这是一个绝好的计划"，并表示将全力给予支持。考虑到编选的难度以及与某些作者联系的问题，我请他与我合作来完成这项计划。于是我们商定了一个方案：我们先选定十位批评理论家，由我起草一份编译计划，然后由米勒与作者联系，请他们每人自选能够反映其思想发展或基本理论观点的文章约50万至60万字，由我再从中选出约25万至30万字的文章，负责组织翻译，在中国出版。但

1989年以后，由于种种原因，这套书的计划被搁置下来。1993年，米勒再次来华，我们商定，不论多么困难，也要将这一翻译项目继续下去（此时又增加了版权问题，米勒担保他可以解决）。作为第一辑，我们当时选定了十位批评理论家：哈罗德·布鲁姆（Harold Bloom）、保罗·德曼（Paul de Man）、德里达、特里·伊格尔顿（Terry Eagleton）、伊瑟尔、费什、詹姆逊、克里格、米勒和赛义德。1995年，中国社会科学出版社决定独家出版这套书，并于1996年签了正式出版合同，大大促进了工作的进展。

为什么要选择这些批评理论家的作品翻译出版呢？首先，他们都是在当代文坛上活跃的批评理论家，在国内外有相当大的影响。保罗·德曼虽已逝世，但其影响仍在，而且其最后一部作品于去年刚刚出版。其次，这些批评理论家分别代表了当代批评理论界的不同流派或不同方面，例如克里格代表芝加哥学派或新形式主义，德里达代表解构主义，费什代表读者反应批评或实用批评，赛义德代表后殖民主义文化研究，德曼代表修辞批评，伊瑟尔代表接受美学，米勒代表美国解构主义，詹姆逊代表美国马克思主义和后现代主义文化研究，伊格尔顿代表英国马克思主义和意识形态研究。当然，这十位批评理论家并不能反映当代思想的全貌。因此，我们正在商定下一批批评家和理论家的名单，打算将这套书长期出版下去，而且，书籍的自选集形式也可能会灵活变通。

从总体上说，这些批评家或理论家的论著都属于"批评理论"（critical theory）范畴。那么什么是批评理论呢？虽然这对专业工作者已不是什么新的概念，但我觉得仍应该略加说明。实际上，批评理论是60年代以来一直在西方流行的一个概念。简单说，它是关于批评的理论。通常所说的批评注重的是文本的具体特征和具体价值，它可能涉及哲学的思考，但仍然不会脱离文本价值的整体观念，包括文学文本的艺术特征和审美价值。而批评理论则不同，它关注的是文本本身的性质，文本与作者的关系，文本与读者的关系以及读者的作用，文本与现实的关系，语言的作用和地位，等等。换句话说，它关注的是批评的形成过程和运作方式，批评本身的特征和价值。由于批评可以涉及多种学科和多种文本，所以批评理论不限于文学，而是一个新的跨学科的领域。它与文学批评和文学理论有这样那样的联系，甚至有某些共同的问题，但它有自己的独立性和自治性。大而化之，可以说批评理论的对象是关于社会文本批评的理论，涉及文学、哲学、历史、人类学、政治学、社会学、建筑学、影视、绘画，等等。

批评理论的产生与社会发展密切相关。60 年代以来，西方进入了所谓的后期资本主义，又称后工业社会、信息社会、跨国资本主义社会、工业化之后的时期或后现代时期。知识分子在经历了 60 年代的动荡、追求和幻灭之后，对社会采取批判的审视态度。他们发现，社会制度和生产方式以及与之相联系的文学艺术，出现了种种充满矛盾和悖论的现象，例如跨国公司的兴起，大众文化的流行，公民社会的衰微，消费意识的蔓延，信息爆炸，传统断裂，个人主体性的丧失，电脑空间和视觉形象的扩展，等等。面对这种情况，他们充满了焦虑，试图对种种矛盾进行解释。他们重新考察现时与过去或现代时期的关系，力求找到可行的、合理的方案。由于社会的一切运作（如政治、经济、法律、文学艺术等）都离不开话语和话语形成的文本，所以便出现了大量以话语和文本为客体的批评及批评理论。这种批评理论的出现不仅改变了大学文科教育的性质，更重要的是提高了人们的思想意识和辨析问题的能力。正因为如此，批评理论一直在西方盛行不衰。

我们知道，个人的知识涵养如何，可以表现出他的文化水平。同样，一个社会的文化水平如何，可以通过构成它的个人的知识能力来窥知。经济发展和物质条件的改善，并不意味着文化水平会同步提高。个人文化水平的提高，在很大程度上取决于阅读的习惯和质量以及认识问题的能力。阅读习惯也许是现在许多人面临的一个问题。传统的阅读方式固然重要，但若不引入新的阅读方式、改变旧的阅读习惯，恐怕就很难提高阅读的质量。其实，阅读方式也是内容，是认知能力的一个方面。譬如一谈到批评理论，有些人就以传统的批评方式来抵制，说这些理论脱离实际，脱离具体的文学作品。他们认为，批评理论不仅应该提供分析作品的方式方法，而且应该提供分析的具体范例。显然，这是以传统的观念来看待当前的批评理论，或者说将批评理论与通常所说的文学批评或理论混同了起来。其实，批评理论并没有脱离实际，更没有脱离文本；它注重的是社会和文化实际，分析的是社会文本和批评本身的文本。所谓脱离实际或脱离作品只不过是脱离了传统的文学经典文本而已，而且也并非所有的批评理论都是如此，例如詹姆逊那部被认为最难懂的《政治无意识》，就是通过分析福楼拜、普鲁斯特、康拉德、吉辛等作家作品来提出他的批评理论的。因此，我们阅读批评理论时，必须改变传统的阅读习惯，必须将它作为一个新的跨学科的领域来理解其思辨的意义。

  要提高认识问题的能力，首先要提高自己的理论修养。这就需要像经济建设那样，采取一种对外开放、吸收先进成果的态度。对于引进批评理论，还应该有一种辩证的认识。因为任何一种文化，若不与其他文化发生联系，就不可能形成自己的存在。正如一个人，若无他人，这个人便不会形成存在；若不将个人置于与其他人的关系当中，就不可能产生自我。同理，若不将一国文化置于与世界其他文化关系之中，也就谈不上该国本身的民族文化。然而，只要与其他文化发生关系，影响就是双向性的；这种关系是一种张力关系，既互相吸引又互相排斥。一切文化的发展，都离不开与其他文化的联系；只有不断吸收外来的新鲜东西，才能不断激发自己的生机。正如近亲结婚一代不如一代，优种杂交产生新的优良品种，世界各国的文化也应该互相引进、互相借鉴。我们无须担忧西方批评理论的种种缺陷及其负面影响，因为我们固有的文化传统，已经变成了无意识的构成，这种内在化了的传统因素，足以形成我们自己的文化身份，在吸收、借鉴外国文化（包括批评理论）中形成自己的立足点。

今天，随着全球化的发展，资本的内在作用或市场经济和资本的运作，正影响着世界经济的秩序和文化的构成。面对这种形势，批评理论越来越多地采取批判姿态，有些甚至带有强烈的政治色彩。因此一些保守的传统主义者抱怨文学研究被降低为政治学和社会科学的一个分支，对文本的分析过于集中于种族、阶级、性别、帝国主义或殖民主义等非美学因素。然而，正是这种批判态度，有助于我们认识晚期资本主义文化的内在逻辑，使我们能够在全球化的形势下，更好地思考自己相应的文化策略。应该说，这也是我们编译这套丛书的目的之一。

在这套丛书的编选翻译过程中，首先要感谢出版社领导对出版的保证；同时要感谢翻译者和出版社编辑们（如白烨、汪民安等）的通力合作；另外更要感谢国内外许多学者的热情鼓励和支持。这些学者们认为，这套丛书必将受到读者的欢迎，因为由作者本人或其代理人选择的有关文章具有权威性，提供原著的译文比介绍性文章更能反映原作的原汁原味，目前国内非常需要这类新的批评理论著作，而由中国社会科学出版社出版无疑会对这套丛书的质量提供可靠的保障。这些鼓励无疑为我们完成丛书带来了巨大力量。我们将力求把一套高价值、高质量的批评理论丛书奉献给读者，同时也期望广大读者及专家学者热情地提出建议和批评，以便我们在以后的编选、翻译和出版中不断改进。

王逢振
1997年10月于北京

目 录

前言　马克思主义的失落与重现
　　…………… 安德鲁·彭达基斯　伊莫瑞·济曼（1）

第一部分　关键时刻记录

引言 ………………………………………………（27）
第一章　资本主义体系、结构和过程
　　………… 菲利克斯·瓜塔里　埃里克·阿里兹（34）
第二章　反思马克思的批判理论 ……… 穆伊什·普斯通（53）
第三章　自由主义生产理论的困境………… 阿兰·利比茨（69）
第四章　收复 …………………………… 保兰·洪通基（84）
第五章　非物质劳动 …………… 毛里齐奥·拉扎拉托（95）
第六章　妇女、土地斗争和全球化：国际视角
　　　　　　　　　　　　西尔维娅·费德里西（111）
第七章　"中国模式"的概念………… 阿里夫·德里克（131）

第二部分　社会的形态

引言 ………………………………………………（149）
第八章　是否存在新种族主义？…… 艾蒂安·巴里巴尔（154）

第九章　马克思主义以后的马克思：一个平民历史学家的
　　　　观点……………………………迪佩什·查卡拉巴提（169）
第 十 章　性别的逻辑：论领域分离与卑贱
　　　　程序………………玛雅·冈萨雷斯　珍妮·内东（179）
第十一章　后现代主义抑或阶级斗争？是的，
　　　　请回答…………………………斯拉沃热·齐泽克（212）
第十二章　现在时态的共产化共产主义
　　　　理论……………………………特奥里·康姆尼斯特（247）
第十三章　父权制与商品社会：没有身体的
　　　　性别………………………………罗斯维莎·斯科奇（263）

第三部分　真理的种种变迁

引言……………………………………………………（283）

第十四章　关于价值问题的零星思考
　　　　………………………………佳亚特里·斯皮瓦克（289）
第十五章　哲学运作………………………皮埃尔·马歇雷（316）
第十六章　什么是跨越性批判？……………柄谷行人（333）
第十七章　共产主义的理念……………………阿兰·巴迪欧（356）
第十八章　哲学王国：转变观念……鲍里斯·格罗伊斯（373）
第十九章　关于金融资本时代哲学的 25 个
　　　　命题………伊莫瑞·济曼　尼古拉斯·布朗（385）

第四部分　文化理论

引言……………………………………………………（405）

第二十章 错位认识：19世纪末巴西文学与社会
.... 罗伯特·施瓦兹（411）

第二十一章 传统主义与非洲文学审美探究
.... 齐迪·阿穆塔（428）

第二十二章 马克思主义文学理论：彼时与此刻
.... 伊莫瑞·济曼（455）

第二十三章 后现代性的悖论 ...... 弗雷德里克·詹姆逊（468）

第二十四章 辩证阅读 .... 卡洛琳·雷斯雅克（492）

第二十五章 创意劳动 .... 莎拉·布鲁伊莱（533）

第二十六章 资本现实时代的艺术作品
.... 尼古拉斯·布朗（543）

第五部分　政治诡计

引言 .... （571）

第二十七章 国家危机与民众力量
.... 阿尔瓦罗·加西亚·利内拉（579）

第二十八章 制宪权：一个陷入危机的概念
.... 安东尼奥·奈格里（593）

第二十九章 当代激进政治 .... 尚塔尔·墨菲（610）

第 三 十 章 论政治意志 .... 彼得·霍瓦德（626）

第三十一章 交际资本主义：传播与拒绝政治
.... 乔蒂·迪恩（649）

第三十二章 政治十论 .... 雅克·朗西埃（677）

第三十三章 物质与物质形式的矛盾
.... 克劳斯·彼得·沃特里伯（698）

第三十四章 贫困与债务：论过剩人口与
　　　　　过剩资本的逻辑与历史
　　　　　………… 艾伦·贝南纳富　约翰·克莱格（711）

前　言

马克思主义的失落与重现

安德鲁·彭达基斯　伊莫瑞·济曼

一

苏联解体，美国风在世界范围内作为一种新范式势头强劲，两股风潮交织在一起，催生出一种极具说服力的历史叙事，在这种叙事中，马克思成为最典型的能指，成为理论上狂妄自负、冗赘烦琐、错误不断的代名词。刹那间，那个其间充满了马克思主义未来主张的种种痕迹的马克思主义宇宙消失不见了。取而代之的是一种秩序，我们曾经委婉地（或许甚至抱着些许希望）称之为"全球化"。但是，我们已经意识到，那是一种经过伪装的资本主义，同从前的资本主义一样残酷，却更具危险性。尽管不断地强调自己是历史新事物，这一秩序同时也相信自己是永恒的，而且是自然的，它是一个系统，充满活力且相信自己已经永远摆脱了意识形态思维的诸多琐碎限制和困惑。新自由主义的垄断不仅重写了历史，也夺去了我们（事后）推测另一种叙事弧线和可能性的能力，否定了过去对于其自身的偶然性和开放式结局所具有的本体论权利。尽管事实上，在20世纪80年代，没有苏联问题专家能够预言苏联即将解体，从20世纪90年代的视角，马克思主义并非被击败，而是一出生即告死亡，从一开始就不可能。

切记，1979年，人们没有理由相信，在这个原地踏步的地球上，即使没有真的向左运行，玛格丽特·撒切尔的当选绝对不是什么咄咄怪事。资本主义陷入危机，被失业、通胀、经济衰退和工业骚乱所控制。马克思主义尽管在1980年之后处处受到非议，却仍然是一个实在的、由来已久的经验领域。这个领域不仅包括明确受（表面上）源自马克思著作的原则统治的国家——这些国家统治着这个星球上人口的三分之一，也包括那些由马克思衍生出来的分支众多的复合体，包括政治运动（在萨尔瓦多、阿富汗、尼亚加拉等国家）、机构、出版物、联盟，以及大学联合体，它们都实实在在地在全世界存在过。仍在苦苦挣扎的马克思主义-列宁主义小组和党派，从巴黎到拉巴斯，到世界各地大学校园中的西马学者和教授，到社会民主（无疑是对马克思的一种附和，如果曾经有过的话）的物质基础和威信声望，所有这一切都呈现出去日无多的样态。由此而言，马克思主义于是拥有一种特质，它是一个物的王国（商情指南[MIGs]，办公室，卢布），不可能被明确列入未来灭绝事物的历史名录。在它的百年历程中，知识与实践相互矛盾，成功与失败难分难解，无能感与可能性相互混淆——尽管如此，它还是闪电般被迅速淹没。

有一个事实可以部分地解释这一现象，即美国在20世纪90年代似乎义无反顾地脱离开20世纪烦人的物质性和局限性。一种新型的增长方式——精准的而非泛泛的，持续的而非间歇性的——似乎正在形成，所以商业循环和制造为本的贸易过剩消解于"新经济"的金融债务泡沫中。不会带来通胀的增长（而且没有明显的失业）、工资、住房，以及股票价格看似稳定，股票价格曾经似乎会无限飞涨：所有这一切导致了某种幻觉的产生，即经济能够解决任何可能出现的社会冲突和矛盾。虽然第二次世界大战以来增长在美国一直同乌托邦和解政治化联系在一起，90年代对于被神化的技术革新的高度依赖，尤其是对交流和医药的高度依赖还是使这种增长浸润于一种质性差异当中，那是一种新秩序，含义丰富，包括社会联系性，本体论意义上的多样性，以及各种新式政治自由。即使苏联没有解体，其泛泛的增长——"愚蠢的"钢铁和小麦流（flows）——与美国的计算机奇迹之间的断裂也应该足以证明某种关于社会主义倒退和失败的叙事。柏林墙的一边是光盘和社交网络，另一边则是被污渍和锈迹包裹的福特式工厂烟雾滚滚：苏联不仅在政治上是荒谬的，而且在美学意义上也一败涂地。

二十年来，马克思不再是一个代表思想过程的名称：他不再是——无论他有怎样的局限和错误——一位经典的、难以否定的哲学家，而成了一个简单几笔勾勒出的杀手，一个轻率的冒失鬼，一个只会重复的人。在尚未被完全忽略时，马克思主义在大多数空间中，如学术、新闻，以及政府的知识生产空间中是最便利的陪衬，是一种可笑的（尽管也是非常野蛮的）世俗化宗教形式。尽管在思想史上，它仅限于被修订，我们仍然非常高兴地确信，对马克思的著作进行漫画式模仿以及对其视而不见的阶段现已接近尾声。在我们现在仍习惯称作"理论"的领域里，马克思的地位发生了巨大的改变，所以如果要认真思考这种转变的程度，就必须在梦幻中依次闪回到20世纪末关于家具、姿态，以及服饰的批评。对于我们当中那些这段时间在大学，尤其是在英语和比较文学系游荡的人来说，20世纪90年代吸引我们的是那些年代与他们本人的专业结合得天衣无缝，这个过程现在只能看作一个完整的历史－精神单位。那些年代有一种气息，一种对光的调节，一种有所暗示的声音。将某事物描写为"问题性的"——是在20世纪90年代。对需避讳的事物大唱赞歌，对普遍原则中固有的暴力和普通命题的不可能性横加指责；没完没了地寻求无数的有限体验、边缘和外部地带：无论这些理论持久的价值赋予这些姿态什么特征，我们都无法再否定，在它们强大的或曰连贯的说服力中衍生出一些东西。黑格尔的伟大创新正是他用来对某个时代中的死者和生者进行确切调查的方法，马克思本人对其做了出色的调整。我们认为必须要将这道难对付的目光转向各种话语历史性的新陈代谢。由这个方法论开始，我们认为20世纪90年代的精神消失了，甚至它的文字——它得以立足的文本和理论——也只能通过那些无法取代的事物，而且仍然非常真实的事物来加以研习。

今天回头看，20世纪90年代批评的最显著特征正是政治经济的几乎完全缺失。这是从法国后尼采主义（post-Nietzscheanism）那里继承而来的一种趋势，正是在此基础上，20世纪90年代的思想确立了自己的风格、对象和方法。琼·罗宾逊（Joan Robinson）、哈里·马格多夫（Harry Magdoff）所实践的，或厄恩斯特·曼德尔（Ernst Mandel）在学科及概念领域践行的这种马克思主义经济分析对于1968年之后的法国思想而言十分陌生，所以受到后者影响的思想家只能认为前者是陈腐的，是决定论的，而且受到非理论性形而上学残渣的污染。政治经济的语言少有自己的风格或者说没有自反性，没有常规的怀疑论，而且为那一时期的写作所特有，更不用说这种语言（被误解地）先天便接近于制度化的共产主义的陈腐修辞，有了制度化的共产主义，这种语言才能表达已经说过的东西的不可见性。政治经济同1968年之后的思想之间的关系相当于福特式工厂同苹果店的设计美学之间的关系：笨重，而且已经被时代抛弃，取而代之的是轻便、未来和泡沫。偏离了早期结构主义在社会科学的客观性上的投入，转而朝向后海德格尔范式，该范式根植于文学和美学实践在认识论方面的丰富含蕴，文学和美学实践则将经济学边缘化，将其看作对数学可能表达的某种真理已经被毁灭的现代梦想做出的错误回应。

这股潮流只结合了一种认识，即 20 世纪的共产主义革命因为痴迷于笨重的基础设施这个救星，已经无法同 19 世纪自由主义的政治空间脱开干系，按照共产主义革命最美好的愿望（或者在其内部）保留了自由主义的规范性、统计学、家庭主义和生产主义的标准。无论是表现为透明的、理性的经济人（homo economicus），还是某种社会化新人，从经济的自由主义经济迭代和共产主义经济迭代之间那个时期的视角来看，都是一种新的同构。二者似乎都有赖于理性主义和人文主义的主体，它们从根本上讲都不同程度地［从亚当·斯密的物物交换本质到马克思的归化的类存在（species being）］，似乎二者都有意在生产/消费的标准化惩戒循环（disciplinary circuits）中对人类经验进行归化，经济学成了学科范式，成了某种思想的范式，这种思想绝不是要解放身体，而是要潜移默化地对身体进行训练和归化。

在这些情景背后发挥作用的还有一种对整个概念领域的不满，该领域被因果性母题所控制。马克思一次又一次地将历史唯物主义科学同含糊的——事实上是唯心主义的——"真正的社会学家"的道德观区分开来；在马克思看来，它们缺少准确的说明或分析力量，充其量是对资本主义如何实际发挥作用的理解。虽然马克思的辩证方法使他没有被谴责为实证主义，但他始终认为他的研究包括在 19 世纪科学自然主义的传统之内，而且他也明确相信，历史唯物主义有倾向性地包含在一个动态的、在政治上摇摆不定的现在，所以它不仅暂时解开了过去的因果结构，而且解开了不久的将来的因果结构。

所有这些观点在法国理论的后尼采转向这个语境中都将四处碰壁。在客体这一边，因果关系同牛顿的机械主义联系起来，在主体方面，则同原始联系连接起来，今后可能同再现本身一样，在很大程度上被认为属于不合理的认识论空间。在米歇尔·福柯全部的谱系学文本中,尽管他宣称忠实于运动和流(flux),对于共时,还是有一个明确的——正统结构主义的——预言:在不同的时间点,你对历史系统留下了复杂的独立印象,但对于影响其差异的因果网络的某个具体叙事却几乎没有任何妨碍。在吉尔·德勒兹和菲利克斯·瓜塔里的研究中,对于某种围绕知觉、情感,以及概念组织而成的哲学而言,因果知识在某种意义上并非出人意料;按照福柯的解释,知识不是用来理解的,而是用来切割、生产,或干预的。[1]在雅克·德里达的文集中,目的是要除掉重写版上一层层的灰尘,而非在一个更加广阔的限定性因果空间之内使各种调节联成一个整体。一般而言,20世纪90年代的批评——利用上文提到的资源,非常引人注目的是将弗雷德里克·詹姆逊的研究排除在外——避开了一种知识,这种知识植根于那些正在显露的原因(常常被不负责任地弱化为"源头"),因为有一种知识固化在影响的产生和传播过程中。正是通过对因果范畴的公开抗拒,马克思主义——始终对文化、政治,以及生活从多个层面被经济现实所决定(同时也决定)经济现实的各种方式深感兴趣——可能被重新构造,成为决定论和必然论,这是理解造成的错误,说实话只有(皮埃尔·西蒙)拉普拉斯(Laplace)的名号才能与之相配。

如此这般地在理论上拉黑马克思还有另外一个因素,即一种关键的改造,我们正是这样来理解权力的。随着法国哲学的后-1968(post-1968)转向,众所周知,剥削从最基本的资本/劳动二元关系中的古典锚地消失了,却充斥于社会关系的整个领域。沿着种族、性别,以及性取向等轴线,剥削裂变为碎片化的微一压迫宇宙——这个过程折射出紧迫的、当代的社会斗争,然而却扰乱了马克思的普遍历史主体这个标志,同时也破坏了革命计划本身的宏大气象和虚构主题。这些"他者"并非不请自来的不速之客,他们的到来将整个聚会搞得一团糟:后者在很多方面均显出濒死之象，事实上，这些异议和抗拒所产生的新能量却使它重新焕发出光彩。然而这时，由于复杂的、回头看时并不十分清晰的原因，在被历史排除在外的多种主体性和马克思所命名的普遍主体之间进行划分只能被当作危机。

尽管权力和控制现在已经涌入最细微的姿态中——从语言的运用到目光的挪移，从医生同病人之间的关系到形而上学本身貌似真实的暴力——它的确以非常荒谬的形式清空了所有那些领域，从前这些领域都是在经济范畴下加以理解。在日益全球化、不规范的生产过程中体验到的剥削；迅速扩张的服务业中存在的低工资，危险的、无利可图的生活现实；存在日益增长的金融化，从新的大众投资实践到前所未有的个人及公共债务；广告和商品交换对经验时空的全盘殖民化：所有这一切在20世纪90年代都没有引起充分的注意，仅在最后十几年间有批评家和理论评论家对其进行了广泛的论述，通常将它们放在"全球化"或"新自由主义"之类的符码名下。被称为"文化研究"的批评实践游离开它的新左派发源地，在更加广泛的范围内进行，文化研究的确在这些动向出现的同时对其给予了关注。但是，即使在文化研究中，因果和政治经济也经常因为青睐于身份、意义，以及文化等主题而被推到一边。

这并非阴谋或祸心，而是在一种范式即将结束、另一种范式即将开启之间总是会发生的过分补偿和隐藏。从20世纪90年代的批评视角来看，关于经济主导的言论——我们指的不仅仅是劳动、生产，以及分配这出大戏，同时也指资本对时间、未来、空间、身体，以及实践所具有的权力——在很大程度上被当作残渣剩饭而难受重视，这个问题包含在前—福柯时代的权力概念中，已经不再有人拿这个概念当回事了。那一时期最具影响力的思想家——福柯、皮埃尔·克洛索夫斯基（Pieere Klossowski）、让-弗朗索瓦·利奥塔，能想到的几位——背后都能看到萨德侯爵

(Marquis de Sade)的思想，压迫本身不再透明，社会苦难也突然间变得无法记录而成为无意识的或有犯罪倾向的乐趣。在这个本质上属于整体唯名论的语境中，到处都是特殊性、碎片，还有身份，伴随它们的是政治是私人性质的抗拒或违法犯罪这个概念。革命不仅仅是对某种政治风格的描述，而且是从外部看当下时间之一般进程的前景，它现在的功能恰恰是暴力模式，它始终已经存在于普遍性计划之中。虽然从我们这方面讲，这又是一种盲目的黑格尔主义，但当我们回头看时，还是忍不住认定这一切既是必然的，也是真实的。后结构主义对马克思的拉黑不仅反映了实际存在的各种并发性矛盾，在很多方面它也是马克思杂化的必要前提，这个杂化的马克思更有能力面对和思考当下。如果没有那些"越轨行为"，如果不是错过了与90年代批评停滞期的交锋，也就不可能在这本选集中展现各种马克思主义的灵活性和活力，那一时刻现在看来似乎可以追溯至那些一度以为自己可以一跃而入未来的苏联工厂。

二

正如抹掉经济这个对于思想而言切实可行的范畴一样，马克思主义分析也被拉黑，所以，它的理论前景也便只有在经济形式重获关注之后才能再度辉煌。这不仅仅是2008年的反射现象，连《经济学家》杂志也会在每次商业循环低谷或延长的危急时刻向这次"另类"转向暗送秋波。当然，它持续孕育的金融危机和占领华尔街运动戏剧性地将在近四分之一世纪中受到极大忽视的经济现实总体重新放置到民众意识的雷达上。不平等、失业、阶级、金融在市区规范的新自由主义经济中所扮演的角色：这些都以一种在20世纪90年代无法想象的方式进入日常新闻当中。我们所称的"经济转向"并非学术品味的一次古怪离奇的改变，和"当前诸事件"相对的耽延（belatedness）总是催生出新的、精准到令人尴尬的领域名称（"9·11"研究或许最具症候性）。这次转向超越了学术"兴趣"或"相关性"问题；它涉及经济本身一次集中的、暴力的而且是曲折的侵入。就像一座冰山撞上了一艘船，它是在当下的本体论中的一次转移，这种情景很可能产生新知识，正如同它也是一种令人瞠目的困惑和崩溃。

要标定经济在文化上的可见性，一个关键因素是美国在世纪之交引发的战争这根弦。虽然战争常常被误解为外在于经济平稳再生产或是它的局限，对"正常商业"而言是一次不寻常的例外，但因为反战运动而行动起来的千百万人民很快就会看到，在被"新的美国世纪"之类的幻想所主导的时代，这些现象如何肆无忌惮地纠结在一起。当然，这种关系为美国在20世纪40年代以来的工业需求提供了至关重要的支撑，而且成为自罗纳德·里根以来美国经济秩序最重要的元素，但是在这个新的结合点上，（民族的、资本主义的）权力政治，工业的/国家的福祉与精英在政治上的任人唯亲在极大程度上结为一体，导致那个最具列宁主义意味的范畴——帝国主义本身——找到了新的理论买家，有了新的结构（戴维·哈维［David Harvey］的《新帝国主义》［The New Imperialism］［2005］中的论述很有说服力）。发生在伊拉克和阿富汗的战争很像是为"庸俗"马克思主义的戏仿课堂提供了一个对象，这些事件得到清晰的表述，却与它们明确的、自由主义的意图相距甚远——人的、女人的、少数人的权利，这不仅是分析意义上和因果意义上最重要的基础设施领域中经典的马克思主义假设，也是某种国家结构中经典的马克思主义假设，这类国家结构基于某个特殊阶级利益的虚假普遍性，这一假设重新成为可信的——甚至是不可或缺的——解释工具。战争揭开了经济的面纱，不是以某种机械方式默默地将未来包含在内，而是作为操纵、利益，以及野蛮力量的原生组织而促成了这一结果。

经济形象在某种程度上反映了某种膨胀了的唯物主义,在马克思于1844年和1846年的写作中能找到这种唯物主义,当时,他决意要将自己的立场同理想主义和当时流行的"直观"唯物主义区分开来。这不是后来路易·阿尔都塞所理解的马克思,阿尔都塞认为马克思安静地沉浸在《资本论》当中,而《资本论》则是一种(不发达的)辩证唯物主义认识论,这是更接近列宁的马克思,他坚信"真实的前提,只能在想象中进行的抽象以此前提为起点"。[2]在这个意义上,油和血,利益和谎言便同美国在21世纪的战争中所宣称的人道主义并肩而立,其借口与马克思的"真实个体"针对青年黑格尔派(Young Hegelians)的精神幻影所提出的借口完全一样:在这些事例中,它是可以感知的,是活生生的,而且在认识论意义上是直接的,与根本不存在的纯粹假设相对立。所以,这是一次模糊的转向,一方面,历次战争以侵略的姿态使数字经济无法再声称存在某种没有虚构的平衡,这一平衡被愉快地从过时的笨重资源、匮乏、民族—国家,以及阶级中分离出来。它们戏剧性地掩盖了它的所谓本体差异和新奇性。另一方面,因战争而焕发生机的因果论马克思主义有一个弱点,它在我们的理解中注入了一个观点,即经济如何营造一种特定的共谋氛围——这一政治概念根植于某个统治阶级或小集团(他们本身对意识形态无动于衷)的恶意。如果用邪恶的整体论语言——这个"系统"暗中被援引为没有组成部分或界限的整体——重新解释本体论意义上的特殊性在当时具有诱惑性,那么,战争,连同战争附着其上的经济系列,可能很容易被自由主义中立派拒斥为理性资本的优良法则出现了原子化例外(atomized exceptions)[持此观点的人有,例如,获得诺贝尔奖的经济学家、《纽约时报》专栏作家保罗·克鲁格曼(Paul Krugman)]。

在将经济重新解释为一个有用的认识论范畴的过程中，同样重要的是我们有时称之为"生态危机"的意识在"理论"和"大众"两个层面上的爆发。对危机已做出的政治反应无论多么滞后，多么无效，无论我们距离开始评价其全部意义有多遥远，危机思想的存在现在都无可否认。即使对它的表述常常用的是播送平常天气变化的语调——那种语调专用于平淡无奇、无可避免的现象，我们还是清楚地意识到我们正处在生态深渊的边缘。这对马克思主义思想零散的定位产生了诸多重要的影响。首先，这场危机显然用再现和语言的功能置换了某种较早期的（后结构主义的）幻想，重新将注意力引向我们或许可以称之为紧急客体（an emergency of object）的事物。尽管高明的辩证法大师不厌其烦地提醒我们，不管是危机还是本性（nature），甚至危机中的内在本性，都不能构成干预规则，回归客体超越语言或话语的零点，即使任何这类思想都是纯粹的幻想，但有一点却是千真万确的，即我们正在见证一次广泛的回归，或者是通过格雷厄姆·哈曼（Graham Harman）的物本（object-oriented）哲学，或者是通过（通常是去马克思化的）德勒兹理论回归客体，这次回归容纳了客体所有的复杂性、内在性，以及物质厚度。如果这种卓尔不群的姿态在德里达时代只能结结巴巴地讲出来——在话语的边缘徘徊，是在语言表面体会到的一种乐趣——我们自己则似乎因事物的复杂性和综合性而感到兴奋，该事物受到语言的干预，而且为语言所产生，即框架本身的完满（和迫切需要）。20世纪90年代种种强词夺理的、怀疑论的势头已经被取代，例如，被某种德勒兹式的（实际上是斯宾诺莎式的）现实主义所取代，在安东尼·奈格里（Antonio Negri）著作中可以看到这种现实主义，它没有将语言看作单纯的再现工具，也没有像拉康那样将其看作肉中刺，而是将其看作把我们同世界及彼此联系起来的一种公用权力。当认识论已经精疲力竭且走入死胡同之时，便出现了一种新的渴望，对确定无疑的物质知识的渴望，这种知识或研究同时与某种已经在运行的政治实践难以区分。

由于对一个确飘忽不定的课题呈现出理论开放姿态——躲开诸多无法比较的世界这个20世纪90年代非常流行的母题，在两个概念的效价（valence）上发生了一次彻底的变化，这两个概念长期以来都被看作同马克思主义计划密不可分。首先，飘忽不定的紧迫性已经确定无疑地结束了许多思想习惯，这些习惯的风格是统计、天生的暴力性，或者欧洲中心论，明确无误的经济总体性思想。这不仅是因为本体论本身需要一种具有相互关联结构的思想，也不单是因为全球化已经消解了设立超越交换法则的飞地的任何可能性，而且还因为这次危机的经济源头同样一目了然。马克思主义者正在利用种种复杂的总体性和一个经过重新配置的系统概念，完全脱离了他们早先与精神整体论或终极因果论的联系，因为他们已经永远清除了隐含的"存在等级"（scale of being）的所有痕迹，存在等级从资本与劳动高度的、丰富的和有因果关系的抽象性这个角度在低差距和本体论意义上的贫困差距方面确定了诸多特性。同时，危机似乎也为接受政治普遍性概念创造了条件，这一概念现在通过全球的危险系数经验在资本主义生产内部反映出来。即使把所有的理论和实践阻碍都算上，这样一种汇合也为重新强化以革命概念为指南的政治级别创造了入口。要坚持所有的事情都必须改变这个事实已经不再需要赞同道德至善论或政治至善论，亦无需对历史的善良抱有一种幼稚的、渐进的信念；这不是人性被完善的问题，也不是某个社会被整体"改进"（培根的说法）的问题，而是全球范围内与资本主义顽固的不兼容性和生活联系在一起的一系列地方化技术难题。虽然这类变化可能预示着日常分配中的一千种转变——从结构和某个工作日的感觉到随时可以获得日常护理，从城市的样貌到我们照相机中的视觉景物，生态危机已经使那个必要的前提条件发生了系统性改变，霍布斯式冲动——生存本身中最突出的英国特征（也是"现实主义"的特征）因为这个前提条件才成为可能。革命因广告宣传对它的征用已被驯化，它不再隐藏在阶级恐慌或暴力的遮盖之下，它就是创新，是良好的、实用的正常思维。

在马克思那里，在利益的再分配中同样起作用的是我们或许可以称之为"颤抖的边缘"（the frission of margin）这个现象的逐渐减弱，长期以来为后结构主义所特有的定向问题由发生在诸系统边缘、外围及缝隙之间的现象所决定。偏离了较早时期的结构主义对各系统的自我约束和自发作用的投入，转向那些躲开或违反这些系统的品质、现象或事件，随之到来的是一个全新的体制，这是一个由知识水准决定的体制。我们可以非常清楚地说，这是由法律领域向犯罪领域的转移。疯癫、暴力、错误、身体、性、遗忘，以及死亡构成了一个稳固的由课题组成的星座（constellation），它们通过同古老的理想主义准则及原型保持相同的距离而在内部彼此连接，那种理想主义非常荒诞地得到扩充，旨在将马克思主义的唯物主义也包含在内！这当然是一项批判性计划，而且在很多方面是非常珍贵的：转眼间，长期以来被忽略、认为其要么不值得思想屈尊，要么对思想而言高不可攀的一整个领域出现在我们的视线当中，随之而来的还有一种完全是被重新想象出来的认识，关于思想能够做什么的认识。

然而，从今天的观点看，有时似乎让人觉得，好像这一趋势本身已经饱受片面性之苦，这种片面性被归咎于（尽管是错误地）马克思本人：资产阶级一种无能为力的憎恨！（事实上是法国）资产阶级文化的这种憎恨——福柯曾经隐晦地将其描述为"中档的快乐"（mid-range pleasures），德勒兹和瓜塔里乐此不疲地进行戏仿——一旦被译成20世纪90年代的循环（而且常常具有衍生性）批评模式，对于所有的空间和实践而言则都变得无足轻重或无关紧要，这些空间和实践都通过商业、所有权和金钱进行交换。[3]今天，思想已经不再在规范性的边缘辛苦劳作，而是深深地沉浸在其自身的具体结构和细节当中：向马克思和经济学的转向构成了一次不同的转向，向被思想忽略的现象转向——向平庸的和很少被注意到的事物转向，向那些因为呈现出灰色而变得有趣的事物转向。我们能够从世界银行的文献中学到什么？华尔街的人种论能告诉我们什么？一个新自由主义州所采纳的管理到底是什么类型？广州的某家工厂如何使其工人主体化（subjectivize）？能了解多少关于新交流技术的社会本体论？华雷斯（Ciudad Juarez）之类城市中的连续堕胎和美墨联营工厂中具有现象学意义的工作服之间有什么关联？资本如何改变了城市空间的逻辑？这一代人似乎对阅读文本表现出更大的开放性，而他们的亚文化一直以来都训练他们本能地排斥文本；不管他们可能多么喜欢阅读萨德、尼采，或乔治·巴塔耶（George Bataille），他们都会尝试阅读亚当·斯密、约翰·洛克和弗雷德里希·哈耶克，甚至可能发现他们翻阅（半无聊，半好奇地）《华尔街杂志》。

三

但是，如果真有什么事直接重新燃起人们对马克思主义理论的兴趣的话，那就是一代新人的突然出现，从20世纪90年代的视角无法对此有所预测，对他们而言，共产主义一词不再简单地表示愚蠢、死亡，以及失败，而是代表了政治可能性和意义的一个新的地平线。这个词语的特殊性在这里非常重要："共产主义者"一词被输入的种种能量一直令人回想起所有那些人，他们在真实的（改造性的）政治进程中迷失、显得笨拙不堪，受到损害。与今天的自由民主派不同，后者的政治联盟毫不费力地导向对自由和进步的联想（完全屏蔽掉其历史完整性中的奴隶制、种族主义、贫穷化、战争，以及其他不公正行为），共产主义者决意要呈现出一个在文化意义上充满古拉格这个借代含义的政治标志。在此意义上，愚蠢、死亡，以及失败是每一派新共产主义（neo-communism）（没有充分）内化的首要原则，一项无法让渡的主观债务，事实上，它可能在辩证意义上（甚至在伦理意义上）成果显著，对于更优秀的思想和政治而言，它是一根棘手的马刺。对某些人而言，共产主义来自一个必然是不牢固且不完整的空间，它的落魄是其权力的秘密：正是从这一角度，有人由雅克·拉康的整体性从本质上讲就是异化这一怀疑论断过滤出一个结论，即斯拉沃热·齐泽克可以造出他的训令，使其"更体面地失败"。[4]然而，对于大多数人而言，理解共产主义罪恶以及它所产生的羞耻氛围在一个更加宏阔的肯定进程中只是一个负面的初始时刻，这一时刻充满了积极的新快乐、新概念、新的结合形式以及新的想象。新共产主义今天标志了一个领域，其中没有多少苦行者奉行有组织的战斗精神或教条，更多的是蒙太奇拼接，有读书小组、自由社团、艺术网站、涂鸦者、抗议者，以及从业者。他们来自四面八方，这些新兴的共产主义者——这些信仰共有化者（communizers）——有无政府主义者、列宁主义者、基督徒和瑜伽派、工人主义者、失业者，还有艺术家。他们共同认识到，在消费主义的庸俗面前应该来一场巨变，他们相信，生活不仅仅包括工作、债务，以及不安全感。对我们当中那些没有上过大学，没有接触过欧洲沉没之城中的城市青年和失业者，或者没有在圣保罗、开罗或上海的新一代学生中生活过的人来说，这是一种没有形象或概念的现象：这样的言论将仅仅被当作是一厢情愿或痴心妄想。无论它的数量多么微不足道，无论它的组织策略和力量多么不成熟，作为零散组合起来的团体，作为渴望美好生活的一个概念，作为激情洋溢的分析和政治风格，共产主义再一次开始在地平线上浮动。这次转变所具有的全部力量已经在最近的一次文本洪流中反映出来，这些文本包括乔迪·迪安（Jodi Dean）的《共产主义的地平线》（*The Communist Horizon*），以及布鲁诺·博斯特尔斯（Bruno Bosteel）的《共产主义的现状》（*The Actuality of Communism*）。这次转向的谱系，按照近期的出版物排列，似乎应该开始于2001年北美的《帝国》（*Empire*）（因为这本书，安东尼·奈格里的全部著作被重新发现），其他的路标性文本还包括罗伯特（Robert）的《苦难的权力》（*Afflicted Powers*）（2005），隐形委员会（The Invisible Committee）的《暴动将至》（*The Coming Insurrection*）（2007），以及最近的一本，阿兰·巴迪欧（Alain Badiou）的《共产主义假设》（*The Communist Hypothesis*）（2010）。从政治序列的角度，新兴的共产主义似乎发端于西雅图和占领运动之间的西部，一次长达十余年的循环，其间不时有交锋与冲突，它们一直都在利用运动（大多发生在南美）的政治能量和组织智慧，从巴西无地的郊区工人运动（Movimento Sem Terra）到瓦哈卡（Oaxaca）的萨帕塔主义（Zapatismo）（墨西哥）（上世纪90年代初，美国在全球贸易化的幌子下，利用政府对农业的补贴，将玉米等大量粮食廉价向墨西哥倾销，导致大量墨西哥农民破产，使他们重新陷入贫困之中。萨帕塔主义是对全球化和墨西哥新自由主义经济政策的反抗。——译者），从委内瑞拉的玻利瓦尔主义到阿根廷的愤怒者运动（Los Indignados）。

马克思主义有轻视规范化隐私和伦理学寂静主义的传统，这模糊了马克思主义本身特有的道德情感领域的轮廓。在这里，我们考虑的不是某个道德准则系统或被认为会支持他的政治的律令，不是一个社会未被写出的伦理基础，在这个社会中，"每个人的自由发展是所有人自由发展的条件"。[5]我们心里想的也不是早期马克思主义的共产主义概念中残留的黑格尔元素，这个早期概念希望在一个基于普遍认同的政治结构中实现精髓和本质、存在和真理的汇合。说到伦理学,我们并不是指常常和这个词语联系在一起的个人主义道德微积分(moral calculus),而是指一种情感域,很少同马克思主义联系在一起的个人和集体情感总是在这个情感域中得到体现。马克思趋向于19世纪科学的离散性代码,而且他对只说不做的改革家和乌托邦主义者持怀疑态度(部分地是从黑格尔那里继承而来),这两点遮蔽并隐藏了我们有可能称之为马克思主义的快乐(the pleasures of Marxism)的东西。

这是一种主观的完满,一种辩证的喜悦,它和唯物主义的明确和清晰同气相投,是一门非强制性或慰藉性的科学,它是"精神"真的满溢而出。后者将对不公正的憎恨同对未来的热爱连接起来,一种同所有事物产生联系的感觉已经在这个星球上,而且将在这个星球上产生,同时也痛苦地意识到你的场所具有特殊性和局限性。在不接入充满活力的、激进的网络,即,使政治联系和研究同质之时,马克思主义保持了独特的理论愉悦,斯宾诺莎在17世纪的科学语境中曾充满激情地表述过这种理解的快乐。甚至洛克也写过因为了解所产生的"持续喜悦",它是一种"行猎和搜寻,在此过程中,追寻构成了很大的快乐。"在无处不相逢这种语境中,这个相逢不是与存在或自然,甚或"社会"的相逢,而是与仍让人恼怒的资本肉体的相逢,这种快乐究竟是怎样的强大和剧烈:在同一个时间里既被隐匿,又昭然若揭,既有明确的图谱,又无限复杂,那是一种纯粹属于推理的、思想家的快乐,在概念派艺术家马克·罗马迪(Mark Lomardi)所绘制的稀疏的、直绷绷的金融图标中,或者在安德里斯·葛思科(Andreas Gursky)拍摄的中国工厂的摄影作品中得到了完美再现,这些摄影作品中的中国工厂在视觉上呈现出爆炸效果,是井然有序的混乱结构。这就是说,今天,很少有人意识到,有人已经接触到事物的本质,一个仅仅由关系和力构成的"实质"

(substance)，它完全是历史性的，依情况而定，而且非常不可靠，然而，它却具有一种绝对令人无法忘怀的、颇具说明性的重量，一种揭示和坦露的力量。这种（暂时的）说服力与你在游行队伍中面对街上其他人时所体验到的情感一模一样：尽管某种遭遇貌似独一无二且非常客观，另一种则主管混乱，但是却绝不可能将这种愉悦，这种对知识和正义的渴望进行分割，而实际情况却恰恰如此。

我们提及这一独特的马克思主义"快感"（jouissance），它是马克思主义研究与实践的自足式快乐，这是因为我们痛苦地认识到，我们仍然生活在左派的废墟上，尽管上面提到的政治性马克思主义的时运发生了若干转移。这绝不是无法逃避的命运，而且有无数个理由证明应该充满希望，但是，对那些人而言，当前却是一个悲惨的状况，他们面对的是一种不同世界的种种可能性——在这个世界里，1%的人群获得的丰厚收获其代价是牺牲了99%的人群的利益，在这个过程中，我们可以想见，到本世纪末，全球温度将提高4℃，而且当前这些不公的、危害性的结果尽人皆知，并且尚未政治化（under-politicized）。即使马克思在解释或分析方面的针对性很难被质疑——连《纽约时报》也承认这一点（即使它同时保留了所有形式的"好奇心"）——在政治领域仍然存在着明显的策略问题。我们生活在一个左派政治动人的历史区间之内，它的体性（corporeality），它的强度和规模令我们自己的区间，或者说也令过去的区间相形见绌。在此，我们所思考的不仅仅是所谓的人民民主，而且还包括形形色色的无政府主义、联合主义、反帝国主义、女性主义，以及在漫长的20世纪与之相伴随的各种社会民主运动。生活在废墟上并不意味着生活在某个不在场的完美的阴影中，或者说抱有某种在其上进行重建的欲望。但是，从某种方面来说，它孤独到令人恼怒的地步，构成了某种始终存在于当下的、对某种真实政治的耐力和韧性的威胁。编选入本书的理论以不同方式论述了某种既是鲜活的，同时又已经死去的马克思主义，它既不可或缺，同时又什么都不是。例如，巴迪欧的哲学被裁剪，以在艰难的政治时代保持主观的、组织严密的强度，它是一种丝毫不含糊的希望哲学：它是被团团包围的（可能也是普遍存在的）细胞必要的精神燃料。自治论者有他们自己的解决办法：正如马克思有时所展望的，共产主义不是一项在20年、30年、50年内可以大功告成的计划，它天然地产生于当下的种种缝隙之中，我们此时此刻应该创造它，而不是等待它未来以某个弥赛亚事件的形式出现。虽然风向有变，但我们的确生活在（而且应该承认）废墟上，这是一个没有"进步"或救赎等保证的境地。不过，在这个政治危机中，没有什么能够威胁到马克思主义理论与实践的相关性和快感，就如同父权制的持续存在对女性主义的相关性和快感没有丝毫影响。事情可能很麻烦这个事实并不意味着马克思主义的分析力所打开的种种实实在在的缺口，或者在左派实践的关系和群落所生成的世界中那种充满活力的存在方式都是不真实的，或者是没有必要的，或者完全不需要。如果希望创造一个世界，在这个世界上，人类终于可以公正地同他们与之分享这个星球的人们一起最大限度地实现他们的可能性，那么，马克思主义思想就是一个必要（尽管不是充分的）条件。

四

这本选集所选取的文章十分令人不安，但这并不是说我们可以无视它们的存在，或者在一种不安和另一种不安之间没有什么重要的区别。问题不在于一本选集是否不合格，而在于它如何没有合格。这本选集也是一样，它将一些恼人的邻域（adjacencies）和截取部分搅和到了一起。编这个选集的核心是两个水火不容的强制令。如果将它们按照某种包容原则融合在一起——对某个领域的广度和异质性做一个中立性扫描，差异性范围内的优势在碰到主题严密性或整体性时则常常会失去：一个一个的部分就像被扔进洗衣袋的物品一样乱七八糟地堆在一起。不过，组织原则并非调整，而是一种强有力的、连贯的整合，对该领域的各种结构性张力和难题进行整形，在这种情况下，就会有危险，表现为排斥和忽略某些作品和人物，所有人可能都认为这些作品和人物应当在某个选集中得到体现。如果第一种选择获得了一种全景式的、记录性的广度（却失去了某种类似于"精神"形式的东西），后一种赢得的连贯性所付出的代价则是该领域的丰富性和深度。一本关于当代马克思主义理论的书甚至对这些危险做了更细致的讨论，这本书的标题对很多人而言十分费解，像喜剧或矛盾修辞。难道不是要讲出马克思与理论（Marx and Theory）在同样的句子中讲到的那些相互矛盾的话语？当然，在思想的名下，马克思主义不断被戏仿为一种诞生于盲目的实践或精神病理学的政治，正如同它的当代性被戏仿为任何事物，但19世纪仍然受到很多人的质疑。我们相信，本书所收入的文章其价值不仅限于揭开这两种纠葛的神秘面纱。

本选集无意于建立神圣不容侵犯的经典。其对某些文章的排除并非消极的进攻，并非对那些不具名的学派或思想家不宣而战。我们厌倦了这类门阀惯例或习惯，它们漠然无知，在政治层面上破坏性极大。我们从世界系统理论中排除了分析性马克思主义、解放神学、新辩证法、麻省派（UMass），以及《每月评论》（*Monthly Review*），也排除了其他很多很有意思的当代马克思主义研究群体，这不是因为我们对其不感兴趣或有所怀疑，而是因为编辑对使用"理论"一词必须承担的责任，该词出现在本书的标题中，它不仅是一般意义上的思想的同义词，而且在北美，它已经成为哲学内部转换的代名词，马克思、尼采、弗洛伊德的三次扭转完成了这样的转换。也有例外：我们选取了阿里夫·德里克（Arif Dirlik）的文章，因为它符合我们的一个想法，即迫切需要承认"中国之崛起"在这个新的局面中所发挥的作用，而阿兰·利皮耶兹（Alain Lipietz）的文章虽然不熟悉欧洲大陆的传统，但似乎很贴合当代资本主义压倒一切的生产律令（productivist imperatives）这个语境。

如果某个思想被认为是"马克思主义的"，这意味着什么？用什么标准或规范来使这种预言合理化？这是一个与一系列经验主义的经济假设或政治原则相一致的关于内容的问题吗？是否存在一种作为中轴的马克思主义假设或立场，一旦将它抽掉，就会从性质上改变某种话语的本质？或者它是一个门限问题，是以思想的形式所到达的一个点，之后就不再是可以清楚辨认的马克思主义了？或者它是一个方法或形式问题？在此，我们或许会想起乔治·卢卡奇（György Lukács）的建议，即使所有带有马克思签名的经验主义假设都证明是错的——利润率下降、劳动价值理论，等等——马克思主义"真理"也绝不会受到影响。他的意思当然是辩证唯物主义的丰富性可以超越任何一个实证性马克思假设的失败。以辩证的精确性为其特征的思想必定终将战胜并超越其自身。最后，我们必须承认，发现什么能够将某种思想定性为马克思主义思想这个问题十分无聊，至少是因为它对其自身的预见，认为其自身可以是任何事物，这超越了某种特殊而有趣的复杂局面。当然，我们也体验到所有的范畴性和定义性冲动，任何受到理论愉悦感染的人都有这种冲动，那是创造和阐明差异并为各种逻辑联系辩护的欲望，在某种话语的语境中，这种话语坚持认为理论与实践不可分，这些区别便的确可能更加难以确定。但是，我们必须承认，我们在这个问题的基础上分辨出一套陈旧的巡查程序，它是那个被盲目捍卫的领域的阴影。

但是，在情非得已的情况下，我们将提供如下观点。如果女性主义的天职就是严格捍卫人类的能力，这种能力使人认为自己可以超越父权制强加在思想和实践上的种种限制，那么，马克思主义的天职就是满足平等地对抗由于资本主义的历史性存在而加诸思想与实践上的限制这一需要。它们二者都是关于正义的艺术与科学，这就是说，它们都是最基本的分析工具和虚幻的政治律令。我们决定把本书收录的作者放在一起，这是为了提供一种对各种方法的总览，马克思主义正是以这些方法对具体的资本主义构造的种种复杂性做出回应。资本主义的这种构造使其在规模上无比巨大、不受影响，且不受质疑，为了使其逻辑和结构保持完整，就需要这样的规模，即使它的自我确定性已经问题成山，而且它的意识形态再也无法保障它的未来——在此时刻，资本主义无疑非常强大，它构成了整个的日常范围，而且随时准备有99%的人因为青睐他种现实而将其抛弃，对于这99%的人而言，它甚至没有提供凯恩斯主义的舒适，因为它正迅速地将这个星球变成不宜居住之地。

马克思主义理论绝非以间接的哲学旨趣（interests）为其特征——只在严肃的经济或政治事务外围受到关注，马克思主义理论一直都是哲学本身复兴的一个基本矢量。对于某种话语而言，这并不是一个确定的命运，对这种话语的分析常常认为它基本上是围绕一种逃离或超越哲学传统的欲望组织而成。正是通过艾迪安·巴里巴尔（Étienne Balibar）、耐格里（Negri）、巴迪欧（Badiou）、齐泽克以及其他人的马克思主义，我们已经看到，对哲学历史的兴趣正在新一代的学者和理论家中间复苏。巴里巴尔最近对洛克重新做出的全面评价，耐格里对待笛卡儿和斯宾诺莎的态度，齐泽克的黑格尔和谢林，巴迪欧的柏拉图：我们在任何地方都能够发现马克思主义从思想家那里搜寻星星点点的理论，这些思想家不仅同他们自己的传统有一定的距离，有时甚至与那个传统相对立。也有一些人，对他们来说，这种多元主义毫无疑问会是修正主义者衰落和混乱最清楚不过的症状，修正主义理论现在已经完全脱离开实践［进一步证实了佩里·安德森（Perry Anderson）关于戏仿马克思主义特征的著名论断］，它可以安全地随意移动，在无数个世界观中间，它脆弱得不堪一击。然而，我们感到，哲学内部的马克思转向不仅仅是哲学面对紧迫的历史条件又一次迟到的反应，而且是在其学科内部和规范的空间里做出的一次真正具有辩证意义的转变，在某种意义上，这次转向起于传统本身的局限、枯竭和绝境。我们将当代马克思主义思想的这种杂食性（omnivorousness）看作其力量的一个标志，是一种与不同立场交锋的欲望，也是同它有所借鉴的思想流派杂交的欲望。让不同流派的当代马克思主义理论在一个文本中进行对话，我们希望进一步推动那些哲学和政治上的探索，这些探索一定会重新设定我们将共同生活其中的未来的范围，那个范围内充满了问题与危险，但也闪烁着令人紧张不安的美丽的红色微光。

注　释

［1］如在后面将要看到的，德勒兹的例子是一个含糊不清的例子。尽管他确实要将消极的、再现式的追溯习惯同地图的积极性质区分开来，但对于图解物质组合，他比雅克·德里达或莫里斯·布朗肖都更有兴趣。即便如此，德勒兹所肯定的马克思主义与其说关注创造资本主义的完整图谱，不如说它更关注于颠覆资本主义。

［2］Karl Marx, *The German Ideology*, ed. C. J. Arthur（New York：International Publishers, 1999），42.

［3］Michel Foucault, *Foucault Live*, ed. Sylvère Lotringer（New York：Semiotext(e), 1996），378.

［4］Žižek, *In Defense of Lost Causes*（London：Verso, 2008），210.

[5] Karl Marx, *Later Political Writings*, ed. Terrel Carver (Cambridge, MA: Cambridge University Press, 2004), 20.

[6] *An Essay Concerning Human Understanding* (Indianapolis: Hackett, 1996), 1.

(王珊 译)

第一部分

关键时刻记录

引 言

目前正在塑造这个星球上的人类生活的种种迅疾的而且常常是猛烈的进程——各式各样真真假假、虚虚实实的发展，它们被给予一个共同的名称——"全球化"。对于此，马克思主义理论一直努力加以理解并试图对其加以理论化。本部分所收录的文章竭力要辨别我们当前所处的历史节点的特殊性，探讨结构性问题，包括技术变化、新地缘政治的形成、新经济学、后工业主义、不确定性、新自由化和生态要求，同时指出这些问题对当前的理论提出了挑战。

在《资本主义体系、结构和过程》（Capitalistic Systems, Structures and Processes）一文中，菲利克斯·瓜塔里（Félix Guattari）和埃里克·阿里兹（Eric Alliez）讨论了理解资本主义的方式之间的关系，一种是从经济角度理解，一种是从社会角度理解。根据第一种理解方式，即资本符号系统，资本主义被理解为一种"将某种生产、流通和分配模式符号化的普遍功能"，资本主义因此是资本为商品和服务定价的"方法"。根据第二种理解方式，即分割结构，资本主义是"某种特殊社会关系的创始者"，在这一类型的社会关系中，"规定、法律、使用和实践都涌现出来"。这一关系中的双方不是简单的对立，而是携手并行。

他们提出，符号力是资本主义的特征——资本主义同早期的剥削分离开来正是因为这一力量在符号学意义上是解辖域化的。它不仅允许"边缘自由，有利于创造的相对空间"的存在，它本身也由后者所决定，而且历史上资本主义的特殊性恰恰是它极力想要对这些边缘事物施加影响，其目的则仅仅是维系它的过程性特征。这一标准接受了不同类型的资本主义之间的差别，既未抹去它们强烈的异质性之间的差异，也并不维护它们的异质性，而且描绘出市场、生产、国家三者中每一个所占据的相对重要的位置。当前这个节点——他们称之为一体化的世界资本主义——其特征是生产优先于市场，市场优先于国家。生产因其自身的原因伴随有弹性的、临时的劳动的扩散，同时也伴随有解辖域化的、"流动的"或"最小化的"国家的出现，这样的国家在民族区域内放弃了自己的权力，现在只能提高其在跨国定价过程中的参与度——这便提出了关于它的综合权力的潜在界限问题，因此也重新定义了在什么范围内作出一个新的集体回答这个问题。

在《反思马克思的批判理论》（Rethinking Marx's Critical Theory）一文中，穆伊什·普斯通（Moishe Postone）提出，"马克思成熟的批判范畴在历史上是针对现代社会或资本主义社会的"，从这一论断出发，该文认为，这个成熟的批判包括对所有跨历史概念的历史相对化。此相对化构成了波斯顿对马克思的批判进行再思考的特点，他将其同传统马克思主义的局限性加以对比，传统马克思主义被定义为"基本上是从市场经济和生产方式私有制构成的阶级关系角度来理解资本主义的"。在波斯顿看来，劳动因此不是一个跨历史的"协调人与自然的活动，这种活动有目的地转化为物质"，而是一个资本主义性质的过程。这一对马克思批判理论的再思考源于卢卡奇和其他法兰克福学派理论家的研究。在这些研究中，普斯通发现，在着眼于私有制的对资本主义的传统理解与揭示出不充分之类概念的分析之间存在着一种理论张力。

他注意到自20世纪70年代以来,国家便一直在萎缩和弱化——瓜塔里和阿勒兹称之为"最小化"国家——如同第二次世界大战后在保守派政府和社会—民主派政府主导下所发生的福利国家的扩张,这是一个真正全球性的普遍现象,与政治无关,因此在偶然性这个意义上无法完全了解。然而,普斯通对马克思批判理论的再思考却表明其与总体性、主体、历史的辩证逻辑等后结构主义批判理论有着亲缘关系,"被看作是展开了某种内在的必然性,因此应该被理解为是在勾画某种形式的不自由"。然而,普斯通没有否定这些概念,相反地,他视它们为对资本主义社会现实的表达方式。总之,他律的历史(Heteronomous history)不是被表现为可以扯得七零八落的叙事,而是被表现为一个实际存在的、必定被推翻的主导结构。

阿兰·利比茨(Alan Lipietz)的《自由主义生产理论的困境》(The Impasses of Liberal Productivism)一文采用了与他所看到的世界观相反的立场,该世界观在20世纪70年代后期和这一时期之后都占据统领地位。根据此世界观,世界正在经历一场"技术革命",由于国家和工会施加的种种限制——社会条款、福利国家、反对污染的法律,诸如此类——这场技术革命未能得到全面的发展,这些限制令公司无法获得资本,阻止了那些原本"痛苦却必需的"、或许能够使新生社会蓬勃兴旺的变化。该世界观的"社会范式"——自由生产主义——具有某些特点。首先,肯定"生产主义的技术—经济规则",认定真实选择(real choice)的思想会同时丧失;其次,公司日益开始扮演"母国的角色",碎片化随之出现;再次,个体成为单个的个体而非以集体的形式同公司结为一体;最后,"民族"政府的稳定性降低,它的功能由"市民社会"或家庭来承担。

利比茨认为这一范式存在四个难题。第一个是其政治意图一旦实现,会加剧社会的极化,随之而来的是"危险阶级难题"的复现（更不用说雇用穷人来保护富人不受其他穷人的侵扰极可能有利可图）。这种极化会因为第二个难题而更加突出。第二个难题源自一个事实，即所有层面的"技术革命"都需要人力输入——有时是具有突出技能的人力，有时是没有任何技能的人力。利比茨预见到一种情形，在其中"高等级的劳动力获得了福特主义的社会收益……而其余的劳动力则被贬斥为新泰勒主义的非正式就业"。第三个难题是反复出现的过度生产危机所造成的不稳定性，尽管因为美国的赤字开支而有所推延。从长远来看，"国家不可能长期靠积债来拖着其他人共同前行"。最后，他非常敏锐地观察到，比 2008 年金融危机提前了 20 多年，坚持国家间的自由贸易而没有一个通用的调控增长的办法，会导致"停滞或至多是间歇性增长"，对此作出的回应（经济紧缩）在北半球国家近乎难以容忍，但却会造成背负债务负担的南半球国家"全体人民的贫瘠、饥饿以及痛苦"。

保兰·洪通基（Paulin Hountondji）的《收复》（Recapturing）论述了经济生产与知识生产之间的关系，特别是学术实践在"学术圈经济"（the economy of the entirety of scholarship）中的影响和作用以及"其在世界范围内的知识生产中的地位"。他将发展理论中的外向性概念用于科学社会学，证明如果只考虑个体学者的研究事业，非洲和南半球国家的学者所面临的难题可能仅仅表现为数量上的不足。然而，研究所服务的目的，研究被嵌入产生它的社会中，以及它可能在多大程度上被盗用或剥夺，从这些角度看，很显然，它们之间的差异就不仅是数量上的，也是质量上的。非洲研究"是外向性的，是朝向外部的，受制于且屈从于外界的需要，而非以自我为中心，也并非必须首先回答非洲社会本身所提出的问题"。

洪通基发现了一系列的外向性指标或标记：南半球国家在科学仪器和基础设施（包括图书馆、档案馆、出版社，以及刊物）

方面都依靠北半球国家；南半球国家的研究在北半球国家的知名度更高，而关于边缘地区的研究仍然固着于地方语境，为欧洲读者服务，受到已经是外向性的出口市场的制约；聚焦于中心而且必然逐渐离开边缘地带，或者以明显的"人才流失"形式，或者需要到北半球国家做短暂旅行以拿到研究项目。同时，从北半球国家到南半球国家的反向运动其目的"不是……为了科学，而是为了获得科学材料"，这个过程同抹去传统的知识和语言是并行的。

在《非物质劳动》（Immaterial Labor）一文中，毛里齐奥·拉扎拉托（Maurizio Lazzarato）思考了知识与生产之间的关系以及它在非物质劳动现象视角下所具有的含义，非物质劳动即"生产商品的信息内容和文化内容的劳动"。非物质劳动这一概念不仅指传统的第二、第三产业劳动过程所发生的变化，同时也指劳动过程中各种活动的表现形式，这些"活动一般来说不会被当作'工作'——换言之，这类活动涉及定义和确定文化和艺术标准、时尚、品位、消费者准则，以及更具战略性的公众意见"。在传统的第二和第三产业劳动过程中，"直接劳动需要的各项技能越来越倾向于包括网络和计算机控制（以及平行交流和垂直交流）方面的技能"。

这牵扯到使工人的主体性容易受到组织和命令的影响，导致在资本家和无产阶级之间的关系中出现某种转移，劳动过程中的所有层面都概莫能外："资本家需要找到一种方式生成凌驾于主体性本身之上的命令；对于任务的规定和定义变成了对各种主体性的定义。"交流与合作成为劳动不可或缺的要素，劳动即参与到一个工作团队当中，这是对工作环境的集体性的再定义，或者说是通过资本的要求对其调节作用的再定义。这反过来也影响到资本的循环，尤其是影响到生产与价值化（valorization）之间的关系。因为非物质劳动所生产的商品并非在消费行为中得以实现。消费成了一种社会交流过程，而且"交流的生产过程又可能即刻成为价值化过程"，这一趋势表明"劳动不仅生产商品，最重要的是它生产资本关系"。

西尔维娅·费德里西（Silvia Federici）关于"女人、土地斗争和全球化"（Women, Land-Struggles, and Globalization）的论述强调"战略意义上的重要性，即女人及其团体可以获得土地，尽管各公司和政府不时用其服务于他们自己的目的"，她也将此作为论述的出发点。她所指的——没有任何浪漫含义——是一种谋生方式，这种谋生方式并不以资本积累为导向。费德里西注意到在女人工作之外出现的混合现象（blending），女人的劳作没有任何报酬，尤其是在自给农业中，她记述了这一点如何常常被忽略，事实上，女人生产了为她们的家庭所消费的大量食物。

根据资本主义的发展基于农业劳动生产者同土地分离这一论断，尤其是由女人支撑的自给农业得以延续，这种延续有赖于世界范围内争取土地再分配的斗争，它不仅代表着一个突出的成就，也是一场反对由市场价格决定谁生谁死的生存之战。对于自然资源的这种非商业性使用提供了"一个以非商业方式繁衍生命的现实模式"，不仅指向"一个非竞争性的、对建设一个新社会至关重要的、以团结为核心的生活模式"，而且对此模式贡献良多，在新社会中，"我们的繁殖不会以牺牲他人为代价，也不会威胁到这个星球上生命的延续"。

最后，阿里夫·德里克（Arif Dirlik）探究了"中国模式的理念"（The Idea of a Chinese Model），它常常直接或间接地同"新自由主义的华盛顿共识"形成反差，而且由于"其在过去二十多年里所取得的巨大的经济成就，尤其是 2008 年经济衰退以来所取得的成就，2008 年的经济衰退似乎对中国经济的发展几乎没有造成危害"，它已经引起特别关注。德里克希望超越还原论者对经济主义的理解，他提出，在当今世界谈论某个"模式",谈论那些区分出一个"中国模式"的特征以及在何种程度上这样一个"模式"取代了"新自由主义的市场经济模式"——即这样一个模式是否只存在于中国和中国社会特有的环境中,或者他人是否可以加以模仿,有什么意义?

德里克批评了很多与中国独特的历史轨迹相关的讨论所表现出的无知,中国独有的历史轨迹使其发展甚至不同于其"周边地区新独立的国家",尤其是中国革命的导向是建立"一个社会主义社会,它强调平均主义,让人民发声,以及创造一种与这些目标相一致的新文化",其目标是"自主、自足的发展"。德里克承认中国革命在运用马克思主义理论解决发展所提出的社会挑战方面所取得的成就,他认为谈论"中国模式"的时机尚不成熟,更不用说将此模式作为一种社会主义社会的模式,除非环境破坏和依靠房地产投机及汽车制造获得增长等问题得到解决。

第一章

资本主义体系、结构和过程[*]

菲利克斯·瓜塔里　埃里克·阿里兹

　　资本主义问题可以从多个角度来观察，但是那些经济的和社会的角度却构成了一个必要的起点。

　　首先，资本主义可以定义为一种将某种生产、流通和分配方式符号化后的普遍功能。资本主义，资本的"方法"，将被当作是对各种商品，如货品、行为以及服务的特殊定价程序，其基础是取自一种特定句法的指数和符号化体系，使得过度—符码化和管理控制能够通行其中。

　　这种"形式主义的"界定能够立足，是因为尽管同与之相关联的技术和社会—经济系统［格局（agencement）］无法分离，这样一种符号化功能也必定有其内在的连贯性。从这一点来看，资本主义"写作"的风格（方式）（参看德里达）可能类似于数学的数据库，其不证自明的统一性不会因为可能应用于数学意外的领域而受到质疑。我们建议称呼这第一个层面为资本主义的符号体系，或资本主义价格体系的符号学（the semiotic of capitalistic valorization）。

---

[*] 选自 *Molecular Revolution*, New York: Penguin, 1984: 273-287。

其次，资本主义似乎是某种特殊社会关系的创始者；在这里，规定、法律、使用和实践都涌现出来。经济协作的程序或许不同；重要的是维系某种特殊的社会秩序，这种秩序的基础是在那些垄断权力的人和那些受制于权力的人之间进行角色划分，与工作和经济生活的各个领域一样，与那些生活方式、知识和文化领域一样。所有这些划分，连同性别、年龄群以及人种的划分，重点都是"在到达点"形成各个具体的伙伴群划分。这第二个层面将被定义为划分结构，这个层面也是为了维持特定程度的内部连贯性，无论历史加诸怎样的改造或突变。

然而，显而易见，资本主义的"编码"并非始于某种"法规"，该法规一度而且永远决定着所有的人际关系。它所加诸的秩序如同其自身的经济句法一样都在演化。在这个领域，如同在很多其他领域一样，各种影响都不是单边的，我们从未遇到过单向的因果关系。它同样也不是对符号系统和划分系统之间的某种简单对立感到满意的问题。这两个方面总是并肩而行，它们之间的差异在能够使我们弄清楚各种互动这个意义上是相关的，每一个互动都有第三个同样重要的层面：生产过程层面。让我们开门见山，从现在的视角，这个比较次要的层面不应该等同于马克思主义者用"生产关系"或"基础的经济关系"等表达法所指的东西。无疑，我们的"生产过程"范畴包含了马克思主义的生产过程范畴，但是在可以无限延伸的机器领域，它远远超过了马克思主义的生产过程范畴，无论在具体意义上，还是在抽象意义上。因此这些过程要素便必须包含物质力量、人的劳动、社会关系，还有形形色色的欲望投资。如果这些要素的秩序导致它们的潜力得到某种丰富——整体大于部分之和，这些过程性互动就应该称作图表性的——我们将谈到剩余价值机制。

在这些条件下，继续将资本主义看作一个一般性的总体还是合理的吗？这些为它提出的形式定义会受到谴责，以抹去它在时间和空间中的多样性吗？带有神秘性的资本主义是一个怎样的地方？历史连续性的唯一元素似乎恰恰是它的生产领域的过程特征，我们刚刚在非常宽泛的意义上提出了生产范围，而历史连续性好似能够表现不同体验的特征。只要你从剥削无产阶级的角度，或者从经济符号化方法开始加速大市场（纸币、流通货币、引用卡等）的出现这个角度看，你便可能在所有的地方，在所有的时间里"发现"资本主义。然而，过去三个世纪的各种资本主义确确实实已经"起飞"，科学、工业技术、商业技术和社会在独一的一般化改造过程［这个过程与解辖域化（de-territorialization）连在一起］中共同拥有它们的未来正是起飞的唯一时刻。所有的事情都让我们相信，如果没有这样一个"机械结"（mechanical knot），如果没有"存储范围"（mecanosphere）的激增，资本主义形式在其中得到发展的社会将无法战胜世界危机和战争带来的大震撼，而且其结局肯定是其他伟大文明均经历过的同样盲目的联盟：一种没完没了的痛苦或一种"莫名其妙的"突然死亡。

因此，资本主义不仅代表了不同的机制、技术系统、经济系统的滑稽组合形式，而且代表了概念系统、宗教系统、美学系统、感知系统、欲望系统的滑稽组合形式。它的符号化工作——《资本论》的方法——会同时形成社会的和生产的集体计算机[1]，还有一种适用于其内部冲动的"引导头"（homing head）。在这些条件下，它的原材料，它的基本饮食，都不可能是直接的人的劳动或机器的劳动，而是由各种符号性引航办法（means of semiotic pilotage）组成的整体，这些办法同手段、社会中的嵌入、再生产，同这个机械一体化过程所关注的很多元素部分的流通都有关系。将资本资本化的是符号的力量。但是，并非任何一种力量——因为那种力量可能根本无法区分早期的种种剥削形式——都是符号意义上的解辖域化力量。资本主义赋予某些社会亚系统一种能力，旨在借助某个集体符号化系统来选择性地控制社会和生产。它之所以在历史上得到阐发，是因为它试图控制不同的要素，这些要素聚合到一起以保持它的过程性特征。资本主义并不是要在社会各个领域施行残暴权力。它努力使边缘的自由，有利于创造的相对空间维系得井井有条，这一点对它的延续甚至可以说至关重要。对它而言，最重要的是掌握符号的车轮，它们对于关键性的生产组织，尤其是牵扯到改变机械过程（调整机器的力量）的那些生产组织是必不可少的。毫无疑问，由于历史的力量，它被迫让自己参与到所有的社会领域中——公众秩序、教育、宗教、艺术等。但是，一开始，这并不是它的难题；它首先而且一直是权力组织及其归化的评价方式和技术控制方法。

它所有的"神秘"都来自它竭力要表达的方式，在参与且对等的同一个一般系统中，实体——物质的和经济的物品，个体的活动和集体人类的活动，以及技术的、工业的和科学的过程等，乍一看极为不同。理解这个神秘性的关键其实在于一个事实，即它自己并不满足于将那些林林总总的领域标准化，对它们进行比较，给它们以秩序，使它们信息化，相反地，利用这些各不相同的操作所提供的机会，它们每一个当中抽取同样的机器剩余价值（mechanical surplus-value）或机器剥削的价值（value of mechanical exploitation）。它通过某个符号化系统重新赋予最不同的机器价值以秩序，这个能力使资本主义不仅能够控制（手艺的、生产的、工业的等）经济领域的物质机器，并且同样能够控制在（生产性的—非生产性的、公共的—私人的、真实的—想象的等）人类活动的核心发挥作用的非物质机器。

每一个"明显的"经济市场预示出现在没有交叉的、不同的"潜在"领域，这些领域包括机器价值、欲望价值、美学价值等，我们可以称它们为满足价值（values of content）。有意识的和"平面的"经济价格体系因为"深度"价格体系模式而具有双重功能，同交换价格体系非常明显的系统相比，深度价格体系模式相对而言是无意识的。但是，满足价值是制造出来的这个事实在给定的生产关系这个框架中，考虑到满足价值本身同形式经济价值的关系，对它们的内部组织而言并非不会发生。它们发觉自己，尽管是不由自主地，被带入一个对等框架中，被带入一个价值与参照的普遍化市场当中——整个问题在使用价值/交换价值的分裂处发生了转向，它因此被证明完全无效，因为事实是资本主义均衡框架的建立在清除这些形式的社会满足方面自有效果。使用价值在某种程度上被拉入交换价值的轨道，于是便从资本主义过程的表面消失了，所有一切都保持着自然状态，所有的"需要"都是自发的。等于离开了对使用价值进行革命性的重新解释所采取的各种一维视角。

［这是否意味着交换价值占据统治地位不可避免？除非它意味着我们必须设想欲望的种种安排，这些安排十分复杂，它们甚至能够颠覆性地改变人与交换价值的关系。已经达成一致的是我们在此将要谈论价值，或者对欲望的安排，这标志着我们从任何关于"他性"（Otherness）或不在场（Absence）的神话学中分离出来，神话学会在另一个层面再次开始处理"再-归化"计划或被资本主义毁灭的种种世俗关系。］

在这个一体化的过程中，资本主义的价格体系占了上风，之所以如此是因为对下面两个市场的双重阐释：

——形式经济价值的一般市场

——机械价值的一般市场

正是在双重市场这个体系中，资本主义语境中交换行为原本不平等的、操纵性的特征找到了自己的源头。正是因为资本主义安排的符号化模式所具有的性质，最后，它总是从一种矛盾运作继续：

（1）将不同领域的不对称力量和权力纳入交流和形式对等中。

（2）解除封闭地域（财产法的规定）的限制，进行社会划分，其基础是对物品和权利进行分配的计划，类似的基础还有对适合于不同社会群体的感情、品位、"无意识"选择模式进行定义。

［我们因此又遇到另一种类型的难题：现在的威胁是再也不可能走出经济形势与机械满足的简单对立，我们冒险将一整代定价过程中的历史必然性具体化，而前资本主义价格体系的这种种安排则等待被某种解－辖域化的资本主义价格体系，被它们的各种特殊性、它们的异质性过度符码化，它们的关系是不平等的，该特点将表现为本质上是定量性的价格体系运动（qualifying movement of valorization）被辖域化的痕迹，定量性的价格体系运动的作用是同质化和"平等化"。］若果真如此，如费尔南·布罗代尔（Fernand Braudel）所展现的[2]，在以威尼斯、安特卫普、热那亚、阿姆斯特丹等城市为中心的世界经济时代，资本主义市场根本不平等的特点较之当代所有世界市场会更加清晰可见，更少"脉脉温情"，结果是后者尚未达到透明的、中立的经济书写的表面。相反地，对第三世界的剥削显然不属于平等关系，而属于掠夺关系，通过廉价技术产品和一些奢侈的小玩意儿"加以补偿"，这些东西只能供一小部分特权人员消费。所有这一切都不能阻止"新经济学家"和"新自由主义者"不厌其烦地宣扬要在所有地方、在所有情况下保住资本主义市场的体面。

在他们看来，只有这样才能保证成本与限制发挥最好的仲裁作用。[3]最反动的经济学家因此似乎已经将一幅被颠倒的历史进步图景内置化了。因为最恶劣的删减恰恰是只有部分的历史必然性，有人可能会毫无顾忌地直接跃身而入。市场因此被断言为唯一系统，只有这个系统才能保证对于各种复杂社会的规范而言必不可少的所有信息能够最大限度地调用。市场，哈耶克解释道[4]，不仅是一种使物品和服务得以交换的无名机制，或是一种"分担贫困的静态机制"，更重要的是，它是一种动态工具，负责生产或传播分配给社会机体的知识。简言之，正是"自由"思想将要同信息概念联系在一起，并且它会发现对自己的接受采用的是"控制论"方法。按照维拉·卢兹（Vera Lutz）的说法，"是信息的不完美给了资本主义作为一种社会组织系统基本的raison d'être（存在的目的和理由）。如果信息是完美的，则不需要资本家；如果没有任何问题，我们都可以做社会主义者"。[5]交换的不平等性，按照持这种理论的人的说法，说到底就是因为这些社会中信息成本结构的"不完美"。[6]在成本上多花一点力气，一切都能解决！然而，第三世界并不是真的用自己的劳动和财富来"交换"一箱一箱的可口可乐，甚或一桶一桶的原油。它是因为强势经济的侵入而受到掠夺，而且会失血而死。这同富裕国家中的第三世界和第四世界的情况一样，尽管比例不同。

资本主义市场的不平等性质实际上并不代表一缕古风，一种历史的残留。世界市场上"交换"的伪平等主义表象与其说是因为信息的缺乏，不如说是对社会驯服过程所做的意识形态伪装。它是对集体主体性进行整合的技术中的基本元素，旨在从这种主体性中获得最有利的力比多认同，甚至获得某种对剥削和隔离关系的更主动顺从。相较于机械价值和欲望价值，物品与行为之间的差异这个相关性似乎很容易变得模糊。在某种特定的结构中，人的活动受到资本主义社会的全面控制和引导，生产出有效的机械制品，而其他结构的进化制品在经济意义上已经落伍了，它们因此发现其"机械毒性"（mechanical virulence）贬值了。在第一种情况中，某种活动力（a power of activity）（某种权力资产）被改造成为具有很高价值的机械力，在第二种情况中，某种机械力（某种权威）偏向于形式权力（formal powers）一边。

[我们已经看到，如果我们用一种对立来让自己感到满意——经济符号系统（例如，市场系统）和分支社会结构的对立，我们缺少的是机械整合元素。另外，如果我们止步于某种对立，符号系统——例如，经济信息——和机械过程之间的对立，我们的风险是丧失掉被辖域化的集体投资、经济的和社会的有效生态结构。在前面的情况中，我们陷入形式主义的社会学还原（sociological reduction）泥潭无法自拔，而在后面的情况中，我们则飞入辩证法的推论中而脱离了历史现实。因此，我们必须将这三个元素"抓"在一起，它们是资本主义的系统元素、结构元素和过程元素，只能视情况来定哪一个应该排在前面。]

　　经济学家一般会将不同的评价公式说成是相互排斥[7]，事实上，在真正的经济史上，它们紧密相连——要么相互竞争，要么相互补充。[8]难道没有一种情况是努力对它们每一种都做出更清晰的限定？它们不同的存在形式（商业的、工业的、金融的、垄断的、计划经济的或官僚的价格体系）都是因为从其基本元素中"挑选出"某一个放在突出位置，因此，它在这里已经被还原为三个术语：

　　——机械生产过程

　　——社会隔离结构

　　——占主导地位的经济符号系统

　　从这样一个最小的模式出发——必不可少，但很难说充分，因为它从来就不是一个关于简单元素按照它们自己的优先性系统进行结构的问题，我们现在开始考察一种经济价格体系结构的生成化学，这种系统源自基本元素之间各种随机优先组合。

　　在下面的资本主义价格体系结构表中：

　　（1）社会隔离结构只能从国家的经济问题角度来加以考虑（对隔离关系进行分层——对各种经济运动中的一个重要部分之中心方向所造成的种种后果的分析，可以在国家的账目中进行观察）；

（2）经济符号系统只能从市场问题角度进行思考（在最宽泛的意义上，如前所指的人的市场、思想的市场、幽灵的市场等）；

（3）生产过程不能更具体了。

资本主义价格体系结构的六个公式

（箭头表示元素之间的优先性。）

优先性顺序	例子
（a）国家→生产→市场	亚洲生产模式[9] 纳粹的战争经济
（b）市场→生产→国家	以城市网络为中心的 商业早期资本主义[10]
（c）市场→国家→生产	自由资本主义
（d）生产→国家→市场	殖民垄断经济
（e）生产→市场→国家	一体化的世界资本主义
（f）国家→市场→生产	国家资本主义

应该强调一下，这张图表的目的绝不是展示一种资本主义的历史形式的普通类型学，它仅仅说明，资本主义不可能等同于某种单一的公式化表述（例如，市场经济）。你也可以引入若干补充元素或对每个元素串的内部元素加以区分，以此来使之更加复杂并使之更加完善；屏障绝非无懈可击（在市场的符号巨轮中，在国家层面，都存在"机械生产"——例如，在公共建筑中，在媒体上；在最自由的经济体系核心存在着"国家权力"；不仅如此，这些被最后命名的元素始终在生产领域内部发挥着决定性作用）。在这里提出来，仅仅是一个陪衬，从出现于（b）表述系统的种种关联性出发，这些系统似乎彼此相距遥远，但却朝着

相同的历史方向前进。

一般而言：

（1）某些结构再现重大历史动荡的能力，或解释某个公式的能力，伊利亚·普里高津（Ilya Prigogine）特别喜欢用公式，它们引导"过程远离历史平衡"（原文为"processes farm from historical equilibria"，其中"farm"疑为"far"之笔误，所以按后者译为"远"——译者）的能力为生产元素的首要性所决定。

（2）部族、伦理、宗教、城市的层次性，排他的社会等级、阶级等等所信奉的公理发生改变，抗拒这些改变的程度取决于社会隔离性元素是否占据首要地位。

（3）它们的符号价格体系的创新特点（它们应该或者不应该能够顺应，能够依照新程序变得更加丰富，这是个事实）或多或少都依靠它们的整合力，依靠它们的"殖民"力，不仅在经济生活中，而且在社会生活中进行殖民，让社会臣服于各种机械门类。

"历史方向"在此应该同发展的生产门类联系起来，这个事实并不一定意味着历史会结束在透明的客体中，这一点非常值得注意。历史存在一个"机械的方向"，根本不可能终止这个历史"向四面八方扩散"。机械门类容纳并引导着资本主义的历史块茎（根），却不能同时掌控它的归宿，在社会隔离性和经济价格体系模式的进化之间的公平竞赛中，它将继续展开。

我们再来看一下这些各不相同的优先性公式。

市场优先

优先顺序（b）将国家问题移到第三级，具体例证是13、14世纪的商业早期资本主义。［对于17世纪荷兰联合省（Dutch United Provinces）的商人而言，国家问题远在商业利益之后才出现，所以当这些问题成为他们的葡萄牙或法国敌手的武器时，没有人真正为这个事实感到震惊。[11] 所有具有生产性的文化和公共机构领域进入奇形怪状的成熟期，借此，关于资本主义的延伸和稳固，它提出了一个特殊的难题。

贷款现象——通过在国际商业中扎根的信函交易（trade in letters of change）——使这类成熟期"集中出现"。值得注意的是中世纪的法律徒劳地想要阻挠商业财物的自由流通；这一做法遭遇到公共力量的敌意，它们想稳定交换并控制货币的流通。所以才有了关于这些商人银行家挑起的"背书战争"（endorsement war）的故事，它们实际上已经扩展到了交换证明（letters of exchange）（银行存款），可以列入清单的东西（流通货币）：转账权（the right of transfer）（通过简单的折扣流通的清单，而交换证明——在法律上——是不能自由转账的）。尽管千呼万唤，答案仍然不清楚，也不确定：例如，在威尼斯，直到1652年7月6日，信用通汇银行的会计师都不允许通过转账来支付已经背书的交换证明。如果不是因为它成了（类）国家结构在控制资本主义货币运动上的迟缓和无能的症状，这个事实依然处在边缘地带。1766年，阿卡莱斯·德·斯格里昂（Accarias de Scrione）仍然可以写下："如果十个或十二个阿姆斯特丹的商人凑到一起开展一次银行业务，他们可以让两亿弗罗林（florins）立刻在整个欧洲开始流通，在付现方面，弗罗林更受欢迎。没有一个君主可以做成这件事……这样的信用是一种力量，这十个或十二个商人在所有欧洲国家铸成了这种信用，完全不依靠任何权威。"[12]

优先顺序（c）将生产问题放到了第三位，具体例子是19世纪资本主义的粗放式自由主义。它为现代辖域化国家的构成设置了一个历史难题。很荒谬地，自由主义始终专注于建立某种国家工具，而不是生产的一般性增长。如果你接受哈贝马斯的分析，即或许"那时，准确地说，不存在任何意识形态"[13]，那么，你就更容易明白，远非为自由贸易的大厦加冕，萨伊定律（Say's Law）的法则——一般平衡理论——代表的是它的法律表达；它"将刀子扔进大海"并且让身体消失在它虚构出来的工作中。线性、包容性、几何性表述的管辖权（Jurisdictio），因此将对生产潜力的过度剥削，劳动力的一般性调动，物品、人员以及资本的加速流通结合在一起——你就可以得到一种自发的供需平衡，因此也证明了整个系统可以自我调节……"但是，条件是在交换中没有来自经济之外的干涉。"[14]

可以看出来，需要一个怎样独特的历史结合物，才能提出这个不受任何权威干预的社会自由梦想。因为自由竞争的平衡或多或少都是非权威性的权力。如果（现实中）不能确定这个特征，霍布斯的公式便永远不可能导致那样可怕的倒置——权势，而非真理，制定了法律（veritas non auctoritas facit legem）。权力的真理，英国通过其工业潜能足以控制市场渠道，来玩儿这场将物质财富的政治层面置于背景位置的游戏，而且仍然能够赢得不仅限于物质财富的东西……（《英国玉米法》的废除仅仅从19世纪中叶才开始），事实上，自由主义的精髓在于逆向运动，与内容对等无法分割，内容对等从肯定超级权力的意义上将权威不在场的乌托邦翻译成：如果介入与持续的控制理性化的基本关系当中，真理将仅仅成为比例（同质性的先决条件，即一般性平衡，此后从它们所表现出来的"国家"秩序中引出它的合法性）。用朴素的话语表达，即国家"至少始终同所要求的社会和政治环境同样强大"。[15]霍布斯的名言可以直接翻译为：财富就是权力，权力就是财富……

一个大市场的存在意味着中心控制——尽管是一种微妙的控制，这是绝对必要的。生产以不断扩展的市场为基础的"遥控"对国家的干预和套利行为是一种补充，离开了这个遥控，系统将会与其自身的局限发生冲突。尤其是它将表明，自身无法生产（基础设施、公共服务、集体功能、军事装备的）基本设备。

国家优先

优先顺序（a）将市场调到了第三位，具体例子有亚洲生产模式或纳粹的战争经济（强迫性劳动，货币经济的控制相对较小，法老或元首掌控的国家无所不能的性质得到典型体现）。这造成特殊的历史难题。

（1）关系到对资本积累的控制。必须积累脱离国家权力和军事机器的剩余价值；必须限制分散的贵族阶层经济和社会权力的增长，否则，它终将可能威胁到统治阶层；这终将导致社会各阶级的发展。在"亚洲式"帝国的情景中，可以通过停止生产[16]，通过大规模的牺牲性消费，通过豪华型建设和奢侈消费等来实行这类调控。在纳粹帝国，则是通过内部屠杀和全面战争。

（2）关系到外部的机械侵入，尤其是军事技术的革新，它们没有得到及时应用，因为它们是保守的，也因为它们难以接受具有创造性的主动精神得到发展。（有些亚洲帝国进行了一些军事革新。）

优先顺序（f）将生产问题调到了第三位，具体的例子有苏联的国家资本主义（斯大林的各种计划形式等），它同亚洲生产模式的近似之处已经强调过多次。[中国模式，至少毛时代的模式，通过各种方法大规模约束集体劳动力，与其说属于（f）公式，不如说属于（a）公式。]它在经济符号化的工具问题上，尤其是在建立市场，不仅是经济价值市场，还有声誉价值市场、创新价值市场，以及欲望市场上造成了特殊的历史难题。在这种体系中，市场系统的不安，连同社会群落的过分层级化，与某种权威控制相关，此类控制只能在其领域不过分暴露出外部影响，不面对来自机械生产门类其他分支的挑战等条件下才能勉力维持。因此，到最后，古拉格系统要能站住脚，前提必须是苏联经济凝固了，至少部分地，创新计划在先进的技术、科学和文化领域凝固了。这个难题现在因为对社会－符号控制工具（系统）的民主化要求而被延长了（例如，波兰工人争取"工人"做主的斗争）。

生产优先

优先顺序（d）将市场问题调到了第三位，具体例证为古典帝国主义剥削，对于大资本主义实体，它构成了一种补充性的积累形式，没有重大的机械问题[17]，也没有考虑解体对被殖民国家的影响。边远地区的商务垄断可能青睐于在大城市投入垄断资本和强化国家权威。它在重建被摧毁的殖民社会，包括建立一个高度人工化的国家方面形成了历史难题。

优先顺序（e）将国家问题调到了第三位，具体的例证是一体化的世界资本主义，这个顺序将自己放置在既"高于"又"低于"前资本主义和资本主义隔离关系的位置上（也就是说，在同一时间内，既在世界层面，又在分子层面），其基础是资本评价和价格体系的符号方式，这些方式是全新的，而且拥有一种提升后的能力，可以对所有人类活动和功能进行整合。

原则上，"整个社会都变得具有生产性；生产节奏即是生活节奏"。[18]经过大幅度的简化后，我们可以说，资本跃居社会之上的这个高点只能建立在机械整合和社会再生产的结合处——社会再生产恰巧是一种复杂、保守、机械的再辖域化的结果，即使没有完全沿用社会隔离这样的字眼，至少采用了它的基本原理（等级的、种族主义的、男性至上主义的，等等）。我们在此要谈到社会－机械资本，正是这个东西引导我们非常严肃地接受了新自由主义的思想，起点则是信息理论对经济领域的侵入。当信息在社会机器中占据首要位置，事实上，它似乎将不再同流通领域的简单组织联系在一起，而是以自己的方式成为一种生产元素。信息作为一种生产元素……在这里是通过网络资本的形成对社会进行解码的最新公式。这已经不再是凯恩斯所谓的超验性系统组合的年代（关于国家调节的某种投资，凯恩斯发现了一种新空间和新的生产节奏，国家调节是一种寻找平衡的功能），流通将不再是权力利润的社会确认中的一个矢量；它瞬时变成了生产——再辖域化——机械利润的资本化，其表现形式是对隔离性的社会再生产的操纵和控制。由此，资本的运作所依据的似乎是"一个没有源头、没有冲突、没有批评的总体性。对总体性加以分析，在这里，总体性被认为是理所应当"[19]，而且它本身也被认为同某种总体性话语难解难分，这种话语在"新经济"的犬儒主义中找到了自己的表达形式。同样，也应该说，新自由主义理论在这种犬儒主义之外也没有任何内容，犬儒主义是一种意志的全部，该意志要证实最终是为了生产而生产，而且是以最古典的方式（我们正是应该讲美国在军事研究费用的令人难以置信的增长放在这个语境中）。所以，生产空间的重构其出现不再被看作在功能上，是整合所有新的现世"数据"的需要；永久的重构已经成为资本主义过程本身的法则，而危机则是流通形式本身。"重构不是这个阶段的规则，而是在任何阶段，在社会过程的所有时期，获得发展的一种运作。"[20] 只有危机可以接受在生产与流通、生产与信息、生产与社会的再隔离之间发生这种程度的融合，而且实现了赢得最大协同流动性的自由资本进行扩展的"意图"。

流动性可以在以下两个层面得到核实：

——流动工厂层面：这些现在仅仅是劳动的间接产品的

"伪商品"将间接地通过流通制造出来（社会生产条件已经处在组织和信息的控制之下，工作过程现在不过是定价过程中的一个元素）。在 J. P. 德·歌德马尔（J. P. De Gaudemar）看来，"所有生产单位因此似乎都可能是某个流体网络（fluid network）中的一个结点，是一个流动性连接点或临时断裂点，但是，对它的分析只能根据它在网络中占据的位置来进行"。[21]对生产空间的管理现在成了对其最佳流动性的安排（临时劳动当然是这个网络中的一个重要部分）。

——从辖域化国家到"流动国家"（更为人熟知的名称是一个自由主义术语，即"小"国家）；不再是资本价格体系中原初国家空间的构想者和保护者，而是促进者，促使其不断融入价格体系中的跨国空间。[22]从契约性机械到热动力平衡——离均衡还有很长一段路。

因此，在一体化世界资本主义这里出现了特殊的历史问题，关系到它的整合力量的潜在局限。它不一定会创新或替代技术和主体性。在此，再一次强调一体化世界资本主义不是一个自足的实体仍然很有帮助。尽管它今天表现为"资本主义的最高阶段"，但与其他资本主义公式一样，它毕竟只是其中之一。它调整自身以适应古代经济各大区间的存续；它与古典类型的自由殖民经济共生共存；它与斯大林式经济共同存在。在技术-科学的变化领域，它相对而言是进步的，在社会领域则基本上是保守的（不是因为意识形态，而是因为功能）。此外，你也有权利提出这样一个问题，在这里，我们是不是在处理它的一个难以克服的矛盾？一体化世界资本主义经济结构所表现出来的调整和恢复或许会在社会各群体抗拒能力的重生中发现自己的局限，这些群体拒绝它的"一维化"（unidimensionalizing）结果。一体化世界资本主义的内部矛盾也并非意味着，一体化世界资本主义注定要因为这些矛盾而寿终正寝。但是，它的病况或许真的是致命的：源自它引起的所有侧面危机的积累。一体化世界资本主义的生产过程的力量似乎是无法遏制的，而且其社会影响也无法逆转；但它颠覆了如此多的事物，与如此多的生活方式和社会价格体系发生冲突，所以完全可以合理地预测出新的集体反应的出现——新的申报、评价、功能这类结构——从天差地别的地平线上冒出来，或许最终成功地将其击败。（新人类的战争机器的出现，如在萨尔瓦多；东欧国家出现的争取工人实行控制的斗争；意大利式的工人斗争的自我平息；所有社会领域中分子革命的各种矢量。）正如我们所理解的，只有通过这种假设，才能接受对社会的革命性改造对象的定义。

英译：布赖恩·达林（Brian Darling）

注　释

[1] 奥斯卡·兰格（Oskar Lange）将资本主义市场比作一架"原计算机"（proto-computer）。费尔南·布罗代尔（Fernand Braudel）引用过，见 *Civilisation matérielle, économie et captitalisme*, Vol. 2（Paris：Éditions Armand Colins, 1979），192。

[2] 根据费尔南·布罗代尔的观点，资本主义的原市场（proto-market）在中心区域得以展开，起点是大都市，它们掌握着经济密钥，使得它们能够吸纳最多的剩余价值，而对于边远地区，剩余价值趋向于某种零点，因为那里的交换不活跃，而且价格较低。布罗代尔认为，每一个经济世界都必然建立在某个"独一－城市－世界"的基础之上。不要根据某种单一中心模式，而是根据某种多极"城镇群"来想象城市和资本主义过程，你做得到吗？

[3] 参照 Henri Lepage, *Demain le capitalism*（Paris：Livre de Poche, 1978），419。

[4] *Individualism and Economic Order*（London：Routledge & Kegan Paul,

1949）.

［5］Vera Lutz, *Central Planning for the Market Economy* (London: Longmans, 1969).

［6］与持"公共选择"观点的理论家们所宣称的形成反差, 信息在这个领域——尤其是在被该系统控制的大众传媒信息领域——的增长只能强化这些整合技术的不均衡影响。想要用可能与政治均衡市场的运作相互兼容的均衡理论［詹姆斯·布坎南（James Buchanan）］来完成生产理论和市场物品或服务交换, 这个计划或许开始时的愿望是好的, 但是, 至少可以说, 它没有完成, 而且变味儿了［参见皮诺切特统治下的智利所发生的毁灭性剥削, 对米尔顿·弗里德曼（Milton Friedman）的"芝加哥男孩"的剥削］。政治市场、经济市场和机构市场是一回事, 机械市场和自由市场是另一回事。只有在后一类市场你才能试图抓住社会价格体系和机械创造力最重要的动力。

［7］关于这些评价模式, 参见 Alain Cotta, *Théorie générale du capital, de la croissance et des fluctuations*, Paris, 1967, 以及 *Encyclopaedia Universals* 中的词条"Capital"。

［8］补充性的例子: 尽管市场和金融占主导地位, 15 和 16 世纪的原－资本主义（proto-capitalism）应该在特定环境中已经变得具有工业性（参见工业化为安特卫普带来的复兴, 费尔南·布罗代尔关于这个事实的讨论, 见 *Civilisation matérielle, économie et captitalisme*, Vol. 3 (Paris: Éditions Armand Colins, 1979), 127; 还有一个事实, 市场经济, 无论它表面上是多么的"自由主义", 都应该始终带点国家干预或"中央集权的"计划（例如, 斯大林式的计划）, 都应该始终保留最低限度的市场经济, 要么在它的影响范围之内, 要么在它同世界市场的关系中。

［9］例如, 公元 2、3 世纪的中国, 参见 *Sur le mode de production asiatique*, Sociales, 1960。

［10］例如, 13 和 17 世纪之间的威尼斯、安特卫普、热那亚、阿姆斯特丹。

［11］参见布罗代尔, *Civilisation matérielle, économie et captitalisme*, Vol. 3, 172 - 173。

[12] Ibid., 207. 而且费尔南·布罗代尔非常高姿态地补充道:"今天的多国公司,如我们看到的,都有其祖先。"

[13] Jürgen Habermas, *L'Espace publique, archéologie de la publicité comme dimension constitutive de la société bourgeoise* (Paris: Payot, 1978), 98.

[14] Habermas, *L'Espace publique*, 89. 米歇尔·阿格里塔 (Michel Aglietta) 非常正确地将古典 (和新古典) 经济理论同神学建构联系在一起,神学建构"完全内在于思想世界中,它越严格,就越同所有现实断开"。一般均衡理论的命运就是这样,如果"理论的终点是表达剥光它所有的偶然性之后所表现出来的真谛;机构,社会互动,矛盾冲突……就是我们必须丢掉的废渣,以发现最纯粹状态下的经济行为"[Michel Aglietta, *Régluation et crises du capitalisme* (Paris: Calmann-Lévy, 1976), 12]。

[15] Franz Neumann, *Der Funktionswandel des Gesetzes im Recht der Jürgerlichen Gesellschaft*, 被哈贝马斯引用。

[16] Étienne Balazs, *La Bureaucrative céleste* (Paris: Gallimard, 1968).

[17] 而且,毫无疑问,在大城市减缓生产机制的发展,参见 Fritz Sternberg, *Kapitalismus and Sozialismus vor dem Weltgericht* (1951):"欧洲帝国主义和殖民封建主义的联盟……以一种非同寻常的方式减缓了工业发展,而且一般来说,减缓了殖民帝国经济的进步"(被 Maximilien Rubel 引用,见 *Marx*, Pléiade edn, Vol. 1)。

[18] Antonio Negri, *Macchina Tempo* (Rome: Feltrinelli, 1982), 271.

[19] Ibid., 278.

[20] Ibid., 275.

[21] Jean Paul de Gaudemar, *Naissance de l'usine mobile*, in *Usine et ouvrier, figure de nouvel ordre productif* (Paris: Maspero, 1980), 24.

[22] 这个阐释,我们部分地借自 Pascal Arnaud,我们避开了在他的分析框架中原本存在的限制和约束 (*Le Monétarisme appliqué aux économies chilienne et argentine*, 参见 *Critiques de l'économie politique*, No. 18)。

第二章

反思马克思的批判理论[*]

穆伊什·普斯通

我想根据自己的判断,概述资本主义批判理论为何对理解当今世界必不可少。可是,20世纪历史的发展强烈地表明,倘若这一理论适合我们的社会领域,那么,它定然有别于传统的资本主义批判。为了概述这一丰富理论的基础,我会对资本主义基本社会关系的一些共识提出质询,并且概述对那些关系的不同认识,从而认识资本主义。

最近,基本的、历史性的转变(例如西方资本主义福利国家的倒退,苏联的解体)更普遍地削弱了作为经济统治实体的民族国家——同时一种新的、新自由主义的、全球资本主义的秩序以明显胜利的姿态出现,而相互竞争的资本主义阵营内部也可能发展成对立——这些表明了历史力量的核心地位以及大规模的全球结构的变化。

由于这些变化包括苏联的解体,有人便说它们标志着马克思主义的历史终结,更普遍的说法是,马克思的社会理论不再

---

[*] 选自 *History and Heteronomy*, Tokyo: University of Tokyo Center for Philosophy, 2009: 31–48。

适用。

我想提出一种截然不同的方式来认识近来历史转变的理论含义。

过去的30年,可以看作标志着由国家组织社会经济生活时期的终结,其开端可以界定为第一次世界大战和俄国革命时期——该时期以政治明显优先于经济为特征。这个轨迹的意义在于它具有全球性的特征。

它既包括西方资本主义国家和苏联,也包括殖民地和独立国家。历史发展当然会有差异,但从整个轨迹来看,它们更像是同一模式的不同形态问题,而不是根本性差异的发展问题。例如,第二次世界大战后的25年里,福利国家在西方工业各国得以扩展。之后,20世纪70年代初期开始受到限制或是部分地遭到废止。不管是保守党,还是社会民主(自由)党执政,这些发展都出现过。这样普遍的发展,难以用偶然的政治决定来解释,但却有力地表明存在着普遍的结构性制约和强制性限制。

此外,思考这样普遍的历史模式,表明像后结构主义这样试图用偶然性来论述历史的理论,凭经验而论,尚且不适合资本主义社会的历史。不过,这些思考无须摆脱可能被认作在推动这些试图偶尔论述历史的批判性洞见,换言之,历史被认为是内在需要的延伸,应被理解为在叙述一种不自由的形式。

这种不自由的形式,是马克思的资本主义理论所批判的对象,它主要是关于构成现代社会历史动态和结构转变的基础的需要与制约。换言之,并非通过聚焦偶然性来否定这种不自由的存在,马克思主义批评试图揭示它的本质和战胜它的可能。

我想表明,具有反讽意义的是,那些自称是马克思继承者的联合政体的解体,其隐在的真正过程再次肯定了全球历史力量的重要性,这种历史力量最好在资本主义批判理论的框架内加以理解,而未参与这层分析的各种方法基本上不适于我们的社会领域。换言之，近几十年来的历史转变，表明重新接触马克思的资本主义批判分析是很重要的。

然而，如前所述，过去一个世纪的发展轨迹表明，假如一种资本主义批判理论适用于当代社会，那它一定与传统马克思主义对资本主义批判截然不同。我认为，马克思成熟的社会理论不仅是我们现有的最严谨、最深刻的现代社会历史的动态理论，而且为这一重构过的资本主义批判理论提供了基点。我会重新概述马克思成熟的社会理论，这种再阐释反思马克思对资本主义本质的分析——资本主义的社会关系、统治形式和历史动态——以这种方式，完全突破了传统马克思主义的方法。这种再解释会有助于阐明当代社会本质的结构因素和总体的历史动态，同时提供了传统马克思主义的基本批判。这也是重塑马克思理论与其他主流社会理论的联系。

我无意用"传统的马克思主义"来表示马克思主义中特定的历史趋势，如以传统的第二国际马克思主义为例，但一般而言，所有的分析，基本上是从市场经济和生产方式私有制构成的阶级关系角度来理解资本主义的。统治关系主要从阶级统治与剥削来认识。在这种普遍的阐释框架里，资本主义以（被理解为私有制和市场的）社会的基本社会关系和（被理解为工业生产模式的）生产力之间日渐增多的结构矛盾为特征。

这一矛盾的演变可能产生一种新型社会形态，需要从工业化语境下生产方式和经济计划的集体所有制的角度去认识，换言之，从适合工业生产、合理又自觉地调节分配模式的角度去理解。反过来，工业生产被理解为技术进程，资本家将其用于排他性的目的，但它本质上不受资本主义的支配，而且可能被用于为所有社会成员服务。

这种普遍认识与对马克思政治经济批判基本范畴的定论密切相关。例如，价值的范畴，通常被理解为试图说明人类劳动随时随地都在创造社会财富。依照这些视角，剩余价值理论试图通过说明过剩的产品只由劳动创造出来，而且在资本主义社会中都被资产阶级用来论证剥削的存在。

该理论的核心是超越历史界限的、常识性的，把劳动理解为协调人与自然的活动，这种活动有目的地转化为物质，而且是社会生活的条件。如此一来，劳动就被设定为一切社会财富的来源，而且是构成普遍、真实社会生活的根源。然而，在资本主义社会里，劳动受到各种排他主义和破碎关系的干扰，难以充分变现。于是，以社会形式实现解放，超越历史的劳动摆脱市场和私有制束缚，就成为社会的调节原则。（这个概念，定然会成为无产阶级自我实现的社会主义革命的概念。）

这个基本框架包含的范围极广，涉及迥然不同的理论、方法和政治的探索。不过，在一定程度上，它们都有赖于对劳动、资本主义和上述社会主义本质特征的基本假设，它们仍然处于传统马克思主义的框架之内。

在这种传统的框架内，虽然已经产生出有力的经济、政治、社会、历史和文化分析，但它的局限性也日益明显，因为20世纪发生了巨大变化，例如国家干预的资本主义和"实际存在的社会主义"的兴起，科学知识和先进技术在生产过程中越来越重要，对技术进步与发展的批判日益增加，以及非阶级基础的社会认同也越来越重要。像韦伯和迪尔凯姆那样的阶级社会理论家们，其实早已论述过20世纪的转折，即资本主义批判理论——从财产关系的角度来认识——过于狭隘而难以把握现代社会的基本特征。

在广义的马克思主义传统中，许多理论家，尤其是乔治·卢卡奇和法兰克福学派的成员，尝试突破传统范式的局限，发展一种更适合20世纪历史发展的批判性社会理论。这些理论家，基于对马克思理论的深入认识，继续将其作为文化形态的批判，分析资本主义社会的社会结构，而不只是作为生产和阶级构成的分析，更不是仅仅作为经济的分析。此外，他们掌握了这种自我反思的理论，换言之，尝试分析其自身社会语境的理论——资本主义社会——反思性地解释其自身立足点的可能性。

这些思想家借用马克思的观点，力图在理论上回应资本主义的历史转变，从以市场为中心的形态转变到以官僚体制的国家为中心的形态。但他们无法完全实现这个理论目标。一方面，他们的方法默认了现代性的批评理论不够充分，因为它只是用19世纪的方式界定资本主义——就是说，以市场和私有制的生产方式界定资本主义。但另一方面，他们仍旧保留这种理论的一些假设。

在卢卡奇于20世纪20年代初写的《历史与阶级意识》一书中，这一点非常清晰，该书接受韦伯从合理化的历史进程角度谈现代社会的特点，并在马克思把商品形式作为资本主义基本结构原则的分析框架里体现这种分析。照这样确立合理化的过程，卢卡奇试图说明韦伯所描述的现代生活的"铁笼"并非任何形式的现代社会的伴生物，而是一种资本主义社会的功能，因而，可能会得到转化。同时，其分析所隐含的资本主义社会的概念，比基于私有制和市场剥削系统的概念广泛得多，这意味着后者根本不是资本主义的核心特征。

可是，当卢卡奇谈到可能克服资本主义的问题时，他诉诸无产阶级作为革命的历史主体概念。而这个概念，必定是从私有制角度来谈资本主义的传统概念。它无法说明卢卡奇之前所关注的官僚化和合理化的形式。也就是说，卢卡奇的传统无产阶级理论与他的分析所隐含的更深、更广的资本主义概念处于张力之中。

卢卡奇深深地影响了法兰克福学派的理论家们，他们的方法也可以从类似理论张力的角度来理解。可这并非我想在此进一步探究的主题。

我想强调的是，如果认同当今世界上资本主义明显而必然的中心性，那就需要对资本重新概念化，一种与传统马克思主义的框架完全决裂的概念化。

以回溯的方式考虑，社会、政治、经济、文化的资本霸权结构显然已经历史地发生了变化——从贯穿19世纪自由资本主义和20世纪国家中心福特式资本主义的重商主义，发展到当代新自由主义的全球资本主义。任何结构都会激起许多尖锐的批评——例如，对剥削和不平衡、不公平发展的批评，或者对技术决定论、官僚统治模式的批评。但这些批评中的任何一种都不彻底；目前看来，资本主义难以充分认同任何一个历史结构。这就提出了资本本质的问题，资本主义作为社会生活形态的核心问题。

我的作品意在为批判性认识资本主义的本质有所贡献，这种认识不受任何社会形态的时代局限。我认为，资本主义的核心是一种历史性的动态过程，与马克思力图把握资本范畴的多重历史结构相关。假如资本主义的批判理论适用于它的对象，那么现代社会的这种核心特征就一定得到理解。这种对资本主义的认识，只有在高度抽象的层面上才能获得。此外，它不仅可以用作分析资本主义划时代变革的出发点，而且也可以用作分析历史上不断变化的主体性的出发点，这种主体性在历史上重大的社会运动中呈现出来。

在重新思考马克思对资本主义最本质关系的分析时，我试图重构马克思的范畴分析的系统特征，而不是依靠马克思所做的论述，也不在展开其表现方式时参照它们的轨迹。

我认为，马克思成熟的批判范畴在历史上是针对现代社会或资本主义社会的。这种历史特征概念的转变，隐含着马克思自身理论的历史特征概念。在这个概念框架里，没有任何理论（包括马克思的理论）具有跨越历史界限的效力。

这就意味着各种超越历史界限的概念——包括许多马克思早期关于历史、社会和劳动的概念,例如表述为强调人类历史辩证逻辑的概念——在历史上都变得相对化了。而在讨论其超越历史界限的效力时,马克思并未断言这些概念无效。相反地,他限制了这些概念对资本主义社会形态的有效性,反倒表明以往针对资本主义社会的概念是如何成为超越历史界限的。在此基础上,马克思批判一般的历史或社会的理论,批判他认为只对资本主义时期有效的范畴。

可是,假如这些概念只对资本主义社会有效,而今,马克思必须揭示出这些概念为何在资本主义社会特征中有效。他试图这样阐明具有资本主义社会特征的社会关系的最根本形式,在此基础上,以他力图解释该社会底层状况的方式展现一个理论。这种基本范畴就是商品。马克思采用"商品"这个词来指历史上特定的社会关系形式,人们构建社会实践的构成形式,同时构成人们的行为、世界观与气质。作为实践范畴,它既是社会主体性形式,也是客体性形式。

社会关系的商品形式所具有的特征,正如马克思分析的那样,是由劳动构成的,以物质化的形式存在,并且具有二重性。

要解释该描述,就必须阐明马克思对资本主义社会中劳动的历史特征概念。马克思主张资本主义社会的劳动有"二重性":它既是"具体劳动",又是"抽象劳动"。"具体劳动"指的是这样的事实:我们认为是劳动行为的某种形式协调各种社会中的人与自然之间的互动。"抽象劳动"并非单指一般的具体劳动,而是一种截然不同的范畴。它意指在资本主义社会里,劳动也有独特的社会功能,对其本身而言,它并非劳动活动固有的:它促成了社会性相互依存的新形式。

容我重申:在商品作为整体基本结构范畴的社会里,劳动及其产品并非按照传统关系、标准或权力与控制的显性关系进行社会分配——即按照明显的社会关系分配——如像在其他社会里那样。相反，劳动本身通过用作一种准客观的方式取代了那些关系，并以此获得其他的产品。人们尚未消费他们生产的产品时，相互依存的新形式就形成了，然而，在这种形式中，人们的劳动或劳动产品作为获得其他产品的类似客观、必要的方式而发生作用。作为这样一种方式，劳动及其产品实际上取代了明显的社会关系功能。

此外，在马克思成熟的著作里，对社会生活而言，劳动的核心概念不是跨越历史界限的主题。它并非指物质生产一直是社会生活的前提这个事实。它也不应该被认为具有这样的意思：物质生产通常是社会生活最本质的维度，甚至是资本主义最本质的维度。相反地，它指的是通过劳动在资本主义内部构成一种社会调解形式，基本上表明资本主义社会的特征。以此为基础，马克思力图从社会方面确定现代性的基本特征，比如总体的历史动态以及它在生产过程中的变化。

因此，按照马克思的观点，资本主义社会的劳动，既是我们跨越历史界限的常识性理解的劳动，也是历史上特定的社会协调活动。因此，它的客观化——商品、资本——既是具体的劳动产品，又是被客观化的社会调解形式。据此分析，具有资本主义社会最基本特征的社会关系，与性质上独特的、明显的社会关系截然不同——例如亲缘关系，或是个人关系或直接支配关系——它们具有非资本主义社会的特征。虽然后一种社会关系继续存在于资本主义社会中，但最终构成这种社会的却是一种由劳动构成的新的、潜在层面的社会关系。那些关系具有一种独特的类似客观、常规的特征，而且是二重性的——它们以抽象、普遍的同质维度与具体、独特的物质维度的对立为特征，二者似乎都是"自然的"而非社会的，并决定着关于自然现实的社会概念。

潜在与资本主义的那种社会调解的抽象特征，也通过该社会中居主导地位的财富形式表现出来。马克思的"劳动价值理论"常常被误解为劳动的财富理论,即一种试图解释市场运作并通过论证劳动在任何时间地点都是社会财富的唯一源泉来证明存在剥削的理论。马克思的分析并非一般意义上的财富分析,至多是一般意义上的劳动分析。他将价值解释为财富的历史特定形式,这必定与资本主义社会中劳动的历史独特作用有关;作为财富的形式,它也是社会调解的形式。

马克思明确区分了价值和物质财富,并且将这两种截然不同的财富形式和资本主义社会中劳动的二重性联系起来。物质财富以产品的产量来衡量,由若干因素作用,如知识、社会组织、自然条件和劳动。

价值仅由消耗的人类劳动时间来构成,按照马克思的看法,它是资本主义社会财富的主要形式。反之,如果物质财富是财富的主要形式,由明显的社会关系来调解,那么价值就是财富的自我调解形式。

正如我要详细说明的,马克思对资本的分析是基于价值的社会体系的分析,该价值既生成又约束自身的历史可能性,而这种可能性是由以物质财富为基础的社会秩序所决定的。

此外,在这个阐释的框架里,资本主义的基本特征是社会调解的历史的、特定的、抽象的形式,该形式由劳动构成——由社会实践决定的各种形式构成——与从事这些实践的人民不大相关。

结果,一种历史上新的社会统治形式——使人们屈从于非个人的、日益理性化的、结构性的强制和约束,但又无法根据阶级统治来充分理解,或者,更普遍的是,无法根据对社会群体的具体统治来理解,也无法根据国家和/或经济的机构代理来理解。它毫无确定的轨迹,尽管由社会实践的决定形式构成,但看上去根本不具社会性。(我的意思是,马克思对抽象统治的分析是一种更有力也更确定的分析,也是对福柯在现代世界试图以其权力概念所理解的那些事物的分析。)

在这方面,非常重要的是马克思对价值增值的时间规定。马克思讨论社会必要劳动时间的价值量时,指出价值的一个特性是财富的社会形式,其衡量标准是时间:提高生产率会增长每个单位时间产生的使用价值量。但它只会导致每个单位时间创造的价值量的短期增长。一旦生产率的提高变得十分普遍,价值量就降至其基本值。结果是一种单一的动态。生产率提高的水准引发使用价值生产的大幅度增长。然而提高生产率并未导致价值(资本主义社会中财富的社会形式)长期的、成比例的增长。

请注意,这种特殊的单一动态植根于价值的时间维度,而不是那种模式被普遍化的方式,例如通过竞争的方式。历史上特定的抽象形式的社会统治,内在于资本主义社会调解的基本形式,它通过时间支配人们。这种统治形式关系到历史上特定的、抽象的时间形式——牛顿的抽象时间——它在历史上以商品形式构成。

这个动态是资本范畴的核心,对马克思而言,它是运动的范畴。它蕴含价值不断自我扩张的过程,一种毫无外在目的的定向运动,产生大规模循环的生产、消费、创造和破坏。

颇有意义的是,在介绍资本的范畴时,马克思使用了黑格尔在《精神现象学》中所用的同样语言,并且提到了精神——自我运动的物质,也是它自身加工的主体。[1] 马克思这样做,表明黑格尔的历史主体确实存在于资本主义社会。然而——这至关重要——他认为主体与无产阶级无关(如卢卡奇论述的那样),甚或与人性无关,但与资本有关。

在《资本论》里,马克思对黑格尔的批判表明,资本主义的各种关系并非与主体无关,它们妨碍它充分实现。更确切地说，他分析构成主体的那些关系本身。在马克思成熟的理论中，他并未设定一种历史的元主体，比如无产阶级，也不认为这种主体会在未来社会里实现自己，但是，他提供了批判这种概念的基础。其中隐含着一种与卢卡奇之类的理论家完全不同的立场，在他们看来，社会总体性由劳动构成，提供批判资本主义的立场，并以社会主义的方式实现。在《资本论》中，总体性以及构成总体性的劳动变成了批判的对象。历史主体是异化了的社会调解结构，也是资本主义构成的核心。资本的矛盾指向主体的消失，而不是主体的实现。

在《资本论》里，马克思最终把资本主义的历史动态植入商品的二重性中，因此也就是植入资本之中。我已概述的单一动态是这种动态的核心。如果剩余价值的范畴仅被理解为剥削的范畴——作为剩余的价值，而不是同时作为剩余的价值，作为剩余的时间财富形式，那么就很难理解这种动态的核心。这种动态的时间性不仅仅是抽象的。虽然从使用价值的维度看，生产力的变革并未改变每个单位时间产生的价值量，但它们确实改变了关于特定单位时间的决定。（抽象的）时间单位保持不变——然而，它还是被推动向前，仿佛在（历史的）时间中似的。这里的运动并不是在（抽象的）时间里的运动，而是时间本身的运动。抽象时间和历史时间，都被历史地构成统治的结构。

价值和使用价值的辩证关系，伴随相对剩余价值的出现，变得具有历史意义，而且产生一种复杂的、潜在于现代社会中的非线性历史动态。一方面，这种动态具有不断产生转变的特征，通常以社会生活的不断转变为特征。另一方面，该历史动态包含其作为社会生活稳定性的基本条件在不断重构，即社会调解最终受劳动影响，因此，不论生产力水平如何，活劳动依然是生产过程（从社会总体来看）不可或缺的。资本主义的历史动态不断出"新"，同时又"毫无变化"。这种动态既产生另一种社会生活组织的可能性，但又阻碍这种可能性的实现。

马克思以资本范畴来把握这种历史动态。随着资本的发展，神秘化的权力形式或"实际"是工人的权力形式就变得越来越少。更确切地说，资本的生产力日益变成社会普遍的生产力，它们以异化的形式被历史地构成，不再被认为是直接生产者的生产力。这种社会普遍知识的构成与积累，使无产阶级劳动愈加显得过时；与此同时，价值与使用价值的辩证关系重新构成这种劳动的必然性。

这种资本分析的一个含义，是资本并非作为统一的整体而存在，马克思关于"生产力"与"生产关系"之间辩证的矛盾概念，并非指资本主义固有的"关系"（如市场和私有财产）和非资本（劳动）固有的"生产力"之间的矛盾。相反，它是资本两个维度之间的矛盾。作为一个矛盾的整体，资本生成于我之前开始概述的复杂的历史动态，一种指向自身克服的动态。

矛盾既关乎另一种生存形式，又关乎想象另一种生存形式的可能性。换言之，理论用理解其客体的同一范畴的方式确立自身，并要求批判理论尽可能解释自身的可能性。

因为，我概述的动态基本上独立于它构成的个体，它具有一种内在的历史逻辑的特征。换言之，马克思的成熟理论不再把历史具体化为一种推动人类历史的力量；不再预设一种定向的历史动态普遍存在。但是，它确实根据连续的定向动态来说明现代社会的特征，并参照用商品和资本范畴所表明的社会形态的二重性来解释那种历史动态。历史动态的存在现在被认为是一种非自治的现象。

在这种评价中，批判性的马克思主义观点越来越接近后结构主义，而非传统的第二国际的马克思主义。不过，它并未把非自治的历史看作一种叙事，可以完全被话语消解，而是把它看作一种必须被征服的统治结构。从这种观点出发，任何通过聚焦偶然性来拯救人类代理的努力,或去除这种历史上特殊的统治结构的存在,都是——颇为反讽地——极大地缺乏信心。

此外,值得注意的是,通过把社会形态的矛盾特征植根于以商品和资本范畴所表示的二重性形式,马克思将矛盾的概念历史化了。根据这种分析,那种认为现实或社会关系一般说是本质上矛盾和辩证的观点,似乎只能是一种形而上学的假设而不是解释。这也表明,任何假设历史本身的内在发展逻辑的理论,不管是依据辩证还是依据进化,一般都把资本主义的状况投射到历史上面。

我已概述过对资本主义复杂动态的认识,它允许对现代社会的发展轨迹和生产结构进行一种批判性的、社会的(并非技术上的)分析。剩余价值的范畴不仅像传统解释那样表明工人阶级生产过剩的产品——而且它还表明资本主义社会的特征是一种有限的、失控的"发展"形式。在这个框架内,资本主义社会经济发展的问题不只是它危机四伏,像传统马克思主义的方法经常强调的那样。而是它的发展形式本身——加速自然环境破坏的发展——是有问题的。按照这种方式,如果生产的最终目标是增加商品的数量而非剩余价值的数量,那么发展的轨迹就迥然不同。

这种方法也为资本主义的社会劳动结构和生产性质提供了一种批判分析的基础。这表明,工业生产过程不应被理解为技术过程,虽然其日益社会化,但却被私人资本家用于他们自己的目的。确切地说,我正在概述的方法,把这个过程理解为本质上是资本主义的。资本推动生产力不断增长,产生了重要的高精尖技术的生产设备,使物质财富生产本质上与直接消耗的人类劳动时间无关。相应地,这开启了全社会大规模缩减劳动时间的可能性,开启了根本改变劳动的性质和劳动的社会组织的可能性。可是,这些可能性并未在资本主义社会中得以实现。虽然在逐渐摆脱体力劳动，但高精尖技术生产的发展却未把多数人从繁缛的劳动中解放出来。同样地，劳动时间不是在全社会层面上缩减，而是分布极不平衡，甚至许多人的劳动时间还在增加。（劳动的实际结构和生产的组织，无法仅从技术层面得以充分认识，在资本主义社会里，生产的发展也必须从社会意义上来认识。）

按照我概述的重新阐释，马克思的理论远远超出传统上对资产阶级分配关系（市场和私有制）的批判；它不仅仅是对剥削和财富与权力分配不均的批判。毋宁说，它认为现代工业社会本身就是资本主义的，并主要根据抽象的统治结构以批判的方式分析资本主义，包括碎片化的个体劳动和个体存在，以及盲目失控的发展逻辑。

这种方法将工人阶级视为资本主义社会至关重要的、最基本的要素，而不是其对立面的化身。它不但以无产阶级的胜利和基于无产阶级劳动的生产组织的方式将后资本主义社会重新认识，而且还通过作为社会调解行为的劳动所构成的抽象的强制动态系统对它重新认识。换言之，它根据劳动与时间的总体结构的改变将克服资本主义的问题概念化了。在这种意义上，它既不同于传统的马克思主义者对无产阶级概念的认识，也不同于资本主义"取消"国家工人阶级的方式，在国家和世界分配不均的框架里创造一个底层阶级的概念。

通过把分析的焦点转到调解方式，脱离市场和私有财产，这种重新阐释提供了一种关于资本主义的后自由主义社会的批判理论的基础，也为作为资本积累替代形式的所谓现存社会主义国家提供了一种批判理论的基础，而不是以任何不完善的形式再现对资本的历史否定的社会模式。

虽然此处所述抽象逻辑层面的分析，并未立刻解决过去30年潜在于结构性转变中的特定要素问题，但它却可以提供一个框架，在这个框架内，那些转变可能具备社会性基础，并在历史层面上得以认识。（它为认识现代社会非线性发展动态提供了依据，这可能包含很多对后工业理论的深刻洞见，同时也说明了该动态的内在约束，因此也说明了社会生活的实际组织及其可能被组织的方式之间的差距——特别是考虑到科技日益增加的重要性。）

由于它试图以社会为基础，以批判的方式考虑抽象的、类似客观的社会关系，以及资本主义社会的生产、劳动和必须发展的本质，这种阐释可能也开始以某种方式论及一系列的关怀、不满和愿景，为考虑近几十年新的社会变动以及它们体现和表达的某些历史构成的世界观提供一个有效的出发点。它也许能够探讨全球兴起的"原教旨主义"作为民粹主义的、拜物教形式，并以此对抗新自由主义全球资本主义的有差别的效果。

最终，这种方法也含有对民主社会的先决条件的质疑，因为它不仅分析不利于民主政治的实际社会权力的不平等，而且还揭示它们是社会的构成——因而是政治讨论的真正客体——是资本的全球动态对民主自决强加的系统制约。

通过从根本上反思价值理论的意义，重建资本主义本质的概念，这种阐释改变了资本主义批判理论与其他社会理论之间的话语方式。它含蓄地表明，一种合适的现代性理论应该是自省式的理论，能够克服文化与物质生活、结构与行动在理论上的对立，同时从社会方面确立宏大的、非线性的、现代社会的定向运动，它的经济增长方式，以及它的生产过程的本质和轨迹。

通过论述这些问题，我所做的阐释力求推进当代社会的理论话语，推进我们对社会领域广泛转变的认识。

注 释

[1] G. W. F. Hegel, *Preface to the Phenomenology of Spirit*, in *Hegel: Texts and Commentary*, ed. Walter Kaufmann (Garden City, NY: Doubleday Anchor, 1966), 28; *Capital*, Vol. 1, 255 – 256.

第三章

自由主义生产理论的困境[*]

阿兰·利比茨

自由主义的生产理论,可以说是 20 世纪 70 年代末引发重要转折的世界观(或"社会范式"),它使英国的玛格丽特·撒切尔和美国的罗纳德·里根上了台。它主导大部分国际经济咨询和管理机构(经济合作与发展组织、国际货币基金组织,世界银行),被欧洲社会主义者采用,而且是 20 世纪 80 年代全新的发展模式(至少有了轮廓)出现的原因。如前所述,该模式不再似是而非了,尽管它已深刻地影响到世界秩序和面对许多国家的这个现实。在法国,自由主义的生产理论主宰着从保卫共和联盟[1]到社会主义党之间广阔的中心地带,因为范式总是有左右之分。这种世界观建立在处于危机中的福特主义的废墟之上,从福特主义的衰落中形成了它的力量。

新模式

自由主义的生产理论大致表述如下:我们正经历一场"技

---

[*] 选自 *Towards a New Economic Order: Postfordism, Ecology and Democracy*, New York and Oxford: Oxford University Press, 1992: 30 – 47。

术革命";但在20世纪70年代提出了由国家和工会强加的限制——社会服务、福利国家、反污染法规等——由于缺乏资本公司,由于防止"痛苦而必然的转变",结果中断了它的自由发展。因此出现了这样的论点:让我们摆脱限制;停止资助无力偿还者和繁缛而低效的公共事业,提升利率以防非盈利活动。这样,自由市场会依新技术而自行建立一种新的发展模式。由于其应用范围不同,这些新技术基本上都很灵活,因而能够回应国家难以管控的多样而个体化的需求。由于涉及巨额投资,新技术也需要在全球范围内直接部署,而非服从于最大的一些国家的控制。

这种观点反映出19世纪成功的资产阶级的乐观态度——对"生产力发展"的优势坚信不疑,唯一使它受挫的只能是过时的法规和实践。这种乐观主义既涉及旧的自由主义者也涉及最初的马克思主义者,他们之间唯一的差异是,前者认为有"太多的国家控制",而后者认为有"太多的市场无政府状态"。

但是,重要的是强调19世纪自由主义和当代自由主义的生产理论之间的主要差异。前者试图通过鼓励市民谋求个体致富来确保所有人幸福。这是一种"功利主义""享乐主义"的自由主义,其中技术进步和自由企业的目标是让所有人致富的幸福快乐。

当然,像罗纳德·里根那样的新自由主义的最佳代言人,并未忽略这个方面。然而,经常发生的(尤其在法国)是,它的语言失去了感召力,沦为对事物本质冷漠的必然性。放松管制,自由贸易,技术变革,三者逐渐占据了主导地位,它们有些像三只相互追着尾巴跑的老鼠,转着圈不断奔跑,其不合逻辑只是表明不可能停止。对于"我们为什么真的需要自由贸易和自由企业"这个问题,答案是"使生产体系现代化",而对"为什么要将生产体系现代化"这个问题,回答是"应对国际竞争"。换言之,这是明确地回到过去未说出的问题:"积累,积累,这就是法则和预言。""生产的现代化"变成一个绝对的命令,如哲学家们所言,自由贸易、自由企业、灵活性和放松管制都是它的手段,不再需要政治或道德品质等更高层次的确证。

这并不意味着,自由主义的生产理论不再需要关注自身的证实,或不再需要得到社会的公认。不过,建构这种一致性不再是经济政策的第一要素,它是不是经济政策本身的目标也值得怀疑。"祖国"这种公民认同的集体性变成了公司或市场。

在公司内部,经理和工人构成一个共同体:大家似乎都在同一条船上。他们齐心协力,或勒紧腰带,经历暴风雨般的竞争。如果还有工会,那么它的任务也不再是保护工人利益免受雇主利益的影响。企业负责人的权威必须得到尊重;最多能做的是向他们提出建议,为了每个人的利益——就是说,公司成员受到外部世界威胁时,提高公司的效率。

市场给每个有事业心和奋斗精神的人以"赢"的机会;不是为了"赢得什么",而是只为获胜、打败别人。社会主义党在1986年的竞选口号是"胜利的法兰西万岁"。当然,必定会有失败者,但这就是赢家给予消费者最佳服务、最好产品的代价(这里自由主义生产理论的论调再次变成"进步主义的")。此外,假如你一败涂地,他人的成功会给你第二次机会;假如你要求得不是太高,你还能靠富人桌上的残羹为生,当它们的用人,为他们擦鞋,把他们引到高档餐厅的座位上。

谁来照顾其余的人——病人、残疾人、长期失业者和没什么技能的人?不是国家,或至少在最低程度上,只要能避免"动荡";让远亲近邻照顾他们!皮埃尔·洛桑瓦隆[2]称这是"重建市民社会的团结"。让福利国家的官僚主义方式见鬼去吧,让团结的管理方法见鬼去吧!"市民社会"(换言之,什么都不是国家的)将取而代之。这无异于回到最古老的"福利"——志愿者行业——回到"天生的专家"(妇女),她们以自己的工作和家庭责任,平抚所有在斗争中受害者的伤口。

自由主义生产理论的"社会范式"大致可以做如下限定:

1. 更加强调生产主义的技术-经济的需求——现在已经"类型化",而源于民主的公开的社会选择概念消失了(因出口的需要进行投资,又因需要投资而出口)。

2. 社会存在碎片化,公司的作用代替了以前的祖国作用(我们必须站在一起对抗竞争者),世界市场变成了运作环境。

3. 以各种方式使个体融入公司,从直接规定到协商参与,但一切都以个体而不是集体的个体性(阶级或职业联盟)为基础。

4. 全面减少以归属某个国家集体为基础的管理方式,让"市民社会"(意思非常简单,就是家庭)承担起福利国家不再承担的责任。

归根结底,这等于是一种等级的个体主义,首先,个体依附集体的关系只有在符合他们的利益时才得到确证,而集体不关心个体的利益;其次,集体只能通过支配它的那些人的个体主义获得集体的意义——就是说,"赢家"为了自己的利益也许会庇护失败者。

在这种模式中,任何对困境的批评,都必须以评定其合理性和有效性为先导。这种模式一定经得起分析,并占据上风。直至1985年,似乎都是如此,就像集团主义及其法西斯主义变体注定要(1938年左右)大获全胜一样。自由主义的生产理论模式,提供了一种可疑却真实的稳定性。过去,封建领主为农民"提供"保护,以防其他领主的袭击,并且以土地作为劳动的回报。特别的社会秩序,由于普遍冲突的存在而变得理所当然,而且整个系统保持长期稳定。当然,它受到战争、入侵和无端反抗的不断干扰,但正是这个事实使封建等级制作为抵御该时期的恶劣状况而被接受。

然而,自由主义的生产理论能否满足于这种基于微观层面上长期不稳定的整体稳定性呢?正是这点在20世纪80年代下半叶开始受到质疑。现在,该模式的紧张关系将得到分析。

被割裂的社会

首先,自由主义的生产理论导致社会严重的两极分化。结果可以说是一种"双层社会"或者"沙漏型社会",有人在上面,有人在下面,中间受到挤压。这就是美国正在发生的那种惊人的"拉美化"(或"巴西化")的情形。在顶层,竞争中的赢家(富人、有权力的人、决策人、好斗的人)将从技术革命的优势中获利,只要它们能够带来利益。在中间层,越来越小、越来越不稳定的一群半熟练工人,无疑受益于某种程度的福利保护,尤其在就业领域,但他们不能指望实际工资的增加,就像他们在福特主义时期那样。在底层,大量"求职者"会反复经历临时工作和失业之苦。失业时,因公共慈善或来自家庭的援助,他们的命运或多或少有所改善,这也取决于地方政府当局在多大程度上采用人性化的自由主义模式。与封建主义一样,穷人的命运依赖他人的"基督教精神"。

这种发展的政治含义非常明显:我们又回到19世纪著名的"危险阶级的问题",可能出现大众造反(在我看来是最有可能的结果),破坏体系的稳定,或个人犯罪的蔓延。如果社会上层三分之二的人,甚至下层三分之一的人,对犯罪的"威胁"感到恐惧,那么后一种情况就会回到自由主义的管理原则。作为政治争论的"法律与秩序"问题,对闹事者更有效,因为他们可以被隔离为"局外人",就像对那些一律概括为"虞犯少年"[3]那样——如黑人、来自破旧住宅区的青年,等等。人们可能会开始一系列有利可图的买卖,通过雇用一些穷人为富人做保安,使富人不受其他穷人的侵犯。

从里约热内卢到洛杉矶,这种模式已经表明它是可行的。它看起来十分有前途:"下层三分之一"的任何集体行动都会像以前那样,通过从个体行动转移到"阶级斗争"打破恶性循环,但现在它受到严格限制,因为随着福特主义的消亡,集体的世俗理想也消解了。集体的理想经常以古老的形式来掩护,如宗教派别、原教旨主义,诸如此类。只有通过进步的世界观,不同于福特主义类型的进步思想(欧洲的马克思主义、第三世界的发展主义-民族主义),才能再次发起解放受压迫和被边缘化的人的斗争。依然有很长的路要走,但自由主义生产理论的命运取决于迈出这重大的一步,这一步可能是巨大的危险,也可能是重大的机遇。

走出泰勒主义的错误方式

不过,这种模式遇到的另一个问题与生产有关。由于工资关系的管理模式在新自由主义的思考中占据主导地位,因此根本不可能解决福特主义那种劳动过程模式的危机。其实,尽可能减少公司与其工人之间在机制上的联系,尽可能鼓励使用临时工,很可能在工人及其所做的工作之间产生更大的距离——工人更加不自觉地参与生产效率和质量的竞争。

当然,正是在著名的"技术革命"中,这个问题才找到了答案。在汽车实体店里或是印刷电路生产线上,机器人会以每天24小时绝不罢工的完美工作,解决工人们减缓装配线速度的问题,或解决他们不擅长的工作问题。

不幸的是,"技术"甚至电子技术都不是自行运作的技术。它体现着已经完成的制造机器的工作与操作员、技术员和工程师的活劳动（线上、线下）之间的某些协作形式。理论上，自动化技术使我们摆脱了流水线工人的自觉参与，甚至摆脱了随意的、错误的参与——它只需工程师设计必要的机器，技术员正确地安装和调试；然后，只要像文盲给牲口喂食那样提供原料和大量计算机处理过的数据，随后清理垃圾即可！这些从大批待业者转换来的非熟练工很容易被替代。这种在工作概念和实现之间的关系，更容易在跨区域和国际上的大公司和分包商之间建立。大公司设在市区，拥有高素质、高薪人员，垄断着机器设计和终端产品的销售，并把实际加工转包给拥有广泛失业者在贫困地区运营的子公司。

这种劳动过程模式，可被称之为"新泰勒主义"，这无疑是可以想象的，在美国、英国和法国，不论在服务部门还是在制造业里，该模式都是标准。极端些讲，工程师坐在地球上的办公桌前，就能把像空间探索模块一样的工作间发送到木星去。这样虽好，但若出了问题怎么办？在太空探测器里，每个部分都有备份且是双重备份，在自动化的工作间中，你必须要求公司为机器提供售后或维修服务，这使我们又回到泰勒主义的主要问题——存在着自动化竞赛（因而进行投资），也存在着低效的"即时"生产力，原因就在于长期以来确实无人运作、调试并改良机器。

为什么自动化技术以这种方式而不是其他方式得以应用？从根本上说，是出于政治原因——生产线和办公室的政治。泰勒主义最初的目的是结束技术工人公开的、本质的技术参与，新泰勒主义则试图排除非技术工人、超市收银员和办公室打字员的残留的、隐在的、矛盾的参与。很自然，在20世纪70年代，新泰勒主义取得了胜利，当时的情境是，技工拒绝矛盾地参与，并以旷工、变相罢工、放慢装配线来表明他们的拒绝。在都灵的工厂里，菲亚特的管理部门几乎建立了全自动的工作间，包括LAM系统，以便让最麻烦的部分都无须工作人员在场。其目的在于重新确立管理权威；自动化成本远超出最佳技术效率所需的投入。20世纪80年代初，菲亚特的"福特主义"工人失败之后，管理部门不得不承认"LAM系统是有意义的，但却是一次性开发，它是在产业关系已经破坏时被设计出来的。它非常昂贵，占用大量空间，故障比不太复杂的安装更为频繁"。[4]

我和许多雇主，包括意大利的雇主们，都明显倾向于选择"不太复杂"但能在实际生产中及时调动一线员工技能的系统。"矛盾性"参与退出；出现了机械设计、机械维修与流水线生产之间的对话；甚至，也许合并第二和第三种功能。这可能意味着，成批的工人精通不止一个领域的高级技能，能够调试和维修机器，给设计师提出建议，甚至与其合作。这必然与参与同一生产过程的公司之间已经改善的关系同时进行——机器设计者与使用者之间不断的互动和对话。于是分包可能会被"伙伴关系"所取代。

20世纪80年代，各国公司选择了这种劳动过程模式，比如日本、联邦德国、瑞典，最后是意大利，新技术的引进更为有效，事实证明，这些国家从贸易战中获得很多。换言之，当前的时代有迹象表明，我们可以完全改变资本主义由来已久的趋势，通过泰勒主义将其推向巅峰，把体力与脑力劳动分开。

然而，重组泰勒所分离的代价会怎样？假如雇主意识到其员工的技能和创造性，他们将如何把这些转化为自己的利益？为了让他们的员工更专心工作，他们准备付出多少？许多雇主的（尤其在法国）直接回答是什么都不给，为此他们引进虚幻的日本概念"质量循环"。"我们给你们更大的职业满足感，恰恰是你们应该感谢我们。"有时，在一段时间，它确实有效——比如，对于短时间内觉得它有吸引力的人。但妇女从生理上就厌恶这个事实：新系统可能在吸引她们的注意力与脑力的同时，使她们无暇顾及她们的"第二职业"了——购物、下厨、育儿。对于同样的薪金，她们宁愿从事流水线的工作而不愿意做"模块组件"工作。管理部门只是在对"体力劳动者"的轻蔑中得到了确认。

更糟的是，工资关系的"自由主义"管理模式，更注重"灵活性"和临时工，这意味着员工几乎不可能意识到参与改善劳动的过程，或确保产品的质量，或在"自己"公司里的服务。如果参与其中，员工定会觉得他们的长远利益与公司利益息息相关。对他们而言，唯一的解决办法就是得到回报；换言之，我们需要作出新的"大的妥协"。

就此而言，一个可能的途径是，经过个体协商获得参与的报酬，工人获得奖金、晋升，或是增加绩效工资；假如他们不想参与可以离职。这会导致在公司内外进行技能与参与的讨价还价——一种"制度化的讨好方式"。工人卖给雇主的，不仅有他们的时间，还有比同事们更强烈的合作意愿。这种模式基于熟练雇员之间的竞争，菲利普·梅西纳[5]称之为"加州式"——一个基于著名的硅谷技术人员市场的术语。与福特主义模式的"工资社会"不同，就连总经理都把自己当作了员工，只是在进一步扩大规模的过程中有别于半熟练工人，其实正在发生的是工资关系的"新一轮交易"：员工都是个体创业者，但有些人把自己的劳动直接卖给他人而赚钱。

该模式，就涉及的劳动过程而言，与新泰勒主义大相径庭，实际上，它是与自由主义的生产理论的语境完美地结合起来，只是未应用于劳动力的同一部分。在同一家工厂或同一间办公室中，极有可能既有新泰勒主义式的非熟练工和半熟练工，又有更多"个体协商参与"的资深员工。

我们可以沿这条线索进一步推论：大公司可能存在保证就业和劳资谈判，而新泰勒主义却为分包公司和快餐这类消费服务业中的妇女、移民和残疾人而保留下来。君特·瓦尔拉夫在《最底层》[6]一书中，以日本或德国为例描写这种双层社会，该社会劳动力的上层阶层保留着以往福特主义的社会福利，而且深入地参与到质量和生产率的竞争中，而剩下的注定是新泰勒主义的临时工。

日本劳动经济学专家青木昌彦把这种劳动过程的模式称之为"工人的民主"。[7]在这种劳动过程的模式中，就涉及的公司而言，我们不属于自由主义的生产理论原则的讨论范畴。"企业家的自由"其实是受到将自己与员工联系在一起的合同的严格限制：无论是暗里受习俗的限制，还是明里受集体协议的制约。以承诺为交换，员工的工作得到了保障，而且他们不断参与有关技术变革及类似问题的协商。

把这个称为"工人的民主"或许言过其实了，但青木强调"工人的民主之困境"是：要践行集体协商参与的公司须得谨慎，因为它们在自由主义世界中运作。它们的员工能够确保得到某些回报，只限于其承诺带来更高工资的程度上，但这并不确定，因为市场可能瓦解，或是对手企业更胜一筹。有鉴于此，集体性妥协定然只限于尽可能小批的固定员工——一种工薪阶层的贵族，竭力摆脱"危险的竞争者"，即其他员工。这是另一个封建模式的例子，只是一些佃农已成为骑士联合领主来对阵其余佃农。

我要提出的这种妥协更有利于所有员工，但同为事实的是：日本人的妥协，即使从资本家的视角来看，都远比英国人或法国人的自由主义的生产理论更吸引人。

经济不稳定的回归

自由主义的生产理论的第三个主要问题是宏观经济问题：生产过剩的危机复发，20世纪30年代的周期性的衰退在社会需求中再次发生，正如20世纪80年代早期在英美发生过的那样，如果把贸易逆差降至可控范围的话，好像它们还会复发（就像在1989—1990年）。

就福特主义而论，需求的增长在某种意义上是计划性的。企业家们保证拓宽市场，因为所有的雇主或多或少都会给员工涨工资。因此，对他们有利的投资，本身就需要更多的固定资产，这点延伸到工资等方面。在自由主义管控下，企业家只能靠观察其他企业家的态度找到市场趋势的线索。如果他们认为邻居的"投资热情"高涨（经济学家称之为"活力"），他们就投资。因此，每个企业家的态度都验证了他人的揣测，直到一些银行家、批发商或企业家意识到：需求与新近投资不匹配，就会导致恐慌、股票市场崩盘和产量降低。

如果工资总额没有明确的协调增长，解决这种缺乏需求管理的经典方案是对主要投资项目或军备增加公共支出。真是个悖论！自由主义的生产理论的积累体制，只适用于保持低税率的高消费政府。这就是1983—1988年美国所发生的情况。到了1987年，大家都认为，基于赤字的发展难以维持，导致股票市场崩溃。然而，由于赤字居高不下，1988年美国仍然保持增长；其他国家看到美国继续采取这种方式，也跟着亦步亦趋。正如我们看到的，这种情况难以持久，因为国际收支需要平衡——一国不能以累积债务的方式来拖累别国。

国际大混乱

在国际层面上，面向自由主义的生产理论的第四个问题，是自由贸易问题。如我们所见，福特主义的黄金时代，并未走自由开放市场体系的道路，该体系是第二次世界大战后对美国有利的宏伟计划。从长远利益来看，它们使日本和西欧在一定程度的贸易保护主义中得以重构。与此同时，独立的第三世界国家将贸易保护主义用于其发展政策之中，只是它们并非劲敌。20世纪60年代晚期，情况开始变糟了，先是西欧和日本，后是新兴的工业化国家，竞争延伸到北美层面，要么通过获得相应的生产力，要么通过低得多的薪金标准。市场和生产渠道变得国际化了，但在国际层面，仍旧没有管控机制管理需求的增长，这堪比国家层面上的福特主义折中方案。

自由主义的生产理论对这些问题的回答有点不合逻辑——它呼吁更少的组织，甚至更少的管控机制。自由贸易应该自发地引起彼此的经济"调节"，促进共同的发展。这些不仅没有发生过，而且更糟的是，自由贸易能够"调节"国际不平衡的唯一方式（那些用多进口、少出口来减少国家赤字的方式，或使它们吸引资本投资和信贷），却产生了限制全球经济增长的作用。其实，20世纪70年代和80年代期间的发展，是以更大的不平衡为代价而获得的。

我们应该想到，不平衡是石油冲击更糟的结果：非石油出口国须得增加其他商品的出口来负担进口石油的费用。只要它们"凭信用"支付——即不减少其赤字——那么，（"危机的第一阶段"）一切运转良好。之后，美国以缩减内需（第二阶段）的方式减少赤字，从而将其他国家拖入衰退的泥潭。而后，它努力再发展，拖着其他国家，但以增加赤字的方式。

从根本上说，这非常合乎逻辑。在自由贸易环境中，当某些国家为了自身更有竞争力而发展过快的时候，就会出现贸易逆差。如我们所见，劳动过程模式一旦选错，就毁了美国与日本或西欧的竞争。对于这种处境，存在两种可能的答案。不是逆差国走向衰退，就是由着它负债，而不做协调。但假如所有逆差国因增税或削减政府开支而衰退，谁还需要出口呢？非此即彼，假如逆差国负债，它们需要提升利率吸引信贷，这些高额利率很快会变成国际标准。企业家们后来发现金融投资比生产产品更有利可图，于是，停止在生产上投资。

在这些情况里，如果各国没有管控需求增长的共同方式，它们都会陷入自由贸易的境遇，后果是停滞，至多是间歇性增长。正如我们后来所见，欧洲共同体就很好地证明了这点；但第三世界的情况，因过去的负债而更为明显。即使像巴西这样高出口率的国家能够有很高的负债，它也得继续让人民勒紧腰带，多出口、少进口。但是，如果生活标准已经降低，如果财富分配非常不均衡，最贫困的人群远低于全国的平均值，比如在巴西或印度，如果人口迅速增长，那么在别国所谓的"节俭"在这些地方就意味着全体人民受苦、挨饿，痛苦不堪。

1987年，巴西的物价解冻，此举明显地增加了最贫困人群的购买力，也削减了它的外债偿还力，寥寥几周，全家都付不起房租了，被迫迁往迅速增长的贫民窟。前五年，北美的萧条早已动摇了巴西的出口力，当时，诺莱斯特省还遭受了旱灾。受着外债的折磨，巴西的执政者仍驳回了稍稍降低统治阶级舒适的生活水平来帮助受灾地区居民的主意。上百万人死亡，我看到将死之人爬到省会累西腓的市中心。这就是"调整"意味着什么！

然而，归根到底，造成这些灾难的里根主义，也受到自由放任所致的困境的影响。20世纪80年代中期，美国贸易逆差占了巨大的比例，里根政府当然不会把国际货币基金组织对经济衰退和巨额贬值的对策强加给选民。过了一段时间，当"人人为己"成为指导原则时，里根主义发现了协商、多边主义和伙伴关系在国际关系中的优势，以及国家在需求管理方面的积极职责。到1985年底，美国建议西欧（实际上是联邦德国）和日本应增加内需以吸引美国的出口。不仅如此，他们恳求、威胁对方，最后故意削弱美元，作为防止进口、资助出口最有效的方式。

但事与愿违，美国不得不转向一种愈加明显的贸易保护主义。不过，就当前论证而言，这里的主要观点是，这种强化自由市场的政府政策，等于回到20世纪70年代早期经济合作与发展组织旧有的"协作"原则。斯蒂芬·马利斯当时一直担任经济合作与发展组织的经济顾问，他受古罗马加图的启示，不断支持这样的转变。总之，全球发展由那些贸易顺差国负责。靠它们自己来增长内需，吸引其他国家的出口。也许需要补充的是，假如它们不这样做，逆差国依靠贸易保护主义是完全合法的。

布什的国务卿詹姆斯·贝克对美国政府的新多边主义负有责任，这种多边主义远离自由市场模式，就像贸易保护主义（其武器之一）远离自由贸易一样。国家间的明显妥协，是替代处于自由主义生产理论核心的全面战争的唯一选择。在劳动过程中，正是这种自由主义处于防御状态，逐渐为新兴的宏伟计划让路，而该计划仍然有待于说明。

这就是同意选择妥协的重点。但在此之前，我们需要看看两种生产主义的共同危机，福特主义和正试图取而代之的自由主义；换言之，就是生态危机。

注　释

[1] 保卫共和联盟是雅克·希拉克的政党，他是1986年到1988年的法国总理，当时作为右派候选人，在与社会主义者弗朗索瓦·密特朗竞选总统的第二轮选举中，并未胜出。

[2] 自由主义生产主义思想家（左派的版本），福利国家批评家。

[3] 行话，被法国社会福利部门用来形容来自没落市区的青少年，因其背景而"注定"成为少年犯。

[4] 引自 Giancarlo Santilli 的文章 "L'automatisation comme forme de contrôle social"（Automation as a Form of Social Control）（*Travail*, 8, 1985）。

[5] Phillipe Messine, *Les Saturniens* (Paris: La Découverte, 1987).

[6] Günter Wallraff, *Lowest of the Low* (Paris: Methuen, 1988); transla-

tion of *Ganz unten* (Cologne: Kiepenhauer & Witsch, 1985).

[7] 参见 Masahiko Aoki, "Intrafirm Mechanisms, Sharing and Employment", in *The Golden Age of Capitalism*, ed. Stephan Marglin and Juliet Schor (New York and London: Oxford University Press, 1990)。

第四章

收　复[*]

保兰·洪通基

一

我从经济学家那里借来外向性这个概念，和它在发展理论中的应用一样，目的是转到另一个领域：科学社会学领域。[1]

事实上，我认为尤为迫切的是，非洲的科学家们，也许更宽泛地说是第三世界的科学家们，应该根据他们作为科学家实践的意义问问自己，在整个学术机制中其作用是什么？在全球范围的知识产生过程中处于什么地位？"我们是否满足于软弱的现状？"倘若单从个人表现和职业的角度来看科学研究问题，我们对现状无可挑剔，或是几乎无可挑剔。我们只会习惯地抱怨设备短缺，研究群体有许多弱点，不像工业化国家研究群体那么重要，以及其他类似的缺陷。但是，数量上的缺陷并非真正令人担忧的。这些至多表明，这里的科学研究仍处于初级阶段，与大工业城市中心的科学研究相比还相对稚嫩。但随着时间的推移，这种差距将

---

[*] 选自 *The Surreptitious Speech*: *Présence Africaine and the Politics of Otherness 1947 – 1987*, ed. V. Y. Mudimbe, Chicago, IL: University of Chicago Press, 1992: 238 – 248.

会缩小，非洲的科技活动也会在一定程度上得到发展。因此，人们鼓励在现行制度和现行生产率框架内耐心地、更加努力地做得更好。

我们观察得越仔细，问题反而越复杂。因为，我们必须超越数量上的比较，必须超越某个特定的、孤立的非洲学者的实践，或某个特定研究团队的实践；必须超越某个特定中心和实验室的竞争力，以便考察诸如设备和其他常用仪器的来源，研究课题的选择方式，课题选择所依据的直接或间接的社会需要和其他实际要求；这些需求最初博得关注的地理位置，研究成果的真正目标，这些成果被分配、保护和资本化的地点与方式，如果需要还包括它们的应用方式；以及这种研究与产业之间、与普遍的经济活动之间的复杂联系——每次考察都会提出问题：这种研究的目的是什么？谁会从中获利？如何将它纳入产生它的那个社会本身？这个社会在多大程度上能够应用研究的成果？反之，在多大程度上它允许这些成果被拿走？

从这个角度考虑，人们很容易发现：（非洲的科学活动和工业城市中心的科学活动之间）不仅存在数量上的差异，而且存在质量上的差异，差异不仅在于发展的程度或水平上，而且在于运作的趋向与模式上。这里的研究是外向性的，转向外在，受制或服从于外部需要，而不是自我中心的、注定要首先回答非洲社会本身提出的问题，不论直接地还是间接地。

二

这里，我要提及其他地方的研究。[2]在我看来，第三世界的科学活动，在全球范围内都具有依赖性特征。这种依赖和经济活动的性质一样，就是说，如果把它置于历史起源的语境，它显然是第三世界逐步融入世界知识生产过程的后果，受到发达国家的管制。

在此之前，这种情况已经出现过千百次。殖民时期，被占领地区在经济层面上作为原料库，注定要为大城市的工厂提供原料。人们不太注意的是，在城市的科学活动中，它也充当原料的供应地。殖民地只不过是新科学事实的巨型储料场，把原始状态的材料收集起来供给城市的实验室和研究中心，这些实验室和研究中心利用它们——只有它们能这样做——从理论上阐发它们，解释它们，在适当的地方把它们融入总体系统，包括已知的和未知的科学。换言之，如果殖民地的经济活动具有工业真空的特点，科学活动也具有明显的理论真空的特点。殖民地既缺乏实验室，又缺乏工厂。在实验室一词最广泛的意义上，殖民地缺乏实验室，而无论是精确的自然科学、人文社会科学，还是其他知识领域的任何一门学科，都势必在实验中得以发展。人们认为，殖民地需要做的是建设一些地方，进行特殊的组织和装备，使其适用于思想交流和学术图书馆，如果需要，还要适用于复杂的技术设备，以便把原始材料转变成经过证实的知识，即所谓的实验。另外，通过全面真实的世界知识和对环境的实际把握，大城市的实验室发现殖民地有一个新信息的宝贵资源，一个丰富他们的数据库和提高成果的无可替代的机会。

众所周知，除了作为原料供应地之外，殖民地还是一个城市工业产品的销售市场。而鲜为人知的是，殖民地的作用和城市的科研产品一样。人们过去经常觉得，现在仍然觉得，在达荷美市场（现今的贝宁诺伊斯），法国产的棕榄皂由棕榈油（达荷美出产，而且现在仍在生产）提炼而成，这就像人们过去认为，现在仍然认为，在实际是另一种关于达荷美的热带地理教科书里，它是从达荷美或其他热带国家现场收集的材料在法国生产出来，并由巴黎国立德制图实验室研制。或许，在另一个区域，仍然存在机车、汽车、各种机械和设备，这些都是集中应用于城市中心的知识技术及其工业开发的结果。殖民地是独特的科学消费者，正如它是工业产品的消费者一样，在每一种情况下都是消费进口产品，并习以为常；这些产品的原产地和"制作"方式当地人一无所知，因此，对他们而言，只能是超现实的、难以掌握的，像镶饰似的奇妙地置于他们日常现实的表面。

值得注意的是，应该详细考察这种边缘性的科学"消费主义"形式和模式，衡量其重要性，推测其关系，或者更确切地说，推测消费与多少处于萌芽期的科学生产之间的不平衡，它如何清晰地表明不同国家或同一国家不同地区的科技依赖性。此外，同样值得注意的是，应该考察从殖民地"出口"到研究中心实验室的事实和原始信息的性质及相关的重要性，把这些事实和这种信息与从同一国家输送到城市工厂的真正原材料进行比较，并在这两类"原始"材料之间确立一种基本的区分标准。做这样的区分很难，在某种程度上，即使是工业原料本身，在真正转化之前，也得不时地在城市中心经过"科学的"处理。

最后，非常值得做的是，从历史和认识论的视角出发，评估欧洲科学亏欠第三世界什么，评估从理论上处理大量新的数据和信息所得的知识的性质与范围，评估基于这些发现建立的新学科（热带地理、热带农业、非洲社会学、人类学等）的真正进展，以及通过这些同样的发现对旧学科的改变。

这里不是要解决这些复杂的问题。但至少它足可以表明，殖民地对城市经济活动的作用同它对科学活动的作用确实相似；两者在实施掠夺的策略上也非常相似，换言之，它一方面使资源枯竭，另一方面为了供给工厂、大学和城市研究中心也使信息枯竭，而且这一切都同时发生。

毫无疑问，这种类比远非完美，例如信息的"枯竭"并非是生产信息的殖民地信息枯竭，而是掠夺黄金、象牙、棕榈油或花生油使生产国在物质上贫困化。然而，就我们的问题而言，这种差异是第二位的。

还有更多的东西。不仅这种差异是第二位的，不仅两种掠夺形式仍然非常相似，而且作为底线这种情况还涉及同一过程的两个互补环节：全球性的积累过程。事实上，科学活动常被认为是经济活动的特殊形式，它也是生产活动，即使生产对象在这里是知识的对象，也就是概念、知识分子和非物质对象。因此，非常自然，第三世界被吞并的领土，通过贸易和殖民融入世界资本体系，也包括"科学的"渠道，即物质财富的流失伴随着知识和科学的剥削，发掘秘密和其他有用的信息；这就像在另一个层面上，它们同时掠夺艺术品去填充城市地区的博物馆。

三

我们谈及的时代，当然已经过去，但仍有迹可循。从经济（狭义经济）角度来看，人们不再谈及工业真空，只是会谈到科学领域的理论真空。从前的殖民地，如今有了工厂和时而密集的产业活动，在不同层次上，建起大学、实验室，偶尔还拥有设备精良的研究中心。

可是，众所周知，工厂的激增并未引起真正的发展，用萨米尔·阿明的话说，只是有增长无发展。建立汽车及其他同类产业单元的流水线，继续依从外向性逻辑。在很大程度上，新殖民产业，是由城市中产阶级的需要来界定的：目的在于为少数特权阶层生产的奢侈品，而不是为人民生产消费品。因此，它无法总体提升最广泛阶层的人们的生活水平，而那才是真正的发展。

作为对照，我个人认为，知识和科学生产结构（大学、研究中心、图书馆等）的边缘扩展远未结束其外向性，它们的基本作用至今仍是促进并因此强化信息的流失，机密的泄露，使"传统的"学术边缘化，缓慢而稳步地将发展中国家所有可用的信息融入世界知识生产的进程之中,而这个过程完全由发达国家控制。换言之,像流水线一样,这些科学生产的结构本身也是替代进口的结构,完全不受压制,反而强化了外向性和边缘对中心的依赖。

关于这种外向性,人们至少可以列出下列一些现象:

1. 我们这些国家的科学活动仍旧主要依赖中心制造的实验设备。我们从未生产过显微镜;更没有生产当前的新设备,这种设备越来越复杂,对今天处于前沿的研究非常必要。因此,链条上的第一环,即制造研究用的设备和形成科学生产的手段,已经离开了我们。

2. 我们的科学实践,依然在很大程度上依赖图书馆、档案室、出版社、期刊,以及发达国家出版的其他科学期刊;更普遍的情况是,依赖那些承担保护和发行研究成果的场所与地点,在这些地方,人类的科学记忆逐渐形成,并在很大程度上仍然基本上集中于发达国家。毫无疑问,人们必须认识到,近几十年来,发展中国家在这方面取得了巨大的进步。就其所取得的成绩而言,确实值得称道,通过大学年鉴、各类期刊、周刊,以及越来越可靠的出版社,科学出版和集中的编辑活动都成为现实。然而,这个领域的进步远没有颠覆整个过程。一个简单的事实可以证明这一点:这些出版物仍然要在不发达国家发现它们最多和最忠实的读者。当然,这不是在抱怨,而是陈述事实、分析事实,突出其重要意义。

3. 我们现在才从真正意义上触及理论的外向性。事实是,我们的学术著作在发达国家始终比在发展中国家更广为人知、被更多的人阅读。更重要的事实是,乍看起来,这种情况可能被完全视作外在情形,其实,还是被我们那些学者们内化了。为了实现这点，他们不但在决定研究选题时，而且在把理论模式应用到论述中时，对作品的方向和内容都做出调整。因而，第三世界的研究者的科学作品，倾向于以欧洲公众的期待和成见为导向，他们实际上在帮助欧洲。

4. 此外，这种理论外向性导致的结果是：边缘研究对周遭环境的影响最为频繁，而且依然集中于局部的语境，锁定特定的时期，不会也不愿升至普遍性层面。乍看起来，研究的向心力，此时表现为一种科学的外向性迹象，或许会令人感到很矛盾。相反地，人们可能更想看到发展中国家的研究者从发达国家的研究主题中解放出来的迹象，更想看到研究者首先考虑与其所在社会直接相关的问题的迹象。但事实并非如此：在科学史的总体发展中，欧洲再次引发区域特殊化，而这些特殊化最初是应欧洲的理论与实践的需要而产生的。事实上，非洲文化研究本身，不论实践还是意识形态，它同样是欧洲的发明，非洲研究者固守着这点，其实是甘愿为欧洲科学那见多识广的密探当配角。由于排外又不精通，发展中国家研究者就算在自家环境里维持正当权益，都可能陷入危险的陷阱。此外，对未来的迷恋，对解脱的担忧，致使研究者陷入科学的牢笼，难以进入知识总体进程的必经阶段：理论模式自身的产生，概念模式的细化，以及此后对特殊性本身的把握。

5. 但是，科学的外向性可能有更直接的实践来源与范畴。可能出现这样的情形：研究领域的选择不仅受条件限制，即间接地受到欧洲读者成见的影响，而且无一例外地直接由外向型经济的需求决定。直到不久前，农艺研究为这种粗放的外向性提供了一个很好的例子，因为它的工作基本上是为了促进农作物（棕榈树/油、椰树、咖啡豆、可可豆、花生、棉花等）出口——运往发达国家的工厂，或运往在发展中国家各地建立的"替代进口"的工厂——广大当地居民赖以生存的食品农作物却遭到忽视。最近事情确实有了进展，但是基本趋势依然存在：农艺研究仍然在很大程度上经常为贸易经济服务。

6. 著名人才的流失，从发展中国家奔赴发达国家的人才，在这种语境中，便有了新的意义：我们的经济偶尔表现出全球外向性，我们的科学活动表现得尤为突出，这本身不该被视为罪恶，而应作为我们必须学会认识的巨大冰山中那可见的一角，如有可能，进行全面的提升。离开的那些人并不只是那些人本身：留下的那些人被间接地卷入同一运动之中。第三世界的人才，兼具知性与科学的才干，他们被猛烈地卷进世界科学活动向着体系中心运动的潮流。有些人在宗主国"定居下来"；其他人往返于边缘和中心之间；还有一些人陷于无法运动的境地，他们尽力活在边缘上，天天奋斗，获得不同程度的成功，与玩世不恭和灰心丧气的恶魔斗争，但他们的眼睛仍然盯着中心，因为研究设备和仪器、传统、出版物、理论和方法论的模式，以及随之发生的一整套价值观与反价值观，基本上都源自那里。

7. 人才流失的次要形式，即发展中国家到发达国家的科学旅游，似乎至今仍是鲜受关注的重要现象。在第三世界研究者的日常惯例中，旅行是无法回避的；研究者的身体必然运动，前往大工业城市中心，要么为了完善其科学训练，要么启动研究计划之后，使其超越某个阈值。问题不在于这样的旅行是否愉快：无疑，许多人感到愉快，尤其在事业起步的时候；另一方面，其他人感觉是奇怪的重复，或是真实痛苦的体验。这只不过是个人理解的问题，没有触及真正的问题，即这种旅行是结构性需要的问题，是使这种形式的科学旅行难以避免的客观限制的问题，它以一种特殊的方式表明了第三世界科学活动的特点。

这样说，我自然不是要忽视人们可以从这种旅行获得的极大科学优势；相反，我关注的事实是，在目前的情况下，这种旅行仍有那种优势的必要条件是什么。在这些情况下，如果其他一切平等，那么若要结束这种从发展中国家到发达国家的科学"旅游"，无疑是荒唐的，因为正如我强调指出的，那种旅游形式根本不是旅游。真正的要求在于其他方面：它应该一个改革的问题，一个彻底改变世界上现有科学关系的问题，一个在今天的边缘国家鼓励以自身为中心的科学活动的问题。

另外，我并没有忽略这样一个事实：甚至在体系中心，今天的研究者也不可能完全不动，等待慢慢地死亡，除非处于真正核心的核心。确实有核心的核心，绝对的姿态：这就是美利坚合众国，它对北欧和日本不利，因为它正越来越吸引国际研究者团体的"精华"。不过，此时科学"旅游"就不再具有同样的意义：研究者由发展中国家向发达国家的流动，并非中等资本主义国家科学活动的内部失衡所致；它们每一个都发展——发展得很好——一种独立的、以自身为中心的活动，原则上能够依靠自身而继续存在。科学人才大量移居美国，或者为了某个学科迁往日本，是因为他们想寻求"更多的"东西。至于由发展中国家向发达国家的迁移，它体现出一种奢侈，而非必要性。

8. 要全面论述这点，应当考察另一种形式的科学"旅游"：从发达国家迁到发展中国家的人。研究者从工业化国家到边缘国家的迁移，永远不会与相反迁移的作用相同。欧洲或美国的学者不会为了寻求科学而跑去扎伊尔或者撒哈拉，他们只为得到科学的素材，如有必要，也会找一个运用他们科学发现的地方。他不会到那里去寻找自己的范式以及理论和方法论的模式，而是寻找可能充实其范式的新信息或事实，另一方面，因为和自己所处的社会相比，边远地区没什么风险，他可以做核试验，或是其他各类危险程度不一的实验。

当代知识的所有部分，都产生于发达国家在发展中国家的这种科学投入。通过这种投入，出现了一些新的学科，例如社会与文化人类学，还在原有学科中出现一些不同专业。如此，知识汇集在一起，构成非洲和第三世界的知识，但完全避开了非洲和第三世界，而是系统地回到欧洲，在体系的中心进行资本化和积累。因此，从发达国家向发展中国家的运动中不存在外向性，它只是一种迂回战术，为丰富自身和强化其技术优势服务。

9. 在这种情况下，传统知识将变成什么样子？怎么知道呢？实际上，在我们的口语文化中，存在着大量知识，有时非常精细，它们一代一代地忠实地传承，并常常在传承过程中得到丰富。这些知识涉及植物、动物、健康和疾病，它们是农业和手艺的知识，通过与国外科学接触变得更精确和更有活力，但不是创新。这种知识有一种闭关自守的倾向，最好的情形是与新知识简单地并存；最糟的情形可能会彻底消失并从集体记忆里抹去。因此，融入世界知识生产的过程会使原有的知识边缘化，确实，在最坏的情形里，会使在某个特定时间生产那些知识的人不自觉地忘记它们。

10. 此外，科学的外向性只是把西方语言用作科学语言，迫使想要获取知识的第三世界的研究者接受这些外来术语的羞辱，甚至还要复制并推而广之。毫无疑问，人们必须警惕不要夸大这种情况所造成的不便，抑或陷入浪漫的极致，使任何一种语言都成为——以自身且通过自身——表达确定的世界愿景，从而使其母语成为任何人都能用它表达自己真实身份的唯一语言。语言确实应恢复其工具性作用，遵循广义共同体的时代需求，没有人能处于一个完全孤立的世界中，否则就会窒息。同样地，人们认为现实中各种关系都有反自然的特征，这些关系目前存在于某些第三世界国家，特别是非洲，存在于本族语言和外来语言之间：外来语言占有独特的优势，而本族语言事实上被边缘化，被贬为非标准语言，甚至是"方言"或"土语"，只能表达日常生活的套话，缺少大胆的、普遍化的文化计划，以及把本族语言用作高层次教学和研究的工具，并最终真正实现知识的民主。

此处不再多说。这些评论只是为了说明研究的方向，并确立现存研究的合法性。它们源自一个众所周知的学科：科学社会学。但是，与通常该领域的作品相反，这里设想的研究不会止于考察工业化社会的科学功能。相反，该研究会对处于世界资本体系边缘的第三世界科技活动的具体特征进行质疑。最终目标是要确立一种新型科技政治，使人民集体占有知识，享有在世界上可以得到的整个科学遗产，虽然迄今为止人民一直被剥夺了他们在这个及其他领域的劳动成果。

注　释

[1] 本文以三篇论文的形式提交非洲经济与社会研究发展理事会第六届大会（CODESRIA，达喀尔，1988年12月5—10日），原题为"研究与外向性：边缘国家社会科学纪要"。

[2] 该文发表于围绕乔治·巴朗迪埃《论人类学的新挑战》展开的专题讨论会上（法国，Cérisy，1988年6月），出版在加里布埃尔·戈斯兰的合集里。

第五章

非物质劳动[*]

毛里齐奥·拉扎拉托

人们就组织劳动的新形式进行了大量重要的实证研究。结合相当丰富的理论反思，这使认识当今劳动的新概念及其隐含的新型权力关系成为可能。

对这些结果的初步综合——通过尽力说明工人阶级的技术和主体-政治的构成来限定——可以用非物质劳动概念来表达，该概念被定义为生产商品的信息与文化内容的劳动。非物质劳动的概念指劳动的两个不同方面。一方面，关于商品的"信息内容"，它直接指工人劳动过程中发生的变化，在工业和第三产业领域的大公司里，直接参与劳动的技能日益成为参与自动控制和计算机控制（以及同一阶层和不同阶层的通信管理）的技能。另一方面，关于生产商品"文化内容"的活动，非物质劳动包含一系列通常不认为是"劳动"的活动——换言之，这些活动包含界定文化与艺术的标准、时尚、品位、消费标准，以及更具战略意义的公众舆论。资产阶级及其子女曾经享有特权的领域，

---

[*] 选自 *Radical Thought in Italy: A Potential Politics*, ed. Paolo Virno & Michael Hardt translated by Paul Colilli & Ed Emery, Minneapolis, MN: University of Minnesota Press, 1996: 133-150。

这些活动自 20 世纪 70 年代末就已变成我们定义为"大众智能"的领域。这些战略领域的深刻转变，不仅彻底改变了劳动力的构成、管理和控制——生产的组织，而且，更深刻地改变了知识分子及其社会活动的角色和作用。

始于 20 世纪 70 年代初的"大变革"，已改变了提出这一问题的方式。体力劳动越来越参与可能被定义为"脑力"劳动的过程，而新兴通信技术也日益需要富有知识的主体。这并不仅仅因为脑力劳动已受到资本主义生产标准的影响。真正的情况是，新兴的"大众智能"已经形成，它产生于资本主义生产需要与"自我价值实现"形式的结合，以及与劳动的对抗。这种"体力与脑力劳动"之间或"物质劳动与非物质劳动"之间原有的二分法，可能无法把握这种生产活动的新性质，新的生产活动赞同把它们分开并进行变革。知与行、劳动与创造、作者与读者之间的分离，在"劳动过程"中被超越，同时又在"价值实现过程"中作为政治诉求被再次提出。

重组后的工人

20 年大工厂的重组造成了奇异的悖论。各种不同的后福特主义模式都已被重构，一方面因为福特主义的工人模式已经失败，另一方面已经认识到生产中（日益增加的知识化的）活劳动的重要性。在今天经过重组的大公司里，工人的劳动越来越涉及在各个层面上进行选择的能力，在不同可能性之间进行选择，因此也涉及做出决定的责任程度。交流社会学家使用的"相互关联"概念，为这类工人的活动提供了一个非常准确的定义，即不同职能、不同工作团队、不同阶层等之间的相互关联。现代管理技巧所寻求的，是让"工人的灵魂成为工厂的一部分"。工人的个性和主体性，都必须使其易于组织和管理。劳动的质量与数量围绕着非物质性来组织。这种把工人阶级劳动转为控制的劳动，转为对信息的掌握，使其成为包括主体参与的决策能力，并根据工人在工厂等级制中的不同地位以不同的方式影响他们，但这种转变仍旧作为一种不可逆转的过程而存在。如此，劳动可以被定义为激活和管理生产协作的能力。在此阶段，工人有望成为协调各种生产职能的"积极的主体"，而不是简单地被动接受指令。这里我们涉及一种集体学习的过程，这个过程变成了生产力的核心，因为它不再是发现不同的方式来重组现有工作职能的问题，而是寻找新的工作职能的问题。

然而，主体性及其集体形式的问题，它的构成和发展，在劳动组织内部明显呈现出社会阶级之间的冲突。必须指出的是，我所论述的，不是某种重构的乌托邦愿景，而是社会阶级之间冲突的十分真实的领域与状况。

资本家需要找到一种直接控制主体本身的方式；对任务的规定和限定变成了对主体的规定。西方社会的新口号是，我们都应"成为主体"。参与管理是一种权力的技术，是创造和控制"主体过程"的技术。由于不能把主体只限于执行任务，主体必须在管理、交往和创造方面具有竞争力，而且必须与"生产任务的生产"条件相协调。因此，"成为主体"这个口号远非消除等级与协作、自治与控制之间的对立，实际上是在更高的层面上重提这种对立，因为它既调动个体劳动者的个性，又与其冲突。首先，我们在这里具有一种专制的话语：人们总要表达自己，总要说话、通信、协作，等等。这个"基调"是在泰勒化条件下实行管理的那些人的语调；已经改变的只是内容。其次，假如不再能严格地制定、指定工作和责任的话（以曾经对劳动做过"科学"研究的那种方式），相反，假如工作如今需要协作和集体协调，那么这种生产的主体必须有交往的能力——他们必须积极地参与到工作团队之中。因此，通信关系（包括横向和垂直的通信关系）不论形式和内容都是事先设定的；它从属于"信息循环"，不能指望它是什么别的东西。主体完全变成了编码和解码的交换，在管理完全规范的通信语境之中，它传递的信息必须是"清晰而明确的"。强制指令的必要性和随之而来的暴力，在这里采取规范的通信形式。

指令"成为交流主体"的管理方式，可能比早期脑力和体力劳动（策划和执行）之间的严格划分更为极权主义，因为资本主义力图将工人的个性和主体性统统纳入价值生产。资本要求的情境是，管理指令存在于主体的他／她内部，存在于交际过程的内部。在毫无工头干预的工作群体中，工人要对他／她的自制和动机负责，工头的角色被重新界定为协调者。实际上，雇主极为担心的是由此引发的双重问题：一方面，他们被迫承认劳动的自主和自由是生产中唯一可能的协作形式，同时在另一方面，他们不能（对资本家生死攸关）"重新分配"隐含于新的劳动性质及其组织中的权力。今天的管理思想考虑工人的主体性，但只是为了把它编入符合生产要求的程序。而且，这种转变再次成功地掩盖这样一个事实：工人个体和集体的利益与公司的利益并不一致。

我把工人阶级的劳动定义为抽象活动，包含着对主体的利用。然而，为了避免误解，我应该做些补充：这种形式的生产活动不仅仅限于高级技工，今天它指的是劳动力的使用价值，更普遍的是指后工业社会中每个生产主体的活动形式。可以说，在具有高级技能、资深的工人中，"通信模式"早已产生、早已构成，而且其潜力也已得到了限定。而在年轻工人、"不安分的"工人和待业青年中，我们正谈及一种纯粹的虚拟性，一种尚未确定却已具有后工业生产主体性各种特征的能力。这种能力的虚拟性，既非空洞的，又非与历史无关；相反，它是一种开始和潜能，像它们的历史起源和前辈那样，具有福特主义的工人"对抗劳动"的特点，在更近时期，具有社会化、教育形成和文化自我实现过程的特点。

人们研究社会再生产时，劳工世界的这种转变显得更为明显：一方面是"分散的工厂"和生产的去中心化，另一方面是各种形式的第三产业化。在这种情况下，人们可以衡量非物质劳动循环在全球生产组织中具有怎样的战略作用。各种研究、概念化、人力资源管理等活动，以及各种第三产业的活动，都在计算机化和多媒体网络中组织起来。这些都是我们必须理解生产循环和劳动组织的条件。科学劳动融入工业与第三产业的劳动，已成为生产力的主要来源之一，而且正在变成组织其生产循环中的一个增长点。

经典定义中的"非物质劳动"

后工业经济的全部特征（既包括工业的，也包括整个社会的）都在"非物质"生产的经典形式中凸显出来：音像制品、广告、时尚、软件生产、摄影、文化活动等。这种非物质劳动的活动，迫使我们对**劳动**和**劳动力**的经典定义提出质疑[1]，因为它们综合了各种不同类型工作技能的成果：有关文化信息内涵的知识技能，能将创造、想象、技术和体力劳动结合起来的手工技艺，以及处理社会关系和构建自身参与其中的社会协作的商业能力。这种非物质劳动，以接近集体的形式构成自身，而且我们可以说，它只存在于网络和流动的形式中。组织非物质劳动的生产循环（因为它本来如此，但我们一度放弃工厂论的偏见——生产循环）不易察觉，因为它并非局限于工厂内部。它的运作场所在工厂之外，一般在社会当中，在地区的层面上，我们可以称之为"非物质劳动的盆地"。小的、有时非常小的"生产单位"（经常只包含单一的个体）为特殊的专门项目而组织，可能只在那些特殊工作持续期间存在。只有资本家需要时生产循环才开始运作,一旦工作完成,该循环就融入使生产力再生产和强化成为可能的网络与流动之中。不安定、过度剥削、流动性和等级制,都是大都市非物质劳动最明显的特征。在独立的"自营"劳动者这个标签背后,我们实际上发现的是知识无产阶级,但只有剥削他/她的雇主才承认他们。值得注意的是,在这种劳动中,休闲时间和劳动时间变得越来越难以区分。在某种意义上,生活离不开工作。

这种劳动形式,同样以实际的管理职能为特征,这些职能包含(1)管理社会关系的能力;(2)促成非物质劳动区域内部的社会协作。因此,这种劳动力的特性不仅以其专业的能力限定(专业能力能够构成商品的文化——信息内容),而且也由"管理"其自身活动的能力限定,由协调其他非物质劳动的行为限定(循环的生产和管理)。这种非物质劳动是"活劳动"的真正转变。我们远离了泰勒主义的组织模式。

非物质劳动正处于生产和消费新型关系的转折点上(毋宁说,它们的交汇处)。激活生产协作以及与消费者的社会关系,在通信过程中被物质化了。非物质劳动的作用是(在劳动和消费过程中)推进通信形式和条件的持续创新。它赋予需求、想象、消费品位等以形式并使它们物质化,而这些产品又使需求、想象和品位变成强有力的生产者。商品通过非物质劳动产生的特质(它真正的使用价值由它作为信息和文化的内容决定)包含这样的事实:它并未被消费行为毁掉,反而得到扩展、转变,并创造出消费者的"意识形态"和文化环境。这种商品并未产生劳动力的身体能力;相反,它改变使用它的人。非物质劳动首先产生"社会关系"(创造、生产与消费的关系)。只有它成功地完成生产,这种活动才具有经济价值。这种活动直接表明了物质生产已经"隐蔽"的东西,就是说,劳动不但生产商品,而且首先生产与资本的关系。

非物质劳动生产协同作用的自主性

我这里的前提是，非物质劳动的循环把社会劳动力作为它的起点，它是独立的，既能组织它自己的工作，又能组织它与商业实体的关系。工业并未形成或创造这种新的劳动力，而只是接受它、改进它。工业对这种新型劳动力的控制，预设了劳动力的独立组织和"自由企业活动"。再进一步，我们便会对后福特主义阶段劳动组织的性质展开争论。在经济学家当中，关于这种争论的主要观点可以简单地概括为：非物质劳动在工业集中化所允许的组织形式内运作。从这个共同基础出发，有两种不同的思想流派：一种是新古典主义分析的延伸，另一种是系统理论的扩展。

前者试图通过重新限定市场来解决这个问题。它的建议是，为了解释通信现象和新的组织维度，不仅应该引入劳动合作和劳动强度，而且还应该引入其他分析的可能（人类学的可能？非物质的可能？），以此为基础，再引入其他的优化组合的目的。实际上，新古典主义模式面临相当多的困难，无法使自己摆脱整体均衡理论长期以来的制约。新的劳动现象，组织、通信的新维度，自发协同的潜能，主体参与的自主性，以及网络的独立性，既不会被一般理论所预见，也不会由它来预测，一般理论认为物质劳动与工业经济是不可分离的。今天，通过可以获得的新数据，我们发现微观经济在抵制宏观经济，而且经典模式也受到新的、不可改变的用人方法的侵蚀。

通过消除市场限制并赋予组织以首要地位，系统理论更容易接受新的劳动现象，特别是非物质劳动的出现。在更充分发展的系统理论里，组织被认为是诸因素的整合，既包括物质的也包括非物质的，既包括个体的也包括集体的，因此能够使特定的群体达到目的。这个组织过程的成功需要管理的方法，或是主动的，或是无意识的。它可能从社会协同作用的观点观察事物，而非物质劳动可以因其在全球有效而被接受。不过，这些观点仍然与劳动组织的意象及其社会范畴密不可分。从经济的观点出发，在集体认知机制的关系里，有效活动（符合其目的的活动）必然被认为是一种剩余。社会学和劳动经济学，作为系统的学科，都难以摆脱这种观点。

我认为，分析非物质劳动和描述其组织，可以使我们超越商业理论的预设——无论是在新古典主义学派里，还是在其系统理论学派里。在区域层面上，这可以使我们为非物质劳动生产协同作用的完全自治定义一个空间。从而我们可以反对原有的思想学派，断然确立一种构成性的"人类社会学"视角。

一旦这种观点开始在社会生产中占主导地位，我们就会发现生产模式的连续性中断了。我这里的意思是，与许多后福特主义理论家所持的观点不同，我并不认为，这种新型劳动力仅仅对资本主义新历史阶段及其积累和再生产过程发生作用。这种劳动力是"无声的革命"的产物，它发生在人类的劳动现实以及重构其意义的过程之中。支付工资的劳动和直接服从（组织）不再构成资本家与工人之间那种契约关系的主要形式。多种形态的自己雇自己的自主劳动已经成为主要形式，一种自己当企业家的"脑力劳动者"，已经进入不断转换的市场和时空变换的网络。

非物质生产的循环

迄今为止，我一直从"微观经济"的观点来分析并构建非物质劳动的概念。现在，如果我们在全球生产循环范围内考虑处于战略阶段的非物质劳动，那么我们就能够发现后福特主义生产的一系列特征，而它们迄今尚未被充分认识。

我特别想说明的是，定价过程为何倾向于与社会信息交流的生产过程一致，为何两个阶段（定价和交往）同时兼具社会和区域维度。非物质劳动的概念预设并导致生产协作的扩大，甚至扩大信息交流的生产和再生产，因而扩大到它最重要的内容：主体性。如果说福特主义将消费融入资本再生产的循环，那么后福特主义就是把信息交流融入了这种循环。严格地从经济角度来看，非物质劳动再生产的循环打乱了生产-消费关系，因为它受到"有效凯恩斯主义循环"的限定，就像在《资本论》第二卷里它受到马克思主义再生产理论的限定。当前，不是要颠覆"供-需"关系，而是要重新界定生产-消费关系。正如我们前面看到的，消费者从概念上就存在于产品的制造之中。消费者不再局限于消费商品（在消费行为中破坏了它们）。相反，消费者的消费应该根据必要的条件和新的产品生产商品。因此，消费首先是信息消费。消费不再只是一种产品的"实现"，而是一个真实的、正当的社会过程，这个过程暂时以**信息交流**来加以限定。

大规模的工业与服务业

为了认识非物质劳动生产循环的新特征，我们应该把它与大规模的工业和服务业生产进行比较。如果非物质生产循环直接表明了后泰勒主义生产的奥秘（就是说，社会信息交流和构成它的社会关系变成生产性的），那就非常需要考察这些新的社会关系如何刺激工业和服务业，它们如何迫使我们阐发和重组经典形式的"生产"。

大规模的工业

后工业时期的企业和经济都基于信息操作。这种方式既不是监督（像19世纪企业做过的那样）生产过程的内部运作，也不是监管原材料（包括劳动）的市场，而是主要集中于生产过程外部的领域：销售以及与消费的关系。它总是更倾向于商业化和融资，而不是生产。产品制造出来之前，必须被售出，甚至在汽车制造这样的"重"工业里也是如此；只有在接到销售网络的订单之后，才开始制造汽车。这种策略基于信息的生产和消费。它调动重要的信息交流和营销策略，以便收集信息（了解市场的动向）和积累信息（构建市场）。在泰勒主义和福特主义生产体系中，通过引入大众对标准化商品的消费，福特公司依然可以说消费者已经在一个黑色 T5 型和另一个黑色 T5 型汽车之间做出了选择。"今天，标准商品不再是成功的秘诀，过去在众多'低价'系列中号称第一的汽车产业本身，现在吹嘘它已成为定身制造的新产业。"[2]对大多数商家而言，生存需要持续寻找新的商机，这就需要确定更多或更有区别的生产线。创新不再从属于劳动的合理化，而且还从属于商业规则。因此，后工业商品是创造过程的结果，这个过程既包括生产者也包括消费者。

服务业

如果我们从真正的工业转到"服务业"部门（大型银行服务、保险，等等），我已描述过的那个过程的特点便显得更加清楚。我们今天看到的并不是真正服务业的发展，而是"服务关系"的发展。这种超越泰勒主义的服务业组织，以生产与消费关系的融合为特征，实际上，在这种关系中，消费者以一种积极的方式干预产品的构成。产品"服务"变成一种社会的构成，一种"观念"与创新的社会过程。在服务产业中，"后台业务"的工作（经典的服务工作）减少了，而"前台业务"的工作（和客户的关系）增多了。于是，人力资源转向外部业务。正如最近的社会学分析告诉我们的，服务部门经营的产品越是具有非物质产品的特征，它本身离生产与消费关系的工业组织模式就越远。这种生产与消费关系的转变直接影响到泰勒主义服务生产的劳动组织，因为它对劳动内涵和劳动分工都提出质疑（因而，设想和实现之间的关系也失去了单面性）。倘若产品由消费者的干预来限定，并因此不断发展变化，那么就越来越难以限定服务性生产的标准，也越来越难以确立生产力的"客观"标准。

非物质劳动

这些后工业经济的所有特征（既存在于大工业中，也存在于第三产业中），在真正"非物质"生产的形式中非常明显。音像制品、广告、时尚、软件、区域管理等，都以生产及其市场或消费者之间的特殊关系来界定。这是我们最难实现泰勒主义模式的地方。非物质劳动不断创造并改变信息交流的形式和条件，具有协调生产与消费关系的作用。如前所述，非物质劳动首先生产社会关系——它不仅生产商品，而且生产资本关系。

如果今天的生产直接生产社会关系，那么非物质劳动的"原材料"就是主体性和"意识形态"环境，主体性生存于这种环境之中并再生产这种环境。主体性的生产不再只是社会控制的工具（对商业关系再生产而言），它变成了直接生产的性质，因为后工业社会的目标就是要构建消费者/通信者——使它们"活跃"起来。非物质劳动者（那些从事广告、时尚、市场、电视，以及自动控制等工作的人）满足消费者的需求，同时也确定那种需求。非物质劳动既生产主体性同时也生产经济价值，这一事实表明，资本主义生产已经渗入我们的生活，打破了经济、权力和知识当中的所有对立。社会交往过程（及其主要内容或主体性的生产）直接变成了生产性的，因为它以某种方式"生产"产品。从"社会的"（以及更是社会的，即语言、通信等）变成

"经济的"过程，尚未得到充分研究。事实上，一方面，我们善于分析主体性的生产，把它作为对"自我关系"独特的构成"过程"，关注知识和权力特有的生产形式（如在法国后结构主义哲学体系中那样）；但这种分析从未充分介入资本主义的定价方式。另一方面，20世纪80年代，一批经济学家和社会学家（在他们之前是意大利后工人主义传统）展开对"社会生产形式"的详细分析，但这种分析并未充分把主体性的生产整合为价值化的内涵。现在，后泰勒主义的生产模式正是通过使主体性发生作用而得到限定，主体性不仅激活生产协作，并且生产商品的"文化"内涵。

审美模式

但是，社会交往的生产过程如何形成？在这个过程中主体的生产如何发生？主体性的生产怎样变成消费者/通信者的生产？如何变成消费和交往的能力？在这个过程中，非物质劳动有什么作用？前面说过，我的前提是：交往的生产过程倾向于直接变成定价的过程。如果过去的交往基本上通过语言以及意识形态和文学/艺术的生产机制来组织，那么今天，因为它带有工业生产的色彩，通过特殊的技术方案（知识、思想、影像、声音和语言的复制技术）和组织及"管理"形式等新的生产方式，交往也被复制。

在理解社会交往及其纳入"经济"范畴的形成过程时，不要用"物质"的生产模式，最好使用美学的模式，包括作者、复制和接受。这种模式揭示了传统经济范畴模糊的某些维度，构成后泰勒主义生产方式中的"具体差异"。[3] "美学/意识形态"的生产模式被转变成小范围的社会学模式，虽然这种社会学的转变会带来各种限制和困难。作者、复制和接受的模式需要双重的转变：

首先，这个创造过程的三个阶段必须直接以其社会形式为特征；其次，这三个阶段必须被理解为是对实际生产循环的阐述。[4]

"作者"必然失去其个人维度，被转变成一种工业组织的生产过程（伴随着劳动分工、投资、订单，等等）；"复制"变成根据获利原则组织的大规模再生产，而受众（"接受"）则可能变成消费者/信息交流者。在这种社会化和把知识活动纳入经济范畴的过程中，"意识形态"产品可能采取商品的形式。但我要强调的是，把这个过程纳入资本主义逻辑并将其产品转变成商品，并没有消除美学生产的独特性，即作者和读者之间的创作关系。

非物质劳动循环的具体差异

让我简要说明一下不同"阶段"的具体差异，这些阶段构成非物质劳动（非物质劳动本身，它的"意识形态/商品产品"，以及"公众/消费者"）的生产周期，涉及"资本"在生产的经典形式。

就非物质劳动即"作者"而言，必须强调其生产协同作用的完全自主性。正如我们看到的，非物质劳动使我们质疑劳动和劳动力的经典定义，因为它由综合不同类型的技能而产生：知识技能、手工艺和创业技能。非物质劳动本身直接以集体形式构成，即网络和流动的形式。这种形式的协作以及这些技能的"使用价值"服从于资本主义的逻辑，但并不会因此失去非物质劳动构成与含义的自主性。相反，它揭开了对立和矛盾，按照马克思主义理论，这些对立和矛盾至少需要一种"新的阐述形式"。

"意识形态产品"在各个方面都变成了商品。意识形态这个词并不表示产品的特征是现实的"反映"，或者现实的错误或正确的意识。相反，意识形态产品产生新的现实阶层；它们是人类权力、知识与行为的交汇点。新的认知方式需要新技术，新技术也需要新的认知形式。这些意识形态产品完全内在于社会交往的形成过程；就是说，它们既是这些过程的结果，又是其先决条件。意识形态产品的总和构成了人类意识形态的环境。意识形态产品转化为商品，但从未丧失其特性，换言之，它们总是对人而言，它们是"理念的表示"，因而它们提出"意义"的问题。

公众易于变成消费者（读者/客户）的模式。作者针对的公众（在用户意义上——读者、音乐听众、电视观众）本身有一种双重的生产功能。首先，作为意识形态产品的接受者，公众是生产过程的构成性因素。其次，公众通过接受成为生产性的，因为接受会赋予产品"某个生活中的位置"（换言之，将其融入社会交往），并使其生存发展。因此，从这种观点看，接受是一种创造行为，是产品整体的一部分。产品转化为商品并不能消除这种双重"创造性"的过程；它必然原样呈现，并尽量控制它，使它从属于其自身的价值。

产品转化为商品并不能消除**事件的特征**，不能消除通过交往确立并组织的非物质劳动和公众之间的开放过程。如果非物质生产的创新通过这种开放的创造过程产生，那么为了推动消费和不断更新，企业提取公众/消费者产生的"价值"就会受到限制。这些价值预设了存在的方式，即现存的方式，也预设了支持它们的形式。从这些思考出发，出现了两个主要的后果。第一，价值被"投入工作"。意识形态产品转化为商品扭曲或改变了在生活中形成的社会想象，但与此同时，就商品自身的生产而言，它必须承认自己也无能为力。第二个后果是，生命形式（以其集体和协作的形式）如今是创新的源泉。

对非物质劳动循环的不同"阶段"的分析，使我可以提出这样的假设：按照直接使"意义"发生作用的方式，真正具有"生产性"东西是整个社会关系（这里表现为作者—作品—受众的关系）。这种类型的生产特性，不仅通过建立生产与消费之间新关系的方式在生产过程的"形式"上留下印记，而且还为资本主义占用该过程提出了一个合法性的问题。这种协作在任何情况下都不会由经济学事先决定，因为它针对的是社会生活。"经济学"只能占用这种协作的形式和产品，并使其标准化、正规化。创造和创新元素与那些只能通过生命形式产生的价值密切相关。后工业社会里的创造性与生产力，一方面存在于生命形式与其产生的价值之间的辩证之中，另一方面，存在于构成它们的主体的活动之中。（熊彼得式的）企业在他/她的创新能力中找到的合法性，已丧失其根基。因为资本主义企业不产生非物质劳动的形式与内容，所以他/她甚至没有产生创新。对于经济学而言，只能控制非物质劳动的行为，以及通过控制交往、信息技术和它们的组织过程，创造一些控制方法，创造新的公众/消费者。

创造与脑力劳动

这些简单的思考，使我们开始质疑脑力劳动的创造和传播模式，使我们超出作为"个体性"表达或作为"上层"阶级遗产的创造性的概念。齐美尔和巴赫金的作品在其构想时非物质生产刚开始具有"生产性"，对于非物质劳动和社会的关系，它们以两种完全不同的方式呈现出来。首先，齐美尔的作品，仍然集中于体力和脑力劳动之间的分工，为我们提供了脑力劳动的创造性理论。其次，巴赫金的作品，拒绝接受资本主义给定的劳动分工，详细阐述了社会创造性理论。实际上，齐美尔通过模仿现象或阶级关系规定的区分来解释"时尚"的作用。中产阶级的上层阶级是创造时尚的阶层，下层阶级试图模仿他们。时尚在这里的作用就像一道障碍，它不断出现又不断被打破。这种讨论的意义是，据此概念，创造性的非物质劳动局限于一个特定的社会群体，只有通过模仿才得以传播。在更深的层面上，这种模式接受体力和脑力对立的劳动分工，其目的是控制创造与创新的社会过程并使之"神秘化"。倘若这种模式在大众消费出现时就已具有某种符合非物质劳动市场动态的可能性，那么它不可能被用于解释后工业社会中非物质劳动与消费者—公众之间的关系。与之相反，巴赫金把非物质劳动定义为"体力劳动与脑力劳动"分工的替代物，并证明创造性如何是一个社会过程。事实上，巴赫金论"审美生产"的著作，以及列宁格勒圈子里其他人的此类著作，都同样具有这种对社会的关注。这是我们调查研究的线路，它对发展非物质生产的一种社会循环理论非常有用。

注　释

[1] 该选集的编者把"工作"和"人力"改为"劳动"和"劳动力"。

[2] Yves Clot, "Renouveau de l'industrialisme et activité philosophique", *Futur antérieur* 10（1992）：22.

[3] 这种生产的创造性因素和社会因素都促使我大胆启用"审美模式"。看到人们如何从艺术活动（如环境决定论者）或工厂的传统活动（比如意大利工人主义理论）中得出这个劳动的新概念，都依靠马克思主义的"活劳动"的概念，这是很有意思的。

[4] 瓦尔特·本雅明已分析过自 19 世纪末，艺术生产与再生产连同其概念一起怎样采取集体的形式。我不能停滞在思考他的著作上，而对于任何非物质劳动及其再生产形式而言，它们肯定是基础的。

第六章

妇女、土地斗争和全球化：国际视角[*]

西尔维娅·费德里西

> 倘若我们得不到一块土地耕种，那怎么能摆脱贫困呢？要是我们有地可种，就不必以各种方式从美国获取食物。确实，我们应该有自己的土地。但只要政府拒绝给我们所需的土地和其他资源，我们就会继续任由外国人摆布我们的国家。
>
> 艾尔维亚·阿尔瓦拉多（Benjamin 1987：104）

引言：妇女让世界充满活力

直到不久前，与土地和土地斗争相关的问题还未能引起北美人太大的兴趣，除非是农民或美洲印第安人的后代，因为对于他们，土地作为安身立命之本，至少从文化上讲，土地的重要性仍旧是至高无上的。对其余人而言，土地问题似乎已遁入遥远的过去，经过长期城市化和工业化的过程之后，土地不再表现为根本的再生产方式，而新技术声称提供了动力、自立，以及曾被人们

---

[*] 选自 *Journal of Asian and African Studies* 39 (1-2) (April 2004): 47-62。

用来与农业结合的创造力。

这是一个重大损失,因为这种记忆的缺失导致生存的基本问题仍未解决,而且往往无人问津,例如我们的食物来自哪里,对我们的身体有益还是有害?不过,城市居民对土地漠不关心的态度即将改变。关心农作物的基因工程,关注热带雨林的破坏对生态的影响,也关注土著民族的斗争,例如墨西哥的萨帕斯主义者,他们武装起来反对土地私有化,对"土地问题"的重要性产生出新的认识,而不久之前"土地问题"仍被认为是"第三世界"的问题。

在过去20年里,我们对土地与资本主义之间关系的认识,也曾有观念的转变。推进这种转变的是一些激进学者的著作,例如玛丽亚·麦斯(1986),范达娜·诗娃(1989),维朗妮卡·本霍尔德特-汤姆森,尼古拉斯·福瑞克拉斯,克劳迪亚·冯·沃尔霍夫(2001)。他们指出,土地是妇女劳动维持生计的物质基础,也是全球千百万人"安全食品"的主要来源。玛丽亚·麦斯还认为这种维持生计的劳动是新的社会视角的典范,它为资本主义全球化提供了一个现实的选择。

正是针对这种政治和思想背景,我考察了妇女在全球范围所进行的斗争,她们努力争取获得土地,促进自给农业的发展,反对扩大自然资源的商业化。我认为这些努力是极为重要的。由于她们的努力,数十亿人才能生存下来,而且她们指出了必须改变的方向:如果我们要重新掌控生产方式,构建一个良好的社会,使我们的再生产既不危及他人的生存,又不危及地球上生命的延续,那么我们就必须像她们那样去做。

妇女与土地:历史的视角

这是一个不争却难以衡量的事实:妇女是世界上的自给型农

民。就是说，妇女负责生产大部分食品供（直系的或旁支的）家族消费，或是在当地市场上销售。这种情况在非洲尤为明显，尽管在非洲大陆上，妇女时常没有土地所有权，而且在一些国家，妇女只有在男性亲属的干预和调解下才能获得土地。（Wanyeki 2003）[1]

自给农业之所以难以计量，是因为它是无工资的劳动；其情形类似于家务劳动。甚至那些作为自给农民的妇女，也常常认为它不是劳动，尽管我们试图量化其意义，但却没有对她们的劳动时间、人数及其劳动价值的可靠估计。

像粮农组织（FAA：Food and Agriculture Association）、国际劳工组织（ILO：International Labor Organization）和联合国这样的国际机构，统统忽视了量化自给劳动的困难。但它们已经认识到，这在很大程度上取决于我们使用怎样的定义。它们指出：

> 在孟加拉国，在1985/1986年的劳动力调查中，妇女的劳动参与率是10%。但1989年的劳动力调查包含一些具体活动的问卷，比如打谷、食品加工和家禽饲养，她们的经济活动参与率已上升到63%。（UN 1995：114）[2]

根据很少能够得到的统计数字，很难估计有多少人特别是有多少妇女参与了自给农业；但显然人数相当可观。粮农组织（2002）指出，在非洲撒哈拉以南地区，"高达80%的家庭消费与市场销售的基本食品是由妇女生产的"。假定非洲撒哈拉以南地区的人口约7.5亿，其中很大一部分是儿童，这意味着一定有超过一亿的非洲妇女是自给农民。[3]事实上，妇女不仅撑起了半边天！

我们还应认承认，自给农业的持续是一个令人惊异的现象，因为资本主义发展的前提是把农业生产者——尤其是妇女——与土地分离。只有根据妇女为抵制农业商品化而进行的大规模斗争,才能够解释这种现实。

从安第斯山脉到非洲,纵览整个殖民史,可以找到这种抗争的证据。16、17世纪,为了反抗西班牙人(在当地酋长协助下)强征土地,墨西哥和秘鲁的妇女跑到山上,召集当地人反抗外来侵略者,成为信奉自然神的古老文化与宗教最坚定的捍卫者(Silverblatt 1987;Federici 2004)。后来,在19世纪,在亚洲和非洲,妇女也保卫传统的女性农耕体系,反抗欧洲殖民者企图有计划地把它们废除,并把农业劳动重新限定为男性的职业。

正如埃斯特尔·包雪如(等人)所说,以非洲西部为例,不只是殖民官员、传教士,包括后来的农业开发商,都强制种植低产量的经济作物;尽管非洲妇女承担了大部分的耕作,他们仍不允许妇女参与现代农耕制研究,而且拒绝给她们技术援助。男人们即使客居他乡,他们也同样享有土地分配方面的特权。(Boserup 1970:53-55,59-60)因此,除了削弱妇女"传统上"作为公共土地制度的参与者和独立耕种者的权利,殖民者和开发者都采用了新型男女分工。他们基于女性对男性的从属关系,以及受到无偿家务劳动禁锢的情况,强行推行一种新的性别劳动分工,在殖民主义者的计划中,它包括无偿地与丈夫合作耕种经济作物。

然而,妇女不甘于这种卑微的社会地位。在非洲殖民地,每当她们担心政府可能出售她们的土地或是占用她们的庄稼时,她们就会反抗。具有代表性的一次是,1958年,在喀麦隆西北部(当时是英属托管区)的科德约姆·凯库和科德约姆·科廷固,妇女们发起对殖民当局的抗议。由于被政府要出售她们的土地的传言激怒,7000名妇女多次去当时的省会巴门达示威游行,期间,她们驻留时间最长的一次,是在英国殖民政府的行政大楼外露宿了两周。"她们高声歌唱,使人感到她们抗议的存在。"(Diduk 1989:339-340)

在同一地区，妇女反对放牧对她们自给农业的破坏。这种破坏有些是当地男性成员所为，有些是游牧民族富拉尼人所为。殖民当局为了征收畜牧税负，每年都赋予他们季节性的放牧权利。在这次行动中，妇女的强烈抗议使该计划落空，她们迫使当局制裁违规的牧民。正如苏珊·狄杜科所写的：

> 在这些抗议里，妇女们认为自己是为了家族的生存和生活需要而进行斗争。她们的农业劳动迄今一直是日常食品生产不可缺少的部分。科德约姆人同样强调这种角色在过去与现在的重要性。今天，她们经常听到人们说："难道妇女不是既经受农耕之苦又经受十月怀胎之苦吗？毫无疑问，她们为国家做出了巨大贡献。"（Diduk 1989：343）[4]

20世纪四五十年代，整个非洲出现过许多类似的抗争，妇女们抵制引进经济作物，反对将最富饶的土地分去种植这些作物，反对强加给她们的额外劳动，使她们无法从事自给农业。

从殖民地社区生存的观点出发，根据妇女的自给农业对反殖民斗争的贡献，尤其对维持丛林战士的生计的贡献（如阿尔及利亚、肯尼亚和莫桑比克），很容易理解她们的劳动为什么一直那么重要。（Davidson 1981：76-78，96-98，170）同样，在独立之后，妇女反对以丈夫的无偿"帮工"身份被纳入农业发展计划。这类反抗最好的例证就是塞内冈比亚妇女所做的激烈抗争：拒绝以牺牲自给型粮食生产为代价参与商业性种植水稻作物的合作。（Carney and Watts 1991）

正是因为这些斗争——现在被认为是20世纪六七十年代农业发展计划失败的主要原因（Moser 1993）——妇女依然是世界上主要的自给农民；在世界许多地区仍然存在着相当可观的自给农业，尽管独立前后的政府都承诺沿着资本主义的道路推进

"经济发展"。必须强调，亚洲、非洲和美洲千百万妇女坚决不放弃自给农业，旨在抵制一种不良倾向（甚至在激进的社会科学家中也存在这种倾向），即只是把自给劳动的继续存在看作国际资本需要减少劳动力再生产的成本，或为了种植经济作物以及其他形式的带薪劳动而"解放"男性劳动力。

克劳德·梅拉索克斯（1981）是这种理论的马克思主义的主要支持者，他论证说，女性以维持生计为导向的生产，或是他所谓的"家庭经济"，为国内外资本主义经济提供了廉价工人，有助于资本主义的积累。他继续说，因为有"乡村"的劳动，移居巴黎或约翰内斯堡的劳动者才为雇用他们的资本家们提供了"自由的"的商品；因为雇主们既不必付抚养费，也不必在辞退雇工时继续支付失业救济金。

从这个角度看，自给农业中的妇女劳动成了政府、公司和开发机构的红利，使他们能够更有效地剥削的工薪族，并把财富从乡村转移到城市，结果降低了女性农民及其社区的生活质量。（Meillassoux 1981：110－111）梅拉苏值得赞扬，他承认国际机构和政府尽力"不发展"自给农业。他看到其资源在不断流失，认识到这种劳动力再生产系统的不稳定性，预见到它可能很快会经历严重危机。[5]但总体上，他也未能从社群抵制资本主义关系的能力出发，认识支持自给劳动存在的斗争以及持续斗争的重要意义——尽管对斗争的意义有不少抨击。

对于自由主义经济学家而言，他们将"自给劳动"贬至"不实用的""非生产性"活动的层面（自由主义经济学同样不把妇女在家中的无偿家务劳动看作是劳动）。作为一种选择，自由主义经济学家提出"创收项目"——这是新自由主义议程中脱贫的万灵丹[6]，也许认为是妇女解放的关键。

这些不同看法所忽略的是，获得土地和粮食生产对妇女及其社区具有战略意义，尽管公司和政府有时出于自己的目的也利用这种战略。人们可以和奴隶制时期牙买加的发展形势对比，牙买加的种植园主把小块土地（"口粮地"）给奴隶们耕种使其自给自足。种植园主以这种方式减省粮食进口，缩减再生产劳动力的成本。但奴隶们能够很好地利用它，因为它赋予他们更大的灵活性和独立性——据某些历史学家所说，甚至在解放之前，该岛上就已产生了原初的农民，他们具有明显的行动自由，而且已从其产品的销售中获得了某些收入。（Bush 1990；Morrissey 1989）[7]

将这个类比扩展到说明后殖民资本主义对自给劳动的利用，我们可以说自给农业已成为支持几十亿劳动者的重要方式，它使工薪劳动者能够签订更好条件的工作合同，度过罢工和政治抗议带来的困难，因此在不少国家，劳资部门都从自给农业获得了与其规模不成比例的重要性。[8]

"乡村"——公共背景下自给农业的隐喻——是妇女斗争至关重要的场所，它提供了重获国家和资本转移的那些财富的基础。这种斗争采取多种形式，常常像反对男人那样反对政府，但总是通过下面这一事实得到加强：妇女获得土地可以直接通过粮食生产和出售过剩产品来养活自己及其子女。即使城市化之后，妇女为了养家，为了从市场保持一定程度的自治，她们仍会继续耕种她们所能获得的任何一块土地。（Bryceson 1993：105-117）

在前殖民世界，乡村在什么程度上成为男女工人的来源？这可以根据对它的攻击来衡量。从20世纪80年代初期到90年代，世界银行、国际货币基金组织和世界贸易组织在结构调整和"全球化"的掩饰下对乡村发起了一系列攻击。[9]

世界银行把破坏自给农业和土地商业化作为它结构调整计划的核心部分。（Federici 1992；Caffentzis 1995；Faraclas 2001；Turner and Brownhill 2001）结果，大片的公共土地被商业化的农业占用，专门种植出口作物，然而从欧洲和北美进口的"廉价"（有补贴）食品，大量进入非洲和亚洲自由化的经济（禁止补贴那里的农民），进而把妇女农民排除在当地市场之外。战争已完成这项任务，迫使数百万人逃离故土。（Federici 2000）

随之而来的是再生产危机，其程度在殖民时期也未见过。即使在以农业生产闻名的地区，如尼日利亚南部，食品仍然贫乏，或过于昂贵普通人无力购买，因为在实施结构调整计划之后，人们不得不同时应对物价上涨、工资冻结、货币贬值、普遍失业，以及社会服务的削减。[10]

这里突出了妇女为土地而斗争的重要意义。世界银行的新自由主义体制把饥饿强加给了无产者，而妇女一直是世界无产阶级反饥饿的缓冲区。新自由主义要求"市场价格"决定谁生谁死，而妇女已经成为它的主要抵制力量。妇女以非资本主义的方式提供了生命再生产的实用模式。

非洲、亚洲和美洲人民为了生存和反对全球化的斗争

面对因经济调整和全球化而产生的新一轮土地私有化，扩大种植经济作物和粮价上涨问题，妇女采取了许多对策来养家糊口，与世界上最强大的机构对抗。

为了使她们的社区既不受经济调整的影响，又不依赖于全球市场，妇女们采取的一个主要对策，就是在城市中心扩大自给农业。

加里和芬克（1995）对几内亚比绍的个案研究表明，自20世纪80年代初以来，在首都比绍市和其他城镇的大部分房屋周围，妇女们都在小庭院种植了蔬菜、木薯和果树；物资匮乏时，她们宁可不卖自己的产品也要保证家里有吃的。[11]仍然以非洲为例，克里斯塔·维奇特里奇拍摄的照片经过证实，她把妇女自给

农业和城市花园描述为"饭锅经济"。她还注意到，20 世纪 90 年代，这种情况在非洲许多城市重又出现；城市农民多半是来自底层阶级的妇女：

> 在达累斯萨拉姆，低薪公务员的住宅区前，洋葱和木瓜树替代了花园；在卢萨卡，人们在后院养鸡、种香蕉；在坎帕拉，主干道宽阔的中央隔离带上种着蔬菜；尤其在金沙萨，粮食供应系统大部分已经瓦解……肯尼亚的城镇也是如此……沿路的绿化带、前庭和荒地直接种满了玉米、庄稼和最受欢迎的甘蓝。（Wichterich 2000：73）

不过，为了扩大食物生产，妇女们不得不为了扩大她们对土地的使用权而斗争，而国际代理推进的土地私有化和农业商业化，已经危及妇女的土地使用权。

在几内亚比绍的例子中，这可能是多数男人迁走而许多妇女仍愿留在农村的原因。结果"形成了农村地区的女性化，许多村庄现在只有妇女耕作，或采取妇女合作社形式"。（Galli and Funk 1995：23）

重获或扩大自给农业用地，已成为孟加拉国农村妇女的主要斗争目标之一，这也促成了"无地妇女协会"的形成，自从 1992 年以来，该协会一直从事土地占用工作。这一时期，该协会设法安顿了 5 万个家庭，常常和地主们针锋相对。根据该协会的领导人沙姆荪·纳哈尔·可汗·多利（Shamsun Nahar Khan Doli——我欠她一份报告）的说法，许多占用的土地都在"渣土"上，包括泥土沉积在河流中部所形成的低地岛。[12] 按照孟加拉律法规定，这样的新地应当分配给无地的农民，但由于土地的商业价值不断增长，一些大地主们越来越抢占它们。妇女们现在组织起来阻止他们，拿起扫把、竹竿甚至菜刀来保卫自己。她们还设置了警报系统，当载着地主和暴徒的船靠近时，就用该系统来集合其他妇女一起抵御袭击者，或阻止他们上岸。

南美也有类似的土地斗争。例如在巴拉圭，1985年成立了农妇委员会（CMC），她们与巴拉圭农民运动（MCP）结盟，要求分配土地。(Fisher 1993：86) 正如乔·费舍尔所指出的，农妇委员会是第一个走上街头寻求支持的妇女农民运动，它把妇女关心的问题纳入计划，并谴责"她们作为农民和妇女所受的双重压迫"。(Fisher 1993：87)

当政府在靠近巴西的森林里拨给农民运动大片土地时，农妇委员会出现了转折。妇女以此为契机，组织了一个典型社区，联合起来集体耕种她们自己的一片片土地。正如农妇委员会早期的创始人杰拉尔迪娜所指出的：

> 我们时刻不停地劳作，比以前做得更多，但也改变了自己的劳动方式。我们正在尝试集体劳动，看看是否会给我们带来更多的时间做些其他的事情，这也使我们有机会分享经验、分担忧虑。对我们而言，这是一种截然不同的生活方式。在此之前，我们甚至对自己的邻居都一无所知。(Fisher 1993：98)

妇女的土地斗争也包括保卫社区，使其避免以"城市发展"为名建造商品房计划的威胁。历史上，"住房"常与用作粮食生产的"耕地"的流失有关。以坎帕拉（乌干达）附近卡瓦拉的妇女斗争为例，1992—1993年，世界银行会同坎帕拉市议会（KCC）在该地资助了一个大型商品房项目，它可能极大地破坏人们房屋周围或附近自给农业的土地。毫不奇怪，正是由于妇女们通过组建阿坝塔卡（居民）委员会有力地组织起来进行反对，才迫使世界银行最终撤销了那个项目。据一位妇女领导人说：

第六章 妇女、土地斗争和全球化：国际视角

> 在公众集会上，妇女面对政府官员敢说任何东西，而男人却相当胆怯。妇女更为直言不讳，因为她们直接受到了影响。毫无收入来源，女性很难度日……这些女性中绝大多数是为了抚养子女，倘若毫无收入与粮食，她们就养不起孩子……你来抢走她们的平静和收入，她们就会还击，不是因为她们想要反抗，而是因为她们一直受着压迫与压抑。（Tripp 2000：183）

艾利·玛丽·特里普指出，卡瓦拉周边的情况并非特例。[13]亚非各地也报道过类似的斗争，那里的农妇组织反对工业区的发展，因为那种发展可能危及她们及其家人，使环境受到污染。

今天，工业或商业的房产开发经常与妇女的自给农业发生冲突，在这种情况下，越来越多的妇女甚至在城市中心也进行庭院种植（坎帕拉的妇女种粮，45%用来养家）。值得补充的是，为了保护土地免受商业利益侵害，肯定"土地与生命不得出售"的原则，妇女再次像以往反抗殖民入侵那样，捍卫自己民族的历史与文化。就卡瓦拉的例子而言，大多数争议地带的居民祖祖辈辈在那里生活，在那里埋葬着他们的家人——对于许多生活在乌干达的人来说，这就是土地所有权的终极证据。特里普对这场土地斗争的思考与我的论点相关：

> 姑且不谈各类冲突事件，显而易见的是，居民们，尤其是参与其中的妇女，试图将某些社区动员的新标准制度化，不仅在卡瓦拉，而且在更多的地方，为其他社区计划提供了一个模式。他们希望有更多的共同合作，从考虑妇女、寡妇、孩子及老人的需求开始，认识他们赖以生存的土地。（Tripp 2000：194）

还有两种发展必须与妇女保护自给生产联系起来考虑。首先，已形成自给自足的区域系统，旨在保障"粮食安全"，维持一种以团结和拒绝竞争为基础的经济。这方面给人印象最深刻的例子来自印度，印度妇女建立了"争取妇女粮食权的全国联盟"，一个由35个妇女团体组成的民族运动。该联盟的一个主要工作，就是保护芥菜籽经济的运动，这对许多印度城乡妇女而言，是至关重要的。口粮作物的种子已受到威胁：基于美国的跨国公司企图将转基因大豆做成食用油。[14]正如运动的领袖之一凡达纳·施瓦（2000）所述，作为回应，该联盟已经建立起"直接的生产商—消费者联盟"，以"保护农民的生计和消费者不同的文化选择"。用她的话说："我们反对大豆进口，呼吁禁止进口转基因大豆制品。正如德里贫民窟里的妇女们唱的那样，'留下芥菜，倒掉大豆'。"（Shiva 2000）

其次，在世界各地，妇女一直在把斗争导向防止商业伐木，拯救或重建森林，它们是人们自给经济的基础，不但提供养分，而且提供燃料、药品，以及公共关系。施瓦写道，来自世界各地的证据表明，森林经济是"地球的丰富性和生产性的最佳表达"。（Shiva 1989：56）例如，森林经济遭受破坏，就是对生活在森林里的部落居民判了死刑，尤其是对妇女。所以，妇女们百般阻止伐木。在这种情况下，施瓦经常援引"反砍伐"运动（加瓦尔的一场妇女运动），从20世纪70年代初开始，在喜马拉雅山麓下，伐木工人一来，她们就抱住那些注定要被砍倒的树木，夹在树木与锯条之间。（Shiva 1989）

加瓦尔的妇女已经动员起来阻止砍伐森林，而在泰国北部村庄，由于一家日本造纸公司在泰国军政府支持下，强行在她们被征用的土地上种植桉树，妇女们也动员起来进行抗议。（Matsui 1996：88-90）在非洲，一个重要举措是"绿化带运动"，在旺加里·玛塔伊的领导下，他们致力于在大城市周围种植绿化带，自1977年以来，业已植树上千万棵，防止森林恶化、水土流失，土地沙漠化和燃材匮乏。(Maathai 1993)

最引人注目的保护森林的斗争，出现在尼日尔三角洲地区，当地的红树林湿地正受到石油开采的威胁。这样的对抗已进行了20年，从1984年开采奥卡瑞福油田开始，当时该地区数千名妇女围住泛海洋采油基地，要求他们对水域、树木和土地造成的破坏进行赔偿。为了表明决心，妇女们还扬言一旦请求受到阻挠就要脱掉衣服——公司主管一到达，她们就付诸了行动；结果主管发现自己被上千名裸体妇女包围了。在尼日尔三角洲社区居民看来，这是很严重的诅咒。最后公司主管接受了她们关于补偿的要求。(Turner and Oshare 1994：140 – 141)

从20世纪70年代开始，土地斗争还以城市园林运动的形式扩展到最意想不到的地方：纽约市。它始于一个名叫"绿色游击队"的妇女群体，她们开始清理纽约下东区的空地。到20世纪90年代，该市发展了850处城市花园，组织了十多个社区联盟，例如由一群妇女发起的哈莱姆绿化联盟，她们要"和地球重新建立联系，给孩子们一个走上街头的选择"。现在那里已有超过21个组织和30个园林计划。(Wilson and Weinberg 1999：36)

应该注意的是，这些花园不仅是蔬菜和花卉的来源，而且服务于社区建设，它是其他社区斗争（如擅自占地和赠地）的垫脚石。在梅厄·朱利安尼执政期间，妇女因这项事业而备受抨击，多年来，这场运动面临的一个主要挑战是如何阻止推土机。近10年以来，100处花园丧失了"活力"，超过40处已被铲平，未来的前景不容乐观。(Wilson and Weinberg 1999：61) 实际上，自从被任命为纽约市长开始，迈克尔·布卢姆伯格就像他的前任那样，对这些花园宣战。

斗争的重要性

正如我们看到的，在全世界的城市里，至少四分之一的居民依靠妇女自给劳动所生产的食品为生。例如在非洲，四分之一的城镇居民表示，没有自给型粮食生产就无法生存。这已为联合国人口基金会所证实，该组织称："约两亿城市居民在种粮，至少为近十亿人提供了部分的食品供应。"（UN 2001）考虑到大量自给型产粮户都是妇女时，我们便能理解为什么喀麦隆的科德约姆人会说："的确，自给型女农对人类贡献很大。"多亏了她们，几亿城乡人民虽然每天只挣一两美元，也能够凑合活着，即使在经济危机时期。

同样重要的是，妇女的自给农业生产反对农业企业减少粮食土地——原因之一是粮价高涨和饥饿——同时确保粮食质量，保障消费者不受粮食操控，也不受杀虫剂毒害。此外，妇女自给型生产代表一种安全的耕作方式，这种考虑至关重要，因为杀虫剂影响农作物，并因此导致世界各地农民的死亡率与致癌率增高，而这些也都从妇女开始（参见 Settimi et al. 1999）。因此，自给农业为妇女提供了一种重要的生活方式，既可以控制自己的健康，又可以控制家人的健康与生活。（Bennholdt-Thomsen and Mies 1999）

最重要的是，我们还可以看到，自给型生产正带来一种非竞争的、以团结为中心的生活模式，对构建新型社会来说，这是至关重要的。这正是维朗妮卡·本霍尔德特-汤姆森和玛丽亚·麦斯称之为"其他"经济的根本，它"把这个星球上的生命，以及生产与维持生命所需的一切，都置于经济和社会活动中心，而不是置于无休止地积累死钱"。（Bennholdt-Thomsen and Mies 1999：5）

注 释

[1] 在《非洲的妇女和土地》(2003) 中，Muthoni L. Wanyeki 详细描述了非洲七国的土地所有权制度和妇女财产权情况，这七国分别是喀麦隆、埃塞俄比亚、莫桑比克、尼日利亚、卢旺达、塞内加尔和乌干达。作者认为，一般而言，妇女负责农作物生产（在某些国家，比如在乌干达，高达90%的生产由妇女完成），并且控制销售过剩作物而产生的利润。然而，尤其在父系文化中，妇女对土地的所有权和继承权，通常很有限或是被剥夺的。依据惯例法，非洲妇女有权使用土地，但前提是她们与男子有婚姻或继承关系。在拉丁美洲，妇女对土地的所有权，也受到源于父权意识形态和父权制劳动分工中的"法律、文化与体制"机制的极大限制。关于这个论题，可参见 Deere and Léon (2001) 2-3。

[2] 1988 年，国际劳工组织（ILO）把农业和渔业中的自给型劳动力定义为："为自己及其家庭供给食物、住所及最低限度现金收入的人"（UN 1995：114）——这个模糊的定义取决于人们如何使用"最低现金收入"和"供给"的概念。此外，其最重要的意义源于意图，例如自给型劳动力缺乏"市场导向性"，而且经验不足，比如难以获取正规的信贷和先进的技术。

[3] 殖民主义对社会和经济的影响存在较大的差异，（部分）取决于直接施行殖民统治持续的时间。我们甚至可以把妇女在自给农业和经济作物种植农业方面参与程度上存在的差异作为殖民地土地侵占程度的衡量标准。我们采用联合国国际劳工组织关于劳动力参与的统计数据，参照有关自给农业的衡量问题，可知非洲撒哈拉以南地区女性劳动力从事农业生产的比例最高（占 75%）；而亚洲南部的比例是 55%，东南亚地区为 42%，东亚地区为 35%。相比之下，南美洲和美洲中部妇女在农业生产中的参与率较低，类似于那些"发达"地区的比例，如欧洲只占 7%—10%。换言之，妇女的参与度大致与该地区官方的殖民主义在该地区的存续时间有关。

[4] 关于 20 世纪 50 年代西喀麦隆的女农抗争，也可参见玛格丽特·斯奈德和玛丽·塔德塞的论述，"在殖民时期，尽管面临巨大的困境，妇

女仍旧坚持从事经济活动"。20世纪50年代西喀麦隆的妇女发起组织玉米磨坊协会，这种方法就是一个实例。随着时间推移，200个这样的协会被组织起来，总计18000人。她们使用公共的磨粉机，以篱笆围田，组建蓄水小分队，创立合作社。换言之，"为了后代，妇女创建某种形式的集体活动来提高群体生产力，填补殖民当局无论到哪里都不会填补的社会经济空白，或是反对那些使她们丧失养家糊口的资源的政策"。（Snyder and Tadesse 1995：23）

［5］危机包括这样的事实，倘若家政也变成非生产性的，那么它就无法再生产外籍劳工，但假如它又变成生产性的，就提高了劳动成本，因为这种情况下，劳动者可能没有了带薪劳动。

［6］这里以卡洛琳·莫泽为例，一位"世界银行的女性主义者"，她对妇女劳动进行了非常复杂的分析，而其分析方法，用她的话说就是"解放出来"。在提出用许多（包括马克思主义者的）理论方法仔细分析妇女劳动之后，她证实该案例研究是两种"开发创收"项目和"以工代赈"的结构。（Moser 1993：235－238）

［7］然而，世界市场的糖价一涨，种植园主就会给奴隶时间耕种他们的口粮地。

［8］例如，迈克尔·海格（1987：250）谈到非洲带薪工人和土地："……多数非洲劳动力立足于乡村；完全与土地所有权隔绝的劳动力尚不存在。"这种"没有隔绝"的一个后果是，无论非洲劳动者何时决定要罢工，他或她都可以依靠来自乡村的扎实的物质基础（尤其是粮食供给）。

［9］世界银行通过结构调整发动的抨击歪曲了梅拉苏的主张，他认为，对资本主义而言，国内经济是功能性的，但这种歪曲却证实了他的预言：资本主义的"终极"危机隐约可见是因为其难以维持并控制国内经济。（Meillassoux 1981：141）

［10］人们见证了尼日利亚国内"实际薪资"的急剧下降和贫困率的增长。曾被视为"中等收入"国家的尼日利亚，如今70%的人口日收入不足1美元，90%的人每天不足两美元。（参见 UN Development Program 网站的统计）

［11］雨季里，比绍的妇女们在城镇周边的小块区域种植水稻；旱季

时，更多有才干的妇女们尝试在附近的田间种植浇灌蔬菜，不仅内销，而且外售。(Galli and Funk 1995：20)

[12] 这个报告是基于 2000 年布拉格"对抗峰会"的口述材料。

[13] 特里普推论道："……卡瓦拉的斗争，在诸多方面是发生在乌干达的一些变革的缩影。"(Tripp 2000：194) 类似的斗争已在第三世界各地展开，第三世界的农妇组织，对抗着既有可能危及她们及其家人，又可能污染环境的工业区的发展。

[14] 1998 年，当地生产和分配的菜籽油被曝光神秘地掺了假，以致41 名消费者身亡，于是转基因食油开始发展。而后，政府勒令禁止产销菜籽油。全国联盟的回应是将此案诉诸法庭，呼吁生产商和消费者不要配合政府禁令。(Shiva 2000：54)

参考文献

Benjamin, Medea, ed. *Don't Be Afraid Gringo: A Honduran Woman Speaks from the Heart: The Story of Elvia Alvarado.* New York: Harper Perennial, 1987.

Bennholdt-Thomsen, Veronika, Nicholas Faraclas, and Claudia von Werlhof, eds. *There Is an Alternative: Subsistence and Worldwide Resistance to Corporate Globalization.* London: Zed, 2001.

Bennholdt-Thomsen, Veronika, Nicholas Faraclas, and Maria Mies. *The Subsistence Perspective: Beyond the Globalised Economy.* London: Zed, 1999.

Boserup, Ester. *Women's Role in Economic Development.* London: George Allen and Unwin Ltd, 1970.

Bryceson, Deborah Fahy. *Liberalizing Tanzania's Food Trade. Private and Public Faces of Urban Marketing Policy. 1930 – 1988.* London: Zed Books, 1993.

Bush, Barbara. *Slave Women in Caribbean Society, 1650 – 1838.* Bloomington, IN: Indiana University Press, 1990.

Caffentzis, George. "The Fundamental Implications of the Debt Crisis for Social Reproduction in Africa." In *Paying the Price: Women and the Politics of International Economic Strategy,* ed. M. Dalla Costa and G. F. Dalla

Costa. London: Zed Books, 1995.

Carney, Judith and Watts, Michael. "Disciplining Women? Rice, Mechanization, and the Evolution of Mandinka Gender Relations in Senegambia." *Signs* 16 (4) 1991: 651 – 681.

Chege, Michael. "The State and Labor in Kenya." In *Popular Struggles for Democracy in Africa*, ed. Peter Anyang' Nyong'o. London: Zed Books, 1987.

Davidson, Basil. *The People's Cause: A History of Guerillas in Africa*. London: Longman, 1981.

Deere, Carmen Diana and Magdalena Léon. *Empowering Women. Land and Property Rights in Latin America*. Pittsburg, PA: University of Pittsburg, 2001.

Diduk, Susan. "Women's Agricultural Production and Political Action in the Cameroon Grassfields." *Africa* 59 (3) 1989: 338 – 355.

FAO. 2002. *Gender and Agriculture*. Retrieved March 18, 2002. http: // www. fao. org/Gender/agrib4 – e. htm.

Faraclas, Nicholas. "Melanesia, the Banks, and the BINGOs: Real Alternatives Are Everywhere (Except in the Consultants' Briefcases)." In *There Is an Alternative: Subsistence and Worldwide Resistance to Corporate Globalization*, ed. Veronika Bennholdt-Thomsen, Nicholas Faraclas, and Claudia von Werlhof. London: Zed, 2001.

Federici, Silvia, "The Debt Crisis, Africa, and the New Enclosures." In *Midnight Oil: Work, Energy, War, 1973 – 1992*, ed. Midnight Notes. New York: Autonomedia, 1992.

—— "Reproduction and Feminist Struggle in the New International Division of Labor." In *Women, Development and Labor of Reproduction. Struggles and Movements*, ed. M. Dalla Costa and G. F. Dalla Costa. Trenton, NJ: Africa World Press, 1999.

——*Caliban and the Witch: Women, the Body, and Primitive Accumulation*. Brooklyn, NY: Autonomedia, 2004.

Fisher, Jo. *Out of the Shadows: Women, Resistance and Politics in South America*. London: Latin American Bureau, 1993.

Galli, Rosemary and Ursula Frank. "Structural Adjustment and Gender in Guinea Bissau." In *Women Pay the Price: Structural Adjustment in Africa and the Caribbean*, ed. Gloria T. Emeagwali. NJ: Africa World Press, 1995.

Maathai, Wangari. "Kenya's Green Belt Movement." In *Africa*, Fifth Edition, ed. F. Jeffress Ramsay. Guilford, CT: The Dushkin Publishing Group, 1993.

Matsui, Yayori. *Women in the New Asia: From Pain to Power*. London: Zed Books, 1996.

Meillassoux, Claude. *Maidens, Meal and Money: Capitalism and the Domestic Community*. Cambridge, MA: Cambridge University Press, 1981.

Mies, Maria. *Patriarchy and Accumulation on a World Scale: Women in the International Division of Labor*. London: Zed Books, 1986.

Mies, Maria and Vandana Shiva. *Ecofeminism*. London: Zed, 1996.

Morrisey, Marietta. *Slave Women in the New World*. Lawrence, KS: University Press of Kansas, 1989.

Moser, Caroline O. N. *Gender Planning and Development: Theory, Practice and Training*. London: Routledge, 1993.

Scott, James C. *Weapons of the Weak: Everyday Forms of Peasant Resistance*. New Haven, CT: Yale University Press, 1985.

Settimi, L. et al. "Cancer Risk among Female Agricultural Workers: A Multi-Center Case-Control Study." *American Journal of Industrial Medicine* 36 (1989): 135–141.

Shiva, Vandana. *Staying Alive: Women, Ecology and Development*. London: Zed Books, 1989.

——*Stolen Harvest: Hijacking of the Global Food Supply*. Boston, MA: South End Press, 2000.

Silverblatt, Irene. *Moon, Sun, and Witches: Gender Ideologies and Class in Inca and Colonial Peru*. Princeton, NJ: Princeton University Press, 1987. Print.

Tripp, Aili Mari. *Women and Politics in Uganda*. Oxford: James Currey, 2000.

Turner, Terisa E. and Leigh S. Brownhill, eds. *Gender, Feminism and the*

Civil Commons. A Special Issue of Canadian Journal of Development Studies. Volume XXII (2001) .

— "African Jubilee: Mau Mau Resurgence and the Fight for Fertility in Kenya, 1986 – 2001. " In G*ender, Feminism and the Civil Commons. A Special Issue of Canadian Journal of Development Studies Volume XXII* (2001b), ed. Terisa E. Turner and Leigh S. Brownhill.

Turner, Terisa E. and M. O. Oshare. "Women's Uprisings against the Nigerian Oil Industry. " In *Arise*! *Ye Mighty People*!: *Gender, Class and Race in Popular Struggles*, ed. Terisa Turner. Trenton, NJ: Africa World Press, 1994.

United Nations. *The World's Women* 1995: *Trends and Statistics.* New York: United Nations, 1995.

United Nations Population Fund. *State of the World Population* 2001. New York: United Nations, 2001.

Wanyeki, Muthoni L. *Women and Land in Africa. Culture, Religion and Realizing Women's Rights.* London: Zed Books, 2003.

Wichterich, Christa. *The Globalized Woman: Reports from a Future of Inequality.* London: Zed, 2000.

Wilson, Peter Lamborn and Bill Weinberg. *Avantgardening. Ecological Struggles in the City and the World.* New York: Autonomedia, 1999.

第七章

"中国模式"的概念[*]

阿里夫·德里克

在这次讨论中,我想提一些由"中国模式"概念产生的问题。近10年来,该词本身在中国学者和外国观察者当中出现的频率越来越高。美国、西欧和日本面临着持续不断的经济困难,中国成功地抵御了全球经济衰退,因此自2008年以来,这一现象提升了"中国模式"的意义。

模式这个概念表明,它不仅胜过因美英两国大肆宣扬而盛行的新自由主义传统,而且考虑到过去30年里中国明显的迅猛发展,也胜过18世纪资本主义现代化以来欧美社会开辟的发展道路。[1]可是,该模式怎样构成,又如何被转化到各种不同的社会政治语境,仍旧不甚明了。

我的讨论涉及三个特别有趣的问题:首先,在当代世界上,我们认为"模式"的概念有什么意义,特别是它在中国政治话语中的发展有什么意义?其次,所谓的中国模式的特征是什么?最后,作为一种社会主义发展道路,在什么意义上这种"模式"对他国具有吸引力,尤其超越了新自由主义的市场经济模式——

---

[*] 选自 *International Critical Thought* 1(2)(August 2011):129 – 137。

后者不仅理论上不受社会和政治干预的束缚,而且自行运转?

全球现代性与中国模式

"中国模式"的概念,可以特指中国的发展模式,适合中国社会的特殊情形。或者,从更具普遍性的角度,可以理解为被他国效仿的模式,就此而论,其意义超出了中国社会的范畴。

区别是个重要的问题,尽管多数提及"中国模式"的文献常忽略这点。倘若该模式是中国社会特殊情形的产物,那就意味着或许不会被他国效仿,或许被效仿也只是用来适应不同的情况与需要。回到20世纪40年代,在中国政治话语里,这确实被理解为他国样板的中国经验之路。在马克思主义与社会主义革命史中,中国革命是第一个(即使不是唯一一个)强调必须将理论的普遍性与当地的具体情况相结合,这也是"马克思主义的中国化""中国式的社会主义"或最近的"中国特色的社会主义"等这些原则性短语的清晰含义。这些话语所表达的革命或发展的策略,使中国道路不仅有别于资本主义社会,而且有别于其他社会主义社会,更重要的是不同于过去的苏联。一直有这样一种感觉:中国革命的经验适合在全球政治中与中国处境相似的社会,即所谓的半封建半殖民社会,这种情况在更早时候使中国成为既是第二又是第三世界的一部分。但是,自始至终,中国经验提供的并非一条可遵循之路,而是把普遍与具体相结合或把全球性转换成当地性的典范,它号召其他国家遵循类似的过程找到自己的道路。这样一种革命实践的概念,必然把普遍原则和当地的具体状况结合起来,它不仅区别不同国家的革命道路,而且也适用于统一国家不同地区。马克思主义"本土化"已成为中国革命对马克思主义理论的重要贡献之一。不论这些年有怎样重要的转变,它始终具有中国式马克思主义的特征,不论是毛泽东主义的马克思主义,还是后毛泽东主义的马克思主义。这种对待中国革命的态度,已经以中国马克思主义扩展到其他地方的革命与发展。[2]

这种普遍模式与当地环境衍生的模式之间的区别,比总是在全球现代性之下的统一模式更为重要,其特征是在全球化的资本主义语境内部坚持国家或地方的特殊性。过去20年来,我们看到不断呼吁"可选择的现代性",甚至资本主义全球化严格限制了想象和构建这种可选择性的空间——即使没有消除——那种呼声也一直不断。一个重要的后果是同时出现了各种"模式"。不再只是冷战时的两三个模式,而是越来越多的模式。我们常常遇到提及"伊朗模式""土耳其模式""印尼模式",以及许多其他模式,仿佛世界不断变化的状况都要求注意这个或那个样板,以为它们适合各种不同的条件。

可能的情况是,"中国模式"至少在某种程度上应该强调特殊的现代性,这将不断激发对选择不同现代性的信念。很难判断这样做的意义。有人认为,各种社会之间始终存在显著差异,不存在两种完全一样的资本主义社会或社会主义社会。现在与过去的差异也许并不在于差异的新奇性,而在于对差异的高度意识和意愿。毋庸置疑,冷战掩盖了当时的许多差异,把它们归纳为两个或三个世界的划分。现代化,不论资本主义的还是社会主义的,其统治话语同样如此,都采取了进步和传统、先进和落后的二元对立的归纳。具有反讽意味的是,现代性的全球化显然使人意识到了差异,因而开始寻求不同的发展道路,在那些通过全球经济中的成功而变得强大的社会里尤其如此。似乎存在着各种发展模式,即使它们不要求同等程度的关注。因此,如果有中国模式,它也只是多种模式之一。

考虑到这些因素,是否更应该说"中国范式"(模式或范式)而不是"中国模式"(模式或范式)?因为这样会把注意力从一种有待效仿的样板转移到另一种样板,一种既有激励又有程序原则的样板,它集中注意在世界上的具体处境和状况的可能性与局限性。这不仅符合中国革命和社会主义思想的传统,而且更接近全球现代性的意识形态倾向。它还避免了"中国模式"概念的模糊性,因为尽管它有一种确定模式的含义,但并不适用于正在进行的工作,也不适用于实验的主体自身。

是否存在"中国模式"

这里我想提出的问题是,"中国模式"的概念是否基于一套实在的标准和实践?或者,是否它的意思主要衍生于它与自由主义或新自由主义的对比,就像几年前类似"北京共识"的概念与"华盛顿共识"的对比?[3]其次,如果真是如此,那么我们是否需要进一步说明其目标?那些目标只是适于经济发展问题,还是也包括社会、政治的目标?毕竟,只是与新自由主义不同并没有说明这种"模式"是否指向社会主义,或者其他更保守的目标,例如另一种极权主义发展论的变体,即与20世纪80年代后期相联系的新权威主义。

新权威主义概念的产生,可能受到塞缪尔·P.亨廷顿《社会变化中的政治秩序》(1969年出版)一书的启发。这本书很早涉及在东亚一些社会行之有效的发展道路,比如日本、韩国、中国台湾、新加坡,以及英国殖民统治下的中国香港。[4]第二次世界大战后,尤其是自20世纪60年代起,在政治权力主义(或专政)与分包经济发展结合的情况下,这些体制得到迅速发展。它们始于创立出口特区,出现了"新的国际劳动分工",于是新自由主义突破国家经济的界限,最后逐渐被称作全球化。在强调专制的传统主义里,这些体制也指向文化复兴,伴随着全球化,挑战以前欧洲中心主义的现代化话语。结果打破了现代性只是技术的观念，技术可以服务于不同的社会、政治和文化路线，而成功依赖于历史环境，文化传统发挥着关键作用。[5]正是东亚社会发展的成功，使儒学在20世纪80年代得到复兴，而自那以后，儒学也成了它们成功的原因之一。[6]

所谓的中国模式或许被认为是专制发展的另一变体，论其根源，它在很大程度上得益于这些社会的刺激和激发。关于这一点，当代讨论表现出明显的"遗忘性"，忘记了日本、韩国、中国台湾的"模式"，尤其是新加坡的"模式"，在20世纪80年代和90年代"改革开放"的初期阶段如何激发了政策的制定。但它们的意义不止于此。繁荣的东亚经济为中国的发展提供了大的环境，对此它们具有战略性的关键作用。可以毫不夸张地说，来自这些社会和东南亚海外华人的投资与科技引进，推动了中国经济的腾飞。这种环境也是中国发展的特殊性之一，因此他国能否仿效便成为问题。

中国的发展与周边国家的发展有两点重要的历史差别，但今天很少受到关注，尤其在国外评论家当中。1978年之后，开始现代化进程时的中国是20世纪最重要的革命的产物。那是一种具有社会主义目的的民族解放运动。民族的解放植根于社会和文化革命之中。值得注意的是，作为发展的条件，这一地区的其他社会也经历了某种社会改革，从第二次世界大战后日本社会的重建，到中国台湾的土地改革，再到新加坡、韩国和中国香港的反殖民运动，在这些社会里，改革产生出符合资本主义体系发展的新型社会阶层，但中国革命不同，它寻求社会和文化变革，旨在创建一个社会主义社会，强调平等，尊重人民的意见，进而创建与这些目标一致的新文化。另一点非常重要的差别也是革命的目标和副产品：自主、自立地发展。这一地区其余社会的转变是在帝国主义大国的庇护下完成的，第二次世界大战后最重要的就是美国。对中国而言，避免国外（资本主义或社会主义的）经济控制是革命的基本前提和目的。

关于"中国模式"概念的讨论,明显没有注意使中国与众不同的历史轨迹,因此它难以效仿,即使不是不可能。今天我们知道,中国是这种革命的产物,不幸的是,它常常被一种主张继承5000年历史传统的复兴传统论所掩盖,也掩盖了革命(按照我的理解,这点在北京新的历史博物馆里被说成是一个"复兴时期")。更常见的是,同样的革命因某些失败而被渲染成一个"否定的例子";失败虽是事实,但只是历史的一部分。利用革命的挫折支持当下的合法性,掩盖了当下对革命遗产的继承,不论是肯定的还是否定的。因此,鲜有提及在1978年之前的革命年代里,中国经济迅速发展,其年增长率绝不亚于1978年后(至1989年前)这段时期的发展速度。虽然对热情的错误思考有时给人民带来灾难性的后果,虽然自力更生的发展需要提取人民的全部剩余,尤其在农村地区,但是从教育、医疗卫生到平均寿命的增长方面,人们的生活仍然在不断改善。(Bramall 1993)革命寻求的社会改革或许不甚完美,但它带来使国家统一的一种有组织的改革,奠定了1978年之后发展的良好基础。这些变化还创造出一种新的政治和劳动文化,它们对后来发展的意义有待于分析。另外,虽然革命所取得的组织成就为后来的发展奠定了基础,但也阻碍了新的发展方向所必需的进一步改变。[7]

另外,还存在一种淡化民族解放斗争方面的趋势,但更侧重经济和文化而非政治。中国经济的"全球化"随着时间推移而扩展,抹去了近两个世纪与外部世界那种有争议的关系。文化已被民族化,但强调它是过去的延续,而不是革命所召唤的那种辩证的不连续性。在强调以往的"国耻"时,政治殖民主义被牢记不忘,但同时也伴有抹去的问题,例如在上海世博会的文献中,避开了20世纪早期世博会上中国经受的屈辱。[8]

这里的关键不是应该记住这些事情,以便强化怀疑与敌意,而是因为它们对于评价"中国模式"的意义至关重要,超越了经济主义理解对它的归纳。脱离了革命的传统,"中国模式"便成了专制发展的又一个版本,便会追求符合参与全球资本主义经济发展所需的意识形态与文化,不关心这种经济成功之外的任何东西。这是中国国内十分广泛的看法,国外赞扬中国发展的人也认同这种看法。例如,弗朗西斯·福山(2011)最近便从新自由主义转变到"中国模式":

> 中国政治体系最重要的优势是能够快速做出重大的、复杂的决定,而且做得相当不错,至少在经济政策方面。这点在基础建设领域最为明显,中国已经建设了机场、大坝、高速铁路、水电系统,以满足日益发展的工业基础。印度的情况与此形成鲜明对比,在印度,每项新投资都受到工会、游说团体、农会和法院的阻碍。印度是法治民主,普通百姓可以反对政府计划;而中国的领导人可以把上百万人永久地迁离三峡大坝的洪泛区。
>
> 然而,中国政府的效率胜过常被混为一谈的俄国、伊朗或其他专制体制——准确地说,因为中国领导人感到对人民负有某种程度的责任。……

在大部分对"中国模式"的讨论里,福山的看法颇有代表性。缺乏民主反而行之有效。权力主义能够迅速而有效地调动资源,而在民主社会中则难以做到,印度就是一个例子,它是另一个所谓发展中的国家。在其他方面,政党——国家可能是专制的;但在经济方面,它是一种创新和高效的力量。而且,它胜过其他专政体制,因为它比较关注危机和解决民众的问题。不论是压制还是责任,是否革命的组织和文化遗产有任何参考价值?无论革命传统如何被削弱,它仍然是强大的意识形态力量,仍然影响着人民的要求和领导者对他们要求的回应。还有，很少被注意的是，在参与新自由主义全球资本主义经济的过程中（中国已经成为不可或缺的一个部分），人们仍然对自立和自主充满焦虑。这种模式只是一种更有效的权力主义，但没有确定的根源。现在常见的是在革命前的历史中寻找解释，最重要的是国家和人民中的儒家思想。最终，能够被他国效仿的"中国模式"仍然是专制、组织效率和创新。正如我表明的，其中被忽视的是社会目标，它们才是构成这种模式的重要因素。

中国模式的吸引力

在后欧洲中心主义的全球现代性竞争"模式"中，中国模式备受关注，因为中国在近 20 年取得了巨大的经济成就，特别是 2008 年的经济衰退几乎没有影响中国经济的发展。它还是一个或明或暗与美国经济对比的模式，以"北京共识"的观念回应新自由主义的"华盛顿共识"。有人认为，如果中国经济超过其竞争对手，这种模式也可能获得全球霸权。权力主义是这种模式不可分割的一部分，不论是否承认这点。近来的讨论认为：

> ……当今的新兴市场，愈加被一种新的、引人注目的国家资本主义学说所吸引。在表示从思想上否定西方经济模式的过程中，它们力图将市场经济与传统专制或半专制政治结合起来。根据这一学说，政府保持对部分自由化经济的控制，而人民接受一种完全非西方的公民协商：为了获得相对的经济自由和日益提高的生活质量，他们接受公共领域的政治压制。在北京，这两种倾向都有许多支持者。（Harper 2010：3）

这些说法如何令人信服呢？上述评价认为，中国模式不仅胜过同时代的其他模式，而且优于引起全球经济现代化的各类经济模式，但它忽略了历史状况，也忽视了发展中产生的有待解决的问题，因此应该批判地看待这种评价。从铁路和汽车来看，中国是一个正在发展的社会，与其他国家的停滞形成强烈的对比。但是同样有一些突出的问题。我这里指的是公认的问题，例如，在过去三十多年的发展里，出现了前所未有的社会和区域之间的不平等，颠覆了革命成果，出现了大量威胁进一步发展的生态问题，引发了腐败、社会不稳定，以及民主的缺失（不论对民主如何认识），包括言论自由和正当法律程序，所有这些都是权力主义的另一面。然而，最重要的是发展的方向问题，它是"可选择的模式"这一概念的另一个重要方面。中国发展的成功是在现存发展模式设定的范围内实现的，最重要的是美国设定的范围，着重强调都市化、国内外消费商品的供应，以及相应的资源集中。虽然普遍认为这种发展模式在中国不比在美国更能持续，但对它的修正迄今主要还是表面性的。田园遭受毁坏，自然资源消耗殆尽，比比皆是。为了保持发展的引擎运转，仍然依赖房地产投机和汽车制造业。[9]这些是领导阶层都承认的问题，然而目前还看不到合理的"替代模式"。

在这些问题得到解决之前，谈"中国模式"似乎为时尚早，更不必说作为社会主义社会的模式了。而且，对"中国模式"着迷的外邦人士，似乎优先考虑的是经济和技术发展，而不太关注社会和政治，这些人是试图逃避民主社会问题的权力主义的崇拜者，或是由孔子学院培养出来的中国迷，他们把中国看作是一种异域文化但又是突然可以接受的文化混合，是未来非常需要的商机所在。[10]中国在扶贫方面的成功有着强大的吸引力。同样中国社会的生机活力也非常有吸引力，但它掩盖了自己也在经受困扰自由主义企业经济的那些问题，尤其是严重的不平等问题、文化迷失问题和生态问题。这些同样是中国的问题。目前,可行的"各种模式"都或多或少遇到类似的问题,因此它们都不能宣称是他国的样板。这是我们的时代危机的一部分。我认为,公平地说,在中国的例子中,从民族主义的观点看无论它多么令人满意,也不会增加对它的赞扬,因为它的前景不是通向社会主义的目标:社会公平正义,平等民主,以及这些理想的实践。在某些发达国家中,如美国,"中国模式"的成功或者作为竞争对手,甚至被用作限制民主和为了大公司的利益而改变教育方针的借口。[11]

不幸的是,只有少数人还认为,如果真要谈"中国模式",只能把它作为形成过程中的一种模式,一项正在进行的工作,其未来仍不确定。十分明显,甚至中国领导人对如何解决这些问题也有意见分歧,而解决这些问题对制定发展策略至关重要。最近的全国人民代表大会以及新的五年计划再次表明,解决社会发展的挑战仍是重中之重。从长远看,不论这些关注是否可以克服对发展的盲目崇拜,把发展调整到社会主义方向,至今仍是一个悬而未决的问题。即使社会主义的政策得到更新,问题也依然存在,因为在实施这些政策中,需要克服因经济和政治利益的冲突而出现的各种障碍。还有一点应该强调的是,随着时代的变迁,对社会主义的理解也发生了变化,这就是必须以人民为基础,而不是以政府为中心。20世纪的中国革命,在把这些问题提到马克思主义和社会主义的政治议程方面发挥了重要作用。不论它们是否仍是发展议程的问题,都会对未来产生重要的影响。

"中国模式"与马克思主义

最后,我想就"中国模式"相关的问题,简单谈谈马克思主义。在我看来,虽然革命和社会主义传统对认识那些仍然影响中国社会和政治的力量相当重要，但正如前面提到的，国内外大多数评论家都认为当代中国引人注目的并不是"社会主义"，而是"有中国特色的资本主义"，因而可能否定过去革命的社会主义。如果忽视了这点，那就是在思想上自欺欺人。虽然在胡锦涛主席的倡导下，领导阶层通过"马克思主义工程"努力使马克思主义更具活力，但中国一般民众并不比其他地方的人更关心马克思主义。换言之，不可能忽视意识形态、理论与实践之间脱节这一普遍现象。

这种情况引出了一些重要问题，不仅涉及中国的发展道路，而且也涉及马克思主义。上述讨论集中于第一个问题，即中国的发展问题，我已经表明，这个问题仍然没有从结构和历史方面进行充分的理论阐述。那么，关于马克思主义，在这种情况下能谈些什么呢？马克思主义的理论前提是否可以充分理解这种历史情况？就其社会和文化倾向及需要而言，这种历史情况明显不同于那种理论最初产生时的情况。如果修改这种理论可以充分说明这些新的挑战并依旧保留其理论的同一性，那么它会提出什么政治解决方案——如果有的话？理论分析和政治实践必然受到意识形态取向与文化需求的调解，不可能直接转换成政治，那么如何提出政治解决的方案呢？由于经济全球化和社会关系的转变，国家——社会关系的变化对马克思主义的理论前提和命题产生了哪些限制？社会关系的转变源于属性和种族关系的变化，人民的流动，阶级关系和文化实践的跨国化，在全球现代性支配下的文化碎片化，以及生态对发展的束缚。马克思主义虽然批判资本主义社会中的经济组织，然而它也认为资本主义的发展目标是社会主义的一个前提条件。如果我们对不加约束的发展后果有更为全面的认识，那么当前对资本主义的彻底批判是否也需要批判对发展的盲目崇拜——发展主义？通过批判发展主义，力求想象出一种替代资本主义的体制，但同样要承认社会和生态发展的局限。那么，什么样的社会和政治结构适合优先考虑人类福祉与生存的经济组织呢？马克思主义以前在回应民族革命政治要求时已经设想了国家的形态。全球化是否需要回到最初形成马克思主义理论时的国际主义目标和跨国实践？它本身是否标志着现时的全球社会运动的实践？如果马克思主义要保持其可信性，不仅是理论话语而且是有意义的政治实践，那么就急需解决上述这些问题。

注　释

［1］参见 Karon（2011），保守派学者弗朗西斯·福山的讨论，另见黄平（2011），中国社会科学院发行的年度黄皮书有论述。

［2］拓展的讨论，见 Dirlik（2005）。

［3］这些词基本上可以互换，参见俞可平、黄平、谢曙光和高健（2005）。

［4］参见 Huntington（1968），讨论 20 世纪 80 年代晚期中国的范例，详见 Rosen and Zou（1990－1991）。

［5］参见 Berger and Huntington（2002）。我们可能还记得伯杰是 20 世纪 70 年代晚期开始的儒学复兴的主要代言人，而亨廷顿作为知识分子，40 多年来一直强调专制主义的发展，以及文化（文明）"独特性"和霸权如何影响发展的轨迹。支持类似观点的杰出中国学者是何传启，参见中国发展门户网（2009）。

［6］重要的讨论，详见 Dirlik（2011）。

［7］据最近的一篇报道，近三十年历史的发展状况，包括邓小平的领导、海外华人的作用，以及近半个世纪有着巨大经济活力的中国东南亚地区。参见 Etienne（2011）。虽然讨论很简要，强调特定的结构状况对概括文化和创新的讨论是必要的。另外，作者对历史语境同样不以为意，可能出于对革命的往昔表现出的敌意。

［8］对于"国耻"的论述，参见 Callahan（2010）。对世界博览会的论述，参见与上海世博会相关的《历史上的世博会》，于泳华（2009）。对世

博会更为批判的视角，参见 Rydell（1984）。

［9］对新兴汽车文化有意思的探讨，参见 Waldmeir, Patti, John Reed, and Shirley Chen（2011）。关于现实评估发展中潜伏的危机（好或不好的发展），详见《每日邮报》最近的报道（2011）。

［10］例证详见 Bell（2008），最近关于孔子学院的讨论，见 Louie（2011）。

［11］近来的分析表明，权力主义可能是"中国模式"的吸引力之源，尤其是在正在发展的社会中，参见 Palmer（2010）。

参考文献

Bell, Daniel A. *China's New Confucianism: Politics and Everyday Life in a Changing Society*. Princeton, NJ: Princeton University Press, 2008.

Berger, Peter L. and Huntington P. Samuel. *Many Globalizations: Cultural Diversity in the Contemporary World*. Oxford: Oxford University Press, 2002.

Bramall, Chris. *In Praise of Maoist Economic Planning: Living Standards and Economic Development in Sichuan since 1931*. New York: Oxford University Press, 1993.

Callahan, William A. *The Pessoptimist Nation*. New York: Oxford University Press, 2010.

China Development Gateway. *China Modernization Report 2009: The Study of Cultural Modernization*, 2009. http://en.chinagate.cn/dateorder/2009 - 02/24/content_ 17327414. htm.

Dirlik, Arif. "Mao Zedong and 'Chinese Marxism'." In *Marxism in the Chinese Revolution*, ed. Arif Dirlik, 75 - 104. Boulder, CO: Rowman and Littlefield, 2005.

—— "Confucius in the Borderlands: Global Capitalism and the Reinvention of Confucianism." In *Culture and Society in Postrevolutionary China: The Perspective of Global Modernity: The Liang Qichao Memorial Lectures*, ed. Arif Dirlik, 97 - 156. Hong Kong: Chinese University Press, 2011.

Etienne, Gilbert. "Exploding the Myth of the 'Beijing Consensus.'" *Business Standard*, March 19, 2011. http://www.business-standard.com/india/news/gilbert-etienne-explodingmyththe-beijing-consensus/429110/.

Fukuyama, Francis. "Democracy in America Has Less than Ever to Teach China." January 20, 2011. http://www.ftchinese.com/story/001036584/en/?print = y. "The Ghost Towns of China: Amazing Satellite Images Show Cities Meant to Be Home to Millions Lying Deserted." *Mailonline*, December 18, 2002. http://www.dailymail.co.uk/news/article – 1339536/Ghost-towns-China-Satellite-images-cities-lying-completely-deserted.html.

Huang Jingjing. "China's Success Attributed to Socialism Model." *Global Times*, March 2, 2011. http://china.globaltimes.cn/chinanews/2011 – 03/628936.html.

Huntington, Samuel P. *Political Order in Changing Societies*. New Haven: Yale University Press, 1968.

Karon, Tony. "Why China Does Capitalism Better than the U.S." *Time*, January 20, 2011. www.time.com/time/world/article/0, 8599, 2043235, 00.html.

Louie, Kam. "Confucius the Chameleon: Dubious Envoy for 'Brand China.'" *Boundary* 2 38 (1) (2011): 77 – 100.

Palmer, Stefan. *The Beijing Consensus: How China's Authoritarian Model Will Dominate the Twenty-First Century*. New York: Basic Books, 2010.

Prime, Penelope B. "Socialism and Economic Development: The Politics of Accumulation in China." In *Marxism and the Chinese Experience: Issues in Contemporary Chinese Socialism*, ed. Dirlik Arif and Meisner Maurice, 136 – 151. Armonk, NY: ME Sharpe, 1989.

Rosen, Stanley, and Gary Zou, eds. "The Chinese Debate on the New Authoritarianism." *Chinese Sociology and Anthropology* 23 (2) (1990 – 1991).

Rydell, Robert W. *All the World's a Fair: Visions of Empire at American International Expositions, 1876 – 1916*. Chicago, IL: University of Chicago Press, 1984.

Waldmeir, Patti, John Reed, and Shirley Chen. "The Dragon Wagon: A New Paradigm." gufnews.com, March 27, 2011. http://gulfnews.com/business/features/the-dragon-wagon-a-new-paradigm-1.783247.

Yu Keping, Huang Ping, Xie Shuguang, and Gao Jian, eds. *Zhongguo Moshi yu "Beijing Gongshi": Chaoyue "Huashengdun Gongshi"* (*China Model and the Beijing Consensus: Beyond the Washington Consensus*). Beijing: Social Sciences Publishing Press, 2005.

Yu Li, ed. *Lishide huimou: Zhongguo Canjia Shibohuide Gushi, 1851 – 2008* (*History Staring back: The Story of China's Participation in World Expos, 1851 – 2008*). Shanghai: Dongfang Chuban Zhongxin, 2009.

(王珊 译)

第二部分

社会的形态

引 言

一直以来，马克思主义思想对社会、文化及政治理论所作出的最重大的贡献之一就是其社会形态的唯物主义理论。目前，尽管不同政治领域的思想家并没有完全充分地贯彻马克思主义理论所建议的如何想象与描绘社会生活的意旨，但是他们都承认经济体制的特征与本质决定着社会形态这一事实。由于生产体制已经发生了变化，社会已经变得越来越多元化、复杂化，因此发展新的审视当代社会形态的理论已经迫在眉睫。这一部分的几篇论文在新的经济与社会形态语境下探索了阶级、社会等级、性别、种族与民族认同之间的相互联系，提出了对资本主义社会构成、资本主义生产以及资本解放的特征的不同理解方式。

在《是否存在新种族主义？》这篇文章中，艾蒂安·巴里巴尔（Étienne Balibar）着手解决当代种族主义运动的高潮与策略问题，并提出问题：这一现象是"一种与先前'种族主义模式'不可同日而语的新种族主义呢"，抑或"仅仅是一种策略的命名呢"？他坚持认为探究学术种族主义（发现其在进化人类学中的"生物"种族原型）理论构建的功能十分重要，并认为此种功能既不存在于知识合理化的组织资格中，也不存在于社区形象或者原始身份之中。"毋宁说此种功能存在于学术种族主义模拟科学话语的理论事实中。这些理论建立在'可见的证据'基础之上（源自种族的皮肤特性，尤其身体特征）。或者，更确切地说，他们模拟了科学话语方式,明确地表达了'可见事实'及其'潜在原因',由此衔接了大众所固有的种族主义理论化的自发过程。"

巴里巴尔认为"种族主义情结脱离不了与错误辨别后果的联系(没有它,暴力就不会被涉及人所容忍),也与'求知的意愿'(一种立即了解社会关系的强烈渴望)密不可分"。理解新种族主义的关键在于种族主义话语中移民对种族的替代,这绝非一种简单的伪装,而是适应"没有种族的种族主义"的体制。这里"种族主义的重要主题已经不再是生物遗传,而是难以克服的文化差异。初看起来,该种族主义并非要求某种群体或者民族与其他民族相比更具优越性,而仅仅体现为废除国界的害处以及生活方式与传统的不相容性"。此种没有种族的种族主义的典型例子就是现代的反犹太主义,它是作为一种先前的"文化主义"与"差异主义"现象而出现的,并带有一种同化的目的,哪怕是获得一种危险的融合。

在《马克思主义以后的马克思》一文中,迪佩什·查卡拉巴提(Dipesh Chakrabarty)开创了一种关于历史、平民性与差异性的平民视角。他认识到"作为一个马克思主义者,意味着要在欧洲思想传统范围内工作",他的观点主要受下述观点的启发而展开:"当马克思把主体性问题置于'资本'范畴的核心位置时,马克思假定'具体劳动'与'抽象劳动'之间的矛盾是最核心的一对矛盾。"他的核心问题是:马克思理论是消除抑或辨别甚至启发那些不被包含的内容吗?"换言之,是否存在行之有效地解决资本'普遍性'问题的方法呢?我们无法参与到自由主义的多元论中来,因为资本的普遍性把所有的差异都归结为同一了。"

查卡拉巴提承认马克思的大部分观点"确实是19世纪的,很大程度上是不分性别的,而且显然是欧洲为中心主义的",并且认为当代马克思主义的关联性不仅仅存在于印度现代性问题不能从欧洲帝国主义问题中分离出来的事实上,而且存在于使得马克思理论"能够表明我们从哲学家那里学到的关于对这个多元世界所付的不同责任"的潜力上。他发现在马克思理论体系内将商品描述为"就'差异'而言具有某种内在的开放性",在抽象劳动与实际劳动之间存在差距,这两个特征都是商品所固有的特点,却又不能被商品作为符号所包含,并且他认为揭露这一紧张关系对平民历史实践极为重要,"旨在发挥历史的极限来使那些不可运行的部分得以彰显"。

玛雅·冈萨雷斯(Maya Gonzales)与珍妮·内东(Jeanne Neton)的文章《性别的逻辑》是对马克思女性主义的一次再思考,发现"为何人类仍然强烈地需要通过此种或者彼种性别来标注自己的原因"。他们论述了性别体制的辩证关系,此种关系被理解为一种存在于将个体分配到不同领域之中的"真正抽象",这些领域也不是作为分离的或者特定的领域来定义的,而更是"作为呈现某种物质性的概念"来定义的。在这种情况下,他们反思并完善这些有关性别的"不准确的、理论上不充分的且有时会令人误解的"概念——生产的与再生产的、支付的与未支付的、公共的与私人的、性与性别的二元关系——旨在发展"作为'资本'本身的资本主义所特有的概念"。

对他们的分析至关重要的是,他们时常合并劳动力商品再生产与社会整体再生产的概念。两者之间关系的关键在于劳动力是特殊商品,它"既不是个体也不仅仅是商品"——关键在于使用价值与(交换)价值之间的区别。对性别再生产的理解依赖于区别"哪些是商品化的、货币化的或者大规模生产的再生产,哪些不是"。那些不被支付工资的活动是"**社会中的非社会性的**:它们不被社会认同但是不管怎样仍属于资本主义生产方式的一部分",个体对这一领域的归属通过对男性女性的法律分类的方式得以贯彻执行。反对女性自我组织的非市场直接调解的任何行为，冈萨雷斯与内东认为此种命运是女性被迫从事卑贱工作的一个透镜，通过这一透镜可以看到性别具有多么强大的局限性。

在论文《后现代主义抑或阶级斗争？是的，请回答》中，斯拉沃热·齐泽克（Slavoj Žižek）思考了公共与私人之间二元区别的不同表现：民主与他者之间的关系——不仅仅体现在不同形式的政治他者对民主的替换，而且"首要是政治民主定义本身所倾向于排除的'非-政治'要素（阶级自由主义中的私人生活与经济等）"。然而采纳如此区别、划分的行为本身就是"一种最卓越的政治姿态"，他通过提问"假使绝对精妙绝对纯粹的政治姿态，恰好是将政治与非政治区分开来，将某些领域排除出政治的姿态，又将会怎样"？从而将这个论点翻转过来了。

赞同巴特勒对欲望自反性的理解（和对心理分析自反性与德国理想主义之间的联系的理解），并认同拉克劳的"作为主要区别于象征的/结构的差异逻辑的对抗的概念"，齐泽克反思了普遍性与排他性之间的关系以及阶级斗争与身份认同政治之间关系的结果。他发现当前存在着一种对任何彻底改变政治领域的行为的反抗，一种对自由-民主的抵制，而且此种反抗与德里达、哈贝马斯、罗蒂以及丹尼特等广阔的研究领域产生共鸣，因此齐泽克建议当今的任务就是打破这些共享的预设。

关于共产主义理论（Théorie Communiste）的文章《现在时态的共产化共产主义理论》，其核心是对共产主义与社会主义的区分，即一种基于物质生产资料所有制的变革为基础的经济管理模式。与此相反，共产化存在于即刻建立的由社会个体直接构成的人类社区中（即共产主义的建立），并具有如下特征：没收生活资料（从最广义上看）与从无产阶级向社会个体的即刻转变之间没有区别。因此共产化并不是建立无产者的统治，而是直接消除阶级（包括无产阶级）。

因此共产化暗示着对工人阶级的否定，而不是对工人阶级的肯定，这也意味着对无产者身份认同的拒绝以及向工人自治目标的拒绝："消除资本同时也是否定作为工人的自己且不再如此地自我组织。"无产阶级的存在，其与资本相关的且与资本相区别的限定因此是其自身行动的局限。接下来文章认为共产化不是一个过渡；共产主义的措施"并不是共产主义的胚胎，而是它的产品"。共产化的视阈永远只能是共产主义直接产品的一种呈现。

在论文《父权制与商品社会》中，罗斯维莎·斯科奇（Roswitha Scholz）强调就资本主义发展而言的性别中心性对发展马克思女性主义理论框架的重要意义，此理论框架既解释了现实存在的社会主义的目标，也解释了当前的经济危机。她的出发点是坚持认为批评的目标不应该是对剩余价值的征收以及造成的不平等关系或者剥削关系，而应该是"商品生产体制的社会属性以及由此产生的尤其是对抽象劳动而言的行为方式"。

斯科奇发现，在这一体制的中心存在一种"与价值和抽象劳动相分离的""核心的由女性所支配的再生产行为"。那么资本主义呈现为一种在结构上、本质上依照男性而进行的性别分类现象，此种性别化最开始并不引人注意。此种性别化，以及与人类再生产行为价值的分离，并非是资本主义的一个结果，而更是价值生产的一个必要前提条件。因此有必要认为商品生产父权制的兴起决定了现代性与后现代性的历史发展进程。确实，作为资本主义价值形式发展的一部分，在价值分离的原则下，性别关系的普遍化呈现为一种现代性崛起的工具形式。

第八章

是否存在新种族主义？[*]

艾蒂安·巴里巴尔

在何种程度上谈论新种族主义才是恰当的？各个国家各种不尽相同的时事迫使我们思考这一问题，但是同时也显示这种跨越国家而存在的现象。这一问题可以在两种层面上理解：一方面，我们是否见证着种族运动和种族政策的新的历史高潮？这一新种族运动的高潮势必由某种危机事件或者某些缘由所阐释；另一方面，在它的主题与社会价值上，我们所见证的是一场与先前"模式"不可同日而语的新种族主义运动？抑或只不过是一种策略的命名？本文将集中探讨此问题的第二个层面。[1]

首先，我们须做如下论述。至少在法国，新种族主义的假设已经被创立起来。它建立在国内理论批评的基础之上，建立在人类学或历史哲学使得排斥政策（policies of exclusion）合法化的研究论述之上。如今，极少有研究去探讨其教义的崭新之处与政治新形势、社会转型之间的联系。我接下来要论证的是：有史以来，种族主义理论范畴一直是至关重要、不可或缺的存在；然而

---

[*] 选自 Race, Nation, Class: Ambiguous Identities, London: Verso, 1991: 17 – 28。

第八章 是否存在新种族主义？ 155

它既不是自主的，也不是首要的。种族主义——一种真正意义上的"全社会现象"——体现在实践中（暴力、蔑视、褊狭、羞辱和剥削的种种形式），题写在如此众多的论文与论述中，详尽而理性地阐释着关于预防与隔离的幻想（保持社会机体纯洁的必要性，维护"自身的"或者"我们的"身份，防止一切形式的混合、混种或入侵），清晰地表达着他者的圣痕（名字、皮肤、肤色、宗教实践）。因此它通过关于他们的"客体"与"主体"的模式化形象来组织其影响（相关心理学研究集中描述他们的偏执性格和他们"非理性的"矛盾情绪）。正是这种实践、话语与表征的相互结合，在模式化形象的交互影响下，使我们能够描述一个种族主义社区的形成（或者一个种族主义者的社区，在一定区域内他们之间存在着"模仿"的盟约）；使我们能够解释此种方式，作为某种镜像，种族主义受害者的个体与集体（它的"客体"）意识到他们被迫承认是一个共同体（community）。

但是无论这种强制如何绝对，作为对受害者的制约，很明显是不能取消的：它既不能不通过冲突而被内化（参阅 Memmi 的论著），也不能消除体现该社区身份特征的矛盾，同时该社区集体否认定义自己身份的权利（参阅 Frantz Fanon 的著作）；而且，极为重要的是，它更不能削弱事实暴力的持久滥用以及话语、理论和理性行为的过度使用。从受害者的立场上来说，当时，在种族主义复合体的内部存在着本质的不对称；认为与其教义相比，其表现及"行动"（actings out）不可否认地极其重要，在行为范畴内不仅自然地包含身体暴力和歧视，而且还包含语言本身，语言暴力至少体现在蔑视与侵害上。是哪一个原因引导我们在第一阶段，把教义与语言的变化认为是相对的偶然事件？当宗教的语言转变为科学的语言，或者生物的语言转变为文化与历史对话的时候，当在实践中这些辩护仅仅导向原有的旧行为的时候，我们是否应该如此为保持原有体制（否认权利体制）的合理性而辩护呢？

这是一个合理的观点，甚至是一个极其重要的观点，但是它不能解决所有的问题。因为种族主义复合体的解构不仅以受害者的反抗为前提条件，而且需要种族主义者自身的转变，从而导致种族主义社会的内部瓦解。在这点上，情况与谈论二十余年的性别歧视极其类似：推翻它的前提既需要女性的反抗又需要"男性"社会的解体。如今，在种族社区的形成中，种族主义理论是不可或缺的。事实上，不存在没有理论的种族主义。探究种族主义理论主要是发源于精英还是大众，是来源于统治阶级还是被统治阶级是完全无用的。不管怎样，很显然知识分子使得这些理论"合理化"（rationalized）。而且至关重要的是，我们须研究学术种族主义理论（其原型为19世纪末期发展的关于生物种族的进化论人类学）的功能，并且要研究该功能如何在围绕着"种族"指令所形成的社区过程中得到发挥。

此种功能，于我而言，并非仅仅存在于知识合理化的普遍组织能力上（是葛兰西所称的"有机性"，也是奥古斯特·孔德所谓的"精神力量"），亦非存在于学术种族主义精心制造的社区形象的理论事实中，更非存在于所有社会阶层的个体都能识别自己的最初身份的理论事实中。毋宁说此种功能存在于学术种族主义模拟科学话语的理论事实中。这些理论建立在"可见的证据"基础之上（源自种族的皮肤特性，尤其身体特征）。或者，更确切地说，他们模拟了科学话语方式，明确地表达了"可见事实"及其"潜在原因"，由此衔接了民众所固有的种族主义自发的理论化过程。[2]因此我冒昧地认为种族主义情结与错误识别的后果密不可分（没有它，暴力就不会被涉及人所容忍），与"求知的意愿"（一种即刻了解社会关系的强烈渴望）也关系密切。这些作用互相支持，因为无论是个体还是社会群体，他们的集体暴力是一种令人痛心的难解之谜，人们急需阐释它。这确实是使得种族主义知识分子的态度如此相似的原因所在了，不管他们的理论看起来多么复杂。举例来说，不同于与大众消费信条保持距离（尽管不是绝对的分裂，除非他们滑入灵知主义）的玄思冥想的神学家，行之有效的种族主义理论家们总是在不断地发展"民主"信条。这些信条会立即被大众所理解，似乎一开始就适合他们较低的智力水平，甚至在阐释精英主义主题的时候也不例外。换言之，他们的理论不仅能够为个体的经历提供即时解释的方法，而且还能够为他们在社会中的身份提供即时解释的方法（在这方面，他们类同于星座学、性格学等），甚至这些方法可以揭示人类境况的某种"秘密"（即他们包含一种他们想象的功效所必需的秘密效果：这一观点已经被 Leon Poliakov 所阐释）。[3]

我们必须注意到，这也是使得"批评"学术种族主义的内容，更重要的是批评其影响如此之难的原因。在其理论的建构中，存在一种假设：大众所寻找的和渴望的"知识"是一种初级知识，只能替他们自发的情感辩护或者引领他们回到本能的真实中去。众所周知，倍倍尔（Bebel）把反犹太主义称作"傻瓜的社会主义"，而尼采或多或少称之为低能的政治（尽管这不能阻止他亲自接管种族神话的大量工作）。我们把种族主义学说描述为完全蛊惑人心的理论，而理论的效力来自他们提供给群众（masses）对知识渴望的预先反应。此时，我们自己能否逃避这一同样尴尬的态度？"群众"的范畴（或者"大众"）本身并非中性，它与社会归化、社会种族化的逻辑展开了直接的交流。着手消除这种含混，仅仅考察种族"神话"控制大众的方式无疑是不够的；我们还必须发现为何那些在"智力"与"体力"活动分工（在广义上而言）的框架内发展而来的其他社会理论，也不能轻易地与"求知的欲望"融合。种族神话（"亚利安神话", 遗传神话) 不仅仅是借助伪科学内容的神话, 而且至少是想象性超越分离知识分子与大众的鸿沟的形式, 是以天生的幼稚症来囚禁大众的隐含宿命论的形式。

现在我们可以转向"新种族主义"了。此处的问题并非种族主义的事实, 因为我们已经指出过——实践确实是可靠的标准(种族主义被某种政治阶级的大部分人所否认, 这暴露了那个群体的自鸣得意与无知; 如果我们不被否认种族主义所蒙骗的话) ——而是决定在何种程度上以相对新颖的语言来表达一种**新**的持久的社会实践、集体表征、学术理论以及政治运动。简言之, 运用葛兰西式话语, 我们不得不判定这里是否存在着某种类似霸权的东西。

外来移民(immigration) 替代了种族概念, 成为"阶级意识"的溶剂 (解决方案), 外来移民这一概念的运行功能为我们提供了第一条线索。非常清晰的是, 我们并非简单地处理一项伪装的行动。"种族"这一术语以及它的派生物已经声名狼藉, 使得伪装成为必然, 同时我们也并非仅仅解决法国社会转型的后果。移民工人的群体多年来一直遭受着歧视与排外的暴力, 其中种族主义的陈规起着极其重要的作用。第二次世界大战期间, 在历史上又一次危机的时代, 法国发动了多次反"外国人"、反犹太人或其他方式的运动甚至超越了法西斯运动; 维希政权的确立并且成为希特勒事业的一部分, 是其逻辑发展的顶峰。在那个时期, "生物学"的所指成为他者憎恨与恐惧的重要体征; 它为何没有被"社会学"所指取代呢? 除了严格意义上的法国传统人类学神话的力量外, 这还可能是因为: 一方面, 当时存在着对移民(主要是欧洲移民) 的理解与殖民经验 (一方面, 法国是"被侵占的", 另一方面, 法国是"处于支配地位的") 之间在体制上与意识形态上的破裂; 以及, 另一方面, 在世界范围内国家、民族和文化之间缺少新的语言表达模型。[4] 这两点原因确实是相互关联的。新种族主义是一种"非殖民化"时代的种族主义,是旧殖民地与旧大都市之间人口移动的逆转,是单一政治空间内的人性的区分。就意识形态而言,目前的种族主义,在法国集中表现为移民情结。它适合一种"没有种族的种族主义"框架,目前已经在其他国家尤其是盎格鲁-撒克逊国家广泛发展。此种类型的种族主义的重要主题已经不再是生物遗传了,而是难以克服的文化差异。初看起来,该种族主义并非要求某种群体或者民族与其他民族相比更具优越性,而"仅仅"体现为废除国界的害处以及生活方式与传统的不相容性。简言之,这正是安德烈·塔基耶夫(P. A. Taguieff)所恰当地称谓的"差异主义种族主义"(differentialist racism)。[5]

为了强调问题的重要性,首先我们必须说明这一变化的政治后果。第一个后果就是:对传统反种族主义的维护已经是动荡不稳;即便不是背离叛变,也已是腹背受敌(塔基耶夫所巧妙地称之为差异主义种族主义的"转身反应"turn-about effect)。种族并非由孤立的生物单元体所构成,而且现实中并不存在"人类种族"(human races),这种看法从一开始就已被认同。同样被认同的观点还有:个体的行为与他们的"自然倾向"不能用血统或者甚至基因来解释,而仅仅是他们所属的历史"文化"的产物。现如今人类学的文化主义完全指向多元与平等的文化认同——人类文明的构成仅仅是一种复调表演——而且,他们超越历史的永恒已经为人文学者以及战后世界主义的反种族主义者提供了绝大部分的论据。它的价值已经在其反对某种标准化帝国主义霸权的斗争以及反对消除少数或者多数人类文明的斗争(即反对种族文化灭绝斗争)中所做的贡献所证实。差异主义种族主义以这种论证作为它的语言。人类学重要学者克洛德·列维-斯特劳斯(Claude Levi-Strauss),不久前因为论证——所有文明都是同样地错综复杂,并且对人类思想发展的都是必要的——这一观点而声名显赫。不管他是否喜欢,现在他已经被招募到"种族与文化"领域来维护此等观点;"文化混合"与"文化距离"的抑制会导致人类思想的死亡,甚至有可能威胁到确保其生物生存的操控机制。[6]而且这种"证明"直接关系到人类种群保护传统和身份的"自然"倾向(尽管,在现实民族群体中,其民族政治范畴的人类学意义显然是相当含糊的)。由此我们可以看出生物学上的或者基因学上的自然主义并不是归化人类行为与社会亲密关系的唯一方式。以放弃等级体系(如我们所看到的,此种放弃更是一种表面的放弃,而非真正意义上的放弃)为代价,**文化也可以像自然一样发挥作用**,尤其它可以把个体或者先天群体锁定到宗谱中,锁定到最初的不变的无形的决心中。

但是第一个转身反应会带来第二个转身反应,而且反应更加强烈:如果不可克服的文化差异是我们真实的"自然环境",成为我们必不可少的环境,假如我们呼吸历史的空气,那么消除此种差异必然会引起防卫反应,"不同种族间的"冲突以及全面高涨的攻击性。此种反应,我们被告知,是"自然"的,但也是十分危险的。通过这种惊人的大回转,我们在此发现差异主义的学说本身解释了种族主义(并且也是为了避开它)。

事实上,我们看到的是对问题的总体取代。我们现在离开以往建立在生物学心理学原理上的种族理论抑或种族间斗争,转向一种社会"种族关系"的理论。**此种理论并不是归化种族的属性,而是归化种族歧视行为**。从逻辑的观点来看,差异主义种族主义是一种元种族主义,或者我们可能称之为"第二位置"种族主义。它已经吸取了种族主义与反种族主义之间冲突的教训,表现为揭示社会侵害原因,在政治上具有可操作性的理论。如果你想避免种族主义,你不得不避免那种"抽象的"反种族主义,因为它不能理解人类运动的心理与社会的法则;你不得不尊重"容忍界限",保持"文化距离",或者换言之,依照个体是某种单一文化的唯一继承者和承载者的基本条件，来隔离集体主义（就这一点而言，最好的界限仍然是国界）。这里我们离开了思考的领域，直接进入政治领地以及日常经验的阐释。自然而然地，"抽象"并不是认识论范畴，而是一种价值判断，越是急切地应用于实践，其结果越是具体或者越是有效：城市的复兴运动、反歧视的斗争，甚至包括入学与工作方面的正面差别待遇。（美国新权利称之为"逆差别待遇"；在法国，我们越来越多地听到那些与任何激进运动无关的"合情入理"的人士解释道："正是反种族主义通过煽动和'引诱'公民大众的民族情感的方式在制造种族主义。"）[7]

差异主义种族理论（将趋于表现为真正意义上的反种族主义和人文主义）并不是偶然地轻易地与享受某种复苏精神的"群众心理"相联系，成为非理性运动、侵害和集体暴力以及极端恐外症的一般解释。由此可见上述双面博弈充分发挥作用：向群众解释了他们"自发性"的原因，同时却含蓄地把他们贬低为"原始"人群。新种族主义理论家们不是神秘的遗传理论者，而是社会心理的"现实主义"的技术人员……

用这种方法展示新种族主义的转身反应，我无疑在简化它的起源和内部变化的复杂性。我想要提出的是在其发展过程中何为战略意义上的成败攸关的东西。人们理想地希望进一步阐述某些方面或者添加某些匡正。下文对此只做初步描述。

"没有种族的种族主义"的概念并非像有些人想象的那样具有革命性。我们不探究"种族"这一词的意义变化，事实上"种族"一词在编年史上的用法早于任何从"宗谱学"到"遗传学"的记载。为了某种反种族主义的公认文本，同样为了新种族主义迫使的看法转变，我们必须要采纳一些主要历史事实，无论这些历史事实如何使人苦恼。

一直以来，作为一种二等理论阐释，种族主义不以种族的伪生物学概念作为其主要的驱动力。种族主义的原型是反犹太主义。现代反犹太主义已经成为一种"文化主义"的种族主义。现代反犹太主义的形成起源于欧洲启蒙运动,抑或真正开始于西班牙雷孔基斯塔(Reconquista)收复失地运动和西班牙宗教法庭使得神学上的反犹太主义产生了集权和民族主义转向的时期。——无可否认地,身体上的印痕在其幻影中起着极其重要的作用,但是他们更是作为深层的心理符号、精神遗产而不是生物遗传在发挥作用。[8]可以说,犹太人是更为"纯正"的犹太人,因为这些符号越是被隐藏,犹太人越难以被其他人识别。他的本质是一种文化传统,道德解体的酵母。反犹太主义是极端的"差异主义",而且在很多方面可能考虑到了目前的差异主义种族主义的全部内容,从正式的观点看,是一种广义的反犹太主义。此种考虑对当代反阿拉伯主义尤为重要,尤其在法国,因其怀有一种"世界概念"的伊斯兰形象,这与欧洲性、世界意识形态统治事业相背离,由此形成了对"阿拉伯性"和"伊斯兰主义"的理解混乱。

考虑到法国种族主义传统的国家形式,这把我们的注意力引向更难承认却是极其重要的历史性事实。毫无疑问,存在着一个特别法国式的雅利安主义、人体测量学和生物遗传主义学说的分支,但是人们并不能在这些学说中发现真正的"法国意识形态":不如说,它存在于"人权国度"文化需教化全人类的思想中。对应这一使命,人们进行对主体人口同化的活动,并且需要依据个体与群体倾向或抵制同化的程度,对其进行等级区分和排列。正是这种既微妙又压倒一切的排斥/包容的形式,在殖民化的过程中得以应用,成为严格意义上的"白人的负担"的法国(民主的)变体。在后面的章节中,我会讲到"普世主义与特殊主义的悖论存在于种族主义意识形态运作过程中或者存在与意识形态运作的种族主义范畴中"这一话题。[9]

相反地，在新种族主义理论中，不难发现，等级制度主题的压制有名无实，虚有其表。事实上，被那些理论家公开抨击为荒唐的等级制度的观念，一方面，在理论（不必被陈述得特别清晰）应用于实践过程中被重建了；另一方面，在决定文化间差异（人们可以再次发现元种族主义运作中的"二等身份"的逻辑来源）的思维标准的应用上，也被重建了。事实上，反对种族混合的预防行为发生在国家、主体阶层或者至少官方上的"民族大众"已经确立的文化区域中，他们的生活和思维方式已经被制度体系所设定了；因此它在社会表达与社会进步方面发挥着不定向的阻碍作用。有文化尊严的理论对话不能补偿一个在英国的"黑人"或者一个在法国的"北非后裔"被同化的事实。对此种同化的需求在他们融入社会之前（被怀疑为肤浅的、不完美的或者仿造的）就已经产生了。此种同化表现为一种进步、解放或者放弃权利的形式。在这种情况后面，主要是这样的思想变体在发挥作用：人类历史文化可以被划分为两大类：一类被认为是普世的进步的文化，另一类被认为是不可救药的特殊的和落后的文化。这里我们并不是偶然地遇到了这一悖论：一个"逻辑连贯的"差别种族主义可能一致地保守地主张**所有**文化的固性。事实上也确实非常保守，因为在保护欧洲文化、欧洲生活方式防止"第三全球化"的托词下，它理想化地关闭了所有通向真正进步的道路。但是它立刻重新引进了"闭关锁国的"社会，"开放的""静止的"社会，"进取的""冷漠的"社会，"热情的""集体的"社会以及"个人主义的"社会的古老划分——反过来，此种划分本身又造成了文化概念的含混（这确实正是法国的情况）。

作为单独实体或者单独体制象征（此处指沙文主义层面上的"文化"）的文化差异指的是"欧洲"区域本身内部的文化不

平等，或者更准确地说，指的是一个日趋国际化的、开放的、具有正式教育机制的工业社会所复制出来的"文化"不平等机制（从教化的意义上说，存在着学术与大众、科技与民俗等的划分）。"不同"的文化指的是在获取文化时那些组成障碍或者作为障碍（国际交流的学派或者规范）而建立起来的文化。并且，相反地，统治阶级的"文化残障"（cultural handicaps）表现为外裔身份的实际等同物，或者尤其表现为文化混合消极效果下（指物质条件下文化混合的效果）的生活方式。[10] 现今等级的主题所潜在的表现主要体现在符合个人主义模式的优先权上（正如在先前时期，为了设定一种种族类型的固定模式，公开赞成不平等的种族主义不得不假定一种差异主义的人类学，不论该理论是建立在基因学基础上还是建立在民族心理学基础之上）：人们含蓄地认定那些优越的文化是那些欣赏并发扬"个体"事业、社会与政治的个人主义文化，是反对那些禁止这些文化的文化。这些就是所谓的由个人主义构成其"社区精神"的文化。

通过这种方式，我们发现回归生物主题是如何被允许的，以及通过此种方式，在一种文化种族主义的框架下生物"神话"的新变体是如何被阐释的。如我们所知，上述情形中存在着各种不同的国家情况。行为学与社会生物学的理论模型（他们本身在某种程度上是竞争者）在盎格鲁-撒克逊国家更具影响力，那里一直延续着社会达尔文主义和优生学的传统，同时与一种攻击性的新自由主义的政治目标相一致。[11] 然而，甚至这些有倾向性的生物观念从根本上依赖"差异主义革命"。他们所旨在解释的并不在于种族的构成，而是在于解释为积聚个体能力的文化封闭与传统的重要性，而且更为重要的是，在于解释仇外主义与社会侵犯的"天生的"依据。侵犯作为虚构的本质被新种族主义的所有形式所援引，在此情况下使得一定程度地取代生物主义成为可能：当然不存在"种族"，而仅仅存在人口与文化，但是存在着文化的生物学的（或者生物物理学的）原因与影响，以及面对文化差异的生物反应（如一直以来依旧存在的人类不可磨灭的"动物性"，以及其所延展的"家庭"和"领地"意识）。相反地，在纯粹文化主义所盛行的地方（例如法国），我们见证着一种加强生物学与文化对话的进展变化，成为"有机体生存"、生育、行为表现以及健康的外部规约。尤其米歇尔·福柯（Michel Foucault）预见到了这点。[12]

当前新种族主义的变体完全可能仅仅是一种过渡时期的意识形态形式。它注定会发展成为话语和社会科技。历史地重新关注宗谱神话（种族、人群、文化与民族替代物的游戏）的层面必将或多或少地让位给适应"正常"社会生活的智力倾向与性情的心理评估层面（或者相反的犯罪与异常行为），让位给"最理想的"生育（从情感的、卫生的与优生学的观点来看）、资质、性情的认知。社会心理学与统计科学将会被应用于测量、选择、监控中来，冲击着"遗传的与环境的因素"之间的平衡。换句话说，我更加确信，这种意识形态的形成将会发展为"后种族主义"（post-racism）。因为在某一国家民族体系框架内的社会关系、人口流动的国际化必将日益导向对国家边界的再思考以及其应用模式的再分配；这将符合社会预防的功能，密切地联系更加个体化的法规，同时科技变革将赋予教育不平等和知识等级在普遍的科技-政治的个体选择方面的阶级斗争中越来越重要的作用。在以民族事业为大业的时代，真正意义上的"大众时代"可能已经降临。

英译：克里斯·特纳（Chris Turner）

注 释

[1] 刚写完此文不久,我才知晓这本由皮尔-安德烈·塔吉耶夫(Pierre-André Taguieff)所著,1988 年由 La Découverte 出版的著作 *La Force du préjugé. Essai sur Ie racisme et ses doubles*。由于作者的努力,我上述参考的分析在此书得以形成、完善和鉴别。我希望在不久的将来,能对此书进行深入的探讨。

[2] 在我看来,柯里特·圭洛敏对此做出了出色而至关重要的解释。"范畴化活动也是一种了解活动…… 因此,毫无疑问,与定型斗争的尴尬为我们带来了惊喜。伴随着压迫,范畴化也孕育着理解。"(*L'Idéologie raciste. Genèse et langage actuel*, Mouton, Paris & TheHague, 1972, 183 et seq.)

[3] L. Poliakov. *The Aryan Myth*: *A History of Racist and Nationalist Ideas in Europe*. trans. E. Howard (Brighton: Sussex University Press, 1974); *La Causalité diabolique*: *essais sur l'origine des persécutions*. Paris: Calmann-Lévy, 1980.

[4] 美国的"黑人问题"依然独立于美国对欧洲移民浪潮的接纳而导致的"种族问题"之外。直到 20 世纪 50 年代和 60 年代,一种新的"种族范式"成为后者被投影到前者的缘由。(参见 Michael Omi and Howard Winant, *Racial Formation in the United States*. London: Routledge & Kegan Paul, 1986。)

[5] 特别参阅安德烈·塔基耶夫(P. A. Taguieff)的著作"Les Présuppositions définitionnelles d'un indéfinissable; Ie racisme", *Mots* 8, 1984;"L'Identité nationale saisie par les logiques de racisation. Aspects, figures et problèmes du racisme différentialiste", *Mots* 12, 1986; "L'ldentité française au miroir du racisme différentialiste", *Espaces* 89, *L'identité française* (Paris: Editions Tierce, 1985)。同样的观点已出现在柯里特·圭洛敏(Colette Guillaumin) 所做的研究;另见 Véronique de Rudder 的文章,"L'Obstacle culturel: la différence et la distance", L'Homme et la société, January 1986。对照英国人马丁·巴克的著作 *The New Racism*: *Conservatives and the Ideology of the Tribe*

(London: Junction Books, 1981)。

［6］这是为联合国教科文组织撰写的一篇演讲稿，再版于 *The View from Afar*, trans. J. Neugroschel and P. Hoss（New York: Basic Books, 1985）。参看 M. O'Callaghan and C. Guillaumin 刊登于 *L'Homme et la Société* 3（1 – 2），1974 的评论文章"Race et race…la mode 'naturelle' en sciences humaines"。

［7］在英语国家，人们普遍用"人类行为学"（human ethology）和"社会生物学（sociobiology）理论"对待这些主题。在法国，人们直接用文化主义原理对之进行处理。这些观点无论是新右派（the New Right）理论还是更为学术性的理论都涵盖在这本 A. Béjin and J. Freund 编著，Méridiens-Klincksieck 出版公司 1986 年出版的 *Racismes, antiracismes* 一书中。因为另外一部作品 *J'ai tout compris* 3, 1987（'Dossier choc: *Immigrés: demain fa haine*' edited by Guillame Faye）大规模的出版流通，*Racismes, antiracismes* 这本书被庸俗化了。

［8］针对休斯顿·斯图尔特·张伯伦（H. S. Chamberlain），鲁思·本尼迪克特（Ruth Benedict）特别指出这一点。"但是，张伯伦没有从生理特征和血统来辨别闪米特人（Semites），他知道，拟人化列表测量的手段并不能准确地将犹太人与现代欧洲的其他人种分离开来。但他们是敌人，因为他们各自拥有特别的思维方式和行动方式。""人很快就会变成犹太人……"（*Race and Racism*, London: Routledge & Kegan Paul, 1983, 132 *et seq.*）在她看来，这是张伯伦的"坦率直白"和"自相矛盾"的表现。这自相矛盾转变为常态，虽然事实上它并不是自相矛盾。正如我们所知，在反犹太主义主题中（anti-Semitism），犹太人不可化简的他性（otherness）要比犹太人的种族低劣性（inferiority）重要。张伯伦有时甚至沉溺于提及犹太人在智力、商业或团体意识方面的"优越性"，此举使犹太人更加"危险"。纳粹屡次承认，他们的宏伟蓝图注重的是把犹太人降为"类人类的地位"（subhuman status）的过程，而不是"类人类"（subhumanity）的事实。这确确实实解释了他们不会奴役犹太人，而必须灭绝犹太人的原因。

［9］参见"Racism and Nationalism"。

［10］很显然，正是文化制度等级中各种文化的社会差异以及具有决定性力量的社会分类和同化，共同解释了激进的种族斗争和周边人们对移

民学校的怨恨的问题。它要比种族间近距离生活这一解释更能说明问题。参见 S. Boulot and D. Boyson-Fradet, "L'Echec scolaire des enfants de travailleurs immigrés", Les Temps modernes, special number: "L'Immigration maghrébine en France", 1984。

[11] 参见 Barker, *The New Racism*。

[12] Michel Foucault, *The History of Sexuality*, Vol. 1, An Introduction, trans. Robert Jurley (London: Peregrine, 1978).

第九章

马克思主义以后的马克思：
一个平民历史学家的观点[*]

迪佩什·查卡拉巴提

曾经让马克思主义者感觉他们同属于一个国际部落的古老信仰不得不被重新思考。此种再思考不得不从知识分子的特有立场出发，思考或现实或想象的印度现状，其任务不能以当代欧洲与盎格鲁－美国理论的任何公式化的方式来推断。此文旨在发现对这一问题的某种可行方法的尝试。

首先，我需要澄清的是，我的言论绝对没有任何牵连**平民研究**集体之意。下文是我所遇到的对当今某些马克思主义历史学问题的思考，它们表现为对平民阶级历史的书写以及总体上的统治与被统治现象的揭示。但是它们也恰好出现在马克思主义被西方先锋理论界强烈质疑的特别时期。作为一位马克思主义者，无论如何还是需要在欧洲思想传统内工作，可以忽略那些号称"后结构主义"或"解构主义"的挑战，然而后果得自负。曾经让

---

[*] 选自 *Economic and Political Weekly* 28（22）（May 29, 1993）: 1094–1096。

马克思主义者感觉他们同属于一个国际部落的古老信仰不得不被重新思考。(至少这是一种假想,此短文就是建立在此种假想之上。)此种再思考不得不从知识分子的特有立场出发,思考或现实或想象的印度现状,其任务不能以当代欧洲与盎格鲁-美国理论的任何公式化的方式来推断。此文旨在发现对这一问题的某种可行方法的尝试。

许多读者会回忆起平民研究作为一种争论发端于印度马克思主义内部,尤其反对 20 世纪 70 年代在印度历史领域由殖民主义者和民族主义-马克思主义者所宣扬的目的论。最初,我们想要反对两者变体的方法论精英主义,但是我们同样旨在书写"更好的"马克思主义历史。不久,当我们的研究在推进的时候,很显然此类本质的批评几乎不可能忽视马克思主义(或者自由主义)思想本身所固有的普世主义/欧洲主义的问题。此种理解使我们接受了对马克思历史主义的批判——尤其接受了关于倡导"宏大叙事怀疑论"立场的言论——法国后结构主义思想家于 20 世纪 80 年代在英语学术界声名鹊起。但是那里依然保留着重要的关键的争论。与巴黎的后结构主义理论不同,在德里、加尔各答、马德拉斯不存在任何整体拒绝马克思思想的问题。福柯在著作《事物的次序》(*The Order of Things*) 中的激烈言辞"马克思主义在 19 世纪的思想界如鱼得水,换句话说,它在别处就不能呼吸"自然有他的道理(不管多么夸张),但是我们不可能再与某些后现代主义学者在其论著中所展现的反马克思主义精神产生共鸣了。

事实如此并不是因为我们相信从一种完全消费工具的理性(an all-consuming instrumental rationality)恢复到哈贝马斯式的启蒙理性中来。我们忠诚于马克思主义思想有不同的根源。它们可以追溯到与印度现代化问题密不可分的欧洲帝国主义的问题上来。(殖民地现代化问题,或者我认为可以称之为殖民主义本身的问题,在很多后结构主义/后现代作品中一直是被忽视的问题。)然而,对于一名印度现代知识分子而言——专注于与欧洲启蒙运动的思想产品、思想遗产进行严肃交流的学者而言,他同时也在印度社会的文化实践中,意识到在与"西方形而上学"不均等甚至经常屈于从属地位的关系中,存在着其他"措辞"的可能性——像福柯那样完全丢弃马克思思想是非常困难的。此外,也不是因为很难与历史相对论的理性批评产生共鸣。(事实上我将会在此主张这些批评对于我们阅读马克思思想至关重要。)而是因为关于帝国主义的批评论述是构成我们集体起源——神话的基本要素。成为一名印度知识分子的故事以及不得不(因为不存在任何其他现实的选择)面对、研究那些时刻提醒自己来源于欧洲的那些思想,如果在资本主义/欧洲帝国主义的历史中,不存在与兴起的知识分子阶层相伴的话语的话,是讲不通的。这样说并不是索要"受害者"的特权。帝国主义授予的权利与它的危害一样多。在印度没有英国的帝国主义以及盎格鲁—欧洲思维习惯的某些训练,就不会存在任何**平民研究**(Subaltern Studies)。"资本"的故事以及在欧洲市场—社会出现的故事——不可否认地在最流行的评论中成为一种历史主义的叙事——在我们集体自我塑造方面举足重轻。由此可见,马克思关于"资本"与商品的批判对于我们要发展的任何批判性认知都不可或缺。任何关于印度现代性批判的文章怎么能忽视其社会商品化的历史呢?但是,与此同时,对马克思的这种关系已经不可能再是印度共产党曾经所鼓舞的那个简单的依照某些很早就被灌输的欧洲模式的历史脚本了,此种历史脚本提不出任何有关自我认知的理性问题。

当解构主义政治哲学越来越思索自我("西方")与他者之间真诚地"无侵犯"关系的棘手问题时,并且转向差异与伦理道德问题时——当前的资本、信息以及科技全球化迫使这些问题亟待解决——在我看来,世界马克思主义学者的任务看起来并不是为了防御后现代主义的进一步攻击而证明"马克思主义学说"的固若金汤。19世纪马克思主义学说很大程度上确实是不分性别的,而且以欧洲为中心。从后殖民的视角解读马克思主义思想,于我而言,不得不要问:马克思的学说是否言明了我们从哲学家那里学到的关于对这个多元世界所付的不同责任呢?哪些部分有这样的表述?是如何表述的?跨国资本时代的发展使得我们不得不思考"差异",不仅仅作为一个理论问题来思考,而更是作为寻求实际行动的可能性的一种工具来思考。

谈到"差异",往往会引来对马克思主义者的敌对反应。有两个问题利害攸关。首先,存在着一种思考世界的长久而根深蒂固的习惯:以一种共同的、普世的、团结一致的马克思主义语言来思考这个世界。世俗的历史本身就是一部揭示现代政治思想的主代码。只要谈话不会危及历史本身的某些思想,历史学家也会很舒服地谈论差异。这会产生第二个问题,而且没有快速且现成的解决方案,因此对于许多知识分子而言,这就是死胡同。如果"差异"并不包含在最初使对话得以可能的同一种代码(例如历史)中,那么在两个历史学家之间的对话何以进行呢?有人会正当地问道:如果一个人不在某种程度上以人类学的知识解释它,他如何能够在学术界书写/思考/谈论非-西方呢?大多数历史学家会在这点上停止不前。进步的历史学家很可能会认可"人类学阐释"这一策略:他们实际上会认为这对全世界的民主斗争是至关重要的。平民阶级通过想象神、精灵、人类与动物共同居住在一个世界里,到底能够获得什么物质利益呢?需要指出的是,就许多"传统"而言,一个世俗的现代历史意识本身就是"精神殖民"问题的一部分,例如"印度的"传统,我并没有面向全世界提出主张,我把"印度的"用引号括起来,是在暗示社会所构建的或某些本质通常对这些历史学家来说是没有帮

第九章 马克思主义以后的马克思：一个平民历史学家的观点　173

助的。

是的，作为一位印度历史学者，这就是我所认为的在书写平民历史时我们所面临的一个不可解决的问题所在。考虑到目前的印度民族主义浪潮，这个问题在印度同时也是非常迫切的问题。提及我们所称呼的"印度人"这一群体时，让我解释一下问题的方法。对于绝大多数印度人而言，神、精灵以及所谓的超自然具有一定的"现实性"。它们与"意识形态"同样实际，或者说，齐泽克之后，它们被嵌入实践中来。世俗日历仅仅是我们旅行的许许多多时间世界的一个而已。在印度建设现代公共生活的过程中，把这些不同的时间世界放在一起，一直关系到现代印度不得不承受的主要危机，如目前高涨的法西斯式的印度教运动已经造成穆斯林的巨大伤害。印度政治学的常用词汇，依照欧洲、世俗与神圣的分类来探讨这一问题，并把这一问题变成公众生活中的"宗教"的问题（欧洲历史的再循环），不具备充足的阐释能力。每个人都同意，宗教这个词概括不出任何非正统的印度实践所传达的意思或者精神。因为不管一个人有多么愤世嫉俗地解释印度政治党派为何愿意使用"印度"牌，在我们商讨现代性时这个人仍然会提出许多关于神圣人物（例如神王罗摩）的多种不同意义的问题。但是这又回到了前段中我所提到的困境：在现成的马克思主义通用语言中，我们是要以人类学的视角阐释这些含义呢？还是我们发展一种适应我们斗争（身陷现代殖民体制中的现代印度知识分子发起的斗争）的马克思主义文体来阐释理解马克思的资本批判与激进的他者视野呢？

我不能再像其他马克思主义者那样假装逃避这些问题了，这也不是我所渴望要做的事情。我在有限空间里所能解决的有限问题是：马克思的思想范畴允许我们追寻不被这些范畴所包括的符号吗？换言之，是否存在行之有效的解决资本"普遍性"问题的方法呢？我们无法参与到自由主义的多元论中来，因为资本的普遍性把所有的差异都归结为同一了。

追溯一下几年前我所做的关于印度"工人阶级"的历史研究工作，看起来我只是对这个问题思考了一半。我记录了一个由历史叙事者与"资本"目的论相摩擦产生的几个要点的历史。在关于孟加拉殖民的黄麻工场的工人研究中，我尽可能表明这些工场的生产关系是由内部构成的，因为总体而言此种生产关系只能被认为是"前资本主义的"生产关系。"资本"与"商品"的出现并没有引起马克思所认为的内部范畴的平等权利的政治。在此我特别指出的是马克思在解释生产与商品形式时关于"具体"劳动与"抽象"劳动的批判性划分。这是我那个时候所理解的两者的区别（感谢米歇尔·亨利与鲁宾）：

> 马克思在假定"具体劳动"与"抽象劳动"之间的矛盾是最核心的一对矛盾时，他把主体性问题置于"资本"范畴的核心位置。"具体劳动"指的是实际个体的劳动力，劳动力存在于劳动者的个体内部——也就是说存在于个体的"直接的独特的个性"之中。正如人品性格各异，同样个体的劳动力也各有不同。"具体劳动"就是个体能力的基本差异性。"抽象"或者总体劳动，一方面指的是统一的概念，资本主义强加此种异质性之上的均等劳动，作为"交换价值"的基础的总体劳动。这是何谓劳动被测量并使得商品总体交换成为可能。它用资本主义的秩序解释自身，其基本目标是使得每一个个体的具体劳动——本质上异质的——在劳动过程中通过使用监管和技术变得"统一并且均等"……政治上……"抽象劳动"的概念是资产阶级"抽象个体"的"权利平等"的概念的延展：他的政治生命体现在"公民身份"的理想与实践中。"平等权利"因此可以被准确地解读为"资本"范畴的"政治"……（Chakrarty,

第九章　马克思主义以后的马克思：一个平民历史学家的观点　175

Rethinking Working-Class History: *Bengal 1890 – 1940*, Princeton University Press, 1989, 225 – 226)

我认为，马克思的"商品"范畴就"差异"而言具有某种内在的开放性，这点在我的阐释中没有被充分挖掘。我的关于"前资本的"的解读，尽管我已经尽力，仍然保留着毫无希望的历史主义，而且我的叙述从没有逃避这个（伪）问题：为何印度工人阶级不能长期保持阶级意识？作为元问题的"失败"本身来自马克思众所周知的假定工人阶级是超越历史主题的传统。何况，从上述引文可以清晰发现我理解的"个体"（individual）与"个性"（personality）的概念是既定的存在，并且"具体"（在"具体劳动"中）意味着某种先天自然的存在（因此并不是社会性的）。

但是我更大的失败在于不能看到，如果一个人将"具体"理解为社会的/文化的产物——而不能理解为卢梭式的"自然性的"产物，即个体之间超越历史的天然的差异——那么其他可能就会展开，其中书写"差异"可以追溯到马克思。因为那个时候的"具体"（在他的理解中）一定是指各种不同种类的"社会性的"以及由此而来的不同的时间规则。它应该在原则上允许此种时间视野不能相互比较。从"具体"到"抽象"的转换因此也是一个从许多不可比较的暂时性的事物转换成同质时间的抽象劳动的问题，从"非历史"转换成"历史"。因此"具体"劳动，更确切地说，是不能被符号、商品所包含，但是又常常存在于商品之中。具体劳动与抽象劳动之间的差距以及结束这种差距的推动力，就是所谓的将"差异"运动引入商品的特有的体制中来，并由此永远地延宕而达不到其真实的/理想的品质。

"商品"符号，如马克思所阐释的，将永远带有某些普世的解放的叙事作为其内在结构的本质。如果人们忽视马克思置于这个概念中心的紧张关系，这些叙事就会产生某些标准的目的论，人们通常会在马克思历史主义的论断中发现：诸如公民权益、启蒙思想的司法主题，以及政治理论权利问题，等等。我并不否认在当代政治体系中这些叙事的实际效用。对于马克思主义历史学家而言，我似乎更感兴趣的是引发我们思考的时间性（temporality）问题，即通过"具体"劳动与"抽象"劳动之间的张力而构成的"商品"范畴。如果"具体"劳动，如我们所说的，属于不同时间性的异质性的世界——迈克尔·陶西格（Michael Taussig）对玻利维亚的锡矿工的研究清晰地表明他们并非完全地"世俗化"，（丧失上帝与神灵）——如果"具体劳动"不能被包含在历史符号中，那么我会在资本转换（或者商品产生）的历史叙事中发现某个地方，就像德里达追踪某个永远达不到的事物一样，发现某种要素不停地在资本和商品内部挑战——或者在历史内部——宣称统一与普世。

"前-资本"一词中的"前"的前缀，换句话说，并不指所谓的简单地按照年代优先依次均质的时间刻度。"前-资本主义"是具有连字符的，说明一对关于资本的以时间视域下凸显差异张力的特殊关系。"前-资本主义"只能存在于资本时间范围内，通过提示另一种不在同一种世俗、均质的日历表上的时间（这也是为何前资本的并非在时间顺序上优先于资本的原因所在），成为干扰资本时间连贯性的存在。这是另一种时间，理论上完全无法与我们所谓的无上帝无神灵的"历史"时间相比较。

平民历史，构想着与差异问题相关的历史，将会存在一个鸿沟贯穿始终。一方面，他们是被建构在世俗历史主码内部的历史，并运用公认的学术代码进行历史书写的历史（因此使得其他所有形式的记忆人类学化）。另一方面，他们无法提供这种作为某种思想模式自然地适应所有人类的主码，或者无法被作为自然本身的存在形式来对待（记得 J. B. S. 霍尔丹引人深省的书名

第九章 马克思主义以后的马克思：一个平民历史学家的观点

"一切皆有历史"吗？）。平民历史因此是构建在某种特定的历史记忆中，一种把历史作为某种侵害、某种傲慢的代码的记忆，同时伴随着开创 18 世纪、成为世界史主要工作的欧洲启蒙运动。此种记忆并没有怀旧的特点，因为它显示着在我们这部分世界中没有历史意义的伤痛。

当然，书写这些历史的经验主义历史学家本人并不是一名农民或者部落居民（通常也不可能是一位女性）。他书写的历史——与其他记忆形式不同——恰恰是因为他已经被转化、嵌入——对我们来说，英国在印度的殖民使然——到居民身份与社会主义的全球叙事话语中来。他书写的历史，仅在他的劳动进入商品价值观的世界市场中并被抽象化之后。因此，平民绝非在任何直观意义上的平民主义历史书写所喜欢的那个具体的农民或者部落居民。平民的形象必然地被表达的问题所调解。我这里想要论述的是，可以这样认为，平民是历史学家插入全球资本符号叙事内部所断裂的部分（作为一个主题）。它聚集在马克思资本批判中"具体"劳动范畴项下，福柯称之为的治理术征服与教化全世界的差异的形象。

这里存在如下暗示：以差异的视角撰写的平民历史不能构建另外一种尝试——在漫长的普世的"社会主义"历史传统中——来帮助树立作为现代民主主体的平民形象，即通过这种方式延展现代历史使其更具整体社会的代表性。这是一个按照自身条件而言值得赞赏的目标并且无疑具有全球关联。但是思想不能停止在政治民主或者财富均等分配上（尽管实现上述目标的目的将会合理地刺激许多直接的政治斗争）。但是，从根本上，这种思想对差异的哲学问题不敏感，并且只能作为实际问题承认差异。平民历史需要哲学地研究马克思主要传统中被省略的差异问题。同时，正如"具体"劳动不能在有疑问的"抽象"劳动之外被思考，平民历史也不能在资本的全球叙事语境之外被思考，尽管它不属于这一叙事。关于这个或者那个亚洲的、非洲的或者拉丁美洲的群体如何反抗资本主义"渗透"的故事并不构成"平民的"历史因为平民历史并不指对资本之前或者之外的反抗。**平民研究**,我认为,理论上只能放置在我们既不能放弃马克思也不能放弃差异的连接点上,因为它所言明的反抗只能发生在资本视域内并且破坏那种时间的统一性。揭示具体劳动与抽象劳动之间的张力保证资本/商品具有异质性和不可比较性的本质属性。

或者,换言之,平民历史的实践旨在发挥历史的极限来使其不运行的部分得以彰显。

第十章

性别的逻辑：论领域分离与卑贱程序[*]

玛雅·冈萨雷斯　珍妮·内东

在马克思女性主义理论中我们会遇到一些二元术语来分析资本主义社会中的主要性别划分方式。[1]这包括：生产与再生产、支付的与未支付的、公共的与私人的、性与性别。当思考性别问题时，我们发现这些概念并不准确，理论上不充分且有时会令人误解。此篇论文旨在尝试提出一些概念帮助我们更好地理解自20世纪70年代以来或者更重要的自最近的危机以来的性别关系的转型。

下面的解释深受系统辩证理论的影响，此种理论把社会形态理解为互相关联的一个整体。[2]因此我们从最抽象的概念研究到最具体的概念研究，以一种"具体的抽象"来追查性别的演变。我们只关注特定于资本主义的性别形式，并且我们从一开始就假定任何人可以撇开生物学与史前时代来谈论性别。通过定义性别在不同领域之间的区别来开始我们的研究。在此基础上，我们将详细阐释分配给那些领域的个体。重要的是，我们并不是在空间范畴下定义领域，而是用同马克思界定生产与流通两个不同领域

---

[*] 选自 *Endnotes* 3（September 2013）：56–91。

一样的方法来界定领域，因为**概念**（concepts）呈现物质性。

上述列举的二元概念似乎限制目前人们对这些领域功能方式的理解，因为它们缺少历史针对性并且提倡一种对性别"统治"超越历史的理解，认为父权制是资本主义的一个特征，且没有使其成为资本主义历史性的特定概念。我们期望描绘概念就像"资本"本身对资本主义一样具体。我们认为这些二元术语依赖于概念错误，一旦我们辨清他们的错误，我们就可以阐明20世纪70年代以来资本主义社会内部的转型。家庭与所谓的生殖活动的形式已经越来越市场化，然而这些活动可能只发生在家庭"领域"，正如从前发生的一样，它们在资本主义总体内部不再占有同样的结构位置。正是由于这个原因，我们发现我们自己被迫去澄清、改变并重新定义从马克思女性主义理论里吸收而来的概念，并不是为了理论的原因，而是为了理解为何人类仍然强烈地需要以此种或者彼种性别来标记自己呢？

生产与再成产

不管某种社会内生产过程的形式如何，它必须是一种持续的过程，必须连续地周期性地完成同一阶段。一个社会不可能停止下来去生产，同样也不可能停下来去消费。因此，当社会作为某种有联系的整体来看，在与时俱进的不断更新中，每一个社会的生产过程，同时也是再成产过程。[3]

当马克思提到再生产时，他并不是指某种个别商品的生产与再生产；而是指向社会总体的再生产。然而，当马克思女性主义者们谈及再生产时，他们通常特别指向劳动力商品的生产与再生产。这是因为，在马克思的批判中，劳动力的再生产同资本主义整体的再生产的关系是不完整、未完成的。

当马克思谈及劳动力时,他声称它是一种具有独特性质的商品,有别于其他任何商品

尽管马克思谈论到劳动力商品的特殊性[4],但是仍然存在关于这一特殊性的某些方面,需要引起进一步的关注。

首先,让我们研究一下劳动力与劳动力持有者的分离。劳动力的交换假定这一商品由它的持有者带入市场。但是,在这种特殊情况下,劳动力和劳动力持有者是同一个活生生的人。劳动力是指一个人活生生的劳动的能力,正因如此,它不能同它的持有者分开。因此劳动力的特殊性提出一个本体论问题。

回到**资本**,在第一章的开头我们遇到商品,而且仅仅几章之后,我们充分地发现了它的最特殊的表现形式,即劳动力。同马克思一致,以商品流通领域的归化与不言自明的特征开始是正确的,用以表明商品确实是一种有趣而非自然的东西。然而,我们并不仅仅探究什么组织了这些"东西",这些对象;事实上依照性别分析理论,我们将要探究这些以他们自身的"自然"方式述说着的,以及像拜物主义的商品一样没有历史的"他者身体",人类对象。他们确实如此。

因为位于商品形式核心位置的是劳动的二元性特征——抽象劳动与具体劳动——因此,《资本论》的第一章介绍了使用价值与(交换)价值之间的矛盾性。这一矛盾性贯穿马克思批判的始终。确实,商品形式不可调和的矛盾之间的分歧是一条引导的线索,允许马克思追踪、揭露构成资本主义生产形式的所有其他的矛盾形式。

让我们简要地总结一下这一矛盾。一方面,商品的使用价值,在其所有的特性中,作为最突出的最特别的目的而区别于其他。它具有明确的用途,如马克思所述,这种用途是实现其交换

价值的生产所必需的。另外，因为它是单一的，是一个统一体，总计构成一群、一些个体事物中的众多中的一个。它并不等于一定数量的抽象意义上的同质劳动时间，而是一定数额的具体个体、可分离的劳动力的总和。另一方面，在交换价值方面，它代表着社会内部"全部社会劳动"可以被整除的那部分——代表社会必要劳动时间或者生产它所必需的平均时间。

这一矛盾，这种矛盾——远不止单纯地指向"东西"——而是无产阶级世界论坛的重要条件。从这一观点出发，无产阶级处于一个商品盛行的资本生产模式的世界；无产者作为一种商品在运行——因此这种交锋意味着一种商品与另一种商品的碰面，同时也是主体与客体的相遇。

此种本体论的分裂是因为劳动力既不是某个个体的人，也不仅仅是某种商品。正如马克思所说，商品劳动力是独特的、与众不同的。商品劳动力的独特性正是其在以价值为基础的生产模式中的中心地位，因为劳动力的使用价值（或者活的劳动能力）正是（交换）价值的源泉。何况当我们思考劳动力的生产与再生产时，使用价值与（交换）价值的矛盾还具有其他含义。此种独特的"生产"足够特殊，值得引起额外的关注，因为，据我们所知，**一个劳动力绝不可能从一个流水线上自动生产下来。**

那么劳动力是如何生产及再生产的呢？马克思发现了劳动力的使用价值的独特性，但是他充分地区分了劳动力生产与其他商品生产的不同了吗？他这样写道：**劳动力生产所必需的劳动时间分解为生产其必需的生活资料所需的时间。**[5]

当提到劳动力价值的问题时，马克思总结道：它等于其生产的必要劳动时间，同其他商品一样。然而，在此种情况下，它神奇地分解为生产这位工人所需生活资料的必要劳动时间。但是载满货车的"生活资料"作为现成的商品并不能产生劳动力。

如果我们对比劳动力生产与其他任何商品生产的区别，我们会发现用作此种生产过程的"原材料",例如生活资料,把他们的价值转变为最终产品,然而将这些商品转变为活劳动力所需要的新劳动没有增加该商品的任何价值。如果我们进一步推理,我们会发现——就价值而言——劳动力仅仅由**死劳动**（dead labor）构成。

以上引述中,马克思把生产劳动力所需的必要劳动分解为为实现其（再）生产所需购买的"原材料"。因此,任何将这些原材料、这一篮子商品转变为劳动力商品所需要的劳动,并不被马克思认为是活劳动,而且事实上,在资本主义的生产模式中,也并不被认为其是必要劳动。这就意味着不管这些活动对于劳动力的生产与再生产如何必要,**结构上他们都是非劳动的**（non-labor）。马克思并不认同这一必要劳动是因为将等同于工资的原材料转变为劳动力的活动发生**在价值生产与流通相分离的不同领域**。这些必要的非劳动活动并不产生价值,并非由于他们具体的特征所致,而宁可说是因为它们发生在不由价值形式直接调节的资本主义生产模式的领域中。

为了价值的存在必然存在某种外部价值。同样,为了劳动作为价值尺度而存在,必然存在某种外部劳动（我们将在第二部分探讨）。当自治主义女性主义者们断定每一种再生产劳动力的活动都产生价值时[6],我们可以这样认为,为了使劳动力产生价值,某些活动不得不从价值生产的领域中中断或者分离出来。[7]

因此,劳动力的再生产假定两种不同领域的分离

综上所述,存在一种非劳动的或者额外必要劳动（extra-necessary labor）的领域,它掩盖了将死劳动（dead labor）（用

工资购买的商品）转变为市场上活生生的劳动力的过程。我们必须要审视这一领域的特殊性。

像"再生产领域"这样的术语不足以明确表达这一领域，因为我们所设法命名的概念并不能依据他们的使用价值或者具体特征而被定义为一系列特殊的活动。事实上，同样具体的活动，如打扫卫生或者烹饪，可以发生在任何一个领域：它可以是在某种特殊社会背景下的价值生产劳动或者在另外背景下的非劳动。诸如打扫卫生之类的再生产工作可以作为服务而被购买，而且预制套餐可以按照烹饪时间来购买。不管怎样，为了完全理解社会性别（超越劳动力）是如何被再生产的，非常有必要来区分哪些是商品化的、货币化的或者大规模生产的再生产，哪些不是。

因为目前存在的生产与再生产的概念本身是具有局限性的，我们需要更准确的术语来指定这两种不同的领域。从现在开始，我们将使用两个极具描述性（并且甚至有些笨拙）的术语来定义它们：（a）**直接市场调节的领域**（DMM—the *directly market-mediated* sphere）和（b）**间接市场调节的领域**（IMM—the *indirectly market-mediated* sphere）。这种描述性术语胜于术语化的新词，因为我们的目的是专注于这两种领域的结构特征。在我们的陈述过程中（见第二部分），我们将不得不添加另一组描述性术语（支付工资的/未支付工资的）来充分而详尽地阐明这些领域的微妙特征。

劳动力的生产与再生产需要一整套活动；他们中的一些在直接市场调节领域或者DMM领域完成（指那些或作为产品或作为服务而被购买的商品），而另外一些则发生在非市场直接调解的领域——IMM领域。这些活动的不同并不在于它们具体特征的差别。它们中的每一项具体活动——烹饪、照顾孩子、洗涮、缝补衣物——可以有时产生价值有时不产生价值，取决于所发生的

第十章 性别的逻辑：论领域分离与卑贱程序

"领域"而不是具体地方。因此，领域并不一定是在家里。这一领域也不是由发生在这一领域内部的活动是否包括那些劳动力再生产的活动所定义。它是由这些再生产工作同交换、市场以及资本积累的关系所定义的。

这一概念上的区别具有物质后果。在直接市场调节领域，再生产工作在资本主义条件下直接完成，即按照市场的所有要求，或者发生在制造部门或者发生在服务部门。在资本与市场的限制与要求下，商品或者服务的生产，不必考虑它们的内容，必须按照生产力、效率和产品统一性在有竞争力的水平下得以完成。生产力指数是暂时的，然而以何种方式投入的效率指数会被最大经济化地利用。况且，劳动产品统一性要求劳动过程统一以及生产者同其生产的产品的关系的统一。

我们可以立即发现发生在这一领域内部的工作同其外部的工作的区别。在 DMM 领域，资本投资的回报率是至关重要的，因此所有发生的活动——即使是使用价值特征中的"再生产性"活动——必须满足或者超出现行剥削率或者利润。另外，DMM 以外的领域，那些再生产使用价值劳动力（通过其持有者的再生产）的劳动者，其工资的利用并非受制于同样的必需品。即便那些方式是统一的，然而他们在必要利用的时间、金钱和原材料方面则大为不同。与 DMM 领域不同的还有，在再生产过程的每一个方面并没有直接地市场调控（在第二部分我们将处理由国家组织的再生产的间接市场调节领域）。

间接市场调节领域具有某种个别的暂时的特征。在这一领域，虽然每天 24 小时和每周 7 天[8]的活动仍然在组织，但是"社会必要劳动时间"（SNLT）从来不是这一组织过程的直接要素。社会必要劳动时间适用于通过市场调节的抽象过程，即计算出完成一件产品或者一项服务使其有竞争力地销售出去所需要的劳动过程的平均时间。破产与利润损失是权衡这一过程的重要因素；同样地，为了减少生产使用时间而开创性地使用机械装置，也是一个重要因素。因此，利润的增加或者市场占有额主宰着DMM领域。当然，机械化也有可能在IMM领域得到应用，而且有不少类似的发明。在这种情况下，其目的不是在既定时间内完成更多的使用价值的生产，而通常是为了减少某一项既定活动时间，从而可以节省出更多的时间从事其他IMM活动。例如，当照顾孩子时，即使一些活动可以完成得更快一些，然而照顾孩子仍然需要**一整天**的时间，而且这个时间是不能灵活使用的（我们将在第五部分继续讨论这个问题）。

何况，支配的不同形式赋予这些领域以各不相同的特征。依赖市场或者客观抽象的控制，通过依据社会必要劳动时间的价值比较机制来组织生产与再生产的直接市场调节关系。此种领域内的"直接市场调节"是一种抽象的控制，而且就其本身而言，这是一种市场决定的（生产者背后的）间接强制力的形式。因此，在结构上并不存在某些必然的直接干涉或者规划来分配劳动。

相反，在间接市场调节领域所发生的各种不同的具体活动中并不存在类似的机制，当然此领域也依然受社会控制。他们不受抽象市场支配也不受社会必要劳动时间的客观约束，除非以如此间接的方式以至于在直接市场调节领域之外，生产要求转变为劳动力维持生计的要求。相反，在间接市场调节领域的活动受其他机制和因素的影响，例如直接控制、暴力、合作的等级形式或者计划的分配，等等。[9]并不存在客观机制或者方法来客观地"理性地"量化、执行或者均衡这些活动中应该投入的时间和精力，或者谁是这些活动的受支配者。当尝试这些活动的某种"公平且公正"的分担时，它一定会不停地被商讨、谈判，因为并不存在"理性地"量化和均衡投入这些活动所花费的时间和精力的方法。打扫厨房意味着什么？照顾一个小孩一个小时意味着什么？你照顾孩子的那一个小时和我照顾孩子的一个小时等价吗？这种分配只能成为一个具有争议的问题。

支付的/未支付的

马克思主义女性主义者们通常会在生产与再生产之间再增加一个区别：支付的和未支付的劳动之间的区别。同我们面对的许多概念一样，我们发现它们并不严谨，因此我们更倾向使用支付工资的/未支付工资的区分。当我们进一步阐释与支付工资或者未支付工资相关的直接市场调节和间接市场调节领域时，我们通过**社会认同**（social validation）原则来阐明两个领域的重叠部分。我们将要探究讨论中的活动方式是否可以被称为劳动，也就是在此种生产模式下他们是否具有劳动的资格。

一方面支付与未支付之间的区别，同另一方面已付工资的和未支付工资的（waged/unwaged）差别被工资的形式所模糊，也就是被我们所称呼的**工资迷恋**（wage fetish）所迷惑。工资本身在金钱上并不等同于接受工作的工人所付出的劳动，而仅仅是相当于一个工人出卖他们的劳动力的价格而已，等同于以某种方式进入他们再生产过程的一笔价值，因为他们必须准备并且能够投入第二天的工作中来。[10]然而一旦工作结束，那些为了工资而工作的人们似乎是履行了他们当天的社会职责。工资所不能支付的部分似乎是与工作无关的世界。因此所有的"工作"似乎都作为工作而获得了报酬，因为一个人似乎不能以他不是"在工作中"的所为而获得报酬。不管怎样，我们有必要牢记马克思所认为的实际生活劳动是不能以工资的形式获得报酬的。

显然，这并不意味着一项活动是否需要获得工资报酬的问题是无关紧要的。事实上，没有上班的她是得不到工资的。工资-劳动是一个工人获取他自己以及其家人必要生活资料的唯一方式。而且,工资认同从品质上影响活动本身。当一项从前从未被赋予报酬的活动开始成为有工资的职业时,即使它是非生产性的,它表现出与那些抽象劳动类似的特征。事实上,劳动力兑换为工资的事实使其表现得更为合理化并具有对照性。作为回报,劳动力所期望的至少是社会均等的绩效——包括其所有的特征与强度——调整为与此类工作的社会平均值相一致(显然价值市场的缺失使其不可能与其他任何劳动比照)。不能在必要时间额度内完成一项适合的工作的个体,在未来将不可能销售他的劳动力。因此工资确认了劳动力已经被充分地利用这一事实,同时全世界都认同它是一项社会劳动,不管它到底是什么具体的工作,不管它是否被"生产性地"消费过。

在其与间接市场调节领域与直接市场调节领域之间发挥作用的情况下,现在我们必须考虑支付工资与不支付工资之间的区别。当我们考虑那些支付工资的活动时,我们指的是那些社会性的活动[11];那些不支付工资的活动是**社会中的非社会性的**:它们不被社会认同,但是不管怎样都属于资本主义生产方式的一部分。然而重要的是,这些活动并没有直接地覆盖到间接市场调节领域与直接市场调节领域的全部。

我们发现在这四个术语的相互影响下存在某些与间接市场调节领域重叠的获得工资的活动:那些由国家组织的活动(国有部门)。在这组边缘交叠的范畴内,间接市场调节领域的活动与获得工资的劳动领域交叉。这些获得工资报酬的间接市场调节活动是国家组织的非直接市场调节的再生产形式(见图10.1)。这些活动能够再生产出劳动力的使用价值,而且是获得工资的,所以是被社会认同的。然而这些活动不产生生产价值,也不受与直接市场调节相同的标准的约束(如上所述)。它们的社会性是由于它们通过社会形式的价值收取报酬。因为它们不产生生产价值,它们是资本的集体成本的再生产形式:它们从集体工资和剩

第十章 性别的逻辑：论领域分离与卑贱程序

余价值中以税收的形式扣除而间接获得薪酬。

让我们再一次审视并发现工资用来**购买**什么；即工资的构成要素是什么？什么构成了劳动力的交换价值？工资用来购买劳动力再生产所必需的商品，当然也购买参与这一再生产的服务，无论是直接的（例如为保姆付报酬）抑或是间接的（例如为国家教育支出而赋税，属于间接薪酬的一部分）。所有这些服务，无论它们是否是生产价值[12]，均体现为劳动力交换价值的成本：它们以某种方式暗示为一种剩余价值中的扣除额。

剩下的是非获得薪酬的活动，因此它们不增加劳动力的交换价值。它们是社会的非社会性，劳动中的非劳动（见附录1）。他们从社会生产中被切除；它们不仅表现为，而且就是非—劳动，即它们被**归化**了。[13] 它们构成了**一个依据性别而分类的领域**，该领域的析出是生产价值得以实现所必需的。

在下一部分我们将转向那些归属于这一领域的个体。然而，我们应该先考虑一下另一组二元概念：公共的/私人的。

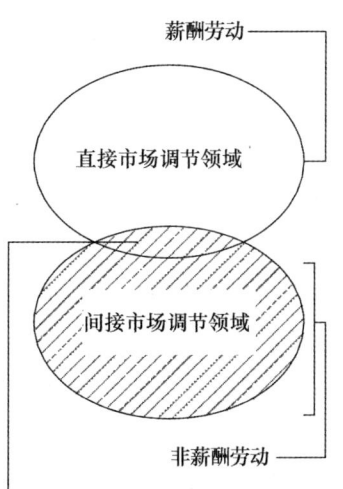

图 10.1 DMM/IMM 与薪酬的/非薪酬领域关系

附录1：关于劳动

对我们而言，劳动，与非—劳动相对，由于其在某种既定的生产模式中具有特殊的功能、独特的社会特征而被定义为一种被社会认同的活动。劳动的定义也有其他来源，引用如下几个：人与自然的交换，能量的消耗（消费），舒适的与不舒适的活动的区别。然而我们认为所有这些定义均不能使我们真正理解非薪酬的间接市场调节活动的特征。这些定义仅仅考虑到它们的具体特征，然而在非薪酬的间接市场调节活动的情况方面，会导向老套的甚至荒诞的描述。安慰孩子是与自然做交换吗？睡眠是一种能够再生产劳动力的劳动吗？刷牙也是劳动吗？刷别人的牙呢？我们认为我们对劳动的定义，虽然第一眼看去有些老套，却是唯一一种可以超越这些没有意义的问题的定义，而且它包含正确的立场来进一步探究这些活动的独特特征。

公共的/私人的

许多人使用"公共的"概念来指定国家部门。马克思主义女性主义者们常常使用"私人的"范畴来指定家庭领域内的一切。我们发现坚持私人的/公共的传统二分法是有必要的，因为这一划分分离了经济与政治，公民社会与国家，资本家个体与公民。[14]资本主义社会之前，术语"私人的"指的是家庭的、日常的，并被认为是属于经济领域的。伴随着资本主义时代的到来，私人领域外延不断拓展，已经超越了家庭领域本身。

这里我们开始发现作为"公共领域"之外的"私人领域"这一概念的不足之处，如女性主义理论认为它包括经济。因为私人领域并非仅仅位于家庭领域，且仅仅涉及家庭活动。倒不如说它是家庭内部与外部活动的总体。由于经济与政治在结构上的分离（政治的经济）——伴随着资本主义社会（生产）关系的扩散——私人领域变得越来越扩大，致使家庭成为许多"经济上的"或"私人的"时刻中的片刻。因此，与大多数女性主义主张相反，它只有在前—现代关系的语境中——资本主义社会的政治与经济分离之前的语境下——私人领域包括家庭生活。相反，在现代资本主义时代，私人剥削的领域扩张到整个社会图景。

既然私人领域属于整体的生产与再生产活动，那么"公共"空间又指哪儿呢？马克思认为公共领域是社会以国家形式的抽象表现。这一领域的政治与司法是从公众社会的实际分配与划分分离出来的权利的抽象表达。对马克思而言，这一抽象或者分离必须存在以获得并维持正式的平等（当然伴随着阶级不平等），从而使得自私的私营业主得以无拘无束地积累资本，而不是以国家控制或分配的方式来积累资本。这正是现代国家最突出的表现，满足资本主义产权关系，与其他生产模式下的国家体系显著不同，不论是君主制或是古代民主制的国家体系。

这意味着现代资本主义国家及其"公共领域"并不是指某一存在的实际空间，而是指"平等公民"的抽象"社区"。因此，经济关系与政治关系之间的分化——包括受"抽象平等公民"关系调节的不平等关系——使得"公民"仅仅依据国家和公民权利而享有形式平等的权利。因此，这些"个体"在市场上似乎是平等的——即使在"现实生活"中（公民社会的私人领域）他们根本就不是这样的。[15]这一抽象的"公共"领域应当准确地存在，因为直接市场调节领域是受市场调节的，一个在私人劳动之间调节的空间，私人劳动是从一个又一个私有公司或者私营企业独立生产出来的。

那么，公共与私人领域、政治与经济领域、国家与公民社会领域之间的关系是怎样的呢？直接与间接市场调节领域之间的关系又如何呢？这些领域之间的交汇点标志着它们即刻的本质分离并定义着专属于此领域的活动不同于彼领域，具有独特性。这些不同之处由这些个体是否与国家直接交换他们身体内作为个人财产的劳动力商品来决定的——或者，如果这种交换通过那些形式的平等而被间接调节。

现在我们可以观察一下那些被分配到各个领域的个体情况。当我们观察生产形式的开端时，我们最先看到的是拥有不同权利的个体，即被宪法规定的两种不同的司法个体：男性与女性。当我们开始分析性（sex）与性别（gender）的二元性时，我们将会看到这种司法的不同是如何铭刻在这些个体的"生物"身体之上。目前，我们必须领会公共与私人之间的二分法是如何在固化为男性与女性的个体通过他们不同的权利在不同的领域再生产资本整体而发挥的初始作用，这些权利不仅仅包括他们对私人财产的权利，而且也包括他们对自己所拥有的财产所有权。

这种独特的财产形式有必要推广并普及薪酬关系，因为价值假定商品所有者之间在形式上是平等的，从而产生"自由"交换（资本和劳动力），尽管事实上在那些占有生产资料和那些被剥夺财产的两个不同阶级之间存在着体系上"真实的"不平等。然而，"自由交换"只可能通过否定阶级差异、延迟公民与他者二元对立而发生，而且不是在对立阶级之间产生，而是发生在每个阶级内部之间。为了建立资产阶级生产方式，没有必要在"公民"的头衔下赋予所有工人以平等的权利。历史上，"公民"是一个特别的范畴，包括有产者和某些无产者。由于资本主义司法关系通过对公民与他者之间区别的重构来否定阶级，资产阶级建立自己的生产方式的历史条件体现了各种形式的不平等。正是因此，我们有了公民与他者的图景划分：男性（白人）与非（白人）男性。

例如，在美国北部奴隶制的条件下，白人的分类对保持主人对奴隶的所有权是必要的。但是由于我们看到的不同的原因，女性也被划分为他者。这里有一个因素值得强调，在白人、有色人与女人的关系里，与"黑人奴隶"相对立，保持"白人主人"的纯粹性是至关重要的——同时严格地保持主人的统治地位，作为未来历代资产阶级子孙平等的指示（"白人血统"以及由此产生的"白人母亲"）。因此为了保持这一分类，在新世界种植园为基础的商品生产与工业资本主义崛起的混合环境里，白人妇女与非白人妇女之间的划分也被严密地规定了。[16]

然而，在此种生产形式中构成公民与他者二元性的并不是基于对奴隶的否定性定义，而是基于"自由"劳动，与那些不享有自由的人相对照，由那些享有同样形式自由的人所构成。"自由劳动"，正如马克思所定义的——对薪酬劳动者自由的技术性定义——要求的是我们所谓的"双重自由"。

> 对于将他的金钱转变为资本，金钱的主人因此必须在市场上与自由劳动者相遇，自由具有双重含义，即作为自由人他可以将自己的劳动力作为他自己的商品来处理，同时另一方面，他没有任何其他商品来出售，缺少实现他劳动力所需要的一切。[17]

既然如此，女性一直以来都是薪酬-劳动者吗？当然，自从资本主义出现之时，女性一直都是劳动力的持有者，而且她们的劳动能力也一直被资本所利用；但是她们只是最近才成为她们带有"双重自由的"劳动力的主人。20世纪的最后25年之前，女性确实是没有生产资料的，但是她们依然不能自由地出售她们自己的劳动力。[18] 所有权的自由，包括各行各业之间的流动，在历史上仅仅是以其他人为代价的某些人所享有的自由。那些为政治的自由、"公共的"自由抑或是双重自由而奋斗的人陷入了双重困境。他们为了他们（然而—不同）的平等权利而被迫奋争，同时又与那些标榜也在不同方面为平等同样奋斗的其他人的对立而产生兴趣。[19]

这种情况在女性身上尤为真实，她们陷入理想的自由、平等公民与不同的自由之间的需求之中。这是因为在资本主义社会中她们"真正的区别"并不是理想的，也不是意识形态上的，而是具体的，通过实践把女性定义为不同的类别并在体制上被复制下来。此种"真正的区别"陷入互相建构的、彼此增强的关系网络之中，此种关系网必然假定在公民、国家与公共领域中女性可能一方面呼吁人类或者公民的权利，而另一方面呼吁再生产的权利。

因此，即使形式自由本身是价值生产与价值交换的前提这一论断是真实的，然而，它所组织的——资产阶级个体的公民社会——对公共的或者法律的领域的持续再生产是必要的。"平等"的权利以及由此产生的平等的自由本身并不能重新组织财产的分配，也不能重新组织资本积累的可能条件。这些领域具体地发挥着作用。如果事实不是这样的话，在国家内部，很有可能通过法律的或者"政治的"行动，业已废除了历史上特殊的"不同"的各种存在形式了。这相当于通过公共领域废除私有制——一场通过理论上不可能的改革而实现的革命。

作为双重自由的"平等"是一种在理论上被剥夺的自由。当然这也不是说它毫无价值。问题是它是否对资本、国家以及支配权的其他附件有价值？正如我们中的大多数所直接体验到的，为了大多数女性的利益，在废除差异的自由之后，性别差异将依然盛行很久。假如这种差异的自由事实上正是使得女性固化在间接市场调节领域的话，为何这一废除并没有使得女性从"女性"的范畴以及再生产的性别领域"解放"出来呢？

双重自由与无性别歧视的市场

纵观资本主义生产方式的历史，很显然，在许多情况下，一旦不平等被司法体制所护卫，它们可以呈现自己的生命，在过剩的法律条款中建立自己的基础。当许多国家中的女性缓慢而坚定地在公共领域获得平等的权利时，经济的"私人领域"增强了这一不平等的体制——属于劳动市场的这种体制——已经建立得如此精妙以至于它看起来就像实施的某种神秘自然的法律。

具有讽刺意义的是，性别的双重领域的再生产以及使女性固化在某一领域而非另一领域的能力被无性别歧视的劳动市场的特别机制所持久地不断地重建着，此种市场盛行的并非男性与女性的直接差异，而是价格的差异，或者说是他们的劳动力交换价值上的差异。事实上，劳动力市场，如果它们要保持它们的市场，就必须是"无性别歧视的"市场。市场作为等价交换的所在地，在抽象价值的纯粹比较中应该是要模糊具体差异的。那么这样的"无性别歧视"市场如何再生产出性别差异呢？

一旦一群作为女性的个体被定义为"那些会生孩子的人群"（见附录2），并且"生小孩"这一社会活动一旦在体制上被认定为某种不利条件的话[20]，女性就会被定义为那些带着潜在不利条件进入劳动市场的人群。此种体系化的分化——通过"潜在的"生育孩子的由市场决定的风险——使得那些具有"妇女"头衔的人群安扎在间接市场调节领域。由于资本是一种"无性别歧视"的抽象概念，它会因此而具体地惩罚那些具有性别特征的女性，即使此种"性别差异"是由资本主义社会关系产生的，而且资本主义本身的再生产又完全依赖性别差异。我们可以想象一种假设的情况，雇主不询问申请人的性别，而仅仅是奖励那些"极具流动性"及"可以每周7天每天24小时全天候可靠的"员工；即使在这种情况下，性别偏见也会像曾经一样强烈地反复出现。一个明显的矛盾，一旦性别差异被体系化并不断被复制，女性作为劳动力的怀有者本应具有更高的社会成本却变成其对立的一面：成为价格低廉的劳动力商品。

事实上，薪水优厚的工作——是指那些获得的薪水倾向于比个体再生产的花费高的工作——也是那些期望包含某种程度的技术工作。在那些技术部门，资本家们愿意对工人的技术进行投资，因为他们知道这样做从长远角度看会有收益。因此他们会优待那些可能会更持久使用的劳动力。如果一个工人有可能会离开，那么她就不可能是一个好的投资，所以会得到一个相对低廉的价格。此种低工资标签是绑在那些有可能"生育孩子"的人群身上的，而不是由间接市场调节领域构成的各种技术所决定的。尽管妇女被放逐的领域充满了各种需要终身训练的活动，这不会增加她的劳动力价格，因为没有雇主愿意为她们的收获买单。因此，资本只能短期以极低廉的价格利用女性劳动力。

事实上，"女性歧视"（feminization）的总体倾向并不是由无性别歧视的市场产生的，而是在后-福特主义资本全球积累环境下，资本更倾向于流向可以廉价、短期、灵活利用的劳动力，尤其是那些没有技术的短期的人群。我们必须把女性歧视这一定义作为前提条件，之后我们再关注提升服务部门的地位以及提升关心照料类劳动的重要性，这才是"女性偏见转向"的重要组成部分。这种转向的产生需要通过动态地揭示历史上资本主义社会关系，我们将会在此文的最后两部分看到这一过程。然而首先让我们总结一下目前为止我们所学到的性别的定义。这需要对另一组常用二元词进行分析和批评：性与性别。

附录2：女性、生物体及孩子

把女性定义为"那些生育孩子的人群"假定了下列关

系之间的必然联系：（1）具有生物体征，即子宫的事实；（2）可以怀孕生育孩子的事实；（3）由于怀孕而产生的特殊关系这一事实。合并这三者关系如下：

（1）一方面，阻止、喜欢或压迫具有子宫的某人将要经历孕产这一事实的机制，以及发生的频率。[21]这些机制包括：婚姻制度、避孕可行性、强制异性恋作为社会规范的机制，以及（至少在许多地方很长时间）对不能导致怀孕的性行为（口/肛交等）的禁止或者羞耻。

（2）另一方面，关于孩子的不断变化的定义是什么以及一个孩子所必需的照顾的等级是什么。在孩子成长为小大人能够工作之前存在着一个被认为是半人半动物的阶段，在此阶段孩子只能被照顾被喂养，童年的现实及其各项要求通常会使得"生育孩子"成为一项没完没了的工作。

性与性别

我们现在准备处理性别问题。那么什么是性别（gender）呢？对我们而言，它是使某个群体被固定在某一社会活动的特殊领域之中的标志。这一固化过程的结果同时也是两性不断分化的再生产过程。

这些性别作为总体的理想化特征把自己具体定义为或者"阳刚的"或者"阴柔的"。然而，这些特征本身，作为一系列的行为和心理素质，受控于资本主义的历史过程转变；它们涉及特殊时期；它们与世界某些地区相对应；即使在我们称之为"西方"的内部，它们也没有必要对所有人表现为同一种方式。作为一组二元性，它们彼此依赖而存在，不管时间与空间，哪怕他们的表面形式本身也一直在变化着。

性（sex）是与性别（gender）相对立的一面。跟随朱迪斯·

巴特勒,我们批判在 20 世纪 90 年代以前的女性主义文学中的性别与性的二元对立。巴特勒正确地论证道,性与性别均是社会构成的,而且正是"性别"与文化的"社会化"或者配对使得性被归入自然与文化对立两极中的"自然"一极。同样我们认为它们属于二元性社会范畴,对性自然化的同时对性别非-自然化。对我们而言,性是性别对身体双重投影的自然化,将生物的差别聚集为离散的自然化的形态。

巴特勒是通过批判存在主义的身体本体论而得出这一结论的[22],而我们则是通过与另一社会形态的类比得出这一结论。价值,与性别类似,需要他者,"自然的"那一极(例如它的具体表现)。事实上性与性别之间的双重关系就像同一个硬币的两面一样类同于商品的两面性以及其中的拜物主义。如上所述,每一种商品,包括劳动力,既是使用价值也是交换价值。商品之间的关系既是物与物之间的社会关系,也是人与人之间的物质关系。

按照这一推论,性是身体的物质性,就像依附于(交换)价值的使用价值,依附于性别之上。**性别崇拜**(the gender fetish)是一种作用于身体之上的社会关系,由此使它看起来像身体本身的自然特征。然而性别是各种具体的性差异的抽象化,这一抽象概念改变着并决定着它所依附的身体——就像抽象化的价值改变着商品的物质性一样。性别与性一起使得题写在它们内部的一切表现出一种自然风貌(以一种幽灵似的客观性呈现),就好像性别的社会性被题写在每一个个体的皮肤上一样。

性的超越历史性类似于资本的缩小版批判,主张使用价值是超越历史的,而不具有资本的历史特征。这里,使用价值被认为是革命后依然肯定地存在着的事物,是从交换价值的遮盖下解放出来的使用价值。关于性与性别的类比,我们可以进一步认为不论性别还是性都是由历史决定的。两者都是完全社会性的而且只可能被同时废除——就像交换价值与使用价值将在共产主义过程中被同时消灭一样。就此而论，我们女性主义的价值-理论分析反映着巴特勒的批评，我们都认为性与性别是社会决定的二元性并且由现代特殊的社会条件而产生。

性别的非自然化

然而性别并不是一种固定不变的社会形态。性别的抽象化变得越来越非自然化，使得性看起来更加具体且具有生物性。换言之，如果性与性别是同一硬币的两面，性别与其自然化的另一面之间的关系并非稳定不变。两者之间存在着某种潜在的差异，有些人称它为"恼人的"（troubling），我们定义它为"非自然化"（denaturalization）。

久而久之，性别变得更加抽象化，越来越主观武断。性别的市场化与商品化似乎日益将性别从其自然的生物属性变得非自然化。我们可以认为资本主义本身解构性别并使其非自然化。日益多余的自然性与性别意识不断发展的必然性一起——看起来更是性别的前提条件，而不是其效果。用更通俗的话讲，这反映了资本同劳动的"问题"："自然性"（性与性别二元性中的"自然性"一面）对无产阶级的生育再生产而言变得越来越多余，而"女性"身体上的"成本"——或者性的另一面——女性歧视倾向的形成对资本的积累变得越来越必要。因此性别的再生产是极其重要的，作为低廉成本的劳动力，无产阶级过剩人口的后备军越来越过剩。

女性性别意味着什么——那些社会性地题写在"自然的""性的"身体上的一切——并非仅仅是一大串"女性的"或者性别的特征，而本质上是一张价格标签。生物性的再生产具有社会成本，这一成本对平均（男性）劳动力而言是例外的；它成为赋予她们成本的个人负担——不管她们是否能够或者将要生育孩子。正是在这层意义上，抽象化的**性别平均**（gendered average）反射了身体的组织，同样方式，交换价值，一种盲目的市场平均值，反映了组织社会生产与劳动分配特征的产生、形成与转化。在这个意义上，性别关系条件的转化在那些它所定义的东西背后继续着。因此在这个意义上，性别是不断地被强加被再—自然化的。

资本主义内部的性别史：从间接市场调节领域的发明到性别活动的商品化

为了理解非-自然化与再-自然化的辩证过程，我们首先必须追溯在资本主义生产方式进程中性别关系之间的变化，并试图找出周期性的规律。在这种更加具体的水平上，会有许多可能的入口，我们选择以家庭的周期性作为入口，因为家庭是经济单元，连接着间接市场调节与直接市场调节领域，而这两个领域确定着无产阶级再生产的方方面面。我们必须发现家庭模式变化是否与劳动限价变化相对应。

原始积累与大家庭

在原始积累时期，资产阶级所面临的主要问题是如何完美地调整间接市场调节与直接市场调节领域之间的关系，使得工人一方面只能通过出售他们的劳动力而生存，另外，工人只能分配到勉强维持他们自我供给的私人财产，而不提供任何养育劳动力的成本。[23]事实上，当间接调节市场形成之初，它不得不呈现出尽可能多的劳动力再生产，越大越好，然而仅仅足够大从而使得自我—供给的比例刚好满足市场上劳动力不断再出现的需求。因此，间接市场调节领域替代工资薪酬被纳入市场中来，成为薪酬关系与资本剥削的必要前提条件，并且成为其直接后果。

在 18 世纪与 19 世纪过渡的过程中，家庭——以家庭为中心的生产单位——成为间接市场调节与直接市场调节领域之间劳动力再生产的经济单位。然而，在 19 世纪上半叶，那个时候没有退休金，小孩子还没到青春期就被期望出去工作，几代人构成的家庭居住在一起。而且，间接市场调节领域的活动并非仅仅由已婚妇女来完成；事实上这些活动是由孩子、奶奶、女性亲属甚至房客共同参与完成的。如果在这种情况下，家庭成员中仅仅"个别自由的"成年男性拥有合法的薪水，这并不意味着成年女性与孩子们没有参与家庭之外的工作。

事实上，工业化之初期，女性占有劳动力的三分之一。和儿童一样，她们不能决定自己是否能够找到工作或者在哪里能够找到工作，以及她们会做什么工作；她们或多或少地由她们的丈夫或者父亲把她们转包出去。（马克思甚至将其比喻成奴隶贸易的形式：家庭中的男性首领对他们的妻子或者孩子的劳动力价格讨价还价，选择接受或者拒绝。让我们不要忘记在某些国家里，比如法国和德国，直到 20 世纪 60 年代或者 70 年代女性才获得了在没有丈夫授权情况下可以出去工作的权利。）远远不止是女性解放的标志，或者丈夫的现代观念的标志，女性外出工作是财产的公然指示。即使已婚女性被期望待在家里，家庭可以供养她（她们也经常会从事一些以家庭为基础的生产工作，尤其是纺织工业），许多女性还是终生未婚——因为这是一笔昂贵的交易——而且有些人不想让女性怀孕生子组建她们自己的家庭。年轻的女儿被送到其他家庭当仆人或者打下手，保持"官方的"单身。因此，即便是在间接市场调节领域工作的人一直是女性，而那些负责薪水的人往往是男性（当然可以这样说），在此期间两性之间以及两个领域之间也并非一一对应。

小家庭与福特主义

在 19 世纪后半叶，正值所谓的第二次工业革命期间，出现了我们今天见到的小家庭的进步潮流。首先，经过几代的劳动斗争，国家开始介入并限制对女性与儿童的雇用，部分原因是当时面临着劳动力再生产的危机。劳动力被期望具有更高的技术（例如读写能力越来越成为获得一份工作的必要技能），因此儿童的教育问题越来越受到关注。一个新的范畴出现了，即儿童的特殊需求以及其发展阶段。照看儿童成为一项复杂的工程，不再可能由年长的兄弟姐妹来提供了。[24]

这一过程伴随着福特主义及其消费与再生产的新标准而达到高潮。伴随着退休金与养老院的普及，个体大家庭的几代人开始分离。丈夫与妻子之间的家庭责任划分通过两个领域的分离而变得十分明确。间接市场调节领域活动曾经由其他女性一起完成（例如洗衣服），如今变成每个丈夫一个成年妇女的个体责任。已婚女性的生活通常完全被限制在间接市场调节领域。这几乎是每一位女性的命运，而且她们的整个人生（包括她们的性格、欲望等）都受到这个命运的限定。

正是伴随着小家庭（在资本主义的特殊阶段，重要的是在世界的特殊领域），性别成为一种严格二元性，与不同领域一一对应。它成为一种严格的基准，并不意味着每一个人都要符合它。在许多女性主义者心里也具有那一时期的标准，认为性别是由"温柔"和"阳刚"等一系列特征而定义的。从此以后，被认为是女性的个体生来就与那些被定义为男性的个体命运不同——她们生活在"不同的星球"（有些在火星……），被社会化为两种截然不同的主体。这一区别贯穿所有的阶级。

不再有其他的家庭成员帮忙，在四堵墙内孤立地从事间接市场调节活动，已婚妇女不得不独自承担起全部的间接市场调节活动。此种独立完成家务劳动离不开家用电器的引进，使得极其繁重的体力劳动变成一个人可以独立完成的家庭杂务。洗衣机、室内水龙头、热水器——所有这些电器大大地减少了间接市场调节劳动所花费的时间。但是节省的每一分钟远远没有增加家庭主妇的休闲时间。每一个空闲时刻都不得不用来提高再生产的水平：衣物要清洗得更勤，饮食要更具花样和营养，而且更为重要的是，儿童保育变成一项极具消耗性的间接市场劳动，从婴儿期的照料到儿童休闲活动的协助，无所不包。

20世纪70年代：真正吸纳与间接市场调节活动的商品化

间接市场调节活动商品化显然不是一个新鲜现象。从资本主义初期它就具有了可行性：购买现成的食物取代烹饪，采购新服装取代缝补，雇用一个仆人来照顾小孩或者做家务，等等。然而，这些只是中产或者上等阶层的特权。事实上，每一次间接市场调节活动变成商品，它都必须以薪酬的形式支付。因此，这些商品的大众消费只有在工资稳定增长的时期方有可能，因为这些服务，哪怕只在形式上被接受，也必然会增加必要劳动的交换价值，与剩余价值成反比。

然而，由于真正吸纳的可能性，一些此类商品的价值会因为批量生产而减少。生产力的进步使得这些商品越来越支付得起，而且其中的一些——尤其是现成的饮食和家用电器——缓慢而稳定地成为用薪水支付得起的商品。然而，某些间接市场调节活动价格并不低廉，不是每一位工薪阶层可以靠薪水来购买。事实上，即使照料婴儿可以变成商品，它也不可能靠提高生产力来降低成本使其价格低廉。即使营养、洗衣服等工作可以做得更高效，但是用来照顾孩子的时间永远不会减少。你不可能更快速地照顾孩子：他们只能被 24 小时全天候照顾。

有可能改变的是更合理地照顾孩子，如让国家组织机构并由此降低成人与儿童的比率。然而，一个成人能够应付多少个儿童是有限度的，尤其在这一过程中，成人必须传授特定水平的社交、知识与纪律。这类工作同样可以以最低廉的劳动来完成；即由那些薪酬低于职业母亲薪水的女性来承担。但是在这种情况下，间接市场调节活动仅仅提交给总体人口中的最低工资阶层。因此问题并没有减少。甚至，其负面影响通常被再分配到贫穷的移民或者有色妇女群体中去。

因此我们看到所有这些可能是有限的：那里永远存在一个剩余物，我们会命名它**卑贱工作**（the abject）[25]，即那些不能被吸纳或者不值得被吸纳的活动。显然其本身并不卑贱——其以卑贱的形式存在是因为资本的缘故，资本塑造了它。这种剩余物不得不一直存在于市场关系之外，而且问题是在家庭里由谁来完成它，不夸张地说，将一直会是一个充满争议的问题。

危机与紧缩措施：卑贱劳动的增加

伴随着目前的危机，所有迹象表明国家越来越不愿意组织间接市场调节活动，因为它们是纯粹的成本。育儿、养老与医疗保健的花销是首先被削减的，更不用说教育与课外计划了。这些将会成为直接市场调节活动，为那些消费得起的人群服务（私有化），或者滑入没有薪酬的间接市场调节领域——因此增长了卑贱性。

其程度还都待观察，但是受这一危机所影响的国家的趋势已经很明显。在美国以及大多数欧元区国家（显然不包括德国），政府正在进行削减支出来降低他们的负债率。[26] 如希腊、葡萄牙和西班牙这些国家，还包括英联邦，正在大幅度按比例减少他们在医疗保健和儿童保育方面的花销。希腊和葡萄牙公共幼儿园正在倒闭。希腊、葡萄牙、意大利和捷克共和国都有报道，对妇女孕产权益、产假及福利，或者产假后重返工作的权益的侵害。[27]在英国，国家经营的托儿所一个接着一个地在倒闭，一个卷入哈克尼区托儿所运动的反资本主义的女性主义团体——"女性主义在反抗"——这样描述这一形势：

> 所有英国地方政府已经开始宣布削减社会服务资金的重要性了，从图书馆到医疗保险，从娱乐场地到艺术团体，从性骚扰危机中心到家庭暴力服务部门，都将面临资金的削减。对女性尤为重要的是关于儿童养育服务方面所带来的深远影响，不论是居委会还是社区的幼儿园，以及在新劳动旗帜下的早教中心，为家长们提供各种"一站式"服务。[28]

在这样的国家里，其首相本人呼吁社区服务组织在"大社会"政治中心思想的影响下，以"自愿原则"服务社会，这种文化宣扬"人们无论是在他们的日常生活中，还是在他们的家中，抑或是在社区中，或者在他们的工作地点，应该感觉自由并自愿地帮助自己及他们的社区"[29]，反-国家女权主义者面临着困境：

> 我们的目标是"在国内且反对国家政策的"供给。这就在关于公益事业、共享资源与劳动的斗争中提出一个核心问题：如何确保我们的自发劳动可以再生产出一个我们自己的社区而不是卡梅隆所宣扬的男人的大社会？——此处认可了此种逻辑：如果国家不再为我们提供服务那么我们就自己干。[30]

2012 年发生在波兹南（波兰）的关于幼儿园的斗争同样反映了这一困境。为了节省成本，市政部门逐渐将所有的公立幼儿园转变成了私立幼儿园。当一家幼儿园的工人与家长以及一些激进主义者们抗议并反对私有化时，当地政府想出一个办法：让他们选择自己组建幼儿园，但是拒绝为他们提供任何补贴或者担保。这就使得这一选择非常不现实，最终被工人和家长们所拒绝。[31]

然而，一些马克思女性主义者看起来赞美这种由女性自行组织的间接市场调节活动，认为这是创建另一个社会的必要步骤。例如，西尔维娅·费德里希（Silvia Federici）在她的 2010 年的文章《原始积累时代的女性主义与民众政治》（"Feminism and the Politics of the Common in an Era of Primitive Accumulation"）中这样表达：

> 如果家庭是经济基础，那么正是女性，历史上的家庭工作者及家庭的囚犯，她们积极主动地把家庭改造成集体生活的中心，贯穿着许多人与许多形式的合作、安全、不隔离、不迷恋，允许社区财产的分享与流动，而且最为重要的是，提供了再生产集体模式的基础……需要澄清的是，分配女性这一集体式再生产的工作并不是认同"女性气质"的自然范畴。可以理解的是，许多女性主义者们认为这可能是一种"比死亡还糟糕的命运"。……但是，引用德洛丽丝·海登（Dolores Hayden）的话，此种再生产工作的重新组织以及由此而来的家庭结构与公共空间的重组并不是一个认同的问题；它是劳动问题，而且，我们可以这样说，它是权利与安全的问题。[32]

第十章 性别的逻辑：论领域分离与卑贱程序

西尔维娅·费德里希是正确的——我们确实认为这可能比死亡还糟糕。更自由地引用德洛丽丝·海登的话，西尔维娅·费德里希对待这一抗议的答案并没有抓住要点：劳动问题就是认同问题。[33] 即使我们在危机中别无选择，只能自行组织这些再生产活动——而且即便是最后，非常有可能，这种卑贱的再生产活动会最终强加给女性——我们也必须与这种强化性别的过程抗争。我们必须以它的本来面目来对待它：自行组织的卑贱劳动，是那些再没有其他人愿意从事的工作。

非常重要地在这里陈述的是，即使非薪酬间接市场调节活动与卑贱劳动可能指的是同一种具体活动，但是这两个概念必须区分开来。事实上，卑贱劳动的范畴尤其指那些在某种程度上变成薪酬的工作，但是正在回归到非薪酬间接市场调节领域因为它们对于国家或者资本来说太昂贵了。间接市场调节是纯粹的体系范畴，不受任何动力约束，然而卑贱劳动的范畴抓住了这些活动的特殊性，以及它们在我们这一时代的分配过程。事实上，我们可以这样说，如果我们许多的母亲与祖母陷入间接市场调节领域的活动中，我们今天所面临的问题是不同于她们的。这并非是我们将不得不"回归厨房"，即便是因为我们无法支付。我们的命运，更是面临应对卑贱性劳动。与过去的间接市场调节活动不同，此种卑贱性已经变得更大程度上的非自然化了。对那些从事这类劳动的人来说，它并是一种不幸的自然命运，而更是一种与雇佣劳动一起面临的额外负担。[34] 独自面对它乃是性别的丑陋面孔，这有助于我们认清性别的本质：一种更强大的局限。[35]

事实上，非自然化过程使得性别可以表现为一种外部约束的可能。这并不意味着性别的局限性变得比以往减弱，而是意味着它已变成一种可见的约束，即表现为某人外部的可以被废除的东西。

最后一点，我们可以这样结论：如果碰巧当前我们的阶层归属、性别属性被看成外在的约束,这决然不是纯粹意义上的碰巧。这怎么可能?这一问题对理解为消除性别而进行的斗争至关重要,即为无性别歧视的个体所进行的再生产而斗争,在那里所有分离领域的活动都将被废除。

注　释

[1] 在最广泛的影响中,马克思女性主义是使性别压迫处于社会再生产,尤其是劳动力再生产的一种观点。它经常考虑马克思对这种话题的看法和随之而来的马克思主义关于资本主义缺陷的解释。且根据"不幸婚姻"和"双机系统"的争论,它通常支持一种"单机系统"命题。值得注意的是这篇文章意欲继续一场从20世纪70年代开始的对话,即"家庭劳动争论",这是关于价值和再生产之间关系,以及有效地利用马克思主义概念思考是否"家务"和"再生产"劳动具有生产力。

[2] 参照"Communisation and Value-Form Theory", *Endnotes* 2 (April 2010)。

[3] Marx, *Capital*, Vol. 1 (MECW 35), 565.

[4] Ibid., Chapter 6.

[5] Ibid., 181.

[6] 正如 Leopoldina Fortunati,见 *The Arcane of Reproduction* (Autonomedia 1981)。

[7] 在这一点上,我们深受 Roswitha Scholz 价值分离说理论的影响,即使其和我们的分析有很大的区别,尤其是在性别动态上。参照 Roswitha Scholz 的 *Das Geschlecht des Kapitalismus* (Bad Honnef: Horleman 2000)。

[8] 这是同质时间。参照 Moishe Postone, *Time, Labor and Social Domination* (Cambridge, MA: Cambridge University Press 1993), Chapter 5 "Abstract Time"。

[9] IMM 活动分配的性别内化我们称之为"归化",这在此很明显。我们将在第四部分进一步观察此机制。

[10] 工资本身不会带着一个训练手册,这是很有趣的。人们可能会

"随心所欲"地做它——尤其是那些直接接收者——而且根据IMM领域的特殊性它也不受干扰,这特殊性也就是说,一个家庭的规模、生活水平或特定收入流的责任/经济使用。这点需要更多的关注,但现在只要说下面一点就足够了:它是不是仅为资本家的责任。

[11] 明显地,在资本主义生产方式中进行的所有活动都是社会性的。但是由于某些再生产活动是非社会性的,这会为法律所禁止,因为它们在资本主义生产模式总体的内部形成了一个外部。为何我们使用社会/非社会的二元双体,留心的话,这有时可以在女性主义的解释中找到。这个术语的问题是它可以暗示"再生产劳动力"在资本主义生产模式"非社会领域"外部会出现[参见 Christine Delphy, *Close to Home: A Materialist Analysis of Women's Oppression*(Hutchinson 1984)],或者作为先前某种生产模式的残留。它甚至有时也因为它的不合理化而被用来争论为它是另一种遗留的非社会的生产模式和它所需要的是这个领域的社会化。我们认为,为了致力于社会验证进程的本身,这不太容易混淆且更有说服力。

[12] 由收入支付的服务是非生产性的,而且,在这种意义上,它是带薪IMM领域的一些部分。

[13] 马克思为自然化进程提供了一个有用的洞察力:"人口的增长是一种自然劳动力,无须支付。从目前的立场看,我们用术语自然力来指社会力。所有社会力的自然力本身都是历史产物。"Marx, *Grundrisse*(MECW 28), 327.

[14] 对马克思来说,民权社会——或在大多数政治理论中被认为的"自然"社会——与国家对立存在着。

[15] 参见 Marx, *On the Jewish Question*(MECW 3)。

[16] 参见 Chris Chen 的"The Limit Point of Capitalist Equality", *Endnotes* 3(September 2013): 202 – 223。

[17] Marx, *Capital*, Vol.1(MECW 35), 179.

[18] 在1965年前的法国,没有她们丈夫的授权,女人们不能从事于雇佣劳动。在西德,这在1977年以前是不允许的——参照下面的第五章。

[19] 当关注个体的不平等,关于它们自己对于资本主义统治的特别和有差别的关系,我们发现阶级分析的需要,这能洞穿阶级差异的灌木丛。

简言之,作为一种基于无自由普通形式的抽象,无产阶级的身份从不为每一个人解释,即使在最抽象的层次上。也有另一种更细致的分析——它将出现反对工人身份的问题。

[20] 因为对资本来说,那些在他们未来生活里有一段时间是非工人工人的创造是一种代价,即它抵赖(不承认),且因为这种活动被设想为一种从劳动力里花费时间的非劳动。

[21] 参见 Paola Tabet, "Natural Fertility, Forced Reproduction", in Diana Leonard and Lisa Adkins (eds.), *Sex in Question: French Materialist Feminism* (London: Taylor & Francis 1996)。

[22] 参见她对西蒙娜·德·波伏娃的批评文章 "Uncritical Reproduction of the Cartesian Distinction between Freedom and the Body", Judith Butler, *Gender Trouble* (New York: Routledge 1990), Chapter 1: "Subjects of Sex/Gender/Desire"。

[23] 参见 Michael Perelman, *The Invention of Capitalism: Classical Political Economy and the Secret History of Primitive Accumulation* (Durham: Duke University Press 2000)。

[24] 关于工人阶级家庭的义务教育效果,参见 Wally Seccombe, *Weathering the Storm: Working-class Families from the Industrial Revolution to the Fertility Decline* (London: Verso 1993)。

[25] 我们从语源学意义来理解 ab-ject,就是抛弃、扔掉的意思,且扔掉的是其构成的一部分。

[26] 参见 "The Holding Pattern", *Endnotes* 3 (September 2013): 12–54。

[27] Francesca Bettio, "Crisis and Recovery in Europe: The Labor Market Impact on Men and Women", 2011.

[28] 女权主义集体反击, "Cuts are a Feminist Issue", *Soundings* 49 (Winter 2011)。

[29] David Cameron 的演讲, "The Big Society", Liverpool, July 19, 2010。

[30] 女权主义反击, "Cuts are a Feminist Issue"。

[31] 具有主动权的妇女（from Inicjatywa Pracownicza-Workers' Initiative），"Women Workers Fight Back against Austerity in Poland", *Industrial Worker* 1743，March 2012.

[32] Silvia Federici, *Revolution at Point Zero, Housework, Reproduction, and Feminist Struggle* (New York: Common Notions 2012), 147.

[33] 这显然不是说我们没有整体评价费德里西对马克思主义女权辩论的贡献。同 Dalla Costa 和 James 一起的著作《女性的权利与共同体的颠覆》，Silvia Federici 的文字在 20 世纪 70 年代的"家庭劳动辩论"中当然是最有趣的。这里我们想要批评的是最近在"公众"辩论中一种比较盛行的姿态，而且我们认为这种姿态非常成问题。

[34] "这种怪异现象大规模地突然出现，它那么熟悉，仿佛曾经是一种迟钝的、被忘怀的生活一样，现在却极端独立而讨厌地折磨着我。非我。非他。但并非什么也不是。一种我并没有辨别出什么东西的东西。一个无意义的重负，关于它没有什么不重要，而且它诅咒着我。"Julia Kristeva, *Power of Horrors: An Essay on Abjection* (New York: Columbia University Press 1982), 2.

[35] 显然，当今社会存在一些男性，即使是极少数，他们也从事着大量的卑贱劳动。他们因此体会到大部分女性的经历：此种经历令人刻骨铭心。这些男性的多数，尤其是当他们结束了不得不做的照顾孩子的工作，他们仿佛正经历着一场被**社会阉割**的过程。

第十一章

后现代主义抑或阶级斗争？
是的，请回答[*]

斯拉沃热·齐泽克

> 世界实现市场全球化，大型金融综合企业实现专一统治等，这些都是无可争辩的事实，并且本质上与马克思的分析相一致。问题是，政治在哪些地方适应这所有的一切？何种政治学真正地不同于资本要求？——这是今天的问题。
> ——阿兰·巴迪欧（Alain Badiou）

在著名的马克思兄弟笑话中，格鲁乔用"好吧，请"来回答一个标准问题"您是用茶呢？还是喝咖啡？"——从而拒绝给出选择。这篇文章潜在的基本思想是：人们可以用同样的方式来回答当今批判理论看似强加于我们身上的那种错误抉择：阶级斗争（那些过时的关于阶级对立、商品与生产等的提问）？抑或"后现代主义"？（具有分散的多样性身份、激进的偶然性以及不可化约的戏谑的斗争多元性等性质的新世界）这里我们至少可

---

[*] 选自 Judith Butler, Ernesto Laclau and Slavoj Žižek, *Contingency*, *Hegemony*, *Universality*, London: Verso, 2000: 90-135。

第十一章　后现代主义抑或阶级斗争？是的，请回答　213

以鱼与熊掌兼得——如何做到的呢？

首先，在努力解决这一问题的尝试中，我想强调的是，我与我的两位伙伴关系密切：在朱迪斯·巴特勒（Judith Butler）与恩施特·拉克劳（Ernesto Laclau）的著作中，都有一个我所完全认同的核心观点（或者可以说同一个核心观点的两个方面）。我发现这一观点特别富有成效。在朱迪斯·巴特勒的著作中，这一观点是指人类欲望的基本反身性[1]，即两个不可避免同时又互不相容的概念"激情的依恋"与创伤性迷恋（由第一个概念发展出第二个概念），它们为了持续而有效地运行，不得不相互受到压制。在拉克劳的著作中，当然是**对抗性**（antagonism）这一概念作为截然不同于象征/体系差异的逻辑，以及必然的和不可能的——这一对为争取填补普遍性的空缺而进行的霸权斗争的伴生概念。在这两种情况下，我们在处理一个既必要同时又不可能的术语（普遍性，"激情的依恋"），它同时是不可能的和必然的，不被承认的和不可逃避的。那么我在哪些方面与两位学者的观点不同呢？要定义它看起来更为困难：任何通过对比两者间的地位来试图直接定义它的企图都不得要领。[2] 在我最新的一本著作中，我已经比较详尽地追溯了这些差异并提供了"认知地图"[3]；因此，为了避免重复，本文是对那本书的补充，集中关注一个特定话题：普遍性、历史性以及真实界。

另一个介绍性的话语是：在与巴特勒与拉克劳的对话中，很有可能我会提出反对的观点。我并不是反对他们的立场，而是反对他们也会反对的打折扣的通俗版本。在这种情况下，我首先承认有罪，并强调两点：第一，在某种比我意识到的程度更强的程度上，我与他们的对话依赖于共享的假定，致使我的批判性论证可能更被看成是通过清晰地界定来澄清我自己的立场而不顾一切；第二，我的目的，我进一步确信，我们三人的目的并非谱写自恋式的观点来反对他人，而是冒着某种老式表达的风险，与利害攸关的事物本身做斗争，也就是与当今激进的政治思想及其实践的（不）可能性做斗争。

一

让我以拉克劳的霸权（hegemony）概念开始吧，它提供了一个普遍性、历史偶然性与不可能真实性的局限之间关系的典范模型——我们应该一直牢记在此我们解决一个独特的概念，它的特殊性通常会被那些使用它的人所忽略（或者降为某种模糊的典型的葛兰西式概论）。霸权概念的核心特征在于社会内部差异（社会空间内的元素）与将社会本身从非社会（混乱、彻底的堕落以及所有社会关系的消解）中分离出来的限度之间的偶然联系——社会的、社会外部的与非社会之间的限度只能假借社会空间内各元素之间的差异（通过把自身绘制为一种差异）得以清晰明确地表达出来。换句话说，激进的对抗只能通过某种扭曲的方式得以表达，通过某种内部的不同于体系的特别差异的方式得以表达。[4]因此，拉克劳的观点是：外部差异也总是或者已经是内部差异，而且，两者之间的联系是完全偶然的，是为霸权而进行政治斗争的结果，并非题写在特定的社会存在的实体之中。

在马克思主义的历史中，定义霸权概念的张力最恰当地体现在激进革命平等逻辑学（我们反抗他者，进步反抗倒退，自由反抗专政，社会反对分裂）与"对进步议程的"修正主义"还原之间的摇摆上。革命的平等逻辑学不得不依赖于各种可能的组织来实现全球社会转型的普世任务（从工人阶级到被殖民的农民；参见索雷尔的从左派工团主义向法西斯主义的摇摆）。"修正主义者"将激进的革命日程降（还原）为一系列、有待逐步解决的特定社会问题。更概括地说，我们被悬置在两极之间：一极是纯粹的社会整体视野，社会主体的各部分各就其位；另一极

第十一章 后现代主义抑或阶级斗争？是的，请回答 215

是反抗的革命视野，社会与反社会力量之间的对抗（人民被分为朋友和人民的敌人两个阵营）。正如拉克劳所强调的，这两个极端在根本上是一致的：纯粹的全局视野不得不把那些反对社会实体的组织概念的力量驱逐到纯粹的外部性（犹太人阴谋等），因此重新声称社会实体与外部堕落力量之间激进的对抗主义；然而激进的革命实践不得不依赖某个**特定**（particular）元素（阶级），这个要素体现了普遍性［从马克思主义的无产阶级到波尔布特（Pol Pot）的农民］。这一僵局的唯一解决办法似乎只能是接受它——接受这样的观念，即我们被宣告为处于特殊因素之间的无休止的斗争之中，以代替不可能的总体性：

> 如果霸权意味着由某种特定社会部门所代表的某种不可能的总体性，对一个不能与之比较的不可能的总体的再现，那么我们只要使得比喻置换的空间完全地可见，以加强霸权逻辑的自由运行就足够了。如果社会的完全性难以实现，那么达到它的努力尝试必将失败。尽管在追求不可能的目标中，它们将可能解决种种部分难题。[5]

这里，不管怎样，从我的角度提出了一系列问题。难道这种解决方法不包括作为一种"可调节的理念"对解决不可能的完满性的无限方法的康德逻辑？难道它不涉及对"尽管我们知道自己必将失败，我们也一定会坚持我们的追求"的顺从犬儒主义姿态？——某位代理人知晓为之奋斗的全球目标是不可能实现的，其所有的最终努力都将失败，但是不管怎样，承认需要这一全球幽灵作为某种诱惑赋予其力量来解决部分问题。而且（同时这也是同一问题的另一面），这种选择性——在达到"完满社会"与解决"种种部分问题"之间做出的选择——是不是非常有限呢？难道不存在另一种——至少在这里——第三种方式，当然完全不是在冒险社会理论主义者的意义上而言的第三种方式？就像"民主发明"的出现，改变特定社会的根本结构原则又何妨？尽管从封建君主制向资本主义民主的过渡中它没有实现"不可能的社会完满性"，当然也比仅仅"解决种种部分难题"做得更多。

一种可能的对立论点将是，这种"民主的发明"激进地打破了依存于如下的事实：曾经被认为是权力"正常"工作的**障碍**（权力的"空位"，这个场所与实际发挥权力的场所之间的鸿沟，权力的最终不确定性），现在成为其**积极条件**；曾经被验证为威胁的（填补权力位置的更多的主体与代理人之间的斗争），现在成为权力合法运行的非常条件。"民主的发明"其卓越的特征因此包含这样的事实——用黑格尔学派的术语说——权力的偶然性，这个场所与实际发挥权力的场所之间的鸿沟，已经不再表现为"在其内部"，而是变成"为了它自己"，事实被明确地公认为"如此"，反映在权力的特定结构上。[6]这意味着——用众所周知的德里达式术语来表达——权力执行的不可能性的条件变成了其可能性的条件：正如交流的最终失败正是驱使我们一直不停地言说的动力一样（如果我们能够直接表明我们所说的话，那么我们将很快停止言说并永远闭口），因此权力执行的最终不确定性和不稳定性正是我们应对合法民主权利的唯一保障。

首先需要附加说明的是，我们在研究的是一系列的发展断层：在现代化本身的历史中，我们应该区分"第一次现代化"断层（"民主的发明"：法国大革命、关于人民主权、民主、人权等概念的引介）与由贝克、吉登斯及其他人所命名的当代"第二次现代化"断层（完全的社会反射化）之间的不同之处。[7]而且，"第一次现代化"的特征还没有表现为伴随其潜在的极权主义后果的"人民民主"（人民是一体的，共同意志）与将国家功能降低到公共社会"守夜人"的个体自由的解放思想之间的固有张力上。

因此问题的关键在于我们研究众多民主社会的结构，而且这些结构产生一种黑格尔式的"具体普遍性"——换句话说，我们不是简单地研究民主的不同亚种，而是研究一系列影响民主普遍观念本身的断层：这些亚种（早期洛克式的自由民主、"极权式"民主等），在某种程度上阐释了（"设定"，被生成）政治民主普遍观念的固有张力。此外，此种张力并非简单地存在于民主观念的内部/本身，而是由民主与他者关系的方式所定义的：不仅是它的政治他者——种种伪装下的非-民主——而且首要是政治民主定义本身趋向于作为"非-政治"而排除的部分（阶级自由主义中的私人生活与经济等）。然而我非常赞同这一著名的观点：在政治与非-政治之间划分出清晰界限的姿态本身，假定某些领域（经济、私人隐私、艺术等）是没有政治意义的姿态本身，就是一种最精妙的政治姿态；同时我非常有兴趣将这一观点翻转过来：假使绝对精妙绝对纯粹的政治姿态，恰好是将政治与非政治区分开来，将某些领域排除出政治的姿态，又将会怎样？

二

因而，让我再仔细研究一下拉克劳的叙事吧，他的叙事从马克思主义的本质主义（无产阶级作为普遍阶级，其革命使命被铭刻在社会存在本身，因此经过"客观"科学的分析而清晰可辨）转向对社会主体与其"任务"之间偶然的、比喻的、暗喻-转喻的"后现代"认知。此种偶然性一旦被承认，我们不得不接受，在主体社会条件与其在政治斗争任务之间不存在直接的、"自然"的相互关系，也不存在衡量例外的发展范式。例如由于1900年间俄罗斯资产阶级政治主体的虚弱，工人阶级不得不独自完成资产阶级民主革命……[8]此处我的第一个意见是,尽管标准的后现代左翼表述,从视无产阶级为独一无二的历史主体、经济的阶级斗争的先锋者的"本质论"马克思主义到后现代不可消减的斗争多元化性,当它毫无疑问地描述了一种真实的历史进程时,其支持者一般来说省略掉了其核心的对使命的放弃——承认资本主义是"城市里唯一的游戏",与任何试图真正推翻现行资本主义自由政体的行为决裂。[9]温迪·布朗已经非常准确、明晰地提出了这种观点:"当代美国身份政治学中的政治交易似乎部分地通过资本主义的某种复活而得以实现。"[10]这个关键问题是这样提出的:

> 在何种程度上,如今的资本主义批判被敌对的政治学体系所阻止,而不是简单地由"社会主义替代物的缺失"或者在全球秩序中明显的"自由主义的胜利"所阻止。与社会整体的马克思主义批评和全面变革的马克思主义视野形成对比,在何种程度上,身份政治需要一个内在于它借以推行其主张的现存社会的标准,一个不仅仅是保护资本主义免受批判并且维持阶级的不可见性和不可表态性——不是附带的,而是地方性的标准?我们是否已经偶然地发现为何阶级总是被命名,然而在文化多元主义的咒语中("种族、阶级、性别与性征"),却很少被理论化或得到发展呢,我们是否发现了此种现象的原因呢?[11]

我们可以用非常准确的术语将此种阶级还原并描述为一种"被命名的但鲜被理论化的"实体的做法:首先由卢卡奇所明确表达的所谓的"西方马克思主义"重大、持久的结果之一是:资本主义的阶级和商品的结构并不是局限于某种特定的经济领域的现象,而是多元决定社会总体的结构原则,从政治到艺术再到宗教。这种资本主义的全球维度在当今多元文化主义的进步政治中被悬停：其"反资本主义"被还原成当今的资本主义如何导致性别主义/种族主义压迫等这样的层面上。马克思认为在生产—分配—交换—消费的环节中，"生产"一词具有双重含义：它既是这一体系中的术语之一，同时也是整个体系的结构原则。作为这一体系术语之一，生产（作为结构原则）"在其对立的判断中遭遇自身"[12]，马克思使用精准的黑格尔式的术语如是说。这同样适用于阶级－性别－种族后现代主义的政治体系：作为特殊斗争系列术语之一，阶级作为社会总体的结构原则，"在其对立的判断中遭遇自身"[13]。迄今为止后现代主义政治所宣扬的，本质上，一种"经济的政治化"，并不是类似于我们超市中所运行的政治化方式——它从根本上把实际生产过程（蔬菜水果被移民工人收获、装箱的方式、在子嗣生产与展出等方面的有关基因及其他操作，等等）排除在它们可见领域之外——作为一种合成品，一种伪生产的景观（在"饮食区"众目睽睽之下准备餐饮，果汁在消费者眼前新鲜地挤榨，等等）与在陈列货物领域内的展示方式相类似吗？[14]一位真正的左翼人士因此会问后现代政治家一个问题，弗洛伊德向困惑的犹太人提出的老问题的新版本："实际上，当人们应该把经济政治化的时候，你为什么还在说人们应该使经济政治化呢？"[15]

因此在这种范围内，后现代主义政治涉及一种"资本主义内部控制问题的理论后退"[16]，正是如此，在此种阶级分析的悬置中，我们解决了一种意识形态移位机制的典型范例：当阶级对抗性被否定时，当其主要结构作用被悬置时，"社会差异的其他标记会出现并承载过度的分量；实际上，除了那个归之于明确的政治化的标记外，它们承担了由资本主义所产生的所有痛苦的重担"[17]。换言之，此种置换（displacement）解释了后现代身份政治所强调的性别主义、种族主义等惨烈的颇为"过度的"方式——此种"过度"源自这些他者的"主义"不得不承担起来的自阶级斗争的（这些阶级斗争的范围还没有得到公认）投资过剩的事实。[18]

当然，后现代主义者的回答将会是我在"阐明"阶级斗争的本质：在当今社会，存在着一系列特定的政治斗争（经济的、人权的、生态的、种族主义的、性别主义的、宗教的……），而且没有一个斗争能够声称它是"真正的"斗争，是解决所有其他斗争的关键……通常来说，拉克劳理论对这些斗争的阐释（从他第一部突破性著作《马克思主义理论中的政治与意识形态》到他的代表性经典之作，与查特尔·墨菲合著的《霸权与社会主义策略》），展示出一种消除"本质主义最后残余"的渐变过程。[19]第一本著作追随着经典马克思主义传统——经济（生产与经济规律）仍然作为某种"本体论固定点"来服务于霸权的其他方面的偶然性斗争（例如，用某种葛兰西的话说，霸权斗争最终是两大阶级之间的斗争，为了谁将主宰－霸权化一系列的其他"历史任务"——民族解放、文化斗争等）；仅在第二本著作中，拉克劳才明确地宣布与旧的马克思主义内部问题及超级结构分裂，也就是与其在经济是"上层建筑的"霸权斗争的客观基础决裂——经济本身总是"政治的"，是政治斗争、权力与对抗的场所（场所之一），"是一个被不可取消的困境和难题的前本体论的不可决定性所渗透的场所"。[20]

在他们的《霸权和社会主义战略》一书中，拉克劳与墨菲清晰地赋予为民主而进行的政治斗争以特权，——也就是说，他们接受克劳德·乐福特（Claude Lefort）的观点，现代政治历史中的关键是"民主的发明"，而且所有其他斗争最终是民主发明原则在其他领域的"应用"：种族（为什么其他种族不可以同样平等？）、性别、宗教、经济……简而言之，当我们处理一系列特定斗争时，难道不一直存在着一种斗争，尽管它看起来作为系列一分子在发挥作用,但事实上为整个系列提供全局视野?难道这不是霸权概念的后果之一?因此,迄今为止,我们认为激进的多元的民主是"其产生的多元民主、争取自由的斗争及平等的诺言,这一诺言应该在社会的所有领域内得以深化并延展"[21],是否可能简单地将其延伸到经济这一新领域中来呢?当布朗(Brown)强调"如果马克思主义对政治理论具有任何分析价值的话,难道不是在坚持自由的问题包含于隐蔽的'非政治化'社会关系中吗?——在自由对话中的自然化"[22],这很容易被理解因此不能接受与此对立的观点。后现代政治当然认同非自然化/再政治化经济的需要,并且其观点正是一个人也应该非自然化/再政治化没有被马克思"解构的"一系列其他领域(两性关系、语言等)。后现代政治明确地具有一个强大的优势,即它再政治化一系列曾经被认为是"非政治"或"私人"领域;事实显示,尽管它并非实际地再政治化资本,因为在其内部运行的"政治"这一概念与形式是建立在经济的"去政治化"基础之上。如果我们做后现代政治主观化的多元化游戏,我们非常有必要不去质疑某些问题(关于诸如如何颠覆资本主义、关于政治民主以及民主政权的基本限制等)。因此,拉克劳认为,政治并不是一种特殊的社会领域,而只是建立社会基础的一套偶然决定。对他这个明显相反的论点,我的回答是,新型多元政治主题的后现代呈现当然没有彻底地达到政治行为的激进水平。

这里吸引我要做的是把黑格尔的"具体普遍性"的教训应用到"激进民主"中来:拉克劳的霸权概念事实上接近于黑格尔的"具体普遍性"概念,其中具体差异与其所属的基本差异交叉重叠;因为在拉克劳的霸权中,其社会与其外部局限非社会(社会联系的消解)的对抗差距,被绘制为一种社会内部结构差异。但是,由于虚无/不可能性的普遍性与霸权化的偶然特殊性之间永远存在相互分离的差距,那么被拉克劳所拒绝的黑格尔式普遍性与特殊性的"和解"又会怎样呢?[23]如果我们进一步观察黑格尔理论,我们会发现——迄今为止,某一属的每一个具体的种并非"适合"其普遍性——当我们最终发现某一具体的种完全适合其概念时,那个普遍性概念就正在被转化为另一个概念。没有任何现行国家的历史形态完全适合国家这一概念——辩证地从国家("客观精神"、历史)进入宗教("绝对精神")的必要性,事实上,意味着实际上适合其概念的唯一存在的国家只能是一种宗教社区,确切地说它已经不再是一个国家了。这里我们恰恰遭遇历史性的"具体的普遍性"的完全辩证的悖论:在类和它的亚种之间的关系中,这些亚种中的一个将始终是否定那个类的真正普遍特点的要素。不同的国家有不同的足球概念;美国人并没有足球,因为"棒球是他们的足球"。这类似于黑格尔著名的主张,现代人不再早晨祈祷,因为读报纸是他们的晨祷。同样,在正在瓦解的社会主义中,作家俱乐部或者其他俱乐部并不扮演一种政治性党派组织的角色。或许,在电影历史中,最典型的例子是西方与科幻太空作品之间的关系:当今,我们不再拥有"真正"的西方,因为太空探险电影已经代替了他们的作用,即太空探险电影就是现在的西方。因此,在西方的划分中,我们应该补充一个标准亚种,将太空探险电影作为如今西方对非西方的临时替身。此处至关重要的是,不同属之间存在交叉,两个普遍概念存在部分重叠:西方与太空电影并非两个纯粹不同的属,他们互相交叉——即在某一时代,太空电影成为西方的亚种(或者,西方在太空作品中被"消除"了)……同样,"女性"成为男性的亚种之一,海德格尔的存在分析是现象学的亚种之一,消除了先前的普遍性;而且——追溯到"激进的民主"——同样地,在经济政治化领域意义上的真正"激进"的"激进民主",严格地说,不再是一种"(政治)民主了"。[24](这当然并不意味着社会的"不可能的完满性"在实际上会被实现:它仅仅意

第十一章 后现代主义抑或阶级斗争？是的，请回答 223

味着对不可能的限制将被调换到另一种层次。）如果政治本身（为霸权而进行的激进的偶然的斗争）在其概念内被分裂/阻碍，那将怎么办呢？如果只要它"约束"它的激进的偶然本质，只要它经历一个最低程度的"移植"，政治就能够被运作，那将怎么办呢？如果本质主义的诱惑是不能还原的：我们从来没有"在其概念的层次上"处理政治，政治部门完全认同他们的偶然性——凭借诸如"战略式本质主义"概念来摆脱这种僵局的方式是肯定被谴责并注定失败的，那将怎么办呢？

因此，我的结论应该强调在拉克劳反抗概念中发挥作用的不可能性具有双重含义："激进的反抗"不仅仅意味着它无法充分再现/明确阐释社会的完满性——在更加激进的层面上，充分再现/明确阐释这种阻止社会实现其完满的本体论现实的对抗性/否定，同样是不可能充分的。这意味着，意识形态的幻想并不是单纯的对完美社会的不可能性幻想：此种社会不仅是不可能的，这种不可能性本身在意识形态领域被扭曲地再现客观化——那就是意识形态幻想的作用（例如，关于犹太人的情节）。[25]当这种不可能性本身被一种正面的元素所代表，固有的不可能性被转化成一种外在的障碍。"意识形态"也是确保阻止社会实现其圆满的否定性并不存在的名字，确保它凭借一个大写的他者的名义具有积极意义的存在，幕后操纵社会生活的他者，像"犹太人情节中的"反犹太人概念中的犹太人。简而言之，意识形态的基本运行不仅仅是把经验主义的障碍转变成永恒条件（女性、黑人在本质上是次等地位的，等等）的去历史化姿态，而且是将一种领域的先天阻碍性/不可能性转变成经验主义障碍的对立姿态。拉克劳非常清楚地意识到这一悖论，他谴责这一概念的意识形态性以至于经过成功的革命，一种非反抗的自我透明的社会将会出现。然而，此种对后革命社会圆满性的合理拒绝并没有证明以下结论是正当的：我们不得不放弃任何关于全球社会转型计划的结论，把我们局限在那些有待解决的部分问题上。从一种对"在场的形而上学"的批判转向反乌托邦的"改良主义的"渐进主义政治学是一种不合理的短路。

三

像拉克劳视普遍性为不可能性/必然性的概念一样，巴特勒的普遍性阐释要更完善，比权威历史学家将每一个普遍性斥责为"虚假的"做法更为准确，即是，秘密地特权化某些特定内容，同时压制或排除其他内容。她非常清楚地意识到，普遍性是不可避免的，并且她的论点是这样的——当然，每一次普遍性确定的历史数据包含一系列包含性/排他性——普遍性，同时具有开放性，且具有质疑这些包含性/排他性的空间，作为为霸权而进行的意识形态、政治斗争的一部分来"重新谈判"包含性/排他性的界限。例如，"普遍人权"这一重要概念排除了——或者说，至少弱化为次要地位——一系列性别实践与目标；并且游戏的接受标准也过于简单化了。这些自由游戏简单地坚持一个人应该重新界定并放宽人权概念，包括所有这些"异常的"实践——普遍接受的自由主义人道主义所低估的是这些排斥所构建的"中立的"人权普遍性程度，以至于它们对"人权"实际包含性会彻底地再次阐明，甚至逐渐减弱"人道主义"在"人权"中意味的程度。尽管如此，涉及普遍人权的霸权的包含/排斥并不是固定的，也并不与此种普遍性简单地同质，而是与这种连续的意识形态政治斗争保持同体性，可以被重新谈判或者重新界定所涉及的普遍性，能够恰当地成为激励此类质问和协商的工具。["如果你维护普遍人权，为何我们（同性恋、黑人……）"不是其中的一部分呢？]

所以当我们批判隐藏的偏见与普遍性的排除性时，我们不应该忘记我们在普遍性开放的领域内就一直是这样做的:"伪普遍性"的恰当批判并非站在普遍性之前的排他主义立场出发来质疑它,它调动普遍性本身所固有的张力、开放的否定、破坏的力量,也就是克尔凯郭尔所谓的"正在形成的普遍性"与已经形成的普遍性的固定形式之间的张力。或者——如果我以黑格尔的术语阐释巴特勒——一方面,我们普遍性的意识形态伴随着固定的包含性/排斥性是"死的""抽象的",同时另一方面,作为对自己"权威"内容的质疑与重新谈判的持续过程,普遍性是"活生生的""具体的"。普遍性成为精确地"实际的",只能通过渲染其以排他性为基础的主题,通过不停地质疑、重新谈判、置换它们,也就是通过假定其自身形式与内容之间存在差距,通过构想它自身在其概念中是未完成的而进行的。这就是巴特勒所谓的"述行矛盾"概念之显著的政治用法所指:如果支配性的意识形态述行表现为"欺骗"——在其实际的话语实践中及一整套实践所依赖的排除对象上——通过破坏其自身的官方宣称的普遍性而完成;进步的政治则应该严格公开地实践其述行矛盾,代表既定普遍性,维护此种普遍性(在其霸权形式下)所排除的具体内容。

这里我只想进一步强调两点:

- 排他性的逻辑总是自我加强的:不仅仅是次等的他者(同性恋者,非白人种族……)被排除/被压迫,而且霸权的普遍性本身也依赖于自身某种否定的"淫秽的"特定内容(例如,通过使其自身合法化、被容忍或者宗教化的权利行使依赖于一套对次等公民进行暴力羞辱的、不被公开承认的淫秽仪式[26])而存在。更概括地说,我们此处解决的是所谓的**意识形态的非认同实践**(ideological practice of disidentification)问题。也就是说,我们应该转向意识形态的常规概念,作为对其主体提供坚定的身份认同,从而把他们限制在他们的"社会角色"之中:假使在一种不同的层次上——但依然在不可改变而且体系上必需的层面上,意识形态恰恰通过构建虚假的非认同(false disidentificaton)空间,即通向那些主体的社会存在的实际坐标的虚假距离而发挥作用[27],那该怎么办?这种非认同的逻辑不是可以从最初级的情况中得以辨别么?比如,"我不仅是美国人(丈夫、工人、民主党人、同性恋……),而且,在所有这些角色和面具之下,我是一个人,一个独特的复杂的人"(这里,与决定我社会地位的象征特征的具体差距确保了这一认同的效果),一直到更加复杂的赛博空间的情形。在这种情形中,人担任着多元身份。在有悖常情的"仅仅游戏于"赛博空间的奥秘因此是双重的:不仅仅我们置身其中的游戏比我们设想的要更加严肃,(假借虚构,假借"仅仅是一场游戏而已",主体能够阐明和规划他的象征身份的特点——虐待狂的、"堕落的",等等——这些是在他"现实"主体间联系中,他永远不可能承认这些,难道不是么?)但是其对立面依然有效,即,它更欢迎与多种多样的、不断变化的角色(自由构建的身份)一起游戏,模糊我们自身存在所陷入的社会空间的种种限制(而且因此虚伪地解放我们)。

· 让我再引用另一个例子:为何克里斯塔·沃尔夫(Christa Wolf)的《追思 Christa T.》(The Quest for Christa T)在20世纪60年代对民主德国的公众发挥着如此重大的影响?因为它恰恰是一部关于失败的小说——或者,至少是关于踌躇不定的小说——关于意识形态的质询,关于彻底地确认在社会意识形态身份中无法完全认识自我的失败:

"Christa·T!"当她被叫到名字时:——她站起来,走出来,做了她所被期望做的一切;是否有一个她可以随时倾诉的人呢？听到她的姓名被召唤，她开始思考：我是否就是名字所意味着的那个我呢？或者仅仅是我的那个名字被召唤呢？假如我不在，会有人发现吗？[28]

这种"我就是那个名字吗"的姿态，这种对一个人象征、认同的质疑也在约翰内斯·罗伯特·比彻（Johannes R. Becher）的引语中得以恰当地表达，沃尔夫把它引用到了小说的开头："这种自我认同——它是什么？"难道这不是纯粹地歇斯底里的挑衅吗？我的观点是，此种自我质疑的态度，非常有效地威胁了既定的意识形态政权，正是最终使她"值得生活的"东西——这也是为何她的联邦德国诽谤者在某种程度上反而是正确的原因。当柏林墙倒塌之后，他们承认克里斯塔·沃尔夫通过表达主体复杂性、内心疑虑以及民主德国振荡等主题，实际上提供了理想化的民主德国主题的现实主义文学，而且与那些描写为共产主义事业献身的理想主题的开放的幼稚的宣传类小说相比，她的作品更加成功地完成了保护政治一致性的任务。[29]

· 理论的任务不仅仅是揭开游戏中的某种特定包含物/排他的特殊内容的面具，而且也是对普遍性自身空间的神秘性做出解释。此外——更确切地说——真正的任务是探索在社会-象征性空间里普遍性运作方式的基本逻辑变化：前现代、现代以及当今的"后现代"概念和普遍性的意识形态实践，举例来说，不仅是在普遍的概念中那些被包含/排除的内容方面不同——某种程度上，在更激进的层面上，在每一个历史时期普遍性基本概念的运行方式都不尽相同。自从资产阶级市场社会的建立，此等"普遍性"并不意味着相同的事物，因为在这种市场的社会环境中，个体在全球社会大厦中并不代表他们的特定地位进入社会秩序中来，而是直接地作为"抽象的"人参与到社会秩序中来。

让我回到普遍人权的概念上来。马克思主义的症候解读可以令人信服地证明特定资产阶级意识形态对人权诠释的具体内容："普遍人权实际上是白种男性财产占有者为了在市场上自由交换、剥削工人和女性以及行使政治统治的权利……"此种对普遍性形式的霸权化的特定内容的辨识只不过是故事的一半；故事的另一半，至关重要的另一半包括提出一个更加难解的附加问题，关于普遍性具体形式的出现问题：在什么具体的历史条件下，抽象的普遍性本身是如何成为一种"（社会）生活的事实"？在什么样的条件下，个体认为他们自己的经历是普遍人权的主体？那是马克思分析"商品拜物主义"的观点：在商品交换支配下的社会里，个体本身在他们的日常生活中，既与他们自身相关联，又与他们遇到的客体以及抽象的-普遍性的概念的偶然相关联。我是什么，我的具体的、社会的或者文化的背景是什么，只是偶然的经历，因为最终定义我的是"抽象的"普遍的思考与工作的能力。或者：任何能够满足我的欲望的物体也是偶然的经历，因为我的欲望被认为是一种"抽象的"能力形式，对大量能够满足它——但从没有完全满足它——的具体事务无动于衷。或者用一个已经提到的"职业"为例：职业的现代概念暗示着，我作为一个不是直接出生在我的社会角色中的个体，在体验自己——我将成为某种社会角色，取决于偶然的社会环境与我的自由选择之间的相互作用；在这个意义上，当今的个体有电工、教授或者服务员的职业，然而说一个中世纪的农奴就其职业来说是一个农民，这是毫无意义的。再次强调，问题的关键是，在某种特定的社会条件下（如商品交换与全球市场经济），"抽象性"成为社会实际生活的直接特征,成为具体个体行为和涉及他们命运和适应他们社会环境的方式。这里,马克思分享了黑格尔对普遍性如何变成了"为其自己"的真知灼见。就像个体在其特定社会环境下永远不会完全认识他们自己的核心一样,他们认为自己永远是与这个环境相"脱节"的自己:普遍性具体有效的存在是指在全球大厦中没有合适位置的个体——在既定的社会结构中,只有那些缺少合适位置的个体,普遍性成为"为其自己"。一个抽象普遍性的出现模式,成为实际存在的一部分,是一种极端的暴力举动,它打破了原有的有机平衡。

因此我的观点是,当巴特勒谈及关于主要意识形态普遍概念中对包含物/排斥物重新谈判的永无休止的政治过程时,或者当拉克劳提出他的关于为霸权而无休止的斗争模式时,此种模式的"普遍"地位是成问题的:他们为每一个意识形态政治过程提供正式的坐标了吗?或者他们仅仅阐释了经典左翼退却之后出现的当今("后现代")特定政治实践的概念性结构?[30]他们(通常,在其明确的规划中)似乎提出了第一点(例如,对拉克劳而言,霸权的逻辑是被明确地阐释为某种海德格尔式社会生活的存在结构),尽管有人可能会争论道,他们仅仅是对"后现代"左翼的具体历史时期的理论化……[31]换言之,对我而言,问题是如何**使历史主义自身理论化**。从"本质主义"马克思主义到后现代偶然政治(拉克劳理论)的进程,或者从性本质主义到偶然的性别-形成(巴特勒理论)的进程,或者——更进一步的例子——从形而上学到理查德·罗蒂(Richard Rorty)的讽刺主义进程,并非是一个认识论的进程,而是资本主义社会本质上的全球变化的一部分。这并不是说,之前的人们是"愚蠢的本质主义者",相信自然化的性别,然而现在他们明白性别是被述行地规定出来的;人需要某种元叙事来解释这一从本质主义到偶然性认知的转变进程:海德格尔的存在的新纪元概念、福柯式的知识话语变化的概念，现代化的标准社会学概念，或者本文追随的某种更加马克思主义的对资本动态的阐释。

四

因此，再一次强调，对拉克劳理论大厦至关重要的部分是例证性的康德式的相互依存思想，即霸权逻辑"永恒的"、存在主义的、先验的思想与从"本质主义"传统的马克思阶级政治到对霸权斗争偶然性的完全主张的渐进历程的**历史叙事**之间康德式范式的互相依赖——就如同康德的超验性与人类学 - 政治学进化论叙事互相依赖一样，那种叙事认为人类逐渐走向文明成熟。此种进化论式叙事的作用确切地说是解决了上述普遍的形式框架歧义（霸权逻辑框架）——含蓄地回答了下述问题：这种框架究竟是一种真正的非 - 历史的普遍性？抑或单纯是西方晚期资本主义的特定意识形态政治聚合的形式结构？这个进化式叙事斡旋于这两个选择之间说明了普遍框架是如何"被如此假定"，如何成为意识形态政治生活的确切结构原则。而问题依然存在：这一进化历程是从错误到真理的简单历程吗？每一种立场都适应于它自己的时代，所以在马克思时代"阶级本质主义"是恰当的吗？然而今天我们需要偶然性的主张吗？或者我们需要以黑格尔式原型方式来结合这两者，以便从本质主义的"错误"到激进偶然性的"真理"洞察的具体历程是以历史为条件的吗（在马克思主义时代，"本质主义幻想"是"客观必要的"，而我们的时代使得对偶然性的洞察成为可能）？这种黑格尔式原型的解决方案将会允许我们将这种"普遍的"视野或者霸权范畴的"有效性"与其最近出现的与当今特定的社会聚合密切相关的显著事实结合起来：尽管社会政治生活与其结构已经是霸权斗争的现成后果；但是在今天，在我们特定历史聚合中——换言之，在全球化偶然性的"后现代"的普遍性中——这种政治过程的激进的偶然的——霸权的本质最终被允许"成为/回归其自己",从"本质主义"包袱中解放了出来……

不管怎样,这种解决方案是有问题的,至少有两个原因可以证明:第一,拉克劳很有可能拒绝它作为依赖于决定、固定政治斗争的历史必然发展的黑格尔式概念。第二,从我的角度看来,当今多元主体性的后现代政治恰恰不是完全政治性的,因为它默默地假定一种非-主题化的、"自然化的"经济关系框架。后现代政治理论越来越倾向于阻止把资本主义视为"本质主义"。我们可以主张不再反对后现代政治斗争的多元偶然性与资本的整体性,尽管资本在某种程度上"限制"了霸权错位的自由流动——毋宁说,当今的资本主义,为变化的-散布的-偶然的-讽刺的等政治主体性的出现提供了具体背景与领域。当德勒兹(Deleuze)强调资本主义如何成为一种"非领土化"力量时,难道他不是以某种方式提出这个观点的吗?难道他不是追随马克思的旧观点,声称资本主义"所有坚固的一切化为泡影"的吗?

因此,最后,我对巴特勒与拉克劳的关键性评论在两种情况下是相同的:有必要在某一历史范围内的偶然性/可置换性和为这一领域提供基础的更加根本的排他排斥之间做出更为明确的区分。

五

这种作为"对真实界的回答"的主体性概念最终允许我对垒巴特勒关于拉康的真实界和象征界之间关系的出色批评:真实域抵制象征化,这个真实决定性本身就是一种象征化的决定,也即是说,从象征中排除某物的姿态本身,假定它超出禁止界限(神圣的、不可触及的)的姿态本身,就是最卓越的象征姿态

（象征排除的姿态）……与此相反，然而，人们应该坚持拉康的真实如何严格地成为象征的内部：它仅仅是其固有的局限，象征完全"成为自己"的不可能性。正如我曾经强调过的一样，性别差异的真实界并不意味着我们拥有一套象征性的对立意见来定义阳刚与阴柔的"角色"，以至于所有那些不适应这两者的主题都会被排除/拒绝而成为"不可能的真实"；这恰恰意味着它的每一次对其象征化的尝试都是失败的——性别差异不可能被完全翻译成一套象征性的对立。然而，为了避免进一步的误导：性别差异不能被充分翻译成一套象征性的对立，这一事实绝不意味着：它在超越象征的、某些先在的、外部的、实质性的不能被象征化掌握的实体：恰恰是作为真实的，性差异完全存在于象征界的内部——它是它本身所固有的失败点。

事实上，正是拉克劳的反抗的概念可以例证真实界：正是因为性差异只有假借一系列将其转换成象征的对立的（失败的）尝试，才能够清晰地表达自身，因此（社会自身与非社会之间的）反抗并非简单地存在于社会结构内部的差异之外，因为，我们早已发现，它只有假借社会空间各要素之间的差异（凭借自身绘制为某种差异）来表达自身。[32]如果真实界直接是象征界的外部，那么社会肯定会存在：因为某种事物的存在，它只能通过其外在界限来定义，真实界会作为这种保卫社会固有的一致性的外在而发挥作用。[这正是反犹太主义所做的，通过在犹太形象的外部"具体化"社会固有的不可能性－反抗性的方式——犹太人成为社会存在的最终保证。从严格的阶级斗争的阶段发展到法西斯主义反－犹太主义的过程并不是简单地以另一个（犹太人）敌人取代一个敌人形象（资产阶级，统治阶级），而是这种从使社会不可能的反抗逻辑到保卫社会一致性的外部敌人的逻辑的转变。]因此，矛盾的是，在某种程度上巴特勒是正确的：是的，真实界事实上存在于象征的内部，是象征所固有的，而不是其外部的界限，正是由于这个原因，它不可能被象征化。换言之，矛盾的是，作为外在的、被象征界所排除的真实界，事实上是一种象征的决定性——逃避象征化的一切恰恰是成为固有的象征化失败的真实界。[33]

恰恰是因为这种真实对象征的内在化，通过象征触摸真实成为可能——这是拉康精神分析治疗观念的全部要点；这是拉康精神分析行为观念的全部——这种行为作为一种姿态，借助定义，触碰到某些不可能真实的维度。这种行为的观念必须依据一种背景来想象，这种背景就是在某个给定的领域中仅仅努力"解决多种局部问题"和颠覆这种领域的结构原则的更为激进的姿态之间的区别。这种行为在既定的看起来"可能的"环境中是不会出现的，它重新定义可能存在的边界（在既定的象征的时空中，行为实现看起来的"不可能"，它改变其条件以至于它创造了其自身可能性的逆向条件）。因此，当我们因为从事不受欢迎之事而被对手责备时，当我们通过接受潜在的与对手共享的前提而不再为自己辩护时，某种壮举会出现；相反，我们完全接受批评，改变使其不能被接受的领域——当我们对责备回答道："对，那确实就是我正在做的事情"时，壮举也会出现。

最近，在电影中有一个小小的也许不是完全合适的例子，由凯文·克莱恩（Kevin Kline）主演的电影《内与外》（In and Out）中，他在婚礼仪式上脱口而出的"我是同性恋"而不是"是的，我愿意"：公然地承认他是同性恋的事实，因此不仅使得我们和观众都惊讶，而且甚至连他自己也很惊讶。[34]在一系列最近的（商业）影片中，我们发现同样让人震惊的激进姿态。在《生死时速》（Speed）中，当男主角（基努·里维斯）面对恐怖主义勒索者劫持同伴并用枪对准同伴时，他射击的对象不是勒索者，而是同伴的腿——这表面的疯狂行动当时吓坏了勒索者，放下人质逃跑了……在《赎金》（Ransom）中，当传媒大亨

（梅尔·吉布森饰）在电视上回应劫匪要求200万美金的赎金赎回他的儿子时，他说他将要给任何一个为他提供劫匪信息的人200万美金，并宣布如果劫匪们不立即释放他的孩子的话，他将要动用自己所有的资源对劫匪追踪到底。这番话震惊了所有的观众。这一激进的姿态不仅使劫匪震惊——当这一切刚刚结束，吉布森想到自己冒的风险，差点崩溃……最后，一个更加极端的情况：在《通常嫌疑犯》(*The Usual Suspects*)的一个倒叙情节中，神秘凯泽·苏泽（Keyser Soeze）（凯文·史派西饰）回到家发现自己的妻子与年幼的女儿被一伙敌对的暴徒持枪挟持时，他凭借枪杀他的妻子与女儿这一疯狂的姿态——这个行动使得他能够无情地追踪这伙暴徒，包括暴徒的家人、父母、朋友，并杀死了所有的人……

这三个姿态所具有的共同点是，在一种被迫做出选择的情境下，主体以某种方式做出了"疯狂的"不可能的选择，**打击他自己**、打击对他最珍贵的东西。此种行为，没有变成无效反抗，而是改变了情境坐标，使得主体发现自己：通过剪断自己与其所有被敌人控制并以此要挟主体的珍贵东西的联系，来获得自由行动的空间。难道这种激进的"打击自己"的姿态对主体性不具有建设意义吗？在1979年，当拉康解散弗洛伊德巴黎学校（Ecole Freudienne de Paris）时，那学校是上帝给他的礼物，是他自己的团体以及他集体生活的唯一空间，拉康自己不是也完成了一个类似"向自己射击"的行为吗？然而他非常清楚地意识到只有这样"自我摧毁"的行为才能为新的开端扫清道路。

在政治领域中，如今大多数的左派屈服于右派的政治勒索，而接受其基本的前提（"伴随着无节制消费，福利国家的时代已一去不复返了"，等等）——最终，这就是如今社会民主所欢迎的"第三种道路"的宗旨。在这种情况下，真正的行动将是反对右派有关"激进"措施的煽动（"你需要的是不可能性；这将导致灾难，引来更多的国家干预……"），不是通过防御自己而说"这不是我的意思"，"我们不再是守旧的社会主义者"，"我们的对策将不会增加国家财政预算，这些对策将会使国家支出更'有效'，并且促进投资的增长"，等等，而是响亮地说："是的，那正是我们所需要的！"[35]尽管克林顿总统任职可以概括为当今（前）左翼屈服于右派意识形态勒索的第三种方式，但是他的医疗保健改革方案可以被看成一种**壮举**，至少在如今的条件下，因为它建立在拒绝需要缩减大国支出与管理的霸权观念的基础之上——在某种程度上，它会"做不可能做的事"。毫无疑问，当时，它失败了：它的失败——可能是克林顿总统任职的唯一重要的，尽管是负面的大事件——见证了意识形态的"自由选择"观念的物质力量。也就是说：尽管绝大部分的所谓的普通人并不熟知改革方案，医疗说客（比无耻的国防说客强大两倍）成功地使得公众认可这种基本观点，即伴随着医疗保健的普及，（与医疗有关的）自由选择就会某种程度地受到威胁——反对这种纯粹的对"自由选择"的杜撰引用，列举任何"铁的事实"（在加拿大，医疗保健比较便宜，但更高效，并没有减少自由选择等）都被证明是无效的。

关于主体（行为人）的身份认同：在一种真正的壮举中，我并非简单地表达/实现我的内在本质——我宁愿重新定义我自己，定义我身份的核心。引用巴特勒经常重复的一个主体例子，一个具有强烈的同性恋的"激情依恋"的主体，然而他又不能公开地承认它，不能使它成为他象征身份的一部分[36]：在一次真正意义的性行为中，主体不得不改变了他有关他的同性恋的"激情依恋"的方式——不仅在"出柜"的意义上，而是在于他完全地把自己认同为同性恋的意义上。一次壮举不仅改变了界定我们身份的界限——这个界限把我们的身份分割成被公认的和不被承认的两个部分，并且更倾向于那个不被承认的部分。它不仅使我们把自己最内在的不被承认的"不可能"幻想地接受为"可能";它改变了我们自身存在本质的被否定的幻想基础的具体坐标。这种壮举并非仅仅重新绘制我们公众象征身份的轮廓,它还通过他/她的清晰的象征身份文本的缺失与扭曲,改变了维持这一身份的幽灵维度,那些不死的萦绕着活着的主体幽灵,是从"字里行间"传达出来的充满着创伤的幻想的秘密历史。

现在我也能够回应与拉康式行为概念相对立的主张:如果我们仅仅通过它的突然出现而震惊或改变行为人的话,同时它又通过逆向地改变(不)可能性的条件这一事实来定义某种行为的话,难道纳粹主义不是一种真正的壮举吗?难道希特勒没有过"做不可能之事"、改变了在自由民主环境里我们所"接受的"全部领域吗?难道受人尊敬的中产阶级、小产阶级,作为集中营的守卫,他们折磨犹太人,不也是实现了所谓的不可能,在其先前的"得体"的存在中承认他对酷刑折磨的"激情依恋"吗?正是在这里"穿越幻想"的概念——在不同的层次上——使得改变产生社会症兆的聚合体的概念变得至关重要。一个真正的壮举扰乱其潜在的幻想,并从"社会的症状"的角度来攻击它(回想一下,拉康把症状概念的发明归之于马克思!)。所谓的纳粹革命,与其根本社会对抗性(从内部解体社会大厦的"阶级斗争")的否定/取代——与其将社会反抗事业投射/外化为犹太人的形象,同时随之而来地重新肯定把社会作为一个有机整体的社团主义的概念——明显地避开了与社会对抗的面对面:在许多事情确实发生变化的过程中"纳粹革命"是一种伪变化、一种狂热行动的典型案例——"某些事情一直在进行"——所以,确切地说,某种真正重要的事情将不会变化;因此事物会基本"保持不变"。

简而言之,真正的壮举,并非简单地外在于被它打扰的霸权象征领域:一种壮举称之为壮举,只有作为一种干预介入某种象征领域中来才行。也就是说：一个象征领域总是而且在本质上被定义为"非中心化的"（decentered），围绕着一个虚无/不可能性而构造的（例如，某个个体的生活叙事就是尝试表达某种创伤的、最终失败的拼凑；社会大厦是一种为了置换/混淆其基本反抗而进行的最终失败的尝试）中心建构起来的领域；而且一个壮举干扰象征领域，它所干预的这个秩序不是不知道从哪里来，恰恰是来自这种本质固有的不可能性的立场、绊脚石的立场，这就是其潜在的、否定性的结构原则。与这种干预基本虚无、失败点的真正壮举形成对比的是——阿兰·巴迪欧（Alain Badiou）所谓的某种既定聚合体的"征兆扭转"的东西[37]——虚假壮举通过提及某一既定聚合体的大量的丰富的立场来证明其合理性（在政治领域：种族、真正的宗教、民族……）：它的目的是消除干扰彼聚合体平衡的"征兆扭转"的最后残余。

此种必须在"征兆扭转"的结构上进行干预的壮举观念（也是证明我们的立场没有涉及"经济本质主义"的证据），它的一个明显的政治后果是，在每一个具体的聚合体中，都存在一个决定一个人真正立场的敏感的争论节点。例如，在塞尔维亚发生的所谓反米洛舍维奇政权的"民主的反对派"的斗争中，真正的敏感话题是对待科索沃大量阿尔巴尼亚人的立场问题："民主反对派"的大多数人无条件地赞同米洛舍维奇的反-阿尔巴尼亚民族主义的议程，甚至谴责他与西方妥协并"背叛"塞尔维亚在科索沃的民族利益。在1996年冬天，在学生示威游行反对米洛舍维奇社会主义党伪造竞选结果的过程中，西方媒体紧紧追踪事态发展，并赞扬塞尔维亚复苏的民主精神，很少提及这个事实，即示威者反对特警常用之口号竟然是"去科什沃，把阿尔巴尼亚人踢走，而不是踢我们"。因此，我的观点是，在理论上也是在政治上，这样主张是不对的：在如今的塞尔维亚，"反-阿尔巴尼亚民主主义"只是"流动的能指"中的一个，这些能指可以被米洛舍维奇政权集团挪用也可以被反对派挪用：人们一旦认可了它，无论人们如何承认它是"等值的民主链条上的一个"，人们已经接纳了米洛舍维奇所定义的领域，人们——可以说是——已经在"玩他的游戏"了。因此，在如今的塞尔维亚，一个真正的政治壮举的绝对必要条件将是绝对地拒绝阿尔巴尼亚人在科索沃的威胁这样一种意识形态、政治的传统主题。精神分析意识到一整套的"伪壮举"：精神病的－偏执狂的暴力的行为、歇斯底里的宣泄、强迫的自我抑制、堕落的自我工具化——所有这些行为根据某些外在标准并不完全错误，它们属于内在的错误，因为它们只有对某些否定的它们取代、镇压的创伤作出反应时才能被适当地被理解。这里我们想要表明的是，纳粹反犹暴力同样可以说是"错误的"：这一大规模疯狂行为的所有令人震惊的影响在本质上都是"误导的"，它其实是一种巨大行径，暴露其没有能力面对创伤（社会反抗主义）的真正本质。因此我们所声称的是，反犹暴力，举例来说，不仅仅是"事实上的错误"（犹太人"不是真的像那样"剥削我们并组织了一个普遍的阴谋），而且/或者是"道德上的错误"（按照礼仪的基本标准是不能接受的等），更是"不真实的"，是在认识论与伦理意义上的不真实性，就像一个强迫症患者，他通过进行不由自主的防卫仪式来对他否认的性依恋做出反应，他的行为方式就是不真实的。拉康主张，即使患者的妻子确实与周围其他男性同居，患者的嫉妒仍然被作为一种病理学状况；一种类似的方式，即使富有的犹太人"真正地"剥削德国工人，引诱他们的女儿，控制大众媒体，等等，**反－犹主义仍然是一种断然地"不正当的"病理学上的意识形态状况**——为什么？使其成为病态东西是对犹太人的**被否定主体性的利比多投资**——社会反抗主义的方式通过"投射"到犹太人身上而被置换/消除了。[38]

因此——回到对拉康式壮举概念的显然的反对观点上来：这

一第二种特征（姿态被称为壮举，它必须"穿越"幻象）并非单纯地是补充第一特征（"做不可能之事"，反向地改写其自身条件）的附加标准：如果第二个标准不能实现的话，第一个也不会实现——也就是说，我们并非真正地"做不可能之事"，并没有穿越幻象抵达真实。

* * *

当今的哲学—政治景象的问题最终被列宁的老问题"应该怎么办"充分地表达出来了——我们如何在政治领域重申壮举的恰当维度呢？如今，抵抗壮举的主要形式是一种不成文的禁止思想，类似于20世纪60年代后期德国实行的臭名昭著的职业禁令（禁止在任何国有行政部门供职）——任何人一旦表露出想要从事改变现存体制的政治计划的一丝迹象，马上就会有这样的回答："虽然它是慈善的，这必将终结于新的古拉格（集中营）！"如今"回归伦理"的政治哲学无耻地利用古拉格的恐怖或者大屠杀作为最终的怪物，来要挟我们放弃所有严肃认真的激进念头。通过这种方式，从众的自由派无赖在他们对现存体制的防御中得到伪善的满足感：他们知道存在腐败、剥削等，但是任何改变现状的尝试都被谴责为在伦理上是危险的、是不能接受的，让人回忆起古拉格或者大屠杀的幽灵……

这种对壮举的抵抗似乎与大规模的反对哲学立场所共享。德里达、哈贝马斯、罗蒂与丹尼特这四位差异很大的哲学家，很有可能在实际的政治决策中接受同一种左翼党的自由民主立场；至于从他们思想中总结到的政治结论，他们间立场的不同可以忽略不计。另外，我们的瞬时直觉已经告诉我们，像海德格尔或者巴迪欧这样的哲学家，显然会采取另一种不同的立场。罗蒂通过他富有洞察力的观察总结道：哲学的差异并不涉及产生或者依赖政治差异——政治上，他们真的不重要。然而，如果哲学差异确实在政治上真的重要，而且作为结果，如果哲学家之间的政治一致性表明他们相关的哲学立场至关重要的话,那该怎么办?尽管解构主义者、实用主义者、哈贝马斯主义者以及认知主义者之间存在着的激烈的社会辩论,但是如果他们仍然共享一系列哲学前提的话——如果他们之间存在一种未公开承认的近似性,那该怎么办?并且,如果当今的任务恰恰是打破这一共享前提的领域,那又该怎么办?

注　释

[1] 更准确地说,这一思想已经在她的第一部著作 Subjects of Desire (New York: Columbia University Press, 1987) 有所展示。与精神分析学(欲望的管理逆转为管理的欲望等)的自反性相联系,也与德国理想主义尤其是黑格尔理论中的自反性相联系。

[2] 一开始,有人会质疑(或者解构)如今那些被解构主义者所接受的偏爱作为其清晰无误的背景:偏爱差异而非千篇一律、偏爱变化而非秩序、偏爱开放而非封闭、偏爱活力动力而非严密的计划、偏爱有限而非无限……对我而言,偏好绝非不辩自明。

[3] 参见 Slavoj Žižek, The Ticklish Subject: The Absent Centre of Political Ontology (London and New York: Verso, 1999), 特别是 chapters 4 and 5。

[4] 这里值得提到的是,首先清晰表达这一问题并奠定霸权概念的基础的人是 Jacques-Alain Miller, 在他的文章 "Suture" 中,参加 Jacques Lacan 于 1965 年 2 月 24 日主持的研讨班,最早见于 Cahiers pour l'analyse 1 (1966): 37-49。

[5] Ernesto Laclau, "The Politics of Rhetoric", intervention at the conference "Culture and Materiality" (Davis: University of California April 23-25, 1998), published in Material Events: Paul De Man and the Afterlife of Theory, ed. Tom Cohen, Barbara Cohen, J. Hillis Miller, and Andrzej Warminski (Minneapolis: University of Minnesota Press, 2000).

[6] 这一变化类似于自反性现代社会出现时所具有的一系列变化特

征：我们不再直接地出身于我们的生活方式；而是我们有一个"职业"，扮演某种"社会角色"（所有这些术语表明一种不可复归的偶然性，抽象人类主体与其具体生活方式之间的缺口）；在艺术上，我们不再直接地承认某种艺术规则为"自然的规则"，我们开始意识到大量受历史制约的"艺术风格"供我们自由选择。

[7] 伴随着全球自由民主秩序的建立，让我们思考一下 Francis Fukuyama 的快被遗忘了的有关历史终结的论点。明显的选择似乎是：一个人或者接受所谓的黑格尔式的历史终结的主张，以及最终的社会生活理性形式，或者强调斗争与历史偶然性在继续，我们远没有抵达历史的终点……我的观点是这两者的选择都不是真正黑格尔式的选择。一个人理应拒绝历史终结这一幼稚的观念，就已经取得的和解与斗争的大体胜利而言；然而，伴随着如今的全球资本主义自由民主秩序的建立，伴随着"全球反身性"的社会制度，我们已经取得了有史以来的质的突破；历史在某种程度上，确实达到了终点；在某种程度上，我们确实生活在一个后历史的社会中。这种全球化的历史主义以及偶然性是这一"历史终结"的限定指数。因此，在某种程度上，我们真应该这样描述今天：尽管历史并没有到达其终点，"历史性"这一具体概念已经发挥与以往完全不同的作用了。

[8] 反面的情况对马克思主义政治历史而言甚至更加重要、重大：不是当无产阶级接管由"先前的"资产阶级所剩下的未完成的（民主）工作，而是当无产阶级自身的革命工作由某些"先前的阶级"，例如作为无产阶级对立面的农民来接管，农民作为卓越的"重大的"阶级，如在中国、柬埔寨发生的革命。

[9] 难道不是从那个时候起，当今政治右派与左派主要形式的对立，我们所真正拥有的正是 Macro Revelli 所谓的"两个右派"：其对立是"民粹"右派（自称为右派）与"技术专家治国论的"右派（自称为"新左派"）之间的对立吗？讽刺的是，因为其民粹主义，右派已经接近表达真正的传统工人阶级的意识形态立场了。

[10] Wendy Brown, *States of Injury*, Princeton, NJ: Princeton University Press, 1995, 60.

[11] Ibid., 61.

[12] Karl Marx, *Grundrisse*, Harmondsworth: Penguin, 1972, 99.

[13] 从更广义来说,远远超出本篇文章的范围,我们应该在今天确立(物质)生产的主体地位,作为反对参与象征性的交换(这是 Fredric Jameson 所坚持并反复强调的观点)。对于观点如此不同的两位哲学家海德格尔与巴迪欧而言,物质生产不是"真正的"真实事件的现场(类似的有政治、哲学、艺术等);解构主义者通常在一开始认为生产也是离散的社会体制的一部分,并非远离象征文化的领域,接下来继续忽视它并专注于文化……难道不是此种在生产自身的内部所反映出来的对生产的压抑,假借在虚拟/象征场的"创新的"设计规划与其剥削,同其物质实现之间的区分,从印度尼西亚或者巴西到中国的第三世界的劳力剥削工厂里越来越多地执行着吗？此种划分——一方面,单纯的"无摩擦的"计划,在研究"校园"里或者"抽象的"玻璃顶的高楼大厦公司里执行着;另外,"隐形的"肮脏的剥削,假借"环境代价"被越来越多的规划者所考虑到——如今变得越来越激烈——这两方通常在地理上相聚千里之外。

[14] 关于伪生产的表象,参见 Susan Willis, *A Primer for Daily Life* (New York: Routledge, 1991), 17 - 18。

[15] 我是不是接近 Richard Rorty 最近的对"激进"文化研究精英主义(参见 Richard Rorty, *Achieving Our Country*, Cambridge, MA: Harvard University Press, 1998)的攻击呢？然而区别是, Rorty 似乎提倡左派对政治进程的参与,就像在美国发生的一样,以 20 世纪 50 年代与 60 年代早期的复苏进步的民主日程的模式(参与竞选、对国会施加压力等),并非"做不可能的事",即旨在转变基本协调的社会生活。同样地, Rorty 的(政治的而非哲学的)"约定的实用主义"基本上是"激进"的文化研究立场的互补的反面,这一激进文化研究立场痛恨实际地参与政治进程来作为一种不能承认的妥协:这是同一个僵局的两面。

[16] Brown, *States of Inquiry*, 14.

[17] Ibid., 60. 在更广义上说,政治的"极端主义"或者"过度激进主义"应该一直被理解为一种政治意识形态移位的现象:作为其对立面的索引、一种局限性的索引、一种拒绝的索引,实际上"走向终极"。什么使得雅各宾党人求助于激进的"恐怖",如果不是一种歇斯底里的付诸

行动的话，来为他们无力搅乱基本经济秩序而作证（私有制等）？对所谓的过度政治正确来说又何尝不是一样呢？他们也没有露出放弃搅乱实际（经济等）原因的种族主义与性别主义的迹象吗？

[18] 此种阶级悬置的例子是巴迪欧（参见 Alain Badiou, *L'abrégé du métapolitique*, Paris：Editions du Seuill, 1998, 136-137）所观察到的事实，在如今的批评与政治话语中，"工人"这一术语已经从词汇表中消失了，由"外来移民（移民工人：法国的阿尔及利亚人，德国的土耳其人，美国的墨西哥人）"所取代或者所消除。通过这种方式，工人剥削的阶级问题转化成了种族主义、褊狭的多元文化主义的问题了。——多元文化主义自由主义者们过度地保护移民的种族权利，其力量来自"被压迫的"阶级维度。

[19] Jacob Torfing, *New Theories of Discourse* (Oxford：Blackwell, 1999), 36.

[20] Ibid., 38.

[21] Ibid., 304.

[22] Brown, *States of Inquiry*, 14.

[23] 换句话说，"具体的普遍性"意味着每一个定义基本上都是间接的，在提供定义的各种要素中被迫接受/重复要被定义的术语。在这个精确的意义上，所有伟大的进步的唯物主义定义都是间接的，从拉康的能指的定义（"能指是代表主体或者所有其他能指的链条"）到（暗示的）关于人的革命性定义（"人是指被压榨的、被践踏的、被无情剥削的并以此来产生新的人"）。在这两个情况中，我们具有"普通"元素（"普通的"能指、"普通的"人作为"物质的"历史）与例外的"空"元素（"一元的"主要能指，社会主义"新人"，这首先也是通过革命风暴需要以积极的内容所填充的空位）之间的张力。在一场真正的革命中，不存在这种新人的先天的积极的决断——也就是说，一场革命并不是由人的本质的积极概念赋予其合法性的，也不是在现有条件下被"异化的"、通过革命进程来实现的：一场革命的唯一合法性来自否定的力量，与过去决裂的决心。因此，在这两个情况中，主体是在这两个水平之间的"正在消失的调停者"，也就是说，此种扭曲的/弯曲的赘述的结构正是主体的结构，此种结构中包含

着此物种的亚种作为其物质存在的元素。(对于"人"的情况来说,革命主体——政党——是"正常的"腐败的人与出现的新人之间的"正在消失的调停者":它以新人象征一系列的"普通人"。)

[24] 同样地,具体普遍性与复制的象征性概念密切相关,在"真正的"特征与其象征的描述之间存在最细微的差距。让我们以富人与穷人的对比为例:当我们解决复制的问题时,人的种类可以分为两个亚种,即富人与穷人,也就是有钱人与没钱人,这样说已经不再全面了——要知道还存在着"没有钱的富人"与"有钱的穷人",也就是说,在他们的象征性的地位上,那些被认为是富人的人,却破产了,不名一文;以及那些以他们象征性的地位来说被认为是"穷人"的人,却突然暴富。因此"富人"的种类可以细分为有钱的富人与没钱的富人,即"富人的"概念在某种程度上包括自己作为其自己的物种。以此类推,在父权制象征体系的世界中,"女人"不再单纯地是人类的两个亚种之一了,而是"没有阴茎的男人",这难道不是真的吗?更确切地说,我们应该介绍一下阳物图腾与阴茎之间的区别,因为阳物图腾作为能指正是阴茎的象征性的替代,以至于在某种程度上(这是拉康的象征性阉割的概念),阴茎的存在表明阳物崇拜的缺席——男人拥有它(阴茎),却不是它(阳物崇拜),而没有它(阴茎)的女人,是它(阳物崇拜的)。所以,在阉割的男性版本中,主体损失了,被剥夺了他所从来没有拥有过的东西(与爱的概念完全对立,根据拉康的定义,爱是指付出一个人所不具有的东西)。可能这也为我们指出了某种方式——多种方式之一——来履行弗洛伊德的阳具妒羡的概念,如果这种不幸的"阴茎嫉妒"被视为男性种类的话,如果它指定的事实是一个男人所实际拥有的阴茎从来都不是阳物崇拜的话,提到它总会感觉匮乏(此种缺口也可以表明在典型的男性幻想概念中,至少存在一种他者的男性,他们的阴茎"确实是阳物崇拜的",确实具有完整的效力)的话,那将会怎么样呢?

[25] 摘自 Glyn Daly 的论文 "Ideology and Its Paradoxes"(即将在 *The Journal of Political Ideologies* 中发表)。

[26] 我在 *The Plague of Fantasies* (London and New York: Verso, 1997) 的第一章中详述了此种"淫秽的补充的力量"的逻辑。

第十一章　后现代主义抑或阶级斗争？是的，请回答　　245

［27］摘自 Peter Pfaller, "Der Ernst der Arbeit ist vom Spiel gelernt", in *Work and Culture* (Klagenfurt: Ritter Verlag, 1998), 29-36。

［28］Christa Wolf, *The Quest for Christa T.* (New York: Farrar, Straus & Giroux, 1970), 55.

［29］以一种严格对称的方式，苏联文学评论正确地指出 John le Carré 的伟大间谍小说——描写冷战斗争中的道德歧义，伴有西方特工如 Smiley，充满怀疑与疑惑，经常惊骇于他们不得不去执行的效果——是公认的比通俗的反共产主义间谍恐怖片詹姆斯·邦德系列更加有力的西方反共产主义民主的文学作品。

［30］这也是为何目前为止《性别的烦恼》仍是巴特勒"最伟大的作品"、《霸权与社会主义策略》（与 Chantal Mouffe 合著）仍是拉克劳的"最伟大的作品"的原因：在他们及时的富有洞察力的理论场景介入之外，这两部著作均以特定的政治实践作为其合法性与灵感来源而闻名——《性别的烦恼》以酷儿政治的反认同转向取代执政代码的表述性实践（异装癖等）为特征；《霸权与社会主义策略》以一系列特定的进步斗争（如女性主义、反种族主义、生态主义等）的束缚来反对标准左派对经济斗争的控制为特征。Judith Butler, *Gender Trouble: Feminism and the Subversion of Identity* (New York: Routledge, 1990); Ernesto Laclau and Chantal Mouffe, *Hegemony and Socialist Strategy: Towards a Radical Democratic Politics* (London and New York: Verso, 1985).

［31］以同样的思路，难道不是完满社会的无法实现与实用主义地解决部分问题之间的对立——而胜过非历史的先天条件——才是宏观历史意识形态叙事的所谓的失败的历史时刻的确切表达吗？

［32］正如读者所注意到的，我在本文的控制策略是以一个伙伴的观点反对另一个伙伴——如果不这样操作的话，那么朋友的目的是什么？我（含蓄地）依赖巴特勒来为黑格尔反对拉克劳辩护［让我们不要忘记巴特勒甚至证明黑格尔的绝对知识，根本上反黑格尔主义的令人讨厌的事物是正确的，参见 "Commentary on Joseph Flay's 'Hegel, Derrida, and Battaille's Laughter'", in William Desmond (ed.), *Hegel and His Critics* (Albany, NY: SUNY Press 1989), 174-178］以及以拉克劳的反抗概念来为拉康的现实界

反对巴特勒的批评来辩护。

［33］对拉康学说的行家来说，非常清楚我在此指的是他的"性的公式"（formulas of sexuation）：作为外部的现实界是建立象征的普遍性的例外，然而根据拉康严格意义上的现世界——是象征界的本质所固有的——是难以捉摸的、完全非实质性的失败点，使得象征界永远"不得圆满"。关于这些"性的公式"，参见 Jacques Lacan, *Le Séminaire, livre XX: Encore* (Paris: Éditions du Seuil, 1975), chapters VI, VII。

［34］然而，这部影片变成社会媚俗之作，是通过荧幕上小镇社区居民的随意聊天，惊恐地获知他们孩子的老师是一位同性恋，孩子们宽容他团结他，并且讽刺地模仿朗西埃式的隐喻性的普遍化方式，声称："我们都是同性恋！"

［35］当对现状持批判态度的愤世嫉俗者控告所谓的"革命分子"相信"万事皆有可能"，相信一个人可以"改变一切"，他们真正的意思是，没有什么事情是可能的，我们根本不可能改变任何事情，因为我们基本上被宣告世界是它本来的方式。

［36］许多人感觉到，如果他们参与到同性恋的关系中来，他们在这个世界上的自我意识，以及不管他们拥有什么样的想象的中心，都将会彻底地消失掉。他们宁可死掉也不愿意卷入同性恋的关系中来。对这些人来说，同性恋代表着预期的主体心理解体（Judith Butler's interview with Peter Osborne, in *A Critical Sense*, ed. Peter Osborne, London: Routledge, 1966, 120）。

［37］参见 Alain Badiou, *L'être et l'événement* (Paris: Editions du Seuil, 1988), 25。

［38］难道这不是完全地类似于虚妄记忆综合征（False Memory Syndrome）吗？问题不仅仅是"记忆"通过治疗师的全力暗示所揭露的通常是虚假的或者妄想的事实——关键点更在于，即使他们事实上是真实的（即使一个孩子确实被他的父亲或者母亲或者近亲所调戏），他们也是"虚假的"，因为他们允许主体擅用在外部伤害环境下一个被动受害者的中立立场，消除了关于他或者她自己的力比多在他或者她身上发生了什么的关键问题。

第十二章

现在时态的共产化共产主义理论[*]

特奥里·康姆尼斯特

在革命斗争的过程中,废除国家、废除交换、废除劳动分工,以及废除所有形式的财产所有权,将人类的活动联合起来,实现每一样东西都可以被自由地使用——简而言之,废除阶级乃是废除资本的"措施",这是与资产阶级斗争的必然性所驱使的。革命是共产化;它并不是以共产主义作为规划与结果,而是以其作为内容。

共产化与共产主义乃是未来之事,但是我们必须在当下来谈论它们。这是斗争的内容,伴随而来的是斗争的导火线——在这一斗争的周期中——每一次参与斗争的阶级实际上表现为一种外部的局限,是要克服的某种限度。因此无产阶级的斗争标志着并产生了废弃自身的革命,即公有化。

---

[*] 选自 *Communization and Its Discontents*, ed. Benjamin Noys, New York: Minor Compositions, 2011: 41-60。

危机、改组、斗争的周期：
论具有阶级局限性的无产阶级斗争

资本主义生产过程的主要结果一直都是劳动与其条件之间资本主义关系的更新；换言之，它是一个自我假定的过程。

直到20世纪60年代后期的危机，在工人的失败与接下来的改组运动中，确实存在着资本的自我预设。但是无产阶级与资本之间的冲突表现在工人阶级身份认同这一层面上，斗争的周期性通过在这一自我假定体系内的生产与确认，通过作为两大领导权之间的竞争、通过管理与控制再生产的两大敌对模式的竞争而表现出来。这一身份认同是工人运动的宗旨所在。

这一工人阶级的身份认同，无论现存的社会与政治形式如何（从共产党到自治权；从社会主义国家到工人委员会），完全停留在现阶段现实小前提下的资本劳动的矛盾上：即一方面，日渐集体化与社会化方式下的被资本雇佣的劳动力的创造与发展同另一方面，在直接生产过程与再生产过程中的劳动力资本拨用形式之间的矛盾。这是一个具有冲突性的形势，是一个以工人身份认同为标志的斗争过程——发现显示其特征与其直接识别方式的身份，发生在"大工厂里"，在职业与失业、工作与培训的划分中，在劳动过程与工人集体主义的服从中，在国家范围内的工资、增长与生产力的联系上，以及在所涉及的所有制度体系中，可以说是发生在从工厂到国家的所有领域中，例如在国家领域内的积累界限的划分上。

在20世纪60年代后期与20世纪70年代，在为工人身份而斗争的整个过程中，改组是一场失败；改组的内容是摧毁所有妨碍资本自我—假定流动性的东西。这些阻碍包括，一方面，所有那些反对劳动力价值下降的分离、保护与标准，以至于他们阻止工人阶级作为一个整体面对其存在的持续性、其再生产与壮大。另一方面,在流通、周转与积累中存在的所有约束,这些约束阻碍了剩余产品向剩余价值与追加资本的转化。任何剩余产品必须能够在任何地方发现其市场,任何剩余价值必须能够在任何地方发现其转变为追加资本的可能性,例如,能够转化成生产方式与劳动力,在国际循环中不需要预先决定这一转化的任何形式化的东西(集团划分、东西方划分,或者中心与边缘的划分)。金融资本是这场改组的建筑师。伴随着20世纪80年代完成的改组与重建,剩余价值的生产与这一生产条件的再生产相一致。

当今斗争的过程基本上由各自再生产层面上所发生的阶级矛盾来定义,这意味着在其与资本的矛盾中无产阶级面临并解决自身阶级的生存与建设的问题。随之而来的是在资本再生产过程中的工人身份的消失——例如工人运动的结束与相伴而来的自我组织的破产以及作为革命远景的自治。正因为革命的远景是不再主张阶级的问题,那么它也不再是自我组织的问题。消除资本的同时也是否定了作为工人阶级的自己并不再如此自我组织:它是一场废除企业、废除工厂、废除生产与废除交换(不管其形式如何)的运动。

对无产阶级而言,作为一个阶级的行为,一方面,目前除了资本与其再生产分类外再无其他领域;另一方面,同样的原因,它将与其作为一个阶级的再生产相矛盾、相质疑。这一冲突,这一无产阶级行动的裂缝,是阶级斗争的内容,也是其危机所在。目前这些斗争的危险是,对无产阶级而言,作为阶级的行为正是它作为一个阶级的行为局限——这是目前阶级斗争的客观现状——这一局限是在斗争中形成的并且成为其具有外部局限性的阶级特征。这决定着与资本冲突的层面,并引起他们自己斗争的内部冲突。这一转化决定着目前阶级之间的矛盾,但是无论哪种情况,它是某一斗争在既定时刻既定条件下的特定实践。

这一斗争的周期是重组工人阶级的行为。它存在于如下领域：在积累的核心领域，伟大工人堡垒与雇员无产阶级化的消失中；在就业的第三产业化中（维护专家、设备操作人员、卡车司机、船运商、装卸工等——此类就业目前依靠大量工人）；在小型公司或者工地的运行中；在关于劳动与低价值附加工序的外包服务工人阶级（包括年轻的工人，通常是没有职业规划的临时工人）的重新划分中；在精益生产的推广中；在年轻工人的出现中，他们的教育已经打破了阶级内代际相传的持续性，而且他们势不可挡地拒绝工厂工作与通常的工人阶级条件，以及在境外生产中。

在印度与中国，工人的大量集中形成了全球劳动力分割的一部分。根据他们的全球定义，他们不能被看作一种在"西方"已经消失了的复兴，也不是在国家语境下的他们自己的铭文。它是一种生存与再生产的社会体系，定义着工人阶级的身份并在工人运动中被表达出来，而不仅仅是生存的定量的物质特征。[1]

从日常斗争到革命运动，只有决裂才是出路。但是在每一次阶级属性出现时的阶级斗争的日常过程中，在这些斗争内部，此种决裂被表现为一种在资本中、在无产阶级作为一个阶级的行为过程中所体现的外部限制。目前，革命被放置在某种矛盾的取代基础之上，矛盾对于阶级斗争来说是具有建设意义的：对于无产阶级而言，阶级存在是其阶级斗争必须超越的一种障碍。伴随着作为外部限制的阶级属性的产生，有可能把阶级斗争的引爆点理解为——它的废弃——在目前斗争的基础之上的一种生产废弃。在其反对资本的斗争中，阶级回过头来反对自身，例如他对待自己的存在，定义自己的每一样东西都是与资本有关（而且除了这一关系外它什么也不是），这是其行为的局限。无产阶级并不是解放他们在资本中被否定的"真正个性"：革命实践恰恰是环境变化与人类活动或者自我-转化的变化之间的巧合。

这就是为何我们可以现在谈论共产主义的原因所在,并且现在谈论它是一种现实的存在的运动。革命是废除所有阶级在目前是一个事实,迄今为止,无产阶级的阶级行为已经成为它自己的一个限制。这种废除并不是其所设定的目标,也不是作为一种要实现的标准而进行的某种革命的定义,而是阶级斗争是其自身的当下的内容所在。产生作为外部限制的阶级属性,对无产阶级来说,是进入与先前境况的矛盾中;这不是"解放",也不是"自治"。这是在对当代斗争的理论理解与实践所迈出的"最艰难的一步"。

无产阶级因此并不是一种"纯粹的否定"的存在。如果说无产阶级作为阶级仅仅存在于与资本的斗争中,资本产生了它的全部存在,包括它的组织、它的现实与它的建设,这些都是在资本中存在并反对资本,这也意味着它是剩余价值产生劳动的阶级。在当前斗争的周期里消失的是,紧跟着20世纪70年代与80年代的重建,并不是阶级生存的客观性问题,而是无产阶级身份在资本再生产中的确认问题。

无产阶级只有通过承认自己是一个阶级才具有革命性;它在每一次冲突中承认自己是一个阶级,而且它在其作为阶级的存在不得不面对资本的再生产的情境下不得不愈发这样做。关于这种"承认"的内容,我们必须不能误解。对无产阶级而言承认自己是一个阶级将不是其"回归自己",而更是一种完全的外化(一种自我外化),**因为它承认自己是属于资本主义生产方式**。我们作为阶级是什么?除了与资本的关系外,再无其他。对无产阶级而言,此种"承认"将在事实上存在于一种实际的认知能力,存在于冲突中,并不是在自身中寻找自己,而是在资本中承认自己——例如它的去对象化。阶级的统一不再以薪酬-需求为基础的斗争来组织自己,来作为其革命行为的序曲。无产阶级的统一只能是在废除分离它的所有东西中废除自己的行为。

从直接需求的斗争到革命，那只有决裂，一种质的飞越。但是这种决裂并非一种奇迹，它不是一种供替代的选择；亦不是一种简单的实现，就无产阶级而言在其他所有事情的失败面前，除了革命以外再无其他事情可做。"革命是唯一的解决方案"就像谈论以革命的动态需求为基础的斗争一样不恰当。此种决裂是由领先于它的斗争周期的演变所积极地产生的；它在阶级斗争内部的裂缝的剧增中被传递出来。

作为理论家，我们在瞭望台上观察并促进这些无产阶级斗争内部的决裂，借此它对自身产生怀疑；在实践中，当我们直接被卷入其中时，我们是他们的演员。我们存在于这个决裂中，存在于无产阶级作为一个阶级的行为内部的裂缝中。除了废除资本中取代其阶级存在的能力外，无产阶级就其自身作为资本主义生产方式的阶级而言再无其他远景。在与资本的矛盾同与作为阶级的自身处境与定义的矛盾之间，存着这一个绝对的身份认同问题。

正是通过阶级行为内部的这一裂缝本身，共产化才成为当下的一个问题。在阶级斗争内部的裂缝中无产阶级除了资本外再无其他视域，导致无产阶级同时进入与自身阶级行为的矛盾中，因此阶级斗争内部的裂缝是这一斗争周期的动力所在。目前无产阶级斗争具有可辨识的要素或者行为，这些要素与行为标志着在其自身的进程中废弃自身。

斗争产生理论[2]

这种周期性斗争理论，如上所述，并不是一个抽象化的能够通过例子来证明其与现实相符的形式。它所具体证明的正是它的现实存在，而不是它的智慧真实。这是斗争的特殊时刻，这些斗争本身已经是理论上的（在他们盛产理论的意义上来说），因为它们与自身具有面对面的批判关系。

第十二章 现在时态的共产化共产主义理论 253

通常来说，这些不是地震性的宣言或者"激进的"行动，而更是无产阶级逃离或者拒绝自身条件的所有实践。在最近的失业人员罢工中，工人不再要求保持他们的工作，而是越来越为争取失业期间实际工资待遇而战。**反对资本，劳动力会没有未来**。这已经在法国 Cellatex 公司的所谓的"自杀式"斗争中清晰可见，在那里工人威胁着要把硫酸倾泻到河里并把工厂炸掉，这一威胁最终并没有被实施，但是在其他公司倒闭的冲突中被大范围地效仿，如果无产阶级被从资本中分离出来，无产阶级将什么也不是，**根据它自身的本质**，除了废除它所赖以生存的东西外，它在自身内没有未来。它是劳动的去－本质主义，这正是无产阶级的具体行为：在其没有直接前景的斗争中（例如它的自杀式斗争），同需要这种去－本质主义一样，在法国1998年冬天失业与朝不保夕人员的斗争中，两者均是悲剧性的。

失业不再清晰地与就业相分离。劳动力的划分、机动性、服务外包、流动性、临时工作、培训、短期实习，以及非正式工作已经模糊了所有的区分。

在1998年的法国运动中，更概括地说在这一斗争周期的失业斗争中，正是失业的定义被认为是薪酬就业重制的起点。需要资本以劳动时间来衡量一切事物，需要资本来假定劳动剥削事关身家性命，这种对资本的需要同时也是活劳动对资本集中其内的各种社会力量的去－本质主义。这种资本主义积累所固有的矛盾，也是资本运行中的矛盾，表现了独特的阶级面对资本的定义形式；工人阶级的失业要求自身的身份地位从而成为此种定义的起点。在失业人员与不稳定人员的斗争中，无产阶级对抗资本的斗争使得这一矛盾成为它自身的矛盾，并拥护这一矛盾。当那些被解雇的工人不要求工作而要求失业补偿金时，会发生同样的事情。

在同一时期，法国万能企业被解雇的员工放火焚烧厂房，因此在这一动态的斗争周期中留下了他们的名字，使得无产阶级作为阶级存在的局限性体现在自身的阶级行动中。同样，在2006年，在孟加拉国位于达卡市北部50公里的萨瓦市，在工人们三个月没有发放工资之后，两处工厂被焚烧，其他百余处工厂被洗劫。在阿尔及利亚，小小的涨工资诉求演变成了暴动，斗争的表现形式在新形式产生前就被解散了，而且正是无产阶级的全部生活条件与再生产情况，变得超出无产阶级直接罢工的要求。在中国与印度，由于增加不同种类的以需求为基础的行动会影响生活方方面面以及工人阶级的再生产，因此不存在大规模工人运动的形成前景。这些以需求为基础的行动通常会辩证地激发劳动条件的破坏，如他们自己存在的溪谷。

在阿根廷的实例中，人们自我组织了被马可尼解雇的人员、革命工人、贫民窟居民等，但是在自我组织中他们立即遭遇到了何为他们的障碍，在斗争中，哪些是必须要推翻的，哪些是可以看成这些自我组织运动的实际程序。无产阶级不能在自身发现并创造其他个体间关系的能力，不能在社会中推翻、否定何为它自己，如不能进入与自治、与其动力的矛盾。自我组织可能是革命的第一个行为，但是接下来的所有行为都是反对它的（例如，反对自我组织）。在阿根廷，无产阶级成为社会阶级的决心（如财产、交换、劳动力分配、男性女性之间关系……）被进行着的生产活动方式有效地破坏了，例如，在他们实践的实际模态中。正因为如此，作为共产化的革命变得尤为可靠。

在2005年11月的法国郊区，暴动者并没有要求什么，他们攻击他们自身的条件，他们把产生并定义他们的一切变成他们攻击的目标。暴动者显露出袭击无产阶级的处境：世界范围内的劳动力的不稳定性。他们这样做时，在这样的需求被表达出来的那一刻，任何想要成为一名"普通无产者"的欲望被表达的时刻，他们立即被淘汰了。

三个月后，2006年的春天，仍然在法国，作为一场以需求为基础的运动，反抗首次雇佣合同（CPF）的学生运动只能解释为一场岌岌可危的总体运动；但是这样做它或者否定了自身特征，或者它不可避免地或多或少地暴力反抗所有在2005年11月暴动中表明想要成为"普通无产者"的需求被废弃的那些人。通过扩张来实现需求实际上是对其的破坏。在基于让所有人谋一份稳定工作的11月暴动者的联合中到底有什么可靠性？一方面，此种联合被题写在本次运动的基因密码中；另一方面，此种联合的必然性会引起一种内部的爱—恨动力，就像运动内部的目标一样。**反抗首次雇佣合同的斗争是一场需求的运动，它的满意本应不会被它作为需求的运动本身所接受。**

在希腊的暴乱中，无产阶级并没有提出任何要求，而且并不认为自己反对作为任何替换选择基础的资本。但是如果这些暴乱是阶级运动的话，他们并不构成阶级基质中的斗争，即生产中的斗争。正是通过这种方式这些暴乱能够成功地产生并把阶级属性作为一种局限，但是他们只能通过对垒玻璃地板（glass floor **公司企业与机关团体**）的生产作为他们的局限来达到这一点。此种时刻所产生的这种外在局限（目标、暴动的演变、暴动者的构成）的方式由这种局限在本质上限定了：作为强制的剥削关系简单而纯粹。攻击体制与社会再生产形式，考虑他们自己的利益，一方面是构成运动的要件，是构成其力量的来源，但同时也是其局限性的表达。

没有未来的学生、年轻的移民者、不稳定的工人，这些人都是每天强制地生活在资本主义社会再生产关系下的所有无产者；高压政治被包括进这一再生产过程，因为他们是无产者，但是他们每天在生产关系中经受它，视这种高压政治为分离性的、偶然性的（意外的、非必要的）。同时当他们在高压政治的斗争时刻中，感觉他们是被分离的，他们只能把这种分离理解为他们在反对生产方式的斗争中的不足。

正是以这种方式、这种运动产生了作为其外部一个局限的阶级属性,仅仅是以此种方式。正是以这样的方式,它把自身设置在斗争周期的水准上,并且成为其具有历史决定意义的时刻之一。

在他们自己的实践与斗争中,无产者怀疑自己的无产者身份,但仅仅通过在他们的攻击目标中的关于社会再生产的自治的时刻与实例中。资本的再生产与生产保持互不相关。

在瓜德罗普岛,失业的重要性,那部分以救济金或者地下经济为生的人口的重要性意味着薪酬要求实际上是一种矛盾。这一矛盾组成下列两个事件间的过程:一方面,以永久工人为中心(基本上在公共服务领域)的试图通过多种多样的要求来保持这一矛盾要素的 LKP(Liyannaj Kont Pwofitasyon);另一方面,通过设置路障、抢劫与袭击公共建筑的方式来为大多数人谋求主要薪酬要求的荒诞。这种需求在具体斗争的过程中非常不稳定;它是被质疑的,就像他的组织形式一样,但是从它的殖民历史继承而来的对全体人口的特定的剥削形式是能够阻止这一矛盾在运动的中心更激烈的爆发(意识到一个工团主义者在路障中被杀死是唯一的死亡是非常重要的)。从这个观点来看,阶级属性作为外部局限的产生更是一种社会状态、一种精神分裂,而不是斗争中的危险。

通常来说,伴随着当前危机的爆发,薪酬要求目前以从前不可能的动力为特征。它是一种内在的动力,它产生于在资本主义生产关系中无产阶级与资本之间全部关系的结果,例如它产生于重组,目前又进入危机。薪酬要求已经改变了它的含义。

在近 20 年左右时间里调节当前限价的资本模式的连续金融危机中,次贷危机首先是家庭消费危机的起点,而不是资本投资的金融资产危机,更加确切地说是指最贫穷的家庭消费危机。在这方面,它开创了资本主义重组下的薪酬关系的独特危机,在这样的危机中，在财富生产中薪酬分配持续走低是确定的，无论是在核心大国，还是在新兴国家中。

"财富的分配"，在资本主义生产模式中从基本上的冲突状态演变成一种**禁忌**，正如最近的在法国跟随着退休金体系改革的罢工和封锁运动（2010年10—11月）所证实的一样。在资本主义的重组中（我们当前所经历的危机的开端），劳动力的再生产经受了一种双重的去耦。一方面，资本的限价与劳动力再生产之间的去耦；另一方面，消费与作为收入的薪水之间的去耦。

当然，将工作日划分为必要劳动与剩余劳动一直是阶级斗争中最明确的。但是现在，在这种划分的斗争中，正是自相矛盾地在无产阶级定义中的最深处的其作为此种生产方式的阶级存在，而不是其他任何事物，以至于在它实践中以一种冲突性的方式显而易见，以至于它作为阶级的存在是其自己阶级斗争的一个局限。这是当前在薪酬要求的阶级斗争中的中心特征。在薪酬要求的最琐碎的进程中，无产阶级视自己的存在为某种异化的阶级自身的体现，其异化的程度体现在资本主义关系本身把它作为某种异化置于其中心地位。

当今爆发危机是因为无产者不再能够偿还他们的贷款。其爆发以引发资本主义经济金融化工资关系为基础：工资缩减在劳动力内部作为"价值创造"与全球竞争的必要条件。正是这种功能的必然性，以一种否定的方式，在资本积累的历史模式中带回来了次贷危机。目前正是工资关系处于危机的核心地位。[3] 当前的危机就像20世纪70年代与80年代所出现的重组一样，是资本主义决心与动力逆转时期的开始。

我们了解它的二三事

正是因为无产阶级是非—资本的，因为它要解散所有现存条件（劳动、交换、劳动分配、财产），它在这里发现自己革命行动的内容，作为共产主义的措施：废除财产、废除劳动分配、废除交换与价值。作为外部局限的阶级属性因此在其自身是一种内容，也就是说它是在共产主义措施中取代自身的一种实践，此时阶级斗争的局限性被显示出来了。共产化仅仅是共产主义的措施，作为无产阶级反对资本的单纯的斗争手段而已。

正是相对于累积资本的剩余价值的不足，成为剥削危机的中心问题：如果在无产阶级与资本之间的矛盾中不存在可能产生剩余价值的劳动问题的话；如果只存在分配的问题，例如，如果无产阶级与资本之间的矛盾不是所谓的其动力由其矛盾所构成的资本主义生产方式的问题的话；例如，如果它不是一个"产生废除其自身规则的游戏"的话；这种革命将会一直是一个虔诚的愿望。对资本的憎恨与另外一种生活的欲望仅仅是这种被剥削的矛盾的必然的意识形态的表达。

并不是通过攻击赞同劳动性质产生剩余价值的一方，而是通过攻击赞同资本生产方式的一方，以需求为基础的斗争被取代了（通常会转回到分配问题上来）。抨击资本主义生产方式的本质是他们为了稳定自身的物价作为价值吸收劳动的废止；它是一切都可以自由地获取的处境的扩大，它是某种生产方式的破坏（有可能是物质性的）、它是作为被定义为某种产品的工厂的废弃，例如交换与商业的模型；它是他们的定义、他们的个体、主体间关系的吸收；它是劳动分配的废除，就像它被题写在市区里、在建筑物质的配置上、在城乡的分离中，以及在某种叫作工厂或者生产地点的存在中一样。个体之间的关系被固定在东西上，因为交换价值在本质上是物质的。[4]对价值的废除是对我们生存环境的一种具体转变，它是一种新的地理学。对社会关系的废除是一件非常物质的事情。

在共产主义中，拨款不再具有任何货币性，因为它正是其所废除的"产品"的概念。当然，存在用来生产的物品，直接用来消费的其他物品，或者两者都需要的物品。但是谈到"产品"以及提出它们的流通、分配或者"转化"的问题，例如欲要拨款的时刻，是假定人类活动"凝聚"的破裂：市场社会的市场、在某种共产主义视域下的商品被自由取用的仓库。"产品"不再是一个简单的东西。谈论"产品"就是假设人类活动的结果相对于其他这样的结果或者其他这样结果的领域而言呈现出有限性。我们不是必须从"产品"开始出发，而是从活动开始出发。

在共产主义中，人类活动是无限的，因为它是不可分割的。它具有具体或者抽象的结果，但是这些结果从来不是"产品"，因为那会提出在既定模式下的货币或者转化的问题。如果我们可以在共产主义中谈论无限的人类活动的话，那是因为资本主义生产模式已经允许我们意识到——虽然是充满矛盾地而且不是以"好的一面"——人类活动是一种持续的全球范围内的社会流动，"**普遍智慧**（general intellect）"或者"**集体工人**"是生产的主要力量。生产的社会特征并没有预示任何事情：它仅仅提出价值矛盾的基础。

交换的破坏意味着工人们攻击那些掌管他们账户的以及其他工人账户的银行，因此有必要使得银行消失。这意味着工人使他们的"产品"与他们自己及社团的交流是直接的且不通过市场而进行的，因此废除了他们自己的工人身份；这意味着废除整个阶级，在社会共有部门组织自己寻找食物，等等。就其本身而言，分开来说，本质上不存在任何"共产主义"的措施。所谓的"共产主义"并不是对其自身的"暴力"，也不是对吸收剩余价值机器的"集体化"：它是这种运动的本质，这种运动联合这些行动，成为他们的基础，给他们提供只能进一步被公有化或者被粉碎的时刻。

不采取共产主义措施的革命将寸步难行：解散工资劳动；公

有化物资、服装、房屋；夺取所有的武器（破坏性的武器，但也包括远程通信、食品等）；整合赤贫者（包括我们中的那些愿意降低自己达到赤贫状态的人群）、失业人员、潦倒的农民，以及没有根基的辍学的学生。

从我们开始自由地消费那一时刻起，就有必要再生产那些被消费的东西；因此也有必要掌管交通工具、掌管远程通信设备，而且有必要与其他部门发生联系；这样一来，我们会遭遇武装部队的反对。面对此种境遇立即提出武装的问题，这一问题只有通过在无限多样的地点建立支持战争的分配网络才能得到解决。军事与社会活动是不可分割的，同时，也是互相渗透的：前线的建立或者战争确定地区的建立是革命的死亡。从无产者破除商品关系法律那一时刻开始，就不再有回头路了。这一社会进程的深入与扩大是人们牺牲血肉之躯获得的崭新关系，而且能够整合越来越多的非无产者进入共产化阶级，这同时也是建立自身并消解自身的过程。它允许前所未有地大规模废除无产者之间的所有竞争与分配，使其成为武装对抗那些在社会关系内仍然被资产阶级所组织、集合并再生产的人的内容及其展开。

这就是为何所有的共产化措施将不得不为了破除与我们敌人及其物质支持的联系而进行一场富有活力的行动：这些将不得不被快速摧毁，没有任何回头的机会。共产化并不是一切都可以自由地被使用的和平的组织状态，也不是无产者之间令人愉悦的生活方式的组织形式。社会共产化运动的专政是一个将全人类融入这一过程中正在消失的无产阶级中来的过程。对无产阶级的严格界定同其他阶级、与其斗争的所有商品生产相比，同时是限制工薪小资产阶级、社会管理阶级（中产）加入共产阶级队伍中来的过程。无产者并非天生的革命者，仅仅因为他们是工薪阶级而且是被剥削的，或者甚至是因为他们是现有条件的分解者。在他们的自我转化中，**这也是他们是什么的出发点**，他们建构自己成为一个革命性的阶级。这一运动，无产阶级在这一运动的实践中被定义为建设人类社团的运动，是废除阶级的实在。阿根廷的社会运动面临着就业的无产者与失业人员、被排斥者及中等阶层之间的关系问题。他只提供了极端的零零散散的回应，其中最有趣的无疑是关于其领土自卫队的组建了。在斗争的这一周期内，革命不可能再是除共产化之外的任何事情了，取代列宁主义或者民主阶级联盟与戈特（Gorter）的"孤独的无产阶级"之间的两难困境：两种不同种类的失败。

克服失业者与那些工作人员之间、熟练工人与不熟练工人之间冲突的唯一方法是从一开始就在武装斗争的过程中执行共产化的措施，解除这一分配的基础。这就是阿根廷被占领的工厂面临这一问题时，仅仅稍微地尝试一下，就普遍地满足于对阿根廷人群的某些慈善性的重新分配（参看扎农）。不存在这个时，资本将会持续地通过这一运动影响此种分裂，而且在自我组织中发现它的诺斯克（Noske）与谢德曼（Scheidemann）。

事实上，如在德国革命中已经表明的一样，这是一个通过采取具体共产主义措施来消解中产阶层的问题，强迫他们开始加入无产阶级（例如实现他们的"无产者化"）。如今，在发达国家，这一问题是简单的，同时也更加危险。一方面，中产阶层的大部分人是有工资的，因此对其社会地位来说不再具有物质基础；其对资本主义合作的管理作用是基本的，但曾经是不稳定的；其社会地位依赖于减少剩余价值份额的脆弱机制。然而另一方面，因为这些同样的原因，其形式上的对无产阶级的亲近推动其在这些斗争中呈递民族的或者民主的管理"方案"，使他们保持自身的地位。

我们将不得不解决的核心问题是理解在商品的钳制阻碍共产主义之前我们如何来扩展它；我们如何整合农业使得不再与农民交换；我们如何废除我们与对手的以交换为基础的关系，强加给他以共产化关系的逻辑以及没收商品的逻辑；我们如何通过革命解除恐惧的障碍。

总而言之，资本不是为了共产主义而废除的，而是通过共产主义，更确切地说是通过它的产生来废除的。事实上，共产主义的措施必须与共产主义区别开来：他们不是共产主义的胚胎，而是共产主义的产品。这不是一个过渡时期，它是革命：共产化是唯一的**共产主义者的共产主义生产**。与资本的斗争正是区分共产主义与共产主义措施的所在。无产阶级革命性的活动一直具有通过其与资本的关系调控废除资本的内容：这既不是与他者的竞争中的替代分支之一，也不是直接主义（immediatism）的共产主义。

注　释

[1] 对中国与印度而言建立他们自己的内部市场需要依赖于一种名副其实的乡村革命（例如中国的土地私有化以及印度的小地产与佃农的消失），但是更为重要的是依赖于资本全球范围内的重新配置，排挤掉如今的全球化（例如对经济的重新收回国有、接替/保留全球化以及生产资本的去金融化）。

[2] 这些例子绝大多数是法国的例子；此篇论文在英国和美国的发表为检验这里所辩护的观点提供一个机会。

[3] 这是一个危机，在这个危机中维护自己积累过多的特性，也维护自己消费不足的特性。

[4] "那个东西（金钱）具体化人与人之间的关系……它具体化交换价值，使得交换价值仅仅是人们生产行为的相互关系。"参见 Marx, *Grundrisse* (Harmondsworth: Penguin, 1973), 160.

第十三章

父权制与商品社会：
没有身体的性别[*]

罗斯维莎·斯科奇

在20世纪80年代，东欧剧变之后，文化主义与差异理论在女性研究中变得尤为重要。自此，这一学科逐渐发展壮大为性别研究。马克思女性主义曾经一直主宰着这一领域的辩论，直到20世纪80年代才淡出到幕后。然而，伴随着最近的新自由主义的失势与经济危机，不同形式的马克思主义得以复苏并盛行起来。迄今为止，这些思潮对女性主义或性别研究领域的影响甚微——更不必说某些批判的全球化争辩与区域研究对劳动与货币主题的质疑了。解构主义在普遍女性主义尤其是性别研究的合唱中扮演着主唱的角色。同时，新型女性主义的必要的主张，尤其是再次包含唯物主义层面分析的女性主义，已经变得老生常谈。在20世纪80年代与90年代宣称我们面临着"性别混乱"的颇受欢迎的主张正在快速萎缩。相反，无论是公开承认的性别平等的论断，还是游戏能指符号的解构主义理论，很显然他们都不能

---

[*] 选自 *Marxism and the Critique of Value*, ed. Neil Larsen, Mathias Nilges, Josh Robinson, and Nicholas Brown, Chicago and Alberta: MCM′, 2014: 115-132。

产生令人信服的结论。

一方面,马克思主义理论的"重新发现",另一方面,女性主义绝非过时或者多余的洞察,即便是它无法再保持过去几十年所特有的形式,引导我思考一种新的马克思女性主义理论框架。这一理论框架能够解释现存的社会主义终结与当前全球经济危机以来的最新进展情况。当然,很显然我们不能将传统的马克思主义观念、马克思主义阐释与21世纪错综复杂的情况完美地对接起来。没有批判的创新,直接利用那些我将吸收引用的理论框架是行不通的,即便是阿多诺的为当前父权制理论提供重要基础的批判理论,也不能直接利用。20年的基于阿多诺理论的女性主义讨论与批评理论能够为我们提供灵感,但是这些理论也必须得到修正。这里我不再一一赘述。[1]取而代之,我愿意提出我的性别关系理论或者价值分离理论的几个方面,这一理论是我在融合上述提及的理论基础上发展而来的。我将要表明,如今的不对称性别关系不能再以"古典的"现代性别关系的层面来解释;然而,在现代化进程中发现这些理论的起源至关重要。同样,我们必须解释20世纪80年代以来出现的后现代进程中的文化-象征层面的区别与联系。文化-象征的秩序在这里应该被理解为一种自发的理论维度。但是,如果不把马克思理论理解为纯粹的唯物主义的话,此种自发的维度将与价值分离一起被视为社会的基本原则。此种理论装备精良能够更好地理解总体性,因为迄今为止,文化-象征与社会-心理学的层面均包含在这一社会总体的语境之中了。经济与文化因此既不是同一的(如暴力地旨在征服差异抵达同一的普遍的共同特征的"身份逻辑"所显示的),在二元论意义上也不是相互分离的。它们的同一性与非同一性宁愿被阐释为具有冲突的不相容性,这种不相容性形成了像这样的商品生产父权制:价值分离社会形态的自相矛盾的基本原则。

作为社会基本原则的价值

除了上文提到的阿多诺的批评理论,最主要的理论基准是一种关于"价值"与"抽象劳动"的新的基本批评理论,此种理论增强了马克思主义对政治经济的批判,罗伯特·库兹(Robert Kurz)和莫尔什·博斯顿(Mishe Postone)是这一领域最近10年中最杰出的理论家。[2]我打算给他们的文本以女性主义的观照。

根据这一新的价值-批评方法,并非剩余价值本身——也就是说并非单纯外在的由资本决定的劳动剥削作为财产合法关系——处于批评的中心。相反,如此这样的一个批评开始于一个更早的时间点,也就是伴随着商品生产体系的社会特征以及由此产生的行为方式,尤其是指抽象劳动的行为方式而开始的。商品的抽象化第一次在资本主义制度下同商品生产的普及一起发展起来,因此抽象劳动绝对不可以被本体化。普遍的商品生产具有一个主要矛盾特征:在稳定价值的职责下,资本主义个体企业被高度地整合为一个网络,然而在这个网络内这些企业却自相矛盾地从事着非社会性生产,然而标准的社会化只能通过市场与交换才能建立起来。作为商品,是代表着过去抽象劳动的产品,因此代表着价值。换言之,商品代表着特定数量的人类精力的消耗,被市场认为具有社会价值。此种代表转而被货币所表达。货币是通用的中介物,其自身又同时终结为资本的形式。这样一来,人们变得非社会性,社会变得由抽象价值量所调控的物质所构成。其结果是社会成员的异化,因为他们的社会性只能通过商品、无生命的东西所体现,在其具体的感官的社会形式的内容表达中,被赋予了空洞的社会性。此种关系暂时可以通过拜物教的观念来体现,需要记住的是,这种观念本身还不尽完善。

与此相对立的是前现代社会,在前现代社会中,商品在不同的社会关系下生产（个人相对于商品形式的具体化）。农产品在田地里生产，交易是为了他们的使用，受控于行会的特定法规，这些法规阻碍了追逐抽象利润的可能性。这种具有各种约束的前现代商品交换并不是在市场中以及在现代意义上的竞争关系下进行的。因此在这个历史节点上还不能谈论社会总体性，因为在社会总体性中货币与价值已经成为其自身的抽象目的。由此现代性的特征表现为追逐剩余价值、努力让金钱生出更多的金钱，而不是表现为充实主体，取而代之的是表现为由价值与其自身关系所决定的永久体系。正是在这个语境下，马克思提出了"自动的主体"这一概念。[3]人类的需求变得微不足道，劳动力本身被转化成了商品。这意味着人类的生产能力已经被外界所决定——但不是由个体支配的层面所控制，而是由一种无名的盲目的体制层面所控制。而且仅仅为了那个原因，现代性中的生产活动已经被迫表现为抽象劳动的形式。最终，资本主义的发展通过货币的自动性以及抽象劳动获得全球范围内的勃勃生机，该抽象劳动只有在资本主义制度下出现，并且其作为一种本体论准则而非历史性地出现。传统的马克思主义仅仅使得这一体系内的相互关系的一部分问题化了，也就是资产阶级如何合法地分配剩余价值问题，因此传统马克思主义集中于分配的不平等，而不是商品的拜物教。资本主义的批判与后资本主义社会的想象由此而被限制在商品生产体系内的以其非-扬弃的形式实现平等分配这一目标上了。这样的批评不能看到资本主义所造成的痛苦是正从其形式关系中产生的，其中私人财产只是众多后果中的一个而已。同样，工人运动的马克思主义被局限于一种体系——内在性的发展与社会改良的合法化的意识形态中。今天，此种思想形式已经不适应一种更新的资本主义批评了，因为它吸收了（且成为自身的）资本主义社会化的所有基本准则，尤其是价值与抽象劳动的范畴，将这些范畴误认为是超越历史的人类条件。在这种语境下，一种激进的价值批判立场认为，过去实际存在的社会主义社会的榜样是发生在全球的东部与南部的价值生产体系中的受国家官僚所控制的现代化复兴进程，这一进程受反抗西方的全球经济进程与种族生产力的发展的调控，不得不在20世纪80年代末期的资本主义发展中的后—福特时期瓦解了。从那以后，在危机与全球化的语境下，西方已经一直忙于停止各种社会改革的进程。

作为社会基本原则的价值分离

我认为价值与抽象劳动的概念不足以解释资本主义的基本形式从根本上讲是一种拜物关系这一事实。同样，我们有责任解释这样一个事实，即在资本主义制度下所出现的再生产活动主要是由女性来完成的。于是，价值分离意味着资本主义含有一种核心的女性主导的再生产活动以及从价值与抽象劳动分离出来的影响、特征与态度（情绪、感官享受与女性或者母性的关爱）。现存的女性关系也就是资本主义制度下的女性再生产活动，具有不同于抽象劳动的特征，因此不能被直接地归为劳动范畴。这类关系构成了不能被马克思概念工具所解释的资本主义社会的一个方面。此方面是价值必不可少的一个方面，然而它还存在于价值之外并且是（正因为这个原因）价值的前提条件。在这个语境下，我借用了费里加·霍格（Frigga Haug）"省时逻辑"（logic of time-saving）的概念，这一概念决定着通常与生产领域相联系的现代性的一个方面，这种现代性也就是库兹称之为的"企业管理效用逻辑"［logic of utilization（Vernutzung）of business adinistration］以及与再生产领域相对应的"时间支出逻辑"（logic of time-expenditure）。由此，价值与分离互为辩证关系。任何一个也不能简单地从另一个衍生而来。相反，两者是互为衍生的关系。从这层意义上说，价值分离可以被理解为一个宏大的理论框架，在这个理论框架内，价值形式的各种范畴在微观层面上发挥作用，使得我们能够从整体上而不是仅仅从价值单方面来审视拜物社会化。然而，我们需要强调的是，感受度（sensitivity）通常被误认为是在再生产、消费以及相关活动领域内的一种直接的先天存在，同时也是在此语境下的将要被满足的需求，它的出现在历史上早于价值分离成为总体进程这个背景。这些范畴千万不能被误解为先天的或者自然的，尽管吃、喝、爱并非完全与象征相联系（正如庸俗结构主义可能认为的那样）。然而现成的用于政治经济学批判的传统范畴也是缺少另外的考虑的。价值分离暗示着一种特定的社会心理关系。某些被贬低的特征（如敏感性、情绪性、思想与性格的缺陷等）与女性本质联系起来，并与现代男性主体相分离。这些性别属性是商品生产父权制这一象征秩序的基本特征。就理论而言，我认为此种不对称性别关系只能通过集中考察现代性与后现代性才能被审视。这不是说这些关系不具有前现代历史，而是说它们的普遍性使得它们具有了一个全新的特质。在现代性之初的此种性别关系的普遍发展意味着女性目前主要从事低效价的再生产领域的工作（相对于男性、资本生产而言），这一领域无法用货币来再现。我们必须拒绝把资本主义制度下的性别关系理解为一种前资本主义的残余。如我们所知道的，比如小规模的核心家庭仅仅在18世纪才出现，就像我们今天所理解的公共与私人领域直到现代才出现一样。因此，这里我要表明的是，现代性的开始不仅标志着资本主义商品生产的兴起，而且也见证着那些建立在价值分离诸关系基础之上的社会机制的出现。

作为文明模式的商品生产父权制

按照费里加·霍格的理论，我认为商品生产父权制的概念可以被认为是一种文明模式,然而,我打算通过思考价值分离理论来对她的命题做些修正。[4]众所周知,商品生产父权制这一象征秩序以如下假设为特征:政治学与经济学与男性特征相联系;例如男性性征通常被形容为个性化的、侵略性的或者充满暴力的,而女性经常作为纯粹的肉体发挥作用。因此男性被视为人类,才华横溢且超越肉体,而女性则被贬低到非人的地位,仅仅是肉体的代表。战争具有男性的寓意,而女性被认为是和平的、被动的,缺乏意志与精神。男性必须为荣誉、勇气和名留青史而奋战。男性被认为是英雄,有能力从事伟大的事业,这要求他们富有成效地征服自然。男性永远与他人竞争。女性则负责照顾个体以及人类本身。但是她们的行为仍然被社会所贬低,在理论发展的过程中被遗忘。由于她们的性别化(sexualization)成为女性附属男性的根源,强化着她们的社会边缘化地位。

这一概念也决定着整个现代社会的基本秩序理念。此外,生产能力与生产意愿以及理性的、经济的、高效的时间支出也决定着在其客观结构内的诸关系整体的文明模式——它的机制与历史以及个人能动性准则。一种挑衅的共识认为男性应该被理解为资本主义的性别,要知道这种对性别的二元理解当然是现代性中最突出的性别理解。商品生产文明模式要求此种理解,并且具有压迫女性、边缘化女性的基础,并同时无视自然与社会。主体与客体、统治与征服、男性与女性因此是典型的二元对立,构成了商品生产父权制内部的对立的双方。[5]

然而就这一点来说,避免误解非常重要。价值分离在这个意义上也可以被理解为一种元概念,因为我们是在高度抽象的层面上做理论注解。这意味着对某些体验个体或者主体而言,他们既不能逃离这一社会文化模式,也不能成为这些模式的一部分。此外,正如我们所要了解的,性别模式从属于历史变迁。因此,避免对价值分离理论做简单化的解读是重要的,类似的如20世纪

80年代与差异－女性主义相联系的"新女性气质"（new femininity），或者甚至是目前被德国保守派所大肆宣扬的"夏娃原则"（Eve principle）。[6] 在所有这一切当中，我们所必须强调的是抽象劳动、家庭劳动以及男性化与女性化互为决定的既定的文化模式。老生常谈的"鸡与蛋"的问题在此没有任何意义。然而这种非辩证法的方法是解构主义批评者的特征，他们坚持认为男性特征与女性特征最初一定是在性别分配行为发生之前就在文化层面产生了。[7] 费里加·霍格也是从本体论的假设出发，认为文化意义在历史进程中将自身依附于一个预先就有的劳动性别分配之上了。[8]

如上所述，在现代商品生产父权制内部发展并产生了公共领域、其自身包含若干领域（经济、政治、科学等）以及私人领域。女性主要被划分在私人领域。这些不同领域一方面具有相对的自主性，另一方面又互为决定——它们互为辩证关系。非常重要的是不把私人领域误解为价值派生物，而是分离出来的领域。所需要的是这样一个领域，在那里诸如关怀与照顾等行为可以被驱逐出去并且对立于价值逻辑、省时逻辑以及其道德逻辑（竞争、利润、绩效）。私人领域与公共部门之间的关系也解释了男性联盟与相关机构的存在，在这些男性联盟与机构中他们通过有效地分离来反对所有与女性相关的东西。作为结果，现代国家与政治的基础，连同自由、平等、博爱等原则，自从18世纪起就已经建立在男性联盟的基础之上了。但是这并不是说父权制存在于由这一分离过程所产生的领域之中。例如，在某种程度上女性一直在积累领域非常之活跃。尽管如此，分离在这里也变得很明显，因为，即使有像安哥拉·默克尔（Angela Merkel）及其他女性成功的例子，女性在公共领域的存在仍然被贬低，而且女性在晋升方面也受到很大的阻碍。所有这些表明价值分离是一个普遍存在的社会形式原则，它存在于一个相对很高的抽象层面上且不能被机械地分割成不同的领域。这意味着价值分离的影响遍及包括公共领域所有层面在内的所有领域。

作为社会基本原则与身份逻辑批评的价值分离

价值分离作为批评实践不允许身份批评的方法。也就是它不允许那些把具体分析简化成为结构及概念的方法，即将所有矛盾和非同一性，包括传播机制、结构和商品生产父权制特征在内的所有不同都归入非生产商品的社会之中来或者均质化到商品生产父权制本身的不同领域与部门之中，而不顾它们性质上的不同。相反，这种历史动态关系或者价值分离的程度应该被理解为一种社会基本原则，它符合男性中心主义的普遍思想，而不仅仅是与价值生产相关的一整套关系。毕竟，此处重要的并不是简单地把平均劳动时间或者抽象劳动作为金钱的衡量形式。更为重要的是，通过观察，发现价值本身必须限定那些具有较少价值的、分离开来的家务劳动，非概念性的与非认同相关的一切均是感官上的、情感上的以及情绪上的事物。然而，分离并不与阿多诺的非同一性完全一致，更确切地说，分离开来的一切代表着价值本身黑暗的部分。这里，分离必须被理解为一个前提条件，确保那些偶然的、不规则的和无法分析的一切、连同那些不能被科学所解释的一切保持隐蔽的、未阐明的、永久性的、分类的思想，即那些不能被解释的以及保持某种特质的、具有固有的差异性、不连贯性、模糊性以及非时代性的思想。

反之，用阿多诺的话来说，为了资本主义的"社会化社会"，这意味着这些层次与部门不能被理解为现实的彼此之间的不可化约的因素，但是它们必须在它们的客观的、内在关系中被审视，这些内在关系与作为社会整体的社会形式原则的价值分离概念一致，该社会整体首先在本体论和表象层面构建一个既定的社会。但是，价值分离也无时无刻不意识到其自身作为理论的局限性。价值分离理论的自我质询必须深入，以阻止它将自己定位为一种绝对的社会形式原则。毕竟，与它的概念相一致的一切不能被提升到主要矛盾的地位上来，同时价值分离的理论，像价值理论一样，也不能被理解为一个唯一逻辑的理论。因此，在其认同逻辑的批判中，价值分离理论保持自身的真实性，而且迄今为止它只能通过相对化地处理自身，甚至有时会通过否定自己来保持自身的真实性。这同样意味着价值分离理论必须为其他形式的社会差异（包括经济差异、种族主义、反犹太主义）留有同等的空间。[9]

作为历史进程的价值分离

根据价值分离理论形成的认知论前提，当我们考察全球各种地区的发展时，我们不能求助于线性分析模式。通常由商品形式与父权制相关形式所决定的种种发展并不是在所有的社会中（尤其是在那些从前以对称性别关系为特征的至今也不能完全采纳现代性别关系的社会）在同等的环境下以同样的形式发生。此外，我们必须关注可替代的家长式作风的结构与关系，此种结构和关系由现代西方父权制在全球经济发展的语境中重新书写的同时，仍然没有完全丧失它们的特质。不仅如此，我们不得不解释贯穿西方现代性本身的历史，关于男性特征与女性特征的思想业已发生了变化这一事实。现代劳动的概念与性别的二元理解，两者联合一起伴随着特定的发展，成为导致资本主义统治的特定发展的产物。直到18世纪，才出现卡罗尔·哈吉曼·怀特（Carol Hagemann-White）的现代"二元性别化体系"，该理论又引导了卡琳·霍森（Karin Hausen）的"性别化特征的两极分化"。在此之前，女性在很大程度上被认为仅仅是男性存在的另一个变体，这是过去十五年中社会科学与历史科学强调单一性别模式普遍存在的原因之一，这种单一性别模式正是前资产阶级社会建立的基础。即使是阴道在此种模式的语境中时常被理解为反向的被推送到下体的阴茎。[10]尽管女性被普遍认为是劣等的，在大规模现代社会发展之前，仍然存在着女性获得社会影响力的种种可能性。在前现代社会与现代社会早期，男性占领着主要象征霸权的位置。女性还没有像18世纪以来的情况那样完全被限制在家庭生活与母性身份上。在农耕社会女性对物质资料再生产的贡献被认为与男性的贡献一样重要。[11]然而现代性别关系以及他们特有的性别角色的两极化最初仅仅被局限在资产阶级，到了20世纪50年代福特主义兴起并统治的环境下，伴随着核心家庭的普及，他们迅速蔓延到社会的所有领域。

因此价值分离并不像一连串的社会学的结构主义模型所宣称的那样是一个静态的结构，相反而应该被理解为一个过程。例如在后现代性中，价值分离获得一种新的效价。女性目前被广泛地认为是"双重社会化的"（雷吉纳·贝克尔·斯米德特所说的），这意味着她们对家庭和事业负有同样的责任。然而这一提法的新意并不在于这个事实本身。毕竟，女性一直以来在各行各业中表现积极。就这一点而言，后现代性的独特特征是近些年来的女性的双重社会化凸显了伴随这一发展的结构性矛盾。正如上文所指出的，对这一发展的分析必须从个体与社会之间关系的辩证理解开始。这意味着个体在任何情况下也不是完全被纳入客观结构与文化模式中来的，我们也不能假定这些结构只与个体构成纯然的外在关系。这样，我们可以清楚地看到与后现代女性角色日趋差异化密切相关的双重社会化的种种矛盾，伴随着后现代主义所特有的个性化趋势而出现。目前对电影、广告以及文学的解读也同样表明女性不再被看成原来的母亲或者家庭妇女的角色了。

因此，提议我们必须解构现代性别的二元性，就像酷儿理论及其主要倡导者朱迪斯·巴特勒（Judith Butler）所声称的那样，这不仅是没有必要的，而且事实上也是让人高度质疑的。这一理论通过反复戏仿在同性恋亚文化中的行为实践来试图揭示现代性别化认同的"极端不可信性"[12]，从而发现资产阶级性别二元主义的内在颠覆性。然而，使用这种方法的问题是，那些应该被用来戏仿或者颠覆的元素在资本主义的意义上讲已经变得过时了。当下这段时间我一直见证着实际存在的解构主义，这种解构主义在女性双重社会化中清晰可辨，当我们审视女性与男性的时尚与变化了的习惯时，这种解构主义也清晰可辨。然而，这一切的发生并没有从根本上消除性别等级制度。巴特勒既没有批判经典现代主义的性别想象，也没有批判修正的灵活的后现代主义的性别想象，她最后只是承认了后现代主义（性别）的现实。巴特勒纯粹的文化主义方法不能对目前的问题做出回答，而且确实为我们提出了一个伪装成进步的解决方案中关于后现代主义性别关系等级的问题。

全球化时代本质与现象的辩证法及商品生产父权制的野性化

在分析后现代性别关系的尝试中，坚持本质与现象的辩证法是至关重要的。这意味着性别关系的变化必须在价值分离的机制与结构的关系中来理解，价值分离的机制与结构决定了所有社会层面的形式原则。这里显而易见的是，尤其是也依赖于价值分离的生产力与市场动力的发展正逐渐破坏它们自己的先决条件到了如此的程度，以至于它们鼓励女性走出传统的角色而发展。从20世纪50年代起，伴随着一系列家庭生活合理化的进程、生育控制的更多选择以及同男性相比受教育机会的逐渐平等化，越来越来越多的女性参与到了抽象劳动、积累过程中来。[13]因此，女性的双重社会化也经历着变化，而且目前处于社会等级的一个更高的级别上，同样产生了女性实现自我价值的更高标准。尽管如此，很大一部分女性已经被融入"官方"社会，她们仍然要照顾家庭生活与孩子，她们必须比男人更拼搏才能在事业的等级中晋升，而且她们的薪水平均比男性低很多。价值分离的体制因此已经发生变化，但是原则上大部分仍然存在。在这种情况下，不足为怪的是我们似乎经历了一次向单性别模式的回归，然而却带有同样熟悉的内容：唯一不同的是女性成了男性。然而，既然这一模式也是通过古典现代过程的价值分离这一阶段，它显示了自己比前现代时期有很大不同。[14]

传统资产阶级性别关系不再适合今天的"涡轮资本主义"及其对适应性更严格的需求。一系列强制的灵活的身份认同出现了，然而这些身份认同仍然在性别方面表现得不同。[15]女性的古老形象已经过时了，而且双重社会化的女性业已成为主要的社会角色了。不仅如此，最近的全球化与性别关系分析表明，一个时期以来女性似乎终于能够享有更大的体制内的自由，我们仍然见证了愈演愈烈的父权制。当然，在这种情况下，我们也必须要考虑全球各地区的种种社会与文化的差异。同样，我们必须注意到在胜利者与被征服者的逻辑依然盛行的语境下女性所处的不同地位，即便是胜利者可能会跌入当前的中产阶级毁灭的深渊。[16]因为，例如处境好的女性能够雇用待遇低廉的移民劳动力来为她们服务，我们目睹了在女性生存空间内部的再分配，如个人的保健和护理工作。

对大多数人口而言，"父权制的野性化"（feralization of patriarchy）意味着我们可以看到美国黑人贫民窟或者第三世界国家的贫民区的景象：女性将要同样地为金钱与生存负责。女性将日益融入世界市场中来，而没有赋予她们保障她们自己生存的机会。她们在女性亲属及邻居的帮助下抚养孩子（个人看护及相关领域劳动再分配的又一实例），然而男性来来往往，不断变换工作，不断变换女人，而这些女性甚至有时候还要养活男人。由于日益不稳定的雇佣关系与遭到破坏的传统家庭结构，男性不再处于养家者的地位了。[17]社会关系与日俱增的个性化与分裂化在不安全的生存形式背景下持续进行着，甚至在大经济萧条时期也没有停止，伴随着广泛地对社会福利国家的根除和对危机管理强制措施的根除，传统性别等级制度并没有从根本上消除。

价值分离作为社会形式原则结果仅仅把自己从现代性的静态的体系化限制中分离出来（尤其是家庭与劳动）。因此商品生产父权制经历着愈演愈烈的野性化过程，且并没有丢下与价值、抽象（劳动）及再生产的各种分离元素的现存关系。在这里我们也要必须注意到我们当下正在经历着有关男性暴力的逐步升级，从家庭暴力到人体炸弹。关于后者，我们需要进一步注意到不仅仅是伊斯兰激进主义者试图重建"真正的"宗教父权制性别关系。事实上，应该是西方文明的父权制模式构成我们批判的中心。同时，我们也面临着心理层面的转变。在后现代性中，一种符合传统男性代码影响的"性别化代码的影响"出现了。[18]不过，旧时的影响结构也依然持续地发挥着重要作用，因为它们确保女性即使在后现代单一性别关系时代中，也能继续承担相互分离的责任，使得大多数几个孩子的母亲，同时也能成功地成为医生、科学家、政治家等。这可能会以对传统妇女角色与理性回归的形式出现，特别在经济大危机与不稳定时期表现得尤为剧烈。

然而"涡轮资本主义"要求特别灵活的性别认同，我们不能假定相应的后现代性别模式——例如双重社会化的女性模式——能够在今天资本主义危机的情境下永远地确保再生产的稳定性。毕竟，资本主义现阶段的特征是"现代化的瓦解"以及相关的从理性主义到非理性主义的逆转。[19]双重社会化的个性化的女性就这一点而言（看似悖论的）应该被理解为为了商品生产父权制发挥着极其重要的功能性的作用，即便是后者在慢慢解体。例如在第三世界国家中的危机管理组织通常是由女性来领导（然而我们也不得不承认再生产活动通常来说越来越发挥次要作用）。弗兰克·希尔马克尔（Frank Schirrmacher）（保守党记者与《法兰克福汇报》的联合编辑）在这方面提供了很好的例子，在其2006年出版的《最小值》（Minimum）这本书中，他描写了"我们社会的堕落与重生"，在这一语境下希尔马克尔想要分配给女性危机管理者的角色，相信她们可以胜任"瓦砾女性"（Trümmerfrauen）[20]与清洁除污的工作。[21]为了证明这些言论，希尔马克尔运用了原始生物学与人类学的观点来解释社会与性别关系的大规模瓦解，并提出了所谓的由女性来担当并执行的解决方案。为了避免这样的"伪"方案，正如价值分离理论所强调的那样，非常有必要根据他们的社会与历史背景来分析当前的社会危机。以此为基础，那么有可能会问道：从价值分离的社会化的困境中会得出哪些重要的理论的与实践的结论呢？如今的价值分离越来越将男性与自然简化到生存的最基本水平上，且老左派或者凯恩斯的改革计划（Keynesian reform programs）已经不再能够对其做出解释了。同样地，解构主义与后殖民方法，比如它们可以从纯粹的文化方面阐释种族主义，已经不再能够解释当今的危机了。后操作主义的方法（post-operatist approaches）也一样拒绝解释价值分离社会化的普遍问题，相反，却在大众的宗教观念运动中（movement-religious notions of the multitude）寻求庇护，好像后者包含着种族主义与性别主义的答案似的。[22]因此这里需要的是，一种向政治经济批评的新的转向。然而这样的批评不再能够以其传统的强调劳动本体论的和男性中心－普遍主义方法的形式来贯彻执行了，相反必须包含一个向激进的价值分离理论及其认识论结果的转变。

结　论

在这篇文章中，我所试图概要性地表达的是，从作为社会基本原则的价值分离（自相矛盾）的视角在其矛盾的同一性与非同一性方面来思考经济与文化的必要性。因而价值分离也必须被理解为一种历史性的动态进程，而不是一种静态的结构。此种方法拒绝身份批评的诱惑即强行将特殊归于一般的方法。相反，它解释了概念与差异（并没有把概念分解为相似的、无限的概念）之间的张力，并因此能够阐明当前的同质化与差异化过程的方式，这些方式也可以解释相关联的冲突，包括男性暴力。注意到价值分离理论，就其构成了社会基本准则（因此并非仅仅涉及狭义上的性别关系）而论，必须不时地否定自己，这是非常重要的；价值分离理论必须分派出几乎与性别歧视主义同等的空间来分析种族主义、反犹太主义及经济差异，避免任何普遍性的主张。只有通过这种方式相对化地处理其自身的位置与功能，价值分离理论才能够首先得以生存。

英译：马蒂亚斯·尼尔斯（Mathias Nilges）

注　释

[1] 参见 Roswitha Scholz, *Das Geschlecht des Kapitalismus. Feministische Theorie und die postmoderne Metamorphose des Patriarchats* (Unkel: Horlemann, 2000), 61 and following, 107 and following, 184 and following, and Scholz, "Die Theorie der geschlechtlichen Abspaltung und die Kritische Theorie Adornos", *Der Alptraum der Freiheit. Perspektiven radikaler Gesellschaftskritik*, ed. Robert Kurz, Roswitha Scholz, and Jörg Ulrich (Blaubeuren: Verlag Ulmer

Manuskripte, 2005)。

［2］Robert Kurz, *Der Kollaps der Modernisierung* (Leipzig: Reclam, 994); Kurz, *Schwarzbuch Kapitalismus: ein Abgesang auf die Marktwirtschaft* (Frankfurt am Main: Eichborn Verlag, 1999); Moishe Postone, "Anti-Semitism and National Socialism", *Germans and Jews since the Holocaust*, ed. Anson Rabinbach and John David Zipes (New York: Holmes and Meier, 1986); Postone, *Time, Labor, and Social Domination: A Reinterpretation of Marx's Critical Theory* (Cambridge, MA: Cambridge University Press, 1993).

［3］参见 Karl Marx, *Capital* Vol. I, Chapter 4: "The General Formula for Capital", esp. 255 (eds)。

［4］Frigga Haug, *Frauen-Politiken* (Berlin: Argument, 1996), 229 and following.

［5］Ibid.

［6］Eva Herman, *Das Eva-Prinzip* (München: Pendo, 2006).

［7］Regine Gildmeister and Angelika Wetterer, "Wie Geschlechter gemacht werden. Die soziale Konstruktion der Zwei-Geschlechtlichkeit und ihre Reifizierung in der Frauenforschung", *Traditionen Brüche. Entwicklungen feministischer Theorie* (Freiburg: Kore, 1992), 214 and following.

［8］Haug, *Frauen-Politiken*, 127 and following.

［9］由于本文的研究重点是现代性别关系，因此笔者对社会不平等的其他形式不做详述。如果想要对此做更深入的了解，可参见 Scholz, *Differenzen der Krise—Krise der Differenzen. Die neue Gesellschaftskritik im globalen Zeitalter und der Zusammenhang von "Rasse", Klasse, Geschlecht und postmoderner* (Unkel: Horlemann, 2005)。

［10］Thomas Laqueur, *Making Sex: Body and Gender from the Greeks to Freud* (Cambridge, MA: Harvard University Press, 1990), 25 and following.

［11］Bettina Heintz and Claudia Honegger, "Zum Strukturwander weiblicher Widerstandsformen", *Listen der Ohnmacht. Zur Sozialgeschichte weiblicher Widerstandsformen*, ed. Bettina Heintz and Claudia Honegger (Frankfurt am Main: Europäische Verlagsanstalt, 1981), 15.

[12] Judith Butler, *Gender Trouble* (London: Routledge, 1991), 208.

[13] Ulrich Beck, *Risikogesellschaft: Auf dem Weg in eine andere Moderne* (Frankfurt: Suhrkampf, 1986), 174 and following.

[14] Kornelia Hauser, "Die Kulturisierung der Politik. 'Anti-Political-Correctness' als Deutungskämpfe gegen den Feminismus", *Bundeszentrale für politische Bildung: Aus Politik und Zeitgeschichte* (Bomm: Beilage zur Wochenzeitung Das Parlament, 1996), 21.

[15] 比较 Irmgard Schultz 的著作 *Der erregende Mythos vom Geld. Die neue Verbindung von Zeit, Geld und Geschlecht im Ökologiezeitalter* (Frankfurt am Main: Campus Verlag, 1994), 198 and following, and Christa Wichterich, *Die globalisierte Frau. Berichte aus der Zukunft der Ungleichheit* (Reinbek: Rowohlt, 1998)。

[16] 比较 Robert Kurz 的文章 "Der letzte Stadium der Mittelklasse. Vom klassischen Kleinburgertum zum universellen Humankapital", *Der Alptraum der Freiheit, Perspectiven radikaler Gesellschaftskritik*, 见 n1, 133。

[17] 比较 Schultz, *Der erregende Mythos vom Geld*, 198 and following。

[18] 比较 Hauser, *Bundeszentrale für politische Bildung*, 21。

[19] 如若详细了解"现代性的瓦解"这一术语的起源、资本主义现阶段状况及其同古典现代性的区别,可参见 Kurz, *Kollaps*。

[20] 第二次世界大战后负责清理废墟瓦砾的女性,也被称为"瓦砾女人"(rubblewomen)。

[21] 也可参见 Christina Thürmer-Rohr, "Feminisierung der Gesellschaft, Weiblichkeit als Putz-und Entseuchungsmittel", *Vagabundinnen, Feministische Essays*, ed. Christina Thürmer-Rohr (Berlin: Orlanda Frauenverlag, 1987)。

[22] 参见 Michael Hardt and Antonio Negri, *Empire* (Cambridge, MA: Harvard University Press, 2001), and Scholz, *Differenzen*, 247 and following。

(郭建 译)

第三部分

真理的种种变迁

引 言

马克思主义与政治倾向或一系列经济问题一样，是一个哲学课题。即使《资本论》时期的马克思，也同样关心阐释诸如价值这类概念中的内在矛盾，就像他关心工人阶级的命运或资本主义发展的历史趋势一样。这确实是问题的关键，《资本论》中的三条轴线是密不可分的。马克思对它们所做的两种阐发是不可避免的——正如在马克思主义的话语中，必然接受、修改或小心地排除某些观念。第一种是众所周知的关于费尔巴哈的第十一论纲："哲学家们仅以各种方式来解释世界；关键在于改变世界。"仿佛解释世界和改变世界被认为是对立的，这显然是对该论纲的误读；马克思"只是"要求做得更多，而不是要求其他东西，"改变世界"须得像日常活动那样在思想里发生。对于解释激烈变化的世界、从实际产生新的潜在论点的哲学，什么是其适当的形式？如果哲学那样做了，是否世界已经改变？《资本论》是对这个问题的一种回答，然而在马克思主义序列中仍被提出。

第二种阐发同样著名，但比初看上去更复杂：在《资本论》第一卷的后记里，马克思确认了黑格尔的辩证法，但认为黑格尔的辩证法"站在头上"，应该脚踏实地。实际上，这种主张包含两个命题。第一个命题比较含蓄，承认黑格尔的辩证法是一种哲学形式。在最普遍的意义上，我们可以把这种形式称作"历史连接"——这是哲学历史的观念，这种观念只有置于历史序列中才能充分展现。弗雷德里克·詹姆逊所说的"永远历史化",就是在这种意义上赞成历史的连接,而不是要求多种语境的堆积。这也是赞成马克思第二个明确的主张,即认为黑格尔的辩证法是"站在头上"的——意思是说,在黑格尔的哲学里,哲学的序列完全是从它内在的自我超越中产生的——因此必须恢复到它的脚下。马克思的第二个主张产生了我们可能称之为"唯物主义连接"的概念,试图在与人类生活的生产和再生产过程相互决定的关系中来理解知识的序列。这两种对哲学的干预(历史的连接与唯物主义的连接)及其推论(必须生产一种同时是实践形式的理论形式,理论形式同时也是实践形式)构成了马克思主义哲学问题的核心:在这一部分里,思想家以各自独特的方式论及衍生的不连贯性倾向——理论与实践或思想与历史之间的不连贯性。

这部分的前两章论及马克思主义哲学序列内部的历史危机,即它遇到了一种法国的后结构主义思想,后者似乎威胁到它的基础,而且确实也暴露马克思思想内部的某些挫折。在《关于价值问题的零星思考》中,佳亚特里·斯皮瓦克从女性主义和"德里达之后"的解构主义立场出发,继续马克思对价值概念的批判,而历史上马克思主义确信的东西受到强烈质疑。但是,斯皮瓦克并没有"解构"马克思,反而理解马克思的辩证,认为他不再关注价值形成的稳定基础,而是更关注价值概念本身内部的不连续性、矛盾和不一致性——斯皮瓦克用"文本性"表示这些情况,仿佛这个词是个句号而不是专门术语。在援用柄谷行人的观点之后,斯皮瓦克认为马克思对价值的探究是要概括一系列的不一致性,而不是以扬弃的方式使它们成为一种连贯一致的价值理论。但这并不意味着可以简单地抛弃劳动价值理论;事实上,劳动价值理论被适当地动摇之后,呈现为一种被压制的资本主义自身的真理,要想成功地遏制它必须无视根据地理和性别的劳动分工。

皮埃尔·马歇雷的《哲学运作》出于一种类似斯皮瓦克的动机：在某些解释被认为天真之后，他决定重写马克思主义的序列。马歇雷这里的目的也许可以通过他重译黑格尔《权利哲学》中的名言"合理皆存在，存在即合理"加以概括。这句名言似乎代表着保守主义的顶峰，诗人海因里希·海涅却就此质问过黑格尔。但正如黑格尔的细心读者们所熟知的，"存在"在黑格尔笔下是个复杂的术语，不仅仅指实际存在，而且指一种可能性。而马歇雷坚持认为，"一切合理皆有效，有效即合理"。哲学不再是对存在或真实的"无效的"反思，而是对真理的有效生产：马克思关于费尔巴哈的十一则基本论纲在"保守的"黑格尔的《权利哲学》中已经初露端倪。如果说马克思把黑格尔置于他的立场，马歇雷则把他完全改变。因为，如果存在一个不可否认的唯物主义的黑格尔，那么恰恰是黑格尔认为理论就是一种实践。马歇雷也认为，黑格尔的作品中隐含着实践也是一种理论的见解，可惜这种见解没有充分展开。但是，这种唯物主义的版本从内部打碎了黑格尔的整体性，因为实践的整体性不会被统一到一个单一的框架中。

尽管柄谷行人大致与斯皮瓦克和马歇雷同一时代，但到写《什么是跨越性批判？》这篇用于一个更大课题的导言时，便不再受这些焦虑所影响。然而，"跨越性批判"可以被视为这些早期作品的继续，它也是不断地考虑不一致性（如本书的其他章节所示，斯拉沃热·齐泽克是这一序列中的另一个关键人物）。在马克思《资本论》的整个发展过程中，不可能不怀疑其发展轨迹像黑格尔的《精神现象学》那样，不是走向某种最终的综合，而是趋向于激化矛盾，形成危机。与直觉相反，柄谷行人提出康德而非黑格尔作为支撑这一发展过程形式的灵感。那时，马克思没有太多地关注矛盾的辩证，而是更多地关注二律背反的作用；在康德的《纯粹理性批判》中，二者是矛盾的观点，各执一词：时空是有限的，时空是无限的。柄谷行人不是否定它们，而是在这两种矛盾观点之间来回穿梭，以颇有影响的"视差"概念取代辩证法。对柄谷行人而言，关键在于马克思接触了大卫·李嘉图和萨缪尔·贝利的观点，李嘉图认为经济价值是由劳动创造的，贝利认为经济价值取决于其自身在交换系统中的地位。马克思并未扬弃这些观点，使之成为一种更丰富的价值观念，而是仍使它们处于矛盾之中：流通领域和生产领域对价值生产同样必要，但二者无法协调一致。就整体而言，工人本身其实也是消费者，同时处于这两个不相容的领域之中。承认这种"包含一致与差异的同一性"（黑格尔的说法，而非康德的说法）呈现出一些新的政治可能性。

  阿兰·巴迪欧在这个序列中表现为一个异常但不可或缺的人物。巴迪欧倾向辩证法，信奉毛泽东思想，是个无条件地赞同马克思经济学分析的哲学家，然而他否认历史连接和唯物主义连接。究其缘由，这些拒绝与他的本体论相关；而他的本体论是在不断运用格奥尔格·康托尔的理论的基础上确立的。这里，在《共产主义的理念》里，巴迪欧很好地介绍了自己的体系，只是该体系过于复杂，此处难尽其详。简言之，人们可以说，巴迪欧拒绝历史的连接，因为历史本身没有一致性；他拒绝唯物主义的连接，因为那会使一些因素优先化，而在他的体系里这些因素必须保持平等和多样。人们可以反对这种倾向，但现在要说明的是，这些拒绝是以理论和实践的完美统一来拒绝的，是一种把马克思的第十一论纲绝对化。事实上，巴迪欧认为"真理"不是指涉性的或逻辑的真理，而是"真理的过程"，即真理是一种实践，一种由忠实于某一"事件"的主体聚合在一起的连续性；而事件指的是突然使超越某一事态的东西进入这一事态，并且难以区分出来。这些过程发生在艺术、爱情、科学和政治这四个领域中的某个领域。在政治领域里，巴迪欧援用真理过程的实例是：法国大革命（1792—1794），中国人民解放战争（1927—1949），布尔什维克主义（1902—1917），以及"文化大革命"（1965—1968）。"共产主义理念"是所信仰政权的名称，它将个体纳入真正的政治真理过程。

正如巴迪欧所指出的，"共产主义理念的胜利不是问题"，但在20世纪大部分时间里，它被认为是"极其危险和教条的"。鲍里斯·格罗伊斯正是在这一点上开始他的分析。在他的分析里，马克思主义的计划远不是表现一种特定事态不可能发生，而是呈现事态本身的面貌。这种使不一致性可以理解的修辞，不是包容，不是视差，也不是多样性，而是观念的转变，即将一种观点纳入另一种观点。当然，这是一种辩证法的修辞，格罗伊斯的论点是，我们理解苏联只能认为它自以为是辩证的体现：用格罗伊斯的话说，就是"实施观念的转变"，不断的内部压力导致不断革命。换言之，苏联致力于理论与实践的统一："列宁、斯大林和后来的毛泽东都不断运用他们的权力再次激起革命，实施新的管理方式。他们总想比历史本身更加辩证，走在时间前面。"因此，与直觉相反，最初试图（绝不是第一次）以共产主义遏制资本主义的苏联，其解体决不能理解为在隐喻性的"冷战"中失败，而应该视为一种自我放弃，与早期苏联的自我克服的动机一致。更重要的是，正是苏联阶段的终结才使它"完成……因此可以自由地进行复制"。

最后，尼古拉斯·布朗和伊莫瑞·济曼的《关于金融资本时代哲学的25个命题》，重新回到马克思论费尔巴哈的命题形式，回到阿多诺的《最低限度的道德》的形式，进而回到弗雷德里希·施勒格尔及同行的哲学片段的形式。其想法并非要对当代的思想状况进行连贯的或完整的论述，而是提出与那些状况有着实质联系的出发点。尤其是，在后结构主义时期黑格尔和黑格尔式的"经典马克思主义"遗产被当作一种尴尬的起源之际，在新自由主义时代被当作（如像早期马克思谈及黑格尔那样）一只"死狗"对待之际，这种遗产重新打开了可能的空间，可以作为批判其他左派观点的一种立场——甚至21世纪通过黑格尔式的马克思主义进行思考所必需的历史反讽，也被清晰地记录下来。

第十四章

关于价值问题的零星思考*[1]

佳亚特里·斯皮瓦克

判断价值问题的方法之一,是主体的论断。现代"唯心主义的"主体论断是意识。劳动力是"唯物主义的"论断。意识不是思想,而是主体对客体不可约减的意图。相对地,劳动力不是劳动,而是主体超出、远超出劳动力自身不可约减的可能性:"我卖给你的商品和其他的普通商品不同,它的使用可以创造价值,而且创造的价值比它本身的价值大。"(Marx, *Capital*, Vol. I 342)

"唯心主义"和"唯物主义"两者都是排他性的论断。一直以来,不断有人尝试质疑这种排他性的对立,通常是借助批判"唯心主义"主体论断的方式:尼采和弗洛伊德,是欧洲最杰出的范例。有时,将意识与劳动力类比,就像讨论智力与体力劳动一样。阿尔都塞的"理论生产"概念是最具争议性的例子。(*For Marx* 173-193)在法国,反俄狄浦斯的论点貌似假设出某一毫无论断或论断功能的身体。(著名的"无器官身体"就是这种设想的一个产物:Gilles Deleuze and Felix Guattari, *Anti-Oedi-*

---

* 选自 *Diacritics* 15(4)(Winter 1985):73-93。

pus: *Capitalism and Schizophrenia*。）我只能把这种论点解读为一种对终极形而上学的憧憬。因为我一直笃信主体论断在方法论上是必要的，所以对这种反俄狄浦斯的姿态将不予评论。若由马克思式的"唯物主义的"主体论断来判定，本文大部分会涉及价值问题的变化。[2] 这是一个需要某种普遍性的理论事业，我在过程和结论中探讨其特别的政治意涵。我这里主要想探讨仿佛从未触及的理论政治的对立。

在开始整体化的研究之前，我将在狭义的学科语境中对价值问题提出一个实用的解构主义－女性主义－马克思主义的论点。价值问题浮现于相关文学正典构建的文学批评中。先从这个狭义的视角反问：为什么是正典？什么是对正典产生影响的伦理政治议题？通过对菲勒斯中心主义的批判，解构的冲动试图消解对经典的欲望。如果细分，菲勒斯中心主义的议题与女性主义相关，逻各斯中心主义的议题涉及对各种统治模式感兴趣的马克思主义。然而，对解构主义批评家来说，不言而喻，彻底消解正典与野史的对立，就像消解任何对立那样，是不可能的。（"不可能彻底消解"是对解构罕有的明确论断。）如果我们女性主义马克思主义者自身为另类正典构建的欲望所感动，我们会以各种旧的标准运作并改变它们。在这种情况下，批评家的任务似乎是谨慎地说明"利益"。

我们不可能回避一种历史—政治标准，尽管所谓"公正的"学院把它作为"感伤因素"而放弃。由于陷入过度决定论的困境，那种标准的出现是对多种反抗问题的回应，如下面的问题：什么主体—效果被系统地消除？主体受到什么系统训练消除自身？如何形成标准的规范？从这个角度思考，文学正典构建被视作在一个更为广阔而成功的认知暴力网中进行运作，因此不仅女性主义和马克思主义批评家提出这种问题，而且反帝国主义的解构主义者也提出这种问题。这些反抗问题和说明常被视为在构建新的马克思主义（女性主义-解构主义）文学价值观。因为我同意它们所持的观点，所以我把它们置于文章的开始，然后再转向更普遍的（或许是更抽象的？）关怀。

首先要区分的是上述聚焦于统治的观点。由于它集中于对正典的欲望，与旧标准的共谋，以及认识的暴力，狭义学科的实践观点只需持续清理（或扰乱）"唯心主义的"领域，因为它滋生出价值问题。然而，以"唯物主义"论断对价值问题进行的任何思考，都必须考察马克思对剥削的研究。

在知识界的历史闲谈层面，马克思研究剥削的故事众所周知。1857年左右，马克思开始解析货币的概念—现象，以此回应弗雷德里克·巴斯夏和亨利·查尔斯·凯里的分析，以及它们对危机管理的建议，同事回应蒲鲁东支持的乌托邦社会主义计划。我们的任务是表明，通过揭开那看似一致的概念—现象，马克思发现了经济的**文本**。人们谈到这个文本时，烹饪似乎是编织好的比喻，尽管后者有词源学的支撑。揭开盖子，马克思发现经济的锅永远都是沸腾的。烹饪的东西（在这种令人费解的表达的各个方面）总是价值。我们的任务就是表明，无论听上去多像先锋派，在这个发现的过程中，价值也应该避开本体—现象的问题。我们的任务还应该强调，这不但要求我们再次亲历终极经济决定因素的困境，而且，假如主体有"唯物主义的"论断，那么价值问题必然得到文本化的回答。[3]

让我们先探讨马克思价值结构的续篇[4]，在这一点上，做个粗略的概述：当人类—生产并直接使用（或消耗未生产的）产品时，使用价值就在发挥作用。一件物品被另一件物品取代时，交换价值就产生了。货币形式出现之前，交换价值是即时的。某一价值被无偿地生产出来时，剩余价值就产生了。而在这一续篇中，价值似乎要避开质疑本体现象学：它是什么。通常的回答是：价值是对象化劳动的再现回避对使用价值的质疑。

....

揭开貌似单一现象的货币之盖，马克思发现锅里有条恒热之链：价值—货币—资本。和黑格尔的观点一样——当然马克思不总是黑格尔式的，但此处他看似如此——那些箭头是可以逆转的。逻辑结构不必与时序结构吻合。但是，为了哲学思考和革命动员，资本概念的自决可以指向后、向前、向四面八方。（或许，前者相对容易，而后者难以逾越，致使马克思对哲学合理性本身提出质疑。）切记这点，让我们以各种关系之名充实这条热链的内容：

$$价值 \xrightarrow{表现} 货币 \xrightarrow{转化} 资本$$

（在此，我的叙述简略概括了《政治经济学批判大纲》中"论货币"那章和"论资本"那章的第一部分。）广义而言，这一链条至少有两方面是"根据原文的"。[5] 两种结局都是开放式的，各种关系的统一命名都有不连续性。

对空间的迫切需要，不允许对任何明显事物详细思考——从日常生活的细节，通过危机管理的实践机制，到像（萨谬·鲍尔斯等编辑的）《越过荒原》这类书中的硬道理——资本自决本身一开始就是开放式的。习惯上，通过进一步扩展这个链条，那个时刻便被纳入传统的马克思主义政治经济理论：

$$劳动 \xrightarrow{表现} 价值 \xrightarrow{表现} 货币 \xrightarrow{转化} 资本$$

实际上，近来对劳动价值理论的批判，其基本前提取决于这样的设想：根据马克思的观点，价值表现劳动。[6]

然而，马克思的**价值**定义确认它不仅是一种表现，而且是一种区分。商品差别所表现的，抑或自我表现的，是**价值**："我们已经看到，在商品的交换关系本身中，商品的交换价值表现为同它们的使用价值完全无关的东西。如果真正把劳动产品的使用价值抽去，就得到刚才已经规定的它们的价值。因此，在商品的交换关系或交换价值中表现出来的共同东西，也就是商品的价值。"(*Capital* I 128) 当时，马克思正在写区分的表现，或被某个代理（"我们"）表现的区分，但这种代理并不固定，就像探究者那种空旷的特殊之地，或者探究者的社群（在经济、企划和商务管理领域）。只有主张连续性的人才认为，我已经做过的描述，能够表现这种表现劳动的区分，即使"仅仅'意指'劳动在'商品'中被客体化了"。公正地说，《资本论》第一卷里的那一段不能引来支撑整个论点。但我们须记住，此处正在讨论的是关于价值的那一确定段落，也是马克思认可的关于价值的段落。为了便于讨论和思考，马克思有时必须要放弃的，抑或为了便于全面论证必须"转化"的，正是见于这段论述中的经济链或文本开始的微妙开放性。[在这种意义上，对转化问题的思考，参见 Richard D. Wolff et al., "Marx's (Not Ricardo's) 'Transformation Problem': A Radical Conceptualization", *History of Political Economy* 14, No.4 (1982)。]

现在我要继续论证，使用价值概念的复杂性同样使价值链的起源成为必须解决的问题。让我们想想一些统一的术语所涵盖不连续性，这些术语如何命名了那个链条上单个语义之间的关系。这种固有的不连续性也使链条文本化。

首先，这种关系决定了价值和货币之间的"再现"。让-菲利普·古或马克·谢尔这样的批评家对形成作为价值一般表述的货币形式所引起的发展性叙事进行评论，并在这种叙事和心理性别或语言生产的叙事之间进行适当的类比。（参见 Marc Shell, *Money, Language, and Thought: Literary and Philosophical Econo-*

mies from the Medieval to the Modern Era。应该说,谢尔说明货币历史的叙事不及马克思分析得详尽。)我所关注的是,马克思通过激进的辩证法尽量揭示看似统一的货币现象——换言之,透过否定作用揭露看似肯定的货币现象。在三部分组成的视角的每一个环节上,马克思都指出不确定的可能性,而不是止于矛盾,这是那种辩证的形态学连接衍生的力量。下面是从《政治经济学批判大纲》里凝练出来的纲要:

定位:货币商品——作为普遍交换媒介的贵重金属——通过与自身存在分离的过程将自身定位为可交换的商品:"财富最初出现的形式,是过剩的形式。"(*Grundrisse* 166)因为它促进商品交换:"一个简单的事实是,商品存在二重性,一方面作为具体产品,它存在的自然形式在概念上包含(潜在包含)其交换价值,另一方面作为明显的交换价值(货币),同产品自然形式的所有联系都再次被剥离——这种二重化、差别的存在必然发展成差异。"(147)当交换流通发生在劳动力作为商品时,该模式不仅导致差异,而且导致无差异:"在发达的交换系统中……人身依附关系、差别关系、教育关系等,其实都被打破、摒弃了……个体看似都是独立的(这种独立归根结底只是一种错觉),更确切地说,应该称之为无差别(马克思强调无差别的哲学思维,从无差别意义上来看资产阶级权利)。"(163)

否定:在流通被视为不断重复循环或总体性的内部,货币是促进两种商品交换的契机。在这种情况下,其独立的假设被视为"与流通无关",因为"断绝了(与流通的)所有联系,它就不会成为货币,而只是一种简单的自然物"。(217)在货币出现的这个时刻,肯定的同一性以一种更微妙的方式被否定:"如果一张假英镑在真英镑的场所里流通,在流通的全程会完全像真币那样发挥效力。"(210)在哲学语言里:观念自身的等值性,在这里取决于货币概念与总体流通之间的一种否定关系,服务于一种功能性的等值作用（假的＝真的）。

否定之否定：实现，在实现的地方，货币的实际数量非常重要，资本积累也从此开始。然而，其实质特征在这里同样是矛盾的（仿佛它不是非生产性积累）。因为，"要分解积聚在个人满足中的这些东西就要实现它们"（234），换言之，积累的逻辑进展只能通过它自己的中断来运作，使商品脱离资本生产的循环，进入虚拟的使用价值的消费。

我的意思是，马克思指出了不确定的可能性，而不是只指出构成链条三环节每一处的矛盾：

$$价值 \xrightarrow{表现} 货币 \xrightarrow{转化} 资本$$

这种文本化可以概括如下：空想社会主义者假定货币是万恶之源：毋庸置疑的根源。马克思把辩证法用于这个根源，通过否定的作用将它破除。在辩证的每一个阶段，总有某种东西进入文本性的开放性：无差别，不充分，断裂。（这是德里达对辩证法的隐含批评，认为它通过语义活动和战略性地排斥共同范畴而进行组织，但这种看法支持马克思的文本发生作用。"White Mythology" 270）

下面，我们谈谈所谓"货币与资本之间转化"的关系，一种前面链条中已经提到的关系。（这不同于经济学中的"转化问题"。）在这一点上，不连续性的重心是所谓的初期或原始积累。马克思自己的论述以诙谐的方式强调不连续性，并以诉诸过程而非起源的方式解决这一问题：

> 我们已经知道，货币怎样转化为资本，资本怎样产生剩余价值，剩余价值又怎样产生更多的资本。但是，资本积累

以剩余价值为前提，剩余价值以资本主义生产为前提，而资本主义生产又以商品生产者握有较大量的资本和劳动力为前提。因此，这整个运动好像是在一个恶性循环中兜圈子，要脱出这个循环，就只有假定在资本主义积累之前有一种"原始"积累（亚当·斯密称为"预先积累"），这种积累不是资本主义生产方式的结果，而是它的起点。这种原始积累在政治经济学中所起的作用，同原罪在神学中所起的作用几乎是一样的。亚当吃了苹果，人类就有罪了。（*Capital* I 873）

马克思的解决方案是：

> 资本关系以劳动者和劳动实现条件的所有权之间的分离为前提……因此，所谓原始积累只不过是生产者和生产资料分离的历史过程。（*Capital* I 874－875）

这种用过程问题替代起源问题的方法，是马克思的整个黑格尔遗产的一部分，这见于他早期在《1844年经济学哲学手稿》中对该问题的论述："最初的人类和普遍意义上的自然，从何而来？"（*Early Writings* 357）

但是，当资本得到充分发展时——在其构成时刻，剩余价值的提取、占有和实现的过程，在没有任何额外经济压力下进行——资本的逻辑表明资本产生资本。这个时刻既不会伴随强行提取前资本主义生产方式的剩余价值而出现，也不会随着利息资本或商业资本的积累（贱买贵卖形成的积累）。马克思强调，这个时刻必然导致劳动力主体明确作出论断的历史可能。事实上，它可能表明，劳动力的"解放"是对这种论断的社会可能的一种说明。这里主体被表述为自身的结构性过剩，剩余价值的生产超出了必要劳动。因为正是主体的过剩生产这种必然的可能性才是资本的真正根源，所以马克思特别表明，资本耗尽劳动力的使用价值。假如政治经济批判只是一个恢复使用价值的社会问题，这会成为一个悖论的转折点。"科学社会主义"明显不同于"空想社会主义"，后者致力于恢复一种摆脱资本逻辑或雇佣劳动的劳动。自从早期的《经济学哲学手稿》以后，马克思只是非常概括地论述过该前提所涉及的极端多样性。当然，或许可以这么说，在革命实践中，对社会公正的"兴趣""不切实际地"将非逻辑的力量引入资本与自由劳动力之间的——契合哲学正义的——商品使用价值之中。如果继续其逻辑顺序，革命实践必须持续下去，因为它不需要进行任何理论 - 目的性的确证。或许，把这种开放性的情境称作一种文本性的嵌入，并非完全是空想。在根据"所有社会生产方式的共同基础"运作的最大化的社会生产里，与劳动相关的那种更明智的概念是限制这种嵌入力量的一个选择（*Capital* III 1016）。

在持续主义那种浪漫的反资本主义当中，恰恰是使用价值（及简单交换或基于使用价值的物物交换）以一种模糊的方式为社会"价值"提供了最安全的保障，即使学院派经济学把使用价值降低为纯物质作用也是如此。使用价值领域可以恰当地提供文字处理（关于这点，后面再谈）和独立的商品生产（手工缝制的皮凉鞋）。我们的学生们抱怨说，他们阅读文学作品是为了消遣，而不是为了解释，同时我们大多数"创作的"同行戏谑地蔑视超越评论的批评，而主流批评家又仇视"理论"。另外，在我的阅读中，正是使用价值使整个文本的价值链条受到质疑，从而使我们看到甚至文本化（就语言学归纳或符号学归纳所隐含的控制而言，这已是一种进步）也不过是一种随意牵制的方式。

对于解构主义手段的经典方式而言，使用价值既处于价值决定的系统之外,又处于其中(对解构主义"手段"的讨论,参见 Derrida, *Positions* 71)。之所以在价值决定的系统之外,是因为使用价值无法用劳动价值论衡量——处于交换循环之外——"一个物可以是使用价值而不是价值。"(*Capital* I 131)可又不完全在交换循环之外:交换价值,在某些方面是价值类术语,也是一种过剩或使用价值的寄生物:"(交换的)这一特点尚未决定全部生产,只是影响生产过剩,因而,它本身或多或少有剩余……无意间,满意度提高、愉悦感增强……因此,商品交换最初发生在原始公社的边界,在与其他公社接触的少数地点出现。"(*Grundrisse* 204)。

部分—整体的关系在这里彻底改变了。[德里达称之为"隐匿"(invagination),"The Law of Genre", *Glyph* 7 1980。我对"隐匿"的讨论见 *Displacement: Derrida and after*, ed. Mark Krupnick 186 - 189)] 寄生的部分(交换价值)也是关于整体类型的术语,因而允许使用价值在宿主之内成为标准,但同时又将它抛弃,因为只有去掉它才能限定价值。另外,既然使用价值的单一情形可以成为工人希望消耗劳动(的情感)本身的情形,所以那必然的可能性使主体作为劳动力的"唯物主义"的论断变成了不确定的,或是受资本逻辑协调和组织的过剩变成不确定的。就那种必然可能的"特例"而言,这种论断再也不能被视为超出社会必要劳动的剩余劳动。关于情感的必要劳动问题引发随之而来的欲望问题,并因此用另一种方式质疑资本逻辑的纯哲学合理性,但未必转向乌托邦理想主义。

如果不认真关注国际劳动分工而提出情感的必要劳动(在当前消费资本主义社会化的情况下可行的话)本身即是劳动的观点,其结果可能是一种先锋主义的政治。尽管它是对世界经济体系的真诚召唤,但我还是认为,这可能是安东尼奥·奈格里的零工作(zerowork)理论的问题。[7] 同类相斥性(syncategoremes)

被巧妙地排除在系统之外，使得主要义素能够控制系统形态，因此（德里达认为）它也许和作为私用语的使用价值的多样性有关。不过，对德里达而言，资本一般是产生利润的商业资本。因此他认为剩余价值就是资本过剩，并非"唯物主义"主体论断的自身过剩。这个有限的概念只能导致资本与主体或商品与主体之间的"唯心主义的"类比。

社会必要劳动的概念基于对生存和再生产的认识。必要劳动是工人自身"再生产"所必须付出的那部分劳动，其目的是根据流行的价格结构来维持对资本的优化使用。现在，如果对生儿育女家庭生活的再生产的动态给予更多关注，比如说，固定资本和流动资本之间在不同时刻的关系，那么劳动力主体的"唯物主义"论断就以另一种方式呈现出不确定性，因此也不会受到各种乌托邦思想和"唯心主义"的"反驳"。当女性主义者和主流马克思主义者囿于居统治地位的实证主义或正统辩证法时，这种价值文本性的扩展就常常得不到他们的认可。[8]他们有时试图阻止这种扩展，认为它是（马克思主义和女性主义之间的）一种对立，或是秉承连续精神，记载家庭的社会化功能或构成意识形态的功能，把它们作为生产工人的直接方法，于是也参与资本主义剩余价值的生产循环。他们还试图以资本的逻辑将家务劳动合法化。这些观点大部分产生于紧迫的情境。我亲历其中，难以中立地作出批评，本文的最后一页可作见证。鉴于实际上难以对它们提出替代的方式，所以这些拒绝的姿态显然也令人赞赏。

让我们考虑一下展现价值链的"文本性"的最后一项。我们已经谈到，在总体流通中，或是在马克思解读货币的否定环节，货币被视为与流通无关，因为"断绝了（与流通的）所有联系，它就不会成为货币，而只是一种简单的自然物"。流通本身具有形态学的（即使不是"切实的"）力量，它使货币回到自然状态，并摆脱价值的文本性。然而，赋予货币形式以文本性的，也恰恰是流通。作为结构性描述的文本性表明，差别（增加和减少）的作用打开了同一性即平等。如下所述，流通恰恰是在货币形式自身中进行的："不论你把1盎司的金子怎样颠来倒去，它绝不会重10盎司。可是在这里，在流通过程中，1盎司实际上确实等于10盎司。"马克思把这种现象称作货币作为"价值符号"的"存在"。"货币流通是外部的运动……由于各种各样的手、钱包、衣袋、票夹的磨损……硬币损耗……因使用而损耗。"(*A Contribution to the Critique of Political Economy* 108)

在第一个辩证的"阶段"，如果流通可能从形态上避免使货币回归自然，那么在第三个"阶段"，显然它自身可能被扬弃为**精神**："生产的连续性以不考虑流通时间为前提。资本的性质假定它经过不同的流通阶段，但不像它在理念——再现中那样，以思想的速度从一个概念变成另一个概念，而是像依照时间分开的不同境遇。"(*Grundrisse* 548)通过这样把流通扬弃为精神，作为连续整体的（价值）生产将消除价值本身。因为如果价值不在消费里实现，那么价值将不成为价值，严格说，将处于生产循环之外。因此，作为价值的最高表达方式的资本，"假定它经过不同的流通阶段"。如前所述，这种结构因使用价值的隐匿而产生问题。

在无线通信当中，资本的流通时间是否进入思想转换的速度（甚至更快地）？价值的（劳动理论）是否在微电子资本主义社会里已经过时？让我们记下这些诱人的问题。下面我会详细考虑它们。

马克思对价值文本性的思考，基于劳动力主体的论断，但并未回答本体—现象学的问题"价值是什么"，尽管这使我们感到评估和价值形成机制的复杂性。它向我们表明，不论广义和狭义的价值形式——在经济领域，它一般被理解为狭义的——都是不可逆转的共谋。这意味着把对经济的思考作为"简化主义"而取消的虚幻性。我已经指出有效抵消这些提议的各种方案：在货币形式的发展中找出一种酷似精神分析的叙事；将隐喻或语言的类比引入其中；把家务劳动或智力劳动纳入其中的价值生产的概念，在资本逻辑中得以扩展。当意识本身被纳入"唯物主义"的主体论断时，会出现什么样的关于价值形成的叙事呢？

在"唯心主义"的类比中，如果意识被看作对自身的必然过剩，那么我们就可以记录特殊的通用等价物的产生，这种等价物在我们松散地所说的"思想"里可以衡量价值的生产。如像货币商品失去商品功能那样，这些等价物本身不再被看作"自然的典范"。（因为这些类比必然是不精确的，终究难以道尽。）这种通用等价物的情形之一是"普遍的人性"——既是心理的，又是社会的——它是文学和社会里的价值标准。只有在半开玩笑的情况下人们才会提出，某些"重要"文学的"信誉"是通过资本积累以这种通用等价物的各种转换再现的。在阿尔都塞的"理论生产"模式里，"纯理论"可以被看作另一种通用等价物的实例。在叙事当中，任何商品都可能以价值形式成为"欲望之所在"，如果价值的相对化作为一种向叙事阶段的回归，那么按照古所做的类比，它就是弗洛伊德所说的多变的反常阶段，可以被导向类似象征主义和后现代主义的那些多变的美学。

……在《道德谱系学》一书中，尼采为我们提供了一件物品从常见的交换循环当中分离和转化的两个时刻。这两个时刻值得提出，因为该书是尼采系统地"批判道德价值"的尝试，是对"这些价值的价值"提出"质疑"的尝试（Grundrisse 348）。尼采的事业，并非根据我称之为劳动力的"唯物主义"主体——论断完成的，而是以"唯心主义"主体批判的方式完成的——论断作为意识，通过"语文学"和"生理学"双重决定因素（Nietzsche, *On the Genealogy of Morals and Ecce Homo* 20）。由于这是把价值历史重写成被抹去又不连续的符号链——持续的符号链——因此切断与货币指涉关联（罪与罚作为交换系统）、与钱币书写关联的情况大量存在。更关键的时刻，即货币-商品的分离，一次在开始时谈到，一次在"当下"出现时谈到，它把替罪羊和那种否定姿态分开，使它们分别变得慈悲。众所周知，那种否定是债权人为债务人做出自我牺牲的时刻，也就是扮演基督教故事中上帝之子的角色（*On the Genealogy of Morals and Ecce Homo* 77，72）。[在尼采那里，"开始"和"当下"的任何概念，都因系谱方法成功的前鉴而引起争论："整个过程是聚集符号的所有概念都难以界定；只有没有历史的概念才可以界定。"（*On the Genealogy of Morals and Ecce Homo* 80）]

我认为，毫无疑问，对马克思而言，正是这种分离，而非刻写或复制，才是哲学层面上价值话语的关键时刻。这里关注马克思关于外国语言的概念——隐喻是很有意思的。通常我们讨论语言（language）时，即使以小写的形式拼写，或是改作言语（parole），该词似乎也保留着大写的"L"字母。一种必然的前批评的语言概念表明，在母语里"词"与"现实"不可能分开。在使用这一概念时，马克思提出了一种非常深刻的看法：价值形式的发展把"词"与"现实"（即能指和所指）分离开来。这是一种只有在学习外语时才被理解的现象："将货币同语言比较是……错误的……为了流通，为了进行交流，一些理念不得不先从母语译成外语。这些翻译的理念提供了一种更好的类比；但此时的类比不在于语言本身，而在于语言的异国性"（*Grundrisse* 163；如果这是专门讨论，必须尊重语言学词汇的特殊性，我当然不会将词/现实和能指/所指等同起来）。确实有意思：用交换价值必需的后货币概念，定能说明"政治经济……关乎（具体的）劳动和（特定的）薪水（之间）的……等价系统"，索绪尔告诉我们，即使用母语，差别劳动仍是原始的，就算它是最"本土的"，语言也始终是"外来的"，纵然在"精神实质"中，

"语言的能指……不是由物质实体构成的，而只是由其声音意象的特性所构成"（*Course in General Linguistics* 79，118-119）。

经济与文化之间的二元对立，影响如此之深，致使人们依"唯物主义"主体论断提出价值问题的全部含义都难以概念化。人们预料不到目的论的转折：这些含义对新评价可能产生灾难性的后果；充其量，能想到不断抵消对立性，同时，虑及这样的事实：首先，几乎在我们的所有决定中，都体现着文化价值体系与经济价值体系之间的结合；其次，经济简化论，实际上是非常危险的。这是一个悖论：资本主义的人文主义，确实默认以"唯物主义"的价值论断来明确说明，尽管资本主义的官方意识形态本身提供了人文主义话语，而发达国家的马克思主义文化研究，不可能在"唯物主义"主体论断中提出价值问题，因为这个问题会迫使人们承认，剥削的文本可能使西方文化研究卷入国际劳动分工之中。[9] 倘若有点奇怪，或者让我们用过程这个词。对于作品生产而言，这是一个极其方便有效的手段。

这定能使我们用极短的时间写出更为大量的作品，而且更易于操作。作品的"质量"——"唯心主义"的价值问题——和手工排字的使用价值一样——情感的必要劳动——此时都变得无足轻重。（当然，不可否认，处理器本身有可能产生情感的使用价值。）甚至可以说，从"唯心主义"阵营内部开始，紧随A.B.洛德教授到沃尔特·J.翁神父的潮流，如下所述：我们没有从"一开始"就参与创作，却可能对它给语言世界的口头表达所造成的破坏追悔莫及；可是，我们处在电信的起始阶段，而且，完全被有效的历史意识形态包围，料不到经编程随机拼凑的策略性排筛会形成各种转换。（A. B. Lord, *The Singer of Tales*; Walter J. Ong, *Orality and Literacy.*）

这些并非我所强调的反对意见。而我想讨论的事实是，正如流通时间获得了思想表层的即时性（甚至更多），表面上达成一致确保了生产的连续性，该连续性必然止于资本：它的运作手段，是要使买办国家的劳动储备处于这种即时性之外，从而确定跨国投资没有充分地自我实现，是由于工人阶级融入了消费主义－人文主义。[10]《资本论》第一卷的一番老生常谈是，技术发明使相对剩余价值的生产成为可能，而不是绝对剩余价值的生产。(Capital I 643－644."绝对剩余价值"是方法论上不可约减的理论假定。) 由于相对剩余价值的生产和实现，通常伴有技术进步和消费主义社会化的增长，增加无限循环中的资本支出，资本主义社会内部存在的矛盾促使产出更多的绝对剩余价值、更少的相对剩余价值，成为其危机处理的一部分。就此行动而言，它是以用来维护在较为原始的劳动立法和环境监管状态下的买办剧院的资本"利益"为出发点的。此外，由于电讯研发和随之而来的竞争飞速发展加快了固定资本的淘汰率，因此，固定资本和流动资本之间的优化关系已遭受破坏，而且，买办剧院往往被迫接受后工业主义经济废弃和过时的机制。要以本文的哲学用语陈述这个问题：与劳动力的过剩一样的问题，似乎在电讯中否定了自身，经改变国际劳动分工的路线而不断产生否定之否定。这就是为什么任何对劳动价值论的批判，都指向后工业主义理论的不可行性，或作为经济指标的运算，忽视了第三世界存在的黑暗。[11]

众所周知，近来国际劳动分工加剧，受害最重的就是妇女。当前的形势下，她们是真正过剩的劳动大军。对她们而言，父权制社会关系促使她们的生产成为超剥削的新焦点。[June Nash and Maria Patricia Fernandez-Kelly (eds.), *Women, Men, and the International Division of Labor*] 如上所述，要在那些社会关系中思考性别再生产与家庭的处境，应说明纯粹的（或不受限制的）"唯物主义"主体论断是排除异性的。

学术界必要时会强调，美国传统至多是个体的亚当主义和松散的领域。[12]在学术界内部，就政治激进主义而言，这种自由精神只能通过分析和预测具体反抗措施的战略效果而发挥作用：抵制消费品，抗议在实行种族主义内政的国家里投资，联合起来反对种族灭绝的对外政策。考虑到电讯强化了国际劳动分工、增加了女性的负担，这种自由精神应对自身的奔放激情予以遏制：对计算机信息检索和理论生产的资助进行同样的认真审查。"解放"劳动力中那个过剩的主体，需要消除额外经济的强制性。因为实证主义的愿景只能认识后者，也就是控制，在像美国这样的后工业文化中，电讯似乎只能带来对主体无限自由的承诺。在"世界上其他地区"，经济强制的剥削是隐而难觅的。

在杰出的美国左派创办的公众论坛上，对这些情绪的表达竟是揶揄之辞："她不会让工人得到咖啡！"其实，我不想说文学批评家应该拒绝文字处理器。我认为：喝着咖啡的工人和码着字的批评家，都主动遗忘咖啡机和文字处理器的实际价格存在剥削时，人们定会提出用"唯物主义的"方式表达价值问题。显然，不是所有文学批评家都需要这样。但若是当今的美国文学批评家，都决定只在不被承认的民族主义"生产力"视角所允许的框架内提出价值问题，她就别指望处处都受到重视。（当然，真正的问题是她**必会**受到重视，而且多国意识形态再生产的工作也会继续。）倘若在这一点上，我的看法被误认为一种尴尬的经济决定论，那么接下来可以具体讨论："缺少和超出经济决定论。要保证不超出经济决定论，就是承认……必须有一种交流的途径。这个途径势必在文本中留下痕迹。如果没有那种痕迹，只有结论内容，那么过度超验的文本"——我一直尽力说明和揭示经济话语的文本性——"就会酷似前在的批判文本"——经济决定论——"因此很难与之区分。现在，我们须思考这种相似性的规律"。（Derrida, *Of Grammatology* 61）在这篇文章里，我只是鼓励这种思考，并且认为，如果遵循马克思，可能会"抹去"

经济的文本，即可能会看出其运作中不可避免的、广泛的重要意义，并质疑它作为一种最后方法的概念。（顺便提一下，这也是强调"抹去"既是一种肯定的姿态又是一种否定的姿态。）1985年，沃尔特·本雅明说的那句名言，即"没有一部文化档案同时不是野蛮的档案"（*Illuminations* 256），应该是马克思主义价值论研究的一个开始，而不是一个终点。"文化主义"否认经济的全球运作难以控制野蛮的伴生物。

另外，如果有人提出建议，从长远考虑，由于跨国公司，每个人都将拥有文字处理器和咖啡（更不必说枪支和黄油了），进行价值判断的批评家一定愿意参与萨米尔·阿明和后来的比尔·沃伦之间的讨论，前面我已概略地谈到一些。（Warren, *Imperialism: Pioneer of Capitalism*; Amin, "Expansion or Crisis of Capitalism?"）她一定准备承认，统一教会由于受到欧洲货币和"市场全球化"（我们将它解读为"全球危机"）机制的推进，所以它不会为这种无知的希望提供多大的可信度。

············

在"马克思（并非李嘉图）的'转化问题'"上，理查德·A. 沃尔夫、布鲁斯兄弟和安东尼奥·科利瑞提出，"马克思……思考社会客体时，认为其流通过程是生产过程有效的先决条件……与之相关的规模必然是消耗生产资料的产品价格，而不是实际凝结在产品中的抽象劳动时间"（Wolff, "Marx's 'Transformation Problem'" 574）。此外，迄今我一直认为，将劳动价值论搁置一边，就是忘记唯物主义主体论断的文本与价值的含意。但是，我所引用的段落，似乎恰当地说明了暂且把该理论搁置一边的视角变动。这一变动的结果是："等价交换**势必**在具体的资本主义竞争过程中**构建起来**，这种过程倾向于确立以总资本平均利润率的形式对无偿劳动时间进行按比例的分配，**不再**像第一卷里设想的那样。"（Marx's "Transformation Problem" 572）所以，作者们处于劳动价值论的特定领域，但他们继续提出，由于"马克思关注的（是）作为其话语对象的阶级关系……而与此同时，对产品价格的量化而言，价值概念仍是至关重要的。产品的价格，作为劳动时间的绝对量，**只能被视作对价值的特殊偏离**"（Marx's "Transformation Problem" 575）。

在这些论述里，我并未触及价值－价格关系的话题，而是针对抽象劳动时间的物质体现，质疑限定价值定义的机制。实际上，我认为，《资本论》第一卷的前提本身依赖于一种可称作构成的归纳方式。（*Capital* I 135）在概括沃尔夫及其合著者的观点时，我发现马克思聚焦于阶级（生产方式），一定符合他所处的危机阶段（世界体系）。而沃尔夫及其合著者着眼于劳动价值论的状况，同时界定产品价格是有偏差或差别的，使我们感到极为合理。在经济学学科内部，必须防止任何将使用价值文本化的想法，它必须表明："马克思……肯定价值与价值形式的相互依赖（被理解为产品价格），但只是将两种概念之间的关系看成独立与依赖的各种变量之间的功能关系，这种相互依赖难以表达出来。"[13]当我更为确定地谈论自己学科话语范畴时，也许可以恰当地表明，本文只不过是指出相互依存关系中某些变体的令人困惑的意识形态空间。

现在，我将借用本文开始时的另一个术语：德里达在"谨慎地申明利益"中使用的"利益"概念。德里达认为，作为资本增值或附息的剩余价值，如前所述，是受限制的。我只不过把它从那种"错误的"比喻中夺回，使它"文学化"[14]。如果我们提出并回答价值问题，似乎只能在关于价值生产的文本中申明自己的"利益"。

我提出这个方案，是因为"如何使'基础论'的批判——有些像它的客体那样无休无止并经常误入歧途——与意识形态批判联系起来，这个问题仍然有待我们解决。意识形态批判至少有暂时终结,并以研究和'政治'实践告终"。(*Dominick La Capra*, Lecture given at Wesleyan University, 1984) 早期的德里达曾使我们确信,"解构会成为自身批判的牺牲品",但基本上被人们忽视了。(*Of Grammatology* 24) 后期的德里达没完没了地重复这种预警,因此,往好里说,被视为一个形式的实验者;往坏里说,则是乏味又重复。从最后的几页论述可以清楚地看到,我不大赞同让-弗朗索瓦·利奥塔把善意的"偶像崇拜"作为价值论模式,也不大赞同尤尔根·哈贝马斯的欧洲中心理性主义。(Jean-François Lyotard, *Instructions païennes*; *Rudiments païens* with Jean-Loup Thébaud, *Au Juste*. Jürgen Habermas, *Communication and the Evolution of Society*.) 更有意思的一个解决方案,是多米尼克·拉·卡普拉提出的"转移史学"。然而还存在某些占用无意识活动的欲望,对此我们应该有所认识。因为,"反复将过去转移到现在"(拉·卡普拉的转移史学的做法)可能过于连贯,在转移交往中成为一种无害的方式。但如果只是说,"有待解释的文本或现象可以回答甚至足以使人改变思想,因而是一种有用的批评虚构",这显然是不够的。(La Capra, *History and Criticism* 73) 鉴于拉康对转移与伦理时刻关系的详尽揭示,我只能在这里重申一个先前的怀疑,且不是按照史学的方式而是按照文学批评的方式来进行表达:

  通过拒绝谈论精神,通过谈论文本是自我宣传机制的组成部分,文本与人之间的差异并不会轻易消失。主体那种分离的、不连续的隐喻,承载着欲望的重负或被欲望的重负驱使,它确实系统地误导并构成文本的机制,承载着"修辞"的重负同时也被"修辞"驱使。人们不可能逃避这种情况,把前者作为生产削减的残余而弃之不顾,把后者作为可能是唯一对"哲学的"文学批评的关注。这种主体"隐喻"和文本"隐喻"之间的对立,需要被无限地解构,而不是被等级化。(Spivak, "The Letter as Cutting Edge", *Literature and Psychoanalysis: Reading Otherwise* 225)

我提出的这个方案——"在价值生产的文本中审慎地申明利益"——出自独立主体最可疑的作用,即所谓认真思考的意识。因此,无法保证在解构中将这种需要凝结成一种强制的理论普遍性,尽管这自然会受制于所有伦理-逻辑的理论。对这种运作想象地占有(必然涉及文本),如果不经过认真思考是难以领会的,即便是在最自觉的转移境遇里,无论如何也都只能抵制而无法完全避免。

最后,我要援用本文开始的第二段,我在那里写道:"'唯心主义'和'唯物主义'两者都是排他性的论断。"所有论断都是排他性的,而且是以部分替代所谓整体的换喻原则进行运作:"人们只要维持循环的表述(例如,返回起点,封闭循环),其意义就立刻被置于修辞的转义之中,不是隐喻就是换喻。"(Derrida, "White Mythology" 264)在这种意义上,"唯心主义"与"唯物主义"的主体论断都是主体的换喻。就主体构成的写作而言,拉康写道:"隐喻的双发机制是由征兆……所决定的机制。欲望给'自然哲学'造成困惑……意味着没有其他本能的扰乱……只有换喻的干扰。"("The Agency of the Letter in the Unconscious", *Ecrits* 166–167)由于两种论断是主体的概念,所以它们都是主体未被承认的隐喻性代言。在隐喻和换喻、征兆与欲望之间,政治主体使自身与转移的分析疏离,以"不切实际的"方式,并非以理论基于实践的方式来明确"利益"。为了避免我看起来又在令人不安的抽象层面上操作,让我来选择一个最易懂的陈述。这就是《麦格劳-希尔现代经济学的词典》对经济文本运作中关于想象思考的解释:

起初，道琼斯平均指数代表一批股票的平均（算数平均数）股价。股份拆分时，平均指数中债券的替代作用和其他因素都出现了，而方案是为了补偿这些改变而制定的。虽然道琼斯平均指数不再代表组群实际的平均股价，但仍旧很好地体现出股价的标准与改变。（178）

我前面说："在'唯物主义'主体论断里提出的价值问题，其含义不可能被充分理解。"现在我必须承认今天许多马克思主义理论家都承认的东西：在任何理论构想中，充分理解的视域必然无休止地推延。关于那个视域，可以窥见的并不是乌托邦。（Jameson, *The Political Unconscious: Narrative as a Socially Symbolic Act* 103f.）因为乌托邦是对地志学描述的历史尝试，如果这些尝试在实际社会实践中得以充分体现，那么这些描述定然难以理解。在理论生产中，人们承认唯心论与唯物论合谋，甚至人们有意远离唯心主义时也是如此，只是人们以"启示的方式"来标示这种开放性。[15]这种方式表明了实践时刻的多元化启示，在我们的具体情况里，它包括一套或整体的意识形态批判，美学的修辞转义，经济上意识到表述行为或运作的价值判断。我这里谨慎的语言应该清楚地表明了实践时刻并不是"实现"。在多元化的启示中，身体并未上升。并不是特别需要将这种情形视为阉割的主题。作为其概念——隐喻，为什么不承认对身体生存反复变化所做的行为和运作的价值判断？它们适应历史上称之为妇女的工作，或指定为最少组织的家务劳动，为什么不予承认？为什么把理论和实践（这里指进行价值判断的依据）之间不可归纳的不适宜性挪用到俄狄浦斯的困境之中？

我对这种审慎的尝试并未提出任何特别的辩护，以表明在前批判经济主义和价值决定论中经济文本的作用之间存在差异。而且，我也不想在丧失赎回权时谋取某些"利益"。

注 释

［1］就约翰·菲克特教授对本文给予的彻底批判，我深表感激。

［2］对这个问题的所有认真思考，都必须要考虑汤姆·巴特摩尔和大卫·弗里斯比所翻译的格奥尔格·齐美尔那本不朽的《钱币哲学》(*Philosophy of Money*, London: Routledge and Kegan Paul, 1978)。斯皮瓦克与齐美尔的分歧相当大。齐美尔擅长用类比的方式写作，承认"唯心主义"与"唯物主义"论断之间的连续性。尽管严格地说，他了解剩余价值的争论，但主要对交换价值感兴趣。因此，他的反社会主义是针对前马克思式的社会主义的。正如译者们在他们为人称道的导言里注释的，他很少参考马克思的观点，但并非与马克思文本的认识相左。而斯皮瓦克也已深受其思索的影响，例如有关金钱与个人主义之间关系的思考，以及对初期的沃洛西诺夫——后来被称为"行为意识形态"的思索方面；他甚至以某种方式把女人当作商品。在这些方面，他应该会既有别于著有《家庭的起源》的恩格斯，又不同于写出《新教伦理与资本主义精神》(*The Protestant Ethic and the Spirit of Capitalism*)的韦伯。

［3］此处，我有义务申明本文后面的"回答"决不可当作结论。这是她第三次尝试回答这些质疑。第一次，是在威廉·E. 凯恩编辑的《文学的哲学研究方法：19、20世纪文本的新评论》(*Philosophical Approaches to Literature: New Essays on Nineteenth – and Twentieth-Century Texts*, Lewisburg: Bucknell University Press, 1984)中读到"德里达之后的马克思"。第二次，是"同一问题"的扩展版，即将出现在德瑞克·阿特兹，杰夫·本尼顿和罗伯特·杨编辑的《历史哲学：后结构主义路径》(*Post-Structuralism and the Question of History*, MA: Cambridge University Press)中。

［4］假如我们把马克思、弗洛伊德、尼采（德里达，包括海德格尔）视为代表不连续性的西方重要思想家，背离或受制于他们的方法，会导致无法逾越的鸿沟和各个方面的改变，那么，一种解构式解读表明他们的文本是一个论争的战场，是在不连续性的暗示与强力构建一种具有确定的开始（本原）、中间（历史的跨越）和终结（目的）的连续论证之间的论战。

总体而言，学术研究试图建立论证的连续性。因此被普遍作为马克思、弗洛伊德、尼采原著的各种续篇应运而生。

[5] 这种假设的文本批评：(a) 狭义而言，即使"理论"文本产生于语言，(b) "现实"是不连续性和构成性差异的产物，它的"起止点"都是暂时的、变化的。"我们不再拥有此种三分法：现实的领域（世界），再现的领域（书），主体性的领域（作者）。毋宁说，一个配置将分别源自这三个类别的某些多元体加以连接，从而使得一本书不再有续篇，不再将世界作为其客体，也不再将一个或多个作者作为其主体。"（德勒兹、加塔利：《千高原》，姜宇辉译，上海书店出版社2010年版，第30页。——译者）

[6] 下面，我更详细地参考这篇评论。在此稍加核实即可：Piero Sraffa, *Production of Commodities by Means of Commodities* (Cambridge, MA: Cambridge University Press, 1960); Samir Amin, *The Law of Value and Historical Materialism* (New York: Monthly Review Press, 1978); Diane Elson, ed., *Value: The Representation of Labor in Capitalism Atlantic Highlands* (NJ: Humanities Press, 1979); Lan Steedman, *Marx after Sraffa* (London: Verso Edition, 1981); Lan Steedman, *The Value Controversy* (London: Verso Edition, 1981).

[7] 对该理论出色的论述，详见以下绪论部分，其实足有两刊；*Zerowork: Political Materials* 1 & 2 (December 1975 and Fall 1977)。这种思想最具革命性的启发之一，就是工人阶级包含无酬阶层和有酬阶层。斯皮瓦克想要说明的是，与外围资本主义社会里的无酬阶层相比，社会化资本中的无酬阶层有不同的地位和定义。

[8] 一个明显的例外是，在戴安娜·埃尔森所编辑的《价值》（*Value*）一书中，有一篇《劳动价值理论》（The Value Theory of Labor）。斯皮瓦克在《女性主义与批评理论》（Feminism and Critical Theory）中提过一些类似的理论，即将刊登在保拉·特瑞赤拉的《致母校》（*For Alma Mater*）上（Urbana, IL: University of Illinois Press）。

[9] 黑兹尔·卡比和当代文化研究中心编辑的《帝国反击战——70年代英国的种族和种族主义》（*The Empire Strikes Back: Race and Racism in 70s Britain*, London: Hutchinson, 1982）是一个重要的例外。这些作者们，不但

第十四章　关于价值问题的零星思考　313

意识到英国种族主义和国际劳动分工之间的联系，而且还意识到英国的种族关系研究难以伪装成第三世界的总体研究。

［10］有一种针对这种现象的劳动主体在稳定增长，或许看看《拉丁美洲北美议会》（*NACLA*）、《亚洲问题学者通报》和《经济政治周刊》这类刊物就能了解。参见凯瑟琳·考夫和哈里·夏尔马合编的《南亚帝国主义与革命》的第一部分（*Imperialism and Revolution in South Asia*, New York：Monthly Review Press, 1973）；萨米尔·阿明著，布莱恩·皮尔斯译《不平等的发展：论外围资本主义的社会形态》（*Unequal Development*: *An Essay on the Social Formations of Peripheral Capitalism*, New York：Monthly Review Press, 1976）；还有谢丽尔·帕耶的《债务陷阱：国际货币基金组织与第三世界》（*The Debt Trap*: *The IMF and the Third World*, New York：Monthly Review Press, 1974）和《世界银行：批判性分析》（*The World Bank*: *A Critical Analysis*, New York：Monthly Review Press, 1982）。

［11］参见 Deborah Fahy Bryceson, "Use Value, the Law of Value and the Analysis of Non-Capitalist Production", *Capital & Class* 20 (Summer 1983)。斯皮瓦克与布莱森在理论细节上存有分歧，这些并不影响她此处的讨论。此处，她对"第三世界"的描述有关主要的"外围资本主义的发展模式"，通过"与当地剥削阶级联合的帝国主义联盟"发挥作用（Samir Amin, *The Future of Maoism*, trans. Norman Finkelstein, New York：Monthly Review Press, 1982, pp. 9 - 10）。

［12］尽管具备诸多必要描述，这个讨论还是引发了许多关于美国 19 世纪和 20 世纪特定时期的批评。大致可以追踪到 F. O. 马蒂森的《美国文艺复兴：爱默生和惠特曼时期的艺术与表现》（F. O. Matthiessen, *American Renaissance*: *Art and Expression in the Age of Emerson and Whitman*, London：Oxford University Press, 1941），经过 R. W. B. 刘易斯的《美国亚当：19 世纪的纯真、悲剧和传统》（R. W. B. Lewis, *The American Adam*: *Innocence, Tragedy and Tradition in the 19th Century*, Chicago, IL：University of Chicago Press, 1955），直到保罗·谢尔曼的《迷失在爱里的美国》（Sherman Paul's *The Lost America of Love*, Baton Rouge：Louisiana State University Press, 1981）。

［13］参见 Wolff, "Marx's Transformation Problem", p. 576。顺便提一

句，这也暴露出"否定"劳动价值理论的门外汉所犯的错误，因为"你无法从中得出价格的由来"。马克思的理论，是在最广义的阶级关系决定论中，政治、经济和意识形态都相对自治的理论。因此，这点不是要把价值简化为价格运算，尤其是在一般均衡的模式里。沃尔夫等人考虑到这点才导出了等式。不过，他们意识到，比较重要的问题是，马克思理论的实践环节质疑抽象经济的严谨，恰如我在正文中所提出的：马克思理论的价值论环节质疑纯哲学的合理性。

［14］这个概念最具影响的发展，是神秘的《教唆：尼采的种种风格》(*Spurs: Nietzsche's Styles*, trans. Barbara Harlow, Chicago, IL: University of Chicago Press, 1978)。斯皮瓦克认为，神秘之处就在于德里达此时正试图使"女性成为他的主体"（他的"兴趣"?），谜一般地暗示"积极的解构"。因为她很快就会解释，她的兴趣概念必须把冒险与谨慎的意识联系起来。写作本文后一年多，在执行最后的编审时，她开始意识到保罗·德曼早已那么敏锐地预言了这种这一从"错误的"隐喻到政治实践领域中"文学化"的转移。这会详细阐述德曼在《阅读的寓言》中完整而复杂的讨论，与她的转移、措辞，以及随后"文本性"定义中的"比喻"之间进行对比。"我们称作文本的任何实体，都可以从……两方面视角来思考：一种生成性、开放式、非指涉性的语法系统，以及一种被先验系统封闭的比喻系统，它颠覆了使文本作为自身存在的语法规则。"（Paul de Man, *Allegories of Reading* 270）此处，通过指出这点来加强对比，将近同一页的页脚，德曼简明地描述出这种颠覆的必要性，这种封闭，以下列方式："……如果文本没有起作用，它就无法言明它所知道的。"

［15］见"*On An Apocalyptic Tone Recently Adopted in Philosophy*", trans. John P. Leavey, Jr, Semeia 23 (1982)。斯皮瓦克认为，从这一晦涩的文本中有可能读出开放式的实践政治。她希望在即将出版论德里达的书里付诸详细的讨论。她会满足于引用相对较少的格言："提高或者定下较高的基调……是要……使内心的声音极度兴奋，内心的声音是我们心中的另一个声音。"(71)

参考文献

Althusser, Louis. *Lenin and Philosophy*. Trans. Ben Brewster. New York:

Monthly Review Press, 1971.

— *For Marx*. Trans. Ben Brewster. London: New Left Books, 1977.

Benjamin, Walter. "Theses on the Philosophy of History". *Illuminations*. Trans. Harry Zohn. Ed. *Hannah Arendt*. New York: Schocken, 1969, 253 - 264.

— "The Author as Producer." *Reflections: Essays, Aphorisms, Autobiographical Writings*. Trans. Edmund Jephcott. Ed. Peter Demetz. New York: Harvest, 1978.

Bowles, Samuel, et al., eds. *Beyond the Waste Land: A Democratic Alternative to Economic Decline*. Garden City, NY: Anchor, 1983.

Deleuze, Gilles and Felix Guattari. *Anti-Oedipus: Capitalism and Schizophrenia*. Trans. Robert Hurley, et al. New York: Viking, 1977.

— *Mille Plateaux*. Paris: Minuit, 1980.

de Man, Paul. *Allegories of Reading*. New Haven, CT: Yale University Press, 1979.

Derrida, Jacques. *Of Grammatology*. Trans. Gayatri Chakravorty Spivak. Baltimore, MD: Johns Hopkins University Press, 1976.

— "The Law of Genre". *Glyph* 7 (1980): 202 - 229.

—*Positions*. Trans. Alan Bass. Chicago, IL: University of Chicago Press, 1981.

— "White Mythology: Metaphor in the Text of Philosophy." *Margins of Philosophy*. Trans. Alan Bass. Chicago, IL: University of Chicago Press, 1982: 209 - 271.

Freud, Sigmund. *The Standard Edition of the Complete Psychological Works. Volume IV*. Trans. James Strachey, et al. London: Hogarth Press, 1961.

Goux, Jean-Joseph. "Numismatiques I". *Tel Quel* 35 (Autumn 1968): 64 - 89.

— "Numismatiques II". *Tel Quel* 36 (Winter 1969): 54 - 74.

第十五章

哲学运作[*]

皮埃尔·马歇雷

提出哲学运作,是要肯定其实践取向,使哲学脱离纯理论思辨;但也要与确定的实践模式联系起来。因为并非所有实践都属同一性质,或具有同等价值。想认识这点,只要考虑对立的、完全经典又闲置的哲学概念就足够了,该哲学概念通过公正的调查来实现,专门针对所有技术性考量范围之外的那些真正有益的理想价值观:无为的字面意思是"无所事事"(游手好闲的)、闲散的、闲置的,但绝非无所作为,正因为它起作用,一切才变得更为活跃,若是它不起作用,这种闲暇的实践,就会因断绝了同目标实现的所有联系而总是成为异见,之所以在终结自身的绝对活动中得以实现,是因为它避免了直接面对限定其范围的外部结果。

在"实践"的标题之下——"实践"在这里与"创造"或运作相对,而不是与理论相对——亚里士多德确立了这个无效活动的概念。为了说明运作的对立特点,人们必须回到无效活动,从而发现哲学作为运作现象所引起的问题。运作或"创造"相

---

[*] 选自 *In a Materialist Way*, ed. Warren Montag, London: Verso, 1998: 28–41。

当于生产作品,即它是一种技术活动,期望实现程序之外的某种目标,所以没有内在的或固有的结果,因为它的根源"在于生产者而不是产品"。就此因而并非为了本质的或内在的终结,原因在于"它源自生产者,而不是产品"。[1]就此而言,在只考虑行为本身时,由于它取决于艺人的决定,行为只能是随意的、人为的谋划;行为对它使用的因素仍然是外在的,这些因素只是行为利用的方式,外在于行为独特的目的;行为在于某种人为的生产,完全不同于某种自然的起源;后者与之相反,它通过某种原则或力量内在地发展,这种发展是实在的,不受外部破坏或干扰,有其自己的完整形式。让我们从亚里士多德那里找一些经典的例子阐明这种差别。建造一所房子——真正的"创造"运作模式——是一种有限的活动,在限定它目标中实现:"竣工的"房子,就是盖完的房子,除了房子之外,建造本身便失去意义,因为它毫无用处。如果建筑者不断尝试各种方式,但并未形成任何实际的建筑,那么他的艺术是什么?如此,活动令人疲惫不堪,渐渐结束了,只是鉴于它已经发生,人们可能会说其结果是它"被物化了"。反之,生存是典型的"实践"形式,因为这种活动完全在凭自身终结,从实现它的过程中不产生可以分离的外部效果,也不对应外在于它的某种动机:这种活动的意义是自然的,不可归纳为任何性质的技艺,因为它的主体与客体一致,并在这种同一性中找到唯一的确证。因此,如果健康痊愈,而且不是由于医生的缘故,那么这是因为治疗的艺术不等于技术流程,而是基于自然的生存方式,基于正确地理解因果关系的一种"体制"。

  这种"实践"的概念,正如其名称本身所示,属于古典时代,亚里士多德只是对它做了系统化的表达。弗洛伊德的发现可以追溯到"神圣的柏拉图",他发现性欲本身具有价值,可以独立于其客体和目标而存在,他提出这一论点旨在把性欲作为他的性理论的基础；一般说，弗洛伊德认为古代文明曾这样实践性欲冲动，通过不断运动最终达到目标。[2]然而，表明这种"愉悦的作用"特点并使其成为实践特例的是，它将对客体的兴趣转向主体，主体的各种活动只是揭示与性有关的权力、意图。以这种方式经历实践就是使它依赖于一种与自身的关系，其纯洁性绝不会改变，其深刻性也绝不受任何限制。一贯被柏拉图赋予神话色彩的苏格拉底，用提问而非回答的艺术，揭示焕发感情的最佳方式和哲学的完美意象。这确实是因为意图至关重要，意图与诉求一起使灵魂复归自身，以便在自身内部发现理念的无限性。古希腊人不像标准版本所述的那样，在实践与理论之间建立一种排他性的关系，使它们分裂和对立，而是创造出这种主要引发理论的实践概念，确保它与真理的关系，而真理是一切真正知识的基础。

这种概念的创造前景广阔。我们仅举一个例子：康德的实践理性概念与实用理性概念完全相反，就是说，与根据目的调整方法而"行事"的技术理性的概念相反，后者则保持着彼此的独立。从这个点看，认为内容优于形式的运作理性必定仍然不纯：它反常地受到适应其功能的物质利益的影响。与之相反，实践理性试图以纯粹的活动形式来实现自身，不受任何外部规定的影响。这里仍然是无目的的实践问题，因为它在自己完全认同的主体中发现其整个目的。这就是它也是意向性活动的原因：它发生在成为意愿的事实中，与完成它所需的条件无关。因为，假如理性不仅可以而且必须行动，那么它这样做就必须摆脱使它受制于其他利益的一切假设的规则，具有保证它行动成功的借口：从真正反马基雅维利的视角确立自身，放弃一切对调解的追求，放弃一切理性的策划。

如果实践问题是哲学选择的关键，那么这种选择并不等于基本决定，并不决定它赞成或反对实践，而是取决于它对承载实践意义本身的探究，尽力摆脱后者采取的各种不同形式，考虑影响它的种种风险。于是，出现了一种实质是哲学的实践，集中于主体并为其指明目标，在与物质实践堕落形式的关系中，它一定是特殊的，因为后者被囿于一个毫无自由的必然性的世界。哲学家是自发的实践者，他意识到自己，没有任何客观决定使他与自己熟悉的使命分开，因此他能够对一切事物独立地作出决定，至少采取否定的方式：没有偏见，采取普遍批判的态度，对义务和信念的普通形式不断地进行质疑。他的作用就是质询和挑战：只要他在场，就会要求对事态提出令人震惊的证据，但他仅以自己的名义否定这些事实，并在那种挑衅中彻底暴露自己。这里，哲学无条件地、一心一意地投入实践；人们甚至可以说，它使自己摆脱了所有的理论义务，主要关心的不是了解而是行动，凭借各种绝对原则的名义，甚至不必经过理论思考的检验，不必进行细究，也不必对其内容界定。

这个哲学比喻，是黑格尔明确列入"精神的动物王国"标题下的比喻：他含蓄地将这个反讽的方法应用于那些早已开始在德国扩展的学术圈，特别是在耶拿，19世纪初，出现了类似马克思在《德意志意识形态》里尖刻嘲讽的那种学术圈，它们同样被置于黑格尔比拟的那种堕落的语境。很值得认真思考这一描述，因为它毫不过时。什么是知识动物？首先，在这种知性形式中，动物是什么？它首先确信自身具有自然价值，其他一切只能根据维系它和运用它的需要作为其"因素"而存在。

> 因而，本质最初的决定性，只是一个简单的原则，一个明显的普遍要素，个性存在其中，就像它毫不掩饰地呈现差异的时刻那般无拘无束又具同一性，在其实现过程中，只同自身相互联系；仅就不确定的动物生命而言，假如给水、空气或大地的元素带来生命的气息，在这些要素中，再次融入

更为具体的原则，将整个自然浸入其中，保持自然由它主宰，使其自身成为一个整体，不管受该要素的影响多么有限，在这种独特的组织形式中残存着同样普遍的动物生命。[3]

正如鱼类拍打双鳍，又如飞鸟舒展羽毛，符合它们只图表现的本质那样，知识动物则致力于纯粹是自己能力和天赋的实践，摆脱其他可能伤害它们的外部条件。"这样一来，整个活动都不会在自身之外，作为境况或终点，或方法，或一件成品。"[4] 由于这个比喻是关于闲置知识的准确比喻，所以我们在这里找到了出发点。

黑格尔论及的知识分子及其令我们记忆犹新的形象，都更具挑战性、怀疑性和批判性，因为他们没有留下任何作品。他们那种非生产的实践完全从目的获得其确定性，实践就是目的，二者不可分离：尽管他们没有作品，但并非没有事业，确切说，他们有一个矢志不渝的事业。作为这种权利的独特维护者，他们宣称它具有普遍的自然性，因此他们不赞成给它以确定的概念，不赞成区分它的应用范围，也不赞成划分它的有效性等级。一些混合型专家——如果可以这么说——认为，精神动物非常好，他们没有任何承诺：就此而言，他们避免了观点、见解的局限，由于相信后者的具体时机和视角导向现实，所以他们绝不会针对某种结果，而是针对抽象的总体性和全球性的目的，但这种虚构的情形通过有效的争论和对事实朴素的思考被取消了。这里我们有着对完美"参与"的再现：它如此完美，以致既无参与的具体方法，亦无参与的具体内容。如此提供的我们钦羡的自由是空虚的自由，它消失在不确定的、最初**行动**的想象之中，只要求一种自发性的价值，对各种知识一无所知。正如一则寓言所说：行动在于开始。

然而，对于这种无效的实践概念，黑格尔提出了一个相反的实践概念，这就是实践作为劳动和过程的概念：后者不是在自身内部追根寻源的绝对行动，不是"实践"一词原始意义上的纯粹实践，而是一种产生客观效果和作品的活动。如果有理性的活动，在真正现实的范围展开，那么它就包含这种活动，因为它在其中实现了自己。人们知道，在最后一个例子里，黑格尔想表示的是另一个词：**实在**，它只是工作活动的结果，就是说，是一种劳动的产品。如此，是否某种事物只有是这种活动才是实在的？人们可以说：一切理性的事物都是这种活动，一切这样活动的事物都是理性的。这里我们实际发现的是那种哲学应被看作活动的理念。

如何区分这种活动和一般意义上的行动呢？事实上，它插入了一个过程，这个过程始于干预，预设各种中间阶段和某种观点：为了生产作品，人们必须采取某种立场观点，必须选择立场，因为不这么做，就无法同决定的内容联系起来。对于无客体——而非无主体——的无限制的形式，这种实践活动的观点反对必须服从实际参与的条件。然而这些条件却是限定的：凡规定即否定，这意味着一种观点的产生与其所依赖的限选条件无关，但根据一种补偿法则，这意味着它所包含的否定性有序地构成自身，它认可的连接"活动"展开于内而不在于外。结果表明在它所追求的动因和终结之间，必须介入第三种要素——黑格尔说的第三项——以便表明，在三段论中，合理性是所有活动过程的内在特征。我们先前谈到的想象行为是自发性的：它是直接的，无须调解。而实际活动依赖于明确的立场选择，因而必须加以调解。

亚里士多德的活动概念使活动回到从权力到行动的转变，或者根据双重结构从虚拟到现实的转变，形成了这样一种调解要素的机制。考虑到活动和变化的本质无关，在人为和主观臆断的意义上破坏和背离这种本质，亚里士多德的活动概念将活动排除到内在理性之外。现在以三元式表达，确切地说是"辩证的"表达，来替代这种二元式表达——这种替代说明了"否定的劳动"的隐喻——黑格尔不仅为列举构成实践的环节增添了一个术语，而且完全颠覆了其内在结构，以此确立其具体的、实际的统一性，但不再采取连续或协调的形式。实际上，假如中间项表现为实践三段论的发展动力，那是因为这一项并非通过人为的和抽象的破坏从外部投入其演变，而是因为它符合其自身活动的必然性。

于是，实践的理论性构成发生了改变，不仅在形式上，而且在实践内容上也发生了改变。如我们所见，纯粹的实践活动本质上是一种主观实践：其目的在于说明主体-实体存在（即无过程的主体的存在）中各种既定的可能性，在其作用时，只和自身有关。反之，因为人们于内在否定性的概念领域里思考它，不再是拘泥于严格的技术目标考量而淘汰它的那种外在否定性的概念领域，所以活动变成了一种客观实践，并被确定为一个过程，但不再是主体阐述的过程。什么是客观实践？它并非从属于客体的实践，事实上这种从属被封闭到有限的视角之中。这是一种最终生产其客体的实践。这种实践在其自身的运动中，因为它以否定的方式回归自身，因此被纳入一种包括它的更大的运动，后者会超越其明显的局限，以便写进发展规模更大的语境之中。这种实践"生产"的客体并非在物质构成意义上的客体，完全从外部实现——就这点而言，人们必须承认，通常对黑格尔"唯心主义"的批判并不恰当——而是现象或启示意义上的客体，它们在自身限定的范围内强调自己，根据一种总体组织将自身分开，因而同时是自然的和历史的，其中现实的各个方面都可能发生作用。

可以说，这样一种客观实践是"一个无主体的过程"，意思是这里的过程本身是自身的主体：它生产自身而非被生产，由形成它的运动内部产生，与其整体状况相关。它不是一个自发生产的问题，有赖于某种独立的主动性，而是在集体一词最强烈意义上的集体劳动问题，因为在它自身的构成过程中，它需要的是所有的现实，卷入其一系列区分的不同时刻。这意味着，倘若运作指的是操作者，就像不依赖自治性原则那样不依赖于它，这可能会从它参与的活动（国中之国）中分离出来；与之相对的是自身所属秩序发展中的某个时刻。这是否意味着活动本身从属于结构的功能？不，如果人们认为这种从属是服从，认为这种结构自身是各种要素的有限定的安排，是一个在机械论意义上的系统，在它参与的实践之前已经构成，那么这一描述将取消活动概念的内容，移除其内在的否定性，或属于确定活动的能力：在重新考虑自身或改变自身并改变自身状况的同时，它实现自身的效果。由于活动难以预料，难以在其条件系统中预先确定，它可能只是这个系统的一种应用，或一个特例。而它实现了自身，从积极意义上看这种表达，与完成的作品相关，而作品的完成颠覆了其产生的客观领域。

活动因此就是参与，它意味着作出承诺就是实施活动，但必须限制观点，以便在支配它们的运动内部取代这些限制，而不是照给定的样子接受它们，作为不可超越限制。人们一般会说：活动就是冒险，包含犯错的危险。事实上，通过生产作品，人们经受必要的对抗性考验，经过这样的交锋，人们所作所为的意义势必发生本质的改变，因为它逃不过继续与新预设发生联系，改变它的最初构成。活动并未以成果完成，因为后者从未有一个明确的、"完成的形式；然而，它们的成就与争论密不可分，这种争论从具体效果逐渐形成普遍的条件系统，亦即它们生成的基础"。"甚至在每个事实结束时，我们也一定会说心里还怀有相反的事实。"[5]一切都发生分裂，出于同样的原因，实现的领域也发生分裂，并揭示出其内在的矛盾。

把哲学看作活动，而不是看作理念的创造或者维护和说明熟悉的事业——无论这些理念和事业的性质怎样——就是了解思想和行动都不会在表面内容中穷尽自己，而是在其背后追寻一个神秘的目标，一个没有任何总体性或命运规定的目标。俄狄浦斯在寻找父母时，刺瞎了双目，在他认为父母所在的地方等待他们。人们对自己的根源深感兴趣，极想了解，但不会去想象和解释它们。活动同时是转向的和迂回的，没有恰当的先验形式指导它；但理性的策略在活动中发生作用，这种策略具有引导作用，然而既不知道是谁引导也不知道谁被引导。这种不决定、不确定性，根据最初有局限的观点最终打开了一个全球性的调研领域，其中发生作用的不是陈述的理由，只能是事实的根源。它们属于"思维所具有的那种关于一切本质的统一认识"[6]，根据斯宾诺莎的观点，拥有它们就是至善。这就是为什么必须把特殊的活动概念搁置一边，因为它会抹去这些背景，通过把它们封闭到对意图和作品的错误选择之中，凝固它们的特殊性，因而忽略了一系列包含它的决定的事实，事实上不受任何限制。谁也不知道身体能做什么，精神能知道什么。

为了表达它作为活动的本质，可以再次说哲学是一种"理论实践"，只是这一公式并不仅仅表示理论和实践之间的一种对等形式，实践可以替代理论，反之亦然，这种混淆可能使两者都失去自己的本质。"理论实践"并非一个神奇的公示，能够从一开始就确保理论与实践达成一致；相反，它表示一个形成活动的过程，其中同时形成理论和实践，它们彼此对立又相互联系，因为它们相互作用。在这种运动中不会有任何纯粹的理论，理论的意义局限于它陈述的结果；也不会有任何纯粹的实践，因为它想回避其意图和结果的对立。如果哲学指活动，那是因为它贯穿着理论和实践的矛盾，这种矛盾是两者具体统一的条件，而后者在于两者对抗的实际发展,并非在于最终的完美调和——毕竟,结束只是另一个开始。

对于"什么是知识分子?"这个常见的问题,我们提出下面的回答。知识分子是这样的人:无论他的具体活动范畴怎样,他都以作品表达自己,而作品的意义不能直接证实,为了获得承认,不仅需要努力解释,说明自己的意图,而且还需要检验作品的直接效果,也就是作品的转化情形。事实上,真正的理论否认其自身秩序内部所保证的真理标准,认为它是虚幻的。这种理论在自己的实践中形成,并不是对它简单地运用,因为它可能改变自己的内在构成。一种连贯一致的实践并非局限于践行责任,直接联系成功的标准,而是遇到甚或生成反思它自身的理论,由此把它置于一种新的视角,同时对它表明其他的方式,改变它的方向。这就是为何知性不像私有财产那样,属于一个专门化的、健谈的阶层,或以封闭的方式把真正有知识的人、了解高雅语言的人或最公正的明断者聚集在一起;相反,知性处于各种活动的领域,但它们不会无原则地完成机械的任务,也不会纯粹说明自己,使每一种实践都变成一种展示、一种景象。

可是,在这种意义上,如果哲学是一种活动,人们肯定想知道:它是什么性质的活动?区分这种活动的是什么素材、方法和利害关系?如无区分,人们一定会问,由于哲学属于各种活动领域,是否哲学的基础在于这些领域并与之混同?难道哲学没有险些沦为抽象而无异议的一般的活动形式?这种形式只能如此扩展,因为它也被剥夺了内容?假如哲学无处不在,假如每个人都是哲人,哲学活动就失去了控制,于是严格地说,它就不再是一种活动。对于一种活动的哲学,或者人们声称具有这种特征的哲学,人们一定会提出以下问题:它的作品是什么?它们是否在于一种普遍的方法论,可以应用于各种实践,通过对实践附加以标准和目的而支配它们的作用?然而,人们可能想知道,哲学本身从何处获得标准和目的，从而使它生产这样一种模式？最重要的是，人们会惊异地发现，哲学以应用的形式恢复自身与实践的关系，即外在的、机械性的关系，与我们承认是实际实现的情况截然相反。

但是，哲学并非是对所有实践不加区分的实践，不是一种共同的**活动**，也不是包括其论及的纯理论领域的一切形式的活动。哲学不是局限于客体领域所限定的单一实践，它关系到一个具体企业特点的生产义务，而义务或多或少以明显的效果而结束。作为活动，哲学本身就是实践，在各个方面进行干预，它质疑实现哲学活动的限制，发现实践过程中那种是可能无限的力量。这也可以用如下方式表述：每一种实践都是哲学的，或者与哲学含蓄的动机相关，哲学实践会努力超越直接激发它的目标，以便反映全球的内容和普遍的需要，使其最简单的程序发生作用。在所有实践中，哲学都会激发对自身的思考，但并非根据预先确定的知识，而是依靠自己实践活动的发展，甚至后者也都是自己特有的绝对意象。

从这种观点出发，传统规划在于把所有哲学方法都纳入一个**理论**框架，严格系统地展开它们，使之受到一种正当地——不一定真实地——构成的秩序的约束。这似乎更多的是轻蔑而不是非理性。哲学是那种经过限制的运动，以调解的方式反映当下，在这种运动中，所有的活动方式都能在自身内部发现其动因，但它们必须为之努力，不能把它的要求封闭到任何领域的范围之内，或封闭到任何一种话语之内，不论这种领域或话语多么可信。这就是为什么哲学的普遍性并非真正产生于理论，而是产生于实践：哲学不是一种知识的普遍性，可以涵盖一切，或完全用决定代替现实；更确切地说，它是一种活动潜在的普遍性，由于这种活动未被封闭到虚幻的普遍形式之内，所以它在自身内部寻求使它超越给定限制的运动，从而实现与它的真理相遇。

哲学在实践中发现其真理，因为实践为哲学提供了真正实现的条件；因此，哲学的真理不是孤立的、排他性的真理，不是只靠其申述的原则的权威性，或者仅仅以自足的话语形式表达。相反，哲学仿佛是从发展过程中突显的真理，这个过程不需要任何外在权威的保障，但表达它与以总体性思考的现实的关系，并因此在实践中证实它自身，展现其方法的正确性。按照一种非常古老的看法，哲学化就是使自身认同总体性。但是，如果可以保持这种看法，那么正是因为这种限定，它不可能成为一个给定同一性的问题，因此其模式必然被实际的思想否定。哲学所追寻的同一性通过发展过程形成，在这个过程中，哲学与各种现实相联系：这就是哲学活动中的同一性。

关于实践的看法

1. 思考实践不能从外部或并非实践的观点来思考实践。人们必须在实践当中思考实践。

2. 实践最重要：人们必然始于实践，必定驻于实践。但实践始于什么？又驻于哪里？实践始于实践，驻于实践。

因此，实践的重要性实践对自身的重要性。

3. 实践何去何从？除了投入实践别无他处，就是说，只能投入其他实践。实践并不将其行动构成完整的总体，具有清晰的轮廓，而是构成其他的行动，其他行动再构成其他行动，永远达不到最终的结果。

开始是实践。结束仍是实践。无论何时何地，都存在实践，或实践的各种形式，它们相互联系，又相互作用。

4. 如果实践具有启示意义，那正是因为它不断反思自己的效果：因此从中总能学到新的东西。实践注定不会只有一种意义，这是它的规律，唯一的规律。

这就是为什么在实践中寻求保证是徒劳的：实践能够作出各种保障，也可以破坏各种保障。

实践勾勒并取消限制：实践的要素是限制，它的意义则超出限制。

5. 回归实践：总是由实践决定。但实践标准的功能并非一成不变：实践不会构成同一性质，其中所有的实践都混合在一起，因为它们因循单一的模式，即实践的模式。

在实践内部实践：这种方式具有客观决定价值，但它们必须指经过区分的内容，指人为的实践网络，并且通过彼此对立加以保持。

6. 实践本身并不存在。它们只能是物质地、历史地、社会地决定的实践。

7. 思考实践就是理解实践过程的无限性，它们的复杂性、倾向性，以及自身总在继续发展变化——过分或不足——的必然性。思考实践并不是为了把实践纳入一种封闭的完整理论，而是为了伴随实践，在可能的情况下改变它，并因此暂时把握它。

8. 正确的观点从哪里来？从实践中来。但错误的观点出自哪里？也出自实践。正确和错误的观点同时在实践里产生。

就此而言，如果实践分辨出正确的观点，那是因为它自身产生了分裂，造成一些程度不等的对立决定的出现。

实践在矛盾中发展：没有矛盾不可能考虑实践。

9. "开始即行动。"但认为开始行动真的会产生效果是不够的。行动必须从一开始就不断超越，必须把开始"抛在"后面。真正的行动并非只是肯定地、不断地调配开始时给定的东西：通过和相互竞争并实现它的其他行动联系起来，它还形成一种与自身的否定关系。

实践从来不是单一而简单的行动：相反，它通过综合各种行动以矛盾的方式发展。

10. 观点来自实践：但我们说，它们产生于实践内部，它们在实践中形成，从不真正回避实践，因为它们总是又回到实践。它们在实践的节点形成，不论这些节点何时交叉、连接和断开。

无论实践在何处分化都会出现某种知识，这种知识连接实践。

11. "必须行动，不是允许做什么，而是必须去做。"这些常常听到的说法，透露出焦虑与担忧：它们表达出一种不确定而不是确定。如何确定自己去行动？如何确定行动的内容？

干预实际上是处于中间，进行调停或被调停，就是说，"找到一种方法"，一个调解人，根据境遇的内在矛盾为实践提供真正的力量。

了解就是发现那些调解，为每一种实践提供其发展的原则：认知就是抽取中间项。

12. 人们以走路证明运动。只有吃了梨子才知道它的味道。我们的知识形式服从事实的规律。但这种规律不在事实之外，事实也不是与规律无关。事实的规律也就是它们携带的知识，可以在实践中发现它们。

盲目的实践不会产生其反思和控制的形式，它是一种幻想。形式知识是一种游戏，它在独立于生产条件的情况下预见其真理。

13. 没有知识就没有实践，无论是明显的还是含蓄的。

没有实践就没有知识，无论是努力实践还是被迫实践。

14. "空谈不如实践。"的确，实践更能证实思想。消费者从日常经验学到的是：事物对他不一定像看上去那样，也不一定像名称表示的那样。

布丁证明它是人造的：只有此时才知道布丁里放了些什么。事实的真相无法通过消费它而发现，但却可以制造出来。

15. 我们说，当某事与我们的惯例一致时，此事就是实践：

仿佛它为我们而被制造出来，或者我们为它而被制造出来。与此相似，实践精神适合境遇或契机。实践是调整的问题：正确性是实践的真理形式。

但是，这种正确性不是外在的、机械调整那种无差别的精确性：它预设某种评价，选择方向，运用某种视角，重新思考自身，采取一种使自己转化的方式。这是参与的正确性。正确性也是劳动的结果，而这种劳动的代价很高。

实践不会凭空给予。没有补偿，没有付出，实践不会给予：人们必须参与实践，就是说，必须使自己面对不断调整的可能，既改造实践的主体，也改造实践的客体。

16. 实用就是承认实践的首要性，尽可能紧贴经验，接受迂回，顺应事实，使自己适应它们。但是，遵循经验，而且只是遵循经验，等于向幻想让步，即认为实践构成一种自治的秩序，并自成一体。一般说，这就是相信实践在充分自信地、正确地直奔目标时，它规定了只待运用的规则，但自身并不表明它们，也不讨论或寻求修改它们。因此，它仍然外在于实践，拒绝参与其连续不断的自我转变。

只是顺从实践是不够的，人们必须与实践具体联系，参与实践并反思实践。只是利用实践的经验也是不够的，人们还必须把这些经验真正付诸实践。

17. 谈实践真理是否可以说：在实践中正确，因此在理论上也正确？可以这么说，但必须在调整的意义上考虑这种正确性，就是说，它不断发展变化，永远不会达至确定结果。而且，还必须把这种真理作为认知过程中的一个时刻，只有永不逃避实践才能实现。

18. 从某种一开始就被限定并因此限定范围的观点看，参与就是参与某事或致力于某事。自由地绝对参与就是只参与自己的责任，封闭在自己对自己的密切关系之内，它看似自由，实则因为它是不确定的：它并非不参与任何事，也不是不做任何事。

因此，参与是使自身适应某些条件，以便能根据这些条件行动并改变它们。

19. 实践首先是一种立场，完全超越它申明的目标，或某些它对自己承认的目标。与实践相联系的观点是被实践活动的客观条件强加给它的，离开这些客观条件便不起作用。但是，这些条件也使实践超越它的直接意图：这样，它们就打开了一个更为广阔的研究领域，一个不限于执行简单任务的领域。

没有任何实践原本就是自由的：确切说，正是在实践的过程中，实践才发现并产生了自己的形式，通过这些形式，它以否定的方式重新思考自身，从而在一种新的和难以预见的意义上得到发展。

20. 没有任何实践完全自由或被完全限制。由于实践与限制它的某种观点相联系，所以每一种实践都是对这种观点的再思考、反省、扩展或颠覆。人们为了能够超越它的条件而自觉地接受它们，由此创造自己的实践。

21. 为了改变而不追根溯源的实践不再是一种实践。没有根源，它就不可能进行这种改变。

注　释

［1］ Aristotle, *Nicomachean Ethics* VI/4. Trans. Terrence Irwin（Indianapolis：INL Hackett Publishing Company, 1985）.

［2］ Sigmund Freud, *Three Essays on the Theory of Sexuality*（preface to the fourth edition and note added in 1910 to the first essay）. Trans. James Strachey（New York：Basic Books, 1962）.

［3］ Georg Wilhelm Friedrich Hegel, *Phenomenology of Spirit*. Trans. A. V. Miller（Oxford：Oxford University Press, 1977）, 238.

[4] Ibid. , 241.

[5] Blaise Pascal, *Pensées* Trans. A. J. Krailsheimer (New York, NY: Penguin Books, 1966), 576, 224.

[6] Spinoza, *Tractatus de Intellectus Emendatione*, 5.

第十六章

什么是跨越性批判？[*]

柄谷行人

康德哲学被称为先验的，不同于超越。简而言之，先验的方法试图阐明先于并形成经验的无意识结构。然而，难道不能说，哲学从一开始就一直采取这样一种回顾的方式？如果确实如此，那么是什么区分康德的反思？康德独特的反思方式出现于他的早期作品《视灵者的幻梦》里。他写道："以前，我只是从自己的立场考虑人类的常识；现在，我置身于自身以外的另一个人的理性立场，从他者的视角来观察我的判断，以及这些判断背后的原因。诚然，对这两种观察进行比较导致明显的视差，但它是避免视觉假象的唯一方法，也是使人性中知识权力的概念摆正位置的唯一方法。"康德这样说并非那种老生常谈，即人们不仅应从自身的视角看事物，而且还要从他人的视角来看。其实，情况正好相反。倘若人们的主观角度是视觉假象的话，那么，客观角度或他人的视角也只能是一种视觉假象。而且，如果哲学史只能是这样反思的历史，那么哲学史本身也不过是视觉假象。康德引发的反思是那种揭示过去的反思是视觉假象的反思。康德这种作为批

---

[*] 选自 *Transcritique*, London: MIT Press, 2003: 1–26。

判反思的反思，是由主、客观视角之间"明显视差"造成的。为了说明问题，举个在康德时代尚不存在的技术例子。

谈及反思常常把在镜子里看见的自己形象用作隐喻。在镜子里，人们从他者的视角看到自己的脸。但在当代语境中，还必须考虑摄影。对比这两者，虽然镜像可以被视为等同于他者的视角，但仍然存在某种自己视角的共谋。毕竟，人们可以在镜子里看到和自己一样的形象，但照片看上去却是无情地"客观"。当然，照片本身也是一个影像（视觉假象）。关键在于镜像与照片影像之间存在着"明显视差"。据说摄影术被发明出来时，那些在照片中看到自己面孔的人忍不住感到厌恶——就跟初次听到自己的磁带录音一样。人们逐渐习惯了照片。换言之，人们最终从照片中看到了和自己一样的影像。这里的关键是，人们"初次"看到自己的照片影像时，可能体验到了明显的视差。

哲学始于照镜子式的反省，也止于这种反省。任何提出他者视角的尝试，都不能改变这个本质的事实。起初，哲学始于苏格拉底的"对话"。但可以说，对话本身也陷入镜子的范畴。人们纷纷批评康德一直坚持主观主义自省，或者从《判断力批判》关于多元主体的绪论中寻找出路。但哲学上真正的革命性大事件已经出现在《纯粹理性批判》当中，在这部著作里，康德明显将自己限定在内省的框架里，试图消除内省中固有的共谋。在这里，人们可以看到引进一种客观性（即他者性）的尝试，而这种客观性完全不同于传统的内省空间——镜子。康德因其主观的方法受到批评，但又缺少其他方法。但事实上，他的思想一直受他者视角的困扰。《纯粹理性批判》不是以《视灵者的幻梦》那种自我批判的方式写的。但"明显的视差"并未消失。这形成了二律背反的形式，并揭示出这样一个事实：论题和反论题都只不过是"视觉假象"。

……在《德意志意识形态》里，马克思批判了青年黑格尔派——就在几个月之前他还属于这个团体,当时他流亡到法国。对恩格斯而言,这本书提出了一种新的历史观,即用经济范畴取代德国的唯心主义。德意志意识形态只不过是一个落后民族的话语,它试图从概念上认识先进的英格兰民族业已实现的民族话语。但对马克思而言,正是由于第一次走出德意志意识形态,他才能够体会到觉醒,以及伴随觉醒的冲击。这既不是从他自己的视角看事物,也不是从他人的视角看事物,而是要面对由差异(视差)表明的现实。移居英格兰后,马克思致力于当时居主导地位的古典经济学批判。而在德国,马克思已经对资本主义和古典经济学进行了批判。那么,是什么使马克思形成新的视角并成功地用于《资本论》?根据古典经济学的说法,这种情况只能是意外或者错误:经济危机,或更准确地说,由它造成的明显视差。

重要的事实是,马克思的批判总是由移居以及因此造成的明显视差而产生。黑格尔批判康德的主观主义,强调客观性。但在黑格尔的作品中,康德所发现的明显视差消失了。同样,马克思所发现的明显视差,也被恩格斯和其他马克思主义者取消。结果,康德和马克思给人的印象是,他们是建构牢固不变体系的思想家。但是,更仔细的阅读表明,他们事实上都在实践中不断地转化,正是转到不同话语体系才产生明显的视差。这一点,在流亡的马克思身上十分明显,但在康德的作品中也能见到同样的情况。康德不是空间意义上的流亡——他从未离开过自己的故乡哥尼斯堡。确切说,真正使他成为一种流亡的是他的立场,他是一个独立于国家的人:康德拒绝在柏林这个国家学术界的中心谋求升迁,而是坚持世界主义。一般认为,康德从理性主义与经验主义之间的某个地方完成了先验的批判。然而,读了他那奇怪的自嘲式作品《以形而上学的幻梦解释视灵者的幻梦》后,人们发现不能说他只是从这两极之间的某个地方来思考的。相反,正是两种立场之间的"视差"在发生作用。康德也表现出某种批判的摇摆：他不断以经验主义对抗占优势的理性主义，也不断以理性主义对抗占优势的经验主义。康德的批判本身存在于该运动之中。先验批判并非某种稳定的第三立场。一旦离开跨越与置换的运动，它就无法存在。正是由于这个原因，我选择把康德和马克思的动态批判——既是先验的又是跨越的——命名为"跨越性批判"。

路易·阿尔都塞认为，马克思在《德意志意识形态》中实现了一次认识论上的突破。但以我的跨越性批判理解，突破不止一次，而是很多次，尤其是这次并非最重要的一次。人们普遍认为，马克思在《德意志意识形态》中的突破是确立了历史唯物主义。但实际上历史唯物主义的先驱是恩格斯，他写了该书的主体部分。因此，人们必然会把马克思看作那一观念的后来者；他想到这点，是由于他沉迷于一个（在恩格斯看来）似乎过时的问题，即宗教批判。于是，马克思说："就德国的情况看，宗教批评大体上十分完整，而且是所有批评的前提。"[1]他指出，对国家与资本的批判是宗教批判的延伸。换言之，他在国家和资本的名义下顽固地坚持宗教批判。（而这不仅仅是对他后来放弃的那种费尔巴哈自我异化理论的运用。）

工业资本主义的发展，使人们有可能从生产的观点看待先前的历史。因此，亚当·斯密可能在18世纪中叶就已提出类似历史唯物主义的立场。但历史唯物主义无力阐明造就它的资本主义经济。我认为，资本主义一点不像是经济基础。它是某种无视人类意志而支配人类的力量，使人类分化和重组。它是宗教类的实体，马克思穷其一生力图对它进行解释。"乍看起来，商品像是一种极其明显、微不足道的东西。但是，对它的分析显示，这是非常奇妙的东西，充满形而上学的微妙和神学的细节。"[2]在这里，马克思不再质疑狭义的形而上学或神学，也不再将其问题化，而是把棘手的问题理解为"一种极其明显、微不足道的东西"。这样思考马克思，人们认识到，历史唯物主义的对应物——甚或以此闻名的马克思主义——在没有马克思的情况下也可能存在，但若是没有马克思《资本论》的文本却不可能存在。

"马克思的转折"——的确是重要而无法忽视的那种转折——出现在他事业的中期，从《政治经济学批判大纲》或《政治经济学批判》到《资本论》的转变：也就是引入了"价值形式"理论。马克思的根本转变发生在他完成《政治经济学批判大纲》之后，造成他转变的是他开始关注怀疑论：这就是贝利对李嘉图劳动价值理论的批判。

大卫·李嘉图认为，交换价值内在于商品，以货币形式表现出来。换言之，货币只是一种假象。基于这种认识，李嘉图式的左派人士和蒲鲁东强调废止流通，并用劳动货币或交换银行取而代之。然而，马克思对他们的批判仍然依靠劳动价值理论（类似于李嘉图的观点）。另外，贝利批判李嘉图的观点，他认为商品的价值只存在于它与其他商品的关系之中，因此，李嘉图坚持劳动价值是商品内在的观点其实是一种假象。

萨缪尔·贝利的怀疑论类似休谟的批评，即没有任何东西像笛卡儿的"我思故我在"；因为有太多的自我。针对这种观点，康德回应说：是的，自我只是一种幻象，但在那里发生作用的是先验的意识X。然而人们对形而上学的了解是那种认为X是某种实质事物的东西。因而在各种语境里，人们很难不把它当作一种经验的实在的东西。倘若如此，可以说自我并非只是幻象，而且是先验的幻象。康德到后来达成这种观点，但最初他的教条主义酣梦不得不被休谟的怀疑论打断。正是以这种方式，马克思受到贝利怀疑论的强烈冲击。然而，像康德一样，马克思再次将这种思想发展到另一维度，我将它称之为"先验的价值反思"。

古典经济学认为，每件商品都内化着劳动价值。而实际上，只有在商品与其价值的关系合成货币之后,商品才具有价值,而且每件商品都有其自身的价值。其实,只有价格作为商品间相互关系的指示物而存在。因而,贝利强调,商品的价值只会因其与其他商品之间的关系而存在。但是,贝利并未质疑过价格的表现形式:货币。换言之,他并未质疑过是什么使商品之间彼此相联并构成体系:就是说,货币是一般等价物。就这个意义而言,货币与金银作为实物的钱完全无关;在某种程度上,反而有些像康德的先验意识 X。这种通过与物质性的关系来看货币的立场,就是马克思所称的拜物主义。毕竟,货币实质上是一种幻象,但更准确地说,它是一种超验的幻象,因为几乎不可能抛开它。

对重商主义者和重金主义者这些古典经济学的先驱们而言,货币是令人敬畏的客体。这显然是对货币的盲目崇拜。古典经济学家对此不屑一顾,他们断定价值的本质在于劳动及其自身之中。但这种所谓的劳动价值理论,并未解开货币的神秘性,反而强化和保持了这种神秘性。李嘉图(劳动价值理论的拥护者)和贝利(激进的批评家,未被承认的新古典主义经济学的鼻祖)二人只是尽力从表面上取消货币。正如马克思所说,在危急关头,人们突然想要的仍然是钱,也就重新回到了重金主义。《资本论》中的马克思站在重商主义一边,而不是站在李嘉图或贝利一边。在此前提下,他通过批判李嘉图和贝利,说明了构成商品经济的**形式**。换言之,马克思关注的并非客体本身,而是客体所处的理性体系。

马克思认为,假如金子变成钱,这并非由于它内在的物质特性,而是因为它被置于价值形式之中。价值形式——包含相关的价值形式和等价物形式——使任何置之其中的客体变成货币。任何唯一被置于一般等价物形式中的东西都会成为货币;就是说,它获得了交换任何东西的权利(例如,货币的所有者可以用它在交换中获得任何东西)。人们认为某物(例如,黄金)是至高无上的，那是因为它满足了一般等价物的条件。关键是，马克思从守财奴开始反思资本，守财奴以使用为代价积聚交换权——严格讲，代替等价物形式的权利。对于钱或交换权的欲望，不同于对商品本身的欲望。我把这种情形称之为弗洛伊德意义上的"冲动"，以便区别它与一般的"欲望"。换言之，守财奴的冲动不是拥有一个客体，而是代表等价物形式，甚至不惜以客体为代价。这种冲动本质上是形而上学的，仿佛守财奴的目标是"在天堂积累财富"。

人们往往鄙视守财奴的冲动。但资本积累的冲动本质上是一回事。用马克思的话说，资本家只是"理性的守财奴"。通过在某地从某人购买商品，然后卖给任何地方的任何人，资本家寻求再生产和强化他们的交换地位，而目的并不是获得多种"用途"。这就是说，资本主义的动力不在于人们的欲望。恰恰相反，资本以获得交换权为目的，因此资本必须激起人们的欲望。这种积聚交换权的冲动，首先源自交换固有的不确定性。

历史唯物主义者的目的是说明人与自然之间的关系以及人类自身的种种关系如何在整个历史中转变或发展。但这种努力缺少对组织这种转变或发展的资本主义经济进行反思。为此，人们必须考虑交换的维度，为什么交换不可避免地采取价值的形式。重农主义者和古典经济学家深信，他们能从生产的观点看待各方面的社会关系。但是，社会交换越来越不透明，它仿佛是一种独立自治的力量，我们很难把它消除。恩格斯认为，我们应该控制资本主义生产中的无政府主义冲动，将它转变成计划经济，但这种看法只不过是古典经济学家思想的延伸。当然，恩格斯的立场是中央集权共产主义的根源。

在马克思的价值形式理论中，最关键的跨越/突破之一在于对使用价值或流通过程的关注。比如说，某件东西只有对他人有使用价值时才有价值；某件东西——无论制造它需要多少劳动时间——若没有售出就毫无价值。严格说,马克思废除了交换价值与使用价值之间的常规划分。商品并不包含交换价值本身。倘若与他者无关,那它就会成为克尔恺郭尔式的"致命疾病"的受害者。古典经济学家认为,商品是使用价值和交换价值的综合体。但这只是事后的认识。潜藏在这个综合体背后的事件是"决定性的跃进"。克尔恺郭尔把人类视为有限与无限之间的综合体,这使我们想到:这个综合体的关键必然是"信仰"。在商品交换过程中,等价物的宗教性时刻表现为"信贷"。信贷,即假定商品可被预售的契约,是将延迟销售商品的关键时刻制度化了。但依据信贷而构建起来的商品经济必然会助长危机。

古典经济学从生产的观点看所有的经济现象,并坚持认为它已经阐明了(生产之外的)一切事物,因为其他一切都是次生的幻象。结果,尽管它相信自己已经阐明了流通和信贷,本身却受流通和信贷的支配,因此永远不能说明为什么会出现危机。危机是商品经济固有的危机阶段的现象,本身也具有对政治经济进行强烈批判的功能。据此可以说,危机带来的明显视差使马克思写出了《资本论》。

在《资本论》第二版的前言中,马克思"公开声明(自己)是伟大的思想家黑格尔的学生"[3]。事实上,马克思试图说明资本主义经济,仿佛它是资本以黑格尔那种精神的一种自我实现。尽管《资本论》仍是黑格尔的叙述风格,但其动机明显不同于黑格尔的哲学。《资本论》的目的决不是"绝对精神"。《资本论》揭示出这样一个事实:虽然资本组织协调世界,但它永远无法超越自身的局限。这是对试图超越自身局限的那种病态的资本/理性冲动的一种康德式的批判。

资本冲动的所有秘密都写在了价值形式理论当中。价值形式理论并非对从易货贸易到形成货币的交换的历史反映。价值形式是人们处于货币经济之内而意识不到的一种形式;这种形式只能

第十六章　什么是跨越性批判？

以先验的方式去认识。如果把他的叙述顺序——从价值形式、货币形式到守财奴到商业资本到工业资本——颠倒过来，人们不得不从后向前解读马克思回溯式的质疑。古典经济学家们指责之前的重金主义、重商主义和商业资本主义的交易，谴责它们在经济中的作用。他们论证说，它们从不等价交换的差异中获利，而工业资本则从公平、等价的交换中盈利：其利润来自劳动分工与合作。与之相对，马克思通过回归商业资本的模式来思考资本。他对资本采用一个普遍的公式：货币—商品—货币。这就是认为资本本质上是商业资本。据此，资本是一种自我增值、自我再生产的货币。这是货币—资本—货币自身的运动。工业资本的情况常被看作截然不同的，但其差异只在于资本的作用是复杂的：包含原料、生产方式和劳动力商品。最后一点，即劳动力商品，无疑是工业资本固有的部分。因为工业资本要获取生产价值，不仅要使工人劳动，而且要使工人回购——总体上——他们生产的东西。

古典经济学家认为商业资本（重商主义）实行不等价交换，因此他们忽略了这一点。事实是，当商业资本从各种价值体系之间的交换中获取剩余价值时，每次交易——不是货币—资本，就是资本—货币——都严格以等价交换为基础。商业资本从空间的差别中获取剩余价值。同时，工业资本通过不断及时地更新价值体系获得剩余价值——及时地进行科技创新。这种范畴的划分，并不妨碍工业资本从商业资本活动中获取剩余价值。无论哪一种，资本并不挑剔获取剩余价值的方式；每次交易中，它始终以等价交换的方式从价值体系的差异中获取剩余价值。但我想指出的一点是，如何获取剩余价值——与如何获取利润相比——完全是看不见的，仿佛整个机制都是暗箱操作。因此，不可见性也是流通过程中一个竞争的前提。

令人担忧的是，许多马克思主义者认为剩余价值只存在于生产过程中的"剥削",而不考虑价值体系之间的差异。这些马克思主义者把资本家和雇佣工人的关系看作封建主和农奴关系的一种(变相的)延伸,并相信这是马克思的观点。但这其实是源于李嘉图式社会主义者的观点,他们根据李嘉图的利润理论认为,获取利润等于剥削剩余劳动。这种观点变成19世纪早期英国工人运动的核心理论。虽然马克思本人的确反复说过类似的话,而且可能会被世俗接受,但它应当有别于马克思实际上清晰阐述的剩余价值。它顶多可以解释(通过延长劳动时间获得的)绝对剩余价值,但无法解释(通过提高劳动生产率获得的)相对剩余价值——工业资本主义的典型特征。此外,把资本家和工薪工人的关系比作封建主与农奴的关系是严重的误读:首先,它会导致从主人/奴隶的辩证观点来想象废除资本主义经济;其次,由于它忽略了流通过程,它会导致把斗争集中于生产过程。

与之相反,马克思在《资本论》里强调流通过程的优先性。马克思以康德的方式指出一种二律背反:他说,一方面,剩余价值(对工业资本而言的)不可能从生产过程本身里获取;另一方面,它也无法从流通过程本身中获取。因此,这里必须加以证实。不过,要解决这种二律背反,必须指出剩余价值(对工业资本而言)产生于流通过程中(如在商业资本中)价值体系的差异,而这种差异是由生产过程中的技术创新造成的。资本必须不断发现和创造差异。这是工业资本主义不断进行技术革新的推动力;但这并不是说,生产主义源自人民对文明进步的期待。人们普遍认为,资本主义经济的发展是由我们的物欲和对进步的信念造成的,因此总觉得我们可以改变自己的心性,理性地控制那种不计后果的发展,甚至当我们愿意时还可能消灭资本主义。但是,资本主义的冲动深深印入我们的社会和文化之中,或者更确切地说,它造就了我们的社会和文化;它永远不会自动停止。它也不会因任何的理性控制或国家干预而停止。

第十六章 什么是跨越性批判？

马克思的《资本论》并未揭示革命的必然性。正如日裔马克思主义政治经济学家宇野弘藏（1897—1977）指出的，它只表明危机的必然性。[4]虽然危机是资本主义经济的特殊诟病，但也是其不断发展的催化剂，是其整体机制的一部分。资本主义经济无法根除这个祸患，但也不会因此而毁灭。环境主义者警告说，资本主义经济将来会导致空前的灾难，然而这并不是说这些灾难会终结资本主义经济。资本主义也不会因逆动而瓦解，就算将来商品化达到极限，它也不会自然消亡。

其实，今天我们多数人能够想象的唯一解决方案，就是对资本那种不计后果的发展进行国家干预。但我们应注意到这样一个事实：像资本一样，国家也受到自身某种自治力的驱使——它不会因资本主义全球化而消解。不过，这种自治力应该根据历史唯物主义理论来理解，即国家在与经济基础的关系中呈现为上层建筑；它们都是相对独立自治的，尽管由经济基础决定。首先，如我所言，那种认为资本主义经济是基础或基础结构的概念本身就有问题。正如我在书中试图阐明的那样，通过货币和信贷组织的世界毋宁说是一种幻象，带有奇特的宗教性质。从对立的观点来说，即使国家和民族完全像资本主义那样，都由共同的幻象构成，它们也必然存在，因为它们有必需的基础。简言之，它们建立在不同于商品交换的交换之上。因此，无论人们强调多少次它们的本质是"想象的共同体"[5]，都不可能使它们解体。正如马克思年轻时针对另一种关系所指出的："要消除宗教作为人们幻想的幸福，就需要真正的幸福。要求放弃对现存事态的幻想，就是要求放弃需要幻想的事态。因此，宗教批评在萌芽阶段是对眼泪价值的批评，这也是宗教的荣耀。"[6]国家和民族的情形同样如此。

在《资本论》里，马克思对"价值形式"反思之后，在"交换过程"一章里开始解释商品交换的历史起源。他强调交换始于社群之间:"商品交换是在社群的边境开始的,在他们与其他社群联系的地方,或者与其他社群成员联系的地方。但是,一旦产品在社群外部关系中变成商品,反过来它们在社群内部生活中也就变成商品。"[7]不管它的表象如何,严格说这种描述并不是一种历史状况,而是交换的形式,它只能通过先验的追溯方式发现和规定。此外,我之前援引的马克思的论述,其实前提是存在其他的交换形式。商品交换是其他交换中特殊的交换形式。首先,在社群内部存在交换——一种赠予和报答的互惠。虽然基于互助,但它也会实施社群的规则——如果有人不予回报,他就会受到排斥——即排他性。其次,社群之间最初的交换是掠夺。然而正是这种掠夺构成了其他交换的基础:例如,商品交换只能在放弃彼此掠夺的地方才能开始。在这种意义上,掠夺被视为一种交换类型。例如,为了不断地掠夺,必须保证被掠夺者不被其他掠夺者掠夺,甚至以此促进经济—产业的发展。这就是国家的原型。为了继续掠夺,越来越多地掠夺,国家保证维护国土,并以再分配的方式确保劳动力的再生产。它还会用公共事业的方式促进农业生产,如通过公共水利工程来合理分配水源。如此一来,国家似乎不支持掠夺体系:农民认为交税是对领主保护的报答(本分),商人交税是对保护他们交换和贸易的回报。最终,国家表现为一个理性的超阶级的实体。

于是,掠夺和再分配成了交换的形式。因为人类社会关系中必然有潜在的暴力,所以这些形式也不可避免地存在。第三种形式马克思称之为社群之间的商品交换。正如我对该书的详细分析,这种交换产生剩余价值或资本,虽然双方都认同这种交换。这种交换肯定不同于掠夺/再分配的交换。此外,这也是该书最后的问题,即存在着第四种交换:联合的方式。这是一种互助的形式,但不像社群那样,既不是排他的,也不是强制的。联合主义可以被视为人类关系的伦理经济形式,一个社会只有经历过资

第十六章 什么是跨越性批判？

本主义市场经济之后才会出现这种形式。人们认为，蒲鲁东是第一个将联合主义理论化的人，但按照我的理解，康德的伦理学已包含这点。

本尼迪克特·安德森在他的著作《想象的共同体》中说，民族-国家源自不同国家和民族之间的联姻。这当然是个重要的启示。但不应忘记，还存在两个性质完全不同的实体之间的另一种联姻——国家和资本之间的联姻。在封建时期，国家、资本和国民明显分开。它们分别作为封建国家（领主、国王和皇帝）、城市和农业社群而存在，全都基于不同的交换原则。国家基于掠夺和再分配原则。互不相连、独立的农业社群由国家统治；但在其内部，它们是自治的，基于互助和互惠交换的原则。在这些社群之间，市场或城市开始发展；这些都有赖于双方认同的货币交换为基础。破坏封建体系的，是资本主义市场经济的全面渗透。但经济进程只能以君主专制的政治形式来实现。君主专制的国家同商人阶级合谋，通过推翻封建领主（贵族的统治）垄断了暴力手段，最后彻底废除了封建统治（超经济统治）。这就是国家和资本之间联姻的由来。由于受到专制国家的保护，商业资本（资产阶级）发展起来，并通过创造统一的市场孕育出民族的同一性。然而，这并不是民族形成的所有条件。随着市场经济的渗透和城市文化的启蒙，农业社群解体了，但它们一直以民族为基础而存在。虽然一直自给自足又自治的个体农业社群因货币的渗透而瓦解，但它们的集体性——互助与互惠——在民族内部想象性地恢复了。与黑格尔称之为理解（缺乏精神）的国家或霍布斯所说的国家不同，民族的基础是从农业社群沿袭下来的互助精神。这种情感包括对受惠的感恩，同时表明它产生于交换关系。

正是在资产阶级革命中，这三方合法地联姻了。就像法国大革命时期自由、平等和博爱三位一体的咏叹一样，资本、民族和国家三者结合成为永不分离的合力。因此，严格讲，现代国家应该被称为资本主义的民族－国家。它们生来就是互补的,相辅相成。当经济过度自由、阶级冲突尖锐时,国家干预财富再分配和经济管理,与此同时,民族统一的情感(互助)填补了裂缝。当面对这种无畏的三位一体时,破坏其中哪一个都没用。如果人们想单独推翻资本主义,就必须适应国家主义,或是被民族主义的共同情感所吞噬。不言而喻,前者表现为斯大林主义,后者是法西斯主义。把资本主义商品交换、民族和国家视为交换的形式,只能出于经济的立场。假如经济基础的概念有意义的话,那也只能是就此而论。

现代时期,在这三种交换原则中,只有商品交换扩充并压倒了其他两者。但由于它在三位一体内部运作,所以资本主义商品交换不可能垄断整个人类关系。就人与自然的再生产而言,资本只能依靠家庭和农耕社群;在这种意义上,资本本质上有赖于前资本主义的生产方式。这里存在着民族的基础。另外,虽然专制君主被资产阶级革命推翻了,但国家本身保留了下来。国家从未消解,也未归于民族主权的代表(即政府)。因为不论什么性质的国家,总是以完全独立的主权在与其他国家(即便不是与其民族)的关系中存在;遇到危机(例如战争),总是需要一个强有力的领袖(决断的主体),如波拿巴主义和法西斯主义证明的那样。

今天,人们常常听说民族－国家会逐渐被资本主义(新自由主义)全球化瓦解。这是不可能的。当单个国家的经济受到全球市场威胁时,它们要求国家和/或区域经济进行保护(再分配),同时也会诉诸民族文化认同。因此,任何对资本的反抗也必然是对抗国家和民族(共同体)的众矢之的。资本主义民族－国家因其构成而无所畏惧。对一方的否定,最终被其他两方重新纳入三位一体的圈子里。以往的对抗运动,如合作主义、福利社会和社会民主,结果都完善了这个圈子,而不是消除它。

第十六章　什么是跨越性批判？　347

马克思认为，社会主义革命可能只在最先进的国家英格兰发生，因为只有在资产阶级社会十分成熟——成熟到腐烂——阶段，社会主义才可能出现。然而，事实上，马克思觉得这不大会发生。在普选制建立、工会加强这种特殊情况下，革命似乎已经消退，甚至渐行渐远。但是，真正消退的是从资产阶级革命延伸的观点想象出来的革命；事实上自资产阶级革命以降就开始召唤一种不同的革命。人们不应该忘记，正是在这种情况下，马克思才觉得必须抓紧写出《资本论》。他认识到，只是对资本主义社会批判，不足以使他写出这样一部不朽的作品。

马克思去世后，由于德国社会民主党取得了长足的发展，恩格斯开始放弃暴力革命的经典概念，转而相信通过代议制的方式也可能实现革命。这是通往社会民主的途径，国家以这种方式管理资本主义经济并把财富再分配给工人阶级。之后，恩格斯的信徒伯恩斯坦清除了恩格斯作品中最后残存的"革命"幻想。与此同时，马克思主义沿着列宁主义的路线建立起来，列宁主义否认这些社会民主的想象。不过，20世纪末，左派最终又回到了伯恩斯坦的思考方式。显然，这时完全看不见取代（废止）资本主义民族－国家的必要性。第一次世界大战期间，社会民主党不仅未能阻止战争，而且还卷入疯狂的民族主义。将来它们很可能会重复同样的乱象。然而，正如我们迄今所知道的，列宁主义无法替代它。是否还有其他的选择？我相信在《资本论》里可以找到，因为写这本书时马克思故意留在英格兰，而那里经典革命的可能性正在消退。如我所说，资本、民族和国家的三位一体，根植于人类交换所能想象的必要形式之中，因此，几乎不可能摆脱这个圈子。但是，马克思在《资本论》中发现了一个出路，即第四种交换：联合。

19世纪晚期的马克思主义者忽略了马克思后来提出的共产主义——联合协作可能会取代资本－民族－国家的观点。在为国际工人联合会全委会致辞而写的《法兰西内战》里，马克思写道："假如团结协作的社会要依照共同计划来规范国民生产，从而被纳入它们自己的掌控，并且终止无政府的、周期性的不断骚动——这些是资本主义生产的祸患——先生们，除了共产主义、'可能实现的'共产主义，还会有别的吗？"[8]生产者和消费者的合作社的协作，已被罗伯特·欧文之后的社会主义者和蒲鲁东主义的无政府主义者概念化并付诸实践。在《资本论》里，马克思也将合作社与股份公司对比思考，并予以高度赞赏：股份公司只是消极地废除资本主义体系，而工人自己作为股东的合作社则积极地废除。[9]可是，马克思也看到了它们的局限。它们注定不是在同资本的残酷竞争中败北，就是把自己变成股份公司。由于这个原因，列宁和恩格斯都忽视了它们，充其量将其边缘化为工人运动的附属品。另外，尽管存在这些局限，但马克思正是从它们当中看到了共产主义的可能性。

巴枯宁把马克思和国家社会主义者拉萨尔相联系，抨击他是主张中央集权的思想家。他不是无知就是无视事实，因为马克思批判拉萨尔（哥达纲领）的导向，不赞成他提出的那种让国家保护和加强合作生产。马克思十分清楚："工人想在社会层面上并首先在他们自己国家层面上创造合作生产的条件，这只是意味着他们在努力改变当前的生产条件，与由国家支持建立的合作社毫无共同之处。但就现存的合作社而言，只有它们是工人自己独立的创造才有价值，就是说，既不受政府保护也不受资产阶级保护。"[10]换言之，马克思强调合作社协作本身必然取代国家的领导，代替国家主导的合作运动，从而资本和国家都将逐渐消失。但是，抛开这种原则性的建议，马克思从未具体谈到未来的前景。

总之，在马克思看来，共产主义只是联合主义，但正因如此，他必须通过批判来构建共产主义。马克思的思想陷于拉萨尔和巴枯宁之间。这种摇摆使后辈从马克思的思想中汲取了两种立场。但这里我们应该看到,它并不比马克思的跨越性批判矛盾或含混。马克思十分清楚,单靠指责不可能对抗三位一体的自治力量。由于它们以某些必然性为基础,所以它们具有自治的力量。换言之,它们的功能和先验的认识一样,不仅不能分解,而且恢复力更强。最终要废除三位一体,必须要细究(批判)它们。我们从哪里可以找到形成对抗运动的启示呢?我认为,它存在于《资本论》的价值形式理论中。在前言中,马克思阐明自己的立场如下:

> 为了避免可能产生的误解,要说明一下。我决不用玫瑰色描绘资本家和地主的面貌。不过这里涉及的人,只是经济范畴的人格化,是一定的阶级关系和利益的承担者。我的观点是:社会经济形态的发展是一种自然历史过程。不管个人在主观上怎样超脱各种关系,他在社会意义上总是这些关系的产物。同其他任何观点比起来,我的观点是更不能要个人对这些关系负责的。[11]

这里提到的"经济范畴"意指价值形式。谁是资本家和无产阶级取决于个人所处境遇:不是处于相关的价值形式之中,就是处于等价物形式之中。这与他们怎么想无关。这种结构主义的看法是一种必然。此处马克思并不满足于只是谴责邪恶的资本主义;这是马克思主义伦理的本质。《资本论》中不存在什么主体性。甚至资本家——尤其是股份公司里的那些资本家——也都是资本运动的代理人,并不是主体。对工人来说,情况也一样。因此,人们从《资本论》中读到的要么是历史的(自然史的)规律,据此资本主义社会必然逐渐地转入共产主义社会,要么是在《资本论》之前的文本中寻找的革命行为的动机。但很显然,两种方法都行不通。关于前者，完全不可能设想资本主义会自行终结。从原则上讲，自然史里不可能有这样一种终极目的。关于后者，那些文本所揭示的或多或少被纳入了黑格尔的主奴辩证叙事：即作为奴隶的无产阶级，在异化和贫困到极点时，最终会反抗作为主人的资产阶级。在这种叙事里，工人的反抗被假定是生产过程中爆发的大罢工，而且这会使他们夺取国家权力。我无法相信马克思在写《资本论》时持这样的立场。如果《资本论》被马克思主义者避而不谈，更多的是因为其中看不到革命的前景。新的革命势必不同于英国和北美之外在世界各地可能发生的革命。那么，革命怎么可能在看似没有出现过主体干预的世界中实现呢？

事实上，在价值形式里，地位决定主体的性质，然而占有该地位的主体并不能阻止资本家的主观性。因为资本本身就是自我再生产运动的主体，所以其代理人——资本家——可能很主动，但准确地说，这种积极性是货币的积极性或买方（等价物形式）的观点。另外，那些出卖劳动力商品的工人只能是被动的，别无他选。在这种关系中，工人自然只能进行经济斗争，与资本家就自身商品的价格进行谈判。人们绝不可能期望工人在这种条件下站起来斗争。倘若这在历史上发生过，那一定是由于战争带来的社会混乱，或者雇主对工人特别恶毒。但这并不是说，工人反抗资本是完全无望的。资本（货币—资本—货币）的运动——剩余价值的实现——取决于产品是否被售出。剩余价值的实现，原则上只能通过工人总体买回其生产的产品。在生产过程中，资本家与工人之间的关系肯定像主人和奴隶之间的关系。但资本的变化（或质变）并非单向度的，仿佛只受那种关系限定。因为在周期结束时，资本也不得不处于销售的地位（相对的价值形式），而正是在这个时刻，只有在这个时刻，工人才处于主体地位。这是资本主义生产的商品被售出的场所——消费的场所。这是具有购买力的工人总体处于购买地位的唯一场所。马克思明确地指出:"真正使资本区别于主人和奴隶关系的是,工人自己是交换价值的消费者和拥有者,他以货币持有者的形式,在货币形式中变成简单的流通中心——无限多的中心之一,其中他作为工人的特殊性消失了。"[12]对资本来说,消费是剩余价值最终实现的场所,而恰恰因为这一目的,消费才是从属消费者/工人意愿的唯一场所。

在货币经济中,买和卖、生产和消费是分开的。这导致工人主体的分裂:既作为工人(劳动力商品的卖方)又作为消费者(资本主义商品的买方)。结果,仿佛企业与消费者是经济活动的唯一主体。这也使劳工运动与消费者运动分离。就最近的历史看,虽然劳工运动停滞不前,但消费者的运动却十分活跃,并且经常把环保问题、女性主义问题和少数民族问题结合起来。通常,他们采取公民的行为方式,与劳工运动无关,有时甚至与劳工运动对立。但是,毕竟消费者的运动是"换位"的劳工运动,而正因为如此,它们才非常重要。反过来,劳工运动可能超越其"特殊性"的限定范围,变成普遍性的,因为它自觉地以一种消费者的运动行事。因为,事实上,作为一种劳动力商品再生产的消费过程,遍及我们的生活世界的各个方面,包括儿童抚育、教育、休闲和社区活动。但这里问题是,它显然与葛兰西所说的再生产过程相关但又明显不同:葛兰西所说的再生产过程指文化意识形态机制,如家庭、学校、教堂等。在这种语境里,最重要的是把劳动力的再生产过程作为对资本自我实现的常规范式,据此工人最终可以处于主体地位。

马克思主义者未能抓住在工人与消费者交叉处的那种跨越性批判时刻。就此而言,反对他们的无政府——工团主义者也一样。他们都看到资本主义经济中特殊的阶级关系(资本家和雇佣工人),认为这种关系类似封建领主与农奴的关系。他们都认为在封建体系中十分明显的关系在资本主义商品经济中被隐蔽了起来；因此，工人应该站起来根据主人和奴隶的辩证关系推翻资本主义体系。但实际上，工人根本没有站起来，因为，他们相信，工人的意识被商品经济物化了，而他们作为先锋的任务就是把工人从白日梦中唤醒。他们认为，物化是由消费主义社会的诱惑和/或受文化霸权的操纵引起的。因此，一开始，他们应该而且能做的就是批判性阐明这个机制。或者直接说，这是今天留给他们的唯一工作。弗雷德里克·詹姆逊所说"文化转向"是马克思主义实践中一种内在的"绝望"形式。虽然存在各种绝望形式，但它们或多或少都是生产过程中心论的结果。

与消费交叠的公民行为怎么样？由于与劳工运动保持距离，它们对资本主义生产关系缺少一种鲜明的姿态。它们往往被纳入社会民主，认可市场经济，试图通过国家管理和财富再分配纠正弊端。

我曾说过，《资本论》时期的马克思并未提出一种摆脱资本主义的途径。但是，从一开始，《资本论》探讨的是货币如何转变成资本，因此不可能提出消灭资本主义的明确过程。恩格斯之后的马克思主义者只是把价值形式理论读作一种导言，对货币本身的解释没有任何发展。他们以为国家管理和计划经济会废除资本主义市场经济，但忽视了废除市场经济等于是废除个体的自由交换。他们的观点完全基于（古典经济学的）劳动价值理论，即他们的想象完全属于资本主义经济价值体系的范畴。从这种观点看，至多是一个人人得到其劳动所得的社会幻象。他们没有看到马克思在《资本论》里难以处理的货币自治的一面。我说过，货币不只是一个价值标准，而且具有调解所有个体商品交换的功能，通过它所有商品中的价值关系不断调整、再调整。正是由于这个原因，货币作为商品系统的组织者而存在，就是说，它是对人类交换的某种先验的感知。当然，在日常的市场经济中，作为幻象的货币被具体化了。由于拜物主义，资本运动以货币的自动增值形式出现。通过隐蔽资本运动的方向，资产阶级经济学家强调市场经济的优势。不过，人们不可能完全放弃市场经济。那将导致总体性的损失。同样，也不存在以社会民主消除资本和国家的前景，因为社会民主承认并控制资本主义市场经济。

《资本论》的最终结论是二律背反：货币应该存在；货币不应该存在。取代（取消）货币等于创造一种实现矛盾条件的货币。马克思对这种可能的货币只字未提，他所做的只是批判蒲鲁东的劳动货币和信贷银行概念。蒲鲁东也是依据劳动价值理论，试图创造一种纯粹将劳动时间价值化的货币。这里存在一个盲点：劳动价值受货币的社会交换制约；它形成价值只能在交换完成之后。这就是说，作为价值实质的社会劳动时间通过货币构成，因此它无法取代货币。劳动货币将默默地依赖现行的货币经济；即使它试图挑战现存的体系，也只能以市场价值的价格差异与现行的货币交换。它最多只能做到使货币中性化。

……在资本的货币—资本—货币运动中，资本必须面对两个关键时刻：购买劳动力商品和对工人销售产品。二者中缺少任何一个时刻，都会使资本不能获得剩余价值。换言之，它无法成为资本。这就是说，在这些时刻，工人可以反抗资本。第一个时刻被安东尼奥·耐格里说是"不工作！"在我们的语境里，其真正意思是"不要出卖你的劳动力商品！"或者"不要作为雇佣工人工作！"第二个时刻像圣雄甘地说的那样，"不要买资本家的产品！"二者都出现在工人能够成为主体的位置。但是，为了使工人/消费者能够"不工作"和"不购买"，必须有某种网络关系使他们仍然可以工作和购买生活用品。这就是在资本主义生产方式之外的真正斗争：联合包含生产者/消费者的合作社以及当地的交换贸易体系（LETS）。在资本主义生产方式内部的斗争，必然要求这些合作社和当地交易体系成为一种特殊资本主义的生产/消费方式，进而能够促进资本主义企业重组成合作的实体。资本主义生产/消费方式固有的内部和外部斗争只有在流通过程中相结合，而消费者的主体就是工人。因为只有在流通过程中，才存在个体变成主体的时刻。没有个人主体的参与联合不可能存在，而要做到这点只有使流通过程成为轴心。

卡尔·波兰尼把资本主义（市场经济）比作癌症。[13]资本主义在农业社区和封建国家之间的空隙中形成存在，它侵入内部细胞，按照自己的生理学改变它们原来的排列。倘若如此，作为消费者的工人和作为工人的消费者构成的那种跨国网络，似乎就是一种抗癌细胞的文化。为了消除资本，一定要消除最初产生它的条件。从内部或外部对资本主义的反抗，由于其基础在于流通，所以是完全合法的和非暴力的；三个方面都不能阻止它们。按照我的解读，马克思的《资本论》为这种文化/运动提供了一种合乎逻辑的根据。换言之，价值形式（商品与货币之间）内在的不对称关系产生资本，而正是在这种地方，终止资本的那种换位时刻才可以理解。充分利用这些时刻正是跨越性批评的任务。

注　释

［1］Karl Marx, "A Contribution to the Critique of Hegel's Philosophy of Law: Introduction" (1844), in Karl Marx and Friedrich Engels, *Collected Works*, Vol. 3 (New York: International Publishers, 1976), 175.

［2］Karl Marx, *Capital: A Critique of Political Economy*, Vol. 1, trans. Ben Fowkes (Harmondsworth: Penguin Books, 1976), 163.

［3］Marx, *Capital*, Vol. 1, 102 – 103.

［4］参见 Kozo Uno, *Principles of Political Economy*, trans. Thomas T. Sekine (Atlantic Highlands, NJ: Humanities Press, 1980)。

［5］Benedict Anderson, *Imagined Communities* (London: Verso, 1983).

［6］Marx, *Capital*, Vol. 1, 176.

［7］Ibid. , 182.

［8］Karl Marx, "The Civil War in France", in Karl Marx and Friedrich Engels, *Collected Works*, Vol. 22 (New York: International Publishers, 1976), 335.

［9］参见 Marx, *Capital*, Vol. 3, 567。

［10］Karl Marx, "Critique of the Gotha Programme", in Karl Marx and Friedrich Engels, *Collected Works*, Vol. 24 (New York: International Publishers, 1976), pp. 93 – 94.

［11］Marx, *Capital*, Vol. 1, p. 92.

［12］Karl Marx, *Grundrise*, Notebook IV, trans. Martin Nicolaus (Harmondworth: Penguin Books, 1993), 420 – 421.

［13］参见 Karl Polanyi, *The Great Transformation* (Boston: Beacon Press, 1944)。

第十七章

共产主义的理念[*]

阿兰·巴迪欧

今天我想说明一种概念如何发生作用,我把它称作"共产主义的理念"(the Idea of Communism),由于多种原因,我希望具有说服力。毫无疑问,这种建构最复杂的部分也是最一般的部分,它包括对理念是什么的解释,而不仅仅是对政治的真理的尊重(就此而言,理念是柏拉图那种"理想"的现代版本,确切地说,是"善的理念")。为了更清晰地说明共产主义的理念,我基本上暂不明确论述这种一般性。[1]

"共产主义的理念"要发生作用必须有三个基本的因素——政治的、历史的和主体的。

第一是政治因素。这关系到我所说的真理,政治的真理。关于我对中国文化革命的分析(政治的真理,如果曾经有过的话),英国一家报纸的评论家说——只注意我对中国历史这一插曲肯定的解释(他显然认为那段插曲是邪恶的、血腥的灾难)——"很容易感到通常英国经验主义中的某种傲慢,它向

---

[*] 选自 *The Idea of Communism*, ed. Costas Douzinas and Slavoj Žižek, London: Verso, 2010: 1-14。

我们(《观察家》的读者)灌输反对纯粹抽象暴政的思想。"[2]他所谓的傲慢的基本依据是,今天世界的主要规则是"没有任何理念的生活"。因此,为了令他满意,我一开始会说,毕竟政治真理可以用纯经验的方式来说明:它是一种具体的、特定时间的顺序,其中出现了一种新的集体解放的思想和实践,形成存在并最终消失。[3]可以举一些这样的例子:从1792年到1794年的法国革命;从1927年到1949年的中国人民解放战争;从1902年到1917年的俄国布尔什维克运动;以及——不幸的是,《观察家》的评论家可能同样不喜欢我的其他例子——从1965年到1968年的"文化大革命"。说过这些之后,我这里是从形式或哲学方面谈真理的过程,自《存在与事件》以来我一直在这种意义上使用这一术语。我很快会再回到这个问题。但当下我们应该注意的是,每一个真理的过程都规定一个真理的主体,这种主体——即使在经验上——也不能归纳为个体。

现在谈历史因素。正如政治顺序的时间框架所清晰表明的,真理的过程刻写在整个人性的生成之中,采取由空间、时间和人类学支撑的地方形式。"法国人"或"中国人"这样的名称是这种地方化经验的标志。它们清楚地表明,为什么西尔万·拉扎鲁斯(参照注释3)谈论"政治的历史模式"而不是只谈论"模式"。事实上,真理也有一个历史维度,虽然真理终归是普遍性的(按照我在我的《伦理学》或《圣保罗:普世主义的基础》中所用这个术语的意思)或永恒的(如我在《世界的逻辑》或《第二次哲学宣言》里所用的那样)。具体说,我们将会看到,在特定真理(政治的,但也是爱情的,艺术的,或科学的)内部,其承载的历史包括各不相同的真理的相互作用,因此处于整个人类时间的不同节点。具体讲,一种真理对在它之前创建的真理产生反作用。所有这一切需要真理具有跨越时间的可能性。

最后是主体因素。这里的问题是，作为纯粹的人类动物，明显不同于其他主体的个体，如何能够决定[4]变成一种政治真理过程的组成部分。一句话，如何变成这种真理的斗士。在《世界的逻辑》里，并以一种更简单的方式在《第二次哲学宣言》里，我把这种决定说成一种融合：个人的身体，以及它在思想、情感和潜能方面发生作用所必需的一切，诸如此类都变成另一个身体即真理的身体的因素，亦即在一个特定世界里真理形成过程中的物质存在。正是在这个时刻，他/她才可以超越个体主义（或动物性——它们是一回事）确立的范围（自私、竞争、限定……）。就他/她可以这样做的情形看，虽然他们仍然保持原来的样子，但他们通过融合却可能变成了一个新的主体的活跃部分。我把这种决定、这种意愿称作主观化。[5]说得更普通一些，主观化永远是一个过程，通过这个过程，个人根据他们的生命存在及其生活经历决定真理的所在。

我把"理念"称作这三种基本因素的抽象的总体化：真理的过程、历史的归属和个人的主观化。这里可以立刻对理念给以正式界定：理念是对真理过程与历史再现之间的相互作用的主观化。

就这里与我们相关的情形而言，我们会说，理念是一种可能的理解，即个体可能认为他/她对单一政治进程的参与（他/她成为一种真理的身体）在某种程度上也是一种**历史的**决定。由于这种理念，作为新主体的一个因素的个人认识到他/她属于历史的运动。大约有两个世纪（从巴贝夫的"平等社区"到20世纪80年代），"共产主义"这个词在解放或革命的政治领域是个最重要的理念的名词。一个共产主义者无疑是一个特定国家的共产党的战士。但是，一个共产党的战士也是一切人类历史发展中千百万个代理人之一。在共产主义理念的语境里，主观化把政治进程的地方归属和人类走向集体解放的庞大的象征领域联系在一起。在市场上散发广告同样等于登上了历史舞台。

因此,十分明显,"共产主义"不可能完全是一个政治的名词。因为对于它支持其主观化的个人,它有效地把政治进程与它本身不同的东西联系了起来。它也不可能完全是一个历史的名词。这是因为,在缺少实际政治进程的情况下(我们将会看到,政治进程包含一种不可或缺的偶然因素),历史只不过是一种空洞的象征。最后,它也不可能完全是一个主观的或意识形态的名词。因为主观化在政治和历史之间、在单一性和把这种单一性变成一个象征整体之间进行运作,而没有这种象征形式的物质性,它不可能取得决定的地位。"共产主义"一词具有一种理念的地位,意思是,一旦融合发生,此后在政治主观化的内部,这个术语就表示政治、历史和意识形态的综合。这就是为什么最好把它理解为一种运作而不是一个概念。共产主义的理念只存在于个体和政治进程的边界,作为那种依据对政治的历史投射进行主观化的元素。共产主义理念使个体变成政治的主体,同时又构成他/她对历史的投射。

如果只是为了走向我的朋友斯拉沃·齐泽克[6]的那种哲学境域,我想把一般理念和特定的共产主义理念的运作,以拉康的三种主体秩序——真实的、想象的和象征的——进行形式化的阐发,也许有助于说明问题。首先,我们假定真理的过程本身是真实的,理念以这种真实为基础。其次,我们允许历史只是以象征的方式存在。实际上,它不可能出现。为了出现,属于某个世界就成为历史必需的前提。不过,作为被断言是人类发展过程的总体性,历史没有任何能够确定它所属的实际存在的世界。历史是一种根据事实构成的叙事。最后,我们承认主体化只能是想象的,它把真实投射到某种历史的象征之中,这主要是因为没有任何真实本身可以被象征化。在一个给定的世界里,真实是存在的,处于非常具体的条件之下,对此我在后面会返回来论述。但是，正如拉康一再申明的，真实可能被象征化。因此真理过程的真实性不可能"真正"被投射到叙事象征的历史之中。它只能以想象的方式这样做，但这并不是说——远远不是——这样做没有用途，也不是否定的和无效的。相反，它处于理念的运作之中，个人从中找到了"作为一个主体"[7]的构成能力。因此我们会做出下面的断言：理念在虚构的结构里揭示出真理。就共产主义理念的具体情况而言，当它阐发的真理是一种解放的政治后果时，它会发生作用，因此我们要求"共产主义"在历史的象征秩序里揭示这种后果（以及它之后出现的战士）。换言之，共产主义理念是想象的运作，据此个人的主体化把政治真实性的片段投射到历史的象征叙事之中。正是在这种意义上，人们可以正当地说这种理念是（如像可能预期的那样！）意识形态的。[8]

当前，至关重要的是要明白"共产主义者"不再是表明一种政治的形容词。整整一个世纪的、规模和力量具有史诗性质的经验，都需要用来理解这种真实和理念之间的短路所产生的某些短语，因为这些短语都被误解了，例如"共产党"或"共产主义国家"——"社会主义国家"这一短语试图绕过去的一种矛盾修辞。马克思主义始于黑格尔的长期影响，在这种短路中十分明显。事实上，在黑格尔看来，对政治的历史揭示并非一种想象性的主体化，而是真实性本身。这是因为，按照他对辩证的构想，辩证的关键原则是："真实是它自己的变化过程"，或者——与此相似——"时间是概念在那里的存在"。结果，遵循黑格尔的哲学遗产，我们有理由认为，在"共产主义"的名义下，对革命政治后果的历史书写，或对集体解放迥异的片段的历史书写，揭示了它们的真理：根据历史的意义向前发展。这种潜在的真理对其历史意义的屈服，必然使我们可以以共产主义政治、共产主义政党和共产主义战士的"真理"讲话。但显而易见的是，今天我们需要避免任何这样的说明。为了对抗这种做法，我多次不得不坚持历史并不存在，以便与我的真理概念保持一致，并坚持说它们没有意义，尤其没有历史的意义。但我必须澄清这种看法。当然，不存在任何历史的真实性，因此这种看法是正确的，超验地正确，它不可能存在。世界之间的不连续性是现象的规律，因此也是存在的规律。然而，在有组织的政治行动的实际条件下，真正存在的是共产主义的理念，它是一种与知识分子主体化相联系的运作，并在个体层面上把真实的、象征的和意识形态的结合在一起。我们必须回到这种理念，使它脱离任何表语的用途。我们必须拯救这种理念，但也必须使真实摆脱任何与它的直接融合。只有最终被奇怪地标明是共产主义的那种政治后果，才能通过共产主义的理念恢复为个人主体变化的潜力。

因此我们必须以真理开始，以政治的真实性开始，以便根据其运作的三重性来说明理念：政治的真实性，历史的象征性，以及意识形态的想象性。

让我先以非常抽象的、简单的形式提出几个我常用的概念。

我把一个"事件"称之为正常的身体和语言秩序的突然中断，例如它对任何特定境遇的存在［参照《存在与事件》(*Being and Event*, 1988)或《哲学宣言》(*Manifesto for Philosophy*, 1989)］，或它在任何特定世界里的出现［参照《世界的逻辑》(*Logics of Worlds*, 2006)或《第二次哲学宣言》(*Second Manifesto for Philosophy*, 2009)］。这里值得注意的是，事件不是境遇所隐含的可能性的实现，它也不依赖世界的超验的规律。事件是新的可能性的创造。它不仅处于客观可能性的层面，而且处于可能的可能性的层面。对此另一种说法是：对于某种境遇或某个世界，从这种境遇的虚构性或这个世界的合法性的有限的观点看，事件为本不可能实现的可能性铺平道路。如果我们这里记着拉康所说的真实等于不可能，那么事件固有的真实方面立刻会显现出来。我们也可以说，事件是真实作为其未来可能性的显现。

我把一个"国家"或"境遇的状态"称作强制的体系,它限制多种可能的可能性。由于相同的原因,我们会说,在一个特定的境遇里,根据对可能事物的正式规定来看,国家规定那种境遇特有的不可能性。国家永远是对可能性的限制,而事件是无限的。例如,关于政治可能性,今天的国家包括什么呢?是的,包括资本主义经济,宪制政府,关于财产和继承的法律(在司法意义上),军队,警察……通过所有这些体系,所有这些机制,当然也包括阿尔都塞所说的那些"意识形态国家机器"——这些可以通过它们的一个共同目的(即防止共产主义理念表明某种可能性)加以限定——我们可以看到,国家如何经常以强制的方式组织和保持可能与不可能之间的区分。很明显,由此可以得出这样的结论:事件只能在国家力量减少的程度上发生。

我把"真理过程"或"真理"称为一种在特定境遇(或世界)里正在对事件后果进行组织的活动。人们立刻会注意到,一种基本的偶然性,事件起因的偶然性,参与到真理之中。我把"事实"称为国家存在的后果。人们会注意到,内在的需要总是在国家一边。因此非常明显的是,真理不可能完全由事实构成。真理中的非事实因素是其导向的作用,这种情况被称作主观性。我们还会说,真理的物质"身体",就其受主观导向而言,是一种特殊的"身体"。如果大胆使用一个宗教的隐喻,我会说,真理的身体由于涉及在其自身内部不可能归纳为事实,所以它可以被称作光荣的身体。关于这个身体,由于它属于政治里新的集体主体,属于由大量个体构成的一种组织,我们会说它分享政治真理的创造。就世界上的国家而言(创造对其发生作用),我们会谈到历史的事实。由历史事实构成的历史本身,决不会被从国家的权力中削减。历史既不是主观的也不是光荣的。应该说,历史是国家的历史。[9]

于是,我们现在可以回到我们的主题:共产主义的理念。对个人而言，如果一种理念是主观的运作，由此一种具体真实的真理以想象的方式被投射到象征的历史运动之中，那么我们可以说一种理念呈现的真理就像是一种事实。换句话说，理念以真理的真实性的象征呈现某些事实。这就是共产主义理念如何使革命的政治及其政党刻写在历史意义的再现之中，而它的必然结果则是共产主义。或者，它如何变得能够谈论"社会主义的祖国"，即等于通过扩大权力把对可能性——明显脆弱——的创造象征化。理念是在真实与象征之间进行调解的运作，它总是为个体呈现某种处于事件与事实之间的东西。这就是关于共产主义理念真正地位的无休止的争论，为什么不可能解决的原因。按照康德对理念一词的用法，是否规定性的理念没有实际的效果，但能够为我们的理解设定适当的目标？或者，是否它是一个必须通过新的后革命的国家对世界的行动在时间中实现的日程？是否它是一个乌托邦，一个也许极其危险甚至罪恶的乌托邦？或者，它是历史上理性的名称？这类争论永远不会结束，其明显的原因是，对理念的主观运作并非那么简单，而是非常复杂的。它包含作为其实质条件的解放政治的后果，但它预设一系列适合象征化的历史事实的安排。它不要求事件以及它组织的政治后果可以归结为事实，因为这等于使真理的过程服从于国家的法律。但它也不要求事实不适合任何历史书写记录真理的明显特征（这句话的修辞是拉康式的文字游戏）。在真理形成过程中，理念是对一切难以捉摸的、不稳定的、短暂的事物的历史定位。但如果它承认这种偶然的、难以捉摸的、不稳定的、短暂的维度，它只能是如此。这就是为什么共产主义理念有责任回答"正确的理念来自哪里？"的问题，按照毛的做法，"正确的理念"（指在某个境遇里构成真理的道路）来自实践。很明显，"实践"应该理解为真实性的唯物主义名字。因此可以恰当地说，象征历史上正确（政治）理念的"真正"形成过程的理念，即共产主义的理念，归根到底来自实践的理念（来自真实的经验），然而又不能归纳为实践。这是因为，它不是关于存在的方案，而是对发生作用的真理的**揭示**。

所有前面的叙述表明并在一定程度上确证，为什么最终可能走向极端，揭示解放政治的真理被它们的对立面遮蔽，就是说，被国家遮蔽。既然它是真理过程和历史事实之间的一个（想象的）意识形态的关系问题，为什么对于把这种关系推向它的极限犹豫不决？为什么不说它是事件和国家之间的一个关系问题？《国家与革命》是列宁最著名的著作的标题。在这本著作里，国家与事件确实至关重要。然而，在这一点上，列宁遵循马克思，他谨慎地说，革命成功之后，国家将不得不成为逐渐消失的国家，成为过渡到无国家的组织者。因此我们这样说：共产主义理念可以把一种真正的政治，在削减国家权力的情况下，投射到"另一个国家"的修辞之中，条件是权力的削减在于这种主观化的运作之内，表明"另一个国家"也被削减国家的权力，削减它自身的权力，其实质是逐渐消亡的国家。

在这种语境里，必然会考虑和支持各种政治中一些专用名字的重要性。确实，它们的重要性既引人注目，又自相矛盾。一方面，解放的政治其实本质是无名大众的政治；它是没有名字的那些人的胜利[10]，是那些国家极不重视的人们的胜利。另一方面，它一直通过专用名字加以区分，这些名字在历史上限定它，再现它，而且比对其他类型的政治更有力量。为什么有这么一长串专用名字？为什么有这种光荣的革命英雄的殿堂？为什么有斯巴达克斯、托马斯、罗伯斯庇尔、杜桑－卢维图尔、布朗基、马克思、列宁、洛萨·卢森堡、毛泽东、切·格瓦拉，以及其他许多名字呢？其原因是，所有这些专用名字——在个体的掩饰下，在完全是单一性的身体和思想的掩饰下——历史地象征着一个时期珍贵的、作为真理的政治后果的作用网。真理躯体的难以捉摸的形式主义，在这里很容易读作经验主义的存在。在这些专用名字里，普通的个人发现了光辉的、与众不同的个人，觉得他们是对他/她自己个体性的调解，可以证明他/她能够扩展个体性的局限。无名的千百万勇士、反叛者、战斗者的行动，虽然本身无法再现，但却被联合起来，在专用名字简单有力的象征里被看作一个整体。因此，专用名字包含在理念的运作当中，我前面刚刚提到的那些名字，都是共产主义理念在其不同阶段的构成因素。所以我们可以毫不犹豫地说，赫鲁晓夫对"个人崇拜"的谴责，确切说是针对斯大林的，是使人误入歧途的做法，在民主的幌子下，它预示了共产主义理念的衰落，我们在后来几十年也看到了这点。对斯大林及其恐怖主义国家观的政治批判，必须从革命政治本身的观点严格地加以对待，毛泽东在他的许多著作中已经开始尽可能这么做了。[11]事实上，赫鲁晓夫是在维护曾经领导斯大林主义国家的那个群体，因此关于这个问题并没有触及任何要害，当谈到斯大林时期实施的恐怖时，他只是对专用名字在政治主观化中的作用进行了抽象的批判。结果他自己为后来十年出现的反革命人文主义的"新哲学家"铺平了道路。由此提供了一个非常值得珍惜的教训：即使反思的政治行动可能需要清除某个特定专用名字的象征作用，这种作用本身也不可能被完全取消。因为理念——特别是共产主义理念，因为它直接关系到人民的大多数——需要这种限定的专用名字。

让我们尽可能简单地做个概括。真理是政治的真实性。历史是个象征的地方，即使作为保留专用名字的所在也是如此。共产主义理念的意识形态运作，是把政治的真实性以想象的方式投射到象征性的历史虚构之中，包括在它的掩饰下通过一个专用名字对无数大众的行动的再现。这种理念的作用就是要支持个人融入真理过程的训练，使个人有权以他/她自己的眼光，超越只是残存的国家主义的限制，从而变成真理身体的组成部分，或者可以进行主观化的身体。

现在我们要问：为什么必须诉诸这种模糊的运作？为什么事件及其后果也不得不在事实的掩饰下——常常是粗暴的——伴随着不同的"个人崇拜"被揭示出来？对解放政治的这种历史挪用的原因是什么？

最简单的原因是：普通的历史，个人生活的历史，被限制在国家的范围之内。一个生命的历史，既不能决定也不能选择，本身是国家历史的一个部分，其传统的参与方式是家庭、工作、故乡、财产、宗教、习俗，等等。对不同于上面所有这些的那种英勇但属于个人的特殊规划——作为真理的过程——其目的也在于与其他每个人分享；它不仅想表明自身是个例外，而且还表明此后每个人都可能实现这种特殊的规划。这是理念的作用之一：把例外投射到普通个人的生活之中，填充只以一定程度的特殊性存在的东西；说服自己周围最近的人——丈夫或妻子，邻居或朋友，以及同事——相信，真理在形成过程中这种奇异的例外也是存在的，我们不是注定要生活在受国家限制的规划之中。当然，归根结底，只有真理过程中原始的或战斗的经验，才会迫使这个人或那个人进入真理的身体。但是，使他/她到达这种存在的地方就是要发现理念的介入——使他/她成为真理之重要事物的观察者，因此也是部分的参与者——共享理念，这几乎总是需要的。共产主义的理念（无论它被赋予什么其他名字都无关紧要：没有理念可以由它的名字限定）能够以不成熟的国家语言谈论真理的过程，因此根据各种力量的情况国家规定一个时期内什么可以改变或不可以改变。这样看，最平常的行动就是使人参加一个真正的政治集会，远离他们的家，远离他们事先确定的、存在的参照系，如在一家来自马里的工人的旅店里，或者在一家工厂门口。一旦他们来到政治活动发生的地方，他们就会决定是参加进去还是撤退。但为了使他们去到那个地方，理念——有两个世纪，或许自柏拉图以降，一直是共产主义的理念——一定已经改变了他们在再现、历史和国家中的秩序。象征必然以想象的方式支持从真实的创造性逃避。寓言的事实必然使真理的脆弱性意识形态化和历史化。在光线昏暗的房间里，四个工人和一个学生所进行的平常而重要的讨论，必然被暂时扩大到共产主义的某些方面，于是它既是本来的样子又是即将成为的样子，亦即局部真理构成的某个时刻。通过象征的扩展，一定可以看到"正确的理念"来自这种实际上看不见的实践。这一在偏僻郊区的五人集会，在对其危险的真正表达中一定是永恒的。所以真实必须在虚构里加以揭示。

　　第二个原因是，每一个事件都是令人惊讶的。假如不是这样，那就意味着它是可以预见的一个事实，因此会被写进国家的历史，而这是相互矛盾的。这个问题可以用下面的方式表示：我们怎么能使自己为这种惊讶做好准备？这一次问题确实存在，即使我们当前已经是过去事件造就的斗士，即使我们被纳入某个真理的身体。承认了这点，我们就是在调配新的可能性。但是，即将发生的事件会把当下仍然不可能的东西——甚至我们也觉得不可能——变成某种可能。为了能够预见——至少在意识形态上或思想上——新的可能性的创造，我们必须拥有一种理念。理念当然包含新的可能性，我们作为它的战士的真理过程已经表明了这种可能性，它们是真正的可能性，但理念也包含其他可能性的形式的可能性，我们尚未对此有什么怀疑。理念总是断言新的真理可能历史地出现。既然强使不可能成为可能通过削减国家的权力实现，那么可以说，理念会断言这种削减过程是无限的。形式上总有可能的是，国家在可能与不可能之间划分的界线可以再次转换，不论它以前的转换多么彻底——包括当前我们作为战士参与其中的转换。这就是为什么今天共产主义理念的内容之一是国家的逐渐消亡（与把共产主义作为通过新的国家运作来实现的一个目标的主题相对），虽然在任何政治行动中它一定是个明确的原则（对它的表达的公式是"政治远离国家"，有义务拒绝直接进入国家政权，拒绝要求国家的任何资助，拒绝参加国家的任何选举，等等），但它也是一个永恒的任务，因为创造新的政治真理总是会改变国家主义的（因而也是历史的）事实与事件的持久后果之间的分界线。

考虑到这点，现在我将通过转向共产主义理念的当代影响来结束。[12] 按照当前对共产主义理念的评价（我前面已经提到），这个词的功能不再是描述性的形容词，如在"共产主义政党"或"共产主义政权"里那样。政党的形式，例如社会主义国家的政党，不再适合为这一理念提供真正的支持。此外，在20世纪60年代和70年代的两次重大事件中，这个问题第一次发现了否定的表达。这两次事件分别是中国的"文化大革命"和1968年法国的"五月风暴"。后来，对新的政治形式——全都属于没有政党的政治群体——也进行了试验并仍在进行试验。[13] 但总而言之，现代资产阶级所谓的民主国家形式——全球化的资本主义是它的基石——可以吹嘘在意识形态领域里再无对手。近30年来，"共产主义"一词要么被完全遗忘，要么实际上等同于罪恶的事业。这就是为什么政治主体的境遇到处都变得缺少凝聚力。没有理念，广大群众必然陷于混乱。

然而，有许多迹象表明，这 反动时期即将结束。历史的悖论是，在一定程度上，我们更接近19世纪上半叶探讨过的问题，而不是从20世纪继承下来的问题，正如在大约1840年那样，今天我们面对的是一个纯属愤世嫉俗的资本主义，可以肯定，这是一种理性的社会组织的唯一可能的选择。到处隐蔽的情况是，穷人应该为他们的困境负责，非洲落后，未来属于西方世界"文明的"资产阶级，或者属于选择遵循相同道路的人，例如日本人。今天，与那时的情形正好相似，甚至在富裕国家也可以找到广泛的极端贫穷的地区。不仅在社会阶级而且在国家之间，存在着可怕的、日益加剧的不平等状况。在第三世界的农民、失业者以及所谓发达国家的贫穷工人与"西方的"中产阶级之间，主体的政治鸿沟并未消除，他们所受的教育是一种处于憎恨边缘的冷漠。正如当前的经济危机及其独特的口号"拯救银行"清楚地证明的，政治权力比以往任何时候都更加只是资本主义的代理。革命发生了分裂，组织涣散，广大工人阶级青年成为虚无主义的绝望的牺牲品，而大多数知识分子奴性十足，缺乏独立精神。与所有这些明显相对的是，虽然像马克思和他的朋友在1848年发表著名的《共产党宣言》那样孤立，但我们越来越多的人在贫穷的工人大众当中正发展新型的政治进步组织，并努力以各种可能的方式支持在现实中重新出现的不同形式的共产主义理念。正如在19世纪初期，共产主义理念的胜利一直延伸到整个20世纪。最重要的是它的存在以及它被阐发的方式。首先，为共产主义假设提供一种有力的主体性存在，是我们今天要努力以自己的方式完成的任务。我坚持认为，这是一项令人激动的任务。通过把知识构成（总是全球性的和普遍性的）与真理片段（地方性的和单一性的，然而可以普遍传播）结合起来，我们可以在个人的意识里复活共产主义的假设，甚至复活共产主义的理念。我们可以开创这种理念存在的第三个新纪元。我们可以做，所以我们必须做！

注　释

[1] 理念的主题在我的作品里是逐渐出现的。当然，20世纪80年代后期它就已经出现，在《哲学宣言》里，我就设想我要做的是一种"多重性的柏拉图主义"，这就需要重新探究理念的性质。在《世界的逻辑》里，这种探索被表达为一种原则："真实的生活"是由按照理念的实际生活构

想的，与当代民主的物质主义的原则对立，后者要求我们没有任何理念地生活。在《第二次哲学宣言》里，我更仔细地探究了理念的逻辑，提出了理念过程的概念，因而也提出了作用或运作的概念，以及理念的价值。我通过从多方面赞同柏拉图的作用支撑自己的观点。例如，近两年我的研讨课的标题就是"为了今天，柏拉图！"；我的电影计划是《柏拉图的一生》，以及我的全译本《共和国》——重新定名为《公共主义》，分为九章，即将出版。

[2] Rafael Behr, "A Denunciation of the 'Rat Man'", *Observer*, 1 March 2009.——英译者注。

[3] 在 Sylvain Lazarus 的著作 *Anthropologie du nom*（Paris：Seuil, 1996）里，对这种政治作了有力的论述。他把这些后果称之为"政治的历史模式"，它们由政治和思想之间特定类型的关系限定。我对真理过程的哲学思考明显与此不同（在 Lazarus 的思想里，事件和一般性的概念完全缺失）。在《世界的逻辑》里，我解释了为什么我的哲学事业仍然与 Lazarus 的思想兼容，因为他根据从政治立场本身出发的思考提出了一种政治思想。同样明显的是，这种模式的时间框架对他也非常重要。

[4] 在决定、选择、意志里，理念包含个体的信奉，这点在 Peter Hallward 的作品里越来越明显。它告诉人们，结果，在法国和海地革命里这些范畴最为明显，因此对它们的参照现在在他的作品里不断出现。

[5] 在我 1982 年出版的 *Théorie du sujet* 里，由主观化和主观过程所形成的这一对子具有重要的作用。这里进一步表明，我逐渐返回到那本书的某些辩证的直觉，正如 Bruno Bosteels 在他的著作里所论及的那样（包括他对那本书的翻译——2009 年由 Continuum 出版）。

[6] 斯拉沃·齐泽克也许是今天唯一独特的思想家，他一方面可以开辟尽可能接近拉康的道路，同时又坚定有力地为回归共产主义的理念进行辩护。这是因为他的真正的导师是黑格尔，他对黑格尔进行了全新的解释，因为他不再使解释从属于总体性的主题。今天在哲学里有两种拯救共产主义理念的方式：一种是不无遗憾地放弃黑格尔，但在对他的著作反复思考之后（我是这样做的）；另一种是提出一个新的黑格尔，一个不为人知的黑格尔，齐泽克是这样做的，他依据的是拉康的理论（拉康是一个伟大的

黑格尔主义者——或齐泽克这么认为——他一直如此，虽然起初公开宣称后来采取了隐蔽的方式）。

［7］"像主体"那样生活可以采取两种方式。第一种像是"流芳百世"那样生活，根据亚里士多德的一则格言翻译的。第二种是地志学的方式：融合实际上意味着个人生活在"真理的主体身体"之内。这些细微差别通过真理的身体理论得到澄清，《世界的逻辑》的结论谈到这种理论，那是一个明确的结论，但我必须承认那个结论仍然过于概括和突兀。

［8］从基本上说，如果你真想理解老生常谈的"意识形态"这个词，最简单的做法是尽可能接近它的起源：当某种事物与理念相关时，它就可以说是意识形态的。

［9］历史是国家的历史这一论点，是由拉扎鲁斯引进到政治思辨领域里的，但他还没有发表整个的后续部分。这里人们也可以说，我在20世纪80年代中期提出的本体—哲学的概念与之不同，因为出发点不同（数学式的），目的也不同（元政治的）。不过，在一个重要方面可以确认与拉扎鲁斯的论点兼容：从本质上看，没有任何政治真理的过程可以与国家的历史行动混为一谈。

［10］在所有当前的政治行动里，那些没有"名字"的人，那些没有"地位"的人，以及最终"没有身份"的工人组织的角色，说到底，都是人类解放政治领域中一种否定观的组成部分。雅克·朗西埃一开始特别对19世纪的这些论点进行了深入研究，突出说明了在哲学领域不属于主流社会范畴的民主的具体含义。实际上，这种看法至少可以追溯到《1844年经济学哲学手稿》的马克思，它把无产阶级定义为普通的人，因为它本身不具有资产阶级定义人类所依据的任何特征（我们今天会说，值得尊重的，或正常的，或"经过很好调整的"）。这种看法是朗西埃试图拯救"民主"一词的基础，这在他的文章 "The Hatred of Democracy"（London：Verso，1996）里非常明显。我无法肯定"民主"一词是否能轻易地得到拯救，但无论如何，我认为追溯共产主义理念的整个过程不可避免。争论已经开始，并将继续下去。

［11］毛泽东论斯大林的著作载于一本小书，题名《毛泽东和社会主义建设》，其副标题很明确："苏联的模式就是中国的道路"，该书译者为

Hu Chi-His（Paris：Le Seuil，1975）。在真实是永恒的观念的指引下，我写了一篇关于该书的评论，见《世界的逻辑》的前言。

[12] 关于共产主义理念的三个阶段，特别是第二个阶段，即共产主义理念力图成为公开的政治性的（在政党和国家计划的意义上），见我的 *Circonstances* 4，英文版的名字为 *The Meaning of Sarkozy*（London：Verso，2008）。

[13] 过去 30 年来，关于新的政治形式曾经有过许多迷人的试验。可以提出下面一些：1980—1981 年波兰的团结工会运动；伊朗革命的第一阶段；法国的**政治组织**；墨西哥的萨帕塔主义运动；尼泊尔的毛主义者。这个名单并不完整。

第十八章

哲学王国：转变观念[*]

鲍里斯·格罗伊斯

为什么东方共产党——尤其是苏联共产党——不再实施共产主义计划，反而使自己国家转而发展资本主义？对于这个问题，只有在唯物主义辩证的语境中审视才能恰当地回答。如前所述，唯物辩证法考虑A和非A的统一。假如A是一个计划，那么非A就是该计划的语境。推动计划A不断向前就是片面行事，因为该计划的语境即非A此时被彻底忽略。此外，这样一个计划的语境变成它的归宿，因为这个语境决定了计划得以实现的条件。从计划至其语境是一种必然，对任何力图把握整体的人都是如此。因为苏联共产主义的语境是资本主义，所以实现共产主义的下一步一定是从共产主义过渡到资本主义。在单独一个国家建设共产主义的计划并未被这种过渡否定，相反，它得到了确认并肯定要实现。因为共产主义在空间和时间上都得到了一个历史定位，变成了一个完整的历史形态，甚至具有复制和重复的可能性。

在一个自认为开放的社会里，其主要问题是限制它的计划，完成它们。但在这样一个社会里，几乎不可能认为一个计划是有

---

[*] 选自 *The Communist Postscript*, London: Verso, 2009: 103–127。

限的。在开放的社会里，经济增长、科学研究，以及为社会正义进行的斗争，只能被认为是有限的；同样，欲望以及不同的工作也是如此。不论为实现这些计划设定什么限制，都只能由发展和实现它们的"客观"条件来决定。因此，在开放的社会里，只有从外部某一时刻中断，计划才得以实现……融资是引起计划在某一刻停止的主要原因，因而也是最终得以实现的形式。更新换代是另一个终止计划的原因：计划的主导者消失了，新一代失去了兴趣，计划也过时了。在这个意义上，计划不断变成"过时的"而不是实现。开放型现代社会的生活，具有几乎完全由生物学决定的节奏。每一代都有其支配的特定时期，通常10年左右，在此期间规划并发展它的计划。当然，对这些计划的工作随后还会持续。但是，在这种情况下，一切想到和做到的都将被认为是过时的和毫不相关的。在一个开放的社会里，经济学和生物学实施限制的功能，完成计划并使之具体化，否则计划永远不会有自己的形式。

因此，限制思想投射的无限性——限制黑格尔所说的恶的无限性——在开放社会里也是确定的。所以，问题不在于是否真正出现限制——因为每一种情况都可能出现限制——而在于这种限制何时出现和如何出现。在开放的资本主义社会里，限制主要由资本支配。相反，哲学的宗旨始终是挪用和支配这种限制、限定、中断和自身转化，并且不接受外部的指令。计划也可以通过刻意的视角转换而结束，如从计划本身转向这计划的语境。在哲学传统里，这种视角的转变被称之为转变观念。"转变观念"一词可以用来描述从个体主观视角转变到一般视角，转变到元观点。转变观念也用于基督教信仰意义上的转变，与观察世界所用的视角的转变相似。胡塞尔倡导现象学还原，以"现象学的态度"取代"自然态度"，其实也是倡导转变观念。麦克卢汉的名言"媒体即信息"，其实也是要求转变观念——从关注信息转变到关注传递信息的媒体。不过,转变观念不一定只是一方面的转变。柏拉图已获得关于善本身的一般视角,所以他提出了如何在物质世界中体现善的观念问题。胡塞尔也提出了现象学的地位如何历史地确定的问题。假如转变观念是从客体转变到其语境,那么也存在一种逆向的转变观念,它会问那个语境的语境是什么,从而在不同的反思层面上回到先前的视角。

现在,人们常常认为,征服元观点是不可能的,因此转变观念也不可能:人们原初的视角取法随意改变。转变观念似乎只能以形而上学为基础,就是说,灵魂对肉体具有特权。但是,如果不存在能够超越肉体局限的不朽灵魂,那么要想达至元观念似乎也不可能,因为肉体在世界上总有特殊的构成和定位,它们决定一个人的视角,而且不可能随意改变。尼采曾大力提倡这种观点,后来几乎发展到不言而喻的地步,因此今天不论人们何时谈起,随后总会问及他从何处来,从什么角度谈起。种族、阶级和性属是这一空间的标准坐标,其中每个说话者都被内在地定位。文化身份的概念也适合最初定位的这一目标。这些参数纵使不被解释为"自然的"决定因素,而是被理解为社会的构成,它们的有效性也不会消失。因为,虽然社会构成可以被解构,但它们不可能被随意废除、改变或替换。因此,主体唯一的可选项,要么是事先由身体(或是由社会对该身体的法规)无限培育的文化身份,要么是对这种身份无限解构。不过,用黑格尔的话说,两种无限性都是恶的无限,因为人们不知道如何限定它们或结束它们。人们只能希望这种对自己视角的反思可以在某一点结束,因为进一步维持它所需的资源已经耗尽。或者,换一种方式,人们希望死亡终于在某一天降临,不再受"你来自何处"这类问题的困扰,因为此时另一个问题会变得更为重要,那就是"我们到什么地方去"的问题。

但是,不存在身体和灵魂的完全同时性。经典的形而上学期待身体死后灵魂还活着。转变观念，即从通常世俗的"自然"观点转到另外普遍的形而上学观点，必然包括从期待肉体死亡之后灵魂仍然活着的世俗观点的抽象。今天，转变观念的作用是期待灵魂死后肉体仍然活着。因此，即使有最严格的唯物主义预设，在改变观点之前通过转变观念也能够改变人们的观点，但它受外部经济学和生物学的支配。换言之，转变观念不但可能发生在人类未充分人格化之时——假设人的灵魂比肉体活得长久——而且可能发生在人类被过度人格化之时，如在现代时期的情形——人们认为灵魂比肉体活得稍微长久一些。随着灵魂的终结，肉体从生前所在的地方被转移到一个不同的地方，也就是坟墓。福柯非常正确，他把坟墓连同博物馆、门诊、监狱和船舶（有人还会补充上垃圾堆）一起列入那些不同的地方或异托邦之中。这样，人可以通过把他或她的肉体想象成一具活着的尸体体验转变观念，从而获得一种异托邦的视角。

  解构也可被理解为这种"其他"转变观念的结果——将生前"总是已经"开始的死后腐朽主题化。对于德勒兹的"没有器官的身体"也可以这么说，它至多被视为正在加速腐烂的尸体。这也适用于大众文化对形象的关注，形象象征着灵魂死后身体依旧活着：如吸血鬼、僵尸等。考虑到我们的目的，这里最需强调的是，转变观念对获得总体性必不可少，与唯物主义的主要论点并不矛盾，虽然后者认为死后灵魂不可能继续活着。转变观念不仅期望通过自然或经济限制和结束恶的无限性；同时它也加速实现结束恶的过程。与"自然的"或"经济的"转变相比，加速转变观念对任何政治都具有至关重要的意义。转变观念的实施确立了更快的可能。它包括一种时间上的禁欲主义：人们给自己的时间很少，还不如自然或经济让自己利用的时间多。

  一般而言，禁欲主义在于使自己的需求少于外部因素允许的需求。在任何意义上，这都不是因感觉脆弱而把那些外部设定的限制内在化。尼采在描述禁欲主义是这种内化的行为时,忽略了其最重要的维度。禁欲主义不在于被动地接受外部强加于我们的限制;相反,它在于使那些限制比必须做的更加严厉。只有把自己限制得更紧,才可能赢得主权、作者身份和自治权。现代艺术常被说成一系列破碎的禁忌,一种创作艺术不断扩展的可能性。实际上,情况恰恰相反。新的禁忌和新的还原不断被纳入现代艺术。不知何故,艺术家迫使自己仅用抽象的几何图形,或是只用现成的作品,或只用一些词语。现代艺术的形式只适合这种自我强加的禁忌、约束和还原的禁欲式创作。这个例子表明,新颖性并非出自扩展,而是出自还原,出自新式的禁欲主义。转变观念导致放弃——放弃总做同样的事情、总走同样的路、总想安然度过同样无限的恶。巴迪欧谈及对革命事件的忠诚[1],但对革命的忠诚是对不忠诚的忠诚。时间的禁欲主义必然导致不忠诚,产生转变,变化,转变观念,甚至在没有外部条件强制我们转变观念的情况下转变观念。

　　黑格尔的核心观点与此相关:思维是由想法的不断转换限定的。正是基于此,黑格尔以极端的怀疑主义对待那种忠于自己观念和思想的意图。实际上,即便有人始终如一地坚持一种政治观点,以至从不表示或接受反对意见,那也未必保证他永远忠于他的政治观点。因为,有时他也会考虑其他事情,如吃饭、睡觉,或其他日常活动。但那时他正在考虑与自己不同的政见,考虑什么不是 A,考虑他阐发自己政治观念的语境。因此他也接受现状,而这本身包含着一种政治维度——实际上,这种政治维度可能与他想保持忠诚的那种政治观点相矛盾。除了不断改变人们"脑袋里"的想法,思考便毫无意义。并非出于偶然,黑格尔论述了革命的断头台为何是思维的真实写照,因为它使脑袋的转动差不多与那些脑袋里的思想转动一样快。[2]黑格尔试图把一种逻辑——确切说是辩证的逻辑——引入这种改变思想的过程,但我们可以赞同克尔恺郭尔的看法，认为这种逻辑终归是随意的。根本没有明确的标准来确定一个计划或一种意识形态或一种宗教是否"已经过时""被历史淘汰了"。我们依然被困在悖论之中，而且无法仅凭时间的推移来摆脱困境。转变观念最终还是缺少根基，它纯粹是表述行为的、革命性的。

对黑格尔而言，世界是该辩证逆转的产物，是绝对精神反复的观念转变。但在某一刻，绝对精神这种不断的自我放弃本身也一定变成绝对的，迫使精神沉默、停止。在黑格尔看来，现实已经被精神抛弃：这正是在精神历史之后留下来的东西。当精神不复存在，辩证也似乎中止，而各种关系却保持稳定。与之相比，辩证唯物主义将矛盾重新定位于事物本身，定位于身体，定位于物质的东西。即便灵魂已经抛弃躯体，躯体与环境的交流也不会停止——它们只是采用不同的形式而已。从量变到质变，但整体辩证过程并未因此停止。以前灵魂的居所现已变成尸体。但它们的差异，如果辩证地考虑，并不像它乍看上去那么巨大。

苏联政权主要是实施转变观念，不断变革，不断结束又不断开始，不断处理内部矛盾。列宁的遗体过去和现在始终停放在陵墓里，它是唯物主义转变观念中一个不可改变的偶像，也是苏联共产党领导的不断变革实践中的一个不可改变的偶像。改变是反乌托邦的：假如乌托邦被认为是确定的、完全理性的秩序，那么改变就是对乌托邦的背叛。但是，如果改变不再是由自然或资本主义强行推进的盲目改变，那么这种改变就获得了一个福祉的维度。由此改变被语言化，成了转变观念——随后可能谈到这种改变，对它批评，谈论对它的不满。列宁和斯大林，以及后来的毛泽东，都利用他们的权力不断发动革命和革新。他们总想比历史本身更具辩证性，走在时间前面。他们唯恐太迟，错过需要改变的时刻。这种渴望转机、渴望新的开始的欲望，在斯大林过世后一直影响着苏联，但随后不久便开始了大规模的去斯大林化。甚至公开提及斯大林的名字都被禁止，或尽可能不要提及；斯大林著作变得难得一见；他的事迹也被从历史书中删除。随之而来的是所谓停滞的勃列日涅夫时期。这个时期基本上是苏联所说的最好时期；但人们开始感到无聊空虚。针对这种情绪，苏共重新捡起斯大林主义的口号"加速建设"。像在斯大林时期那样，建设、变革、转变观念被认为是加速发展的途径，并在实践中实施它们。这种意图再次超越历史，走在了时间前面。

虽然在共产党的领导下共产主义主动自行放弃是历史上的一个独特事件，但它却常常被忽略，因为它一直被称作是在一场战争中的失败——此处指的是冷战——或者是被共产主义征服的人民为自由而斗争的结果。但这些非常熟悉的解释并不准确。冷战不是战争，只是战争的一种隐喻：因此它只能是在隐喻上失败的战争。在军事方面，苏联是不容怀疑的。而且，所有那些为自由而大声疾呼的群体，在转化为资本主义之前就完全平息了。俄国持不同政见者的运动，到20世纪80年代中期就已经完全结束。波兰团结工会运动同样被波兰警察迅速结束。北京的动乱被成功地平定，秩序得以恢复。准确地说，正是这种每次内部对立的总体失败，以及这种完全无视外部干预的能力，导致苏联领导阶层转向资本主义。倘若领导阶层没有绝对把握，他们不会这么大力气地加速重建。

在这一重建过程中苏联解体的事实，有时有助于对失败的认识。外界主要把苏联视为"俄罗斯帝国"，因而它的解体常被解释为俄国在反对他国争取独立斗争中的失败。不知何故，人们在这里忘记了，其实正是俄国解散了苏联，俄国政府——在叶利钦时期——与乌克兰和白俄罗斯达成协议，退出了苏联。于是，其他苏维埃共和国也被迫独立。这是从上面、从中心、由领袖主动引发的一个转折点，领袖的信念是，它的任务在于辩证地塑造历史，而不是被动地经受历史的折磨。马克思主义者一向认为，资本主义体现了最佳的经济促进机制。马克思经常强调这点,并将其作为反对"乌托邦共产主义"的论据。在社会主义秩序范围内和共产党的控制下,为了共产主义的胜利,建议征服资本主义,把它作为工具加以利用——自从十月革命以来就被提上了议事日程。有许多关于这种可能性的讨论,甚至时常进行试验,尽管非常自相矛盾。不过,这种想法从未被最终付诸实践,因为共产党领导总觉得那样不够安全,担心因为这种试验而失去权力。20世纪八九十年代,共产党觉得足够强大有力,便冒险进行实验。判断实验的成败为时尚早。在中国,共产党仍然稳固地掌握着政权。在俄国,中央集权不断加强而非削弱。这种模式还要进一步检验——还需要证明完全成功。

在这种语境里值得回顾的是,苏联解体的条件和司法程序,其实都是由斯大林设计和创建的。所谓1936年"斯大林主义宪法"第17条规定:"每个加盟共和国应保留自愿脱离苏维埃社会主义共和国联盟的权利。"这一提法后来被照搬到1977年最后的"苏联宪法"作为第72条。如果回顾一下引发美国历史上唯一一次内战的问题,即各个州是否可以自由离开邦联,那么这一条款的意义就十分清楚了。与美国的情况相反,苏联在宪法上保证各加盟共和国有权退出,没有任何限制或附加条件。这表明苏联从一开始就被斯大林构想为各个独立国家的松散联盟,而不是一个统一的国家。这种宪法预先设定了苏联有可能解体,因此当时就遭到一些国际法专家的反对。然而,斯大林顽固地决定保留上述条款不变。这么做唯一可能的理由是,斯大林想要辩证地界定苏联——既是一个国家,又不是一个国家。

毋庸置疑,"斯大林主义宪法"也是从更早的联盟文件中继承的这种限定。但把它保留下来,只能解释为是对批评斯大林观点的一种回应;当时批评主要来自特洛斯基,他批评斯大林认为可以在一个国家首先建成社会主义的观点。因此,这个要建设社会主义的国家体现为国家联盟的形式，作为多个国家的集体——更多的是一个社会主义国家共同体，比单独一个孤立的国家更能对抗资本主义国家共同体。在苏联，这个国家共同体的概念在日常生活中也得到不断贯彻。每个共和国都有自己的政府、议会、行政部门和自己的语言。党和政府官员有从一国到另一国的正式访问；还组织作家会议，作为文化节、专家交流，等等。国家的国内生活仿佛在国际舞台上展开。但是，在所有这一切当中，每一个苏维埃公民护照上的"国籍"类别具有关键作用。对外国人而言，这种类别的功能一直是个秘密，他们理解国籍指一个国家的公民身份。但对所有苏联公民它至关重要——实际上在他们生活的各个领域都发挥着重要作用。国籍意味着一个民族成员身份，民族的根源。只有一个人的父母国籍不同，他才可以选择自己的国籍。否则，他就只能继承父母的国籍。在所有实际事务当中，尤其找工作的时候，人们都会被问及国籍，还常常问及父母的国籍。因此苏联的国际主义不是那种单方面克服和消除种族差别的普世主义。相反，在把苏联建设成一个社会主义和国际主义的国家共同体当中，任何公民都不能忘记自己来自哪里。只有体现辩证理性的共产党才能决定国籍的结束和国际主义的开始，反之亦然。

　　通过组织从共产主义到资本主义的转变，私有化的过程依旧是辩证的。苏联共产主义理论家和实践者们认为，彻底废除生产方式的私有制，是首先建设社会主义然后建设共产主义社会的关键前提。如果共产党要获得全新的、空前的社会构建力量，只有把所有的私有财产整个国家——社会化才能造成整个社会必需的可塑性。废除私有制必然导致与过去彻底决裂，甚至与历史本身决裂，因为它被认为是私有制关系的历史。但最重要的是，这种废除意味着艺术优于自然——优于人的本性和自然本身。倘若人类的"自然权利"包括私有财产权都被废除了，并且与他们的祖先、文化遗产和"固有的"文化传统之间的"自然"联系也都断绝了，那么人类便可以更新自己并获得完全自由。只有一无所有的人，才会毫无拘束地进行各种社会实验。因此，废除私有制意味着从自然过渡到人为的，从必然王国过渡到（政治构建的）自由王国，从传统国家过渡到整个艺术作品。

据此，对于结束共产主义的试验，重新引入私有制同样构成一个决定性的前提，至少乍看起来是如此。相应地，共产党执政的国家的消失，并不只是表现为一个政治事件。我们从历史知道，政府、政治制度和权力关系经常改变，但并没有在本质上影响私有财产权。在这些实例中，甚至当政治生活经历激进的变革时，社会和经济生活依然根据私有法律构成。相比之下，随着苏联的消失，再没有任何有效的社会契约。大片的领土被放弃，变成了没有法律的荒原，就像当年野蛮的美国西部，必须以新的方式重建。就是说，它们必须被划分、分配，分发给私人所有——但要按照规定，而规定事实上是国家领导自身制定的。十分明显，通过这种途径不可能完全恢复到物资国家——社会化之前的情况，不可能恢复到废除传统、破除私人财富的根源之前的情况。

私有化最终被证明与之前的社会化一样，是人为的政治构成。同样是这个国家，曾为建立共产主义而社会化，现在为建立资本主义而私有化。在这两种情况里，私有制同样从属于国家利益，因此明显是人为的产物，是故意计划的治国之道的产物。因此，再次引入私有制的私有化，并未回归自然——自然传统和自然法则。就像它的共产主义先驱一样，后共产主义国家是一种构成的政权，而不完全是进行管理的政权。因此，后共产主义状况的不同之处是，它揭露了资本主义的人为性质，表明资本主义的产生纯粹是社会重组的政治方案，并不是经济发展的"自然"进程的产物。

在东欧国家，特别是在俄国，资本主义的建构并非经济或政治的必然结果，亦非不可避免的或"必需的"历史转变。相反，它是一种政治决定，旨在改变社会性质，从共产主义建构转向资本主义建构；为了这一目的（完全符合经典马克思主义），人为地制造出一个私有财产所有者阶级，以便使他们成为资本主义建构的支柱。这种情形包含着对死亡的身体——社会主义国家的躯体——进行暴力肢解和私人占有，使人想起以前盛宴上民族或部落成员一起大吃死去的图腾动物。一方面，这种盛宴意味着图腾动物的私有化，因为每个人都得到自己的一份；但另一方面，正是通过这种私有化，这些盛宴形成了超个人的、超私有社群的部落基础。这里对躯体的唯物主义辩证表明它具有持久的影响。

斯大林式的社会主义的真正肆意妄为，在于它的反乌托邦主义，即它断言乌托邦在苏联已基本实现。这个社会主义阵营已经于其中建立的真实存在的地方，被宣布为不是乌托邦的地方。不需要任何特别的努力或洞见——当时也不需要——便可证明这种断言与事实相悖，因为官方报道的平静生活由国家控制，而实际上冲突和斗争连续不断，无论是个体生存的斗争，还是反对压迫与控制的斗争，抑或不断革命的斗争。尽管如此，只是通过参考现实的不公正和缺点，不可能从这个世界上彻底否定"已实现"的著名论断，就像不可能消除"灵魂是婆罗门"或"轮回是涅槃"同样著名的教义一样，因为它包含反乌托邦与乌托邦、地狱与天堂、诅咒与救赎的矛盾的统一。同样矛盾的再私有化的观念转变，最终赋予共产主义这一伟大事件以历史形式。这样，共产主义事实上不再是乌托邦——它的世俗化完成了。这里完成意味着结束，因此可以自由地重复。

当然，这种重复并不意味着回到苏联共产主义；它是历史上唯一的，而且肯定是已有结论的现象。但进而努力通过语言确立统治，即建立哲学王国，却是十分可能的，实际上也是无法避免的。语言比金钱更普遍、更民主。此外，它还是比金钱更有效的媒介，因为说的可以比买的和卖的更多。不过，最重要的是，社会权力关系的语言化使每个个体的人都可以否定权力、命运和生命——可以批判它们，指责它们，诅咒它们。语言是平等的媒介。如果权力成为语言的，它就被迫在所有说话者平等的条件下运作——无论它是否愿意。诚然，如需所有说话者都构建形式 - 逻辑上有效的论点，语言的平等性就被扭曲了，甚至受到破坏。但确切地说，哲学的任务是将人类从受形式 - 逻辑上有效的语言压抑中解放出来。哲学是一种欲望，因为它被定义为未实现和无法实现的智慧之爱。但它是一种彻底语言化的欲望，因而它的矛盾性已变得透明。哲学是一种机制，它为人类提供生活在自我矛盾中的机会，而又无须掩饰这一事实。以此为基础，把这种机制扩展到整个社会的愿望永不可能被完全压制。

注　释

[1] Alain Badiou, *Metapolitics*, trans. Jason Barker (London and New York: Verso, 2005), 127ff.

[2] Georg Wilhelm Friedrich Hegel, *Phenomenology of Spirit*, trans. A. V. Miller (Oxford: Clarendon Press, 1977), 359ff.

第十九章

关于金融资本时代哲学的 25 个命题[*]

伊莫瑞·济曼　尼古拉斯·布朗

马克思钟爱的格言：人的一切，我都关心。一切皆应质疑。

我们在此提出一系列命题，它们或许有利于想象金融资本主义时代哲学的作用和范畴。其来源像歌曲集一样不拘一格：它们自身带有各种痕迹，包括打破某些关系，误导人们的兴趣，不可避免的对新颖的短暂迷恋，最喜欢的旧歌曲的持久影响（关于最后一类——"听起来令人陶醉"——不再多说）。这些命题不应该被视为规定性的。它们可以根据弗里德里希·施莱格尔的哲学残篇概念阅读，作为一个整体系统的碎片或残余，但这个系统不可能真正存在。

弗雷德里克·詹姆逊把自己的批评实践说成一种"翻译机制"，一种理论机器，它能够把其他话语转变成重要的政治问题，使马克思主义充满活力。（Zhang 1998：365－366）我们以

---

[*] 选自 *A Leftist Ontology*, ed. Carsten Strathausen, Minneapolis: University of Minnesota Press, 2009: 33－55。

同样的精神构想这些命题：把它们作为进行调解的规则，而不是提出一系列真理——主张。因此，这些命题的用途取决于它们的能力，它们要有助于产生一种政治哲学，而不是在概念上适应金融资本主义——这种哲学要接受当前的政治挑战，而不只是对金融资本主义本身活力的一种表达（一种适应）。

1. **偷窃**——傻瓜认为，相对论就是辩证法。
2. **黑格尔已死**——人们总是被提醒，我们已"超越了"目的论的、欧洲中心论的黑格尔。这些提醒有时起到命令的作用。但是，如果不参照一个零点，我们如何知道某物超越了另外某物，而不是在其后面或旁边，在其上面或下面？难道对时间零点的设想不是我们所说的目的论？没关系：目的论和欧洲中心主义——同样的控制——是坏的观念，应当避免。黑格尔在 18 世纪并没有一直这么做。但为什么安到黑格尔头上？我们毋宁说，他发明的方法——他自己并不总是充分理解——与这些无关。任何能够以同情和怀疑的态度集中精力阅读黑格尔的人——换言之，像我们阅读任何其他人那样阅读黑格尔——都可以发现，目的论是最少的表面现象，即使刻意用心地加以运用；他一直不懈努力的是以辩证法最深刻的含义坚持辩证法：不断地延迟乌托邦，不可能完全恢复矛盾。辩证法绝非同一性的哲学，它将对立上升为本体论——这样做就把存在的肌体变成了一系列的分歧、矛盾、挫折，以及杀戮。这种方式中的暴力是显而易见的，尤其是黑格尔对康德的粗暴蔑视，以及时常对任何带有单一存在概念色彩的无情反讽。不过今天这种情况对我们已经消失，这主要应归因于黑格尔本人的修辞。但是，像那些维多利亚时期的小说一样，社会动荡如何被阻止？凭借联姻！——最终脆弱的和解暗示了它的虚伪性。如像"宇宙哲学始终如一"——爱因斯坦简略地将引入广义相对论，淹没了他自己的理论关于宇宙历史的说法——目的论同样如此：没有目的论，辩证法会发展得更好。据说，如今每个合格的物理学学生，都比爱因斯坦更了解广义相对论。或许，我们可以比黑格尔更理解辩证法。

3. 美国黑格尔学派——在北美，批评常识仍然对辩证法的邪恶焦虑不安。但是，甚至在最近正统理论的全盛时期，常常也难以看出它在反抗什么。从前，在一个很远的地方，辩证法意味着科耶夫，或者萨特，或者斯大林主义的伪哲学。值得与敌人斗争！然而我们缺乏想象力的北美人基本上忽视了这点，竟然表现出对黑格尔的正统理论的仇视，而实际上我们从未体验过那种理论。美国的黑格尔学派是什么人？过去有过一些人，但不是在19世纪晚期，而是在那之前。其中一个开过鞋厂，在俄克拉荷马州和克里克生活过一段时间。另一个是个学监，认为辩证法最能用来说明历史会终结于密苏里州的圣路易斯。这些人就是美国的黑格尔学派。后来还有弗朗西斯·福山——附带提一下，他也是美国中西部人。那么，为什么焦虑不安？（参见命题2）

4. 你的思想一文不值——最佳辩证法批评家是实践的辩证论者。至于我们，我们应该谨慎小心，避免在与自己思想的关系里发现自己，像弥尔顿的神仆那样，带着他的发现奔向上帝，但发现"上帝已经知道他想到的新闻/已经报告过了"。

5. 就像1、2、3一样容易——单相思维到处造成可怕的混乱，但在都市知识分子中并不是非常普遍。这种单一性思想可以称作原教旨主义，称作狭隘的民族主义，称作民族沙文主义——或者称作存在的哲学：这种理念是总体性应该符合某种单一的规则。三相思维意味着无限的思考；它总是完全正确——又十分老套。多样性很容易发现，差异的确无处不在——而且也非常有用，可以与单相思维玩打地鼠游戏。但是，像差异一样普遍的概念，必然都缺乏特殊性。内容是空洞的。那么，若无内容，还有什么差异可言？难道我们不是又回到单相思维？这不仅是逻辑的断裂。问题不是在相同和不同之间不存在差异——非常荒诞——

关键是它们有共同的基础——每一种纯粹的差异都借助带有同一性烙印的领域而存在。三相思维最具创新的思想家是阿兰·巴迪欧，他为此补充了零度思考——如此一来，在情境与虚空的对立中产生出二相思维的精华版。那么，二相思维是什么？什么构成对立？这里有一种本体论。大家都知道，主体的客体与同一客体本身并不一致，因为如果一致，主体就成了上帝。换言之，知识并不完臻。但这是容易遗忘的部分：主体并非傻瓜，他清楚这点。因此"客体"本身也不是主体的客体。二者都是真实的；可以说，客体与自身并不同时存在。它分裂了：并非在对其所知与不知之间分裂，而是在对我们存在的客体和独立于我们而存在的客体之间分裂了。但是，如果主体以两种不同而又不兼容的方式认识同一客体，那么主体与自身也不是同时存在。应该清楚的是，主体—客体分裂的说法并不正确。分裂在于客体自身内部——或者说，在主体内部。这种客体（或主体）内部的不稳定性被称作历史。

在这三种选项中——或两种选项中？——选择不是小事。

6. 三个阶级还是两个阶级？——在我们这个时代，阶级存在不是真实不真实的问题，而是一个政治问题。大家无不认为财富分配不均。那些想对此做点什么的人，生活在具有两个社会阶层的世界里：穷人和多数人必须反抗富人和少数人的统治。那些从现状中获利或认为自己获利的人，生活在三个阶级的世界里，或者可以说生活在没有阶级的世界里，因为"中产阶级"的概念可以包括所有在阶级意义上不完全属于劳工和资本的人——这就是说，几乎包括每一个人。问题不在于凭经验是否认为有两个阶级，或三个阶级，或上千个阶级，或一个阶级也没有。真正的问题是：阶级对立是否存在？难道不存在？这里，描述和政治之间的区别——或许一直是个假的区别——消失了。

7. 欲速则不达——虽然它属于一个差异的时代，《最低限度的道德》是金融资本主义时代的哲学指导手册。人们难免反思资产阶级知识分子思想的诱惑和局限，实际上，是反思这些诱惑的诱惑。近来在社会科学家当中，由乌尔里希·贝克和第三条道路的设计师安东尼·吉登斯倡导的"反思现代性"的概念，似乎对没有置前形容词限定的现代性表现出一种进步。但是，正如反对资本主义不意味着就是社会主义者一样，因此，反思也不意味着现代性的问题神奇地得到解决。阿多诺再三提醒我们关于思想产生的机制背景，以及这些背景产生的制约因素和可能性。"因为对知识分子而言，再也没有任何给定的范畴，甚至文化上也没有，而且由于上千种主张的喧扰还难以集中，所以现在生产某种有些价值的东西的努力就非常伟大，以至于几乎超越了所有的人。"（1974：29）有人认为，总体性被否定并非因为它似是而非或是欧洲中心论的，而是因为思考它要花太多的时间。这种说法能够成立吗？它也许会被接受：但远不是通过从文化大学转到网络大学已经被逐渐接受［如比尔·雷丁斯建议的那样（1996）］，在金融资本时代，知识劳动才是真正的生产方式。早在高科技公司把台球桌摆放到改造过的高顶厂房中间之前，教授们还在哥特式校园里忙于 12 小时的弹性工作，出入于教员俱乐部。

至于我们：如指责的那样内疚。这里的教训是，面对世界上其余受到污染的国家，要放弃甚至挥之不去的知识纯洁的观念。可以慢慢思考，但必须抓紧。

8. 氛围之后的氛围——对于"一系列过时的概念，例如创造性和天才，永恒价值和神秘性"，再没有任何东西威胁或危及瓦尔特·本雅明关于机械复制意义的反思。（1968：218）人们常常忘记，本雅明把他的反思置于一个 50 年的社会转变过程结束之际，但一直到 20 世纪二三十年代，这一转变才开始在文化中以征象的方式得到表达。因此，本雅明关于机械复制的著作是滞后的；实际上，本雅明的著作写于电子传播时代来临之际，德波（也是滞后的）在他的《景观社会》里勾勒了这个时代。

什么东西产生于电子传播并遭其破坏？若说这是一个仍无人问津的问题，那就错了。但是，对我们而言，当谈论这一问题时，太拘泥于它的字面意思。当前，那种思考图像和视觉社会意义的尝试似乎陷入了唯心主义认识论的摇摆之中。协调的问题并未超出黑格尔的某些基本概念——也许是因为黑格尔不会被超越。无论如何，当代思想已倾向于认为，再现的历史是对某种永恒动力的一种非常缺乏辩证的强化。

在我们这个时代，人们想象视觉具有一种独特罕见的强大力量。美国的文化帝国主义概念（本身替代了全球化），常被想象为源于美国的视觉符号传播的同义词：广告，消费品的包装设计，好莱坞。然而，尽管它自夸非常有力，我们的电子传播理论也等于未被充分理论化的文化传播（任何视觉图像都会充满现存的全球空间）概念，渗透（它影响到你）的概念，以及污染（它使你中毒）的概念。这需要更多的说明。

9. **世界模糊不清，但可以听到**——关于全球文化的另一方面，即跨越全球流动的音乐形式，看起来更没有前景。音乐学科和音乐文化研究的方法——有必要提及——都是愚蠢的经验主义的，对其客体没有任何稍微充分一点的理论。但音乐是一种活动，通过音乐人的身体可以同时成为社会的身体，总有一天，真正的音乐理论可以比任何图像理论都更能说明全球的文化形态。与被图像殖民的世界相比，音乐形式的全球线路显得隐秘或变化不定，但它却是实在的东西，记录了某些新的社会关系。既然如此，理论工作就是认识（阐释似乎不是很恰当的字眼）现存音乐的非认知性的演出（无意识似乎也不是太恰当的）。是否像雅克·阿塔利提出的那样："世界……模糊不清，但可以听到？"（1985）遗憾的是，阿塔利的命题只存在于科幻小说领域：音乐预言未来！说明这个问题所缺少的术语是欲望。我们能否更为合理地说，音乐体现了某种社会欲望？有时，这种欲望熄灭了，却什么也没产生。但是，如果这种欲望以社会形式实现了，那么孕育它的音乐形式就显得具有先见之明。

10. 无人知晓，尽人皆知——关于最陌生的造物或大众，两个矛盾的命题同时出现在全球化当中。一方面，人们感到全球化开创了一个时代，滞后的大众文化批判终于击中了它们的目标。既然全球媒体垄断已经不无焦虑地巩固了它们对各方面休闲的控制，那么我们便可以安全地跳过某些大众文化理论家们更乐观的看法，直接奔向霍克海默和阿多诺的看法："乐于药浴。"（1998：140）另一方面，全球化也是意识形态和普遍的理性愤世嫉俗终结的时代（在齐泽克的著名阐述中，"他们知道自己在做什么，但他们无论如何都这么做"）。在金融资本主义时代，哲学需要解释的是，这两种现象如何不仅同时发生，而且事实上还产生于同样的历史状况（和矛盾）。齐泽克在别处写道："直接援用超意识形态的（例如，市场的）压制，是意识形态的典型姿态：市场和（大众）传媒辩证地相互关联。"（1994：15）换言之，无论人们如何解释，解释都必然是出自**内部**而非**外部**。正如哈特和奈格里（2000）提出的，这不仅是外部已不复存在：对哲学而言，构想外部总是错误的。但对你来说那是历史。

11. 所谓传统的衰落——对葛兰西而言，"传统"知识分子跨越时间彼此关联。因为"传统知识分子通过'集体精神'感受它们那种从未中断的历史连续性和自身的特性，他们使自己呈现为一个自治的群体，独立于居统治地位的社会集团"。（1971：7）正是这种对现在自治同时又继承过去的观念，依然激发着批判理论家的想象，即使我们现在既怀疑这种自治又怀疑这种继承。但是，如果我们首先把自己想象成"有机"知识分子，情况该当如何？难道我们不该更适当地把自己视为知识分子阶层的一部分？知识分子——尤其在金融资本主义时代——"不仅在经济领域，而且在社会政治领域"，都赋予当代资本以"同质性，并使它意识到自身的作用"？（1971：5）在工厂生产时代，典型的有机知识分子就是工程师。不管你喜欢与否，在金融资本主义时代，典型的有机知识分子是知识分子和文化工人——另外被称作"提供内容的人"。

12. 无中生有——你不可能从零开始。在金融资本主义时代，如果阿多诺自由任性的精神必定使一部分哲学充满活力，那么雷蒙·威廉斯的小心谨慎应该激活其他部分。那种充斥金融资本主义官方话语的技术快感，常常也会出现在对各种技术理论的热情当中，这些技术理论（从德波的景观到哈拉维的赛博格）主要关注与过去已彻底决裂的现在。威廉斯提醒我们，事情远非如此简单。每一个社会的形成都不只是单一阶级的产物，也不只是单一时代的产物。例如，以科幻影片（这些影片想象的未来是如此绝对，以至于连真实的饮食都不存在）方式将现在理论化的学者们，偏偏喜欢19世纪的住房。

未来性究竟能否被明确地构想出来，这是一个悬而未决的问题。未来只不过是缺少现在——正如莫桑比克作家米亚·科托在他的小说《远去的旗帜》里所写的，"永远看不见太阳的命运"。（1998：185）未来肯定的幻象就像我们刚过去的网络乌托邦，或20世纪50年代流行的未来主义——或者关于这个问题柏拉图的《理想国》——都不可能考虑未来；它们只能以未来主义的形式重新连接现实。

13. 毫无基础——基础/上层建筑的模式并不顺利，因为那些追随马克思的马克思主义者们都太拘泥于字面了。迄今为止，大家都同意，这个模式本质上所缺乏的如像威廉斯所说，"对物质生产、政治—文化体制、行为和意识之间那种割不断的联系缺乏充分的认识"。（1977：57）保兰·洪通基（1990，1992）和其他一些人已阐述了文化最终陷入经济、经济陷入文化的方式,因此人们必须超出威廉姆斯批评的含义。金融资本主义时代需要一种全新的因果关系模式,因为使这个时期区别于所有其他时期的是,甚至透过充分展开的、复杂的基础/上层建筑概念来理解社会总体性也不在有什么意义。约翰·汤姆林森写道:"全球化造成的复杂关系延伸到许多现象,社会科学家尽量把它们划分为不同范畴,我们现在熟悉的人类生活包括:经济、政治、社会、人际、技术、环境、文化,等等。全球化也可能混淆这种分类。"(1999:13)这就意味着我们必须认真对待这个事实:物质性的阐释也许需不断提及非物质力量及实体。

无论如何,人们无须羞于坚持——确切说在一定程度上,不一定伟大——人类掌控自己的命运,历史过程中的任何干预都必然发生在思想层面。这和唯心主义不是一回事。毋庸置疑,决定因素的无限性出现在思想之前;甚至思想的真实性也处于它之外。但是,如果直到它成为可能之前什么都不能发生,那么可能性就无法以纯唯物主义的方式来理解。概念的形成同样是可能性的一个条件。

14. 我们如此驳斥自己——一切唯物主义都是庸俗的,充满未经验证的预设,任何碰巧遇到这种预设的哲学家都可能嘲讽它们。一切哲学都是某种唯心主义,很容易受到约翰逊思想的某种影响。如果这两种说法都是真的会怎么样呢?也许此时唯一的出路是把握住它们之间的对立:并非通过"驳倒"一方去支持另一方,而是对唯心主义进行深入持久的斗争。有多少人尝试过这样做?无论怎样我们能想到一个。

15. 向西去啊!——"我们"和"我们的"。这种词语助长了这样一些争论。不必担忧:我们既不想象一种普遍的主体,也不想象一种统一的共同体。但我们也拒绝想象一种"西方":长期以来,西方不仅建立了欧洲学界缺少反思的"我们"和"我们的",而且也确立了对他们的批判。确实,我们主张没有西方,不存在西方化;就此而言,也不存在现代性或现代化。存在资本,就存在资本的局限,这既表现在它的内部矛盾里,也表现在对它的积极抵抗之中(抵抗也以不同方式存在于它的内部)。因此,不存在多元文化主义这种东西。某种东西变成文化的那个瞬间——它不成为世界的那一刻——它就属于资本,或更少见的是,对抗资本。我们所谓的"西方"为这种文化化的机器命名,称它是资本的一个方面。也许现在特别是资本主义的一个方面。

16. 资本主义总是出自别处——众所周知,资本功能内在的不平衡,只能通过资本自身的扩张加以控制:正如马克思在《大纲》中所写,"创造世界市场的趋势已经直接包含在资本的概念本身中。任何界限都表现为必须克服的限制"。(1973:408)这是从资本的角度讲的。但不应该认为一切地方最初都是资本主义的,并因此不受资本的侵蚀。从任何人的角度来看,资本始终在进行侵蚀。政府的私有化,艺术、高等教育、体育等的"企业化",以及以前像牧场那样不合理产业的"企业化",这些今天在一些重要国家仍然是一个发展过程,这个过程用过许多名字,其中包括昔日的殖民主义,以及此前的圈地运动。

17. 资本主义在各地都是土生土长的——在《大纲》中,马克思论述"前资本主义的"生产方式的内容,虽在诸多方面还悬而未决,但对表明一切社会形成都趋向于产生不平等却非常重要,而不平等很容易产生自由劳动力——应该注意,这种说法是经许多殖民遭遇的小说叙事证实的。资本主义不单是另一种特别贪婪的社会形式,而是像德勒兹和瓜塔里在《反俄狄浦斯》(1983)中所说的那样,它是一切社会形态中特殊的噩梦,可以神秘地把现存的社会不平等重新规定为资本——劳动关系,虽然总受到压制。

混淆"资本主义"和"西方"是要把后者抬高到一个并不

存在的因果层面，一个纯属启发式的范畴。

18. 以前的混杂，自由民和奴隶的儿子——人们终于认识到，混杂这个近十年来最重要的术语之一预设了它的对立面。如果像一些最前卫的混杂性思想家那样，只是断言混杂性"一直延续"，不可能消除这种不连贯性。这个概念固有的本质可以无限推延——犹如"一直延续"援用的寓言，如果寓言的依据是无限多的海龟，同样它也不能解释地球悬在空中。在某一点上，两种理论都预设了前提。倘若混杂性确实"可以一直延续下去"，那么它就会毁灭自身作为一个概念。这并非为真实性辩解；实际上，假如人们以混杂性仅只表示"缺乏实质"，它的确会"一直延续下去"。但若要保持其作为一个概念的独特性，混杂性必然也意味着"实质的结合"。要想解决这个矛盾，除非使该词回到其阶级区分的根源。在拉丁语中，混杂（hibrida）指奴隶与自由民之子。当时，"混杂性"就用来指地球上统治和被统治领域里类似阶级集团的共谋。但毫无疑问，对此我们有更好的词语。

19. 同样的差异——越来越明显，关于差异的霸权性概念同时是最普遍的并且（因而）是最空洞的概念，其实和存在是同义词，因为二者都称为真正的经验媒介。实际上，正是（作为口号和概念的）差异，并非总体性，将世界的复杂性还原为单调的相同，因为真正的差异（即拒绝仅只被视为差异——例如以"极权主义""基要主义""共产主义"和"部族主义"等意识形态的名——仅举这几个）被排除在差异的领域之外。实际上，"差异"的首要性显示出一种同一性——即未被承认的那种单一文化或全球资本主义的结构。

20. 怕错误还是怕真理？——持久批判的立场本身可能变成另一种形而上学。例如，对所指策略功能的怀疑是一种强有力的阐释工具，但因其长期存在的形式它又产生对真理范畴的界定，比任何幼稚造成的伤害更大。

21. 善、恶、丑；或者，将婴儿和洗澡水一同倒掉——据说自由主义的本质是轻而易举地分辨善恶，就像经济、政治，诸如此类的系统一样，可能会被简单地划分，摒弃不良因素：竞争是善，但贫困是恶，因此让我们摆脱贫困（同时保持维系它的力量）；马克思是善，但革命是恶，因此让我们忘记革命（同时用资本的诗歌教育学生）。顺便提一下，总体性一向是拒绝这种倾向的名称——它其实是《纽约时报》的编辑政策——但看似相反的倾向同样隐蔽。这并非要把哲学概念与其辩证必需的其他概念合并，而是和意识形态的同源词合并。乌托邦是个恰当的例子：构建乌托邦明显是意识形态运作，但乌托邦的概念——即在思想里保留一个并非现在的视域——对任何真正的政治都是本质性的。其实，在很大程度上，无法思考乌托邦首先直接导向乌托邦——特别导向文一种没有贫困的市场乌托邦（从未那么称呼过）。这相当于黑格尔那种无限接近的"恶无限"，与适当的无限判断相对立。总体性同样如此——当前思想界对它的诋毁被用来败坏辩证法，把它与消除差异的主题相联系，而它与差异毫无共同之处。

22. 真理使你获得自由——"在任何情况下，形而上学的终结或哲学的征服，对我们从来不是什么问题：它只是令人生厌的、无聊的废话。今天，据说各种体系已经瓦解，其实只是体系的概念发生了改变。只要有创造概念的时间和地点，那么从事这种创造的活动总是被称作哲学，或无法与哲学区分，即使它被称作别的东西。"（Deleuze and Guattari 1994：9）确实如此，然而，德勒兹和瓜塔里把这种不断创造的活动称作哲学，在这个已经习惯于创造语言的时代难免传达错误的信息——创造共同体，创造身份，创造观念……嗨，都没问题！但概念的生成不会强制发生。倘若哲学的真理源自它自身之外（正如列宁教导我们的），那么它最终也会留在外面。所有思想的真理,它的有效的真理,都属于与它自称的真理截然不同的性质。在基督教的寓言里,它寻求诠释的真理只是为了说明它自己的真理,其目的是产生信仰和信仰者社群。思想也是如此。如果知识分子想改变世界,那就更好了。但这里没有捷径;圣奥古斯丁不能只是命令会众相信。还有其他的、也许更好的改变世界的方式。但对知识分子而言,无论看似多么天真,唯一的道路就是对真理负责。

23. 应该做什么?——这是今天尚未提出的问题。让我们把一种可能的立场称作内在的政治。也许最好把它称作哈特和奈格里的立场(2000)。不搞革命,当然就没有党派。经过多次斗争未来世界终将出现,因为这些斗争从整体上表达民众的愿望。什么愿望?在冷战时期,通过第一世界的高薪和对第三世界(相对)无私的发展援助而毫不费力地进入未来世界的愿望吗?或者,在实际存在的社会主义解体之后,只是让市场野蛮地摧毁的愿望?民众内在愿望的神秘故事是,它默默地依据以前先验的革命。一旦革命(或者至少其残余)作为资本的威胁和视域消失了,民众的愿望也就失去了依据。当然,我们无须提醒,在错误的情况下,民众的乌托邦欲望可以被引向最粗俗的目的。另一种立场也许可以称作先验的政治;或许最好称作斯拉沃热·齐泽克(2002a,2002b)和阿兰·巴迪欧的政治(2001)。要进行一次革命,甚至要有一个革命的政党,但革命本质上是一种决定,一种从不确保成功的冒险实验,因此也是一种不可理论化的特殊性。是的,是的,是的——但是一种明显的否定。列宁有一种革命理论,一种对历史格局非常准确的理解,认为进行过革命是一种可能的决定。可是,在我们当前的境遇里,单是民族革命不会有多大的意义(少数国家真正的左派政府所面临的两难处境足以证明这点),因为这种境遇比列宁当时的境遇难以估量的复杂。我们记住列宁,因为他的革命成功了。有多少革命失败了?不问

"应该做什么?"的潜在代价是一个流血和徒劳的反叛时期,有些反叛还极其反动。援用"西雅图"的实例也没有多大帮助;反对当前全球化模式的各种抗议是一种标志和口号,但并非组织原则。等待救世主降临只会浪费时间。不过我们面对的是辛勤工作、集体工作,是将存在于当前时局中的可能性以及可行的方法理论化。唯一比选错时机更糟的是错过正确的时机,它也许比我们想象的来得更快。

24. 民众是什么?——自从民众之诗出现的那一刻,我们就对它陶醉着迷。但在陶醉之前,应该问一问它是什么。它怎么能坚决拒绝被归纳为一个统一体同时又在政治计划中爆发?莫非真实的政治计划是一个具体的统一体——与政治转变对立,是所有政治计划的均衡;与"民众反对"对立,以否定方式从外部强加的一种同一体?哈特和奈格里(2004)援引神经科学来解释这种明显的矛盾。大脑没有指挥中心,但它设法作出"决定",而又从不是一个真正的统一体。日常生活中觉得像是主体的决定,其实是无数并行进程的结果。到目前一切正常:在某种意义上这相当明显。但请允许我们对"表面的真实"提出辩证的质疑:如果假象消失了,将会怎样?难道主体自身的假象不是这种无中心的非主体系统的功能所必需的一个部分?但是,在这种情况下,"假象"不单是一种假象,也是真实的。那么,我们是否可以把哈特和奈格里的类比再次解读为政治的主体性?对于实际内在多样性的作用,先验统一体的假象是否必不可少呢?是否必须有人提出一个计划,然后兜售给其他所有的人?是否民众的政治主体性需要——渴望!——一种政治先锋来实现其目标吗?不管怎样,我们并不是太热衷于这种观点。

25. 计划(推测)——在金融资本主义时代,写作哲学既不是自我放纵的(因而是无用的)习惯,也不是可能激发审美乌托邦想象激情的唯一空间。正如弗雷德里克·詹姆逊提醒我们的,"资本主义本身没有社会目标"。(2000:62)正是通过哲学才可以想象这种目标。

参考文献

Adorno, Theodor (1974) *Minima Moralia: Reflections from Damaged Life*. Trans. E. F. N. Jephcott. London: New Left Books.

—— (1990) *Negative Dialectics*. Trans. E. B. Ashton. London: Routledge.

Attali, Jacques (1985) *Noise: The Political Economy of Music*. Trans. Brian Massumi. Minneapolis: University of Minnesota Press.

Badiou, Alain (2001) *Ethics: An Essay on the Understanding of Evil*. Trans. Peter Hallward. London: Verso.

Beck, Ulrich (2000) *What Is Globalization?* Trans. Patrick Camillier. Oxford: Blackwell.

Benjamin, Walter (1968) "The Work of Art in the Age of Mechanical Reproduction." In *Illuminations*. Trans. Harry Zohn. New York: Shocken Books, 217–251.

Bolter, Jay David and Grusin, Richard (1999) *Remediation: Understanding New Media*. Cambridge, MA: MIT Press.

Chakrabarty, Dipesh (2000) *Provincializing Europe: Postcolonial Thought and Historical Difference*. Princeton, NJ: Princeton University Press.

Comaroff, Jean and Comaroff, John L. (2000) "Millennial Capitalism: First Thoughts on a Second Coming." *Public Culture* 12 (2): 291–343.

Couto, Mia Cada (1998) *Homem É uma Raça*. Rio de Janeiro: Nova Fronteira.

Crary, Jonathan (1999) *Suspensions of Perception: Attention, Spectacle, and Modern Culture*. Cambridge, MA: MIT Press.

—— (1992) *Techniques of the Observer: On Vision and Modernity in the Nineteenth Century*. Cambridge, MA: MIT Press.

Deleuze, Gilles and Guattari, Felix (1983) *Anti-Oedipus: Capitalism and*

Schizophrenia. Trans. Robert Hurley, Mark Seem, and Helen R. Lane. Minneapolis, MN: University of Minnesota Press.

— (1994) *What Is Philosophy?* Trans. Hugh Tomlinson and Graham Burchill. New York: Verso.

Falk, Richard (1999) *Predatory Globalization*. Oxford: Blackwell.

Gramsci, Antonio (1971) *Selections from the Prison Notebooks*. Ed. and Trans. Quintin Hoare and Geoffrey Nowell Smith. New York: International Publishers.

Hardt, Michael and Negri, Antonio (2000) *Empire*. Cambridge, MA: Harvard University Press.

— (2004) *Multitude: War and Democracy in the Age of Empire*. New York: Penguin.

Held, David (1995) *Democracy and the Global Order: From the Modern State to Cosmopolitan Governance*. Palo Alto, CA: Stanford University Press.

Horkheimer, Max and Adorno, Theodor (1998) *Dialectic of the Enlightenment*. Trans. John Cumming. New York: Continuum.

Hountondji, Paulin J. (1990) "Scientific Dependency in Africa Today." *Research in African Literatures* 21.3, 5 – 15.

— (1992) "Recapturing", in *The Surreptitious Speech: Présence Africaine and the Politics of Otherness 1947 – 1987*, ed. Valentin-Yves Mudimbe. Chicago: University of Chicago Press, 238 – 256.

Jameson, Fredric (2000) "Globalization and Political Strategy." *New Left Review* 4: 49 – 68.

Marx, Karl (1973) "The German Ideology." In Karl Marx and Friedrich Engels, *The Marx-Engels Reader*. Ed. Robert C. Tucker. New York: W. W. Norton & Company, 146 – 200.

— (1973) *Grundrisse*. Trans. Martin Nicolaus. New York: Vintage.

Miyoshi, Masao (1996) "A Borderless World? From Colonialism to Transnationalism to the Decline of the Nation-State." In Rob Wilson and Wimal Dissanayake (eds.), *Global/Local: Cultural Production and the Transnational*

Imaginary. Durham, NC: Duke University Press, 78 – 106.

Readings, Bill (1996) *The University in Ruins*. Cambridge, MA: Harvard University Press.

Spivak, Gayatri Chakravorty (1999) *A Critique of Postcolonial Reason*. Cambridge, MA: Harvard University Press.

Tomlinson, John (1999) *Globalization and Culture*. Chicago: University of Chicago Press.

Williams, Raymond (1983) *Culture and Society 1780 – 1950*. New York: Columbia University Press.

— (1977) *Marxism and Literature*. Oxford: Oxford University Press.

Zhang, Xudong (1998) "Marxism and the Historicity of Theory: An Interview with Fredric Jameson." *New Literary History* 29 (3): 353 – 383.

Žižek, Slavoj (1994) "Introduction: The Spectre of Ideology." In Slavoj Žižek, ed. *Mapping Ideology*. New York: Verso, 1 – 33.

— (2002a) *Revolution at the Gates*. New York: Verso.

— (2002b) *Welcome to the Desert of the Real*. New York: Verso.

(王珊 译)

第四部分

文化理论

引 言

　　近几十年来,通过观察,人们发现了两种密切相关的现象,即在文化生产方面是集中实现还是全面实现资本主义全球化统治,带来的后果是不同的。这引起了人们对马克思主义文化研究的关注。资本主义密集统治作为文化商品化的最终产物,在核心经济体(但也越来越多地在其他国家)中表现得尤为明显;外行消失,传统观念"盛行",高端艺术领域千篇一律;广告和商业文化铺天盖地;在设计优良的前提下,消费者文化达到饱和,等等。而资本主义广泛统治最先作为殖民主义和帝国主义,之后又作为"全球化"、武装化的凯恩斯主义和新殖民主义,在外围经济体和半外围经济体(但也在其他国家)中表现得最为突出,在文化方面,资本主义则显示出其协调美国北部文化形式和消费文化商业统治的出色能力。也就是说,当代马克思主义文化研究目标将会沿着两条主线进行:从时间上来看,它研究的是文化继承的形式、类别、特征与变化的经济、政治环境之间的关系;从空间上来说,它关注的又是那些人们普遍认为突然在新型国际关系中占据了一席之地的文化形态之间的关系。就像罗伯特·施瓦兹所质疑的:"我们在哪儿?现在是什么时候了?"

　　在《错位认识》中,施瓦兹讲述了马查多·德·阿西斯小说里的世界,在那里,主流意识形态之所以盛行,恰恰是因为它或多或少地对主要经济体起到了一定的积极作用,但它却对巴西不起作用，或者说起的作用不太一样。19世纪的巴西"生活的真实情况"并不像19世纪的欧洲，那时的巴西是大庄园制，大庄园主拥有奴隶和直接遗产，他们和所救济的奴隶之间存在着特殊的个人崇拜关系。显然，这种建立在自由劳动思想上的意识形态无法正常运作；也就是说，想要建立一个虽虚拟却可以反映真实关系的框架，是不现实的。然而，自由劳动在那个时代毕竟也是一种赫赫有名的指导思想，所以它不容忽视。马查多描绘的巴西世界认为，欧洲人对于错误的认识只是表面的，也就是说是明显不对的，而巴西人对于错误的认识才是正确的。这样看来，19世纪巴西的衡量标准实在是荒谬，而这恰恰就是马查多的可笑之处。但是这个笑话确实起到了另一种作用，就是如果一种认识在巴西证明是错误的，在别处也必定是错误的。（原因主要有两点。）首先，由于马查多小说里的人物对这种世界观并不认同，于是该世界观饱受人们的冷嘲热讽，而这种绝对的冷嘲热讽在当时波及了欧洲大都会本身。从这点来看，欧洲的主流意识形态只是一种统治手段，别无他用。其次，更唯物主义的原因，巴西本身跟欧洲并非毫无关联，它们同是世界经济的一部分；所以巴西歪曲启蒙思想的社会关系，无形中也与消费咖啡、糖和橡胶的欧洲生活没什么两样。

齐迪·阿穆塔肯定也是沿这两个方向分析的，但他最根本上关注的是新殖民主义制度下文学形式的问题，在这种新殖民主义制度里，正式的政治依赖伴随着对核心经济体的经济依赖。那时，后马克思主义的"文学非殖民化"言论已经在尼日利亚文学领域站稳了脚跟，而阿穆塔则引领了这种主流批判趋势。某种程度上，正统规则在敏锐的批评家手中起到特别的阐释作用，而在阿穆塔的文章中，用马克思主义文学的分析将这一结果演示出来，也没有对其做过多的细化。阿穆塔的理论框架采用了一种经济基础/上层建筑的动态关系，这一关系不仅反映了一些马克思主义提倡者所面临的窘境以及反对马克思主义批判会成为众矢之的情况。但就是这样一个框架，对文化反帝国主义提出一些实质性的问题。文化自由能带来经济自由吗？（如果能，要怎么做？）还是说文化自由仅仅是继续实行经济附庸的一个借口？关于阶级问题，虽然阿穆塔没有用任何特别复杂的方式去解读，但是在人们所公认的"非洲中心主义"和"欧洲中心主义"世界观（虽然这些属于早已过时，但当代还有类似的术语）里，阶级概念的引入却大量开启了这种相关分类。那么，两种文学观相互冲突的真正原因是什么呢？（事实上，冲突的问题在于）它们代表整个大陆的世界观吗？它们能否完全代表（种族、民族、性别、阶级性的）世界观？还是只是或多或少地代表了在文学价值授权范围内争取霸权的阶级机会主义者的专制地位？

弗雷德里克·詹姆逊在《后现代性的悖论》中描述了他所做的一些开创性的工作对后现代主义的影响。詹姆逊认为，后现代主义基本将文化生产并入商品流通领域：文化开始经济化，而经济也开始具有文化性，现代主义接近尾声，文化和经济不再处于既有空想又有现实的半自治状态。这里，我们不经意之间回到了康德的自相矛盾而非黑格尔的相互矛盾上。事实上最初时间和空间的分类是符合康德的先验主义理论的，也是符合我们开头所提到的广泛商业化和密集商业化两条主线的。在后现代主义思想中，变化中的投资势不可挡，甚至"资本主义之后是什么阶段？"这样的关于变化性质的问题，也变得难以想象。同样在空间上，詹姆逊回应了阿穆塔，认为异同性变得无法区分。一方面，身份、主体地位和公认的世界观大大提升；另一方面，又形成了这样一个体系，把所有这些差异纳入现代性的多样性中（一旦我们都步入现代，就成后现代性了），而市场则把现代性作为人类历史的最终阶段。因为后现代思想认为，矛盾是不可解决的（卢卡奇在《资产阶级思想的矛盾》里也这么认为）。他们的这种否定思想一旦得到认同，便会在某种程度上表现为后现代思维中的外来思想，这种思想叫作"空间辩证法"，其最直接的代表人物可以算是罗伯托·施瓦兹了。

伊莫瑞·济曼带我们回到了一个似乎更温和的语域中，提出了何为"马克思主义批评——当时和现在"的区别的问题。济曼认为，尽管至少从卢卡奇时期以来，马克思主义就将分析和批判的权力赋予了文学，但是仍然没有单个方法或者某套注意事项体系将文学的马克思主义方法与其他方法加以区别。然而，他确实提供了三种主要的历史化结构分析模式，他称之为马克思主义文学批评。第一种模式接纳了文学研究最原本的样子，并试图从内部重新定义文学批评能够做些什么。第二种模式是对文学领域自身与其他领域、其他文化习俗之间的关系的研究。第三种，也是文章谈论最多的，从两个方面进行阐述，将文学作品理解为既是意识形态的（因为文学作品陷入了权力关系之中），又是乌托邦式空想的（因为从某种意义上来说，它又摆脱了这些权力关系）。济曼认为，这两个方面并不意味着辩证矛盾需要通过更广义地理解文学或制度结构来解决，他（再一次）认为这是一个文学理论不能解决的矛盾。文章之后便从马克思主义文学理论拒绝被各种后马克思主义时代的修正主义吞没中，提出了第四种模式，该模式至今还未得到命名。由于资本主义非常广泛而密集的统治地位，资本主义又重新受到质疑，而马克思主义批评，则用何其温和的方式，对资本主义进行拷问。

同样是研究当代文学理论形势，卡洛琳·雷斯雅克却得出了截然不同的结论。雷斯雅克并没有从马克思主义理论着手，而是审视了当代文学理论，发现它极为墨守成规。从最近的"新形式主义""新达尔文主义""战略形式主义"等新词到相对久远一点的像"新历史主义"和"90年代末提出的回归自然美"趋势，再到之前反阐释学的"阅读"口号的增多，我们初步粗略估计，当代文学批评在有意地摆脱消极，即极端愤世嫉俗。然而经过再次粗略估计，我们意识到，可以用"表面"和"征兆性"的方法彻底探讨某个像意识形态这样的领域，比如黑格尔的迷信与启蒙运动，而这两种方法，既相互包含，又相互需求。矛盾再次出现！然而，雷斯雅克主张"辩证阅读"，这里"阅读辩证"包括进行文本亲近的"表面阅读"，它以伊芙·塞奇威克的《触摸感觉》以及弗雷德里克·詹姆逊的更为经典的《时间序列的辩证并列关系》为模型。换句话说，现象与本质的辩证关系无法通过对深层和表面加以定义来解决，而是要分析两者之间的关系。因此，表面和深层之间的关系成为马克思主义分析自身的一个标志：空间辩证法，即日常生活的本质与资本运动之间的关系在某种程度上决定了表面和深层之间的关系，同时表面和深层之间的关系又保留了本身的特性。

如果说雷斯雅克的思想干预主要沿空间（文本距离的临近空间和空间辩证的分隔空间）发生作用，那么莎拉·布鲁伊莱的"创意劳动"就是从根本上关于时间的：即时间在意识形态上一直是永恒的。布鲁伊莱首先将自负且循规蹈矩的创意阶层理论家理查德·佛罗里达视为跟迈克尔·哈特、安东尼·奈格里、毛里西奥·拉扎拉托、保罗·维尔诺等一样的非物质劳动左派理论家。因为布鲁伊莱很清楚，这两波理论家们或多或少地持有截然相反的政治观点，而任何一方的观点都没有特别的错误。但这两种关于劳动的观念都有一个共同点，就是劳动的概念与历史无关，它是愉快的（创新的、艺术的），而不是糟糕的（操控的、机械的）。于是，这两种概念都是描述性的，而非定论，这两种概念都认为创造力不仅是与历史无关的（作为完善人类劳动的本质），而且是自相矛盾的（既作为资本主义统治下的一种独特的价值来源，又追寻传奇式的尊贵和自由）。然而，这两组概念，都没有注意到"艺术家本质上矛盾而又物质的劳动史"，而将劳动本身还原成一种自我表现,但在资本主义制度下,劳动恰恰并非如此。

尼古拉斯·布朗的《资本现实时代的艺术作品》显然得益于詹姆逊对后现代主义的研究,它同时也是对塞曼应用第四次马克思主义批判的回应,对于文化的矛盾状况,塞曼并没有简单地下定论,而是解释了文化既是意识形态的又是空想的。而布鲁伊莱认为,提倡批评,要考虑"艺术家与作品市场之间的矛盾",还要考虑审美劳动的特征。布朗试图建立一个詹姆逊式的"转化机制",调和现代主义末期的马克思主义——詹姆逊的后现代主义,与形式主义的马克思主义——迈克尔·弗里德的"实物艺术"之间的矛盾。但是需要先引入另一个术语,即布尔迪厄的"受限区域"概念,詹姆逊在其后现代主义中隐射了额定界限是由市场控制的,就像弗里德的实物艺术那样。于是,假设现代主义时期的艺术品拥有自治权这句话便可理解为,基本制度和辅助制度只是为艺术作品的自治提供了条件,并不能决定艺术作品的内涵:在现代主义时期,意识形态和空想,都是考虑因素。在当代,匿名市场的制度和辅助制度保护近乎消失时发生了什么?布朗没有质问,如果艺术品确实在纯粹的非自由条件下创造出来,就像不存在内部过剩的商品,如壁纸,会造成什么样的后果。因为这样的一组条件人们几乎想不到。布朗跟塞曼一样,知道设定条件下的文化空想十分可笑,也会带来争议,而我们知道这种争议与问题本身毫不相干。布朗在文章结尾探索了一些可能的方法,运用这些方法,艺术作品便可以在匿名市场成功地维护自治权:在新自由主义时期,人们猜测市场是人类经验和历史的起点,而维护自治权看似狭隘,但在政治上却十分宽泛。

第二十章

错位认识：19 世纪末巴西文学与社会[*]

罗伯特·施瓦兹

每一门科学都有其基本的理论体系。自由劳动力则是政治经济学的一个基本支撑理论。但是巴西"非政治的、糟糕的"现实影响着这个奴隶制王朝。

这一论述摘自一个宣扬自由主义的小册子，小册子由当代作家马查多写作[1]，将巴西置于科学制度以外地区的范围。我们陷入缺乏科学现实的困境，我们的道德事实不如说是"非政治的、糟糕的"。当我们开始思考科学是启蒙、是进步、是人文时，这一道德事实便开始消亡。至于艺术，诺阿金·纳布科的戏剧《阿伦卡尔》属于反抗奴隶社会的题材，这部戏剧表达了类似的情感。"如果对于外国人来说，这是如此可怕，那么对于巴西来说是多么大的羞辱！"[2] 当然，也有别的作者站在截然相反的立场。因为科学经济和其他一些自由主义意识形态并没有与现实相结合，所以他们糟透了，不仅与政治生活无关，还是外来的蠢东西。我们最好买一些非洲海岸来的高质量奴隶，这不仅是

---

[*] 选自 *Misplaced Ideas：Essays on Brazilian Culture*, London：Verso, 1992：19–32。

为了我们的幸福，也是为了他们的幸福。然而英国人虚伪的慈善使自己忘记了家乡，使他的那些白人兄弟们死于饥荒，还要一个没有主人的奴隶怜悯他。英国人又蠢又虚伪，竟然还要为奴隶们的幸福生活而泣，难怪要受到真正的慈善事业的嘲笑。[3]

这些作者以自己的方式，展现了巴西奴隶社会与自由原则下的欧洲社会的差别，还有一些坚持戴着虚伪面具的人，人们羞辱他们、激怒他们，然而这些原则都不能对巴西产生实际效果，人人都无法摆脱这一框架。总之，一个与欧洲不同的理想化场景已经设定。一切自由劳动力在法律面前皆平等，这在欧洲也是一样的意识形态。但是这无法掩盖一个事实真相"劳动剥削"。在我们之间，采用原始方法时，相同愿景在不同环境下的结果可能是截然相反的。例如，《人权宣言》的部分理念被写入了巴西1824年的宪法，尽管他与外表不符，无法行骗，但是的确让奴隶制度更加耀眼。[4]这种普世原则被普遍应用于实际中，而且在这一过程中慢慢演变为丑闻。这种情况下，我们经常提及的资产阶级抽象概念的价值是什么？他们并没有描绘生活，但理论不能独自存在。用相似的思维方向思考，塞尔吉奥·布瓦尔克评论道，"从遥远的国度借鉴社会体制来重塑我们的生活、制度、世界观，在一个不利或敌对的环境中，努力维护一切因素，我们是自己土地上的流亡者"。[5]我们思维中的这一缺失，就像我们看到的一样，持续影响着我们，灌输和给予我们对第二王朝意识形态生活的社会构想，甚至是一些极小的细节。这些细节有的被放大，有的则被认为不重要，很少做正确的记录，那时的文学散文就是这一事实的众多见证者之一。

虽然历史编纂学中老套的东西导致了这一现状，但对文化成果的研究还不够充分。众所周知，我们国家是一个独立的农业国，由大庄园制控制，其中大庄园制的生产力来自两方面，一是奴隶的劳动力，二是靠国外市场。我们之前提到的独特性或多或少直接来源于此。比如，资产阶级经济思想——在一切社会影响中利益至上——于我们而言是不可避免的，因为他在国际贸易中盛行，且对经济的影响是直接的。这种不间断的贸易实习教给我们思考方式，令我们思考更多。而且，以法国、英国以及美国自由主义观点的名义，不久前我们独立了，因而自由主义成了民族认同的一部分。另外，在平等需求下，这种意识形态的总效果与奴隶制以及奴隶制的拥护者开战，至今与他们忍辱同生。[6]在信仰领域，我们目睹了奴隶制与自由主义水火不容。但在实际应用标准上，这一点是可感知的。由于奴隶是财产，所以奴隶不会被解雇而是被买卖。在这方面，自由工作者从他们的老板那儿得到了更多的自由，当然他们的老板是一群固定化的资本家。这是一个原因，除此之外，为什么奴隶限制了生产合法化？一位旅行家评论了他在种植园见到的一切，他写道："劳动没有特殊性，因为他们都试着用双手创造经济。"引用这段文章之后，F. H. Cardoso 评论了"经济的"并不代表将工作量降到最低，而是将工作量延伸到一定时间内的最大量。工作就是为了让奴隶的一天忙忙碌碌，井然有序。总之，与现代情况相反。以暴力和军事条例为基础，奴隶所做的生产不必听命于效率概念。[7]生产过程中的合理性研究和持续性现代化在欧洲的革命过程中产生，并拥有极高威望，然而他们在巴西不起作用。奴隶大庄园从一开始就是商业资本的一项事业，因此他们总是把利益放在首位。但是，在早期的资本主义模式和较现代的资本主义模式中，利益作为主观优先权再普通不过。所以，随着时间推移，当奴隶劳工创造的利益要比工资多时，这些"没有教养的糟糕的"奴隶主其实就是彻头彻尾的资本主义家，而非拥护亚当·斯密的人们，亚当·斯密的资本主义到后期仅仅意味着自由。总之，智力生活的线索受到限制，卷入了无望之中。就合理性而言，人们互相推卸任务：经济科学成为幻象和道德，蒙昧主义与现实主义和责任义务持平，科技因素不具实用性，利他主义寻求劳力扩张，等等。通常，奴隶们是没有组织的，人道主义和非人道主义之间存在对抗，奴隶观的缺失和正义的问题产生的分歧以更世俗的方式结束，引发了两种投资模式的冲突。[8]当然，其中的一方发现，对抗的精神化程度越高的版本就越合适。

每次的变化都受到奴隶制的挑战，自由主义的意识形态——即美国这个刚刚解放的国家里的意识形态——脱轨了。推断出结果的不协调性并不难，大量的不协调性激发了19世纪巴西人的思想意识。例子比比皆是。然而，这些例子都是无关紧要的。对现实的检验似乎也并不重要。就像思想的一致性和普遍性一样作用甚微，或者就像文化评判标准一样不尽相同——但是用什么方式呢？奴隶制明目张胆地出现，它透露出自由观的不足；但这并不意味着他们影响或者改变了发展方向。奴隶制的确是基本的生产关系，但是对于意识形态生活中的工作，奴隶制无法产生直接的社会关系。关键在于别的地方。为了找到这一关键，我们必须再次将国家整合成一个整体。为了将国家系统化，我们讲，殖民化以土地垄断为基础，将人口分为三个等级：大庄园主，奴隶以及"自由人"，事实上后两者并不具独立性。

前两者间的关系明确。我们转向讨论第三等级人口的情况。自由人既非庄园主，也非无产者，他们参与政治生活和创造利益的方式依赖于某一种或另一种方式，热衷于财富和权力。[9]自由人的讽刺画就是 *agregado*。[10]因此，这种热衷构成了关系，通过这一关系自由人的等级重造了自己，在这一关系中其他人都是有产阶级。意识形态生活领域由这两种等级构成，因而受二者关系控制。[11]因此，除了通常而言的由武力担保的基本生产关系外，在数千种模式与名字下，热衷之情构成了整个国家生活，并为之添彩。到处都是热衷之情，或多或少地将其本身与减少行政管理结合起来。政治、工业、商业、城市生活、法庭，等等。甚至一些行业及技术型劳力的形式也在其之下受我们控制,比如医药行业和完全摆脱了热衷之情的欧洲印刷业。因为这些职业劳力行使自己的职业权利时依赖于热衷之情,所以小的经营者要靠他保护自己的财产,公务员则要靠他保住自己的位子。热衷之情是我们拟泛的社会调解关系——比奴隶制要吸引人,这种关系源自殖民时期。我们可以将其理解为作家以对巴西的理解为基础,因而不经意间将生产范围内必不可少的暴力因素加以掩饰。

奴隶制揭穿了自由主义观点的谎言,但热衷之情为了达到目的,在暗处使用他们,创造出新的意识形态模式。他所接触的任何事物都会对之喜爱,而这种选择却在不停变化,这样的专政成分不可能完全合理。在欧洲,当这样的不合理性受到攻击时,普遍主义对封建特权持有自己的见解。为了反对封建特权,资产阶级文明要求个人自治,法律普遍适用,同时由于文化本身的原因,工资要日结,争取劳工地位等,以此反对旧社会制度的特权。接着热衷之情指出个人的附属物,不包括规则、装饰性文化、任意支付,以及奴性。然而,巴西同欧洲与封建主义同资本主义不一样。相反,我们是欧洲资本主义的功能,甚至从未经历过封建主义,因为殖民主义证明了商业资本。面对欧洲的成就,没有哪个巴西人有观点或敢于言说,康德的热衷之情赋予普遍性以社会模式。[12]两种规则相互对峙,彼此并未拥有同等的力量:在论证范围内,欧洲官僚主义的准则发展为反对霸权和奴隶制,人们欣然接受了这一思想;然而在实践方面,依然维持着殖民地生活的现实,热衷之情附带有的感情和观念一直重申自己。例如,任免权肯定现代官僚主义国家的模式和理论、体系、官僚主义,司法也同样适用,受其控制。可预言的辩论也一样,在对研究的兴趣方面有两种观点,这些对抗在这两种观点间制造了稳固的和平共处现象。一旦欧洲人的观点和动机定下来,他们就会为之服务,而且经常会完成一些名义上的"目标",比如辩护,因为这在热衷之情的实践中是不可避免的武断行为。像它一样真实，敌意立刻烟消云散，敌对双方也并肩前行。这种功能取代的结果很多，深深地触碰到了我们的文学，正如我们所看到的那样。自由主义表面上是训练有素的意识形态，其实代表着意识渴望，这种渴望是为了加入那种表面难以维持的事实。当他通过一些合理原因来阐明这种特性时，受益人就会有意识地夸赞他的捐助者和他自己，接着他的捐赠者就会无意识地反驳他，合理性成了现代世界的最高价值。在这些条件下，哪一方会相信这种辩护？它又与哪种外表相一致？但这并非问题，因为受赞助与感激支配并且值得赞美的意图才是重要的。这种象征性补偿或许有些不协调，但并不讨厌。或者我们可以这么说，对辩护的使用与自由主义并不协调，但与热衷之情十分协调，当然这才是最重要的。那么怎样才能给这些个人与他们建立起的社会添彩，而非通过他们那个时代最著名的想法，这个例子是发生在欧洲人身上吗？在这种环境下，意识形态没有描述现实，甚至也不虚假，他们也不按照自己的法律办事；因此我们称之为"第二等级的意识形态"。他们办事的法律与别的不同，名字也不是他们起的；它给予极高的声望，而非对系统和客观性的渴望。这个原因不是什么秘密：欧洲不可避免的优越性，表达、自信和幻想的需求，这些都是热衷之情的主要部分。这样，正如之前所说，对现实和协调性的检验看起来并没什么决定性，虽然他的继续存在有一定的必要性，但在某些环境下会被想起或忘记。因此，人们可以系统地指出独立性，变化无常的效用，免责的普遍性，亲属关系的优点，特权平等，等等。把它本身与实践结合起来，从原则上讲，它要批判自由主义导致它失去了自己的社会关系。然而认识到这一点的复杂性，我们也不要忘了：因为他们如此荒谬，这些观点不再出现失误。

那并非唯一能够让热衷之情和自由主义相遇的方法。然而，

第二十章 错位认识：19世纪末巴西文学与社会

它是最复杂的，包含一切的以及最明显的可能组合，在我们的意识形态环境中，是最具决定性的。这时候，我们可以考虑它的某些方面。我们已经知道，在这种组合下，资产阶级观念，人们冷静的宏伟观点重返启蒙运动时期公民的合理精神，呈现出所提供的功能……装饰性的贵族风格；他们为证明加入这种上层圈而庆祝，在这种情况下，欧洲世界的进程步入……工业化。名字与功能之间的关系并不陌生。这一历史虚构谎言扮演着知识、文化以及一部分殖民主义与伊比利亚传统的装饰性角色，但当"现代"文化被用于此目的时，独特的不协调创造了那些角色。它会像小装饰品一样不切实际吗？或者说是它把区别赋予这些穿着它的人？它会是我们的灵丹妙药吗？他会令我们透过世界的眼光而感到羞耻吗？可以确定的是，争论与利益来来去去，所有这些方面都会揭露出来，以至于更留意的想法就是他们不可能逃避联系与混合。意识形态生活突然分解并提升了参与者，这就是我们通常知道的。因为这个原因，不稳定的联合极易简化成特别痛苦且具有敌意的批判。为了保持自身，它需要永久的共同关系，在这个共同的关系中热衷之情的实践有了保障。在热衷之情的交换过程中，伴随着私人间共同认识的方方面面，虽然有必要这么做，但他并不会为了任何一方的利益而去谴责另一方。而且，这种不断更新的共同关系在阶级上有重大的暗指含义：在巴西的环境下，热衷之情要保障双方，尤其是弱者一方不会沦为奴隶。甚至热衷之情令他们中极其痛苦的一些人意识到这种行为中的自由。这一切都改变着这些交换，即使他们非常谦虚，在典礼上获取社会优越性，因此来评价它本身。奴隶制在监禁和退化上不停地压制着人们，人们想用魔法清除，但是这种公认却一直保持着特别的共同关系，甚至在使用平等、美德、劳工和原因的资产阶级词汇时变得更糟。马查多熟练地掌握了这些复杂性。然而也有不好的一面。至今我们仍沉浸其中，巴西并没有采用这种阶级形式，在资本的大环境中，我们只看到了这一形式中结合的缺点。它似乎没有任何优点，但为了欣赏这一复杂性，我们要记住欧洲资产阶级的概念，他最初以特权为目的，他从1848年诞生之初一直到现在都带有歉意：在欧洲，在社会中苦苦挣扎带来动荡，展现出普遍隐藏阶级的敌意。[13]因此，为了抓住这一不同的腔调，我们必须考虑，甚至合理使用这些错误的言论时，这些言论是空洞的。我们可以顺便记录下来，当我们在世界舞台上——我们完全相信我们是最现代的——多次发誓对这些破产意识形态效忠时，到20世纪，这一模式还会重复。在文学上，正如所见，一些事情带来了单一结果，倒空了早已空洞的理论。再一次，马查多成了大师。

总之，如果我们坚持要求在何种程度上奴役和青睐扭曲时代的思想，它不是为了把他们辞退，但来形容他们扭曲，不符合自己的要求一致。他们是在自己特有的失真意义上可辨别的巴西人。因此，从寻找原因退一步，我们仍然留下不协调的经验，这是我们的出发点：印象中巴西给人难以管理的对比，比例失调，胡言乱语，时代错误，离谱的妥协之类的排序组合，其中巴西艺术现代主义，后来，以及政治经济[14]，教我们的例子比比皆是。让我们看一下普遍存在的问题，我们的目的不是分析我们所描述的问题和可能变化的问题，只是提供一些参考意见。在《时代》杂志中，对于第一个问题的阐述，不管它是严肃对待还是只是为了戏谑之意，都只是表现出一种骗局，为什么这么说？第一，在启蒙运动的传统好战思想下，新闻媒体传播的目的被认为是思想的救赎，由古腾堡创办的大宗派呼吁在面对冷漠的行为时，青年人要像秃鹰一样，要有高的远见，抛弃对过去的偏见，去展望未来，而新闻媒体就像火炬一样可以驱逐黑暗和教化腐败。第二，为了使他们自己适应环境，这些杂志宣称他们的内容都是好的充满善良的力量，他们渴望"提供所有的课程，特别是诚实的家庭观，还有愉快和惬意的休闲方式的介绍"。但是他们救赎的动机掺杂着疑惑，他们希望所有的内容都是巴西风格，包括杂志中的配图和有实用技巧读起来朗朗上口的小说。[15]有些带有光明色彩服务于宫中的诗（在帝制时期，里约被认为是皇朝之都）是一个意想不到的漫画本的序："这就是这个仆人，他懂得变通，他试图让别人都喜欢他，他总是说出自己最真实的感受，他爱和尊重每一个人。"从另一个领域去看，如果我们靠墙更近些，我们会发现同样的结合点："建筑中的变化也是肤浅的。欧洲粘贴或挂在墙上的壁画和挂画是奴隶建造的，只是为了创造现代室内的错觉，那些东西看上去好像欧洲工业时期。在某些情况下，这些骗局达到荒谬的地步：格列柯创作的带有罗马建筑图案的壁柱、线脚、柱廊、雕塑、绘画等，经常带有欺骗性，他提出了一个新古典的设立是不可能利用巴西现有的技术和建造材料去完成的。在其他情况下，窗户是画在墙壁上的，图案是里约热内卢或欧洲。他的画暗示着有另一个世界，这个世界离一个奴隶真正居住环境和工作环境相差甚远。"[16]这篇文章描述的内容是在19世纪下半叶的圣保罗州的一个农村家园。正如皇宫里所传的那样："这里的变化正在适应新的习惯，包括对一些细微的东西的使用上，例如开始出现水晶、瓷器、陶瓷以及在正式场合用餐时瓷器的摆放方式等。同时这些建筑改变了外观的整体性试图去重现欧洲家庭生活。大多社会阶层，受益于一个奴隶系统并完全基于农业生产试图为他们自己所利用，这种带有城市化和欧洲的特征的形式构造出一种骗局，因此导致的结果是一切或几乎一切必须依赖进口。"[17]在这部喜剧生活中，金卡斯·博尔巴的最著名著作和为人津津乐道的章节是这样写的：在舆论的压力下，奴隶主鲁维，为了放心起见，他偏执地要用他的黑人奴隶交换法国厨师和西班牙仆人。除了黄金和白银以外，另一个可以打动他的心的是青铜器，他现在也喜欢买青铜器的雕像——浮士德和梅菲斯特。

但是一个严重的问题是,在同样的时代特征下,我们的措辞是赞美共和国,这些赞美之词出现在梅代罗斯·阿尔伯克基1890年写的作品当中,他是一个自称"颓废"的诗人。我认为他的诗是进步的,但是完全没有说服力的。"我相信昔日的奴隶已经不可能在我们这高贵的土地上存在着。"("昔日",是指两年前,即1888年,取消了奴隶制。)早在1817年具有革命远见性的伯南布哥政府就宣称想要废除奴隶制,但是相反的呼声出现导致这种废除奴隶制的声音渐渐消失了:"即使那些自认为爱国的人也讨厌废奴隶的这种正义的理想的事情,反而他们被推崇为神圣的化身。"[18]也就是说奴隶解放完全是个谎言,所有的事实不得不被奴隶主所否认。马查多·德·阿西斯的生活就是一个实例;在文章中,激进的记者(热心于"劳动者的智慧"),幽默专栏和四行诗的作者(后者是为了纪念皇室公主的婚礼),金雀花王朝的骑士秩序一个接一个的快速演替。[19]所有的这些西尔维奥·罗维罗将会表现出来。"建立民族精神的基础是很必要的,意识到其优点和缺点,强点和弱点,而不是编造的仿制品,或一种被填充的玩偶,这些在外国人的眼中只是用来羞辱我们的。这里存在且只有一种方法去获得这些所需之物,我们必须使自己沉浸于给予生命的自然主义和一元论思想,这些改造着旧世界。"[20]从远处看,这些替换者从一个模仿者到另一个模仿者,如此明显让我们不禁发笑。但他也是具有戏剧性的,当其指出我们对真实性的渴望必须用一种陌生的语言表达出来之时。浪漫主义的模仿者只是被其他人所替代,这是自然主义。总而言之,在报刊,在行为,在家庭设置,在民族象征,在革命宣言,在理论和其他一些方面,总是"丑角"作品,用马里奥·德·安德雷得的话来说:代表们与成为他们背景之间的分歧,稍加考虑,我们就能认识到这点。

　　大庄园制和不自由的劳动相结合在国际市场上扮演着重要角

色，后来由于内部政策，这种结合通过殖民、王朝及摄政，经过废除条例，以及第一个共和政府立稳脚跟，甚至直到现在都是辩论和武力上的问题，所以这种结合很牢固。[21]他让我们的意识生活不仅仅取决于国家的依赖，也在改变：在一定的距离上跟随着欧洲的变化步伐。（让我们指出，仅仅是具有独立思想的意识使其变成了问题；愚蠢地坚持一个不可能的文化自治权；当反映真正的可能性时，则十分深刻。）牢固的基本社会关系和"精英"的易变意识形态都是国际体系中资本主义动力学的一部分，其中的一部分是我们生活之外的。大庄园制度改变甚小，这个过程中我们看到了巴洛克风格、新古典主义、浪漫主义、自然主义和现代主义文化，欧洲文化反射出巨大的社会秩序转变。我们可以合理假设，在这里他们将会失去他们的观点，这些在一定程度上已经发生了。但是这个损失使我们受到国际殖民主义体系工作的谴责，他们谴责这个系统本身的工作。我们说，这表明其超过国家层面的意义。

虽然不具理论性，但已然是众所周知。抛开理论不谈，艺术创作本身还是相对容易的，不管是膜拜、借鉴、模仿、改编还是完全颠覆这些规则与潮流，由此而来的艺术作品仍旧散发着一种文化尴尬的气息。正是这种尴尬，让我们得以认识自己。正如我们前面提到过的，自由主义思潮不可能成为现实，但也不会被彻底摒弃。它的实际情况很特殊，是在不断变化中催生新的自由主义。因此，这种状态不再偏执其本身的不现实性。我们反而开始关注它本身所具有的活力，虽然不现实性仍旧是其不可分割的一部分。然而在奴隶制盛行的巴西，这股理应被称为时代主流的思潮并未产生多大的意义。只是以博得噱头的方式纳为己用，彰显自己的与众不同。不过，在废除奴隶制上，他们极具革命性。一方面要考虑各地方的需求，另一方面要保持原有债权不变，遵循着如此含糊又略带欺骗性的规定，他们无疑是在原地打转。了解巴西就是了解这些偏移，了解这段被人们称为命运的历史。虽然它还没有一个恰当的名称，也罢，因为杂乱无章的冠名正是其本质的一部分。普遍认为偏移体系存在缺陷，虽然影响不大，但是它的的确确阻碍了意识形态的发展，抑制了伟大思想的诞生。然而借助这种契机，怀疑主义成为意识形态的主流。抛开怀疑主义是否彻底，是否有用不谈，至少它引发铺天盖地的争辩。从长远来看，它对巨匠马查多·阿西斯有着深刻的影响。怀疑主义之所以产生，并不是基于对自由主义思想弊端的反思和探索。它的起始点非常直观，存在于一个不尽人知甚至不存在的体系中，起始于自诩日常生活都毫无意义的资产阶级思想。如果这种观点被普遍接受，也是因为他们本身的无法接受性。这一切并不是思想开始衍生的地平线，伴随着反复的恣意妄为与独断，他们有着更广阔的发展空间。它一直叫嚣着普遍性的根基开始被撼动。所以，在欧洲可以称之为伟大转折点的怀疑主义，在这里，在我们眼里变成了普通的毫无力度的质疑。功利主义、利己主义、形式主义等，就像是各种场合下的华服，或许看上去时髦俏丽，紧跟潮流，却不合体，何谈舒适。由此可见，世界是在历史文化中塑造而成的。如果处于特殊的发展轨道，一定会受风靡西方的意识形态影响，在它的作用下，简画出一幅狂热荒谬的形象。如此情况之下，国家的怪异之处也就成为世界历史的一部分。在这里我们可以拿俄罗斯文学做个对比。对于后者来说，即使是法国最伟大的小说都堪称幼稚。何出此言？尽管他们声称普遍性，但是理性利己主义和启蒙运动的道德理论在俄罗斯帝国仍然是外来的"洋"范儿意识形态。所以，他们讲的普遍性不过是局部的，并且是相对而言的普遍。由于历史性滞后，俄罗斯的资产阶级小说面临着更加复杂的现实条件。西方化派、亲法或亲德一派（通常头顶可笑的名字出现在寓言中）的漫画形象、自由主义和理性主义的进步思潮，等等，将资本带来的现代化一下子凸显了出

第二十章 错位认识：19世纪末巴西文学与社会 423

来。受此影响的开明人士成功证明了自己的贪婪、投机、残忍、虚妄与自大。资产阶级思潮在本土化过程中形成的模糊体系可谓是俄罗斯小说中不可忽视的一部分，当然巴西的情况并没有什么两样。出现这种相似性的社会原因显而易见。在俄国，现代化的到来将会限制领土扩张，阻碍社会惯性延续，同时也会瓦解农奴制。虽然这可以成为检测西方疯狂的个人主义影响世界的标杆，但这种彻底的瓦解仍会被视为一个国家的耻辱。激进将会带来灾难，滞后又会成为耻辱。就在这样的极端矛盾下，俄罗斯文学迎来了它的春天。虽然领域不尽相同，但我们还是能从马查多、果戈理、陀思妥耶夫斯基、贡恰罗夫和契诃夫身上发现相似之处。[22] 换种说法，因为我们对思想的不屑一顾，我们很痛苦地意识到，犹如今天我们扼杀19世纪的学生，是世界历史进程的一个痛处，为此这也可以算作一个有价值的线索吧。[23]

在重建社会秩序的过程中，巴西总是以一种不恰当的方式不断肯定欧洲思想，然后又不断重申这一思想。这种不恰当为巴西文学埋下了问题重重的伏笔，体现了巴西文学的实质性。笔者可能不太了解这一点，他也不需要了解透彻，才能使用它们。但是，他这样做并不协调，除非在这方面他可感知，可注释且可发展，或完全避免。虽然解决问题的方法数量不确定，侵权行为是明显确定的。他们的非艺术的名字老实、多舌、目光短浅、模仿、粗鄙等，异化的特殊性和本土结果影响范围很广，先是殖民环境，然后是依赖性到治疗缺乏社会透明度的结果。尽管如此，读者了解到甚少巴西历史、文学或常识，我们并没有给马查多·阿西斯位置。之后是对传说中早已发生的事情的使用。取而代之的不是设定在"全景图"之下的文学史，在特定环境下建设总是基于暗示和真实，而是必然要模糊的，我已经尝试了不同的解决方案。我一直在努力细化社会机制的形式，让它成为我们文化内部的活力元素：其中巴西强加给它的农夫在社会再生产过程本身不可避免的困难。换句话说，就是知识产权经验的分析。我曾试图在观念运动中看到使我们独特的东西，从普通的观察开始，几乎是一种感觉，在巴西，观念相对于欧洲的使用情况是偏离中心。我已经提出了这大量历史的解释，来解释在巴西生产和寄生的关系，经济依赖及与其相似的东西间关系，欧洲的知识霸权，资本革命性的关系。总之，分析一个民族特点，在日常生活中获取灵感，我们一直被推动着反思殖民的过程，这是国际化趋势。自由主义受到青睐，其实是本地机构不健全的结果。现在，思想和实践角度的日常运动是对文学的明显的和自然的材料，一旦固定形式已经失去了其在艺术的有效性。小说的角度，更是这样，尤其是现实主义小说。因此，我们所描述的是世界历史中的运动，它的神秘和本地搜索结果，一再重复的方式，将通过书面形式，它现在从作家的角度开始呈现，不论作者是否知道是否有意向如此。换句话说，我们定义了一个庞大的、异构的，但层次分明的领域，这是一个历史的结果，也可以是一个艺术的起源。虽然研究它不同于研究欧洲领域，即使采用相同的词汇。因此，差异，比较和距离变成了其本身的定义的一部分：有时理智是源于我们自身，有时候是因为他人，它总是笼罩在模糊不清的灯光里。其结果是其中的亲和力和厌恶，我们已经描述在一定程度上同样奇异的化学反应。这种材料应提出依赖于它的文献的原创问题，这种情况下才是自然的。作为最后的陈述，我们只能说，艺术是无法被塑造的：它是历史形态的反映，并嵌入在社会过程中，这便是它的存在。在塑造它的同时，作家不断强调形式，加大深度和力度，这些艺术效果的复杂性将取决于该关系的整个操作是否成功。从这层关系出发不难看出，艺术创作的内容源自历史。也可以说，艺术形式的比拼并不明显。同样主题的千变万化，让我们得出这样的结论，即使小说家讲述的是日常生活中最不起眼的问题，这些问题折射出的也都是世界历史。为此，他们尽其所能塑造这一形象，但这并不是他们的主题，他们不得不直接处理它。

注　释

［1］托雷斯·班得拉（A. R. de Torres Bandeira），"A Liberdade do Trabalho e a concorréncia, seu efeito, so prejudiciais ã classe operéria?", *O Futuro*), January 1983。马查多曾是该杂志的长期特约作家。

［2］*A Polemica Alencar-Nabuco*, ed. Afrano Coutinbo（Rio de Janeiro：Tempo Brasileiro, 1965), 106.

［3］1850 年经济危机下，赖特西亚商业公司的沦陷。引自 Joaquim Nabuco, *Um Extadista do Imperio* 1 (1936), 188。同样也出现在 Sergio Barque de Holanda, *Raizes do Brasil*（Rio de Janeiro：J. Olympio, 1956), 96。

［4］Emilia Viotti da Costa, "Introdução ao estudo da Emancipação politica", ed. Carlos Guilherme Mota, *Brasil em Perspectiva*（São Paulo：Difusão Europeia de Livro, 1963).

［5］Holanda, *Raizes do Brasil*, 15.

［6］Emilia Viotti da Costa, "Introdução ao estudo da Emancipação politica".

［7］Fernando Henrique Cardoso, *Capitalismo e Escravidão*（São Paulo：Difusão Europeia de Livro, 1962), 189–191 and 198.

［8］Felipe de Alencastro 在一本还未出版的书里提过，19 世纪我们民族的真正问题在于，面对英国的压力，我们仍为奴隶制度进行辩护。对于知识分子而言，这一问题实在难以引起他们的热情。

［9］对于该话题更全面的讨论，请看 Maria Sylvia de Carvalho Franco, *Homes Lives na Ordem Escravocat*（São Paulo：Instituto de Estudos Brasileiros, 1969).

［10］啃老族（Agregado），形容一个人没有自己的收入，依靠一个家庭的接济维持生活，但又不是奴隶。

［11］关于大农场主意识的影响，请看 *Raizes do Brasil* 第三章，"农场

的遗产"。

[12] Machado de Assis1879 年曾说过:"外在因素的影响决定着我们行动的方向;我们现在所处的时代环境,对于新学说的提出缺乏必要的外部推动力。"请参考"A nova geração", *Obra Completa* 3 (1959): 826 – 827。

[13] Georg Lukacs, "Marx und das Problem des Ideolologischen Verfalls", *Problem des Realismus*, 4 (1938).

[14] 用不同的方式思考,Sergio Barque 同样认为:"我们可以创造出优秀的作品,用新的、未知的元素来丰富人类社会,展现一个更加尽善尽美的人类文明,但是,可以肯定的是,无论我们是勤劳努力,还是懒惰懈怠,其结果都会创造一个另外的环境和世界"。*Raizes do Brasil* (São Paulo: Companhia dos Letras, 1936), 15.

[15] 参见"Typographia de F. de Paula Bristo, R. J."中的"prospecto", in *O Espelho*, No. 1 (1859): 1,该杂志是关于文学、时尚、工艺品和艺术的周刊;"Introdução", in *Revista Huminense* 1, No. 1 (1868): 1 – 2,这是一本关于新闻、文学、科技、历史的周刊;"Typographia de Paula Bristo", in *A Marmota na Corte*, No. 1, (1840): 1; *Revista Illustrada* No. 1 (1876), 由 Angelo Agostini 出版;"Apresentração" in *O Bezouro*, 1, No. 1 (1878),这是一本诙谐、讽刺风格的期刊;"Cavaco", in *O Cabriflo*, No. 1 (1866): 2。

[16] Nestor Goulart Reis Filho, *Arquitetura Residenciul Brasileira no Seculo XIX*, manuscript, 14 – 15.

[17] Ibid., 8.

[18] Emilia Viotti da Costa, "Introdução".

[19] Jean-Michel Massa (ed.), *A Juventude de Machado de Assis* (Rio de Janeiro: Civilização Brasileira, 1971), 265, 435, 568.

[20] Silvio Romero, *Ensaios de Critica Parlamentar* (Rio de Janeiro Moreira: Maximino &Cia, 1883), 15.

[21] 有关这一趋势的原因,请参见 Celso Furtado, *Formação economica do Brasil* (São Paulo: Companhia Editora Nacional, 1971)。

[22] 有关我们意识形态问题的更多分析(与我自己的方式不同),请参见 Paula Beiguelman, *Teoria e Ação no Ponsamento Abolicionista*, Vol. 1, in

(ed.) *Formação Politica do Brasil* (São Paulo: Livraria Pioneira, 1967)。她的书似乎引用了俄罗斯小说中的一些句子。例如，下面是引用的皮莱拉·巴莱托的句子："一方面，废奴主义者依靠感性的言辞，以及形而上学的革命理论，构架、追求一个抽象的社会组织形式；另一方面，是沉默、羞愧的农场主，他们认识到自己所犯下的罪恶，并且对于他们所承受的打击，放弃报复。"皮莱拉·巴莱托是农业科学领域的先驱，尤其在咖啡的种植方面，他坚信，奴隶制度的废除，是农业发展所带来的必然结果。其次，他也认为，黑人是人类的劣等种族，依靠黑人不是一件靠谱的事情。Paula Beiguelman, *Teoria e Ação no Ponsamento Abolicionista*, Vol. 1, in (ed.) *Formação Politica do Brasil* (São Paulo: Livraria Pioneira, 1967), 159.

[23] Antonio Candido 在这一问题上提出了很多启示性的想法。他试图找出根植于社会形态的传统，我们在文学里把它称为"逆反心理"。请参见他的 "Dialectica da Malandragem", in *Revista do Instituto de Estudos Brasileiros*, No. 8 (1970)，以及有关"人类学"的段落，它针对巴西社会中外国文化的渗入，涉及 20 世纪 20 年代一种反讽理论，见 "Digressao sentimental sobre Oswald de Antrade", in *Varios Escritos* (São Paulo: Livraria Duas Cidades, 1970), 84 et sep。

第二十一章

传统主义与非洲文学审美探究[*]

齐迪·阿穆塔

在新殖民主义时代，文化帝国主义实为一颗较为危险的毒瘤。认清这一点至关重要。因为文化帝国主义正以新的狡猾的方式隐藏着，它甚至可以披着激进非洲民族主义的外衣，为逝去的真正象征主义以及其他本土种族主义自身肯定的旗帜呐喊。

恩古吉·瓦·提安哥[1]

我觉得有必要呐喊
为人们剪不断的噩梦呐喊
噩梦藏在祖先的面具后
那是幻想的面具，
上面刻着想要逃离
如果有那么一天
逃离现实那残酷生硬的吻

奥迪亚·奥菲曼[2]

---

[*] 摘自 *The Theory of African Literature*, London: Zed Books and Institute for African Alternatives, 1989: 33–50。

第二十一章 传统主义与非洲文学审美探究

本章作者想要在论述现代非洲文学及文化（亦可称为"传统美学"）的过程中找出大量既相互对立又相互包容的交点。这包括一系列的理论立场和重要说明，旨在明辨真伪，规定创意表现和批判性评析的标准，同时从所谓"传统的"殖民地时期之前的非洲文化发源地中，自由地选择价值和理论模式进行改编，并用这些价值和理论模式对非洲文学进行重点评估。这种思想不断增长，并且如今近乎霸权的思想传统，其近来出现了一些十分尖锐、我称之为非殖民化言辞的表达，这在钦韦祖等人[3]撰写的《迈向非殖民化的非洲文学》（这本书虽为必读书目，却存在一些问题）一书中也有详细的阐述。自相矛盾的是，该理论观点在沃莱·索因卡那本权威却同样有问题的《神话、文学与非洲世界》[4]中却是合理的。

我的基本论点是：传统美学作为一种"流行"思想，具有很大的吸引力和魅惑力，却存在根本缺陷。传统美学认为，文学是文化的组成部分，而非洲社会经济的发展却受到多种因素，特别是非洲现代生活等因素的制约；两者之间的关系是固有的、非辩证的，这种关系与历史无关，并将最终趋于理想化。因此，把传统美学当作唯一确定的起点来研究非洲文学中修辞的非殖民化，或者界定其不变的审美价值系统的行为，不仅是反动的、混淆视听的，而且本身也是一种殖民心态。此外，传统美学认为前殖民地时期非洲艺术中的原始社会，与现代非洲文学和艺术中的历史假设无关。

从这点来看，如今传统美学的霸权和流行（特别是在尼日利亚师生中）对建立严谨的非洲文学理论造成了强大的认知障碍，因此人们谴责传统美学，认为传统美学存在问题，谴责他在永久欠发达情形下的批判言论。

思想环境

总是怀念种族初期一些逝去的理想，怀念淳朴的非洲母亲的乳房；选择性地复兴祖先神话、价值观和制度；不加区别地将西方资产阶级理性主义的工具照搬应用到当代非洲文化中；无休止地寻求文学评价的"传统"标准，从而导致文化失真：这些转化都表明，目前资产阶级观念在整个非洲现代社会文化，特别是文学中，出现了意识和信任方面的危机。

而这种矛盾交织的理论，又不幸被归到了非洲主流思想传统（至少是文化领域）中，反映了一种似是而非的怀旧感，这种灵感主要体现在两个方面：非洲文化学术界坚定地认为，非洲理论要么回到殖民地时期之前的传统非洲，要么靠向西方主流（资产阶级）文化传统。不管怎么选，非洲文学和文化的当代话语对于传统的理想（静态）意义的关注似乎都仅限于文化方面。不管参照点是文学还是形象艺术，是舞蹈还是时尚，是建筑还是美食，我们总是在回到殖民地时期之前的"非洲"还是迈向"西方"之间争论不休。

如果承认了讨论中的困境从历史角度来说是不可避免的，那么你就会受到两个相对的地缘文化地区——非洲和欧洲——概念中的某种隐藏的模棱两可的观点所干扰。非洲经常以一种古朴的未受破坏的面貌示人，那里生活着流动牧民、不穿衣服的部落男子以及会跳舞的少女；物质文化方面的最高指标就是无处不在的艾夫贝宁青铜头像、多贡人面具、赤铜文物、诺克文化、津巴布韦长城等。因为它们富有活力且又无处不在，所以这些成就和文物就被很巧妙地与历史隔绝了。而另一方面，欧洲的代表是从西方文明（一般指文艺复兴时期到拥有制导导弹、计算机芯片的现在）的顶尖方面精心挑选出来的。为了建立一个模式比较

"两个世界",西方及亲西方的媒体和思想学会有意无意地采用了一个不平衡的南北框架。因此,比方说,西方学术研究和媒体在对比西方和非洲建筑模式时,往往会用像伊博茅草小屋与纽约摩天大楼这样的例子进行比较。总之,西方思想学会和他们的非洲门徒根本不愿给非洲世界一定程度的动力或者活力。

这些言论从根本上造成了一种思想上的痛苦感觉,这种痛苦并不是因为西方(或西方的某些地方)已经选择相信非洲,而是出于一种更弱的意识——杰出的非洲知识分子心照不宣地默许了这种比较模式的不平衡。由于非洲资产阶级学者不分青红皂白地传播诸如"非洲世界""非洲文化""非洲价值观"一类的陈腐思想,我们在各方面都受到质问。就这些学者而言他们根本不愿看到,非洲不仅是这个不断变化的世界的一部分,而且是一个高度多样化多元化的地缘政治实体,而非洲需要从理论层面上来直面现在和未来的现实价值观问题。

这是一种保守的观念,力图合理化地解释非洲对世界文化的贡献,仅仅在历史方面,杰出的非洲祖先创造出了昔日的光辉,构想出广泛的大陆条款。需要强调的是,这种合理化属于肯定意识的一般传统,而这种肯定意识是对隐含在殖民主义意识形态里的文化诋毁和心理阉割的反射反应的延续。在民族主义政治盛行以及黑人种族集体恢复的全盛时期,正是这种适当的反应让凯斯利·海福特、威尔莫特·布莱登、奥波德·桑戈尔等人成了重要历史人物。而黑人文化运动和结盟哲学因为存在固有的阶级局限性,恰好成了表达这种种族伤害感的媒介。还要强调的是,这种肯定的哲学观在刚流行时是有内在革命意义的。

在当代,将非洲文学审美参考点的问题问题化是黑人肯定意识的副产物。但是,非洲文学知识分子意识到,他们应该去执行文化任务,而非慢腾腾地走稀奇古怪的后院路线。

非洲文学在欧洲各语种中兴起受到了欧洲文学学会的关注。

他们写了大量自发的评论和批评文论,他们用迷人的"悼词"表现出一种屈尊俯就的谦虚。藏在这些评论颂词下的是一种含糊的普世主义,它把非洲文学看作"人类"文学遗产的一部分,而鉴定"人类"文学遗产并不需要采用新的评价标准。由于……一般人文主义的逻辑指标和参考点是西方世界,因而西方传统的执行标准和批判价值观可以用来自由地衡量、评估非洲文学。过度的殖民主义批评最近渐渐演变成了一个绝对自由的相对主义,该主义宣称:对于非洲文学作品,如果我们足够聪明,能够区分"正确的"批评和"错误的"批评,就应该有多少批判,就有多少评价。贝恩斯·林德福尔斯阐明了这种思想越来越流行的本质:"我们应该合理地选择……用一种方法,来识别相同艺术作品的不同解释的正确性,这也是审美鉴别中采用的一种相关方法。"[5]这一行为堪称典型。可以预见的是,非洲作家和评论家对这种批判态度中所暗含的假设思想会有所回应,他们会写出一系列关于非洲真实性、独特性以及历史意义的辩词。由此可见,人们已经有力地表达了采用非洲本身的审美标准是有必要的,然而他们将注意力适时地(尽管他们自己并未意识到,但的确存在)转移到了殖民地以前就有的非洲文化审美价值和艺术实践主体上,认为只需要将殖民地以前的非洲文化加以发掘、翻新并系统化整理出来,就能够为非洲文学提供另一种审美价值,因而也就可以在西方文学学会中虚张声势。

  这种状况一旦得到明确肯定,就会为孕育混淆视听的新神学提供温床。在非洲文学会议后的讨论会上,如今该领域的期刊铺天盖地,其中则是耳熟能详、实则断章取义的评论和主观评注,在这些期刊中非洲文学话语大部分的思想能量仿佛早已在追求"非洲"自身的文学审美价值体系的过程中消失殆尽。寻找非洲真正的审美价值和艺术实践的道路被无情地导向了殖民地时期之前,并且在这条路上经常忘记现有的社会文化形态,甚至对现在加以摧毁。原先为了处理旧社会问题而制定了一些规则，于是，我们就能明白，为什么非洲语言（文化）研究者的文学学术研究已经不得不求助于这些规则。就这一点而言，历史、人类学以及宗教研究往往能够提供现成的服务。但是，我又得说，我们面对的是无处不在的西方。像非洲殖民主义这样的历史，与早期的罗兰·奥利弗以及以普拉西德·滕佩尔斯、利瓦伊·布鲁尔、杰克·古迪为代表人物的欧洲中心论（传统主义）人类学相关一样，只会提出一些老套的对于欧洲人的偏见。[6]也许最可耻的莫过于非洲职业宗教家艾杜乌和姆比蒂的作品了，他们对神学及宗教的意识深深地沉浸在犹太基督教的神话中，只能看到基督教天使在非洲万神殿的层次结构！[7]稍后我们再来讨论这个问题。

鉴于它与相关学科不相搭调，同时又从本质上怀疑一切构成辅助规则的信息，非洲文学的传统审美倾向于模糊地概括"非洲民间讲述者""非洲世界观""传统诗人"等模糊概括来自娱自乐。而有时候，欧美学者会从非洲学者那里夺取非洲学者在非洲文学下非洲审美的研究成果。特别要指出的是，在过去的十年里，北美洲的非洲研究中心以及研究院有过一阵恐慌。这些项目是用美国人的血汗钱建立起来的，研究人员精心选定了从遥远非洲村庄收集来的各种磁带录音、电影、文物和类似的新奇玩意儿进行研究。颇有毅力的收集者（通常穿着破旧的牛仔装）很快从非洲塔耳塔洛斯返回，以非洲语言（文化）研究者或非洲文化"专家"的身份理所应当地坐上了美国奥林匹斯的专家椅子。可以理解的是，那些心甘情愿为这些项目产品买账的受害者和消费者都是非裔美国人，他们不断想要追根溯源的心情使得他们发明各种各样的关于非洲的有趣神话。他们中有些人对"辉煌过去"甚是着迷，以至于要是他们有天早上醒来，发现整个非洲爬满了像喷气式飞机、计算机组装线和子弹头列车之类的东西，他们的身份认同感会受到致命伤害。就像同情者总比那些痛失亲人的人显得更为哀伤一样，美国研究非洲文学的学者近来研究非洲文学的非洲审美问题研究得过头了。

在近日出版的《非洲审美的定义》[8]一书中，美国非洲文学协会表现出了对于这个课题最为可耻的无知。因为在这本合集中并没有与非洲审美有关的文章，也没有界定或显示出一丁点儿的对于所谓的非洲审美成分或含义的认识。越来越多的西方专家在研究非洲，你可以从他们的作品中找到许多这样的例子。

要想对霸权主义思想进行关注，必须把对非洲审美的探究看成思想风气的一个突出产物。在这种思想风气里，研究非洲的非洲学者无意之中执行了西方分配的任务。于是，在执行这个任务时，出现了大量符合早期传统美学定义的观点。这些观点是由一些最荣耀的倡导者提出的，而广泛的哲学假设又是这些观点的理论基础，如果我们仔细核查这些假设，在发现这种思想产物的缺点时就会更具体。

非洲世界观：是幻想还是现实？

从某种程度而言，美学理论几乎总是以一个哲学前提为基础的。而非洲文学的传统主义审美学家无情地用某种不确定的"非洲世界观"的定义作为他们假设的已知的形而上学的基础。由于人类学家、宗教家和专业哲学家到处推广宣传，他们所宣扬的非洲世界观是用一种绝对公平的均匀、不变并且永恒的方式感知现实和解释现象。这种方式，最能够将非洲与西方特别区别开来。像我们之前所说的那样，西方帝国主义的攻击已经对非洲人和具有非洲血统的人民造成了一定的伤害。而我们必须将构建非洲世界观这个理念看作有意识地给身份认同危机提供一个理性的支撑点的行为。因此，这群知识分子在提到非洲世界观总会提到过去前科学、前殖民时期。夸西·维雷杜在说以下这段话时，也

第二十一章 传统主义与非洲文学审美探究

重点解释了这一点：

> 非洲民族主义者追求的是非洲身份认同感，非裔美国人寻找的是他们的非洲根，而外国人寻求的是异域风情——这些都要求非洲哲学从根本上与西方哲学有所区别，即使这跟女巫酿毒酒没什么两样。[9]

为了让所谓的非洲世界观形成一个连贯的哲学命题，人们不遗余力地将非洲大陆的种族异质性埋没，并提出一系列具有代表性和一致性的非洲信仰、风俗、禁忌和实践。这种泛化倾向的领域在宗教信仰范围表现得最为明显。该主导趋势假定非洲宗教活动的模式最终是万物有灵论的宗教。因此，非洲人的真实感体现在一个平凡世界的集合体中，其中包括平凡世界的工作、睡睡醒醒，超凡的精神世界、神以及其他错综复杂地交织在复杂的天体演化设计中的超自然影响力。正如桑戈尔的黑人文化认同所说，具有这种世界观的非洲人会直观地把握事物本质并且可以通过由超自然协作调节的意志力来改变自身的物质环境。科菲·阿武诺在他的《地球的乳房》一书中写道：

> 从远古时代开始，非洲，就形成了一种精神等级制度，这种制度体现了人类对自然现象巧妙的理解以及朝着对自己有利、对敌人有害的方向行动的聪明才智。[10]

因此，对于非洲这种独特的形而上学，拥护者假定了一个有趣的关于神的概念。不管选择讨论的是哪个民族万神殿里的神，为了在这些神之间建立起一定的层次关系，他们并未谨慎地运用老一套的犹太-基督教模型。科菲·阿武诺在那本受到质疑的书中提出了众神的层次排序，他指出，在某个空间的形而上学的理

论上存在一个造物主,把一连串的无名小神远远甩在后面:

> 造物主之下是一连串的无名小神。出于自己的逻辑,非洲人赋予造物主一定的距离感和冷漠感。不是因为非洲人认为造物主是无忧无虑的,而是因为非洲人把造物主看作自己的原始祖先,认为造物主作为至高无上的家长不该为宇宙中芝麻般的琐事所困扰。造物主任命他的助手们成为一切自然现象与自然事物的领头人和守护者。[11]

这种世界观的另一特点是时间必然循环的概念,对转世和结盟的迷信深信不疑。

这一点很重要,我要说几句。这个关于神的概念以基督教思想为基础,它很大程度上是对非洲文化中大多数虽然不是全部的宗教习俗事实的歪曲。殖民地时期之前的非洲实际上是人文主义的,从这种意义上来说,人类社会的存在是宗教和神存在的先决条件。正因为如此,人们说:就让神存在吧,我们来创造他们!因此,反过来,神灌输给人们人文主义思想(这一点详见我第六章关于阿契贝《神箭》的讨论)。随着社会劳动分工概念的出现,人们进行了分工。按照人们的构想,省(或"部门")将不同的神相应地分在人类控制与能力范围外的地区,尤其是在一些特殊地区受到雷电、冰雹、地震、降雨等制约。因此,在科学出现以前的(或者"传统的")非洲,人们曾认为并且一直认为众神是人间的,而不是天上的;它们可以(通过模制的或雕塑的象征符号)被感知、触摸、雕制、咒骂、谴责、拆除,甚至在最开始,在众神赖以存在的基础——社会存在物质紧缺的时候,它们甚至是被饿死的。在大多数情况下,神从本质上是对现有人物形象的强化,它们是通过社会公认的英雄主义和荣誉行为的神化获得神性的。因此,在概念方面,神的住所是在陆地上的,但在空间上却是无形的精神领域,而凡人却可以通过占卜、祈祷或者其他神奇技艺进入。在客观方面,它是由人类物质需求构建起的对于现实世界富有想象力的延伸。神的世界作为非客观实际而存在。总之,人与神之间的关系本质上是相互作用的;人创造了神,而存在于人想象中的神又为人所服务。对神的信仰反过来在辩证的过程中影响了社会行为。

此外,在社会发展进程中,用某一特定阶段的形而上学来概括、假定一个不变的哲学范式,用来为该文化成员的过去、现在、未来的世界观服务,这是不合逻辑的。在人类社会的发展中,用来描述非洲世界观的宗教习俗和信仰诞生于新石器时代,这一时期依赖田园生活自给自足的农业生产,以传统为特点。这一社会进化阶段为万物有灵论、图腾崇拜以及相关的各种惯例仪式的发展提供了天然的摇篮。阿诺德·豪泽尔说:

> 由于意识到人类对天气的好坏,对雨水和阳光、闪电和冰雹、瘟疫和饥荒,以及对地球是富饶还是贫瘠、资源是丰富还是贫乏很是依赖,送出祝福与散布诅咒的恶魔与想法就出现了——既有有益的,也有有害的。世界被化为两半;人类自己似乎也被分成了两部分。这是万物有灵论、精神崇拜以及相信灵魂存在、崇拜死亡的时期。[12]

索因卡提出的关于奥贡和狄厄尼索斯敬奉仪式之间的相似性在这种社会经济条件下得到了很好的诠释。然而,如果假定要把这些习俗放在一个特定的发展环境中,我们不建议放在万物有灵论的宗教里,因为该宗教的相关看法模式已经是非洲过去的了。相反,现代非洲的现实经验是让科学出现以前感知现实的模式与现代化趋势积极并存。这与文字出现以前的公社农村社会和现代工业城市中心共存的状态相对应;前者拥有草药医生、神龛和锄头等，而后者充斥着电脑、奔驰汽车和摩天大楼。这是世界上大多数社会的情况，因为无论在何时，任何一个国家社会或者国际社会的生产模式和世界观都不能得到完美的统一。但如果非要放在万物有灵论的宗教里，这样的社会或文化就要做好变成它的对立面的准备了。当然我们必须承认，在当代非洲，科学出现以前（"传统"）的生存、经验模式要优于现代的模式。据维雷杜称：

> 从人类学角度来说，当代大部分非洲社会仍然是传统的。尽管如此，不仅在物质改变方面，而且在思想发展方面意识到非洲如今的现代化进程，对于未来仍然至关重要。[13]

从这个角度来说，坚持非洲的静态世界观无法复原是非辩证的。

因此，在上述背景下，我的论点是，整个非洲世界观——时空上未分化，且无差别——是神秘而虚幻的概念。西方知识分子的祖先认为其他人，尤其是非洲人，天生低劣。这种观点在西方已经甚为普遍。面对西方知识分子的这种不断骚扰，饥饿的非洲资产阶级知识分子迫切需要一个意识形态的避难所的哺育。而非洲世界观的传播和推广就是为了满足他们的这种心态。

我们应该用一种带有历史紧迫感的辩证思维，严肃面对非洲现实情况的动态多价性。把自己淹没在昔日传奇浪漫化、复杂合理化的所谓非洲世界观里，达到了虚无自恋的顶点，这对捍卫非洲身份和尊严丝毫没有帮助。此外，这也是在拖非洲大众自己的后腿。这些非洲百姓，或生活在贫困的农村中或生活在城市里肮脏的地方，被城市驱逐，他们正逐渐对神、神龛、雕塑失去信心，因为它们无法回答进口食品、药物、电力甚至是用作敬神仪式的杜松子酒成本为何会上升的问题。法农意识到不加限制地痴迷于倒退的传统概念，具有很大的限制作用，于是，他用如下所示的类比推理话语将该问题尖锐化：

> 桑海文明留下的所有美好印迹不会改变今天桑海贫瘠而教育程度低的状况，空洞的脑袋和眼睛被弃置在天水之间。[14]

> 让人们回到他们已经走出来的过去还不够，更准确地说，我们必须加入他们的改变行动中，这个行动中他们只给出了模型。[15]

尽管非洲世界观有着无数的缺陷，但是，其观念已经从美学角度对非洲文学进行了一次印象深刻的宣判，而非洲文学自身也体现了该哲学命题固有的基本矛盾。

传统美学陷阱

非洲的世界观概念拥有其所固有的不确定性和模糊性，试图从该世界观中提炼审美观的做法也令人产生了困扰。因此，最终的传统美学这一命题从一开始。需要初步澄清的是，"传统"这个概念告诉我们美学的后续表征存在着问题。传统主义者认为非洲等其他地方体现了科学出现以前的现实感知、事件解读以及未经理性探索修正而用主观（通常有魔法的）冲动对客观世界寻求有效改变的模式。因此，在这种情况下，"传统的"这个术语属于情态而非时态范畴；它是一种叙述方式，虽然在殖民地时期以前的非洲社会有其主导的模式，但是传统思想和观念仍在后殖民时代的非洲起到了重要作用，并且能够在特定社会进程，甚至是在先进的工业化社会中被认同。

在这种背景下，我们可以从非洲文学的传统美学所固有的矛盾中发现三个主要趋势：

  1. 伪普遍主义者的理想主义：用泛非主义观点看待非洲文学，试图从普遍的世界文化的角度来领会非洲文学；

  2. 狭隘民族中心主义的特殊主义：从特定的民族文化中提炼出相应的审美价值，学到知识，然而对非洲问题提出的意见却很武断；

  3. 新黑人文化认同主义的改革辩论：正视了非洲文学的非殖民化需求，但运用浪漫理想主义观点构思的过程中，排除了文化的重要决定因素。

  由于在非洲文化的特异性和特殊性中掺入关于文学与艺术的自由普遍主义文学和艺术的概念，因而产生了上述第一个趋势。斯坦利·麦克白，在他另一篇杰出的文章《传统非洲艺术里的非洲美学》[16]中，指明了这种趋势的主要倾向。很可能是由于西方文学理想主义美学的优良传统中存在着某种思想社会化，麦克白想要于类似柏拉图式理想的范围中定义并定位非洲形象和传统语言艺术的审美对象：

  在艺术家们雕刻的人物作品中，展现出他们想要在现实压迫感调和下的对于理想的直观理解。因为"现实的"不仅是属于现象学的，还包括……神的思想。[17]

  （斯坦利）指的是哪个神呢？也许将理性理想主义者的秩序强加于非洲世界是受人许可的。但继而以基督教上帝的名义主持非洲世界的"秩序"，至少可以说是一件真正令人憎恨的事。在非洲人的印象里，既没有专门雕刻（模制）哪一个神，也不存在具有创造力和想象力的愿望下静态的单一的"理想"或者现实概念。他们曾有的并一直拥有的是个别艺术家对于现实的积极感知,在辩证地看待艺术家们所生活的特定社区的社会阅历之后,他们对此加以确定。人们将这种观点视为艺术家对自身所处社会的变化过程及意识发展作出了永久承诺,丰富就是这承诺的表达形式。

麦克白的文章还有其他几个关于传统文学艺术的特别有趣的即兴概括,这些值得我们详细引用:

> 非洲传统叙事结构往往易变,重复且充满咒语,甚至"毫无章法",但远远没到结构不明的地步。它甚至想要通过直接模仿来重新体验海洋的无穷无尽以及宇宙中事物的相互渗透。[18]

> 在传统非洲文学中,内容、主题、主旨常常与事实的直接经验、结构、组织和意义相符合,而这些又最终来自形而上学的意识。[19]

在这一方面,传统美学的一个更令人失望的特点是,一切艺术事业中隐含有必然的社会政治因素,而人们一无所知。在查尔斯·诺尔《非洲文学美学:绪论》(原文即如此)一文中,他支持非洲进行廉洁政治及政治义务的文学复兴,因为他认为政治是非洲当代文学"麻烦"的来源,而这引起了人们不断的争论。诺尔说:

> 正如今日所写,非洲文学的核心是千疮百孔的:它本质上是有缺陷的,因为,从主题上来说,它是以文学为主导的,而且认为文学有一个因自然死亡而凋零的过程——当文学所争论的事情不再是现在的事情时,文学会因时间迷雾的

笼罩而变得迟钝暗淡。[20]

非洲民族主义应该是非政治的，且是纯民族主义的，它庆祝并振兴非洲口头传统和风俗习惯。因此，这样的民族主义，应该是避开所有现代政治、经济、社会和意识形态斗争的"主义"。[21]

虽然诺尔在其论述中为他们做了辩护，但是我们有必要问问事实上文学与政治之间天长地久的婚姻是否已然瓦解。从荷马史诗到中世纪道德剧，从伊丽莎白戏剧到浪漫主义诗歌，从中国文化革命文学到俄罗斯社会主义现实主义学说，从黑人文化认同文学到哈莱姆文艺复兴文学，从非洲文化民族主义文学最现代、反帝国主义著作，文学跟政治是否曾经分离过？民族主义自身刚好就是一个属于政治领域的术语。对非洲文学教授来说，谈到"艺术民族主义"却不谈政治内容是抱残守缺，至少可以说是悲剧的。

在形成非洲美学运动普世理想主义的过程中，伊西多尔·奥克普湖（Isidore Okpewho）作品的出现无疑舒缓了人们紧绷的神经。在他内容丰富的《古老非洲艺术美学》[22]一文中，奥克普湖意识到非洲传统艺术有着强制性的社会论断，同时他还意识到了艺术家与其社会间的动态关系：

因为传统社会有着一种现实紧迫感，也因为人们对"掌握不可理解的世界"有所渴望，所以如果将人类经验作为基本参照标准，似乎是合乎逻辑的……于是非洲传统艺术家便成为第一位也是最重要一位现实主义艺术家。[23]

我选择将非洲传统艺术家看作在动态环境下思维活跃的

智者[24]。

对于传统美学讨论，也许奥克普湖最为重要的贡献就是他意识到传统美学存在辩证本质，即传统本身"是不断增长的，而非僵化不变的"。

第二种传统审美观——将个别民族神话上升成整个非洲的规则——在沃莱·索因卡的《神话、文学及非洲世界》中有所体现。索因卡关于非洲文化文明的世界地位的理论在一定程度上是对浪漫主义艺术家的直接回应，也是对像切克·安塔·迪奥普这样的念旧的作家关注的直接回应。他们几乎完全依赖文化人类学的观点来佐证他们对非洲世界以及本质上与非洲世界同样严苛的故弄玄虚。然而，与安塔·迪奥普不同的是，索因卡坚持认为，对种族的理解过程应是以神话为基础的。正如奥克普湖说的："索因卡认为，这是神话的内涵所在，比起那些可以从单薄无力的档案资源中获取的东西来说，它更深入地探索了民族文化生活的原动力。"[25]

更确切地说，索因卡这么写是为了回应两个"不怀好意"的，并且在他看来同样狡猾的意识形态阵营所给的暗示：首先，"激进分子"和"圆滑世故者"（包括非洲人和非洲以外的人）认为重申传统文化的行为不仅反叛，还分散人们注意力。其次，他这么写是为了即刻提出并面对傲慢的种族主义这种问题，因为这个问题一直在误导英国学术界（特别是在牛津和剑桥）关于非洲世界的特征的看法。

本书……致力于研究历史、神话以及文学的同时作用会发生什么。为了让那些真切诚恳的外国人以及那些背井离乡的非洲人明白，虽然暂时的混乱似乎让他们认为非洲的许多

事物是不存在或无关紧要的，但是在当代世界的现实中，应该不断地进行自我理解……[26]

因此，书中的潜在假设表明了非洲世界观的存在，同时认为这种世界观是一种均匀、不变且永恒的形而上学，通过它尤其可以将非洲与西方区别开来。于是，这种理想主义构想在此便上升为一种热情不断、语言极其浮夸的小型宗教信仰文化问答。

可以预见的是，索因卡在该书中关于非洲世界观的概念的审美论断对于那些熟知索因卡对神秘境界痴迷的人来说是意料之中的事。《神话、文学及非洲世界》将一种元社会、超历史、虚构的"现实"与日常平淡现实的现象学宇宙相提并论。它假定这两个层次的"现实"相结合便是真正意义的非洲，也是非洲世界观的本质所在。在这样一个世界中，人、自然和超自然机制于复杂的天体演化设计中得到统一，而逻辑法则和因果关系逐渐变得无关紧要。人从根本上来说是一种灵性存在体，其社会经历却为礼节仪式所淹没。因此，在广阔无垠的连续体中，人类经历和行为的周期性和特异性得不到肯定，而空间和时间的传统观念也不复存在。循环决定论取代了事物的线性发展："传统思想的发展，不是线性的时间概念，而是一种现实的循环。"[27]

在社会现实的遗留问题方面，人类的存在一直都受到祖先大量的不祥预言的困扰。人们从超越神谕的大事件中寻找人类行为或灾祸发生的解释。最有趣的是，人们认为人类行为是对某个神制定的宇宙法则中某个潜意识冲动的盲目服从。就像在古希腊人尼采重建的世界里，人类性格被认为是具有固定类型的，这些类型可以从民族万神殿里众神的特定属性中推断出来。对索因卡来说，人类行为形而上学的模型来源于约鲁巴万神殿里的众神。这一特性，这种人类本质中神圣使命的内在，为他提供了非洲世界的一个不变的属性，而这个属性在现代西方人中是已经丢失：

第二十一章 传统主义与非洲文学审美探究 445

> 古代的亚洲、欧洲人，和非洲人一样，都生活在一个宇宙整体中，他们明白自己生活在地球上，受到引力的束缚，这些都是与整个宇宙现象分不开的。[28]

基本上除了索卡因提出的以约鲁巴为中心的"非洲世界"和由此生成的戏剧性理论外，还有一个令人不安又自相矛盾的欧洲中心论是索因卡将约鲁巴神形而上学的身份概念化。从某种意义上来说，索因卡乐于寻找约鲁巴神和古希腊诸神之间的对等。正是对这种跨文化对等的痴迷，让他改编了古希腊悲剧家欧里庇得斯的剧作《酒神的女祭司们》，这种痴迷在理论上充实了他的文章，为他的文章增色不少。他在《第四阶段》中写道："在希腊人的价值观里，奥贡被很好地诠释为酒神狄奥尼修斯、太阳神阿波罗以及普罗米修斯价值观的集合体。"[29] 人们质疑的不是索因卡有没有权力去诠释不同文化之间对应的问题，而是通过将欧洲祖先的众神的想法是否合理的问题与非洲众神相对等，从而使非洲众神合法化。

然而，索因卡所面临的严峻挑战似乎是一个如何鉴别典型非洲感知和理解现实模式的问题，非洲的现实必然会与我们所接触到的西方现实有所不同。（这里是对邪恶争议的回应：有什么能跟非洲哲学一样呢？）索因卡想用某种"非理性"的思维来看待这种特性，却跟桑戈尔陷入了一样的陷阱中，把理性、哲学和逻辑思维看作西方人具体化、去人性化的产物而加以否定。索因卡在试图区分西方和非洲戏剧传统的时候，提出了以下令人相当遗憾的论点：

> 非洲与欧洲在传统戏剧方法方面存在着严重的分歧……这种分歧会在西方思想中更为确切地反映出来。西方学者习

惯对思想进行划分,定期对人类情感、现象观察、形而上学直觉甚至科学推理方面进行挑选,并把他们转化成一个个用成语、类比、分析等表达方式,上层结构不断扩充的分离主义者的神话(或"真理")。[30]

这个观点隐含着一种对非洲思想的浪漫化,非洲思想虽然是非理性的,但却能够"很好地理解不可约减的真理"。至此,我们便又回到了原点,对新黑人文化认同主义者来说,新民主主义者已经开始说列维·布留尔的语言!

要是有人足够勇敢,能透过索因卡的语言关,抵制他散文中的修辞诱惑以及他纯粹而兼收并蓄的博学,那么我们就可以直面他打造传统神话品牌的陷阱。我们可以毫无顾虑地逐条列出《神话、文学与非洲世界》的缺点,如下所示:

(1)过于肯定地认为是神话令自身的历史模糊。

(2)认为历史几乎完全与神话现实和平庸现实的两极分化无关。

(3)以约鲁巴为中心的民族志学的证据和该书的泛非主义参考资料之间存在一定的矛盾。

(4)为了形成一个统一的非洲文化连续体,我们普遍担忧非洲文学,索卡因化解了其中明显的矛盾意识。因此,在对拯救大陆或种族的定位中,作家之间明显的意识形态和等级分歧便被忽略或习惯性地忽视。

对于传统美学的目标和方法,我们想要找出一个系统一致的明确表述,这便引导我们进入流行思想本身的第三阶段——以钦韦祖、杰米和马杜布伊凯这三巨头为代表。我们现在所熟悉的《迈向非殖民化的非洲文学》一书就是这个阶段的论断。如今我们把非殖民化假想成纯粹上层结构意识中的文化挑战,而将真正

的非洲文学审美诉求放在非殖民化的背景下,早期缺失的历史便得以弥补:

> 我们目前面临的文化任务是终结外国对非洲的一切文化统治,系统地摧毁一切殖民外壳和奴隶心态,清扫障碍,为非洲自由现代化打下新基础。[31]

钦韦祖在先前肯定有争议的《西方和我们》一书中为这篇文章做了铺垫:

> 不管现代非洲文化是什么样的,它必定是古老非洲文化的延续。不管现代非洲文化有什么别的内容,它必定包含非洲传统的重大控制因素,而这些因素结合在一起,决定了现代非洲文化的基调,并给它贴上了区别于其他文化的标签。[32]

这篇文章在后文中便被描绘成是三巨头的教义问答。

要讨论这本"重要"书籍的局限性,应该先证明这本书在研究非洲文化学术成就中所具有的重要意义,这点至关重要。首先,它以相当敏锐的感觉最先识别了现代非洲文学创作和批评中存在的弊端。在这方面,该书刺痛了资产阶级批判非洲文学的软肋。更重要的是,由于它从内在意识到了艺术价值观往往由地缘政治和种族决定,因而它从文学审美方面对非洲中心主义和欧洲中心主义价值观加以区分,从而缓解了人们对自由人文主义普遍性的恐惧。对非洲读者来说,这本书应该被归为文化感知和文化消费的心理情感领域,在某种意义上,虽然不切实际,但这个领域的作者会苦口婆心地鼓舞非洲读者动摇他们的欧洲中心主义价值观。

然而除了上述所说的，如果只是为了推进其表面上的崇高事业，我们还要强调这本书存在（大量的）思想和理论缺陷。对这本存在争议的书中的观点，之后的批判应视为对推动元批评及非洲学术研究思想史的一次尝试。总之，由于受到一些社会历史条件的制约，一些想法应运而生，凸显出来，之后又淡出时尚。要体现忠于学术研究的责任感，就应认清这些时刻和条件，这样思想潮流和学派才能获得它们应有的历史地位。继而人们才能以新思想来面对现实。

此外，为了进一步明确这个问题，我们可以逐条列出钦韦祖等人的传统美学作品存在的缺陷，特别是在《迈向非殖民化的非洲文学》中的：

（1）错误地假设只有先完成经济和政治非殖民化，才能步入文化（文学）非殖民化。众所周知，西方对非洲的文化统治只是更根本统治的一个表现。一方面是经济统治与政治统治的相互关系，另一方面，自由被隐藏起来，而非用清楚的结构表达出来。文化帝国主义只是经济帝国主义外在上层建筑的表现。非洲面临的重要任务是经济解放，这会反过来促进文学文化解放。存在（经济）先于本质（文学）。该辩证法对这本书的作者来说显然是闻所未闻的。

（2）大部分非洲中心主义价值观相比于欧洲中心主义价值观来说是非辩证的。它否定了两种对立的地缘文化区存在的内部差异和普遍存在的异质性。真正既并列又对立的是传统的（殖民地时期之前的非洲万物有灵论价值观与西方资产阶级价值观）。非洲与西方的价值观是集团和阶级的价值观，也是动态的、历史的价值观。

（3）对西方霸权的高度敏感，形成了传统非洲文学遗产的浪漫主义思想。黑人文化认同打着言论不敬的旗号从后门溜了进来。

（4）相反，传统本身的孕育条件相对稳定。此外，很明显的，形成特定传统的作用力常常不在传统本身。同样地，从前殖民时期的意义上来看，现代非洲文学是否应该是传统主义的是由一系列因素共同作用的，这些因素主要建立在社会经验的本质上，社会经验的本质又构成了文学的文学积极性和文学内容。三巨头提倡，要对传统进行无意识的实验，而这种无意识实验会生成仿造的、合成的艺术。

（5）作者从这本书中所得出的政治承诺概念极其含糊、杂乱，带有类似自由的模棱两可的话：

> 没人能替作家做决定，就像没人能替厨师、老师、士兵、医生、商人、律师……或者政治家做决定一样。每个人都必须决定做什么职业，并通过展现他/她的本领为所选择的职业服务。如果【作家】有所感触，他既可以为国家辩护，也可以抨击国家。[33]

政治承诺是一回事；艺术深度又是另一回事了。政治承诺由历史政治因素决定。在特定的社会环境中，对人民来说，一些作家最终成为不相干的或者普通的叛徒。

（6）在其泛非主义抱负方面，该书并没有对单个国家的文学现状给予足够的关注，而这种现状却构成了迄今为止非洲文学发展的最先进的阶段。法农看出了隐含在这个特定缺陷中的危险信号，他说：

> 生活在非洲文化中的人们发现将自己的诉求种族化，谈论非洲文化要比谈论国家文化频繁得多，这种历史必要性会导致他们走进一个死胡同。[34]

三巨头对非洲文学意识中存在的区域和种族民族矛盾和变化也没有给予足够的关注。

（7）还有一个错误的认识，认为文化/文学文艺复兴时期是一个可以在自身发展中自我完成的自生现象。不管西方文艺复兴时期的文学文化带来了什么，其本身所造成的逻辑上的结果便是决定性地改变了欧洲的经济、社会及政治导向。例如，伊丽莎白时期的戏剧仅仅是用文化来表达以梅第奇家族为代表的经济命题或者表达以女王伊丽莎白一世为代表的不断世俗化的政治生活。在世界的其他地方，三巨头提倡构建文艺复兴圈，这样的复兴在政治和经济层面上造成了一些持续而深远的影响。伴着中国革命的发生，文学百花齐放，文学消费也变得民主化，这是中国革命有组织地发展的必然结果。同样，像俄国形式主义和社会主义现实主义这样的运动也是1917年俄国革命的产物。

钦韦祖所倡导的传统美学复兴，其包含的意识形态、社会经济和政治指标是什么呢？是文化非殖民化所面临的严峻任务吗？具有依赖性的新殖民主义经济能够支撑非殖民化的文学文化吗？

从上述观点来看，我们可以大胆推测出一些关于《迈向非殖民化的非洲文学》里表达目前这种思想霸权地位的试探性结论，我们可以对其进行大胆推测。看来，整个文化非殖民化所面临的情况通常来自经济和政治自由，因为在帝国主义的统治下，要想实现非殖民化的文学文化是不可能的。

因此，必须要说的是，很显然，由于《迈向非殖民化的非洲文学》表现出伪激进的姿态，不自然的傲慢以及修正主义的热情，因而该书仍有致命的缺陷。该书以一个不确定的理想主义主张为基本前提，即文化可以与其经济和政治基础隔离。其情感诉求建立在一个垂死的反种族主义之上，其传统想法是静态的，但其社会观念却是非辩证的。这是一种原教旨主义的文化民族主义，它能转变年轻人和童心未泯者的想法，让他们在目前非洲所面临的更广泛的经济自由和社会正义斗争中感知文化斗争的内在本质。

最为危险的是,这本书在思想和理论方面存在一定的肤浅庸俗,作者将这种肤浅粗俗故意埋没在带有攻击性的措辞以及不必要的争吵语气中。最终,这本书实际上是一本颇具殖民风格的书,因为从这个意义上来看,它将非洲国家定义成一个处于颓废的万物有灵论的时期,所以它为非洲人提供了一个基于后向一体化的概念,而这种概念却是欧洲种族主义神话的主要观点。这也难怪钦韦祖等人对于非洲文化文学研究只有令人讨厌的评价。更别提他能够影响到其他作家或者评论家的注意了。最终,他们写出的书都是虚构的,而书中所标榜的进行神话创造,只是有益于黑人获取权力、青少年握紧拳头以及懒于真正挑战知识的需求。

上述所有传统美学这些表现形式通过一般的基本历史观念的错位而得到统一。他们并没有意识到,在所有传统社会,建立美学理论并非与众不同的社会事业,它与消费及艺术创造息息相关。对于美学作为一门学科而兴起,特里·伊格尔顿说:

> 以前,一些人出于各种目的而写诗、表演舞台剧或者画画,而另一些人以不同的方式阅读、观看、参观。在历史上,这些做法具体而多变,人们称之为神秘的特殊行为,即"审美"。
>
> 艺术从物质实践、社会关系以及意识形态意义中脱离出来,提升到一个孤立迷信的位置。[35]

我们也必须把传统美学在非洲文学话语中的兴起看作具体化的一般过程的组成部分,它在最初的表现中,与忠于传统艺术实践并没有什么关系。

然而,传统美学的长久意义在于它为完成传授更多知识这个必要任务所作出的贡献,传统美学要传授更多的知识,这些知识涉及非洲的艺术传统、种族哲学和现存的对于这个冷漠世界的美学价值体系,而完成这一必要任务是其长久意义所在。同时,它还让那些愚昧无知的或者受到错误教育的非洲人会更有信心去理解自己,理解自己受到致命伤害的非洲种族在世界上的地位。但是要想通过观察非洲的现实成就完成让世界尤其是西方国家来认识非洲的重要任务,需要更多的自我鉴定和反思确认。因此,在文化领域,它提倡建立一个理论框架,在这个框架中,人们最终会摒弃想法和实践绝对分离的思想。我们需要一个理论框架,以期将文化解放融入进一步争取经济和政治解放的过程中。在这方面,反帝国主义的意识形态立场纠正了非洲文学的辩证理论,这似乎对巩固传统美学的成果,超越特定限制来加深对非洲现实的理解是最适合不过了。

注　释

[1] Ngugi wa Thiong'o, *Writers in Politics* (London: Heinemann, 1982), 25.

[2] Odia Ofeimun, *The Poet Lied* (London: Longman, 1982), 35.

[3] Chinweizu, Onwuchekwa Jemie, and Ihechukwu Madubuike, *Toward the Decolonization of African Literature* (Enugu: Fourth Dimension, 1980).

[4] Wole Soyinka, *Myth, Literature and the African World* (Cambridge: Cambridge University Press, 1976).

[5] Bernth Lindfors, "The Blind Men and the Elephant", *African Literature Today* 7 (1974): 63.

[6] 例如可参见 Levi-Bruhl 的 *The Primitive Mentality*,以及经过修改的 Robin Horton 的文章"African Traditional Thought and Western Science", in *Rationality*, ed. B. R. Wilson (Oxford: Basil Blackwell, 1970)。

[7] John Mbiti, *African Religions and Philosophy* (London: Heinemann,

1969).

[8] Lemuel A. Hohnson, Bernadette Cailler, Russell Hamilton, and Mildred Hill-Lubin (eds.), *Toward Defining the African Aesthetic* (Washington, DC: Three Continents Press, 1982).

[9] Kwasi Wiredu, *Philosophy and African Culture* (Cambridge: Cambridge University Press, 1976).

[10] Kofi Awoonor, *The Breast of the Earth* (New York/Enugu: NOK, 1975), 51.

[11] Ibid.

[12] Arnold Hauser, *The Social History of Art*, Vol. 1, trans. Stanley Godman (London: Routledge & Kegan Paul, 1971), 11.

[13] Wiredu, *Philosophy and African Culture*, 38.

[14] Frantz Fanon, *The Wretched of the Earth* (Harmondsworth: Penguin, 1967), 168.

[15] Ibid., 183.

[16] Stanley Macebuth, "African Aesthetics in Traditional African Art", *Okike* 5 (1974): 3 – 25.

[17] Ibid., 15.

[18] Ibid., 20.

[19] Ibid.

[20] Charles E. Nnolim, "An African Literary Aesthetic: A Prolegema", *BaShiru* 17 (1976): 71.

[21] Ibid., 61 – 62.

[22] Isidore Okpewho, "The Aesthetics of Old African Art", *Okike* 8 (1975): 38 – 55.

[23] Isidore Okpewho, "The Principles of Traditional African Art", *The Journal of Aesthetics & Art Criticism* 35. 3 (1977): 305.

[24] Ibid., 311.

[25] Isidore Okpewho, *Myth in Africa* (Cambridge: Cambridge University Press, 1985), 242.

[26] Soyinka, *Myth, Literature and the African World*, XI.

[27] Ibid., 10.

[28] Ibid., 3.

[29] Ibid., 41.

[30] Ibid., 37.

[31] Chinweizu et al., *Toward the Decolonization of African Literature*, 1.

[32] Chinweizu, *The West and the Rest of Us* (Lagos: NOK, 1978), 298.

[33] Chinweizu et al., *Toward the Decolonization of African Literature*, 254.

[34] Fanon, *The Wretched of the Earth*, 172.

[35] Terry Eagleton, *Literary Theory: An Introduction* (Oxford: Blackwell, 1983), 21.

第二十二章

马克思主义文学理论：
彼时与此刻[*]

伊莫瑞·济曼

  某个教授在前法西斯时代迫切地矫正时代的诟病，审视玛琳·戴德李奇（Marlene Dietrich）的电影《蓝色天使》，以便了解事情究竟多么糟糕。但哲学并没有利用这位教授的方法。由于混淆了主体—物质，对文化盲目崇拜，所以那种进入有形现实的过程使哲学脱离了历史。

西奥多·阿多尔诺（Theodor Adorno）

《为什么要哲学？》[1]

  在这一新的历史主题扩散期，如果"传统的"马克思主义是"不真实的"，那么当剥削、剩余价值提取、无产阶级化，以及以阶级斗争形式对它的抵抗这些残酷的现实在新的、扩展的世界范围里逐渐地、重新肯定它们的存在时，"传统的"马克思主义必定再次变成真实的，正如当前它们所处的进程那样。

弗雷德里克·詹姆逊（Fredric Jameson）

《六十年代断代》[2]

---

[*] 选自 *Mediations* 24（2）（Spring 2009）：37-47。

马克思主义对文学批评的贡献是什么？马克思主义在 20 世纪文学中的遭际对于马克思主义批评在 21 世纪的走向有何意义？这些是庞大的问题——对于一篇简短的论文来说太过庞大；要正确回答这些问题，首先需要对文学批评领域自身的形式和今天各式各样的马克思主义（无论怎样存在，它们都无处不在）的状态进行一些评估。然而，我想直面这个问题或许就是有意义的，无论如何简洁——即使是有着不可避免的误差的素描，也能为更大的图景开创一个起点。

作为一种马克思主义文学批评，不存在确定的方法，没有明确的方法论，对于如何研究一个文本或者如何选择合适的文本来解读也不存在统一的观点，抑或实际上对于为何一开始就要劳心费神去进行文学分析也没有明确的既定的意识。甚至很难建立一套核心的利益和规则，以区分它与其他形式的文学批评。马克思主义文学批评不需要回溯到马克思（虽然他喜欢莎士比亚，但也没有从历史唯物主义来讨论文学）；当然，马克思主义文学批评也没有如一些文学批评介绍性文本假想的那样去处理一堆诸如阶级与劳动力的问题或话题。马克思主义批评许多模式彼此关联，它们拥有一个理论体系的相似性，或许也有共同的普遍政治观点。雷蒙·威廉姆斯（Raymond Williams）和特里·伊格尔顿（Terry Eagleton）提出的马克思主义研究方法的分类以及其他分类不仅相互有别，而且显示出诸多内部变化，以致让事情极度混乱。例如，对于伊格尔顿称为"经济的"马克思主义批评形式（这一形式包括诸如文学和书籍历史的社会学的一个类别），书籍中的词汇并非真正重要，或者至少不是文学的社会和政治功能及其重要性的主要源泉。但是对于他论及的其他批评形式，从社会现实主义到意识形态批判（Ideologiekritik），被评估和分析的主要内容是那些非常关注文学批评的页面上的标记。

对笔者而言，似乎马克思主义文学批评有三种相互交织的主要形式或模式，尤其是从20世纪20年代以来，始于阿多诺、本雅明、布洛赫、卢卡奇的早期论断和其他文献。马克思主义批评的这些模式从内容上已经有了变化，但在形式上却变化甚少——尽管其实践和执行条件变化了，但这并不能反映马克思主义批评的新实践，它利用文学形式和社会形式的固有关联，即便文学形式的重要性在降低，社会形式针对新的力量和历史环境而被重塑。这里笔者希望提出这三种模式能有助于展示今天的马克思主义文学批评的立场和内容。

马克思主义批评或许以最简单和基本的形式对现存的批评形式提出了一系列方法论的批评和挑战，提醒什么该做什么不该做——例如，何为"总是历史主义化"，或者提醒我们记住阶级斗争的中心和力量的决定性作用，以及生产与社会生活及生产与文学和文化生产的关系。如此关键的使命旨在把文学批评从历史主义和形式主义的理想形式拉离，而让其走向文学写作的社会生活规范。在《马克思主义和文学》中，威廉姆斯说："'马克思主义批评'和'马克思主义文学研究'非常的成功……当它们契合已被接受的'文学'范畴，它们或许延伸了甚至重新估价了文学，但从未极端地质疑或反对文学。"[3]阿多诺关于曼恩的分析，卢卡奇关于斯科特的分析，詹姆逊关于吉辛的分析，施瓦兹关于布拉斯·古巴斯的分析，其中每个分析或许就引介了对于被研究的对象和作家新的视野，但对于事先获知研究对象，因其重要性和需要文学分析这一工具进行研究，他们很大程度上仍然采取了已知的对象评论形式。这里，马克思主义肩负着文学和文学研究已被接受的定义，被界定为一种对文本的理论方法——依赖于上下文或个体评论家的分析识别力，并且是少有的能够相互替代的一种理论方法。

第二种马克思主义批评的模式建立在第一种模式之上，但大幅度地延伸了第一种。这里，围绕组织诸如专业机构和大学院系等机构的实践，文学的接受范畴被审查被质疑。在其理论和实践的核心，马克思主义分析历史，分析历史的转换，假设经济是（"在过去的实例中"）人类社会生活组织中最重要的。故而对于文学和文学批评，马克思主义竭力理解这些实践的现存的社会和政治功能，映射它们在时间中发展和改变的方式，即这些实践本身在其社会和政治功能中的改变和转换。这是一种超理论的形式：普遍的文学地位和文学实践的观点，更多地聚焦于社会形式而非美学内容；这类同于能在物质哲学中找寻到踪迹的思想史。威廉姆斯和其他人提醒我们，文学从早期的与阅读能力关联而又不局限于有创造力和想象力的作品，发展成了"一种显见的具有某种品质的印刷作品的客观范畴"。[4]但是，坚持与更大社会发展相关的文学政治超越了承认文学范畴的定义上的转换："从历史社会发展的视角来看，文学和批评是一般社会实践的阶级专业化和阶级控制的形式，是基于其可能引发的问题的阶级局限的形式。"[5]

如果说马克思主义批评的第一种模式把文学分析更为复杂的形式引入了现存的批评形式，那么其第二种模式则旨在打碎文学分析的自我确定性，尤其是在把文学批评作为一种实践的建构中，坚持文化和权利必然相互依存。特里·伊格尔顿曾写道："无人会烦扰于提图斯·安多诺尼库斯（Titus Andronicus）的唯物主义解读……只不过是文化的唯物主义理论——一种在声音表达之前作为生产的文化理论，在自发的中产阶级社会的理想环境中，某种在术语上的分类错误或矛盾。"[6]20世纪文化批评中最重要的交织——不仅存在于马克思主义中，而是从托斯丹·范伯伦（Thorstein Veblen）到皮埃尔·布尔迪厄（Pierre Bourdieu）的学者的论断中都存在，是文学和文化思想的去神圣化和去神话化，强调把这些分类的神圣化铸入实践并与超验价值密切联系的社会的和政治的暴力；坚持文化作为一种既定的生产形式仅仅是这一努力的开端。政治反映文学和文化本身的范畴有助于文学批评实践时,仅是频繁地把关键分析推向另一个方向——朝向对文学和文化的社会学方法[弗朗哥·莫瑞迪(Franco Moretti)的著作是其最新例证],或者研究文学表达和文学实践的大量的其他形式。对文学分析机制的挑战使其——或者至少应该使其——难以继续以往的批评。

"文化对于马克思主义即刻成为绝对的、至关重要的、明显的第二级,即权利成形和屈服滋生之地,但也是某种'超结构的',某种专门化的艺术机制在狭义上能产生于某种经济过剩和劳动力划分中,某种在其'生命形式'更为广泛的人类学意义上,冒险掩盖某些重大冲突和差异的东西。"[7]这种张力存在于大多数马克思主义批评形式的核心,它们对照经济学、政治、社会来处理文化。因为其结构功能和其实际存在,文化成为一个怀疑的对象,但也是需要批评研究的一个领域——不仅仅是因为其意识形态功能(对此伊格尔顿曾有所指),而是因为文化亦被想象成为权力结晶而可能被打扰或终止,屈服变成自治和真正的自我表达的空间。如果文学和文化仅仅是简单的意识形态表达的空间,如果意识形态仅仅是虚假意识或宗教的直接代替品,它们不会产生出如此多让马克思主义批评头疼的问题。相反,文化在马克思主义里也被想象为政治可能性和选择性想象的空间——不是以任何简单而直接的方式"通过其他手段的政治",但也不会最终与政治分离。

马克思主义或"深深地质疑文化,时常脱离文化,却最终视文化为劳动之产物",但是马克思主义又不能放弃文化或文学。[8]马克思主义内部长期存在的被赫伯特·马尔库塞(Herbert Marcuse)称为"积极文化"或其他人命名为"器械文化"的焦虑并不意味着要关闭文化提供的可能性,而是表明批评不参与物化和工具化来解决文化问题时所面临的巨大困难。阿多诺在

《文化批评和社会》一文及其他论著中的担忧与马尔库塞不谋而合：二者均担忧于对文化感兴趣的批评的趋势，因其与精神和超验关联。[9] "人不只是依靠面包而活着；但这一真理却被彻底篡改，认为精神食粮可以替代面包的匮乏"；而马尔库塞再次讲道："心灵的文化以错误的形式吸收那些日常生活中无迹可循的力量和需求。"[10] 对马克思主义批评的挑战已经命名或确定了文化表达中生命的替代或对抗形式，而同时保持深植头脑中的文化命名的谎言。要赞成和反对18世纪晚期以来资产阶级社会生活建立的文化的虚假自治，是艰难的任务。过去几十年的批评，无论是单独来看还是作为整体来看，都或多或少在严厉地迎接这一挑战，但没有连贯的反击计划。关于文学，一些批评形式寻求把物化的文化形式与其他更为革命性的形式相分离；许多情况下，这已反映了现存的分类学，大众文化被视为意识形态的文化，经验性的或明显的政治文学形式被视为对工具化的逃避，从而具有特殊意义（詹姆逊以此提到现代主义，尽管在其他地方他又持相反论点）。马克思主义批评关注这本或那本小说或诸如"严肃的"科幻小说等文体的乌托邦式的维度，似乎这样的马克思主义批评遗忘了笔者指出的第二种模式，对此笔者是在关于文学写作和文学批评的可能性的政治和经济条件时指出来的，这也是源于对于作者目的和企图（只是举例而言）以及更普遍的文学范畴的好奇与不加批评的接受。

更有趣的是，其他马克思主义批评形式假想"有可能找到这样一种实实在在的历史，它通过在纹理和结构上的镌刻，以句子的形式或叙述观点的技巧，选择韵律方式或修辞手法，从而缔造一个艺术作品"。[11] 这就要把对客观历史状况的反应作为对该环境直接的或无中介的重述，抑或是以象征形式镌写的附加奖励的重述，是对"真实"的隐射抑或一个既定历史时期的社会意识。在弗雷德里克·詹姆逊的著述中能发现这些方法中最强大的方法。众所周知，他视文学为一种象征性的实践，为无法解决的社会政治矛盾提供想象的和意识形态的解决方法。在詹姆逊的《物化与大众文化中的乌托邦》里，大众文化与高雅文化的区分崩塌，而是被看作处理同一套社会矛盾的不同方式，由此为那些希冀更好地理解文化物化方式的批评家们提供了可贵的物质实体。[12]吸引大多数读者研读詹姆逊文章的正是大众文化的"乌托邦"内容，其认为，任何一种文化表达形式都质疑政治呈现及其自我确定性的稳固性。这里，文化产生政治工具的希望与洞见（如非超越以往的精神类型的洞见），与更为社会学的、体制的研究方法交织在一起——一方面得到文学批评的回报，同时又从马克思主义视角研究事物。然而，仍然有待回答的是，如何和为何某些文化形式可能被视为在逃避让法兰克福学派担忧的工具化？如果诸事都具有一个乌托邦的内容——即便或如威廉姆斯概括的仅在其最小意义上："没有生产方式就没有主导的社会秩序，进而就没有能排除或穷尽所有人类实践、人类精力和人类企图的主导文化"——那么，就没有必要去区分什么是研究特别重要的文化形式。[13]文学从马克思主义批评的关注中心被取代，但在该过程中，主要因其反映在其他社会学层面上更为重要的环境和发展，文化成为研究的空间。

如果处理由肯定性文化引入马克思主义批评的危机的一种方法就是把文化分为严肃作品和垃圾、前沿的现代主义和大众文化，詹姆逊就通过考虑资本主义不同区域来（部分地）处理这个问题，而这里文化表现为不同形式。理应与物化携手共进的乌托邦在空间上被划分开，从西方到其他地方，乌托邦被取代。仍然是在《物化》一文，我们能发现詹姆逊引入了这样一个观点：唯有在那些可能的条件——形式的而非真实的，包容于全球资本中——允许不遵照肯定性文化不可阻挡逻辑的文化产物存在的地方才能发现革命性文化表述。而这种空间移动也是暂时的——它

（毫无疑问地）暗示出文学和其他文化形式一旦从社会生活中脱离其半自治的政治承诺，随即便会坍塌成为毫无二致的工具化暗影。对于詹姆逊而言，称为"全球化"的这一现象似乎消除了介于形式和真实间沟壑的可能的政治开口，以致现在我们在其作品和其他马克思主义批评家的作品中读到的，是对如下事实的坚持：现如今一切都是文化——其含义已很难确定或正确定义，或许在我们从马克思主义视角来研读这个或那个文学文本时，想象其是什么时，尤其如此。一切皆是文化——我们应视其为居伊·德波警示我们的场景戏剧的进一步强化（或甚至是辩证的转换）吗？抑或视其为对迈克尔·哈德（Michael Hardt）和安东尼奥·奈格里（Antonio Negri）描述的大众与平民的社会内在的欢迎？

那么我们身处哪种模式？第一种模式充分；第二种不足；而第三种，即使困扰于马克思主义范畴，但却混淆于作为一种意识形态范畴否认文化和相信其潜在的救赎和/或政治的可能性——一种基于旧的批评本体论和知识论的政治学。那么，我们如何将这些方法与文学及其可能的一个或多个结果联系起来？文学总具有某种真实值。文学作为一种社会实践已逐渐被边缘化，这种边缘化也促使其更加坚守阶级基础和社会非真实，即便如此，对于马克思主义来讲，如果认为与文学结合就一劳永逸了，这就错了。文学仍然提供认知的、乌托邦的抑或美学的视野，文学书写本身也已成为一种政治实践——"它是一种最易违犯又最易交换的文化形式之一，分歧通过它而得以连接，而绝非因为纸笔的物质条件"——或者键盘和无线连接，"相对很容易获得"。[14] 但是文学的这种坚持（这种坚持在推动了后结构主义哲学和德勒兹政治的过剩数据中找得到同源）在马克思主义文学批评中却不易找到对应的东西，于笔者而言，如果（狭义地来说）越来越缺乏目的和方向，大多数文学似乎只是在笔者前文列出的三种模式中持续运作。那么，还有别的路径可以选择吗？很大程度上来讲，文学批评接受了马克思主义方法论的指导，掌握了其文学机制的更广义批评的蕴涵，即使它没有依照这些指令行事——这里，自我保护的机制本能就介入了。对于其企图掌握积极文化之外的文化链，这似乎把马克思主义批评带回一种纯意识形态或纯政治文化的可能性，而不清楚何时或何地存在这样的情形，也不相信产生的结果，而是被这些断裂、差距和不完整所驱使。

为了了解为何如此（以及接下来会产生什么结果），我们需要考虑马克思主义批评自身的历史条件。三十多年前，佩里·安德森（Perry Anderson）诊断出马克思主义的范式转变——从与党的活动密切关联的政治实践转变到他称之为"西方马克思主义"的一种现象，而这大约与法兰克福学派的著述同时产生。对于安德森来讲，"其首要的，也是最基本的特征是马克思主义与政治实践结构上的分离"。[15]在西方马克思主义中，很少去做理论与实践的划分，却肯定其为一种既定存在，而由此不遗余力地以实践为代价，完全热衷于理论。马克思主义向哲学转变，成为一颗"前所未有的学术炮弹"；其关注的中心是在文化和美学上，尤其是资产阶级的；其成为"西方的"，也就是说，"完全是地方性的，对邻国理论文化完全无知的"。[16]对于安德森而言，马克思主义的这一负担还表现于当它发展"古典马克思主义缺少的新主题——主要是以投机的态度"时始终如一的悲观。[17]安德森写道："在历史唯物主义的奠基者积极地从哲学移向政治然后经济之处，那些1920年之后出现的传统的后继者们却从经济和政治转向了哲学。"[18]

安德森对西马的表征旨在对脱离（至少在1976年里）他理解为"正确的"政治形势的能量消耗敲响警钟。他写道："作为一个整体，西马隐藏的标志是其为一种失败的产品。"[19]这一批评产生之际，现存社会主义（即使他们有诸多实际的缺陷，与马克思主义理论也有距离）提出了一种对自由民主资本主义形式的可行的替代形式，而工会主义在全球也保持高涨。在我们的环境语境中，轻而易举就能视这一失败的深度为我们理解过程中仍然存在的东西。安德森关于西马提出的许多点似乎都是今天马克思主义批评的特征：在很大程度上脱离政治党派，或许甚至脱离社会运动——虽然或许不是在无政府主义的边缘；其从业者主要是大学里的研究者，并普遍视其为批判方法的多重性的一种变体；这些从业者感兴趣的是哲学，而非重建一个超越狭隘民族主义的国际党派这一本质。当然，这些观点是泛泛地针对马克思主义批评的，不仅仅是针对马克思主义理论批评家，他们在卢卡其之前还相对稀缺——尽管存在普列汉诺夫（Plekhanov）、列宁和托洛茨基（Trotsky）关于艺术和文学的写作。

在这与国家社会主义结束交织的 30 年中，产生了新的地缘政治配置，马克思主义得以在其中传播，由此，新的标准产生以评估其政治可能性。如果认为政治必须采用某种形式，西方马克思主义看上去像是种失败——表现为 19 世纪晚期和 20 世纪早期的马克思主义和社会主义运动。全球范围内，政治和历史地形改变诸多，在这些地方去衡量成功或失败将是一个错误——这至少是自厄内斯特·拉克劳（Ernesto Laclau）和尚塔尔·莫菲（Chantal Mouffe）的《霸权与社会主义策略》以来反复被重复的一个观点。[20]安德森哀叹有着一个国际党派的西方马克思主义被打破，而批判其狭隘。当新的国际社会主义党派不复存在时，很明显必须在全球语境下为政治想象和活动构制框架，而这也确定了西方马克思主义的"西方性"已经消散——尽管，部分地来讲，这是因为西方马克思主义在世界各地的全球性传播和新用途——甚至在俄罗斯、东欧和中国的基于大学的马克思主义，从他们利用的文献和对政治和经济之上的文化的广泛兴趣来说，都属于西方马克思主义。文化不再像从前拥有马克思主义批评的关注，但其确实吸引了批评的注意力，而其关注重点当然不只是资

第二十二章 马克思主义文学理论：彼时与此刻 465

本主义文化。如果有的话，安德森描述的从经济向哲学的转换近年来似乎已经逆转。社会主义世界的实际缺乏——至少相对于其前有规模来说，让经济学的结构浮现在表面，让其基本作用变得对每个人来讲都异常明显；在风格上，政治经济在回溯。西方马克思主义真正的局限之一是，尽管它有最好的意图去逆转，但其自身也往往在最后把文化视为脱离政治的半自治物，而由此视其为一个空间，这个空间需要通过某些人自行筹划，而这些人的政治承诺又要求去追寻一种替代的社会形势和社会想象。安德森写道，葛兰西（Gramsci）在其《狱中笔记》里广泛地探讨意大利文学时，他"把文化的上层建筑的自主权和有效性作为一个政治问题，将被明确地理论化——在其与社会秩序的维护或颠覆的关系中"。[21]从这个意义上讲，我们都是葛兰西，不同的是，关于当今文化的政治问题实际上是缺乏自主权和有效性的，从其功能概念作为意识形态和反意识形态的无益的、离题的形式上来讲，它也等价于政治。

　　西方马克思主义在文化上的关注焦点对文学批评做出了巨大贡献，甚至对那些不自知是马克思主义者的人都产生了影响。然而，我们可以去评估其活动状态——偏离真正的政治，或者有助于理解社会意义和意义赋予的复杂性，没有这些就不可能有政治——我们处在新的历史环境中，这一环境把马克思主义批评推向了新的研究目标和干预模式。这是一个不间断的过程；笔者此前提出的文学或文化研究的三种方法继续描述着诸多以马克思主义命名的事物。但是，目前变化的政治环境——遭受质疑的资本主义，对未来生态的广泛焦虑表达，等等，已经把批评的精力推向了其他方向，而且将持续下去。安德森关于西方马克思主义所说的唯一正面的事情之一是，它被证明对改良主义具有出人意料的免疫功能。马克思主义是一种社会改革和政治改革的理论——是革命的，不是进化的，因其知悉，对于现存政治和经济结构上再多的改善都不能处理资本主义产生的广泛的社会不公正。当下,大学里的文学研究可能不会是更好理解或践行这类改革的主要地点——但也并非说这类研究根本没有任何价值。

注　释

[1] Theodor Adorno, "Why Philosophy?" in *The Adorno Reader*, ed. Brian O'Connor (Oxford: Blackwell, 2000), 53.

[2] Fredric Jameson, "Periodizing the 60s", in *The Ideologies of Theory, Essays 1971 – 1986*, Vol. 2 (Minneapolis, MN: University Minnesota Press, 1988), 208.

[3] Raymond Williams, *Marxism and Literature* (Oxford: Oxford University Press, 1977), 53.

[4] Williams, *Marxism and Literature*, 48.

[5] Williams, *Marxism and Literature*, 49.

[6] Terry Eagleton, "Introduction Part I", in *Marxist Literary Theory: A Reader*, ed. Terry Eagleton and Drew Milne (New York: Blackwell, 1996), 14.

[7] Eagleton, "Introduction", 7.

[8] Eagleton, "Introduction", 6.

[9] 参见 Theodor Adorno, "Cultural Criticism and Society", in *Prisms*, trans. Samuel Weber and Shierry Weber Nicholsen (Cambridge: MIT Press, 1997), 17 – 34。

[10] Herbert Marcuse, *Negations: Essays in Critical Theory*, translated by Jeremy J. Shapiro (London: Free Association Books, 1988), 109 – 110.

[11] Eagleton, "Introduction", 11.

[12] 参见 Fredric Jameson, "Reification and Utopia in Mass Culture", *Social Text* 1 (1979): 130 – 148。

[13] Williams, *Marxism and Literature*, 125.

[14] Drew Milne, "Introduction Part II: Reading Marxist Literary Theory", in *Marxist Literary Theory: A Reader*, ed. Terry Eagleton and Drew Milne

(New York: Blackwell, 1996), 27.

[15] Perry Anderson, *Considerations on Western Marxism* (London: New Left Books, 1976), 29.

[16] Anderson, *Western Marxism*, 49 and 69.

[17] Anderson, *Western Marxism*, 93.

[18] Anderson, *Western Marxism*, 52.

[19] Anderson, *Western Marxism*, 42.

[20] 参见 Ernesto Laclau and Chantal Mouffe, *Hegemony and Socialist Strategy* (New York: Verso, 1985)。

[21] Anderson, *Western Marxism*, 78.

第二十三章

后现代性的悖论[*]

弗雷德里克·詹姆逊

甚至在"历史的终结"之后,似乎也存在某种对普遍系统化的(而非仅是偶然性的)历史好奇:不仅想得知接下来将发生什么,而是对我们的系统或生产模式之更大命运或宿命的更为普遍的焦虑。在此,个体的(后现代性的)经历告诉我们,这势必是永恒的,而我们的智力却表明,如果对其瓦解或更替没有可行的方案,这种感觉就不现实。今天对我们来说,似乎想象地球和自然的彻底恶化比想象晚期资本主义的崩溃更加容易;或许,这是因为我们的想象存在某些弱点。

笔者认为"后现代"这一词汇应该值得此类思考。这个术语及其各种实质内涵似乎已经演化成不同党派的价值表达,大幅度开启了对这个或那个多元主义观的肯定或否定。但是,这些争论最好用具体的社会术语来表达——例如,那些各种女性主义的术语,抑或新社会运动的术语等。然而,后现代主义,作为一种意识形态,最好把它作为我们社会的和整体上作为文化的,抑或换个词说,生产方式的一种深层结构变化的症状来掌握。

---

[*] 选自 *The Seeds of Time*, New York: Columbia University Press, 1994: 50-72。

然而，由于那些变化仍是趋势，而现状的分析就是基于我们认为将坚持或发展的东西，任何说明后现代主义是什么的企图可能都难以与更为不确定的说明其将走向哪里的企图区分开——简而言之，要脱离其矛盾，想象其后果（以及那些后果的后果），并且推测那些现在充其量只是趋势和潮流的完全发展成熟之后的代理和机制的框架。由此，所有后现代主义理论都在一个并不完美的平台上讲述着未来。

把悖论从矛盾中区分出来是种传统，并非因为民间智慧认为后者容易解决或得出决断，而前者却不容易。以此来说，悖论更多是语言的一种形式而非矛盾的。有了悖论，你就知道你所处之地；它陈述两个极端的、绝对的、难以兼容的接受或背离它的条件。然而，矛盾是部分与面的问题——只有其中某些矛盾才与之相伴的条件不兼容——事实上，矛盾或许与势力或事物状态更为相关，而非与词汇和逻辑隐含相关。从长远来看，认为矛盾是有生产力的；但是悖论——拿康德的经典悖论为例，世界有始，世界又无始——无论你怎样孜孜不倦地为之思索，都无法找到解决方法。

我们的悖论将涉及康德的"先验再现"，即时间和空间，我们通常从历史的角度把时间和空间当作隐含的形式框架，但依据生产模式而变化。那么，我们可以大致地从我们往往认为的变化和永恒或多样性和单一性的方法中去了解一下我们自身的生产模式——这些方法被证明与时间和空间都有莫大的关系。

一

但是，时间今天是一种速度功能，显然只有按照它的速率或速度本身才能理解：仿佛旧的柏格森关于量度和生命的对应，即时钟时间和生命时间的对应，已经与虚假的永恒性或滞缓的持久性一起消失，而若无这种持久性，瓦莱里认为一部作品本身的真正思想很可能消亡（他似乎在思想上已经认定了这件事情）。于是出现了某种没有其对立面的变化的观念：而这样说等于无助地目睹我们前两种二律背反互相交叠起来，因为从变化的高度不可能区分空间和时间，也不可能区分客体和主体。内心的时间（以及它的器官——"内心深处"的时间感）的消失，意味着我们从外部事物读出了自己的主体性：普鲁斯特的旧旅馆房间，像老仆那样，每天早晨满怀敬意地使他想到他是多老，他是在度假还是"在家里"，还是在什么地方——就是说，它们会告诉他他的名字，向他提供一种同一性，像是银托盘里的一张名片。至于习惯、记忆、认识，那也是物质的东西为我们做的（根据维里耶·德·理斯勒·亚当的看法，其方式就像仆人为我们生活起居）。主体性是一种客观事物，只要改变场景和背景，重新布置房间或在一次空袭中摧毁它们，就足以使一个新的主体，一种新的同一性，在旧的废墟上神奇般的出现。

不过，主客体二元论的终结——长期以来许多理论家都渴望过这种终结——本身隐含着回复的悖论，像是隐蔽的炸弹似的：例如维里利奥的悖论，他表明看似外部世界的速度何以本身是表现需要的一种功能。也许并不是某种新的主体的速度观念，将自己抛到外部无生气的事物上面的结果，像在古典唯心主义的旧框框中那样，而是与自然相对的技术的结果。器械——尤其是照相和电影器械——对现实提出它自己的要求，正如在海湾战争中那样，现实便争取实现这种要求（例如一个用慢转速拍摄而后用一般速度放映的片子，从中可以看到摄影师本人在一排已经摆好的面孔末端滑了进来）：

在加速移动的弥补过程中，相近效果的消失使它必然创造出一个模仿得完全一样的外貌，充分恢复这一信息的三维

第二十三章 后现代性的悖论 471

性。现在,对军事指挥官的不动性的一种全息摄影的修补就会传递给观看者,通过不断地闪现使他的面孔在时间和空间里延伸,出现在这里和那里,出现在今天和昨天……这种时间顺序意义的缩微,先在闪回中显现,然后又在回授中显现,它是一种军事技术的直接效果,其中事件总是在理论的时间内展开。[1]

这样一种"被压制者的恢复"(无疑这是一个旧式的、现在相对而言是个隐喻式的名称)意味着取消主体并不会给我们留下客体,好像它真实存在似的,相反,它留给我们的是大量的仿真幻影。维里利奥的论点与今天其他许多人的论点相似,他认为正是电影才是真正分散了的主体,实际上也许是唯一分散了的主体:德勒兹式的分裂症只是一种伴随这种器械的混乱而矛盾的观念,而这种器械将先前的主体——客体这一极成功地吸收到它自身之中。但这提出了令人困惑的第二个问题:在那种情况下,开始是否有一个(处于中心的)主体:过去是否我们不得不等待?是否厌烦与永恒同样是一种想象的虚构?是否事物有某种看似不变的时间?在机器出现之前我们怎么办?芸芸众生都是草:古代城邦里的生命使我们觉得它比现代城市的任何东西都更脆弱短暂,尽管应该能够记住现代的城市经历了多么多的变化。这仿佛是对更缓慢的持久性的一种暗示,它伴随着实际经历的现在,犹如一种视觉的投影,掩饰着一种只有在时间框架之外时才能看见的变化。

但是,这样说就是要衡量一种差距,使我们确信在后现代体制当中,一切与现代主义的形式设想和现代主义的"时间感"根本不同的东西。在后现代的体制里,先前的经典本身已经被揭示纯粹的时尚,虽然更缓慢、更大世界的时尚,要经过车运船载,通过它积加的时间,几个世纪才能跨越,就像通过一个黏滞性的环境，一点点慢慢地遗传下来，才能达到一种长时间形成的习性，将它们的偶然性转变成一种富有意义的传统的必然性。对于世界上的人口，彼里克勒斯的雅典语言再不可能比其他部落风格的语言更加规范（虽然很容易想象一种文化联合国安理会的运作，其中"伟大的文明"集中了它们各种古典的传统，企图提出某种更普遍的"人类的"经典准则）：因此时间也变成了多元文化性的，而迄今封闭的人口统计学领域和工业动量领域则开始互相渗透，仿佛大量的人民和令人眩晕的速率之间有某种类似之处。于是两者都意味着"现代"在某种更新的、自相矛盾的关联中的结束，正如当新的风格因其激增而显得穷尽时，它们的培育者，个体的创造者、预言者、天才和观察者，突然发现自己因绝对的人口密集（即使没有实现民主的精神气质）而变成了不必要的。

于是，新的绝对的时间性与城市有着我所提及的种种联系，但在那种情况下并不强调必须恢复关于城市本身的传统观念，以便使它的后自然性既适应通信技术又适应生产技术，说明几乎是全球规模的关于城市安排的一向无中心的状况。现代仍然与城市人对乡下人的傲慢有某些联系，不论这是农民的地方性，其他殖民化的文化，抑或只是前资本主义的过去本身：当现代技术无处不在，不再有什么乡下，甚至过去也开始像是一个交替的世界而不是这个世界某一不完善的、缺乏某种性质的阶段时，那种对"绝对现代"的更深层的满足也烟消云散。另外，前几十年那些"现代的"城市居民或大城市的人，本身也来自乡下，至少仍然会记着同时存在有不平衡的世界；他们能够用那种一旦现代化相对地完成（不再是孤立的、不自然的、令人不安的、突出而刺眼的过程）就变得不可能的方式来衡量变化。正是一种不平衡性和一种共生性才会在失落感中被记录下来，就像波德莱尔的巴黎缓慢的局部变化和毁灭，几乎完全可以作为他对时间消逝的经验的客观关联：在普鲁斯特的作品里，虽然这一切明显更具强烈的悲哀性（不论如何，比波德莱尔的作品本身要多得多），但却已被主观化了，仿佛真正令人感到遗憾的是自我及其过去而不是它的房子（但普鲁斯特的语言更清楚明白："楼梯的侧墙——我在那里靠她闪耀的烛光上楼——早就不存在了"[2]，他的空间的情节构成同样也更加清楚）。今天，拆毁本身的真正意思随着建筑的意思已被修改：它已变成一种一般化的后自然的过程，这过程使人怀疑变化本身的概念，也怀疑伴随变化的传统的时间概念。

在哲学和批评领域里，这些悖论也许比在美学领域里更容易戏剧化，更不用说在城市居民的文化生活方式当中。因为拆毁已经明确限定了现代知识分子的使命，即自从古代政体以来，他们便倾向于认为自己的任务是对既定的体制和观念的批判和反对：从启蒙哲学一直到萨特（他被称作最后一个古典式的知识分子），即使不说更远的，有什么更好的形象能表明文化知识分子这种有力的形式特征？这是一个似乎已经预设"错误"无处不在的形象，以各种方式限定错误，如迷信、神秘、无知、阶级意识形态和哲学唯心主义（或"形而上学"）等，其所用的方式表明，通过非神秘化的运作消除错误会留下一个空间，在这个空间里，治疗的焦虑与提高了的自我意识和各种意义上的反应联结在一起，即使确实并不与"真理"本身联结在一起。沿着这种否定的传统，瑞古尔试图恢复知识分子旧的恢复意义的使命，他把称作"怀疑的阐释学"各部分共有的一切，从启蒙运动及其与宗教的关系直到解构主义与"西方形而上学"的关系，统统都鲜明地凸显出来，并首先强调马克思、尼采和弗洛伊德三个伟大的构成时期。对于这三个时期，甚至后现代的知识分子也仍然以这种或那种形式表现出共同的真诚。

因此，已经改变的也许是实现这些运作的范围的特性：正如在贵族和教士的古代政体社会与大众—民主的工业资本主义社会之间，其转换期远比我们可能相信的时间更长更慢（阿诺·梅伊尔提出，前一社会的一些重要残余在欧洲一直延续到第二次世界大战结束），同样知识分子实现现代化的文化革命的客观作用，也在这么长的时间内是进步的作用。但是这个过程本身，由于其自身长期存在的、实际是自我吞噬的能量，常常可能给观察者和参与者同样的印象。并非只有革命才吞噬它的孩子；从黑格尔对自由和恐怖的论述，到法兰克福学派把"启蒙的辩证"作为一种恶魔似的机器的冷酷理论，大量纯粹否定的看法都集中于灭绝一切超越的迹象（包括批判和否定本身）。

这种看法对于像我们自己这样的单维度社会似乎更加中肯，从这种单维度社会中，以旧生产方式的习惯和常规而出现的残余已经被有倾向地消除，因此才有可能在意识形态—批判本身的真正功能中假定一种修正或替代。这至少是曼弗雷多·塔福里的观点，他提供了一种关于先锋派知识分子的机能主义的分析，其"反机制的阶段"基本上包含"对陈旧价值的批评"[3]。不过，这样一种使命的真正成功与资本本身的现代化的斗争相连，"有助于准备一个打扫干净的讲台，从那里出发去发现新的知识分子工作的'历史任务'"[4]。并不令人惊奇的是，塔福里把这些新的现代化的任务与理性化本身等同起来："先锋派的意识形态作为对社会行为的一种建议所引进的，就是将传统的意识形态转变成乌托邦，作为抽象的最后发展阶段的某种预示，而这种发展与全球的理性化相一致，与辩证法的某种肯定的实现相一致"[5]；当人们明白塔福里认为凯恩斯主义应被理解为未来本身的一种计划化、理性化时，他的系统阐述就变得不再那么神秘隐晦了。

这样看，在当代时期，非神秘化具有它自己秘密的"历史误导方法"，它自己的内在的功能和隐蔽的世界—历史的使命；就是说，通过摧毁传统的社会（不仅教会和旧封建贵族，而且最主要的是农民和他们的农业生产方式，他们共同的土地和他们的村庄），为大公司的经营管理把地球打扫干净：准备一种完全"可以替代"的现在，其中空间和心智都可以随意加工和再造，具有一种"灵活性"，而忙于铸造鲜明的形容词来描绘"后福特主义"潜力的理论家，其创造性则因这种灵活性而难以为继。在这些条件下，破坏开始带有新的、不祥的城市主义的色彩，并开始含有开发者的思考，远远超过以前对抗的知识分子的英勇斗争；另外，正是这种对破坏本身的反对和批判被降低到一种令人厌倦的教化，并由于它们将过时的思想生动地戏剧化而破坏了自身，因为那种过时的思想无论如何都应该废除（"不论如何，出现的东西/是有价值的，但它已经消失"）。

这些现在是传媒的悖论，它们产生于批评发展的速度和速率，也产生于一切意识形态和哲学观点本身在传媒世界中如何被转变成它们自己的"表现"的方式（如康德可能说的那样）——换言之，即转变成它们自己的形象和漫画的方式，其中可辨识的标语代替了传统的信念（信念确实已被迫将自己转变成纯属这种可辨识的意识形态的观点，以便在传媒市场上进行运作）。在这种情境中，更容易把握保守的或残存的抵制新事物方式的进步价值，而不是评价一系列明显是左翼-自由主义的观点（按照塔福里的模式，这些观点常常从功能上证明可以与系统本身的结构需要区分开来）。这种分析判断还投射出某种可能的音障幻景，像一条警示线在茫茫的天空模糊不清；实际上，关于人的有机体能承受多大速度这个明显的问题，在自然主义的复活中会发挥它的作用（关于自然主义的复活，在本章第三节将会谈到）；而新的事实本身也确实好像会暂时但却生动地将恩格斯关于从量变到质变的旧法则（或至少那种"法则"的余感）戏剧化。

在这种形式里，我们必须作为出发点的悖论是，社会生活各层面空前的变化速率等同于一切事物空前的标准化——感情与消费品一致,语言与建造的空间相应——而这与仅仅是这样的可变性似乎并不能调和。这是一个仍然可以被概念化的悖论,但采取反比的方式:例如标准性的概念,剧烈的变化由标准化本身来实现,事先制定的标准,从传媒到后来标准化的个人生活,从商品化的自然性到设备的一致性,处处都使神奇的重建随意地互相接替,就像分段的录像似的。因此标准在一个信息世界构成客体的新的形式(新的具体化的结果):这也是康德的观点,根据这种观点,原始材料按照类别会被突然组织成合适的统一体。

但悖论也会使我们重新考虑我们对变化本身的观念。如果我们社会的绝对变化由街面商店的迅速转换充分地表现出来,激发起关于录像机商店被 T 恤衫商店代替时真正改变的是什么这样的哲学问题,那么巴尔特的结构主义的系统阐述就有许多可取之处,就是说,关键是区分什么是系统本身固有的、由它自己设定的变化节奏,什么是整整一个系统完全被另一个系统代替的变化。然而,那是一种恢复济诺式悖论的观点,它产生于帕米奈迪斯 的关于存在本身的观念,这种存在靠解释形成,但却不能认为它会在瞬间出现,更不用说不能在最短的时间内延续。

对这一特殊悖论的"解决",当然在于了解(阿尔都塞和他的门徒强烈坚持这点)每一个系统——更确切地说,每一种"生产方式"——产生一种对它是特有的时间性:只有当我们接受一种康德式的、非历史的时间观,把时间作为某种绝对的、空洞的范畴,我们自己系统中奇特地进行重复的时间性才可能变成一个困惑的客体,并导致对这些旧的逻辑的和本体论的悖论作新的系统阐述。

然而在一个长时期内,继续被视为是帕米奈迪斯的看法所困惑也许不无其治疗效果。帕米奈迪斯的看法对自然来说不论多么短暂,但却完全可以认为它抓住了我们社会和历史阶段的某种真理:一种闪光的科幻小说似的停滞,其中一些表象(仿真幻影)

虽然不断地产生和衰败,但一切事物都没有重大的停滞,一切事物都有最短暂的闪光,甚至它的本体论的声望也暂时闪烁。

这里,仿佛关于时尚的逻辑,伴随着它无处不在的形象的多种渗透,已经开始以某种最终无法摆脱的方式,与社会和心理的结构结合并与之认同。因此关于不断变化的经验和价值便开始支配语言和感情,完全像这一特定社会的建筑和服装那样,甚至不平衡的发展(或"非共时性的共时性")所允许的相对主义也不再能够理解,而关于新颖和创新的最高价值,则如现代主义和现代化对它的把握那样,因一种从外界看似稳固不动的力量和变化的稳定趋势而逐渐消失。

于是开始出现这样的认识:迄今没有任何社会像这个社会这么标准化,人类、社会和历史的时间性溪流也从来没有如此均匀地流动。甚至经典现代主义的巨大苦闷也需要系统之外的某种优势地位或幻想的主体地位;然而我们的季节具有后自然和后天文的电视或大众传媒的多样性,通过它们的"民族地理"或"天气预报"等频道的形象的力量,成功地变成了人为性的:于是它们的大循环——在体育运动、新型轿车、时装、电视、新学年或开学等诸多方面——为了商业上的便利模仿以前的自然节奏,令人难以察觉地重新发明一些诸如周(星期)、月、年等古老的范畴,但丝毫没有法国革命历法创新的那种新颖性和狂烈性。

因此,现在我们开始感觉到的东西——作为后现代性的某种更深刻、更基本的构成而开始出现的东西,或至少在其时间维度上出现的东西——是现在一切都服从于时尚和传媒形象的不断变化,今后再没有任何东西能够改变。这是恢复那种"历史的终结"的感觉,亚历山大·科捷夫认为他在黑格尔和马克思的著作里能够找到这种感觉,并认为它们代表了美国资本主义和苏联共产主义当中民主平等(以及个人的经济和法律主体的价值均等)的某种最高成就,只是后来才在他称之为日本的"势利主义"中辨识出一种有意义变化，但这变化我们今天却可以认为是后现代性本身（或随意玩弄没有内容和实质的面具和角色）。当然，在另一种意义上，这只不过是彻底的旧的"意识形态的终结"，是在特别保守的市场气候里玩世不恭地利用正在消失的集体的希望。但是，历史的终结也是我们试图在这里突出说明的时间悖论的最后形式：就是说，一种绝对变化（或者是某种新的追随潮流的浮华意义上的"永远革命"）的修辞，对后现代而言，并不比由大公司制造的绝对同一性和不变的标准化的语言更令人满意（但也并不更令人不满意），后者关于变革的概念，通过在建造的空间、"生活方式"、合成的文化以及心理安排等领域里使用的新词、标示语及其等同物得到了最好的说明。坚持通过绝对"差异"的"相同"——具有不同建筑的同一街道，经过巨大蜕变的同一文化——等于推翻变化，因为自此以后唯一可想象的根本变化将在于使变化本身终止。但这里二律背反确实导致思想的停滞或僵化，因为除非取消这个系统而不能思考另一个系统的情况，最终会怀疑乌托邦想象本身，正如我们将在后面看到的，它被幻想成我们凭经验所知的一切事物的消失，包括从我们的性本能力量的投入我们的心理行为，尤其是对消费和时尚的人为的兴奋。

可以肯定，帕米奈迪斯的停滞或存在至少知道一种无法取消的事件，即死亡和一代一代人的交替：假定帕米奈迪斯的幻影或幻觉系统是最近出现的一种，由我们所称的后现代性构成，那么一代一代人的时间性尽管以死中断，但除了采取回溯的方式并作为一种唯物主义的编史规则，其结果是看不见的。然而死亡本身作为绝对变化的暴力行为，以其非形象的形式——甚至不是指肉体从舞台上腐烂消失，而是指某种持续性的东西，例如通过这个明显不变的世界而无始无终地散播的气味——既是不可避免的也是没有意义的，因为一切用以解释个人死亡并为其定位（至少是为其幸存者定位）的历史框架都已遭破坏。因此一种绝对的暴力——暴力的抽象——对这个世界是某种没有时间或历史限制的、类似于辩证关联物的东西。

但是，在结束这一节之际，最好谈谈这种时间悖论——绝对的变化等于停滞——与全球新制度原动力的关系，因为我们在这里还可以看到，那种似乎支配着现代性、现代主义和现代化的一个更早时期的时间性的消失。因为在那个更早时期，大部分第三世界社会都遭到西方现代化某种渗透的分裂，这种渗透转而反对它自己——以各种各样代表那些截然不同社会的文化形式——形成一种一般可以称之为传统主义的对抗立场：对一种文化的（有时是宗教的）创始性的肯定具有抵制被西方现代性同化的力量，实际上也比西方的现代性更容易接受。当然这种传统主义是其自身的一种构成，因为它是根据实行现代化的人的真实活动形成的（在某种比现在普遍接受的这种更有局限、更具体的意义上，一切传统和历史的过去本身也必然是创造和构成的）。不论如何，人们今天要肯定的是，传统和传统主义中这第二个反应和反现代的条件，在以前的第三世界或殖民化的社会现实中处处都已消失；在这些地方，一种新的传统主义（如最近中国对儒学的某些恢复，或宗教上的原教旨主义）现在宁可被设想成一种审慎的政治和集体的选择，在其所处的境况之中，一种必须彻底重新创造的过去留下的东西甚少。

这就是说，一方面，在第三世界的社会里，此后只有现代的东西存在；另一方面，它也是有条件地纠正这种说明，即在这样的情况下，在那些只有"现代"存在的地方，"现代"现在必须经历后现代的重新洗礼（因为我们称之为现代的东西是不完整的现代化的后果，必须对照一种非现代的残余来对它本身进行限定，而这种残余在后现代性里已不复流行——或者毋宁说，它的消失限定了这最后的情况）。这里，在社会和历史的层面上，现代化（以其多种资本主义和共产主义的生产论的形式）所允诺的时间性，同样也因一种新条件的好处而被淹没，在新的条件下，那种旧的时间性不复存在，留下的是随意变化的一个表象，而这些变化又只不过是停滞，是历史终结之后的一种混乱。与此同时，通常所说的第三世界仿佛已进入第一世界的空隙，好像后者也在非现代化和非工业化，使从前殖民地的他性获得从前宗主国的某些中心化的同一性。

通过把时间的悖论扩延到全球范围，另外一些事情也变得清晰起来，一种第二次的悖论或二律背反，开始在第一次之后甚或第一次之内使人感觉到它的存在。实际上，这里对时间性的空间特征的反复论述——从普鲁斯特到沿街商店，从城市变化到全球的"发展"——现在开始使我认识到，如果确实后现代性具有某种基本的空间化的特征，那么我们这里根据时间性试图寻求的一切，必然会首先经过一种空间的基质才能达致表达。如果时间事实上已被归纳为一种抽象死亡的最严守时刻的暴力和最小的不可改变的变化，那么也许我们可以肯定，在后现代当中，不论如何时间都已变成了空间。于是，后现代描述中基础的二律背反在于这样的事实：这种从前的二项对立连同同一性和差异本身，不再是这样的一种对立，而且它不断表明自己曾以一种大不相同的方式，一种不同于旧的辩证法的前后投射的方式，一种从本质上改变经典辩证法的方式，与它的另一极相一致。为了找出这种二律背反的内涵，现在我们有必要转到另一种空间的二律背反（显然我们一直在和它的时间形式一起阐述），以期决定空间性是否真正在主题上具有优先地位。

二

至少可以肯定，对立面中的一面必须通过另一面的修辞来表现自己的形式，或时间必须以空间的措辞来表现自己的形式，在这里并没有重现；两面对称或可颠倒的时间—空间的对立，在这种意义上也没有重现。空间看来确实不需要一种时间的表现；如果空间不是绝对不需要这种时间修辞，那么至少可以说，为了其他的修辞和代码，空间绝对压制时间性和时间的修辞。如果差异和同一性在时间和空间两者的二律背反中存亡攸关，那么在对空间考虑中非常明显的差异，并不是任何对形式的时间理解中的变化的差异，而是多样性和无限性，转喻或换喻，或者说异质性——为了达到某种更有影响的、看似确定并包罗万象的形式。

历史地看，关于同质性和异质性空间的冒险做法，最常见的是根据彼此不等的神圣数量和信徒数量来叙述；不过，关于被称作与它相反的数量，即世俗的数量，人们则认为它是一种在后神圣的（postsacred）、商业人的时期向后的投射，旨在想象它本身是任何一种单独的事物或质量（或毋宁说是非质量）；事实上，这种投射认为，像世俗和神圣这样一种简单的二元论，从一开始就一直这样存在。因为可以设想神圣一开始就已经意味着异质性和多样性：一种不在的价值，一种超越，某种不能归纳为系统或思想的东西，不能归纳为同一性的东西，它不仅分解自己，而且分解与它相对的数量，不仅假定空间是正常的村庄，与地下精灵"污秽的"（列斐伏尔在《空间生产》[6]里的话）垃圾堆并存，而且假定空间是荒芜不毛的空的空间，是使许多自然表现的风景中断的贫瘠空地。因为按照定义，一定还有与权力一样多的神圣的类型或种类，而人们只有穷尽这些词语隐晦的古代联想，才会认识到像神圣或权力这样的抽象，面对以它们来表示的现实，差不多与表示各种强度、引人凝视的"色彩"的抽象具有同样的表现力量。

这点也影响到风景画的意义，正如德勒兹或柄谷行人这些解释者常常提醒我们的那样，世俗的、色彩鲜明的风景画是非常晚近的发展。我不太想陷入像鲁格（P. O. Runge）这样的浪漫艺术家的幻想之中，包括他用的植物的语言；但那些幻想无疑是吸引人的，至少在它们以矫揉造作的形式（以其"花的语言"）在社会上稳定下来之前是如此。对于一个以某种方式有意组织安排并即将说出来的空间，对于一种明确表达出来但未能在命题、概念或信息方面达至最终转化的思想，这样一些看法在列维-斯特劳斯于《野性的思维》里对前哲学的"感性科学"的描述中[7]，最终找到了它们的根据和理论上的辩护；与此同时，在这位人类学家对太平洋西北岸印度的《亚斯迪瓦尔的史诗》的经典解读中，它们的美感至少达到了一种高潮，因为在太平洋西北岸的印度，从内陆冰冻的不毛之地到河流和海滨，各种各样的风光都说多种多样的语言（包括经济生产方式本身的语言以及亲属结构的语言），并发出大量明确表达出来的信息。

通过在先于概念抽象之前的文本中确定意义的原动力，这种分析有效地使旧的理性和非理性的对立（以及所有以它为基础的附属的对立——原始对文明，男对女，西方对东方，等等）中和起来：于是多种多样的层面同时展开，再不能纳入韦伯的理性化，工具论思想，以及对狭隘的理性或观念的具体化和压制。因此它的特征应该是异质性；而在"亚斯迪瓦尔"的活动的风景里，我们可以继续将客体在感觉上的连接说成异质性的空间。正如德里达在一篇后来被称作后结构主义的创始性文章（"Structure, Sign, and Play"[8]）中所明确指出的，列维-斯特劳斯的分析仍然以某种方式集中于同源的意义周围：它未能触及最终的偶然性和不可决定性；它坚持为了可爱的生活而依附于意义本身的特殊概念；在应该终止那种概念的情境里，它甚至不能达到巴赫金的多声部或众声喧哗的开放性，因为仍然存在一个透过它的多样性说话的集体的代理——部落。

但是，那又会变成列维-斯特劳斯无法达到真正异质性的失败，而不是后者这一概念本身的历史性欠缺。关于这点，巴塔耶一生的著作表明，它存在于情境之内，而且像它于中产生并对其否认的超现实主义一样，是一种反对现代事态的战略反应。这会使人们感到疑惑，在同质性历史地形成之前，在赋予它一种特殊反对策略的价值和力量之前，异质性究竟能否意味着任何具有适当破坏性的事物。因此，必须描述的并不是多样性和超越性这种形式的威信，因为这些形式超出了理性的现代精神并对它进行指责，构成它们反对它的一些反应的价值，而现代精神对过去的投射又至多是一个可疑的、不可信的问题。确切地说，描述的首要客体是完全由那种同质性逐步使世界殖民化的过程，而对此进行挑战则是巴塔耶（和其他许多人）的历史使命：如它的征服倾向，同一性形式的安排，而这些只有依照事实才使不合时宜的异质性和差异性的幻觉显现出经过它们安排并展开的那些事物的逻辑。

就空间而言，那个过程无疑可以比较精确地加以确定：它是这样一个时期，其中西方关于不动产的个人财产制度，代替了在它不断扩大过程中所遇到的种种土地占有权制度（或者，在欧洲自身的形势下，它第一次自发地从中逐渐形成）。然而，一种暴力的语言——本来完全适合这些替代并在今天以色列这样的移民者殖民地的进程中仍然可以见到，在东欧各种各样"向资本主义的过渡"中也可以见到——并不会传播一种替代的方式。因为一种法律体制代替另一种更常见的法律体制的方式，是一个认真计划和精心构想的政治策略问题[9]。毫无疑问，当运用于土地时，这种暴力总是隐含在所有制这样的观念当中；但对此一种特别含混的情况是，终有一死的人类，一代代消失的有机体，竟然都想象他们能以某种方式首先拥有"自己的"部分土地。土地占有权更早的形式（以及最近的社会主义的形式——同样因国与国而异）至少假定集体是永恒的管理者，土地的某些部分被置于他们的管理之下;同样,要解决那些社会关系问题,用表面上更明显、更易驾驭的那些以个人所有制和等同主体的司法制度为基础的社会关系代替它们,也绝不是个简单或容易的问题——在这一方面,今天的民主德国更像当年美国南北战争之后北部对被征服的南部的关系;而以色列人的定居常常使人想到在美国西部对土著社会的野蛮取代。

不过,这里的要点是,在引起异质性和同质性主题对立的地方,它只能是这种野蛮的过程,而这过程又是最终所指的事物:从商业力量和资本主义本身产生的结果——就是说,纯粹的数字,现在被剥去它自己魔力般的异质性并被归为等值的数字——采用一张风景画的方式,将它展开,重新安排进以相同方块组成的地图坐标,使它处于现在以同样价值重新安排的空间,接受市场动态力量的影响。但资本主义的发展实际上极不平衡地分配这种价值,直到最后在它的后现代时刻,纯粹的思考作为类似精神对物质的胜利,或者使价值形式摆脱它从前一切具体或世俗内容的解放,竟至高无上地统治并揉在它早期发展过程中所创建的城市和农村。但所有这样一些抽象的暴力和同质性的后来形式,都产生于最初的地块划分,而这种划分将市场的货币形式和商品生产的逻辑重又转换到空间上面。

我们自己的时代也教导我们,应该将这种为摧毁旧的、习惯的、集体的土地占有形式而重新安排空间时的基本矛盾(那种占有形式以宗教或人类学关于"神圣"或古代异质性的观念形式洄游到现代历史的想象之中),视为我们过去同样常常称之为农业本身的东西,那时它与某个农民甚或某些自耕农联系在一起。在一种后现代的全球体制当中,迄今占压倒多数的农业人口降到整个国家人口的百分之七或百分之八的趋势,在正全面实现现代化的国家和在"发达"国家一样,处处都可以看见,而其中农民农业和传统文化之间的关系,也变得非常清楚:后者随着前者的消失而消失，而且除了以奴隶制为基础的地方之外，所有前资本主义的伟大文化都证明它们曾是农民的文化。（同时，对于迄今一直认为是资本主义文化的东西——即一种特殊的资本主义的"高级文化"——同样也可以视为资产阶级模仿其封建贵族前辈传统的方式，也趋向于和他们的记忆一起被淹没，并和旧的古典资产阶级的阶级意识一起让位于大众文化——事实上，让位于一种特殊的美国的大众文化。）

但是，一种新的全球化（资本扩张超出它早期在第二阶段或"帝国主义"阶段的限制）的真正可能性，依赖于农业的重新组织（由于农业技术尤其是农业化学和生物学的发明创新，有时也称作绿色革命），即有效地使农民转化为农业工人，使大的种植园或庄园（以及村庄飞地）转化为农业综合企业。彼埃尔-菲力普·雷确曾提出，我们认为生产方式彼此之间的关系是一种交叠或连接的关系，而不是一种简单的替代关系：在这一方面，他提出资本的第二时期或"现代"时期——即帝国主义阶段——在农业中保留着一种更早的前资本主义的生产方式，并且不使这种方式遭到破坏，以辅助的方式对它加以利用，通过强化的劳动、非人的工作时间和工作条件，从基本上是前资本主义的关系中获取资本。[10] 因此新的多国资本阶段的特点是，以工资方式的劳动和工作条件清除了这样的飞地，将它们完全纳入资本主义之内：至此，农业——文化上截然不同，在上层建筑里被认同为"自然的另一面"——现在变成了与其他工业一样的一种工业，农民也完全变成了工人，他们的劳动像古典资本主义那样以等价的方式被商品化了。这并不是说商品化在全球均匀地分布，也不是说一切地区都已同样地现代化或后现代化了；而是说，全球商品化的倾向比现代时期更清晰可见，更容易想象，因为在现代时期，固执的前现代生活的现实仍然存在，妨碍着商品化的进程。正如马克思在《政治经济学批判大纲》中所表明的，资本必然倾向于一种全球范围的市场,而这又是它最后危机的所在(因为进一步的扩展不再可能):这一学说今天对我们远不像在现代时期那么抽象;它指出了一种观念上的现实,不论理论还是文化,都必须马上把它提到自己的日程上来。

但是,这样说会导致抹杀世界范围的差异,传播一种幻觉,即空间的同质性必然胜过根据全球空间所想象的一切异质性。我想强调这是一种意识形态的发展,它包括在我们这个时期唤起的生态学上的担忧(污染以及伴随它的后果也可以作为普遍商品化和商业化的一种标志):因为在这种境况里,意识形态不是虚假的意识,而是知识的一种可能性,而我们在想象一个超越全球标准化的世界时的基本困难,恰恰是那种标准化的现实或存在本身的标志和特征。

这样一些意识形态的界线带有某种像是非理想社会的感情恐惧,因此它们要通过其他一些意识形态的可能性来补偿,而当我们不再把乡村而是把城市和城市生活本身作为出发点时,这些其他意识形态的可能性便显现出来。当然,这是一种已经在科幻小说或乌托邦的传统中留下重要痕迹的对立:乡村乌托邦和城市乌托邦之间的对立,尤其最近几年,农村或部落乌托邦的形象(1985年厄秀拉·勒奎恩的《总是回家》[11]实际上是那些形象中的最后一个)被难以想象的(但仍以某种方式进行想象的)密集的城市现实的幻觉所代替。密集的城市现实或者被公开置于乌托邦的日程之中,如像在萨缪尔·德拉尼1976年出版的《蝶蝾》[12]中那样(或像雷蒙德·威廉斯有先见之明的预言:社会主义如能实现,绝不会比这一切更简单,而是要复杂得多),或者被掩饰在一种非乌托邦的外表之下,但这外表之下更深层的性本能力量的兴奋无疑在精神上具有深刻的乌托邦性质〔像在最新流行的"网络朋克"(cyberpunk)中那样〕。

不过,我们必须再次解决观念上的困难。由于失去以前发生作用的二元对立的条件之一，我们陷进了这种困难。"自然"的消失——全世界乡村的商品化以及农业本身的资本化——现在开始破坏它的另一个条件，即以前的城市。今天世界的体制趋向于一种庞大的城市体制——倾向于更全面的现代化造成了那种趋势，但它现在已得到认可并以一种预想不到的方式通过通信革命及其新技术获得了实现：这种发展带来的直接物质幻象，从波士顿到里奇蒙德"蔓延"的梦魇，或者日本城市的聚集，都是彻头彻尾的寓言——城市本身的概念和古典城市的生活失去了它的意义，似乎不再提供任何精确界定的研究客体，或任何经过特别区分的现实。相反，城市生活变成了整个社会的，它们两者都同时构成自己又失去自己，因为这个地球并不真正是它们的对立面（像在更早的旧制度中那样），而是它们外部范围之类的东西，是它们向一种新的无限性的延伸。

从意识形态上看，传统城市界限和古典城市生活的消解所能实现的，是旧的意识形态和性本能力量的内涵在新条件下的一种移动，一种替代，一种重新安排。城市似乎总是保证自由，像中世纪的城市生活观念那样，城市是逃离土地、摆脱封建劳动和农奴地位、摆脱封建主专权的空间；根据这种看法，对于马克思所明确指出的"农村的愚昧"、农村风俗习惯的狭隘性、农村的地方性、农村固执的观念和迷信及其对差异的憎恨，"城市的空气"现在恰恰变成了它的对立面。这里，与农村压抑的一致性相对（不管多么不确切，农村也被幻想为性压抑的地方），城市在传统上允诺多样性和冒险，并且常常与犯罪相关，就像伴随享乐和性满足的想象，不可能脱离越轨和犯法。

那么，当那种基本上是地方性的农村现实消失并变成标准化的，像以前的大城市（旧时这些同样的乡下人像渴望基本解放一样渴望到大城市去）那样听同样的英语，看同样的节目，消费同样的消费品时，又会出现什么样的情况呢？我认为这里正在失去的第二个条件——乡下的压抑，农村的愚昧——被保留了下来，但只是被转换到一种不同的城市和一种不同的社会现实，即第二世界的城市和一种非市场或计划经济的社会现实。大家都记得冷战景象的巨大力量，在冷战结束之后，在当前市场宣传和修辞的猛烈攻势之下的今天，这种力量也许已经证明比它在恐怖想象更活跃的斗争形势下更加有力。不过今天，这是对想象中的古典的第二世界城市的单调性的回忆——包括没有广告色彩的空荡荡的中心商场里贫乏的消费品货架，失去小商店的街道，标准化的服装时尚（在毛主义的中国最典型）——这种回忆在私有化运动中仍然在意识形态上发生作用。简·雅考伯认为真正的城市结构和街道生活与小商业基本一致的看法，不断在意识形态上重复出现，但没有任何暗示表明她认为这个判断完全适合北美或资本主义的城市，而在资本主义的城市里，大公司以不同的方式迫使小企业消失，建造起由机构大楼形成的峡谷，根本没有任何城市生活的个人特征。

不过，这种表示第一世界特征的城市的退化，已经转变成一个被称作后现代主义的、独立的、意识形态的隔间。在这个隔间里，后现代主义在对现代建筑及其理想的一系列攻击中适时地获得了它的地位。对于第二世界的城市，它的想象则被用来服务于一种极不相同的运作，即用作对一个世界的视觉和经验的"类比"，这个世界完全由人的意图规划和支配，因此由这个世界产生机会的偶然性便被排除——由此冒险和现实生活的希望以及性力满足的希望也被排除。于是有意识的目的、"计划"和集体控制，被想象成与压制和拒绝相一致，与本能的匮乏相一致：正如在后现代的有关辩论中那样，第二世界城市装饰的消失——仿佛它是不情愿地实施阿道夫·鲁斯的计划——可以作为一幅严厉的漫画，表现一个革命社会清教徒式的乌托邦的价值（正如在另一次运动里，它曾作为这种漫画表示高度现代主义同样是清教徒式的乌托邦价值,而在东欧某种新近的理论里[13]——特别是 B. 格罗伊斯的《总体艺术的斯大林》——它以指导和揭示的方式与这次运动有着明显的联系。)

在这一特殊意识形态的策略中,只有其空间特征才是新的:当然,是埃德蒙·伯克首先提出了伟大的反革命的形象,按照那种形象,人们有意识地、集体地做的事只能是破坏性的,是致命的傲慢的一种标志:传统和机制只有缓慢地、"自然地"发展,才能相信它们形成一种真正的人类世界(一种对意志和无意识的意图的深刻怀疑,而这意志和意图在美学中演化成某种浪漫主义的传统)。但是,伯克对雅各宾派的开拓性攻击,针对的是市场社会本身中产阶级的构成和形成,而对这个社会的商业主义,它基本上表现的是一个旧的社会构成在其被取代过程中的恐惧和焦虑。不过,为了维护市场社会——在某种程度上它现在被认为是"自然的"并深深扎根于人的本性——今天市场社会的人们会调动同样的幻想;他们这样做旨在反对人类普罗米修斯式的努力,即力图将集体的生产置于自己的手里,并通过指定计划,支配或至少影响并改变他们的未来(在一种后现代性里,这似乎不再有什么特殊的意义,因为在这种后现代性里,对未来本身的真正经验已经开始削弱,即使还不能说缺乏这种经验)。

但确切地说,这是意识形态和想象的背景,依靠这个背景,才能把当代资本主义的城市作为一种几乎是巴赫金式的对异质性的狂欢来推销,作为对差异、性力亢奋和极度个性的狂欢来推销,而极度的个性通过个人的极度消费有效地破坏了旧的个人主体中心。现在,关于乡间的痛苦和被弃的联想或内涵,关于小资产阶级贫困的联想或内涵,以及关于文化和性力狂欢的联想或内涵,在我们对第二世界城市空间的形象中被系统地赋予了新的内容,它们被强行用作反对社会主义和制订计划的论据,用作反对集体所有制和想象中的中央集权的论据,同时它们也作为对东欧人民的强有力的促进因素使他们投入西方的消费自由。考虑到演绎方面的困难，这是巨大的意识形态的成就，它提出了由社会团体以否定的方式集体控制他们的命运，并赋予那些自律形式以所有的担心和焦虑、厌恶和性力恐惧，亦即弗洛伊德所说的逆投入或反对情感能量集中于一个客体，而这必然构成任何成功的反乌托邦思想的主要效果。

因此，也正是在这一点上，关于这里讨论的二律背反的空间形式，一切最自相矛盾的事物都变得非常清晰而无法避免；如果我们开始问我们自己，历史上最标准化的、最一致的社会现实，通过纯属意识形态的简略闪现，或者说最难发现的替代，何以能再度出现，何以能像油彩丰富的光辉，表现出人类自由的绝对多样性和最难想象与分类的形式，那么我们展示的概念就会更鲜明地显现出来。这里，在一种互补的运动中，同质性变成了异质性，其中绝对的变化变成了绝对的停滞，而真实的历史丝毫没有改变，虽然这历史曾被认为就要终结，但在这里却显出最终要实现自己。

注　释

［1］Paul Virilio, *War and Cinema*, trans. Patrick Camiller (London: Verso, 1989), 56–60.

［2］Marcel Proust, *A la recherche du temps perdu*, Vol. I (Paris, 1987), 36.

［3］Manfredo Tafuri, *Architecture and Utopia*, trans. Barbara Luigia La Penta (Cambridge: MIT Press, 1976), 70.

［4］Ibid.

［5］Ibid., 62.

［6］Henri Lefebvre, *The Production of Space*, trans. Donald Nicholson-Smith (Oxford: Blackwell, 1991).

[7] Claude Lévi-Strauss, translated as *The Savage Mind* (Chicago: University of Chicago Press, 1966).

[8] 参见 Jacques Derrida, *Writing and Difference*, trans. Alan Bass (London: Routledge, 1990)。

[9] 参见 Ranajit Guha, *A Rule of Property for Bengal* (Durham: Duke University Press, 1963)。

[10] 参见 Pierre Philippe Rey, *Les Alliances de classes* (Paris: Maspero, 1978)。

[11] Ursula Le Guin, *Always Coming Home* (London: Harper & Row, 1985).

[12] Samuel R. Delany, *Trouble on Triton: An Ambiguous Heterotopia* (Middleton: Middleton Press, 1996).

[13] 关于美学现代主义和斯大林主义,具体参见 Boris Groys, *Gesamtkunstwerk Stalin* (Munich: Hanser, 1998); translated by Charles Rougle as *The Total Art of Stalinism: Avant Garde, Aesthetic Dictatorship and Beyond* (Princeton NJ: Princeton University Press, 1992)。

第二十四章

辩证阅读[*]

卡洛琳·雷斯雅克

> 这是常识的局限。常识之外是信仰的飞跃,对失败事业的信仰。从怀疑智慧的空间内部,这些事业只能表现为疯狂。本书从信仰的飞跃开始说起——但为什么呢?当然,问题是在充满危机与断裂的时代,怀疑的经验智慧本身被限制在常识支配的形式视域,所以它不能提供答案,人们只能尝试信仰的飞跃。
>
> 斯拉沃热·齐泽克《为失败的事业辩护》

在仔细研读保罗·利科的《叙述与时间》之后,弗雷德里克·詹姆逊完成了他的新书——《辩证法的效价》。乍看起来,在2009年出版的关于辩证法的书滞销似乎是情理中事。特别是这本书,以阅读学者中鲜有人知的叙事理论作冗长的结尾,以此证明批评的目的是"使时间与历史显现"——因为当前这个时刻,正如詹姆逊在《后现代主义,或后期资本主义的文化逻辑》

---

[*] 选自 *Literary Materialisms*, ed. Mathias Nilges and Emilio Sauri, New York: Palgrave Macmillan, 2013: 17–48。

中分析的，我们历史性地思考的能力已全部消失。与辩证法退化形成的恐怖相反，我的观点是，事实上《辩证法的效价》适时地与新学科保守主义形成了一个争论，这是对理论的英勇辩护，而这也是对阅读的一场辩护。

　　理论与阅读，这两种事业，在同一个时代风气下，时常相互竞争。简单说来，理论是输出，阅读是输入。在后结构主义与福柯、社会构建主义、跨学科、文化研究诸如此类的围攻下，这些反而都在"理论"这个恶魔的麾下瓦解，一批文学批评家再次强调文学在文学批评里的重要性，并声称阅读文学在本质上就是我们文学学者做得最好的事，因此在20世纪60年代到90年代风风火火的理论热潮中失去方向之后，这也是我们应当再度做的事。[1] 正如现代语言协会前会长玛乔瑞·帕罗夫在2006年就职演说中所说，"一个妖怪时常在学术界出没，它就是文学之魔"。[2]而驱魔的手段就在于："是时候相信首先将我们带来此领域的文学本性，其次我们应该意识到我们真正需要的是学科内更加理论化的、历史性的、批判性的训练，而不是去追求那些根本上看来'异域'的学科，因为我们根本不会付诸实践。颂诗者（她在之前关于跨领域文学研究中诗学的空白所做的论述中做了讨论，并对'其他学科'进行了重新命名，以此凸显其对文学的完全漠视）能够也应该在我们的口头、打印、数码文化中真正起到作用。"（655，662）

　　这个宣言与新形式主义者各分支的宣言一致，也与其他许多致力于这样那样"回归"的新"主义"一致，他们也同样以"回归"的形式呈现出来，即宣扬美学、阅读、人性或者快乐等等主张的必要性。在她关于新形式主义的评论文章里，玛乔瑞·帕罗夫在该运动中将其分为两类，规范的新形式主义与激进的形式主义。她将前者的特征归纳为"反对新形式主义"，因为它反对新历史主义者的主张，也因为它"确定了认识性的、有影响力的美学标准设置,所以具有文化政治性";相反地,激进的形式主义旨在保留历时性阅读中形式的重要性,因此它将自身置于新历史主义的连续统一体中,而不是寻求一个突破。[3]在这里,规范的新形式主义直接将这些运动中的保守主义夸张地表现出来,这样就将其回归一种阅读理论从而获得快乐的主张变得不可能。(我将回到新历史主义的地位以及它与理论的关系。)正如李文森所说,"规范的新形式主义强烈提出要将快乐恢复到吸引我们并给我们回报的状态"。在经过一系列批评家的主张之后,如苏珊·沃尔夫森、丹尼斯·多诺霍、查尔斯·阿尔缇耶、乔治·莱文,李文森总结道:"规范的新形式主义认为融入美学体育就要像揭露幻影、干扰或是陷阱一样曝光其快感度。"(562)

与当代读者宣传滥用理论相反,新达尔文主义提倡回归人性的理念。然而在社会构建主义理论充斥的风气里,这个观念是不讨喜的,而社会构建理论是拥护人类无限的延展性,因此也拥护社会背景、机构和文化因素对个人的改变与塑造作用。拿史蒂芬·平克来说,他是新达尔文主义的主要支持者之一,他质疑历史上的三个观点,即"白石板"(洛克)、"高尚的野蛮人"(卢梭)、"机器中的魂灵"(笛卡儿),它们有时被人错误地用来削减人性在现代生活中的作用。[4]平克说,如果进化心理学、认知科学以及神经科学有所进步,那么就极有可能证明在当代理论中,相较于生物必然性,社会因素对人性的作用被人不恰当地夸大了。当谈及他写作《白石板:人性的现代化否认》的动机时,他说是源于对人类发展中社会建构模型的失望:

> 当我开始收集一些权威人士和社会评论家关于人类心理的延展性的主张时,我就产生了写这本书的想法,因为这些想法令人吃惊:小男孩争吵打闹是因为他们受到鼓励;孩子们喜欢糖果是因为父母把它们作为吃蔬菜的奖励;青少年从

拼字比赛到学术奖励中产生在外貌与时尚上比拼的念头；男人认为性的目标就是高潮，因为他们就是这样被社会化的。[5]

特别是在艺术领域，平克说，对人性的专注可以阐明现代主义与后现代主义以及它们对共建构建认知、形式创新（"创新"的想法；属于非叙述形式）以及相对论的谬误，它们都反对人性对美、快乐、中庸现实小说、叙述以及形象艺术的偏好。但是平克也承认人性改变的进步性：

> 一个反叛已经开始了。艺术家总是由千篇一律地用女性的身体描绘被肢解的躯干，总是有无数他们嚼碎又吐出来的颜料，而经常去博物馆的人已对此感到厌倦。人文学科专业的毕业生在邮件中、议会走廊里怏怏不平，因为他们被锁在职场之外，除非他们偶然胡乱地留下福柯、巴特勒等名人的名字。持不同意见的学者也越来越清晰地看到人性科学领域的进步。同时年轻的艺术家也在幻想着，如何让艺术进入这个把美当作下流语言的奇怪之地。（416）

平克列举出了一长串对"这些不和的潮流"有共鸣的运动，它们"在符合科学、尊重人类思想与理性的艺术新领域汇集"，其中包括新形式主义（信奉美、技巧与叙述）、新叙述主义、反概念主义、回归美丽，以及文学评论家约瑟夫·卡罗尔、伊莱恩·斯卡利、温迪·斯坦纳、弗雷德里克·特纳都被认为是"标新立异的人……为了恢复人性在任何艺术理解的中心位置而寻求进化心理学以及认知科学"。[6]

尽管这些运动听起来有点像偶然出现在新文学批评里的茶话会——就像"把我们的文学和于社会无碍的美学还给我们！"这

种要求延续类比的号召——不那么言过其实,而是坚实的中间派的声音,也号召形式主义分析以及其他多种文学方法的创新,这比平克以及人文领域内其他的观点都要温和,都要细致。比如,在她的"战略形式主义"的号召下,维多利亚学者卡洛琳·莱文提出了"社会封闭阅读"模式(赫伯特·塔克的术语),这就允许评论家在文本的宏观、微观层面更加灵活地游移。[7]关于"形式主义",莱文写道:

> 在刚开始出现时被认为是考虑竞争模式最好的一套方案,同时也特别适用于理解不同策略间的细微作用。不是说社会像诗歌意义,而是文学策略长期被用于表达在一个给定的文本中此消彼长的成型模式,它将文化实体看作各种不同的实施顺序相互竞争、重叠、冲突之地,所以它完全适用于将对文化生活的分析延伸至阅读实践。[8]

形式主义的复杂性是有保留的"策略性的",因此反映出斯皮瓦克"战略本质论"的主张而不是下意识回归规范新形式主义,莱文相对来说没有那么极端,并且从表面上看有理有据,是阅读的最好模式。尽管如此,我想让大家注意文学批评领域与日俱增的保守情绪及其关键的理论姿态。这个重要的信息像是:规模缩小、减少、小目标的满足总比实现不了大目标要好。开拓我们的学科领域并坚持下去。在这个方法上佩洛夫就是一个典型的例子,正如她所说的,从围绕贝克特百年纪念的热情来看,学术领域外的诉求是阅读文学,而不是理论,所以回归到我们的根源,我们不止满足了自身,也满足了市场。在这个过程中,论证的线路表明我们通过遵守知识与思想的工具化来保留我们人性导师的职业,这也许推动了将人性看作腐朽事务的大学教育与政策。(再次声明,这是一个说明现状的极端版本,我将在后面展开讨论。）在回归本源的名义下，然而我们看起来似乎忘记了曾在该处，而该处也不再在它原来的地方，如果它曾在那里出现。[9]

这不是说这时而神圣、时而简单中性的要紧事将阅读的范围从规范新形式主义推进到以拒绝马克思文学批评为前提的策略形式主义，叙述学、认知科学研究领域。这一点被莱文在阐述她关于"不同形式的秩序之间的接触与较量"的看法时总结得简单明了，她说，只有在其冲突、重叠的形式下没有决定力量时才能保持有效："当我们面临不止种族、阶层、性，还有帝国扩张、民族、性别、无能的竞争时，结果不是有序的政治文化性的，而是竞争性的，除非其中一个是其他所有的根源。"[10]除了在孤立的实例里，我认为说马克思主义不属于谈话的内容并无失公允，尽管斯拉沃热·齐泽克的理论受到持续追捧。（他的粉丝及读者似乎在不将其与马克思主义联系起来的条件下都能完全欣赏他的著作。）[11]

在开头我提到詹姆逊《辩证法的效价》的及时性，我是打算建造一个依据框架，以在马克思主义文学批评和辩证的马克思批评重要性日益增长的背景下有所依循。确实，由于人性上现存的危机与理论上出现的转变，在文森特·里奇的论述里两者颇有渊源，我希望阐明为什么马克思主义批评至关重要。里奇在揭示理论的灭亡预示着令人担忧的迹象时发现了理论与大学之间的紧密联系：理论所谓的流逝事实上更加反映出对日益企业化的大学里辩证地思考的作用与地位的担忧。简单说来，对里奇而言，在这些辩论里，理论的地位和大学的地位与未来是不可分割的。然而里奇却停止了信奉理论与新领域的繁殖——从情感以及动物研究到白度、时尚、无能的研究——将其作为对辩证思考生命力的持续，我想为缩小领域做一个范例：我想说的是人文学科现在需要为自己设定的任务与麦克斯·霍克海默在1937年对批评理论提出的主张一致："批评理论家的任务是缓解他的（原文如此）洞察力以及收到认为是服务的受到压迫的人性（原文如此）之间的紧张关系。"[12] 想想如今人道主义与经济之间的联系，这里违背常理的显然是一位反人道主义者，复苏的马克思主义者——其自身似乎已经死亡，居然为人道主义研究提出前进之路。

同样是反对理论对主流文化的蔑视，詹姆逊在《辩证法的效价》中区分了哲学与理论（也有其他地方），并站在后者的阵营。他吸取了利科的观点，将阅读归纳为"统一的瞬间行为，在此我们保持多维时间得以一瞥，而本身是不能深入哲学概念的"。[13] 如果哲学试图解决问题，那么相反地，文学却使这些问题诞生。尽管詹姆逊将扩展阅读框架至类似费尔南·布罗代尔的编史文本，但在让时间与历史显现这点上他却仍然强调叙述的价值（通过利科的"叙述的智慧"概念以及海登·怀特的"情节"理论），以及其将多重暂时性聚合在一起的独有能力，上文已提到，不再赘述。在詹姆逊的观点里理论仍然十分重要，为了表明此会话到底缺失了什么，去反思为应对现实我们如何才能更好地探讨恰当的辩证法问题，我想进一步探讨新历史主义在如今构成阅读的两种特定表达中所起的作用，这其中不可避免地牵涉到文学批评危机、人性危机以及大学危机。

反对理论回归

对理论的反对已逐渐缓和起来，变得相当安静。拒绝理论，或拥有一个方法论，或者属于一种思想学派，反理论阵营否认自身是一个事件，并将自己定位为理论的他者。凯瑟琳·加拉格尔和史蒂芬·格林布拉特关于《实践新历史主义》（2000）的介绍便解释了他者性；因为他们总结了他们的非任务性："写这本书使我们确信新历史主义不是一个可重复的方法，也不是一个文学批评项目。每当我们进行到可以得出'辩证法'结论，斥责其他批评学派，或是为真理指明出路时，我们都停了下来，不是我们害怕争议，而是因为要看到一长串的分析消失在抽象中，这让我们不能忍受。所以我们真切地希望你不能回答所有的加在一起是什么，如果你可以，那我们就失败了。"[14] 为了回顾格林布拉特和加拉格尔关于阅读的见解，我想就他们的非目的性原则啰唆一下，就该既定目标而言，矛盾的恰恰就是他们的见解已成为一种新的批评正统。他们的文章描绘了一系列理论行动，其中在早期主要是由能打开"文本档案"的语言取代马克思主义术语：为了话语分析拒绝意识形态批评；决定论被"个体的美学欣赏"取而代之；赫尔德的多元化理念成为突出"单一的、特别的、个人的"的方式（16，6）。档案的联结（真正的替身）和审美（文化）减轻加拉格尔和格林布拉特对马克思主义主要概念的不适——基础、上层建筑、阶级意识、总体性——以及其他任何形式的分类。从他们眼中的马克思主义文学批评预先演练的协议中解脱出来，他们以为自己能随意而"独立地"看到文化文本——就"单一的声音，孤立的丑闻，特殊的视觉，瞬态的草图"而言（16）。他们声称，只有这样，以文本的形式呈现出来的美学品质才能被人欣赏。

尽管拥护新历史主义，这种档案阅读与亚历山大·克鲁格所谓的"在余下时间攻击现实"相一致：关键是要理解这些克鲁格所谓"普遍化的现实"中出现在过去的表面含义，而这个现实同时排除过去与未来的视野，也左右了我们对过去的理解——就像新历史主义阅读一样——让过去仅仅以现状或给定时间的反映或重申的方式出现在我们面前。[15]（克鲁格的视角深植于本雅明主义，这类历史主义必须与本雅明所代表的自由的历史主义区别开来。）在其鼓吹"档案的广大"时，新历史主义幻想着有大量的现实被遮蔽在过去之下（有更多的对象可供阅读和解释！）

它给予疲倦的批评家们新的生命，他们"从不放弃，也不背弃最先把他们吸引到文学艺术研究领域的满足感"——但是它在令人感觉舒适的怀疑论这个良性形式上与欣赏是一致的，这样看来文化似乎无所不能。[16]这就是说，它是唯物主义，其中物质论自然毫无阻碍。由于其可膨胀性，阅读材料的绝对增长与具有"民主化性"材料阅读的相当（11）。阶层和矛盾——文本之间的、社会视野之间的、文本和语境之间的——都得以消解，取而代之的是一种普世的边缘化，其中有效的运动是向外的或是流于表面的而不是向下，如表面/深度性模型。[17]

从批评到分析，从革命到民主：这一无力的中间地带想要定义"阅读"。事实上，新历史性主张的"微小"主要认为文学学术研究与"中层研究"不相上下，这个发现在目前的环境下毫不起眼，以致其创造者——大卫·波德维尔毫无懊恼与讽刺地积极提倡这样一个弱小的批评事业没有懊恼或讽刺的感觉。[18]但他肯定不是孑然一身。齐泽克总结我们时代愤世嫉俗的原因："怀疑智慧"大行其道却"不能提供答案"，因为它"被常识的主要形式的视野所束缚"。[19]中间的读者，比如像齐泽克一样开明的保守自由主义者，他们使自己适应给定的常识，反对现在不足信的理论的过度泛滥，他们持布莱尔主义的第三种阅读模式，这既不是新批评主义的，也不是马克思主义的，而是两者的折中，融合了文化自由主义与社区"最小化的'独裁'精神（强调社会稳定、'价值'等）"（2）。小而虔诚的主张也是主张，尽管如此，将档案用于反对对该混合以及包容性的幻想，历史学家卡罗琳·斯蒂德曼在其替代分析中表明：她提醒我们，反观德里达，存档都与国家权力与权威密不可分："存档就像人类的记忆，是不能组成任何东西的……在档案里，你不会因其有限、空虚以及那些未被囊括在内的事务感到震惊……它的存在反对暴行：国家如何通过账簿、清单、控诉以及其中缺失的环节得以运转，这都在卷帙浩繁中得到有序说明。"[20]

档案研究者是二流的，也是胆小的，他们很好地适应了新自由主义大学的规定，在"管理的设计文化"中自得其乐（马克·布斯凯的术语），学着与其空洞的"文化质量"以及"追求卓越"标语共存，并从中得益。[21]学术文化中注入了一个竞争性的商业精神，这种说法为市场差异提供漂亮的说辞——为愿意在私营部门工作的教员提供高薪，这样就在教员之间形成了收入差距——全然不顾其他大学职工的境遇。）[22]与二流阅读相反，我提出一种我称之为"极端阅读"的方法，这跟我的题目一样，是辩证阅读的一种形式。与齐泽克一致，我将论证马克思主义文学批评失败的真实性，以及"继续，以更好地失败"的需要（7）——或者是这个章节里说的，更好地阅读（借用扎迪·史密斯的术语）。

中间道路

1998年，伊莱恩·斯凯瑞的《论美与正义》最初出现在坦纳讲座关于《人的价值》中，随后出版成书，虽然该书过去20年一直受到人文学科的排斥，但仍然赞颂扩展美的概念。有的观点仓促地得出结论，认为美华而不实，认为其通向空洞的物质主义、占有欲，以及具体化的危险形式，与其相反，斯凯瑞极力声明美的事物不仅是有生产力的，它们"（刺激）给这个世界带来了新事物的欲望"，从婴儿到十四行诗，到法律，再到哲学对话，而且还"为我们准备好正义"。[23]斯凯瑞认为美具有适应性与灵活性（46）：它让我们在其"产生的冲动"（10）里前进，同时又促使我们再回过头对事物美的评估进行重新思考。换句话说，它教会我们"承认犯错"，让其成为在"教育意识"过程中的模范。（46）不像现实世界的桎梏，驱使我们"从其所处的时间、位置以及历史环境看待人与事物"(48),在美面前我们所经历的心理历程具有渗透性,或者说无限性,它"让我们经历了坚定的立场到承认错误,点燃了我们对真理的渴望,它包含不去其他人共有的盲区,再自由地到达感知层面"(52)。

在文章的第二部分,斯凯瑞直接将美与正义联系起来,提出平衡位于美的核心位置,它会在社会分布上让人产生对平衡与美好的渴望。她指出,从语源学上讲,"美好"指的是从审美上看令人赏心悦目同时又适宜和谐的事物,就像使两者均衡一样。简单说来,美丽的天空要求美丽适宜的布置(101),这些天空又具有对感觉有利的好处,这就与适宜的布置不同。它们与漂亮鲜花、地下洞穴、音乐以及马蒂斯的画作一样给予抽象的主义与公平以具体感觉,因此在不公平的时候充当道德上的提示。在其分配公平的号召下,在旁观者中激发出的利他主义的支持下(117),美的事物将我们最好的东西展现出来:我们渴望美的事物,不论我们是否会受益。这些关于美的主张只是斯凯瑞的推测:"关于鲜花人们已经进行了表决(许多年来,人们种花并将其带到各地,代替已经在那里的事物)";相似的,"人们对天空也进行了表决(近期的环境保护运动)",等等。"我们不是在猜测",文章的最后一句决绝地总结道,"已有充足证据"(124)。

正如最后关于证据的主张,斯凯瑞的修辞运用了我们身边的例子,这些东西我们通过感官是可以体会的。对美学的执行与论证——美,最终在文章的字里行间里也产生了美——为了使从个人对美的特定经验到对美的普遍主张有一个看似自然的进程,斯凯瑞极大地赞赏个别对象,比如马蒂斯的棕榈树叶、加尔的花瓶。对阿多诺来说,美主张不恒等的承诺而同时又否认它,是一个有意为之的现象,那么对斯凯瑞来说,美更能坚守承诺——美就像加尔的花瓶一样是有准则的;人肯定会猜想否认真正平等的抽象平等就存于她对民主的理解之中。马尔库塞会将这种文化称为"肯定",以大写开头。对个人——阶层存在的基础——而言,什么是加尔的花瓶;读者只有去谷歌其意。《黑道家族》里的精神病学家詹妮弗·马尔菲也许会问了,这如何与慕拉诺岛的玻璃相提并论呢?——这在该结构的保证之下已经普遍化了:"已有充足证据。"因此,文章通过绝对命令的方式来恢复美的人性化作用,让个人对美的感知从属于美,但却绝不被美左右,它们"走向我们,但并不是我们自己的作品;却让我们为其劳心劳力感到甘之如饴"(53)。但是劳动带来什么呢?这些需要思考、讨论、努力的术语总是不尽如人意,总是沦于重复,"美好的社会安排",这里美好就是美好。对真理的渴望又多又强:与社会满足感分离开来,美的品质没有任何意义,他们也已经意识到:"已有充足证据。"这是注定的,"不请自来的",个人主体除了等待命运,已经没有什么可做了。

作为一种有保证的人道主义,斯凯瑞对美的说法说明了美的灵魂的超验性。就其本身而言,这并没有什么新意。但是出现在理论盛行年代之后,掩藏在常识的语言之下,其对美存在并通行的制度与实践的有意忽视又预示了有新的东西即将出现。决心不顾一切发现现实中大量的美并不会真的造成危害。当然,这正好是它所呼吁的:摆脱负面、邪恶的思考,这些只需要"相对积极而又不完美"(7)的过程,由来已久的社会环境以及美学所产生的影响都会在那包容性中彻底消解。我们可以亲眼看到美,毫无隐藏,没有伦纳德·巴斯特:用一个词来形容,这是愤世嫉俗的。

然而这是意料之中的事。在这个天真的经验主义拥护之下,斯凯瑞的文章与大多数远离症候阅读与意识形态批评的批评有着共同的理论基础,其中为了各种"表面化的"阅读而避免了模式的深度揭露和解码。就这两种情况而言,怀疑的诠释被否定解释本身的诠释学的怀疑所取代,这是所谓的理论的死亡的重要部分。这个运动始于伊芙·赛奇维克 1995 年的文章《控制牢笼里的耻辱：阅读希尔文·汤姆金斯》，其中她将常规运动归为是符合当时礼节的。除了识别一系列她眼中固执的理论假设之外，赛奇维克也在文学批评研究中发起并推动了理论的衰竭。早期引起震惊的启示如今看来是陈旧又理所当然的，这引起了更多关于文学批评与知识现状和作用的讨论，这些问题她在后来关于偏执阅读的文章以及关于汤姆金斯及理论作用的作品中继续展开了讨论。正如她在《偏执阅读，修缮阅读》中作的评论："在这个不用妄想为系统压迫找到证据的世界，只建立一个偏执批评理论看来似乎是幼稚的，虔诚的，或者说是顺从的。"[24]

通过快速向前 15 年，她与莎伦·马尔库塞和史蒂芬·贝斯特的"浅层阅读"的导言进行比较，他们写道：

只有解开统治的面纱才能使其物尽所用的假设曾经听起来几近偏执，但现在其上却有着怀旧空想的光环。我们中有人解除了解构主义、意识形态批评与诠释学怀疑的遗症，他们常常认为这些有启示性的文字在这个时代是不必要的，这个时代网上充斥对阿布格莱布监狱以及其他地方里折磨的臆测；卡特里娜飓风的实时报道也让国家对非裔美国公民的放弃不言自明；许多人立刻辨认出如"任务完成"之类的政治声明根本是谎言。布什政府八年的统治也许再三强调了不是所有的境遇都需要来自症候阅读的微妙才智，他们或许也曾激发了我们的想象，也许不论过去与现在，在新法西斯主义旁都有更好的思考存在的方式等着我们。[25]

现在，我们应注意赛奇维克关于修缮阅读的后续作品与《我们现在的阅读方式》的作者之间的显著差别。为了节省笔墨，我只想强调他们两者都认为意识形态批评主要是揭露的过程，表现是幻觉，在表象之下隐藏的才是本质。重要的是，采取这种阅读方式的读者通常掌握了文本。[詹姆逊在《让时间显现》中采用了这种观点，他认为解读这个行为与平民偏见相反，绝对不会将解读者或读者凌驾于既定的"平民阅读"之上，并在旁边注上"这样，我们在阅读的时候都是平民"。只不过"它只是提供了一个用于解释的假设，读者可以随意探讨或丢弃（认为其无用、牵强或是错误）"。然而"读者无法摆脱的是理解这个过程本身"（492—493）。] 这种错误的意识模型警告你不能相信你所见，为了进行反驳，浅层阅读挣脱了这种桎梏，认为本质也能存于表面。因为我们都看到了双子塔的崩塌和阿布格莱布的照片，它们暗示着"这才是事实"。知道政权在谎言中得以继续，就是要明白我们对这个政权早就应有所了解的事。[26]

进行一个简单总结：意识形态批评从来都不只是揭露，这类作家也许早就想撤销这个说法了，因为报纸报道议会对《政治无意识》举行了纪念仪式，这是詹姆逊双重解释学模型最系统的表达，其中一半揭露了社会关系的决定性，另一半当然是积极的幻想将这个幻想推进了负面评论。[27] 但也许对意识形态批评的轻视说得更多的还是辩证法。浅层阅读希望冻结时间，停留在当下对常识的诉求中，停留在事物的表面价值之上。比如莎伦·马尔库塞，在她关于女性友谊的著作《女性之间》中介绍了"公正的阅读"这一观点："公正的阅读在詹姆逊在对隐藏的主要代码的研究中不予考虑，因为它是'给定文本的无效材料'……公正的阅读努力胜任内容复杂丰富的文本，而不是被它需要压制的东西减少或压缩。公正的阅读解释文本的内容，却不否定现实。"[28] 马尔库塞确实将她的"公正"说得有道理，并称她的方法"认为解释是不可避免的：即使在我们处理文本的信息时，我们通常也只是——或者说仅仅是——在解释一个意思"。它不是"要使必定虚伪的主张清晰明了地复制文本的单一含义"，也不是"要消解症候阅读",因为浅层阅读自身不可避免地需要读者在阅读时脑海里不要有其他理论,比如詹姆逊的理论。(75—76)但是"公正的阅读"不能解释的是这些条件对分析"文本中有什么"或"文本的表面呈现了什么"所产生的影响。

马尔库塞想要从理论上精通的这场较量极大地唤醒了辩证法的语言,这种语言明显不具有意识形态批评的特征。这种肯定的驱动力,去讨论文本能做什么而不是不能做什么,吸收了否定,即这种主张赖以生存的基础——在这种情况下,这种本体论的猜想建造了"存于文本"之物——但与辩证的阅读不同,它并没有帮助将表面置于优先地位的吸收出现或引起人们的思考。简单说来,浅层阅读并不具有真正了解自己的能力,尽管如马尔库塞所说,它们至少曾经是解释学模型的主要代表。有鉴于此,为什么它们不能成为更大的结构的征兆尚还不明;为什么在各流派必定能组成历时性思考的特定模式时,要这种流派的视野下停住,要在社会各阶层前止步不前?从这个角度看,浅层阅读因其在文本的真实表面固执己见引起了一种迷信;正如齐泽克描述迷信的功能时说的,"(它)给身体的正是我对知识的否认,对我主观认为我知道的否定"(300)。表面阅读对中立、"最小批评单位"以及"客观性,有效性,[和]真理"的倡导包含着走出这全部主题的幻想;就对电脑的关注以及它们的才智能为新阅读方式做些什么而言,贝斯特和马尔库塞建议:"当英勇的批评家纠正文本时,不英勇的批评家可能会改变她批评的主体性,他们通过使用机器的方式解决问题,希望这样做会产生关于文本的更精确的知识。"[29]那么,最终目标便是得到更精确的描述,主观性看来根据需要来去自由:文章总结道,"有时,我们的主观性使我们更加清楚地解读文本,但有时却并不是这样"。[30]在文本面前中立、客观、谦逊有礼:这个读者才是好的读者。

走向极端

把新批评正统观念看作反动的、文化保守的或是反马克思主义的，这远远不够，正如辩证法本身论证的，赋予道德权威并没有价值，依靠重复旧的方法也不能获得任何东西。确实，我在斯凯瑞以及浅层阅读上连篇累牍的原因就在于，抛开他们所谓的少量方法，他们对意识批评的挑战却指出了马克思文学文化批评的诟病，他们揭露了表面现象之下真正的进程不足以解释和改变物质生活这一事实。布鲁斯·罗宾斯在阅读商品经济历史时也有此发现，他问道："从商品经济看人际关系，我们应该关注的是什么？资本主义？阶层？文化？国家？最后，如何最好地描述商品经济呢？"[31] 马克思主义者在阅读文本时也许会问到同样的问题：我们要从中发现什么？我们要解释什么？为什么呢？那么，去描述或阅读一个文本最好的方式是什么呢？

围绕当前关于为何和如何阅读的争论，我想借用斯皮瓦克阐述的观点，探讨极端的浅层阅读与马克思主义文学批评及文化批评如何彼此将对方推向危机。在斯皮瓦克看来，"实践一直将理论的概念推入危机。在这种情况下，理论也将实践的先锋主义推进危机，虽然与前者不对等"。在此对阅读的界定下，我想更多地考虑如何发现表层和深层的概念，因为它们处于生产性的张力之中，相互感到不安，"两者中没有任何一个能真正取得'第一'的地位"。[32]

意识形态批判以多种方式使表层阅读陷入危机，这种情形前面已经提到。而最明显的是，尽管没有直接指出，就是作为理论与实践的马克思主义批评已经说明，光是阅读是不够的。恰如齐泽克在阐明理论与实践恰当辩证关系时说的，"最为其最根本的部分，理论是失败的实践的理论"（3），这个描述也很好地抓住了史蒂夫·赫尔穆林描述詹姆逊的精髓,当时前者正被自己的"失败命令"所驱使。[33]齐泽克也强调,要从失败中建立理论"使我们面对忠诚这一问题:同时与避免对过去的迷恋,又要避免对'新环境'的仓促适应的双重陷阱"(3)。在她们变得肯定的尝试过程中,为了通过分析还击批评的消极性,浅层阅读者不仅要在文本面前掩饰他们的人性(已经取得了成功;"已有充足证据"),还深受怀旧和适应之害。这个为了理论阅读的替代物,回归到更普通的、常识性的阅读("公正的阅读"),同时我们也可以考虑到其顺从适应。这样一来,浅层阅读就放弃了阅读,正如放弃了理论,它们的任务变成说明明显的事务,即使它们坚持附着在文本表面。在特定的实践中,他们更概括地体现了齐泽克对犬儒理性的说法,正如"犬儒理性用其讽刺性的客观,将那未受影响的部分视为意识形态幻想的基础,在此基础上意识形态建筑社会现实本身"(27),所以,浅层阅读者也将那受影响的部分视为一个基础,意识形态将文本本身的连续与连贯建筑其上。简而言之,他们就这样进行了,就像犬儒理性与后意识形态世界处于一个时代一样。

齐泽克的区分有助于阐明浅层读者与症候读者争论的核心,即阅读目的的地位。浅层读者主要声称,马克思主义阅读实践使文本"非物质化"——这让人想到马尔库塞声称詹姆逊"认为其是给定文本的无效材料"——马克思主义者认为浅层阅读者错误地使文本具体化,因此增强了其惰性,也忽视了文本之后真正的人与事务。在前者看来,表层肯定预示着惰性,使他们不为自我反思的异常行为所动;而对后者来说,表层则是我们需要小心谨慎的。很显然,这两个极端不可能调和。但是,谁也不会仅仅选择其中一方。然而,这两者之间的鸿沟不会停在任何一方,双方都在其中大喊:"看这里,你知道你依靠着我,但你却视而不见。斯皮瓦克称之为富有成效的不安,这是紧张而不是平衡。"[34]

但是让我们暂时将双方具体化，暂时回到当意识形态批评无影响力而我们已经知道将有什么会被显示出来时，浅层阅读是如何通过追问纯粹的否定的好处而让意识形态批评步入危机这一问题上来。实际上，这个主张里马克思批评深受具体化阅读协议之害。伊芙·赛奇维克编录这些协议的事实（我发现它们不是所有的都直接或只与马克思主义批评有关）表明了它们变为适当的辩证法以及附着于深为人知的古老经验行为的失败。这样，在方法上它们屈服于胜利，对方的失败正是浅层阅读想要改正的。从消极性的力量看来，这是一种更大的压力，这与齐泽克和詹姆逊近期的评论相比不谋而合。在评论阿多诺的《难以安抚的否定辩证法》时，詹姆逊写道，"（他的）通过采取绝对的消极等价来避免积极性的极度尝试，本能地觉得是思想性的，对我们的历史现状来说是一个可预见的但却不令人满意的回答"，也许将齐泽克著名的标题改为"他们知道他们的所作所为（不管怎样他们也会这样做）"更能说明其特征（60）。同样，齐泽克表明了要在浅层阅读攻击之下区分意识形态症候模式与迷信模式的需要，他认为后者如今更占优势。如果症候标志着被压迫者的回归，如果它能瓦解意识谎言，将症候曝光就可以说是"曝光让那些迫使我们忍受难以忍受的真相的谎言"（296）。这就是说，迷信清楚地看来是可以有所作为的。[35]齐泽克说道："拜物教徒不是在个人世界迷失的梦想家，他们根本是'现实主义者'，能够接受事物本来的形式，因为他们有要坚持的信仰，以抗衡现实的影响力。"（296）很难为这种描述为浅层阅读者量身定做。因为将文本作为所迷恋的东西，浅层阅读者不会被"现实的影响力"阻碍——因此，也许你很容易听到那些大学院长关于文本的主张从他们的嘴里大喊出来。但是，这个发现并不否认他们对消极性本身的批评，这个批评在马克思主义也有其立场，这一点不言自明。

在我看来，它也不会浪费他们的需要而给表层一个理由。浅层阅读需要的是对彼此更好的方法，这就要求更广阔的而不是更少的阅读实践。正如我已经提到的，浅层阅读放弃了他们表层/深层的二元对立，因此站在要批评统一结构的阵线；他们也希望如一个整体一样处理表层。如我更早提到的，由于这些限制，区分浅层阅读者和伊芙·赛奇维克的作品就很重要，因为他们共有一个解释论的怀疑。赛奇维克关于修缮阅读与接触的作品为浅层阅读缺少的空间关系提供了一个真实强大的示范——这个挑战马克思主义文学批评也会注意到。特别是我相信，赛奇维克对经验情感方面的关注会帮助我们反思存在过的经验与结构之间的关系，它本身就是内在与超验、事件与系统之间关系的解码，都是为了形成概念。正如詹姆逊在《马克思主义与形式》的序言中写道的，他称为工业资本主义的新兴空间关系，在关于后现代主义的著作里得以展开，如后资本主义的文化逻辑。[36] 最终我想展示看起来相对的出现在詹姆逊《辩证法的效价》里的空间辩证法与赛奇维克对触摸的强调是如何形成统一的要求的，他们想通过他们的空间性重新审视当代僵硬的社会关系。（然而在面对后现代空间的强烈转变时，詹姆逊呼吁新机构的出现，赛奇维克为了获得讨厌的空间转向了不同的、可利用的却被忽视的感官模型，比如触摸。）这些独特的视角——一方面，黑格尔派马克思主义；另一方面，同性/情感的非二元理论——它们一起定义了为已存在的经验与结构的辩证关系形成理论这一挑战，这反过来也形成了如何空间辩证地思考这一难题。

极端或反常的阅读

赛奇维克的《触摸感觉》一书主要是"为非二元思想和教

育法探索可用的工具与方法"。她在导言中提出了一系列空间概念,以此去理解并感受文本(实际上接近)深处的东西,通常是知识和社会关系的非语言本质的东西。她特别将空间概念"在旁边"与"在下方"和"在远处"进行比较,并提出"在二维关系里使用一个德勒兹式关系,在旁边不可减少的空间关系结构有效地抵挡了灵活的移动,通过这种移动,在下边和在远方由于空间描述都各自变为起源于目的的暗示词"(8)。试图通过时态叙述发生的空间来阻止排空("对内容而言中立或者说冷漠的气氛"[37]),赛奇维克希望为相反的可能性留出余地:保持线性、因果的叙述,这会充实物质经验,以此感受到空间产生的不同。(在另一个文本中,扎迪·史密斯把对前者的强调描述为"用时间填补空间",她将"形式主义迷恋"与"让我们相信时间已经消逝里"联系起来,而后者是"用空间将时间填满"。[38])此外,正如赛奇维克对旁边的想象,"一系列的要素与彼此并列,尽管它们不是无限的。旁边预示着关于线性逻辑的空间不可知论,这会加强二思维:无矛盾或是排中律法则,因与果,主观与客观。"赛奇维克也很灵敏地同时说:"然而,它的利益并不依靠平均主义的幻想或是平等的和平关系,这一点与兄弟姐妹共用一张床的孩子都知道。"(8)这些双边关系对她来说是"可延伸""最接近的";他们感受到了材料的反抗,也承认了乔纳森·戈尔德贝尔格在引用1999年赛奇维克演说时说的话——"在知道与领悟之间的精神变换"也许是通过更好的阅读来表述挽回意识形态批评失败的另一种方法。[39]当时,赛奇维克在《现实与领悟》中对知道你的癌症正在缓解却无法治愈进行了区分。这项事业立刻开始了审视多边关系,材料与形象、时间与空间,但却不涉及浅层阅读与意识形态批评,难道不是吗?鉴于后两种也许会描述为"知我们所见的方法",赛奇维克在这里使用的阅读方法是"见我们所知的手段"。由于齐泽克对意识形态迷信模式的解释，不论多丰富的文件都无法胜任这项解释工作。[40]与历史主义者的虔诚相反，"见我们所知"里所包含的韵味是质的不同而不是量的等同，是违反常情的关系，而不是一个常识性表面，其中真实的地位不是已知而是有待解释。[41]

赛奇维克在早期文章中《酷儿与现在》中提出，一个反常规阅读者是一个热情的读者。回顾她阅读实践的发展，她将它们置于热情投入的领域更广以及文化对象更深入的环境下，这"生存的主要资源"成为她（她猜想也有许多奇怪的作家与教师）作为整体阅读的一种方式，同时也是存在于世的一种方式——她补充道，以至于"把我一生交给它，也很难让我以另一种方式去关注文学"。[42]阅读不可避免地过度解读：强烈而不是平静（如"公正的阅读"）；政治的而不是历史主义的；高度解释性的而不是描述性的。与浅层阅读少即是多的逻辑不同，非常规阅读或狂热的阅读需要更多的阅读与距离，同时就反常规联系而言关闭我们的附着。"关于这个目标与连接，文本与读者的要求是多重的，甚至是矛盾的"——竟然被文本内的形式主义吸引，就这一点而言，赛奇维克自己将其归结为，"在句子结构、韵律模式、押韵方式层面上是对所关注的写作方式发自本能的近似 - 认同"，是"对使用所选目标看似神圣的反对理论的尝试"(3)。

然而，形式主义不需要装腔作势，将政治与世界排除在文本之外：

> 对我而言，强烈的形式主义并不意味着（形式主义总被认为是有隐含意义的）要排除文本的感情、意象、道德方面，而是恰恰相反：我赋予书籍与诗歌的需要是很难被限制的，就像我知道我应该努力从他们手中夺取世界的消息、观点，我自己以及我的同类（在各个层面上）。基于这种要

求与直觉，阅读实践必须和年轻人阅读和生活用得最多的方式反其道而行。无论如何，成为一个反常规的读者不是对文本的谦卑，也不是为了保持强效型、坚定性与示范性将自己的期待过度置于其中。(4)

在对阅读的这种说法之下，文本在它们的"抵抗性"（类似于她后边写的在横向关系上对材料的抵抗）和"神圣力量"上都很饱满。他们创作出"近似－认同"，既不缺失自己也不肯定自己，也不是两者的妥协，这一点值得注意。这个阅读关系反而体现了不同一性的反常。

在赛奇维克的早期作品里，目录展示说明了非同一性的关系潜在的丰富性。她在《酷儿与现在》里问道，在"家庭"诸多不同意义的语境里，鉴于主流意识形态的限制，哪一种"意味着完全一致"？"如果这样的话……那一定会有评估这些方法的手段，其中含义与体系无法适应彼此？如果处在连接处的事物已经不是原本的样子呢？"(6)赛奇维克后来对触摸的关注突出了（非）同一性的空间本质，正如朱迪斯·巴特勒总结的，我们在"自己的身边"(24)生存，处于"自己的旁边"，因此很容易受到攻击，"被困在非我们自己的生命里"(28)阐明了同一性本身被驱逐的状态。[43]同样的，在对《辩证法三名》的分析中，赛奇维克表示早先的同一性等式本质上是空间的，如黑格尔为表明自我意识所说的我就是我(69)。对赛奇维克而言，探索"旁边"的空间概念并不只是"围绕深度与隐含的惯用语句，被暴露性的戏剧所遵循"(8)，这是她用解释学的怀疑发现的，而是多维的、生态的思考的一种方式。重要的是，它受到佛教行为的激发，促进了发现与领悟的新方式，转变了教育学的观念。这里赛奇维克以文本进行描述的"近似－认同"在"差一点就成功的教育学"中发现了其推论，在佛家经典里被称为"指月"：其中一个例子对养猫者来说最熟悉不过，我们想要猫看某个东西，于是我们指着那个东西，相反地，猫并不去看我们想让它看的地方，反而是过来嗅我们的手指。空间以及教育学的联系：都为我们重述存在的经验与结构提供新的关联，用某种生疏的话来说，赛奇维克在提到时说："空间学科，如地理与人类学。允许生态和系统与身份和性能联系起来，这是其优势"（8）。赛奇维克对空间与教育学的持续思考也说明了两者是密不可分的，正如佛教里指月的手指与月亮本身是不可分离的。

人类学家以斯帖·牛顿关于拖动俱乐部的作品十分具体地证实了赛奇维克"对空间的生态关注"的收获（*Touching*，9）。在牛顿对拖动行为的分析里，她不止关注拖动行为与拖动者，还有双方的地板，因此一个拖动的行为里包含了一系列空间关系，组成了"一个有多重系统的生态领域，其关键的关联性是内在的，被指导着向标准挑战"（9）。（正如我下面说的，詹姆逊对民族文化空间改变在叙述全球化分析的缺失所作的评论，我想，与赛奇维克对关联性的内向与外向标准做的对比类似。）朱迪斯·巴特勒从牛顿的作品中对拖动的解读，使赛奇维克的区分瞩目。省略了牛顿对空间的结合，巴特勒的解释却强调拖动的暂时性："失去了空间性，拖动行为内部复杂的领域经受了看似不可避免的简化与具体化。"事实上，赛奇维克猜测说，"我想这个方面的确也许可以解释为什么许多早期读者将巴特勒的讨论错误地理解为一个过于简单的自愿"（9）。从空间到时间的转变，拖动行为里的超个人联系消失了，因此它成为独奏，或者说"单一行为"，不仅如此，空间在其内具有多产性的方法也消失了；它创造了我们，同时我们也创造了它，这才是事实。[44]

然而，值得注意的是，从单一行为到多样系统的逆转并不为结构否认存在过的经验——历时性与叙述性的消失，这是利科在社会共时及构建模型中所担忧的——而是如同**在接近里对同一性**

的发现,这种说法赛奇维克追溯到佛教教义。索甲·仁波切的《西藏生死书》的开篇,她立马将仁波切的教育方式看作个人的、情感的,是"对个人同一性神秘且强大的溶剂"(160)。自己在孩提时期就被选择成为一位大师的转世,因此进入寺院接受教化,仁波切以这个疑问开篇,便用一系列教学场景将读者推动到文本中,这里他作为学生(感激"【他的】"前世)和老师的身份便难以区分(他现在也是一名大师——也确实被"'公认'为是他前世的老师";159)——更确切地说,在学生与老师之间的选择被认为是没有意义的:"由于她的疑问,读者在读这本书的时候就会质疑教育法本身强大且具溶解性的关联性,而不质疑'佛教'。在这个世界里,好像只有联系才是教育性的,因此根本上也是超个人的。"(160)

在这样的教学关系里疯狂地学习不仅改变了一个人学习的方式,也改变了将要学到的东西。一个认知的过程,学习就是不厌其烦的反复:我们学习我们已经知道的东西。西方认知模式中产生了一个难题,它在佛教中是"一项精细的解释实践"(166);佛教致力于发现我们所知的复杂性,而不是学习的重复本质,或是"能够学习你已经知道的东西或者发现你已经学会去寻找的东西"(166)中的"悖论/僵局/流言"。在这个意义上认知是过程性的,并不会区分方法与结果,可能会持续一生。像辩证法一样,佛教也包含对心理范畴的仔细审查,这样我们才能"了解"。这也许对齐泽克对意识形态"他们知道,但无论如何他们也在做"的反常构想而言是另一种"思考"方式,对齐泽克而言,这反过来也是"隐藏表面"的问题,或者是辨认"客观表面"(下面我会讲到)悖论的问题。由于师/生关系的流动性,在此种构想下在这些术语之间进行现在毫无意义。

赛奇维克在佛教中发现的连续与空间的教育本质是詹姆逊对空间辩证法思考的核心。尽管来自完全不同的情感领域,詹姆逊跟赛奇维克一样,在阅读空间里发现了对同一性的表达,以及搅乱不受同一性影响的"个人与世界如闪电的同时性",还有两者的伴随物"自我意识及映像的意识"(68)。也就是说,他也在空间关系里发现了非同一性的体现;他断定"空间……是差异与时间的根源……从同一性来说"(69)。

可以肯定的是,他们有着各种不同的说法。比如说,当赛奇维克将"旁边"归结为是可伸长的、最接近的时候,她对修缮阅读的强调(为了反对她所认为的意识形态阅读的缺点)使她着重于非同一性关系的丰富创造性。这就是脑"感觉"以及触摸与织物教育法,就像仁波切最初的"开端",将她的读者引入两者关系,却丝毫不将其自身牵涉其中。[45]另外,詹姆逊遵循黑格尔的辩证法传统,强调社会多层范围内的不和、暴力以及消极性,这让我们觉察到时间与改变(任何辩证法的关键)——没有它,马克思主义政治学不复存在。那么,按照他的说法,为了应对"历史终结"与全球化的双重叙述,空间辩证法的教育学需要提升了,因为这两者分别明确地标明了后资本主义的对应物,即时间与空间。对空间辩证法的态度不仅提及现在对史实性意义感觉的缺失,这个感觉在时间方面变得更难去想象资本主义(作为还没有完全被商品化的之前或过去的记忆,或是未被商品化的之后或未来),也更加明确地提出目标,即发现空间在全球化里的"统治"地位,以及将此统治在理论及实践上正式提出。詹姆逊解释说,这个转变"不是为了说明一个方面(在'空间-时间连续性'内)代替了另一方面,而是为了说明它们的比例已经被修改的事实,或者说它们'外部的形式'的结构有过转变"(68)。[46]因此,这个被改变的结构的"隐藏表面"反过来预示着意识或者说"所见"的新结构。这样一来,空间辩证法的说法可以看作詹姆逊认知地图的延伸或扩展,认知本身在其中经历了更深的辩证转折。

就空间的专注可以取得的成就而言，最引人注目的例子也许就是詹姆逊对费尔南德·布罗代尔对地中海的历史所做的分析。这个分析由詹姆逊对利科《叙述与时间》的深入解读展开，正如詹姆逊所论证的，利科在其中将现代小说中存在的时间，如《达洛维夫人》和《魔山》，在"多种瞬时性交叉点"显现（500）。多重瞬时性的真实是不存在的，也不由其自身赞颂。确实，詹姆逊与当时差异和多重性的人文祈祷间的争论就立足于他对多重瞬时性的存在以及这些瞬时交集点的区分中，其中瞬时性的差异与难点都显而易见。在这个文本中，利科在詹姆逊看来是人文主义的代表与极限，不论过去与现在。詹姆逊强调："这种时间与历史的显现并不取决于这些轨迹的多样性或可变性，而是取决于它们之间的接触与交集之上，它现在被理解为不和与不通约性而不是结合，在现在流行的综合下通过一些和谐的会议或组合来对它们进行强化。"（543）这些不同又多样的交集确实常常是暴力的——也是必须"为了使这不和的结合成为事件，特别是那种突然叛变出现在时间与历史上的事件"（543）。[47] 换句话说，如巴迪欧对事件的看法，这个过程会导致一些会对社会造成伤害的事，齐泽克将其描述为"从霸权领域抽身出来，同时涉入这个领域，将其缩小到最小差别"（411）。

洞察这些交叉点或不通约性的一种方法就是延伸框架，正如布罗代尔在研究地中海时对三种瞬时性的处理：地质年代的长时持续、制度实践的中等时长以及历史事件的短期持续。人文主义者错误地只注视短期持续，与生存时间相等。在他们的阅读中，历史保持个人的历史；对利科而言，"真正的事件"仅仅是"存在的那一个"（542）。但是地质年代根本上从利科对人类意识与理解的达尔文式非难方面对他的人文主义进行了挑战，"这个瞬时性如深藏，以致人类的故事、历史记忆、记录与档案都无法将其表达出来"（539）。然而，这并不是说它不具有"其自己的瞬时性和叙述可能性，就像太阳系或银河系一样"（539）。不同瞬时性、客观主观时间、宇宙论与存在论之间的无从比较性标志着时间本身，它现在也被认为与空间是不可分割的，被表达的地方，或者这地方的缺乏。（詹姆逊为了表达此连通性使用了"同时性"这一术语。）这些冲突也指向了辩证法的基本形式之一：即"成功导致失败、成功者失败、好运带来最终指明问题的方式"（537）。在布罗代尔的历史学中，这个辩证法逆转在地中海的胜利在其自己的地盘上达到顶峰的时候——没有足够的人来进行交易——世界贸易继续，并在大西洋以及北欧形成了新的贸易中心（541）。这个故事与菲利普二世是叙述核心时不同；在这个历史版本中，地中海的历史随着1598年菲利普二世的死亡结束，而不是十年之后，如地理学时间上的说法。这就是两个故事的差别——如其所属，两者死亡时间不吻合——这需要被记住，因为只有在它们的分歧中，在"它们互相干扰"的情况下，时间与历史才能被理解。持有的开放的消极，拒绝关闭这一缺口或整合不同，在这里构成了阅读——利科在描述叙述结构时称其为"不和谐的和谐"，由于它能提醒我们模仿的过程性以及行为和过程的情结编织（506），詹姆逊也喜欢这个观点，但是詹姆逊也残忍地修改它以实现"机构在集体层面"的理论化。

詹姆逊对布罗代尔编史的解读意味着"认知"，这种认知不再依靠自我反思作为理解历史的手段。詹姆逊认为我们应该将自我意识视为完全与"瞬间主题"链接，与自我意识相反，空间辩证法将排除了自我意识的意识重新描述为"外部-空间的拓展：在旧的无反身的我或一般意识上加上了其他东西，这让我们可以在更大的领域内把握那之前无反身的它本身"（69）。"见我们所知"不仅需要在更广的层面审视社会-当世关系，还有我们的身份。詹姆逊说道："这项操作在结构上与两个相去甚远的物质被认为是与彼此有联系的方法类似（我称之为'差别联系'）。"（69—70）

空间性地思考世界及我们自身的能力在某种程度上来说是为了应对之前提到的"长出新的器官"的需要。《辩证法的效价》最后一个部分的很多例子都证明了关注空间的具体潜力,从阐释了迄今无人所见的存在但呈现了历史因素的格雷马斯方阵,如"前期征用",到发现过程的空间扩展(亚里士多德对叙述的分类之一,詹姆逊改写了利科的说法以"打开与小说共有对叙述结构历史的观点"565)。[48]在他对**发现**的讨论中,比如,詹姆逊说其他翻译将**发现**(anagnorisis)认为是"发现"(discovery),通常被认为是"认知"。这样说来,例如从历史学的观点来看,新阶层的认知变得更像"历史知识的扩大,随之与实际政治结果一致",而不是自由政治思想所提倡的被资本主义社会同化的认知。比如说,在底层研究里,这个"发现"包括农民阶级通过"底层"激进地重构为"真正的'历史主题',其法令与条款不只是对暴动与激进行为盲目的、自发的反映,而是对到目前还未被发现承认的意向性的了解",因此影响了"一种发现。其中可以新颖却更加有力的方式窥探"历史本身(572)。

赛奇维克因"旁边"空间将联系看作教育学的潜力被其吸引,与其相似,空间辩证法、逆转过程以及其在历史视角下对认知的许可,它们扩大的视角表明了马克思主义教育学与全球化的地理位置得到协调的可能:资本主义发展的积极与消极方面的矛盾在空间上结束了,它存在于发达的与不发达的经济之间的差距里,存在于资本主义与失败的制度里,存在于处于历史核心与"被历史遗忘"的两者之间(576)。但是,资本主义驱使其殖民了地球上越来越多的国家,这个认知在马克思《共产党宣言》里得到说明,"每个国家里生产与消费的世界性特征",与其相比,这个不同有多精确?[49]经典马克思主义创造了两个相互竞争的阶级,资产阶级与无产阶级,从其产生的层面上来说,两者都受到资本主义运动及其剥削与发展动力的决定作用。但是,如齐泽克强调的，现在的问题是："如果没有工人阶级作为其物质基础，我们怎样才能认为释放主题的普遍性不像客观—实质上被决定的那样正式的？"（420）他的回答是"解决方案是消极的：是提供了消极物质决定性的资本主义本身打开了阻力的大门，对全球资本体系来说，物质'基础'调节并产生了剩余（贫民，生态威胁，等等）"（421）。换句话说，全球资本主义体系的剩余与不足成为质询的对象，同时还有被资本主义消极地而非积极决定的个人即组织，即棚户，他们被詹姆逊称为被排挤者，在文学上他们"被历史遗忘"，在他们生存的空间里，被遗留在资本主义觉醒之后。

马克思认为流氓无产阶级在阶级斗争中是无足轻重的，与其接近，这些被消极决定的因素本身就是不同的，而不是因为长期不受重视产生的。用詹姆逊的话来说，这个区别的作用，即其激发的发现直接从资本主义空间发展的阅读中出现，而不是在短期内出现。正如詹姆逊强调的那样，如果从这些被边缘化的空间与工人的有利位置来看，"世界市场的关闭"不再被理解为"填满了一个空容器"，或是对空间的完全殖民与同质化。相反地，资本主义需要被理解为"一个流行的发展"（582）——其中受到排斥的贫民，齐泽克称之为"神圣者，全球化资本主义系统性产生的'活死人'"，变得清晰可见。从本质上来说，这个区别揭穿了资本下所有社会联系与劳动过程真正包容可能性的谎言。詹姆逊写道，这些空间"在资本迷惑下被抛弃，同时也在被摧残毁坏之际完全改变"（582）。

当然，这个全球空间关系的观点不是终点而是起点，就全球化定义了当代马克思主义政治；根据齐泽克的观点，"这些'被摧毁'的群众，被剥夺了一切，置身于一个非无产阶级的城市环境中，组成了即将到来的政治学的主要观点之一"；"它们占据了无产阶级位置，处于'不属于任何部分的部分'"（428）。

这样，在他看来，"全球化的真正形式将会在这些群众组织中建立起来——如果可能的话，在世界范围内——它们存在的条件其实是一样的"（426）。与其类似，詹姆逊对这种变形进行了思考，即从被全球资本主义系统消极决定的主题变为被积极决定的主题或足以对抗资本主义的社会机构。但是这里，他主要关注的是对这种转变形成概念或理论的叙述过程的理解，即"任何更加合适的认知映射的比喻过程的不可分离性"（582）。我们必须认出用于区分作为图像的容器填充与流行的描述，与此同时，因为"这特殊的劣势以及本质畸变"，作为结果的再定位在理论上——甚至有潜力在政治上——是多产的。将其概括为一个思想经历，詹姆逊写道：

>　　后现代世界所抛弃的人的被工业化的不可能性却比那些饱受争议的更能允许我们在对后资本主义或全球化更包容的叙述中去重构、认知性地重绘，去再创行为体、机构、叙述角色在世界体系内的结构位置。换句话说，我们发现理解为理论产生的行为，其中新的角色为了集体、政治的发现与识别而被创造出来。（582）

不管是在"包含"与"排除"基本对立的视野下，还是允许我们洞察"意识与自我意识并无差别"的空间的扩大上，齐泽克和詹姆逊都因其阅读空间关系的独特能力阐明了辩证法在高度全球化资本主义里的存留，回到我们开始的地方，由于"客观表面"的矛盾性，这永远都不可能只通过阅读"表面"而被理解到。停留在表层阅读者所提倡的表层是最具意识形态的立场，因为它拒绝区分什么被"组成"、什么来"组成"；在主张民主的不同文本里，齐泽克坚信"虽然民主会或多或少消除构成暴力，但它仍需依赖构成暴力"（413）。相似地，可以这样说，没有将自己阅读进方程式的手段，在彼此最近的关系里以此回应阅读存在经验以及辩证法结构的挑战，我们具有了经验思考的变异，海德格尔在发出"科学不会思考"时直接抓住了其限制。社会科学忽略了认知映射与空间辩证法的教育学方面，不足以把空间的存在视为个人与超个人的方法与结构，这就像赛奇维克的教育学阅读，依赖认知概念而不是真实的抽象概念理解。[50] 借用赛奇维克的说法，如果我们迷信其表面，那么我们如何发现真实的"疼痛缺口"呢？或者，就像文章开头的话严肃地说，"在危机与破裂的时代，持怀疑经验态度的经验本身被局限于常识的主要形式之内，不能提供答案，因此人必须有一个信仰的飞跃"。

换句话说，停留在表面不只是一个选择，至少在阅读不是关于阅读行为的情况下。詹姆逊警告道："客观表面的概念提醒我们，关于本质或表面、真理或谬误之矛盾的任何解决方法都相当于去除掉了模棱两可的现实本身。辩证法就充当了将两者结合起来的规则。"（65）空间辩证法的特色挑战就是将经验本能的、情感的、乡土的文本以及资本的全球、虚拟的派生流通结合起来。阿多诺提醒我们："辩证法调解不是向更抽象的东西求助，而是对其内在结构的探索。"[51] 换句话说，对注定要失败的辩证阅读的忠诚是忠于历史的唯一途径。

如果在早先我们能设想那被包围的（特别是知识的那类）不受还未完全球化的资本主义的影响，如今的地方危机，如理论的、人道主义的以及世界的危机就驱散这些神话，并将赛奇维克在了解与实现中发现的精神移动注入其中。世界的新自由将谈论人性的"死亡"变成现实——可以更加直接地被觉察出来，可以这样说。一旦人性作为被包围物的观点无法继续，如果从更大更系统的政治学隔离开来，那么拯救大学是没有意义的。接下来最不易察觉的就是阅读，以及对改革的忠诚。

注　释

[1] 把这些表格转换成特别的叙事角度来看，Vincent Leitch 写道："我宁愿不把文学研究（或大学教育）看做最近几十年的一种悲剧政治化，而是在20世纪50年代和20世纪40年代的特别去政治化，那时'意识形态终结'运动在冷战早期进行。在这个场景中，文化研究代表了一个恢复正常后异常的反应，这些反应往往对那些空洞的伟大作品、纯科学和无休止的进展盲目迷恋。" *Theory Matters*（New York：Routledge，2003），7 - 8；参见 Leitch，"Theory Ends"，*Profession* 2005（New York：Modern Language Association，2005），122 - 128。

[2] Marjorie Perloff，"Presidential Address 2006：It Must Change"，PMLA 122，No. 3（May 2007）：652.

[3] Marjorie Levinson，"What Is New Formalism？" PMLA 122，No. 2（March 2007）：559.

[4] 在对 *The Blank Slate* 这本书的评论中，哲学家 Simon Blackburn 正确地指出：包括 Pinker 的"邪恶三位一体"的学说与其他的学说不一致，并且无疑地使 Pinker 对现代生活统治的诊断复杂化。不过，他还指出："不过，人们以惊人的数量买这本书并不是因为它的文化历史，而是因为这本书对新的体系的承诺，一种能够最终告诉我们对这一系列问题做出解答的思维科学——我们是谁？什么对我们来说是可能的？我们的政纲应该怎样被组织？人们应该怎样被抚养？对伦理的期待是什么以及怎样生活？"这种对科学思想的转向表明一个人文学科的经典作用被取代的又一方式。"在过去"，Blackburn 看到，"哲学家，剧作家，历史学家，人类学家，作家和诗人都在垄断这些主题。现在行为经济学家，生物学家，认知科学家，进化论者和神经生理学家占据着这一领域，一片勇敢的新曙光正在朝我们走来"。

"遇见摩登原始人"，Steven Pinker 对 *The Blank Slate：The Modern Denial of Human Nature* 的评论，The New Republic，November 25，2002，http：//www.tnr.com/article/meet-the-flintstones。

[5] Steven Pinker, *The Blank Slate*: *The Modern Denial of Human Nature* (New York: Viking, 2002), X.

[6] Ibid., 417. 在对 *The Blank Slate*（一篇关于"The New Darwinism in the Humanities"的两部分文章中的一部分）这本书的具有闪光点的评论中，Harold Fromm 把 Pinker 称赞为那些标新立异的人当中的一员。有趣的是，即便当他在遇到和人文科学的分歧而称赞 Pinker（和 E. O. Wilson）的艺术鉴赏力时，他确实发现在对他们的审美做出判断时有必要度量赞美："当推荐给其他人时，他们（Pinker 和 Wilson）会考虑意见是否一致。当评估他们的见解时，我们没必要把他们的审美判断当做最终话语，因为在艺术当中'美'的问题很复杂。我们知道贝多芬后期、瓦格纳后期、马勒、斯特拉文斯基、毕加索、詹姆斯·乔伊斯和艾略特等起初被认为是'丑陋的'，然而对现在存在的一些问题来说，他们看起来却很正常自然。至于什么没有被吸收——*Finnegan's Wake*，*Moses und Aron*——也许是那类能够证实 Pinker 判断的人工产物。""The New Darwinism in the Humanities, Part I: From Plato to Pinker", *The Hudson Review*, Vol. LVI, No. 1 (Spring 2003): 99。然而，美是复杂的这一事实从根本上削弱了 Pinker 的观点。参见"The New Darwinism in the Humanities, Part II: Back to Nature, Again", *The Hudson Review* LVI, No. 2 (Summer 2003): 315 – 327.

[7] Caroline Levine, "Strategic Formalism: Toward a New Method in Cultural Studies", *Victorian Studies* 48, No. 4 (Summer 2006): 633 – 634; Herbert Tucker, "Tactical Formalism: A Response to Caroline Levine", *Victorian Studies* 49, No. 1 (Autumn 2006): 85 – 93.

[8] Levine, "Strategic Formalism", 633 – 634。尽管 Levine 澄清在"战略形式主义"分析中诗所扮演的角色，然而这似乎表明她不仅通过阅读一首诗说明她方法的优点，而且在对她于 *Victorian Studies* 发表的论文的两个关键的响应中也用诗来说明他们在重振文学研究的形式问题中所展示的共同兴趣。与新批评主义一样，这首诗似乎为当地的某些变异而又封闭的形式主义激励提供了一个特别能够掌控的点。参照 Caroline Levine, *Victorian Studies* 49, No. 1 (Autumn 2006): 94 – 99; and Tucker, "Tactical Formalism。

[9] 对于叙述逻辑学、认知学和其他以数据为基础的文学批评体系而言，似乎文学可以在同样的所谓客观分析范式比如科学中有望被分析研究，其研究结果即可验证且有效而不用解释，因此也是相关的。The New York Times 最近发表的一篇文章以最粗暴而又最有效的方式对这一方式进行了解构，并且在一个侧边栏发问道："把神经科学和 Jane Austen 结合起来可以获得文学博士学位或工作吗？"Patricia Cohen "英语中下一件大事是：知道他们知道你知道"，The New York Times, March 31, 2010。然而在"辩论室"论坛更微妙的反应体现出以上关于现状或给定现状的多种运动的破产的许多关键问题和目的。比如 Blakey Vermeule 指出年轻学者"带来了一套能与科学完全兼容的技巧。他们有很高的科学悟性，乐意使用数字技术开展广泛而又雄心勃勃的研究项目"。这类研究的价值是"能量能够被分布并且结果是实证的，是可测试的、可证伪的。这一工作能引人注目的地方是它是怎样的实际积极，具有合作性和经验性。所以说人文学科挣扎于理论之中是误导性的。战争理论早已不复存在，并且没有人后悔他们的遗失。取代他们的正是与它一直相伴随的东西：研究和奖学金，但却是对科学思想和方法的一个新的开放"。"Practical and Positive Research"，The New York Times, April 5, 2010.

[10] Levine, "Strategic Formalism", 630, 629.

[11] 例如，见 Jean-Lecercle 的 "Return to the Political", PMLA 125, No. 4 (2010): 916-919, 对 "Literary Criticism for the Twenty-First Century" 这一主题做出了贡献；以及在一个采访中与 Gayatri Chakravorty Spivak 就这一相同问题也做出了相应的贡献。

[12] Max Horkheimer, "Traditional and Critical Theory", trans. Matthew J. O. Connell, in Critical Theory: Selected Essays (New York: Herder & Herder, 1972), 221.

[13] Fredric Jameson, Valences of the Dialectic (New York: Verso, 2009), 532.

[14] Catherine Gallagher and Stephen Greenblatt, Practicing New Historicism (Chicago: University of Chicago Press, 2000), 19.

[15] Alexander Kluge, "The Assault of the Present on the Rest of Time",

trans. Tamara Evans and Stuart Liebman, *New German Critique* 49 (Winter 1990): 11 - 22.

[16] Gallagher and Greenblatt, *Practicing*, 9.

[17] 在描述横向性时，Jameson 是基于"同源"过程中的回归内在和延续，这种"同源"不仅避开了同源理论而且放弃了结构的概念。"他继续把新历史主义的话语"描述为"蒙太奇的历史景点，并且适应艾森斯坦著名的短语。在这种短语中极端的理论能量被捕捉并释放，但被固有的和唯名论的稳定物价所压抑，这一唯名论要么看起来像返回到'事物本身'，要么可以看作一种'阻力理论'。"*Postmodernism, or, The Cultural Logic of Late Capitalism* (Durham, NC: Duke University Press, 1991), 188 and 190 - 191.

[18] David Bordwell, "Contemporary Film Studies and the Vicissitudes of Grand Theory", in *Post-Theory: Reconstructing Film Studies*, ed. David Bordwell and Noel Carroll (Madison, WI: University of Wisconsin Press, 1996), 3 - 36.

[19] Slavoj Zizek, *In Defense of Lost Causes* (New York: Verso, 2008), 2.

[20] Carolyn Steedman, *Dust* (Manchester: Manchester University Press, 2001), 68.

[21] Marc Bousquet, *How the University Works: Higher Education and the Low-Wage Nation* (New York: New York University Press, 2008), 107.

[22] Bousquet 对分析大学商业化和大学组织结构的变化特别感兴趣。在他的一篇题名为"Worlds to Win"的文章中（是为纪念 Cary Nelson 对这些辩论所做的论文集的一部分），Bousquet 把他的方法命名为"Toward a Cultural Studies of the University Itself"。参考"Worlds to Win: Toward a Cultural Studies of the University Itself", in *Cary Nelson and the Struggle for the University: Poetry, Politics and the Profession*, ed. Michael Rothberg and Peter K. Garret (Albany, NY: SUNY Press, 2009), 95 - 111。

[23] Elaine Scarry, *On Beauty and Being Just* (Princeton, NJ: Princeton University Press, 1999), 46, 78.

[24] Eve Kosofsky Sedgwick, *Touching Feeling: Affect, Pedagogy, Perfor-

mativity（Durham, NC: Duke University Press, 2003）, 125 – 126.

[25] Stephen Best and Sharon Marcus, "Surface Reading: An Introduction", in *The Way We Read Now*, ed. Sharon Marcus and Stephen Best, special issue, *Representations* 108（Fall 2009）: 2.

[26] 如果 Errol Morris 的电影 *Standard Operating Procedure* 能展示出什么东西的话，那就是这些 Abu Ghraib images 的形象远非明显，透明或自有奉送，即使这些形象是作为毫无疑问的邪恶力量的证明。在一个显示伊拉克叛乱分子被美国海军在 Fallujah 杀害的录像发布之后，Morris 在一篇社论中把"图像"这个概念定义为"围绕着一个点收集其他的证据"。他们是其中的一部分，而不是一种替代，是一个明证，眼见为实而不是与此相反。"不是每个照片都讲述一个故事"，*The New York Times*, November 20, 2004, A19; and *Standard Operating Procedure*（New York: Sony Pictures Classics, 2008）。

[27] 参照 Fredric Jameson 所著 *The Political Unconscious: Narrative as a Socially Symbolic Act*（Ithaca, NY: Cornell University Press, 1981）。Jameson 出席了会议并发表了政治性演讲，这就使得他对于理论地位的宣称和在 *Valences* 的文章阅读更加合适于最近所说的表面阅读，同时也更加具有合理性。

[28] Sharon Marcus, "Just Reading: Female Friendship and the Marriage Plot", in *Between Women: Friendship, Desire, and Marriage in Victorian England*（Princeton, NJ: Princeton University Press, 2007）, 75.

[29] Best and Marcus, "Surface Reading", 17. 如果表层阅读使得对"真理，有效性和客观性，产生新一轮的宣称"，那么新形式主义按照价值进行新一轮的编码。例如在 1999 年发表的以"In Defense of Poetry"为题的文章中，Marjorie Perloff 评论到要用文化研究的方法来对待文本，当一首诗、一部小说或电影被讨论时，不是因为它内在的优点或作为个人才能的表达，而是因为其政治角色，它所执行的"文化工作"，或是它关于社会的状态揭示了什么。在这类事情的框架内，价值问题简单地消失了，因为相比于畅销书盛行的时期，或 20 世纪早期的国内建筑，流行期刊或医药论文来说，没有原因表明 Henry James 的小说是对世纪转型时期的美国的文化

困惑更好的索引或症状体现。在大学人文中心阅读当前被学者研究的主题列表，你会发现"文学"功能几乎完全采用以下这种方式：项目标题将会向中科院以外的任何人表明，所有的这些学者都来自一个单独的部门——历史部门。

"In Defense of Poetry: Put the Literature Back into Literary Studies", BostonReview, February/March2000, 网址 http://bostonreviewnet/BR24.6/perloff.html。考虑到他们对历史阅读相异的立场，这些呼吁可能会格格不入，他们都还是减少阅读的文本，从而不仅否定了症状，也不主张一个文本内在，像 Scarry 的公式"公平等于公平"，什么是"有效的"或什么是"天才"的工作不需要求助于更大的结构，在这种结构里，有效和天才的概念被描绘并首先给予意义。

［30］Best and Marcus, "Surface Reading", 18.

［31］Bruce Robbins, "Commodity Histories", PMLA 120, No.2 (March 2005): 455.

［32］Gayatri Charkravorty Spivak, "Rhetoric and Cultural Explanation: A Discussion with Gayatri Charkravorty Spivak", JAC 10, No.2 (Winter 1990): n.p.

［33］Steven Helmling 所著 *The Success and Failure of Fredric Jameson: Writing, the Sublime, and the Dialectic of Critique* (Albany, NJ: SUNY Press, 2001)。正如书名所示，Helmling 通过 *The Success and Failure of Fredric Jameson* 这本书发展了这一概念，书中所含的一个结论如下所示："［a'dialectic project'］要获得成功，只能通过失败，只能通过特别而又适当要求的方法而来的失败。它必须唤起它渴望解决的困难，但在某种程度上，任何提出的解决方案似乎成功了，同时由于低估了问题，问题的声明似乎会失败"（8）。

［34］Spivak, "Rhetoric".

［35］我们与金钱的关系体现了这种盲目崇拜是如何工作的："当个人使用钱，他们知道得很清楚，没有什么神奇之处——金钱的重要性，仅仅是一种社会关系的表达。因此，在日常生活中，个人非常清楚，在事物之间的关系之后存在着人之间的关系。问题是，在他们的社会活动本身，在

钱的物质意义层面上，他们做事情的方式，他们充当钱的角色，都是对财富的直接体现。他们在实践中而不是理论上是崇拜者。"Slavoj Zizek 所著 *The Sublime Object of Ideology* (New York: Verso, 2008), 28。

[36] 正如这一语言所表明，这也是为什么 Jameson 认为黑格尔的哲学问题是"又一次白天顺序"的问题：即"部分之与整体的关系，具体和抽象之间的方向，整体的概念，外表和本质的辩证，主体和客体之间的相互作用"。*Marxism and Form: Twentieth-Century Dialectical Theories of Literature* (Princeton, NJ: Princeton University Press, 1971), xix。在他后来的有关认知映射的文章中，詹姆逊运用这些主题的一个变化和生活经验与结构之间的区别来描述发生在垄断资本主义和帝国主义扩张时期的改变。参照 Fredric Jameson, "Cognitive Mapping", in *Marxism and the Interpretation of Culture*, ed. Cary Nelson and Lawrence Grossberg (Urbana, IL: University of Illinois Press, 1988), 347 – 360。

[37] 这一描述出自 Lefebvre 并被 Edward W. Soja 在 "The Socio-Spatial Dialectic" 中所引用。参照 *Annals of the Association of American Geographers* 70, No. 2 (1980): 210。完整的引用如下："Space is not a scientific object removed from ideology and politics; It has always been political and strategic. If space has an air of neutrality and indifference with regard to its contents and thus seems to be 'purely' formal, the epitome of rational abstraction, it is precisely because it has been occupied and used, and has already been the focus of past processes whose traces are not always evident on the landscape. Space has been shaped and molded from historical and natural elements, but this has been a political process. Space is political and ideologies. It is a product literally filled with ideologies." Lefebvre, "Reflections on the Politics of Space", *Antipode* 8, No. 2 (May 1976): 31.

[38] Zadie Smith, *Changing My Mind: Occasional Essays* (New York: Penguin Press, 2009), 96.

[39] Jonathan Goldberg, "On the Eve of the Future", PMLA125, No. 2 (March 2010): 375.

[40] 虽然没有直接引用表面阅读及其吸引电脑的客观性的收集和整

理,没有主观解释的干扰,Jameson 在 *Valences of the Dialectic Cautions* 中说:"今天的全球资本主义显然不是被认为的一定数额的主动性,任意数量的灾难性的政治策略和计算证明接近它的愚蠢的常识和经验事实,即使它是承认这些事实的多样性要求比个人更复杂的推理(通常是在计算机呼吁这种情况下)。"(67)

[41] 描述的令人费解的冲动使她分别从 1981 年研究生班部分 *Semiotext(e)* 包含(有疑问)历史文献详细描述 19 世纪发生在 Sedwick 的医疗案件自慰,在 "Jane Austen and the Masturbating Girl" 中写道:"我甚至没有延续和传播的新历史主义的不在场证明的暴力叙事贸易的冲击:"交易",他们似乎心照不宣但忧心忡忡地嘱咐,"处理自己的恐怖,自己的冲动,你的否定,以你自己的方式,在你自己的时间,在自己的[从而重新构成无形]隐私;这不是我们的责任,因为**这些可怕的事情是真实的**'"。"Jane Austen and the Masturbating Girl", *Critical Inquiry* 17, No. 4 (Summer 1991): 835. 在我的账户,通过档案新历史主义的盲目迷恋 Sedwick 所谓的"真正的借口。"

[42] Eve Kosofsky Sedgwick, "Queer and Now", in *Tendencies* (Durham, NC: Duke University Press, 1993), 3.

[43] Judith Butler, *Precarious Life: The Powers of Mourning and Violence* (London: Verso, 2004), 24, 28.

[44] 正如 Henri Lefebvre 给空间下的定义那样:"它不是很多事情之间的一个事情,也不是很多产品中的一个产品:相反,它贯穿了所生产的东西,在他们的共存和同时性中包含了他梦的相互关系——他们(相对的)顺序和/或(相对的)无序。"*The Production of Space* (1974; Cambridge, MA: Blackwell, 1991), 73.

[45] 在写到她在教室的经历时,那时正处在艾滋病危机和她癌症诊断时,Sedgwick "发现她自己作为老师,作为范例,说服者或读者,越来越少地感到自己是教室的中心。我也发现一种特定的声音发出来,这种声音是一种深度的置换,而我的声音并不是唯一发生置换的声音;同时,这一置换能产生某种效果,这种效果会以一种不显而易见的方式有效地扭曲话语的界限"(*Touching*, 34)。深度置换这一概念和黑格尔辩证法中的消极

主义以及詹姆逊在"把方位去除"一句中所述的空间辩证法相类似。在一场有关艾滋病宣言中，Sedgwick用语言的置换描述了他的不定的位置和政治观点，而这场宣言是关于黑人同性恋的隐形能力："置换：隐形的黑人同性恋感到了某个人的白皮肤——部分是通过 Tongues Untied 这类代表性作品，部分是通过每日报纸的残酷性，部分是通过与学生交流当中所产生的转换性——就像现实当中疼痛的差距。"（33）

[46] Sedgwick做了一个类似的澄清，她承认："虽然时间和空间思维从未真正互相替代，我一直试着在 Touching Feeling 这本书中抵制走向丰富的空间维度的职业倾向。"（9）

[47] 在交互概念中的暴力应该区别于Althusser的超定模式和结构的因果关系，它虽然在时间方面是有用的，却缺乏辩证的消极力量，即矛盾。相反的是，超定模式现在似乎暗示一个奇异的事件，在它所有的独特性中，同时发生的原因有很多是即兴的（可能忽略经济）；而在具体的距离方面，结构因果关系制定出不同层次当中的微分关系，同时这种距离本身也是一种结构的产物。

[48] 这些类别的表征的关键是它们都被人了解但未见："这个空槽（构成了工作和失业之间的一个对立）在 Capital 这本书中已经隐式地确定了资本，其中便包括对虔诚观念的无力袭击：在其史诗的整个行业中，再培训的观念被从商业中赶出；但通过可见的地理空间，全球化仍有待把这一类别戏剧化到更明显的程度。"（580）

[49] Karl Marx and Frederick Engels, The Communist Manifesto (New York: Verso, 1998), 39.

[50] Jameson把认知映射定义为"教育旨在赋予个人主体政治文化并在全球系统具有高度的位置"。Postmodernism，54。在1983年夏天的以"Marxism and the Interpretation of Culture"为主题的会议引入了认知映射的概念，他特别指出它作为一个"审美任务"区别于社会科学，区别于阿尔都塞区分科学与意识形态的对应："现在，我认为你可以教人们这个或那个的世界观是如何被思考或概念化，但真正的问题是：在日常的生活中，作为单独的精神上的个体，人们越来越难把自己的经历与此相结合。社会科学很少能够做到，而且当他们尝试时（如民族方法学），他们只有通过突

变社会科学话语来做到,或者他们仅仅在社会科学成为一种意识形态的时候才做到,但后来我们回到审美。美学强调的是个人经验而不是以一种抽象化的方式把事实概念化的东西。""Cognitive Mapping",358.

〔51〕Theodor Adorno, *Minina Moralia: Reflections on a Damaged Life*, trans. E. F. N. Jephcott (New York: Verso, 2005), 74.

〔52〕为了响应纽约州立大学,奥尔巴尼大学校长 George M. Philip 宣布削减意大利语的、法语的、俄语的、经典的和戏剧类的节目,在"The Crisis of the Humanities Officially Arrives"一文中,Stanley Fish 说明由于公共的资金抽回,人文学科将会崩溃不再是个问题;因为它已经发生了。Stanley Fish, "The Crisis of the Humanities Officially Arrives", *The New York Times*, October 11, 2010.

第二十五章

创意劳动[*]

莎拉·布鲁伊莱

本篇文章对比了两大具有影响力的当代劳动的概念，它们有着共同基础但是从传统的解释和贡献上显示出极端的不同。一是广受欢迎的关于"创意阶级"的概念，它是由管理学教授、为政府和产业全球奔波的顾问理查德·佛罗里达推广的。第二个解释则是由一群思想家串接自治所集合的"非物质劳动"，一个源于意大利工人阶级社会观运动的激进的马克思主义的构造。这一群人，现在在"后强调工人利益社会观"的模式中，包括迈克尔·哈尔特、安东尼奥·奈格里、毛里齐奥·拉扎拉托和保罗·维尔诺，我称他们为自治论者，作为一个简单且方便的速记。佛罗里达的研究对近期的政府政策和事件管理著作都产生了影响，那便是个体出身就是创新者和事业的起源，所以自然而然的反对已经存在的事物，并且试图通过创新去完善。在这个过程中，经济还发现了先前存在的趋势，并把它培育成无限革新的引擎。根据自治论者的理论，它构想出了一个顽固的主体，它一旦归入和脱离了资本主义的解放源头，就很难与佛罗里达的理论相一致

---

[*] 选自 *Mediations* 24（2），2009：140–149。

了。尽管如此，我认为他们比那些拥有丰富词汇而诊断出的彻底了解创新表达式，作为一个导入内在和自然资源的实验所必需的构成条件更具综合性，并且后者发现艺术家们理想化的模型之一也会在线路、管理、标准化和商业化的表面产生阻碍。对于佛罗里达而言的事实却是，这样的词汇恰好是当代资本主义显然所需要的，对其强化也并非难题，他的创新科目是现代化进程的成果，是自反性和自由的传播的成果。自治论者们的问题则更加困难，他们自己就试图减少理论核心自我依赖，而这正和资本所培育和表现出来的一模一样，但他们并不能提供关于人们动机和行为这一概念的任何其他选择。相反，它们非物质的制造者，他们的角色更多是被设想的而非阐述的，也显示出他们对于任何重大历史都极为无知。[1]

一开始，佛罗里达和自治论者都广泛地认同过去了几十年更多的作品变得更能与艺术家们的作品媲美。对于佛罗里达，这是一个积极的进步。对于自治论者有一点矛盾，他们规定小的对等，像这种审美表现是属于资本主义的产物而非真正的创新性，几乎无法实现对等，更像是编纂和毁坏的商品形式表面。但双方阵营都认为创新性存在于个体中，个体具有不被污染可试验的能量和自我表现的能力。在佛罗里达的作品中，这些能力都常常通过个人在创新工作扩大市场上的发展来提升和解放。对于自治论者，他们却因这样的碰撞而受到威胁。事实上，它们被澄清为个人主义的偏向过程，从那以后，它也被归为资本主义者的关系当中，直到纯粹的潜能单子在社会主义化前出现后才变成了真正创新力的来源。尽管如此，这"潜能"被认为是一个在发展过程中所固有的胚芽，对于自治论者们也能残忍地终止资本主义。生产中新的潮流引发了群众的崛起，并且同时成就了像马克思所说的后资本主义的社会个体，即为工人能做机器不能做的事，人们因为它所做的工作非常令人满意，并且不会受到远距离的冲动和直接控制。[2]

对于佛罗里达,在资本主义仁慈的监督下,理想的非异化劳动是由"完整的人"在自我发展的途中表现出来的,然后从乌托邦式的幻想的领域分发到工作环境中。在资本家和波西米亚价值观之间可维持的距离崩塌成了"共同生活和工作伦理",佛罗里达称之为"创新精神"。[3]就像以前波西米亚人的创新阶级注重多样性、开放性和不墨守成规,回避"组织或制度上的指令",并且从传统上拥护城市个体的自由。[4]尽管如此,像资本家一样,他们也相对愿意将自己的个人价值与职业成就联系起来,他们也有一点"厌恶物质财富",并不是因为他们不想变成富裕的人,而是因为他们生活在一个"后稀缺"的时代。[5]然而波西米亚的艺术家从他们的著作中感到煎熬,创新阶级的成员深刻地渗入了让他们不用担心贫困的程度。[6]事实上,一个成功的创新生涯是非常重要的,因为它意味着可以自由地追求创新爱好而不用太担心市场上的必需品。这样唯物主义者的各种动机就并驾齐驱了,而不是压力,伴随着自我表现和发展的欲望,还有做创新工作和参与到创新群众中的渴望与渴望在繁荣中生活是不矛盾的。创新的过程只有这样与其本质不分割地组织起来才会受到尊重,它的自治权才会得以承认,并在工作中树立起来。

就自治论者而言,同时,通过非物质劳动,后工厂劳作生产了信息化和具有文化内涵的商品,资本就会忙碌的与创新本身协调地结合在一起。[7]它通过把所有社会经历视为工厂,然后全球倾向于把创新工作当成实验室,在这里新的产品不断涌出。工人的个性包括她对不同事物的欲望和自我表现,这是受组织和命令影响而成的。[8]这样,当我们都享受着探索我们的主观性,而这种主观性绝对没有理由去掉任何与组织和命令相对立的东西,确实,它简单地把对抗力量寄托在一个高水平上,因为这同时使得每一个不同工人的性格调动并碰撞在一起。[9]这个充满可利用观点的转化世界被自治论者称作"集体智慧",这是一个资本家一直试图进入和获得的东西,所以它制造的一些聚集新奇的空间,使得它们显露便于获取。在这里,斗争工作就开始起作用。物质生产培育、剥夺、剥削劳动力,这是通过持续有效的自我牺牲自我鼓励的工人的社会生产实现的,人们免费提供自己的劳动,因为他们没有体会到劳动的快乐或者道德信念。[10]这儿的关键便是资本家对于工人的欲望,因为命令能够驱使他们,工人们可能会不遵守规定,但是勇于违反却是改变生产效率的一个先决条件。[11]对于自治论者,佛罗里达的错误被认为是把资本主义和创新表现的混合视为实现摧毁工人灵魂的开始。而他是一种强制性的剥夺行为,尽管它常被认作反面对立。

与此同时,工作与休闲的区别被毁坏了,一个人所体验和消费以外的劳动时间就成了商品的生产过程。[12]当非物质劳动成为全部社会关系的焦点时,它的经济价值也起源于这一事实,这对于自治论者和消费者都一样。"它从概念上就写入了这个产品的生产过程。"[13]消费并不只是实现了产品。它就是产品本身,在产品创新和预想成果时就已经是追踪设定的结果。这样,通过非物质劳动的物质再生产就是主观的整体世界,从而创造了环境。非物质劳动商品的内容就是大体的社会环境。非物质工人们对其命令表示满意,并且同时生产了它。工厂对于社会来说就是让工人们再生产的地方,所有被消耗的培养工作的文化都是为了影响消费者再创新的处境。换句话说,消费者已经彻底的并入了生产的周期,并且文化生产者让她自身也变成了消费者,以她生活和休闲方式的配备决定了是哪个阶级的成员,他的消费习惯同时也定义了他自己,作为消费者的经验也在形成了之后编成知识产权的权限。非物质生产的过程是循环且遍及各方面的,它与任何人都相关联。

有了之前的描绘,自治论者还是很小心地推理了集体智慧,认为它们不能完全充分的合并。为了解释这一阻力，一部分人采用了马克思对普遍智慧的说法，特别是在"机器片段"中的详细描述，从维尔诺的术语中，马克思提出抽象知识"开始成为，正好由于生产中的自主性，原则上的生产力，就会把部分劳动力和重复的劳动归入次要的剩余的一个位置上"。[14]简单来说，维尔诺把马克思的简短文字解释成了一个支撑他自己言论的东西，事实上运用这样的知识是恶俗的，而且每一个工人是独立存在的个体。普遍智慧是活劳动和机器的相互联系，而这是固定的资产，因为劳动过程所需的知识已经分离出并嵌入在了人脑中。而且这种知识被普遍智慧所支持，也不会减少成固定资本，因为它是"众多活着的事物相互作用着不可分离的"。[15]

"大规模的智力是后福特主义者活劳动的复合组"，维尔诺写道，并且它"不能在机器中具象化"。[16]确实，随着普遍智慧愈发的与活劳动扩大而调配和再造，当它转变成了固定资本时，冲突就产生了。资本家不断巩固知识，去和缺少意愿的活劳动力相匹配，从而使这种知识抽象化。对于维尔诺，普遍智慧正是"在大众之中的智慧"，是人类具有的基本思考和处理过程的能力。它是每一个人都被继承了的创造力，"而不是思想所著的作品"。后工业聚积开启了这不断的资源。的确，它需要无尽的创新动力和资源潜力，从根本上接触"劳动的潜力去执行偶然发生和不重复的状况"。[17]这是一个与工人贵族相悖的社会认识。它是有着多种有效可能的不可计量的场所。它来自员工的思想、看法、语言、记忆和感受，所有能区分人类的"基本生理形态"。[18]它有着永不停止的可能性，在自治论者的言语中，这是实质。[19]正因为如此资本会试图转变成高效生产力，而且哈尔特和奈格里已经在群众的政治许诺中设立了乌托邦的中心。

在理解这种潜力和它通过非物质劳动力产生的转变的关系时，自治论者倾向于唤起审美原型。维尔诺认为创新是一种精湛的现场表演技巧,他的活动"在没有把它本身具象化为最终商品或能在表演后得到成效的物体的前提下,会自己发现自我实现(也就是自我用途)的目的"。[20] 真正的创新性好像不会成功地转化成产品或物体,它正确的气氛不能够被它自己表现之外的单一时刻保存或取出,也就是所说的"自我用途"。至于他的部分,拉扎拉托运用了"作者、复制和接受"这一文学巡回。[21] 他将作者放在了消费者的位置上,因为他们组成了一个独特的在大规模智力中可利用材料的混合物,这其中也将劳动力聚集到资本。他们所提供的是起决定性的东西,在缺乏的时候,他仍然继续去执行活劳动力或者"艺术大师"的职能,资本家不断的对其采取反抗手段,它却不会彻底地"使自己的价值观从居于下位"。[22] 换句话说,从事于非物质生产就像是作者必须"以生活的形式制造歪曲或倾斜虚构社会"去写作一样。同时,尽管这些生活制作是创新的基本原则和最终资源,因为简单活着的过程就会出现创意理念,所以非物质商品的生产实际是依赖他人且从属的。任何事情都是社会授权的,因为它是"社会关系的全部",具体就体现在作者—作品—读者的关系上,这带来了若干种"进入剧本"的意义。[23] 但是通过非物质商品的作者,他具有拉扎拉托所说自治的"协同增效效应",资本家会试图控制并使这些不会削减的能量从属于它。[24]

因此,在非物质劳动的理论下,关于创新阶级的狂热者,他们的地位和作家工作的理念塑造了他们应如何承担和呈现当代劳动。对于后者,似乎以前认为艺术家应该反感市场成功的理想不再能成立了。艺术家们已经被归入了创新阶级,波西米亚的价值观只会在生活方式中存留,创新性和市场流通将会协力并同时展开。创新活动的真实性和主观性不再因市场流通受到威胁,相反地还会被保护。相反,对于前者,艺术家是模型,将主观性吸收到市场中。她是工人"创办"作者,或授权论述不可与资本主义分割但可以分离其他不牵制的任何事物的代表：比如继承人类创新性，可理解为人们性格的无限潜能因重组而多变。

佛罗里达派和自治论者们的观点是如此的相似，在他们的假想中，创新性与资本都以某种新奇的方式融合在了一起，成为如信息、娱乐和艺术等许多象征性内容的成果，而且在表面上支配了经济，随着艺术家大肆吹嘘对常规作业的抵抗，使得劳动力泛化。但是，自治论者们试图维持这样一个空间，即在"集体智慧"和企业家由于个人私利对产品的拨款之间的空间。他们对于鉴别艺术和实质的理论时常回归到认可的演讲不能通过知识产权的非物质生产获得，所以观念还停留在创新表现和工作仍有一些紧迫的矛盾上。他们的作品都表示了明确的意愿去维持一个崇高的、同时能在产权关系之外的、可以调换它们的所有资源的群体。这样的愿望也许是在他们频繁回到有共鸣的道德对立面最明显的，工程量与无法量化的竞争，实体产品与任何未来的创新潜力竞争，单独作者的模型与集成众人智慧使用的作者相结合，写作和编纂对阵可以持续融合和重新部署全球拥有的语言，知识产权与"普通人"和群众竞争，权衡与所有蕴含着量化和互换的不可计量的竞争，扮演着社会知识无止境的繁殖力，它对于互换关系的不可约性（或者说，它在机器上不适用的抽象概念）。

这样，佛罗里达和自治论者协商的时候，我们发现一种经济的图像，那便是个体的创新性已经成为先锋推动力和关键生产引擎。当它们偏离时，我们看见它们会持续冲突，而这表示太多的劳动力如今都被称作创新，或是对于创造冲动生产力已经太普通了。对于佛罗里达和他的学生和同盟们、艺术家们都是市场中成功和令人满意的模型，然而非创新人员还是一个问题。这并不是他们像自治论者们一样不能提供什么的原因，佛罗里达声称每一个人都是有创造力的，但是由于他们在没有活力的工作中受阻，他们的潜力没有被挖掘出来，这就意味着"浪费了创造资本的大容器"[25]。这表示了一个问题，即对于他们和商业双方都有可能交易他们的创造力。

从显著的对比中，对于非物质劳动力的理论家来说，这些非创新人员正是真正创新性存在的地方，因为他们不停地去重组能力使所有知识的源泉重组。这些理论家们因此变形成一些不创作或拒绝抵抗资本的唯一源泉，这样对资本的抵抗总是会不太协调的。所以鉴于佛罗里达派把创新性放在迎合市场需求的地位上，对于自治论者们它只会成为碰到市场逻辑的想法，当作者被资本剥削后成为普通大众，而且也就很简单地成了资本本身。人物和系统两者都需要残留的原著或授权经历之外的全部社会世界，潜力的来源不会被减小成资本。换句话说，一旦你的劳动力成为有效的简化成商品的东西，通过剥夺潜力，你已经成了作者。这只是非作者拥有的非市场完整性，占有非市场的集体智慧。

文学学者已经表现出把物体想象成"表现的起源"是必要的，这种起源已经融入资本主义的文化市场和知识产权的私人权利中。[26]在未来的写作中，我希望能够展现出他们在创新劳动理论中更多的联系，然而从迈克尔·瑞安的观点中采取我的思路，那么奈格里的稳定"富有表现力的主体"就会依靠实际上具体条件的可行性的"器械和语境因素"的省略，这是使其成为可能的真实条件。[27]瑞安为"物体绝对论"感到痛惜，并声称奈格里个人的想象不能削减的差异和不断实验的资源具体化会持续与自由物体作为一系列个人选择和自我参考的要求。[28]从瑞安的评价中，创新生产的理论倾向于扩大和推广他发现这个主体性缺点的方法，使一些特别的艺术作家的人物在过程中活动。这些人物继续的生活包括社会和经济力量的汇合，这对于佛罗里达或自治论者们几乎没有一点珍贵的好处，因为他们的理论偏于移除他们从历史理解假想的科目。迷失于这一整套分析之中就是这些艺术家们劳动力和工作时，任何矛盾意识，材料和基本的历史都朝着他们主体性的概念维持。审美生产的劳动理论作为广泛的政治经济和文化的部分，应该在考虑成熟后提供一个可选择性，例如艺术家和他们工作市场的矛盾关系的发展，或者是共存的艺术家人物作为稳定物价的精神劳动力量的主流。对历史性和特点的出现及词汇的传播研究使当代劳动在当代资本主义角色变质的过程中充当了自主探究、自我表现和自我完成的必要任务的角色。

注 释

[1] 见 Timothy Brennan 所写对非物质劳动理论的尖锐批判性文章"The Empire's New Clothes", *Critical Inquiry* 29（2003）：337 - 367。更广泛的创新力看法见 Mark Banks, *The Politics of Cultural Work*（London：Palgrave, 2007）和 Andrew Ross, *Nice Work if You Can Get It*（New York：New York University Press, 2009）。

[2] 见"Social Individual", in Moishe Postone, *Time, Labor, and Social Domination: A Reinterpretation of Marx's Critical Theory*（Cambridge：Cambridge University Press, 1993）, 33；对照 Karl Marx, *The Grundrisse*［1857 - 1861］（London：Penguin, 1973）, 325, 705 - 706。

[3] Richard Florida, *The Rise of the Creative Class*（New York：Basic Books, 2002）, 193.

[4] Florida, *Rise of the Creative Class*, 77.

[5] Florida, *Rise of the Creative Class*, 194.

[6] Florida, *Rise of the Creative Class*, 81.

[7] Maurizio Lazzarato, "Immaterial Labor", in Paolo Virno and Michael Hardt（eds.）, *Radical Thought in Italy*（Minneapolis, MN：University of Minnesota Press, 1996）, 133.

[8] Lazzarato, "Immaterial Labor", 134.

[9] Lazzarato, "Immaterial Labor", 135.

[10] Tiziana Terranova, "Free Labor: Producing Culture for the Digital E-

conomy", *Social Text* 63 (2000): 51.

[11] Lazzarato, " 'Immaterial Labor", 136.

[12] Paolo Virno, "General Intellect", trans. Arianna Bove, < http://www.generation-online.org/p/fpvirno10.htm >, 第 5 段。

[13] Lazzarato, "Immaterial Labor", 141.

[14] Paolo Virno, "The Ambivalence of Disenchantment", in Paolo Virno and Michael Hardt (eds.), *Radical Thought in Italy* (Minneapolis, MN: University of Minnesota Press, 1996), 21. 与 Marx, *Grundrisse* 692 – 693 对比。

[15] Virno, "General Intellect", 第 6 段。

[16] Virno, "General Intellect", 第 7 段。

[17] Virno, "General Intellect", 第 7 段。

[18] Paolo Virno, "A Grammar of the Multitude", trans. Isabella Bertoletti, James Cascaito, and Andrea Casson (Los Angeles: Semiotext [e], 2004), 98.

[19] Virno, "General Intellect", 第 8 段。

[20] Virno, *Grammar*, 52.

[21] Lazzarato, "Immaterial Labor", 144.

[22] Lazzarato, "Immaterial Labor", 145.

[23] Lazzarato, "Immaterial Labor", 146.

[24] Lazzarato, "Immaterial Labor", 145.

[25] Richard Florida, *The Flight of the Creative Class* (New York: HarperCollins, 2005), 188.

[26] 两个具有代表性的研究分别是 Mark Rose, *Autbors and Owners: The Invention of Copyright* (Cambridge: Harvard University Press, 1993) 和 Martha Woodmansee, *The Author, Art, and the Market: Rereading the History of the Aesthetics* (New York: Columbia University Press, 1994)。

[27] Michael Ryan, *Polities and Culture: Working Hypotheses for a Post Revolutionary Society* (Baltimore, MD: Johns Hopkins University Press, 1989), 46.

[28] Ryan, *Politics and Culture*, 57.

第二十六章

资本现实时代的艺术作品[*]

尼古拉斯·布朗

无论以前的年代如何构想,我们足以明智得知艺术品如同其他的物品一样都可成为商品。我们可能对自己这样的认知不甚明白。然而,马克思却了解透彻。

> 商品所有者与商品的主要区别在于后者(商品)把其他的每样商品都仅仅当作它自身价值的外在形式。天生的平等主义者和愤世嫉俗者的身份使得商品总是忙于和其他商品不仅交换"肉体"也交换"精神",因为它遭受的折磨比阿斯图里亚斯女仆残疾的身体还要多。商品所有者凭借自身的五官或其他更多的感官弥补后者对其他商品所缺乏的那种具体实在的触觉。他的商品对他而言具有不无介质的使用价值。否则他将无法将它推向市场。它对于其他人具有使用价值。对于他而言,商品唯一的无介质的使用价值就是充当交换价值的搬运工,因而成为交换的媒介。这就是为什么他想

---

[*] 选自 nonsite.org(March 13, 2012):http://nonsite.org/editorial/the-work-of-art-in-the-age-of-its-real-subsumption-under-capital。

要在交换中把商品处理掉,以换取他所感兴趣的商品的使用价值。所有商品对其拥有者都毫无使用价值,而对于其非拥有者具有使用价值。结果就是它们必须全部被转手。而这种转手卖掉构成了它们的交换。它们的交换使它们作为价值相互关联,并且实现它们的价值。商品在其使用价值被实现之前必须先获取其价值。(K100/C179)[1]

这一段话很费解(而且是一段在英语中体现了性别政治但又不甚明显的话)。这段话的难度和字面意义与目前所涉及的问题完全不相称。它会是区别商品与商品所有者的最浅显的表述之一吗?难道这不是一种奇怪的掩饰,先暗中把商品拟人化,然后再假装困惑地把拟人与人区别开来?但实际上是相反的:我们已在前一段落中读到:经济舞台上的角色仅仅是经济关系的拟人化。因此,商品不仅是被拟人化了,而且比起把商品所有者当作"它"(而实际上就是"它")来谈论,事实证明更易于把商品当作"她"来谈论。因此区别在于两个逻辑立场——他们之一被意识占领而趋于模糊——区别仅仅在于此:从商品的立场来看,所有的商品从品质上讲是中性的。如果一个市场被想象成只有买家和卖家,那么大量的商品以不同的比率进行交换,然而没有任何商品是不可交换的,也就是说没有任何商品拥有一种不能被称为数量的品质(在马克思著作前面篇章所建立的这种中性品质的基础,目前不在我们考察的范围内)。但是从商品所有者的立场来看——他因为拥有一件商品而不是别的什么东西,所以他同时是买家和卖家——他的商品从性质上不同于其他所有的商品,而在那里他自身没有品质。更确切地说,他唯一起区别作用的品质就是它(商品)没有品质,那就是它和其他商品在质量上相等:它具有可交换性。[2]

所有的其他商品——也就是他作为买家而不是卖家所接触到

的商品因他的"五种和更多的感官"全部具有品质。品质、使用价值对他作为卖家而言是重要的；否则他会不愿意卖。当然，作为卖家他知道他带给市场的商品"在它们被实现为价值之前必须经得起使用价值的判断"。（K 100／C 179）"但是"——这是一个黑格尔式的"但是"，这个连词改变了一切——"只有交换的行动能证明（人们在产品中所付出的劳动）是否对他人有用，这样的劳动所生产的产品因此能够满足他人的需要"（K 100—101／C 180）。由此，我们发现自己陷入一个"鸡和蛋"的循环问题——交换价值先于使用价值，使用价值先于交换价值。交换价值先于使用价值——那是马克思想象的商品所有者不想要的部分："他想把自己的商品作为价值而实现……不管他自己的商品对其他商品的所有者是否有用"（K 101／C 180）这个问题能通过给予矛盾"转移空间"得到暂时的解决，因为它会以几种其他方式再现，包括我们当代的凯恩斯主义者所谓的变现能力的圈套（K 118／C 198）。马克思正为金钱的出现做铺垫。金钱把商品与单个的购买者的关系转变为商品与市场的关系，而且为商品彻底的可交换性提供实践基础。

然而对于我们现在的目的，重要的是甚至对于个体买家，因此也可以说是对于市场，仅仅是商品的交换性对商品拥有者起作用，因为他可能会由于商品的使用价值来自前一方而感到沮丧。如果他卖给你一个沙拉碗而你却把它用作夜壶，这严格上来讲是你自己的事。就卖方而言，他的商品的使用价值仅使其表现出交换价值："仅仅是交换的动作就能证明劳动是否对他人有用。"商品所有者想通过生产某种对他人是使用价值的东西来实现其商品的交换价值。但是他并不是在制定规则，他甚至不知道商品的使用价值将成为什么。他甚至在商品被卖掉后才知道他的商品具有使用价值。的确，商品所具有的潜在的用途越多——它可切片，它可掷骰子，它是一个打字机、一个鞋店、地位的象征和西洋镜——他越是对其实际用途规约越少，他越高兴。

如果这是事物仅有的可能状态，那么就不会有理由去证实其特性。那么什么是"商品生产者的社会"的他者？在前面的章节中我们得到几个选项：鲁滨孙·克鲁索、中世纪的强制劳役、农民家庭、各种历史上非资本主义社会的提示，最后是著名的"自由人民的联盟，以共同的生产方式进行劳动，以完全的自觉性，付出的他们各自的劳动就像一股社会劳动力"。（K 92/C 171）这些就是商品生产的所有他者。但是它确定的他者，由资本主义市场生产的作为其内部框架的他者是黑格尔的集体劳动的形象，这是马克思处处召显的。这个形象最明显地显现在黑格尔对希腊伦理生活的理想化的再现。这种再现不是指向希腊城邦实际的样子或者是按照黑格尔所想象的那种实际的形象，而是它自身的内在视野。一种理想的希腊惯常生活必须预设但只能以一种不尽如人意的、矛盾和不稳定的方式实现。个人为了满足其所需而进行的劳动和把他人的所需作为自身需要的劳动是一样的。满足自身所需只能通过他人的劳动得以实现：

> 因为个体在其个人劳动中已经无意识地完成了共同的劳动。因此他已经又一次有意识地为公众而生产劳动。整体瞬间全部成为他为之牺牲了自我的工作。由此，准确地说，他自己得以复原。（265/§351）[3]

尽管马克思的"完全自觉性"标志着重大的不同之处，然而问题包括通过自我劳动来满足普遍和社会所需、不能减少的特别的才能和动力同样存在于马克思和黑格尔的思想中。但是，马克思从不同的社会体制来考虑这个问题，即资本主义。在这种体制中，产品或者生产者都不是惯常的；如我们所知，在这种体制中，交换先于使用。在马克思的版本中——"只有交换的行为能证明这样的劳动是否对他人有用,是否劳动的创造因此能满足外来的需要"——这两个从句表面上讲的是一回事。但实际上第二个从句的功能在于强调从中性的"他"到"外来者"(陌生人)的转换;那就是指出在黑格尔那里,理所当然的含有他人需要的商品交换的特性被简化成了可交换性的代码。正如弗雷德里克·詹姆逊最近提醒我们的那样,马克思异化(疏离)的逻辑与黑格尔的外在化(外化)(尽管黑格尔或马克思都未严格遵守语言上的区别)紧密相连。[4] 另一或否定层面的商品交换是黑格尔所说的 *die Kraft der Entäusserung*,"物化的权利,让人成为物的权利"。(483/§658)

我们现在花些时间来建构这个否定的、黑格尔的商品交换范围的精确轮廓。在《精神现象学》中有关主仆关系的主题已有大量的著述,这里不再赘述。虽然买家对于卖家的关系——逻辑上包含不感兴趣和迫切这两个阶段——在其最终没有能够建立主体性(而是建构了一个双方以集合体的角色而不是对抗者的角色能和平地面对面的市场)但是却反讽般昭示这个主题。重要的是我们如何避免这个辩证。众所周知,是奴隶的劳动创造和生产出这样的东西,以此在创造他自己和主人的生活环境的过程中外化自我。他由此发现在那个世界里的不是主人的权力而是他自己的权力:

因此劳动产品的形式,把他(奴隶)自己设置在外,对于他而言不是一个他者。因为这样的形式确实是他自己纯粹的自我存在,对他而言成为真理了。他所重新发现的恰恰是通过一个看似相异的目的而进行的劳动通过他自己的方式仅仅达到他自己的目的。(154/§196)

这是黑格尔的唯物论——可能会被顺便认为是因果或者庸俗唯物论的确切的对立物——确实它代表了《精神现象学》的一种意识形态核心。但关键是这个奴隶所创造出来的不是单纯的生产——马克思的商品也会是劳动的产品——而是有意为之：通过他自己的方式达到了一个目的。这个产品不是一个要靠交换来标记其用途的代码，而是一个目的明确的用途，也就是说是规范化的。主人大概会发现其中的另一目的，那么就会马上引发冲突。另外，只要有人会买，商品所有者不会在意买家对他商品的用意。

我们已经得出的结论是区分交换程式 C‑M‑C（商品—金钱—商品或是黑格尔伦理性，满足个人的需求和通过社会新陈代谢而满足社会普遍需求一样，都是使用价值利用金钱的媒介进行交换）和 M‑C‑M。同样的关系现在被理解成资本主义自身的核心，其中，使用价值在物价稳定的资本中暂时消失。我们所得出的结论是区分一个其作用（目的或意义）被标准化地植入自身的物品——意为黑格尔的术语普遍性，无非就是普通，适合每个人，因此不是私人事务——与另一其用途从某立场上看是不受重视的，但涉及另一立场则一定是个人的且可能是极其重大的物品。我们得出的结论是区分一件体现且必被强加了思想信念的物品与一件力争在其拥有者那里激发兴趣的物品。我们得出的结论是，毫无疑问是通过一条不同寻常的道路，去区分艺术与物品。[5]

这个区分当然是迈克尔·弗里德的，但是它已经成为有关当代文化生产主流的争论中心，或者，更有可能的是这种主流处在文化生产的新近时代，身处于其中的"后现代主义"和任何流派一样盛行。弗里德发现"物品"中任何招致异议的东西，然而都来自我们所熟悉的一类完全有规范的物品，即商品。或者，换句话说，弗里德的"形式主义"式的对于艺术与非艺术的辨别也是历史主义的，完全从马克思似是而非的"资本下的劳动的真实类属"或者全球市场终结的假设推导而出。

然后返回到**资本**。正如我们所看到的，理解马克思分析的一种途径就是要看到在商品交换中，目的或者意图的地位改变了。如果我为自己做了一只碗，那么它是一只碗，因为我想要做一只碗。我会关心这只碗所具有的所有物理特性。它是浅的而不是深的，是木头的而不是金属的，这些属性因为我的意图而让它们具备。那样，我们就处在黑格尔的外化中。如果我为市场生产一只碗，我首要关心的只有一种属性，它的可交换性：也就是，对于碗的需求。因此所有物理属性都因此转化到那种处处存在即被市场所决定的需求中。因此尽管我仍然可能在设计我的碗，但是那些设计就不会根据我的意图来做，因为他们完全基于考虑到其他人的大大小小的欲望之上的。这当然会对文化的阐释产生影响。如果一件艺术品不是商品——或者它不仅仅是一件商品，那就是说在这件艺术品中有某种东西不是商品，那么利用阐释工具就能很好理解它。因为它能当真地被认为具有意义。（前面所引用的黑格尔的话——他自己的目的，通过他自己定义的"辛恩"来达到，这是一个多义词可译为"目的"，也可以被译为"意义"。《精神现象学》提到，对既有物品的欲望的规范中的固有矛盾已经转化为怀疑论和斯多葛哲学。如果仅仅是阐释的矛盾，那又是另一码事。）如果一件艺术品仅仅是商品，阐释工具就顿失意义。因为这件物品所采用的形式无论它的出产地在哪里都是一样的，即由市场来决定。因此这样的阐释就不再有任何意义。阐释艺术品也是一样的。而市场所代表的需求是分析和说明的对象。

可能说艺术商品不可阐释是荒谬的，但是可以考虑下詹姆斯·卡梅隆的《阿凡达》里的工业化场景。评论家依据各自立场所引发的完全对立的阐释混战很有趣但并不是他们自己毫无察觉。这种大量的经验主义的阐释其自身是毫无意义的：所有这样的阐释有可能都是错的。但是也有可能的是既然仅仅关注的是制造一系列的市场效应，它就不可能同时注重产生意义所需的最低限度的内部一致性。实际上，詹姆斯·卡梅隆他自己非常清楚情况就是这样。当问及为什么雌性纳威人有胸。卡梅隆回答说："从一开始我就说，'她会有乳房'，即使因为她的种类，纳威族不是有胎盘的哺乳动物。"[6]根据卡梅隆所说的"没有意义"比推测他的意图更加精确。在不同的采访中，卡梅隆回应雌性纳威人有胸"因为这是一部为人类制作的电影"。[7]换句话说，人类——只要能算得上——就会花钱去看乳房。因此电影里就有乳房。但是这样"毫无意义"：阐释的时候毫无重点，因为显而易见的事实不是卡梅隆想要它们而是他自己认为许多人想要它们，对电影极其不一致的意识形态同样掺杂了无意义的畅销意识形态元素。这不是说所有的艺术商品同样都是矛盾的：一些观众会为意识形态或者叙述或者审美的一致性花钱。因此我们就有了迈克尔·摩尔拍摄的电影、普通电影和独立电影。但是这样的一致性没有增加意义，因为看起来有意义的只是满足市场定位的要求。

然而这不是什么新的，相反是老掉牙的准则，本质上是阿多诺对于文化工业的批判。那篇檄文众所周知，现在是时候让我们回顾一下。在那篇文章中，阿多诺对解释作品毫无兴趣，因为在商业文化中没有作品来供以批判，没有意义可以找到。阿多诺文中所呈现的文化工业比我们的简单些，好像只是纵向的区分而不是分裂成潜在无限的社会—审美—文化的利基市场。然而我们要力争理解基本状况。"在文化产业中的不同产品价值与内容无关，与这件产品的意义无关"（DA 132/ DE 124），因为不同的产品价值是针对不同的市场而不是不同的目的。这个原则是依据"所有电影要有有意义的内容而不考虑剧组已选择什么样的情节"（DA 132/ DE 124）。因此当人们可以问有关艺术商品的社会学问题时——为什么人们喜欢暴力影片——阐释性问题时——为什么在《孔多尔家族的三天》有恋爱场景？——就没有有趣的答案。

应当毫无例外地注意到，在黑格尔的外化中，意义是等同于意图的。然而在市场环境中，"意义"只是被说成商品的适用性。社会学问题的答案无不关乎意图；阐释性的问题，如果它们有答案，寻求的是意图。现在值得花点时间来强调这样的事实，那就是这个等同是深度黑格尔式的。马克思主义对此这样的阐释是不会遭受任何威胁的。对于辨别意图和意义的强烈诉求（简而言之，诉求是指所涉及的意义，既不包括此意义的原因也不包括此意义的结果）已经暗示社会行为。[9]意义的媒介（总是指黑格尔意义上）是普遍的，也就是说是一个社会机器，它可能类似这样的语言或者一个特定的表意系统，比如文学或者宫廷。（意义必然是一种社会象征行为。）意义是存在于表象下的永恒。似乎太容易指出，意义在媒介或社会机器里是历史的：如果人们坚持把正确理解意义当作外化，那么必须从解释社会机器开始。（总是运用历史事实）。更进一步讲，在意义缩小到意图时，没有什么能够阻止我们找出一个意义可能蕴含着逻辑上必要的推论（与结果相对立）或者是逻辑上可能的条件（与原因相对立），即使这些不是事先打算的。

诚然，这是我们在这章里所讨论的马克思的过程。未来的资本家，现在只是一个商品拥有者，想要卖掉他的商品，仅此而已。"他们困惑是，商品拥有者像浮士德那样思考。刚开始就是行动。他们已经是行动先于思考。"（*K* 101/*C* 180）体现在交换的行为中颠倒的逻辑（真的，商品拥有者的困惑或尴尬或窘态）在资本家的头脑里没有位置，而是交换行为本身所具有的逻辑先决条件。在马克思—黑格尔的意义上，无意识只是通过没有被上升到意识中的行动所包含或者预设：在《精神现象学》中，在法庭上对地方性**类型**的忽视，必然会导致每一次诚实的企图变成相反面，或者成为"美丽灵魂"的政治，人们可想象自己超越政治，但是这种超越本身就是一种政治。意图包括了这种必要的预设或者实质条件。（区分意图和意义坚决主张一种政治无意识。)[10]

最后，假如文化研究被认作是文化生产、分配和消费的社会学研究的话，分辨意义和意图没有在类似这样的研究中希求取得任何地位。它所包含的是这项研究——随之而来的，对当代艺术作品身处并得以发展的世界进行社会学阐释的形式将是重要的——与阐释的区分。确实，上一立场也出自黑格尔。在《现象学》的"当前的问题"这一部分，社会动机（志向）和科学目的（物象本身，当前的世界）的关系，如同在布尔迪厄的著作中，是不可决定的：总有一个既定的干预可能会是对金钱或对名誉或对地位的企图。但是这种极其不确定性意味着任何具体的东西可用于谈论抱负与工作的关系，也就是说，至于什么在工作中起作用（与什么导致它或者工作有什么效果相区别），从社会学的研究中得不到任何有用的结果。

然后回到艺术商品和它的他者，对于阿多诺，艺术商品有一个似乎可信的他者或者是否定的层面，即现代主义（即使这在文章中通常是集体所指"资产阶级艺术品"，通常用的是过去时态），也是黑格尔的外化——补偿的、悲剧的，尽管如此还是一种外化——所秉持的现代主义。阿多诺用资本主义中的类似支流回水的剩余现象解释了这种可能性，资本扩张所余留的空间。这种持久存在的空间"增强艺术在后期对抗供给与需求的力量，增强它的抵抗力远远超过其实际保护力的程度"（*DA* 141/*DE* 133）。把阿多诺的文化产业与我们当代的自我再现区分开的是艺术商品现在没有他者。弗雷德里克·詹姆逊把这个问题带到了今天。坦白地，实事求是地说，"既已成事实的是当今的艺术生产已经普遍融入商品生产中了"。[11] 由此，就发生了一切。

这种转变的逻辑在马克思的著作中也可找到，在直到20世纪60年代在西方才出版的《资本论》的一章的草稿中可以看到。我们所拥有的经常是碎片化的但是"即时生产过程的结果"

与"形式类别"和"资本下的劳动真实所属"的区别是清晰的。[12] 在形式类属的条件下,一种工业或者生产过程被卷入资本主义经济中,但是"至今在生产方式中仍然没有变革"。(R 106/C 1026)。一方面,在"真实类属"的条件下,生产过程本身已经被改变,生产者不再把他们的剩余产品卖给资本家,而是把他们的劳动卖给资本家。资本家最终不得不把生产过程重组在一起。(生产和交换,在黑格尔的意义上都具备 C－M－C 或"习惯性"和 M－C－M 或资本主义形式。当前者缠住后者时,后者也缠住前者直到这个阶段完全转变成资本主义。)逻辑上讲,形式类属与真实类属的距离正在消失(就像 C－M－C 与 M－C－M 从不同的立场来看是同样的过程);但是劳动产品的地位,最终生产过程本身,从根本上是彼此不同的。的确,毫无疑问已经是明显地,"形式类属"让黑格尔的外化在资本主义之下得以继续,因为仅仅是偶然的过剩被出售,例如:"如同桑蚕吐丝般,弥尔顿创作了《失乐园》,作为他本性的展现。后来他把这部作品卖了五法郎,因此成为日用品的经销商。"(R 128/C 1044)另一方面,在"真实的类属"下,我们已经处于马克思的分离状态。在此状态中,整个过程的目的指向交换。但是这个逻辑上的接近意味着"直接的资本主义生产往往接管只有形式类属所获得的产业的所有分支"(R 118/C 1036)。为了让在产业中有一席之地的形式类属获得任何的持久性,它必须在某种程度上受到保护:行会、科研型的终身任期、阿多诺的资金充足的国家文化体制,或者,我们立刻想到的类似布尔迪厄的某种生产禁区的概念。因为一旦低估资本主义,马克思似乎认为这些艺术本质上是碎片,不是真实类属合适的候选者(见 R 133/C 1048)。如果他没想到一旦分配的方式被全部包括在内,艺术劳动中任何不能被真正同化的部分就不再有任何差别;当艺术家不是真正的文化劳动者时,就会在新自由主义的潮流中,作为她自己的创办人被迫设想自我；任何剩余的自主权因为缺乏分配的途径会有效地不再存在。一旦给予途径，将不再作为有意义的自主体运作。阿多诺毫不费力地想象了一种仍不完全的真实类属，那就是把现代主义当作形式类属的最后阵地的文化产业。[13]最后，对于詹姆逊来说，资本下的文化劳动的真实类属是业已建立起来的。结果就是"分解文化一块自治的领域"，这同时也是"在社会领域的一次巨大的文化扩张"(48)。

自主性的结束直接暗示着现代主义的终结。如果权威的现代主义认为它自身是自治的——在产生被詹姆逊所认为的已经废除了的临界距离的时候，连同"在新的后现代主义空间里……文化自治领域"的时候——那么今天我们倾向于把这种临界距离理解成不过是现代主义的审美意识形态；毕竟现代主义的艺术品在现在和过去都是商品。[14]到目前为止，我们所做的不过是改造我们始于其合理性和提供当代常识的逻辑。

没有人可以比皮埃尔·布尔迪厄更加怀疑现代主义的自我呈现。然而布尔迪厄在他的艺术创造的双面理论中所创造的是在对"生产禁区"发展中的现代主义自我呈现的真实指向的叙述。这是潜藏于艺术家背后的"不但在他们的实践中，而且在他们对其的再现中，来肯定艺术品对于单纯商品地位的不可约性的"能力。[15]这双重的肯定是关键。对于自主性意识形态的再现有其基础。这种再现发生在艺术家努力去创立一个"受限制的生产领域"的过程中，从而践行真正的自主化。"受限制的领域"强有力地取代了"无名公众不可预知的裁决"(54)——商品售卖者所面临的问题——"平等的互为竞争者的大众"。换言之，受限制生产领域的建立强有力地，从真的、完全从属于资本的大规模生产领域开辟了形式类属的地带。（值得指出的是这样受限制的领域从任何意义取向上考虑，都不是一个市场：同行的判断，对特定干预所含意义的斗争，恰恰是市场购买的对立面。购买不能引发异议，因为正如我们已看到的那样，达成一致没有被预设。）阿多诺更特别的双面假设的版本包含的限制区是一种剩余的空间而不是紧急的空间；但是他和布尔迪厄都赞成这种区域对于意义的本质就是这样的，它的不稳定感也是这样的。

在布尔迪厄的解释中，这种区域的建立直接暗示了艺术品在受限领域生产的趋势是朝向形式考虑的，是朝向先进的解决个体媒介的特定问题的。受限的公众（比如）画家、绘画批评家和绘画鉴赏家在绘画中所共享的仅仅是绘画的专业知识而已。"绘画因此走上了自觉的明确的实施道路或者开始最具体的绘画原则，这已经等同于对这些原则的质疑，因此，绘画自身中的质疑是绘画本身。"（966）换句话说，现代主义："尤其从19世纪的中叶，艺术在其自身中发现了变革的原则，仿佛历史对于体制是内在的，仿佛再现和表达形式的发展不过是具体到各种艺术的原理系统的逻辑发展的产物。"（126）要不是特定的"仿佛"，其标志着这是一种想象的关系，这种想象关系的真实所指是受限领域的逻辑，这些词语原本可能是克莱门特·格林伯格所写。[16] 的确，布尔迪厄的受限领域是现代主义的可能性的条件本身，黑格尔所涉及的在成熟的资本主义中的"当前问题"的可能性条件。

随着自治领域的解体，随着艺术劳动真正归属于资本，某种与现代主义有着亲缘相似的可能性突然消失了。主要的是将被提及的问题——市场总体，因为这是一个市场，对此问题不感兴趣。所有以前的解决方案已经被排除在外并不是因为他们不够好而不被挂在墙上或者不被人所阅读，而是因为他们已经被吸纳到创造新的解决方案中了。因为这个原因，从自治的角度看好像是遗失的东西与此同时却是形式能量的巨大解放。交互跃进，辩证的现代主义的游戏——在这种游戏中，解决每一种媒介所代表的核心问题的种种试图,对于每一个其他的生产者,变成了这个问题新的版本——随着时间的推移变得更加与世隔绝和难于解决。人们可以立即发现自治领域的隔绝不但对于生产任何有意义的东西是必要的可能性的条件,而且是增加产生任何意义的困难,更准确地讲,是增加意义自身的形式化的困难。意义由于自治化而变得可能。但是这些意义自身增加的仅仅是形式上的意义——那就是它们像意图一样是可辨别的,但是它们所传达的唯一的意义是尤其关乎美术、音乐和写作艺术,等等。使现代主义实现的那种动力同时倾向于把它的活动限制于日益狭小的范围。

　　随着艺术真正地归属于资本以及现代主义游戏进行阶段的末期,那么,所有旧的"解决方式"——其中的每一种都因为后来的方法失效——突然可以加以应用。某种历史主义——詹姆逊后现代主义的混杂——成为可能。这种历史主义从历史主义的角度上是无效的。因为它不创造的恰恰是历史;但是另一方面,它实际上在被允许给伟大画廊的形式通电时迸发出了活力,这些死亡的形式突然成了复苏的候选者。弗里德的"实物艺术"同时也被解放了:旁观者或者是消费者的反应成为导致摆在艺术家面前的形式问题衰退的假定。然而,现在可能明显的是从过时的现代主义游戏的责难中解放出来的同时也隶属于其他事物,即"自主市场",从中衍发的自治领域已经失去了一定程度的自主。如果艺术品可以利用所有的老式风格(或者成为物品),那么就不清楚人们究竟为什么会称它们为艺术品。古老的艺术—商品时代是实在的,恰恰是因为比起形式问题,它更感兴趣的是迎合市场(对于受众的作用),它能够一直采用老式风格(或者成为物品)。换言之,在毫无羞赧地不加区别地借用大画廊里废弃了的形式没有什么新意,对于夸张地迎合消费者的口味也是这样。这些过程实际上是规范。后现代主义混杂的革新——从定义上——

不是形式的，但在艺术解体已经是整个文化现状的情况下是形式的。后现代主义的革新在抹去工业景观——卡梅隆的意识形态的混杂物——和詹姆逊的后现代艺术物品的差别时，恰恰从其"杂乱的子系统和原材料以及各种冲动的摸彩袋或者杂物堆放室里"（31）被集合起来。

当然，这切中了要害。的确，艺术品就这样地消失，彻底地被艺术商品所替代。在这个过程中艺术品的研究必然会被接受度研究所替代，缘由在市场中明明白白的需求，等等。这一切并不是安排在令人难以置信的剧情中。在这样的剧情中存在一种深度的平等主义承诺，恰恰是因为由艺术品所表现的形式关注一般是几个领域——由于强大的公共教育系统的缺失，也必然是少数的领域。问题是新自由主义者主张，在这个艺术品像其他任何东西一样是商品的世界里，我们已经生活于其中而且一直这样生活。这个世界上的每种事物是（如果不是这样，它也应该是）一个市场。过时的先锋派对于生活等同艺术的观点——只有当"生活"被理解成他物而不是现状的时候才作为进步的冲动具有意义——颠覆了意义而成为深层次的遵奉者。与这种市场盲从的观点相对立，艺术自治的主张——甚至在其似乎非常正当但现在看来还不敢肯定的情况下——再次变得至关重要。

这次逆转引起了一系列的后果。自治的主张意味着一件艺术品必须含有它自己的阐释；那就是，这件艺术品必须是它自身的理论。自治的著作，换言之，要求返回内在的批评，回到自我制定形式的概念；换言之，回到在19世纪交接时期由德国浪漫主义所形成的文学观念："诗歌在每次的陈述中都能再现自己，而且在任何时候立即是诗歌，是诗歌的诗歌。"［弗里德里希·施莱格尔，阅览室片段238（1798）］。[17]实际上，浪漫主义的文学和其他艺术的重铸对当代的批评实践的加强超乎我们的想象，但事实上仅为一种实践正名即文本细读。艺术自治的主张回到文学研究的规则。这个规则由于缺乏这样的主张,在定义上寻求理论一致的相关性时,只能失败。

更巨大的结果是改变了"精英主义"或者是阶层分级的审美反应,归于他律性而不是自治艺术的要求。因为,如果艺术与非艺术之间没有根本性的区别,那么唯一剩下的区别——某种区别是必要的,是为了"艺术"这个词有所指代,某种不被提及是为了填充那些仍然存在而要对这种区别予以保留、传递和奉献的体系——就存在于昂贵艺术和廉价艺术之间或者是那些获取的方式是昂贵的或廉价的艺术中。的确,要不是需要斩钉截铁地认定艺术品的地位不过就是它毋庸置疑地已获得的奢侈品的地位,声称他律性是自律的一种批评会更可取。然而,这就会意味着肯定一个意义,正如我们已经看到的,这就会必然包含一个对市场自治的要求,甚至当那个要求被抵赖。

在当代的环境中,主张艺术自律的本身是一个政治诉求(诚然,是最低限度的)。但却不总是这样。比如,在现代主义时期,已产出的有说服力的自律主张,像它现在这样,是在资本主义社会领域一个特殊的非市场空间。但是从市场到现代主义之间的距离没有一个自然的政治化的融合。因为现代主义在我们现在所经历的市场意识形态的统治下无利可图。[18](很容易就会混淆个人的和艺术的自治,当今他们的对立很明显。个人的自主——选择——发生在市场中。艺术的自治——意义——可发生在一个非市场中。在工作之外,自治的主张就是广告文案。)现代主义往往对文化市场带有敌意。的确,丽萨·舍拉格连(Lisa Siraganian)曾表明在现代主义的激进主义下只有更深层次的政治自由主义的投入,对于一个协商自治区域的恪守。[19]对市场的现代主义敌意只是在现代主义之后获得了确切的政治化融合:当要求市场普遍化,像现在一样,成为主要的意识形态武器在阶级的暴力中被使用时,那就要求上层的财富再分配。对当前处于危

第二十六章 资本现实时代的艺术作品

机中的上层财富再分配时,如果没有这个武器是不能想象的:新自由主义的整个意识形态都依靠这个主张,即一个竞争市场不但产生这种再分配而且需要它作为一个先决条件。如果自治的主张现今是一个最小的政治诉求,它并不是微不足道的。一个似乎合理的自治主张实际上是除了默许市场独裁以外的任何政治前提。

换言之,在新的分配中自治的主张不再是对自由主义的承诺。对分歧的自由改造的观点就是保持一致。另外,今天的艺术自治禁锢在与市场的生死斗争中。我们的社会机器不是市场本身而是资本主义。这种制度(除了其他方面,像剥削)要求市场和体系都自治。因此对于艺术机制没有什么是陈旧的,没有什么是自治主张的后卫,因为受黑格尔(他指的是"启蒙主义和迷信的斗争")的启发,资本主义不是一样事物而是两样事物之间的斗争。(更确切地说,它是如此多的斗争,或者是与许多表现形式的一种这样的斗争。)自治体系,"目前的问题",换言之,不仅仅是批评的空间。它们不是社会机器上可有可无的,而是它的一个必要部分。自治的主张是这样一种主张,不是存在于市场关闭的热寂中或者存在于市场和规则静态的共栖中。历史存在于自治与市场的斗争中。

然而怎样使自治的要求合理呢?难道我们没有在概述现代主义的崩溃中仅仅加强我们的认识:艺术品像任何东西一样是一种商品?事实上,普遍他律性的要求是难以置信的。市场——对于新自由语境,一些先驱者认识到——依靠许多非市场的活动者和体系,甚至是当这些同时遭受来自市场的威胁。[20] 布尔迪厄对于受限区域发现的结果主要证明了大规模文化生产的领域,文化产业本身,最终依靠受限领域的持续。[21] 如果现代主义的自治显露出一种审美意识形态,就没有理由相信新的他律性因此代表着真理。像现代主义自治,这是一种多产的意识形态:它解放了艺术家,让他们做一些事,除了现代主义游戏。它允许他们在文化产业中工作而不担心落下出卖自己的恶名。的确现在看来这好像是时代错误的责骂。但是那并不意味着艺术他律性与实际状况相符合，尽管它为了有效而必须指代某种真实的东西。无论如何，如果把他律性与自律性分开，很快就可意识到两者都处于一种不可替代的矛盾的位置。任何实际的文化生产都值得谈论。纯粹的自治和世界没有关系；纯粹的他律性会和它没法区别。而问题是自治是怎样的，在哪里被认定的，什么机制使其成为可能？简而言之，他律性是如何产生并假定这种自治物的？

虽然在弗里德和詹姆逊那里有读者们已经熟悉的解决方案，有两种答案可以解释。第一种可以被称作，寻找一个更好的词，积极的历史相对论，其相对无效历史相对论或混杂必然在逻辑上是一个进步的术语。只要一件艺术品认为自己属于艺术品，由历史相对论所宣称的那种他律性只能是他律性的表象。"摸彩袋或者杂物堆放室"只是表面上的摸彩袋或者杂物堆放室；事实上，这是受选择的原则所支配的。如果这真的是摸彩袋或者杂物堆放室，那么这其实是互联网或者档案馆或者一个购物商场，只是日常经验本身。对于这些，我们不需要艺术家。一个选择原则被否认可能是因为它缺乏力度或者前后矛盾。但是从否定的原则到清醒的选择不过是跨过小小的黑格尔的一步，孱弱或是无效的历史相对主义就会成为强大和积极的历史相对主义。因此在这种情形中，形式有形的成分、它的意义——意图的时刻——在一件艺术品的形式简化成它的媒介的过程就不如在其架构的过程中那么重要：选择一个特定的形式或者主题问题是主要的，改写媒介或者题材或者甚至是社会文化艺术领域的历史如同改写那个问题的历史。可能是因为唱片形式一度占主导地位，这种解决方法在流行音乐中采用得最多。（同时也运用于巨幅摄影中，恰恰是因为它开创了一个全新的形式化到媒介的舞台，而且因为这个舞台能够基于一个已经存在的禁区来探究，这种解决方案就不那么迫切。)[22]

在音乐中最好的一个例子是巴西热带主义运动，后现代主义最早的混杂形式之一。但是几乎立刻就显而易见的是热带主义运动的"杂物堆放室"是一个国家的杂物室，它所拼凑的材料只是那些标记着业已是巴西现代主义主题核心的材料。巴西现代主义已涉及了陈旧和超媒体这种反常的共存，巴西典型的一种相对外围的经济跻身世界经济的现象。热带主义运动，与其说是寻找一种恰当的方式来表达内容，不如说是清洗了体现出形式的文化景观：例如，由三重电子音乐振兴的奴隶文化采用了波萨诺伐舞曲中的现代主义作曲的技巧。[23]这两种音乐形式——一种是为萨尔瓦多的狂欢节所创作的街头音乐，一种是为里约的中产阶级的起居室所创作的室内音乐——似乎彼此毫不相关直到热带主义运动宣称他们的身份，此时他们只能被理解为相同的基本矛盾的表现形式。事实上现在纯粹的商业形式像 *iê-iê-iê*（来自"是，是，是"：派生的流行音乐）恰当地被设计成来自其他分支的同样矛盾的一部分。因为想要和大都市文化产业保持一致的企图已经跟不上它。一个更加形式化的历史相对主义的解决方案可以在美国找到，比如，白色条纹乐队计划。这在本质上是摇滚音乐形式的理论。希洛格林的最新的专辑《大众情人》创造了为数不多的黑人音乐的历史。黑人音乐一度在大众市场占主导地位，从20世纪60年代早期的少女组合到普林斯和迈克·杰克逊甚至是20世纪80年代的早期。[24]

第二种可能性和第一种有着亲缘关系的相似但是在结构上比起詹姆逊对问题的描述更要接近弗里德的描述。这种可能性是类型的审美化。在最近的讨论中，大卫·西蒙，电视节目《监听风云》的制片人指出在类型小说中能可靠地发现故事，除了那些表现当代高度民粹主义的、新标准的和以塑造角色为目的的家庭故事。[25]然而为什么类型小说会成为自治的领域？难道类型小说不是典型的艺术商品吗？在一次采访中，这次是和尼克·宏比交谈，西蒙以不同的方式反复地说："Fuck 普通读者。"[26]这完全是一种现代主义的陈述，主张从文化市场中自治。但是写电视剧的人会怎样想象他的作品独立于文化市场？因为已经市场化的类型或者它就不是一种类型，也是受规则支配。使类型小说与现代化自治的关系失效的是"规则"，阿多诺说它们——在文化商品的他律性空间里开辟了自治区域。这些要求如此严格足以构成一个问题。这个问题也可以被看作一个形式问题，诸如画布的平坦或者和声分辨率的长度。"颠覆类型"意味着改进这个类型，正如所有的现代主义绘画作品不得不假定否认所有早先的现代主义作品的情形。西蒙唯一退让到市场的方式是退让到类型本身：西蒙不得不以强制的程序"解决了问题"——换言之，创造新的方式来满足类型的要求——他在那种类型内自由地运用他所喜欢的叙事材料。最终，他把整部作品都引向似乎合理的激进的设计，即对社会空间的古典主义式的现代主义描绘。

在积极的历史相对主义中所暗示自治的主张，上面提到的，能够导致一种引人注目的政治，就像在热带主义运动中所做（无不矛盾地）的那样，但是它根本没有产生出一种清晰的政治，除了自治中的最低要求（《白色条纹乐队》，希洛）。同样地，甚至当类型审美化没有产生一种引人注目的政治，它也确实推动艺术进步，或者至少产生了在艺术方面的这种可能性——这种可能性就是我所试图展现的：今天它自身包含着一种最小限度的政治。一个穿越故事可能只有两个结局中的一个：要么历史会被改变，要么不会：比如《回到未来》或者《防波堤》。因此穿越模式的问题是如何让剧情中这两种不相容的可能性持续到最后，如果可能的话甚至超出了结束，因此就可以有续集。詹姆斯·卡梅隆能够在这种体裁中进行各种各样蓄意的选择。这些只能被当做

第二十六章 资本现实时代的艺术作品 563

蓄意的选择，因为它们只能被理解为形式问题的处理。因此《终结者2》可以算作艺术品，而《阿凡达》只是一件艺术商品。

注　释

［1］Karl Marx, *Das Kapital*: *Kritik der politischen Ökonomie*, *Erster Band*, in Karl Marx and Friedrich Engels, *Werke*, Vol. 23（Berlin：Dietz, 2008）在文中引作 K。Karl Marx, *Capital*: *A Critique of Political Economy*, Vol. 1, trans. Ben Fowkes（K. Karl Marx, Capital：A Critique of Political Economy）在文中引作 C。我的翻译版本往往与英文文本差异很大。

［2］从当代观点的概念来看，这里的逻辑是足以区分黑格尔马克思主义关于角度的概念的。这些单词在英文意义上或多或少是没有区别的，但"standpoint"在黑格尔－马克思中与我们通常所说的观点几乎相反。"standpoint"是指在一个系统的逻辑位置体系中一个合乎逻辑的位置系统，不是先天假定不可知的。由于此处的立场是逻辑意义上的立场，它们可以被人为地采用，即使他们在经验上是来自这个或那个社会地位。在主从辩证法中，人可以任意采取一个立场，而只有当两者在两个位置之间来回穿梭，他们之间的关系才变得清晰。但也可以采用非人称的角度来看，比如黑格尔所谓的国家，卢卡奇的无产阶级。然而，这些观点只能适用于人。马克思对 M－C－M 和 C－M－C 的区分（这些区分将在下面起到作用），从某种程度来看也是一个立场问题，因为它们仅仅是持续交流的不分段过程中的一部分。"小主人"可能经历 C－M－C 类的交流，而资本家可能经历像 M－C－M 的经验交流，但区别是无法归结为他们的立场或观点。这里的重点是商品和资本家一样也有立场。资本家当然也有观点。但在"拟人化"资本家中，马克思的观点是不相关的，在某种程度上偏离了立场的观点。

［3］页面引用 G. W. F. Hegel, *Phänomenologie des Geistes*（Frankfurt：Suhrkamp, 1970）；段落数字跟随米勒的英文翻译 *Phenomenology of Spirit*（Oxford：Oxford University Press, 1977）。翻译是我自己的。

[4] 见 Fredric Jameson, *Representing Capital* (London: Verso, 2011)。例如81页:"外化的图式,返回或回到自我是来自 Hegelian,分离及其各种同源词和同义词的比喻是来自 Marx。"

[5] 此处参考的是 Michael Fried "Art and Objecthood" 书中的 *Art and Objecthood* (Chicago and London: University of Chicago Press, 1998), 148 – 172。

[6] 网址 http://gawker.com/5403302/james-cameron-reveals-his-quest-to-build-more-perfect-cgi-boobs。

[7] 网址 http://uinterview.com/news/james-cameron-why-the-navi-have-breasts – 985。

[8] Max Horkheimer and Theodor W. Adorno, "The Culture Industry: Enlightenment as Mass Deception",出现于 John Cumming 对 Horkheimer and Adorno 著述的 *Dialectic of Enlightenment* 的译本(New York: Continuum, 1996),此处在文本中被援引为 DE。和其他地方一样,我的翻译可能会和引用文本差异很大。*Dialektik der Aufklärung: Philosophische Fragmente* (Frankfurt: Fischer, 1969) 在文中被援引为 DA。

[9] 对于企图性位置的有效陈述,请参照 Jennifer Ashton 在她的 "Two Problems with a Neuroaesthetic Theory of Interpretation" 一文中对 Wimsatt 和 Beardsley 的禁例重新定义为随意的和有效的谬论。

[10] Hegelian 和 Hegelian 的无意识的区别可以在黑格尔的 *Phenomenology of Spirit on Qedipus Rex* (§468) 的几句话中最明显地看出,在这本书中 *das Unbewußte* (名词化的异常,而不是通常所见的形容词的 bewußtlos) 仅仅是行为当中未知的那一部分。我倾向于认为,在 Fredric Jameson 的作品中,弗洛伊德的无意识的积极性相对来说无关紧要,在消极方面可以被重写或重新定义为黑格尔马克思主义的无意识,但我没有尝试这样一个翻译的工作。当 Jameson 关于 Wyndham Lewis 写到阶级意识的关键是小资产阶级阶级意识逻辑是以工人阶级意识为先决条件时,没有它是不必要的和不可思议的,并且暗含 Lewis 不知道或者会否认它。这并不意味着在 Lewis 大脑的隐秘的部分是意识到这一观点的。任何弗洛伊德的"压抑的回归"就必须被理解而不是作为黑格尔的诡计的原因,也就是说,证明了逻辑悖论

是真实的悖论。无论如何，这不是声称詹姆逊不依靠积极的无意识，而是在他的领导下，在消极方面可能会处理得更好。

[11] Fredric Jameson, *Postmodernism*: *Or*, *the Cultural Logic of Late Capitalism* (Durham, NC: Duke University Press, 1991), 4.

[12] 英文版见 C, 948 – 1084. Karl Marx, *Das Kapital* 1.1: *Resultate des unmittelbaren Produktionsprozesses* (Berlin: Karl Dietz, 2009) 被引用时写作 R. 这种区分随处见于 *Capital*, 特别是 K 533/C 645.

[13] Marx 关于正式和真正的包容的注解没有被 Adorno 和 Horkheimer 在写作 *Dialectic of Enlightenment* 时所使用。但在出版的 *Capital* [特别是参照关于"绝对和相对剩余价值"这个部分（K 531 – 542/C 644 – 654），这两个术语粗略地描绘出"正式的和真正的包容"，而且这两个术语在文中也是简略地出现了一下] 文中到处出现的"正式的和真正的包容"在 Adorno 的作品中显然是有效的。

[14] 在资本主义制度下审美劳动中的正式的包容是资本主义的胜利行进的影响，而不是当本地工业资本利润率开始不断下降的过程中疯狂追求利润所产生的结果，但这一观点绝不是不证自明的。参照 Robert Brenner 的 *The Economics of Global Turbulence* (London: Verso, 2006), 11 – 40 有关理论里轨迹的第一部分。

[15] Pierre Bourdieu "Le marchés des biens Symboliques", *L'Année sociologique* 22 (1971): 49 – 126, 52 – 53.

[16] 在我看来，现代主义的本质在于为了批评某一学科本身而使用的有关学科的特征方法（什么是迅速出现）。每门艺术能力的独特而又适当的区域与其媒介属性当中的独特性相一致。自我批评的任务在每门艺术的具体影响方面被消除，任何影响都可以令人信服地被借鉴或通过其他任何艺术媒介。Clement Greenberg, "Modernist Painting", in *The Collected Essays and Criticism*, Volume 4: *Modernism with a Vengeance*, *1957 – 1969* (Chicago: University of Chicago Press, 1993), 85 – 86.

[17] Friedrich Schlegel, Kritische Fragmente, *Kritische Friedrich Schlegel Ausgabe*, ed. E. Behler and U. Eichner, 2 (Paderborn: Ferdinand Schoningh, 1958 –), 204.

[18] 虽然我们从他的文字当中知道 Joyce 敌视出版市场，他从一开始就把自己想象成凌驾于出版市场之上，而这也正是他的敌意如此有趣的地方：对自主权构成更严重威胁的是教会和国家，尽管后者才是真正的威胁到审美，而不是个人自主权。令人吃惊的是，南非作家 Es'kia Mphahlele 也持有同样的逻辑。Mphahlele 不仅厌恶南非出版业以及他在这个国家的位置，而且对一直存在的南非教派派性感到沮丧，而直到 1953 年，所有针对黑人学生的教育才在所有的教派学校推行［Ezekiel Mphahlele，*Down Second Avenue*（1959；New York：Anchor，1971），210］。种族隔离的南非一点也不像一个新自由主义的国家，需要一个庞大的官僚机构执行种族隔离以及保持白人低的失业率；在种族隔离制度下，市场远不是最明显的威胁。令人惊讶的是，尽管生活在种族隔离这一令人难以想象的羞辱制度下，Mphahlele 远离了南非。这不仅是因为种族隔离［"我不能教（被禁止），我想教"］，还因为审美自主权受到了威胁，这种自主权被他深感同情的反抗所代表。"我不能在这里写我想写的"，他不能写并不是因为他被禁止，而是因为情况本身，一种对 Mphahlele 本人来说在内外部代表"麻痹刺激"的政治紧迫性（199）。这并不是支持 Mphahlele 的决定胜过其他可能的决定，而是指出 Adornian 在雇佣和自主之间的选择——他律/自治问题的强有力的版本，在这个版本中，双方对剩下的一方都有一个合理的吸引，但前提是，正如这个例子所强调的，这种吸引力是受外界所支配的——远非是一个狭隘的问题或者不能克服。

[19] Lisa Siraganian，*Modernism's Other Work：The Art Object's Political Life*（Oxford and New York：Oxford University Press，2012）.

[20] 即使是最自由放任理论的市场至少需要一个非市场机构，也就是钱。Foucault 关于新自由主义的讲座已经成为对理解新自由主义最具权威的章节，因为认识到不干涉市场的机制需要强有力的干预市场的条件。Foucault 在 1979 年 2 月的讲座（138）转述了 Walter Euken 引用的脚注："Die Wirtschaftpolitische Tatigkeit des Staates sollte auf die Gestaltung der Ordnungsformen der Wirtschaft gerichtet sein，nicht auf die Lenkung des Wirtschaftprozesses"（法语）。Michel Foucault，*The Birth of Biopolitics：Lectures at the College de France，1978 - 1979* 翻译版。Graham Burchell（New York：Pal-

grave, 2008), 154 fn. 37。新自由主义乌托邦实际上是一个黑格尔在 *Philosophy of Right* 一书中所提到的一个更天真的乌托邦的升级版, 这让资本家尽可能多的积累。正如 Hegel 所理解的那样, 在资本主义之下, 资本家的财富就是国家的财富。如果不能积累尽可能多的财富的话, 上天也会帮助, 他们能被允许撺掇知识分子的工作, 能够代表所有人作出决定。无论是黑格尔还是新自由空想主义者, 都允许是; 一旦你明白财富本身就是一种权力, 可以用来反对监管机构, 那么你就明白在某种程度上, 经济学家所说的"规制俘虏"实际上被概念规定本身所暗含。

[21] 见"Les relations entre champ de production restreinte et champ de grande production","Le marchés des biens Symboliques" 81 – 100, 特别是 90。

[22] 这并不是说, 这样一个解决方案在摄影术上是不可思议的; Bechers 的工业"专辑", 承担一个类似于音乐的解决方案的家庭, 尽管表征和政治项目是完全不同的。在 Greenbergian 意义上准确地作为新媒体的大型摄影的发现同样适用于 Michael Fried。Michael Fried, *Why Photography Matters as Art as Never Before* (New Haven: Yale, 2008)。

[23] 参见 Nicholas Brown,"Postmodernism as Semiperipheral Symptom", in *Utopian Generations: The Political Horizon of Twentieth-Century Literature* (Princeton, NJ: Princeton University Press, 2005), 173 – 199。

[24] 白色条纹的例子展示了这两个解决方案的家族相似性。生产岩石涉及的叙述, 在这种情况下, 生产一系列的正式禁令; 也就是说,(套用 Greenberg 关于绘画的说法)消除岩石中任何具体的影响以及借鉴于或通过其他任何音乐的中介所得来的影响。我们要做的 70%—80% 是收缩, 另 20%—30% 是打破收缩, 看看会发生什么。"网址: http://wwwavclub.com/articles/jack-white, 14117/。

[25] http://www.nypl.org/audiovideo/death-boom-culture-walter-benn-michaels-david-simon-susan-straight-dale-peck.

[26] 网址: http://www.believermag.com/issues/200708/? read = interview_ simon。

[27] 把 Simon 的"他妈的读者"与一份煞有介事地归功于 Steve Jobs 的声明中相比较, 声明中讲到"消费者并不知道他们想要什么"。虽然其

中有一定相似的态度，但它们的意思是完全不同的。Steve Jobs 的说法是，消费者并不知道他们想要什么，但是他恰恰知道消费者想要什么或将想要什么。"他妈的读者"并不是说读者不知道他们想要什么，但我知道"，而是说，"读者想要的与我无关"。

（张贯之　译）

第五部分

政 治 诡 计

引 言

众所周知，马克思对我们可以明确归类于政治理论的任何东西都不大感兴趣，而对资本主义工业阶段的科学的具体结果和矛盾却颇为醉心。除了例外的几篇重要文献不是用《资本论》方式，而是用《法兰西内战》方式写成之外，19世纪的马克思主义（尽管其历史起源在于激化的劳资矛盾）一律是对当时刚刚出现的政治经济学研究的批判。因此，虽然马克思的思想不乏政治内涵，但严格说来，马克思主义本身并不是政治学。

因此，在马克思提出的方法论必须让位于（至少在表面上）一种能够作出推测、预示和述后行为（perlocution）的方法论之前，也就是让位于一种旨在更热烈地探讨共产主义（尚未出现在这个世界中）、而非探讨资本主义（已经出现在这个世界中）的方法论之前，我们不能在马克思主义政治学理论上走得太远。尽管如此，马克思花费主要心力研究的对象的困境在于，如果没有在历史和方法论上对先行社会形态（资本主义）进行彻底讨论，后来社会形态（共产主义）就不会自然到来，甚至不能充分想象。唯物主义批评的两个镜极（mirror poles）之间——政治/经济和统治/剥削——的不精确对接让这个问题雪上加霜。此外，还有一个加深困境的因素：对马克思主义的政治理论的准确定位——更不消说对它的运用——在最好状况下也仅仅是模糊不清而已（当然，这些定位和运用，对批评当下的资本主义和预言未来的共产主义双重使命而言,仍然是非常重要的)。

马克思主义政治学 1989 年以后表面上有些沉寂,解释方式之一是重申一个敏锐的"后马克思主义"流派的观点:今天的后工业经济极为接近我们长期以来一直都在研究的共产主义,我们的习惯、偏好、实践必须跟着改变,以符合这个"偶然革命"。而另一个思考 1989 年以来马克思政治理论形态的方式是:这段时期,资本主义后现代走向了成熟期,变得更加有力,更加完备(因而更可怕),它拒斥马克思核心原则蕴涵的或真实或想象的现实,尤其是拒斥政治和经济的同一性及差异性观点。第五编将说明,90 年代以来,政治低迷,但另一方面,也提出了一些出人意料的关于经济生活中颇具政治性的内容(及其反面)和某些可能是前进方向的观点。

在第五编中,我们的目标是把马克思主义政治理论中的一些新方向(以及被遗忘的方向,或许可以这么说)包括进来。为了在做的过程中既不放弃形容词("马克思主义的"或"政治的"),也不放弃名词中心词("理论")——这通常会导致要求有马克思主义政治实践之类的东西,这是一个矛盾修辞,我们稍后还会讨论——我们已经展开了一些项目,更新我们探讨当下财富积累不均的政治内涵的方式,并对如何继承过去的政治化原则谈些看法。这一编谈及的新理论涉及多个方面,包括国家和法律,历史的新主体,当代政治学的具体特点,目前人类解放思想面临的挑战,以及今天国际主义观点必须努力适应的预想不到的环境。

* * *

1897 年,意大利著名的马克思主义者安东尼奥·拉布里奥拉(Antonio Labriola)曾与乔治·索雷尔(Georges Sorel)进行过系列通信,这些信件后来以"关于哲学和社会主义的通信"为题出版。在信中,拉布里奥拉将历史唯物主义在欧洲工人阶级和政党发展缓慢、应者寥寥归因于一种不愿放弃自我保护的政治幻觉。"这个巨大的经济矛盾体系",他在三封信中的第二封结尾处写道:"在整体上表现为对感伤社会主义者、理性社会主义者,以及林林总总的慷慨陈词的激进主义者的社会不公的总和。"[1] 拉布里奥拉和索雷尔此后不久就分别代表各种共产主义和法西斯主义,这并不让人惊讶,因为他们进行了一种明显的对接:如果不同时反抗经济剥削,反抗政治统治的斗争(以及理论)就是"感伤的"——甚至更糟,可能是原教旨主义的。这部分将探讨 1989 年以后马克思主义政治理论如何同时展开两方面的斗争。

无论出于对生态灾难的关心,对产品变得便宜、劳动力更廉价的工厂条件的关心,还是出于对或贫或富的经济体的养老金和社会稳定的关心,或是出于对保证城市空间和赛伯空间一致性的斗争的关心,对资本主义之后的未来感兴趣的政治思想向来都不少。但是,从被拉布里奥拉、列宁、后期毛泽东作为非唯物主义的政治实践进行批判的东西,到在政治上与它自身的经济身份背道而驰而非精心保护的劳动力(广义地理解),似乎经常缺少必要的过渡。

只有在把握了社会和客观矛盾并对其进行反抗的时候,前者(唯心主义)才会过渡到后者(唯物主义),这是任何历史的或辩证的唯物主义理论的基础。因此,马克思主义的政治理论在知识和实践层面是同时发生的。

我们的第一个选段来自埃沃·莫拉莱斯(Evo Morales)2005 年成功的总统竞选的设计师和搭档阿尔瓦罗·加西亚·利内拉(Álvaro García Línera)。利内拉发表于竞选第二年的这篇《国家危机与民众力量》概述了玻利维亚的土著革命力量的具体经济和意识形态内涵,阐述了土著革命力量对他所说的"重新配置"的划时代影响。[2] 利内拉对玻利维亚的论述提出了一个独特的假说：只要在马克思的"革命时代"理论的层次上理解了玻利维亚近年的历史，革命变化的渐进式选举路线和占人口大多数的土著人的突然革命就"不一定是对立的策略"。[3]因此，利内拉的马克思主义政治理论不是依赖于一种静态的国家形象，而是依赖于一个能够保护并体现革命变化的国家。[4]

关于更具普遍性的抽象"政治"，安东尼奥·奈格里对法学家所称的"制宪权"进行追问，以达到非宪定的政治矛盾的革命时刻（在这里，宪定权是系统与主体之间的辩证法中最反革命的时期）。基于汉娜·阿伦特（Hannah Arendt）20世纪中期所作的社会权力和政治权力的区分——前者毫无阻碍地通向一种法西斯思想，后者通向与法西斯思想之类的极权主义完全水火不容的思想——奈格里试图在当代政治经济中"确定一个足以支撑此结构的力量，一个足以完成绝对程序的主体"。对奈格里来说，答案不再是无产者，而是与全球经济组织方式的最新阶段同步的社会政治能力，即，相互合作的劳动，或更准确地说，"协作的活劳动"，"（它）产生一种社会本体，这个本体既是建构性的，又是创新性的，它是经济形式与政治形式的交织；活劳动产生不可分离的政治和经济混合物，这个混合物有一个创造性的比喻"。在奈格里的阐述中，革命政治学研究的是创造性得以产生的基础，而非研究左翼思想所熟知的劳动者或生产者。与奈格里和他的美国搭档迈克尔·哈特的一贯形象相反，这里的选段提出的理论观点与过去的以及新的马克思主义形式都颇为一致；他们的研究要等到2000年的《帝国》才转向限制主体。

不过，尚塔尔·墨菲（Chantal Mouffe）2013年的新著《争胜》中关于"当代激进政治"的章节，讨论了她眼中的两个政治思想趋势。一个走向"内在论"，是奈格里提出来的；另一个走向"激进否定"，是布鲁诺·拉图尔提出来的。墨菲的反驳，社会民主主义者倒是更为熟悉——即，真正的政治转型不是通过相互排斥的"对抗"而出现的,却是通过"争胜"的民主原则而出现的——但她仍然坚持认为,社会主义者和共产主义者,都应该计划通过(而非反对)权力及其机制来保持权力。[5]墨菲的观点属于一种社会主义解放政治理论,此理论自苏联解体之后,已挑战过很多左翼思想家习以为常的观点,尤其是在关于介入的政治功能方面,与表面上更吸引人的对直接性和透明性的膜拜形成对比。

彼得·霍瓦德(Peter Hallward)2005年发表的《规约的政治学》是几十年来关于政治意志和政治结构变化的最有力的阐述之一,为更常见的感伤、宿命论马克思主义提供了颇让人欢欣的解脱。在最新的理论思考《论政治意志》中,霍华德成功地将他的政治理论与通常不可能的人类学唯物主义衔接了起来,将"人民"和"人民"的集体意志力的可能性从其通常所属的民粹主义者和唯心主义者那里抢了回来。根据霍华德的阐述,任何值得一谈的革命,都将(或者已经)是偶然的,或完全出人意料的(它们为人所欲求),因此,人们有充分的理由将原则视为世界中的一种物质力量。对此,他添上了一个重要的告诫:"期望某个目的或结果,不是在着手处理问题之前就期望有一个完全成形的解决问题的办法;相反,它是愿意坚持一个解决此问题的决心和原则,是乐意做一些事情,来克服在执行过程中也许会出现的所有可预见及不可预见的障碍。"[6]

我们今天可以在世界范围内和很多人进行即时交流,这在人类历史上是从未有过的。然而,如乔蒂·迪恩(Jodi Dean)在《交际资本主义》中断言的那样,我们离真正的反领导权政治力比任何时候都远。[7]即便成百万的活动家通过社会网络技术组织起甚至十年前都还无法想象的如20世纪60年代的示威,资本主义生产方式仍像过去一样冥顽不化。迪恩认为,政治化被阻止,在相当程度上是由于我们近来开始依赖的大众动员方式。她说:

"交际交流是资本主义生产的根本要素,而非民主政治的基础。"[8]

本文选的最后三个选篇论述当代马克思主义面临的最紧要的问题,那就是如何描述、政治化被雅克·朗西埃(Jacques Rancière)称作"外部"、被克劳斯·彼得·沃特里伯(Claus Peter Ortlieb)理解为资本主义积累的生态前提、被艾伦·贝纳纳夫(Aaron Benanav)和约翰·克莱格(John Clegg)在《尾注》集刊(Endnotes)中表述为全球化之后政治与经济生活中的过剩劳动力的东西。朗西埃介入对"政治终结"的广泛喝彩中,无疑是在指控懒惰的自由主义者和马克思主义者鼓吹的糟糕的社会拜物教。他断言道:"民主绝非特定宪法意义上的政权制度,特定的宪法决定了将人民聚集在共同权威下的种种方式。"——后来,他将"决定种种方式,将人民聚集在共同权威下"称作管理社会共识——相反,民主是"政治体制,关于主体及主体与主体的联系方式的体制"。[9]由此,朗西埃为在经济基础和上层建筑都起作用的对抗理论注入了活力,这在很大程度上与厄内斯特·拉克劳(Ernesto Laclau)和尚塔尔·墨菲(Chantal Mouffe)(见上文)及近几十年来其他理论家主张的著名的争胜理论(agonism)相反。

沃特里伯的文章选自一本关于德国价值批判学术流派(Wertkritik)的书——《马克思主义与价值批判》。他对马克思主义政治理论和生态政治经济学的贡献在于,他提出了社会和环境的双重恶化是资本主义价值逻辑的既坚实又内在的保障这一观点。在沃特里伯看来,社会恶化和环境恶化都不是对正常运转的经济体系的偏离,相反,劳动力危机(劳动力需求越来越少;越来越多的劳动力"漫无目的地生长","它是商品的主体,却没有商品"[10])和生态危机(实现同样大小的价值,所需的自然财富越来越多,而且这并非不符合逻辑)的出现,构成了其他价值批评派理论家所说的"最终危机"。生态社会主义和深层生态主义都没有多少能力来控制或扭转这场危机。如果没有一场革命来"征服资本主义——进而征服体现为价值形式的财富,征服资本主义构成的主体形式"[11],那么,沃特里伯的经济和生态预言就是一个永不可逆的末日天启。

选自《尾注》集刊第二册的《贫困与债务》认为,劳动力是一个目前已陷入危机的社会经济范畴。从这个角度出发,《贫困与债务》在全球层次上论证了马克思发现的资本积累一般规律的政治性和紧迫性。在今天,这意味着,对那些明显过剩于资本主义需要的人口来说,对资本主义内部的贫困的大多数人来说,内在于资本主义发展的最一般的规律——越来越多的价值将会凝聚在不变资本即过去劳动的产品中,而越来越多的活劳动将被排除在生产过程之外——已经猛然膨胀为一个不稳定的、关键的环境。本书在前几编曾以不少篇幅收录《尾注》集刊中更一般的关于共产主义的争论。《贫困与债务》通过贫困化主题,将《尾注》对此问题的关注最紧密地和马克思主义价值理论结合了起来。如果说马克思主义的产生是为了完成政治化这一历史工程,如果说国际化为这项工程提供了历史的真实性,那么,《贫困与债务》就为全球化之后的马克思主义提供了一幅复杂的而又极清晰的地图。

注 释

[1] Antonio Labriola to George Sorel, April 24, 1897, https://www.marxists.org/archive/labriola/works/al03.htm.

[2] Álvaro Garcia Línera, "State Crisis and Popular Power", *New Left Review* 37 (January-February 2006): 75.

[3] Línera, 85 and 81.

［4］关于利内拉政治理论与平民权力的关系的详细讨论，参阅 Bruno Bosteels 所著 *The Actuality of Communism* 的最后一章。

［5］Chantal Mouffe, *Agonistics* (London: Verso, 2013), 84.

［6］Peter Hallward, "On Political Will", 即将见于 *Culture and Politics*。

［7］Jodi Dean, "Communicative Capitalism: Circulation and the Foreclosure of Politics", *Cultural Politics* 1, No. 1 (March 2005): 53.

［8］Ibid., 56.

［9］Jacques Rancière, "Ten Theses on Politics", *Theory and Event* 5, No. 3 (2001): 5.

［10］Claus Peter Ortlieb, "A Contradiction between Matter and Form: On the Signifcance of the Production of Relative Surplus Value for the Dynamics of the Final Crisis", trans. Neil Larsen, Mathias Nilges, Josh Robinson, and Nicholas Brown, in *Marxism and the Critique of Value*, ed. Neil Larsen, Mathias Nilges, Josh Robinson, and Nicholas Brown (Chicago and Alberta: MCM′, 2014), 109.

［11］Ibid.

第二十七章

国家危机与民众力量[*]

阿尔瓦罗·加西亚·利内拉

一个国家的运转、稳定和代表性,取决于三个因素:第一个因素是社会力量的整体格局,即大大小小的不同联盟之间的关联,这些联盟为重新配置布迪厄所说的"国家资本"——影响重要事务决定的能力——而相互竞争。第二,存在一个由政治机构和规则构成的体系,它们调和不同层次的社会力量之间的共存。实际上,这种机构的格局体现了产生某种特定国家政权的政治力量的基本关系,也体现了该国家政权合法维系自身的方式。第三,每个国家都依赖于一种共有的认知方式,一系列推动性的信念,它们使统治阶级和被统治阶级都以某种方式遵守社会规范和道德规范,并通过国家文化和仪式体现出来。

当国家政治生活的这三个构成要素都很健康、运行良好的时候,我们就说国家政体和社会之间搭配一致。三个要素中有一个或几个被悬置或断裂了,我们看到的就是一个处于危机中的国家。这样的国家,一方面其政治世界和政治体制是对立的,另一方面社会大联盟之间的行动是相互敌对的。这正是近年来玻利维

---

[*] 原载 *New Left Review* 37(January-Februry 2006):73–85。

亚发生的情况。自 2000 年以来，玻利维亚连续发生军事暴动和社会动乱，动摇了国家基础，这一切无疑说明，深层社会发生了危机。

这次危机有双面性。从短期看，它是新自由主义模式的危机，是玻利维亚新自由主义赖以建立的社会及意识形态基础的危机。但用布罗代尔（Braudel）的话说，它也是长时段（longue duree）的危机，是共和国的体制和意识形态危机，因为它的基础是对玻利维亚大多数土著人的殖民关系，事先就埋下了危机的种子。下面将考察这些特征在目前玻利维亚的社会、体制、意识形态中的表现。

社会力量的格局

分析玻利维亚 20 世纪 80 年代中期以来的社会力量的平衡，需要从以玻利维亚工人联盟（COB）[1]为核心组织起来的工人运动在政治和文化上的失败谈起。1953 年社会革命以后的数十年里，玻利维亚工人联盟一直宣称，必须建立一个广泛的城市、农村工人阶级的先锋队，通过工会会员制及工人联合管理的方式，表达民众对管理社会剩余的需要。这次工人运动解散之后，与全球市场、精英政治党派、外国投资者、国际管理实体相关的商业团体组成的社会阵营（social bloc）的地位得到了巩固，并在公共政策决定问题上站到了舞台中央。在随后的 15 年里，这些力量成为制定政策的唯一主角，公共管理的发起人，重新配置国家的经济和社会组织，许诺说要实现现代化和全球化——第一代和第二代产业改革、私有化、去中心化、减税，等等。

新千年以来，因为新的组织方式和政治构架逆转了庶民阶层的地位，这种社会力量关系受到了来自下层的挑战，"新自由—家产制国家"视为理所当然的精英主义遭到了质疑。2000 年 4

月、9月，2001年7月，2002年6月的示威和堵路行动，表明地域性的社会运动再次形成，这类运动可以通过动员民众的能力，促成公共政策、法律制度，甚至促使修改社会剩余的分配方法。[2]意在重新确定水资源所有权的2029号法律，允许将国有企业出售给私人、主张增加税收的法律，等等，诸如此类的法律都因为来自社会运动和民众暴乱的压力而废止或修改了。一些总统法令，如关闭可可市场、封闭永加斯（Yungas）地区等，也因为同样的原因而不得不收回。根据民众组织（土著社区、退休人员、可可种植户、公司矿工、警察）提出的全国性诉求而修正金融立法，说明出现了新的社会团体。这些新团体有能力在议会边缘——在议会内部的支持下（2002年群众运动胜利后）——阻止政府政策的施行，并通过非议会方式促使重新分配公共资源。

对于这些此前没有决策权的民众组织，有一个重要的方面需要注意，那就是：他们提出的要求毫不掩饰地寻求修改经济关系。因此，他们作为一股集体政治力量的出现，必然意味着建立在城市及农村工人阶级的边缘化与分散化基础之上的主流国家形式的根本转型。而且，这些新力量的领导人绝大部分是土著人，他们支持一种特殊的文化、政治事业，这是目前国有资本重新配置的关键。与20世纪30年代开始的那段时期相反——那时的社会运动是围绕着坚持种族融合（mestizaje）理想的工人联盟展开的，是商业精英推动的经济现代化的结果——今天的社会运动有巨大的能力质疑政治秩序，其社会基础是土著人，其源头是此前被经济现代化过程排除在外的，或是被边缘化的农业地区。高原（altiplano）上的艾玛拉人（Aymaras）、永加斯和查帕尔（Chapare）的古柯种植者（cocaleros）、波多西（Potosí）和苏克雷（Sucre）的艾鲁族群（ayllus）、东部的印第安人，取代了工会和城市民众组织，成为社会的主角。尽管他们的行动具有地域性或地方性，他们有共同的土著身份，这种身份让他们质疑玻利维亚178年历史的不变核心——单一种族性。

此外，精英联盟自身也表现出疲惫和内讧的迹象。过去20年的经济项目——国有企业私有化、利润外流、铲除古柯——已经减少了某些行业的民族资产阶级的机会，而非正式部门的增多造成的税收缩水让这种状况雪上加霜。因为前景黯淡，不同的精英集团开始分道扬镳，他们为各种事情争吵不休：上交给国家的利润减少，外国加工者拒绝调整石油销售价格，与巴西重新谈判油价[3]，征收土地税，等等。过去10年把他们拴在一起的事业已经结束。

商业集团发生危机，社会暴动此起彼伏，都是因为玻利维亚经济的农产品出口型特征及飞地特征。[4]工业现代化只像小岛一样出现，四周是非正式产业和半商业性的农业经济的茫茫大海，在这种状况下，能让商业活动赚钱的国内市场即使降低劳动力成本也难以形成。无法抵抗世界商品价格的波动是普遍现象。由此，我们可以说，玻利维亚的长时段危机是农产品出口模式同样长期的经济危机在政治上的表现。这种出口模式无法有效获得剩余价值，从而不能为国家发展提供必要的资本。所以，每当人们讨论如何分配碳氢工业的收入时，或土著社区要求自治时，圣克鲁斯公民委员会（Santa Cruz Civic Committees）就提出一个新方案，建议部门独立自治，这种建议不仅是在质疑国家权力的分配，而且暴露了现有经济秩序的深层危机。

政治体制

1985年以来，玻利维亚精英政治党派认为，在国家政府支持下，他们可以取代老式的政治调停政权。老式的政治调停政权是由工会主导的，它把过去社会的社区传统和大型企业里工人的集体行为衔接起来。根据玻利维亚糟糕透顶的宪法，党派系统是国家公民权赖以实现的天然机制。然而，很明显，旧党派组织形式已经被证明不能转变为真正的可以沟通社会需要与国家机器的政治调停渠道。他们首先是家族的商业网络，通过这个网络，精英集团的成员可以为进入国家管理层而相互竞争，好像国家管理机构是一份祖传财产，他们与选举人的联系在很大程度上是围绕着政治人际关系（clientelist links）和特权纽带组织起来的。[5]

由于玻利维亚公民权的工团主义基础被破坏了，而新的选举参与形式难觅踪影，于是在世纪之交开始出现其他公众政治调停形式。社会运动，无论新旧，都在明确肯定自己的理论、群众集会和集体行动方式。由此，今天玻利维亚有两种类型的制度体系。在查帕尔省、永加斯地区和波托西省北部地区，社区形式不仅被置于党派组织形式之上，而且被置于国家体制本身之上，以致市长、区长以及副区长等其实都听命于农民联盟。在北部高原，有几个副区长和警察岗位在最近三年中被取缔了，在省会城市，还建立了"社区警察"，从而以农民联邦的名义维持治安。在一直伴随2003—2005年反私有化游行的堵路运动期间，高原上数百个社区组成了他们自称"土著大营"的组织，这个组织事实上是艾鲁社区和村庄的军事联盟。

这里很有必要引用一下玻利维亚理论家雷尼·扎瓦勒塔（René Zavaleta）提出的"表面国家"理论。由于玻利维亚在社会和文明上的多样性，大片的土地、众多的人口未被涵纳在资本主义劳动过程的规训中，或者说，他们依然游离于国家之外；他们承认另外的时间性，承认另外的权威系统，他们所肯定的集体目标和价值观不同于玻利维亚国家提出的目标和价值观。[6]通过最近五年的政治和经济斗争，这些阶层已经经历了越来越体制化的固化过程，有的是永远的固化（政治化的农业土著地区），有的是偶尔的固化［科恰班巴（Cochabamba），拉巴斯（La Paz）

和埃尔阿尔托（El Alto）城区]。结果，这个新自由主义国家的政治秩序分崩离析，它的管理权威被架空了。另一种政治体系扎根于被玻利维亚不平衡的现代化进程边缘化的土著经验世界，它挑战玻利维亚几百年来在现代性上的表现。这种现代性，建立在甚至其精英集团倡导者都不以为然的文献和制度基础之上。精英们自己从未放弃过封建、世袭政治的方法。国家机器的大面积腐败，不过是这些方法的现代表现而已。掌权的精英分子就是用这些方法，接管政府职能，并将其沿袭下去。

自由—资本主义政治文化与体制既被社会运动指斥，又被掌权的精英集团的实际统治玷污，其存在以社会的个性化为前提：传统效忠观念、封建领地关系、非工业生产系统的解体。在玻利维亚，这些关系与观念的解体顶多涵盖三分之一的人口。然而，玻利维亚政权，包括目前的"新自由主义"变体，作为一种政治分裂症似的构筑，已经建构了与我们这个非工业化亦非个性化的社会的"百衲衣"现实不相适应的规范性制度和机构。于是，土著的、大众的社会运动，用哈贝马斯的话说，强调"规范"行为胜于"交际"行为，在客观上让人们意识到共和国体制可能是无效的。这种体制在一个尚无组织和物质基础的社会里仅仅画了一个关于现代性的饼子，而事实上，现代性的构想是必须以当下社会基础作为出发点的。

信念动力

1985年以来，给玻利维亚人民绘制的意识形态蓝图都是自由市场、私有化、施政能力、代议制民主。所有这些设想，尽管都是幻象，却是有理有据的，因为虽然它们从没有真正实现过，但无疑重整了行动与信念的关系，整个社会期望通过这些设想与必要的牺牲，真能实现富乐安康、现代化与社会承认。城市上层阶级、中产阶级、庶民百姓——其中，庶民百姓已经完全不再指望从国家和工厂工会获得保护——从这个蓝图中看到了通往社会稳定和富裕的新路子。

到2000年，期望和现实的鸿沟导致失望的民众与国家政府之间爆发冲突。现代性的承诺换来的只是剥削的加剧、非正规劳动的增加（20年间从55%增加到68%）而已；承诺的社会富裕，到头来却是财富的更加集中和更隐蔽的种族歧视。私有化，尤其是碳氢工业的私有化，远未拓展国内市场，盈利却越发流入外国人的腰包。官方计划与生活现实的这种反差让大多数人渴望新的理想与信念。土著群众的国家—族群诉求就是其中的一种。这种诉求已经在高原的艾玛拉人中形成一种土著民族主义，还对私有化公共资源（水，碳氢工业）进行了重新国有化，以及通过承认集体与传统倾向（土著社区、工会等）的非自由政治实践来增进社会参与和民主。这些信念正迅速取代自由主义私有化国家意识形态。

我们或许可以说，玻利维亚国家政府已经失去了在承认资本上一家独大的地位，我们已经越过了信念问题的过渡期。新运动的一个明显特征是，他们既为新自由主义话语争论，也为共和国的立国基础争论——这些立国基础包括：认为土著人和梅斯蒂索人生来就是不平等的，认为印第安人没有能力管理国家。印第安人过去习惯于给"没索第人"（梅斯蒂索人）投票，最近几年却广泛选举了土著政治新星，这个变化是多民族殖民地社会符号结构中的分水岭。对土著社会力来说，建立城市统治权被提到了核心战略任务的高度，因为在这里，他们的身份才能面对自身的多样性或分裂性，与包括精英及大众的所有梅斯蒂索人身份的建构——并非没有分歧——相对应。

于是，在玻利维亚，"新自由主义"模式和共和国模式两个支柱都迅速倒下了。正是这一国家危机的节点，让我们看清了过去五年政治冲突的激进特征，也看清了这场冲突的复杂性与多变性。这次危机不会持续很长时间，因为一个社会无法承受长期的政治真空和不确定性。新的社会力、信念、体制迟早会形成，重新开启一个时期的社会稳定。对玻利维亚来说，问题是这次转变会创造一个什么样的国家。萧条可能会加深，导致创建出一个"新自由－集权"国家作为新的政治形式。这种政治形式，可能会解决短时期危机，但不能解决长时期危机，其问题很快就会自行暴露出来。也可能出现一个通往新空间的入口，此空间能让人们行使民主权利（多文化政治形式，社区－土著机制与自由机制的结合）和进行经济再分配（国家、自我管理等的生产性角色），能同时解决当前危机的长时期和短时期问题。在后一种方案中，对新自由主义国家危机的民主制解决和对这个殖民共和国危机的多文化解决是融为一体的。

  扎瓦勒塔认为，统治是可能变得疲惫的：在某些时期，国家不再不可抗拒，大众放弃精英集团的意识形态，不再渴望他们宣扬的社会秩序。2003年10月的暴乱是民众反对"新自由－世袭"国家政权的最激烈的表达方式，也宣告了这种统治形式已经走到穷途末路。[7]如果说每个国家危机基本上都要经历四个阶段——危机初现、过渡或国家机器的紊乱、新的国家秩序原则在争议中的现身、新国家的巩固——那么，这个10月，当数十万印第安人和城市百姓走向拉巴斯和埃尔阿尔托街头，当总统桑切斯·德洛萨达（Sánchez de Lozada）在暴乱的高潮中流亡异国，无可避免地标志着玻利维亚已经进入过渡阶段。根据宪法，副总统卡洛斯·梅萨（Carlos Mesa）继任总统，民众最初对他的接受不是因为服膺于议会政治，而是出于古老的对个人力量的偏见，认为人事的变动就是政权的更替。但考虑到目前社会力之间的格局，抛弃自由民主制度的后续可能结局是不难预见的。

  但是，如果说没有被统治者的同意，就没有国家的长治久安，那么也可以说，提不出一种新的国家秩序，反对政府就不可能成功。这正是反对派发现的问题：他们可以通过堵路使政府瘫痪，却无法提出一个新的合法的政权设计。于是就有了梅萨主政时期（2003—2005）举棋不定、糊里糊涂的休战。在此期间，这位著名的主持人试图抓好反对派鸡毛蒜皮的小事（桑切斯·德洛萨达的退位，宪法会议，碳氢工业立法），却对整个政府运转方式的新自由改革不闻不问。

革命时代

正是马克思提出的"革命时代"概念，有助于理解非同寻常的频频发生政治变化的历史时期——社会力的地位和权力的突然改变，反复出现的国家危机，集体身份的重新构建，一波又一波的武装起义。将动荡时期隔开的，是相对稳定的时期，但即便社会相对稳定，政治统治的整体结构仍在发生着或局部或整体的变革。

革命时代是一段较长的政治活动紧张期，短则数月，长则数年。在这个时期：（1）以前对当权者冷漠或忍耐的社会阶层、团体、阶级公开挑战权威，通过直接行动宣告权利或集体请愿（天然气和水资源调解委员会，土著的、邻里的组织，古柯种植者，小规模农民组织）；（2）某些或所有这些行动起来的阶层坚决认为，必须获得国家权力［争取社会主义运动（MAS）、农民工人联合会（CSUTCB）、玻利维亚工人联盟］[8]；（3）他们的提议在全国得到大量拥护（在水资源斗争中，在反对增加税收的斗争中，在天然气斗争中，在支持印第安候选人的选举中）；由于大众对政治事务的参与度提高，统治者和被统治者的区别开始消解；（4）统治阶级无法压制这些政治渴望，导致国家多极化，形成几个"多元主权"[9]，让社会秩序碎片化（"权威原则"自 2000 年 4 月以来的缺席)。

在革命时代,社会分解为社会联盟,每个联盟都有自己争取政治权力的计划、话语、拥趸和设计,彼此对立,互不相容。这导致了"抗议周期"的出现:行动、观望、撤退,周而复始。"抗议周期"[10]折射出当权者的软弱(2000 年 4 月、10 月,2001 年 6 月的班塞尔;2002 年 1 月的基罗加;2003 年 2 月、10 月的桑切斯·德洛萨达)。这些抗议也起到了激发(或者说"感染")[11]其他阶层的作用,让他们把发动群众看作宣传自己的诉求的方式(教师、学生、退休人员、无地流民)。同时,这些行动分解、动摇了社会的统治集团联盟,产生了反－反应(玻利维亚东边所谓的商业－民生－政治"新月"),这反过来激起又一次行动,结果是政治动荡不安,形成恶性循环。不是所有革命时代都以革命结束(此处所谓革命,是指占统治地位的社会力的更替,此前必须有一个军事暴动过程)。有的革命时代恢复了旧政体(政变),有的通过将反对者及其变革要求部分地或几乎全盘地吸收进权力集团,从而友好、和平地改变了政治体制。

玻利维亚当前的政治时期完全符合革命时代的特征。2000 年以来,越来越多的社会阶层通过联合会、共同体、社区、行业协会等逐渐在政治决策中取得了发言权(水、土地、天然气、立宪会议);政府权威逐步削弱、国家主权崩解;国家日渐两极化,分解为不同的社会集团,两个集团对经济和国家的发展规划判然有别,甚至严重对立。

其中一极的核心立场是土著运动,成员既包括乡下农民,也包括城市工人。这一方明显代表着与此前任何运动都不一样的政治和文化规划。他们的经济计划围绕着国内市场,以农民社区、城市手工业者和小型商业活动为中心。他们要求国家恢复功能,再次成为生产力和工业化动力;要求占全国人口大多数的土著人在推动国家进步的过程中担任主要角色。处于另一极的是新兴的

第二十七章　国家危机与民众力量　589

出口农业、金融业和石油业社会集团。他们曾是解放经济的最活跃的阶层。这个集团对玻利维亚应如何搞好和国外市场的关系、对外国投资者应该发挥何种作用具有清醒的认识。此集团认为国家应该听命于私人企业，主张保存——恢复——旧政治制度。因为立足于玻利维亚东部和东南部，不受当前社会运动组织的管控，该集团抛出了一套毫无掩饰的激进话语。

三种深层分裂进一步加重了政治的两极分化：种族－文化上的土著/外国佬分裂，阶级上的工人/企业家分裂，地域上的安第斯东部和亚马孙月形区分裂。在"左倾"的一极，起作用的身份主要是种族－文化身份，工人身份要么分解了（融入一种新的土著无产阶级），要么在从属的层次上成为种族身份的补充。在"右倾"的一极，起主要作用的身份在本质上大体是地域的，因此鼓吹区域自治的公民委员会对这些保守的社会力有重要意义。

权力构成分为两个不同的阵营，任何一个都不可能在短期内取代另一个，由此，两极政治导致经济统治和政治统治分离开来，让社会进入一段不稳定的时期。经济权力从西部转移到了东部（此转移因国外资本在碳氢工业、服务业、工农业的投资而加速），社会政治权力则在西部得到了加强，这便在国家层面上造成了新的地域动荡。2003年10月爆发的推翻桑切斯·德洛萨达的起义，其悖论——"十月悖论"——的有趣之处是，地域的分裂同时意味着水火不容的种族及阶级之间的对立：企业家在东部［圣克鲁斯、贝尼平原（Beru）、塔里哈地区（Tarija）］，土著人和劳工在西部［拉巴斯、科恰班巴、波多西、奥鲁罗盆地（Oruuo）］，双方都在等待时机夺取国家领导权。不过，这种领导权，从地域、社会和文化的角度说，不再可能具有对玻利维亚社会进行经济和政治重组的含义了。固然全国每个地方都有企业家、土著人、梅斯蒂索人、工人、农民，但在各区域内部，占主流的话语和身份还是由阶级、种族、地域特征决定的。

总的来说，玻利维亚的社会政治力版图展示了一个高度政治化的场域。在场域中，双方都打算推出自己的改革方案，可能是强制性的，即政变方式［民族主义革命运动党（MNR）］[12]或起义方式（农民工人联合会、玻利维亚工人联盟），也可能是民主决议式的，即恢复旧政体的方式［民族主义国家行动党（ADN）][13]或改良旧政体的方式（争取社会主义运动）。目前，这些趋势形成的社会集团，还没有哪一个强大到足以压倒对手，更没有哪一个足以压倒其他社会阶层，而这种压倒性优势是一种领导力长期掌控国家权力必不可少的支持。

从社会运动及其对国家的土著-民众转型的预期角度看，有两条可能的道路：一条是埃沃·莫拉莱斯（Evo Morales）领导的渐变的、制度性的选举道路，另一条是起义式的国家革命性转型道路。第一条道路要求在与其他领导人及社会运动进行协商的基础上，围绕莫拉莱斯建立一个选举阶层，此选举阶层足够强大，能产生一个具有国家治理能力的、既大众化又土著化的统一核心。所需的广泛的社会支持要求提出一个有力的改革规划，以吸引城市阶层——中产阶级、处于上升期中的民众，甚至与国内市场联系的企业家——这些人目前不愿接受土著政府解决方案，而没有他们的支持，土著选举绝无成功的可能。

这两条道路，选举的和起义的，并不一定互相排斥；他们可以是互补的。不过，土著-民众派应该在两条道路上都增强实力，在知识和道德上担任起玻利维亚多数人口的领导者。如果不在统一社会运动上进行广泛、耐心的工作，如果不通过扎实的培育过程来取得这些力量在政治、道德、文化、组织各个方面对全国下层民众及中产阶层的领导权，选举就不可能成功，起义就不可能获胜。

注　释

[1] 玻利维亚工人联盟（Central Obrera Boliviana）：多种领域的大型企业的工人组成的联盟。随着1985年开始的劳动弹性化、商业倒闭和私有化，该联盟的社会基础降低到教师、公立医院员工、大学生及城市工会。

[2] 2000年，科恰班巴刚刚私有化的供水部门被要求缴纳更多的税收，引发了大规模抗议，罢工、阻路导致城市关闭。4月4日，十万多罢工者和抗议者突破了围绕城市中心广场的军事警戒线，举行了群众露天集会。4月8日，Aguas del Tunari公司关于供水的合同被班赛尔政府否决。同月，古柯种植者和殖民农民联手，反对铲除古柯，他们设置路障，宣称将切断拉巴斯的食物供应，其中起主要作用的是土著人组织。2001年6月，永加斯山谷的古柯种植者成功地赶走了美国—玻利维亚古柯铲除组织。两个月后，班赛尔退出总统职位，由副手基罗加（Quiroga）继任。——NLR（《新左派评论》）

[3] 巴西国有的巴西国家石油公司（Petrobras）和西班牙的雷普索尔公司（Repsol）是玻利维亚天然气的主要购买商。——NLR

[4] José Valenzuela, *Qué es un patrón de acumulación?* (Mexico City: Universidad Nacional Autónoma de México, 1990).

[5] Patricia Chávez, *Los límites estructurales de los partidos de poder como estructuras de mediación democrática: Acción Democrática Nacionalista*, degree thesis in sociology (Universidad Mayor de San Andrés: La Paz, 2000).

[6] Luis Tapia, *La condición multisocietal: multiculturalidad, pluralismo, modernidad* (Muela del Diablo Editores: La Paz, 2002).

[7] 桑切斯·德洛萨达政府计划通过智利（玻利维亚的国家公敌，因其在1879—1883年的太平洋战争中掠走了玻利维亚的出海口）出口天然气储备，而不是在国内加工，引发了民众抗议，继后演变为2003年10月拉巴斯和埃尔阿尔托的大规模起义，最后以总统流亡国外收场。——NLR

[8] 争取社会主义运动（Movimiento al Socialismo）：土著农民领袖埃沃·莫拉莱斯领导的政治组织。争取社会主义运动不是一个党派，而是几

个城市及农村社会运动组织选举出来的联盟。农民工人联合会（CSUTCB）：土著人及农民社区形成的组织，创立于 1979 年，领导人为费利佩·吉佩斯（Felipe Quispe）。

［9］Charles Tilly, *European Revolutions, 1492 – 1992* (Oxford: Blackwell, 1993).

［10］Sidney Tarrow, *Power in Movement: Social Movements, Collective Action and Politics* (Cambridge: Cambridge University Press, 1994).

［11］Anthony Oberschall, *Social Movements: Ideologies, Interests and Identities* (New Brunswick: Transaction, 1993).

［12］民族主义革命运动党（Movimiento Nacionalista Revolucionario）：民族主义党派，领导过 1952 年的民众革命，20 世纪 80 年代推动了基于华盛顿共识的自由主义改革。

［13］民族主义国家行动党（Acción Democrática Nacionalista）：乌戈·班塞尔 1979 年创立的党派。班赛尔随后数届担任该党派的领导人，并于 1997—2001 担任玻利维亚总统。

第二十八章

制宪权：一个陷入危机的概念[*]

安东尼奥·奈格里

……从结构到主体

到现在我们已经积累了一系列问题。呈现在我们面前的是关于权利和司法安排的丰富资源。面对试图将其以某种终极形式固定下来的司法理论和政治哲学，这种资源拒绝封闭，顽强地重申自己的要求。看来，唯有引入一种力量来调和制宪权的极端性，我们的问题才能解决。当宪法这一结构被视为绝对程序，被视为不断地、反复地实现的力量时，引入的力量必须能解释宪法，但又稳稳地扎根于现实。一旦确定了足以解释宪法结构的力量，足以完成绝对程序（absolute procedure）的主体，就可以有效地回答促使我们展开研究的问题了。于是，制宪权问题就成了如何建构一个能够保证制宪权本身作为一种推动力不断发生作用的立宪模式的问题，即，如何确定一个能完成此任务的主体力量的问题。

---

[*] 选自 *Insurgencies*: *Constituent Power and the Modern State*, trans. Maurizia Boscagli, Minneapolis: University of Minnesota Press, 1990: 1–35。

如果该主体是某个绝对程序的主体，那么，这还不足以让人提出制宪权引起的主体问题。在司法理论中，每当法律的自愿原则被确认并必须找出此意志的主体时，这个问题就会被提出来。[1] 在此类术语的框架下展开本研究，显得太宽泛了，因为这样的探讨不深究主体与结构之间的逻辑有效关系。不过，司法观念史的确提供了一系列与此目标相关的例子，且让我们更详细地考察一下。

假说一：此假说所言的主体是民族。[2] 粗略一看，这个概念极为适合绝对程序的概念，但是有两点：其一，这是一个类属概念，只有在想象中才是真实的（因此无法操作）；其二，这个概念的含义随历史的变化而变化，常常被用来阻碍、限制立宪过程。作为类属概念（因为民族一词和种族决定论、历史审判、政治需要、司法要求，尤其是自然决定论，有着千丝万缕的联系），民族具有多义性，让心怀不轨者有机可乘，在现实中将其用作一个工具。[3] 后一种含义，即取决于历史的含义，会激发制宪的动力，非但不能在程序上重新开放主体与宪法结构之间的关系，反而会将其具体化、凝固化。[4]

假说二：此假说试图在主体与结构（动力意义上的结构）之间建立有效关联，因而认为主体是人民。[5] 然而，"人民"的概念并不比"民族"的概念更具体。这个界定也会迅速陷入司法机制对资质认证的困境。"人民"概念的类属本质会在宪定的意义上被重新解读：如果"人民"是制宪权的主体，那么，唯有首先经历过能表达其本质的组织过程，它才能成为这样的主体。诚然，如果想象"无序的民众可以决定一种组织力量"，并认为这种组织力量是科学主体，那就会在术语上导致矛盾。[6] 这个概念并没有超越作为民族特征的制宪权所具有的限制性和自然主义及有机主义的神秘性。在理论上剥离民族的歧义的意图是很明显的。然而，阻碍制宪权概念的扩张力的企图也同样明显。[7]

从人民角度给制宪主体下的定义终归都会成为规范主义概念和对成文法的欢庆，这不是偶然的，而是必然的。[8]这种规范性概念把制宪权与法律的一个内在源头混淆起来了，把制宪权与宪法的修订、宪法作为宪法的自我更新混淆起来了。简而言之，制宪权只有在再现的语境里才是人民。

假说三：作为主体的制宪权已经由司法机制在其固有的条文中明白无误地确定下来了，制宪权本身就是在一种独特关系中设定的多种司法权——必然总是预设了司法调解的各个要素。[9]这个观点是折中的，但仍是有效的。从这个观点出发，将制宪权尊为绝对程序的可能性从一开始就被消除了，或变形了。这里的关键，不是主张制宪权每一次出现时，其历史定义都具有独特性，而是将这种决定性视作不可逾越的极限，视作真切地设定了的自我限制。司法理论一向是聪明的。它不否认制宪的力量，而是肯定其独特性。然而，它不认为制宪权是一个过程，一个不稳定的本体论坚守，而是看作一个极限。限制是以黑格尔的方式作为决定性提出来的。[10]它假定，调解与妥协内在于作为主体的制宪权的内部，此主体建立了真实的宪法——不是在制宪权之外，而是在制宪权之内：这是神秘主义要达到的效果。这事实上是一个神秘化问题，因为制宪权问题不能通过将独特性作为其绝对性的极限——时间的、空间的、程序的极限——来解决。制宪权的绝对性在于其独特性，这个事实是明白无误的，但这一点——而非别的什么——恰恰是我们的问题。

此刻我们可以考察一下试图将制宪权与绝对程序联系起来的其他理论，以便证明制宪权，但这些理论真的不会带来什么新东西。更需要注意的是：以绝对的方式否定主体与程序之间的有效关联是对形而上学否定的比喻——所谓形而上学否定，就是否定多样性可以呈现为集合的独特性，否定"多"可以成为一种单一的、统领性的力量，否定主体与程序之间的这种关系（开放的、不能终结的关系）可以是真实的，可以有效地构成真正的时间性。相反，任何形式的权力构建，都必须在这种人类语境之外完成——通过神性或其他某种理想的决定性完成，在超验世界或超验性中完成。于是，对主体和结构之间有效关联的否定已经蕴含在权力证实外在的、本质的比喻之中。制宪权的极端性事实上不可能被否定，但在这里它基本上被完全否定了。

然而，要解决我们的问题，也就是制宪权的绝对性问题，仅仅揭露、批判那些以超验方式将制宪权相对化的形而上学的片面观点是不够的。批判不能代替建构性的立论。因此，我们必须再次提出主体与绝对程序之间的有效关联问题。

在对权力概念进行定义方面，毫无疑问福柯做出了实质性的贡献，他在涉及权力与主体的关系时，为建构的维度和绝对的开放性留出了空间。在福柯那里，人性体现为一套抵抗行为，释放出［在任何不表达生命本身及其再生产性的终极论（finalism）之外］追求解放的绝对能量。生命在人性中得到了解放，它反对任何封闭、禁锢它的事物。[11] 在这里，我们要强调的是，主体与程序之间的关系是自由的。换言之，福柯在说明权力可以如何征服人性，令其像齿轮那样在极权机器［我们可以接受极权主义（totalitarianism）这一特殊用法］中发挥重要作用之后，反过来展示了贯穿生命、生物政治、生物权力的立宪过程如何具有一种绝对的（非极权的）运动。说这个运动是绝对的，那是因为它绝对不受外在于解放行动和至关紧要的汇聚过程［assemblage（英），agencement（法）］等决定性的控制。[12]

这个观点为我们解决立宪主体问题打下了基础。从这个观点出发，福柯让我们可以走得更远。诚然，他给我们揭示了主体首先是力量，是生产；主体可以被贬为纯粹的幻影，是规训系统总体性之下的残渣。但是，即便在那缥缈的地平线上、被囚禁在那些机制之中，主体的生产能力仍然多么强！主体有生产能力，是因为在这压制之下,它返回自身,并在自己身上发现了生命力。其次,除了力量,主体还是行动,是行动和自由的时间,是一种汇聚(assemblage)。它是开放的,它不以某个目的为条件或先导。福柯首先批判性地指陈了现实的解接合(disarticulation),接着建构性地重新声称,这种解接合是一个积极条件。曾经穿越必然性的道路,现在通向了自由王国。[13]在斯宾诺莎作品中,我们也曾见过大致相同的过程。[14]再次,福柯打造了一个主体性范式,此主体性是重构抵抗的地方,也是公共空间。[15]在这里,我们看到了主体的一个比喻,这个比喻在形式上、方法论上有足以表达绝对程序的特征。其实际含义是,这个主体是力量、时间和宪法:它是生产制宪线路(constitutive trajectories)的力量;它是没有开端的时间;因而,它是独特的宪法。当这批判摧毁了宪定权的牢狱,它便将自身界定为本体论力量,界定为可以制造绝对事件的制宪权。在这里,政治就是生产,非同凡响的、集体的、非目的的生产。创新为政治立宪;宪法只能是持续不断的创新。阿伦特(Arendt)试图从自由政治的非本质性角度作为海德格尔存在的虚空状态的替代物而阐述的东西,被福柯作为积极自由的工具在存在的圆满状态中建构起来了。被阿伦特作为对政治扼杀而否定的社会,在这里显现为生物政治的空间——制宪权在其绝对性中呈现出人类政治的极端性。[16]

绝对性在任何情况下都不是极权主义。极权主义不是绝对性的必然结果。但是,每当神圣的自由主义原则受到诋毁时,就会有人跳出来指控极权主义,因此值得我们费些笔墨。[17]如果我们的"有效主体"与自由原则无关,或者更准确地说,如果"有效主体"在某种意义上与自由原则矛盾,那么,它并不就因此而一定是极权主义的。等式"拒绝自由精神等于极权主义"是过于简单的、神秘化的说法。它建立在一个现代思想传统之上,此传统假定了契约主义是人权的基础。然而,契约主义不能成为人权的基础，不能给人权提供实际的、可靠的基石，不能提供作为人权本身的唯一保证的世俗的绝对性。制宪权视角把契约主义观点置于枪口之下，发现了契约主义中不可避免地含有对超验世界的尊崇，对宪定权及其理由的尊崇。这的确是契约主义造成的后果，是它自称无法抵抗的逻辑要求，无论这逻辑要求是霍布斯以上帝的概念表达出来的，卢梭以"全体意志"（will of all）的概念表达出来的，还是唯心超验主义以经济与伦理过程的概念表达出来的。霍布斯的上帝把人的结盟转化为主权，把集体契约（contractum unionis）转化为主体契约（contractum subjectionis）。卢梭的"全体意志"被抬升为"公共意志"（general will）。唯心超验主义的经济与伦理过程把偶然的、单个的精神引向精神的总体及其国家组合方式。[18]

另外，现代形而上学的另一个传统，从马基雅维利到斯宾诺莎再到马克思，把制宪权动力的发展视为绝对的，但此处的绝对从未变成极权。在马基雅维利和斯宾诺莎那里，力量是通过不和、斗争表现出来并得到强化的。二人都认为，这个过程在单一性和多样性之间持续进行，政治的建构是不息的创新的结果。在马基雅维利对大众运动与共和冲突的分析中涉及的东西，在斯宾诺莎那里发展为一种高级形而上学。正是在我们将其与斯宾诺莎的形而上学的绝对性进行比较的时候，主张将制宪权、制宪程序、制宪主体推向极权主义（即使只是一个假说）就显得荒唐可笑了。诚然，有那么一种极权主义，让制宪权的神奇无法展示，让制宪权强大的作用在宪定权中遭到否定和神秘化，让制宪权的形而上力量与集体期待的根本性遭到拒绝。当期待消失，政治便成为规训式的总体，即极权主义。然而，无论在马基雅维利还是斯宾诺莎那里，孕育、建立宪法的革命过程都不是以封闭的形象示人的，相反，它在时间和空间上都一直是开放的。它如同自由一样随意流动。它既是对压迫的抵抗，也是对共同体的建构；它是政治讨论和包容；它是民众的武器，是通过民主发明对原则的肯定。宪法的绝对性和民主的绝对性与生命、政治的集权概念没有任何关系。熔社会和政治于一炉的这种绝对性与极权主义也没有瓜葛。于是，我们需要再次重申，政治哲学的尊严和主要特征正在于形而上学——一方面是从霍布斯到黑格尔的产生了主权超验性概念的唯心形而上学，另一方面是从马基雅维利到斯宾诺莎再到马克思的产生了激进民主概念的历史唯物主义。在这个框架内，很明显，民主的对立面不是极权主义，而是主权概念本身。同样明显的是，民主概念不是从属于自由主义的，也不是立宪主义派生出来的。民主概念是一种"可控的形式"[19]，这种可控形式会摧毁宪定权，是解放制宪权的过渡过程，是为"每一个宪法的谜团"提供"答案"的理性化过程。[20]

这就到了一个可以证实我们的核心论点的转折处——现在我们可以肯定，我们至少已经在形式上明确了那个主体形象，让我们有理由坚持作为绝对程序的宪法概念。在我看来，这个形式上的形象现在必须面对现实，面对主体和宪法的历史，面对生命和政治的历史。这是一个开放的主体，一个被抛入不曾封闭的总体性中的主体。在开始之前，让我们再思考一个已经赋予主体的、介乎形式和物质之间的特征：时间性特征。我们的主体是——而且只能是——一个时间的主体，一个非永恒的建构力量。这么说了以后，我们面前又出现了两条道路。一方面，时间性被带回到存在，并和存在融汇在一起，被抽空一切构成因素，因此缩减为神秘主义——简言之，必然扎根于存在与它自身的关系这一坚不可摧的原则。[21]另一方面，时间性可以安放在人类生产能力中，安放在其生成这一本体论中——开放的、绝对在建构着的时间性，它不揭示存在，相反，它生产存在。

此刻，重新读读马克思可以推动我们对立宪主体和绝对程序之间真切的有效关联的界定。马克思关于时间的形而上学比海德格尔的形而上学激进得多。[22]对两人来说，时间都是关于存在的问题。社会时间是一个工具，通过这个工具，世界才能有质和量。但这里，我们再次处于同样的节点：马克思解放被海德格尔禁锢的东西。马克思用实践敞开了被海德格尔归纳为神秘主义的东西。海德格尔的时间是存在的形式。马克思的时间性表示的是形式主体向物质主体转变的方式——通过这种方式，在形式上倾向于能完成绝对程序的主体变成物质上能够成为此过程的一部分的主体，变成能够被定义为制宪权的主体。[23]很明显，通过与海德格尔关于时间概念的比较，我们不仅明白了马克思的时间性这一特征，而且从现在开始，我们要沿着马克思独立的道路前行。不过，牢记两种视角的冲突是有好处的，因为这一冲突在当代哲学导致了殊死斗争：在本杰明和阿伦特之间，在萨特、福柯、德勒兹之间。我们还可以说，当下整个政治宪法争论也是围绕这个冲突展开的。

下面，让我们专注于马克思，专注于他对权力批判和劳动批判相交叉的关键论点，因为这是我们要讨论的东西，正是在这种交叉的关键之处，展开了制宪权历史上的矛盾冲突。当我们从概念转向现实，制宪权的定义就取决于这个问题。当然，这条马克思之路是漫长的。从意识形态批判开始，到权力批判，到劳动批判，一系列精彩绝伦的独创理论浮现出来。

我们从1844年的《神圣家族》和《论犹太人问题》开始。在这里，马克思在对平等概念的去神秘化的基础上，展开了劳动批判，或者更准确地说，他对人权的肯定让他发现了剥削和私自占有的普遍性，让他声讨个人主义、赞颂工人组织。[24]政治解放不外乎是置换造反冲动的意义，置换社会现状中的司法本质。资本主义的人权以及关于宪法的所有命题既不代表生产力，也不代表乌托邦。它们仅仅是对社会现状的神秘化和颂扬。所谓的政治解放，自称在赞颂制宪权，其实是在颂扬宪定权。[25]

第二十八章 制宪权：一个陷入危机的概念 601

1845—1846年的《德意志意识形态》先后两次定义制宪权。在资产阶级理论中，制宪权直接就是阶级意识，是普遍性的真理。此普遍真理通过申明，调整国家宪法，以适应资本主义规则的需要和劳动分工的生产之必需。制宪权也通过共产主义的形式表现出来。"共产主义对我们来说不是应当确立的状况，不是现实应当与之相适应的理想。我们所称为共产主义的是那种消灭现存状况的现实的运动。这个运动的条件是由现有的前提产生的。"[26]这个定义推动了进一步的阐述："这样一来，现在情况就变成了这样：个人必须占有现有的生产力总和，这不仅是为了达到自主活动，而且一般说来是为了保证自己的生存。这种占有首先受到必须占有的对象所制约，受自己发展为一定总和并且只有在普遍交往的范围里才存在的生产力所制约。"还有，"对这些力量的占有本身不外是同物质生产工具相适应的个人才能的发挥。仅仅因为这个缘故，对生产工具的一定总和的占有，也就是个人本身的才能的一定总和的发挥"。再有，"只有完全失去了自主活动的现代无产者，才能够获得自己的充分的、不再受限制的自主活动，这种自主活动就是对生产力总和的占有以及由此而来的才能总和的发挥"。最后，"过去的一切革命的占有都是有局限性的；在过去的一切占有制下，许多个人屈从于某种唯一的生产工具；在无产阶级的占有制下，许多生产工具应当受每一个个人支配，而财产则受所有的个人支配。现代的普遍交往不可能通过任何其他的途径受一个个人支配，只有通过受全部个人支配的途径"。[27]

这些文字中浓重的唯心主义痕迹必须予以清除。在马克思后来的历史写作中，这些痕迹就不那么明显了。在1851—1852年论述德国革命与反革命时，"普遍阶级"（universal class）和"现实的运动"（real movement）之间的对立再次被置于制宪权的框架之下——这制宪权是开放的，表现为永恒的革命。换句话说，制宪权是一个过程：在这个过程中，主体不断击退敌人的压迫，同时表达、积累、组织自己的力量，由此宣告自身的独立性。[28]因此，在这里，立宪的时间性被彰显并被定义为过程的连续性，是本体论积累的一个维度。

在马克思1871年关于巴黎公社的著作中，制宪权最终呈现为一个历史的主体、武装起来的巴黎无产阶级和一个绝对过程的完美综合。那个无产阶级公社自身"实质上是工人阶级的政府，是生产者阶级同占有者阶级斗争的结果，是终于发现的、可以使劳动在经济上获得解放的政治形式"，还有"工人阶级并没有期望公社做出奇迹。他们并没有想靠人民的法令（par décret du people）来实现现成的乌托邦。……工人阶级不是要实现什么理想，而只是要解放那些在旧的正在崩溃的资产阶级社会里孕育着的新社会因素"。最后，"公社的伟大社会措施就是它本身的存在，就是它的工作。它所采取的某些措施，只能表明通过人民自己实现的人民管理制的发展方向"。[29]这是马克思著作中对制宪权概念最精辟的阐述，当时消灭国家的伟业不是听命于无政府主义的偶发性，而是着意于政治运动和政治权力之间的关系（动态的、扩展的，但又明确的）。[30]如果英语也有一对术语，表示很多语言用对立术语表示出来的两种权力之间的区别——拉丁语的 potestas 和 potentia，法语的 pouvoir 和 puissance，意大利语的 potere 和 potenza，德语的 Macht 和 Vermögen（在这个译本中，我们已经表示为 power 和 strength）——那么，这对术语就是政治运动（political movement）和政治力量（political power）。确凿无疑的是，马克思把 strength（potenza）译作"政治运动"，把融汇了权力批评和劳动解放的激进民主的制宪力译作"现实运动"。

但这还不够。对于马克思的政治理论，无论我们追寻到哪儿，政治革命和社会解放都是在同一个平台上——在立宪平台

第二十八章　制宪权：一个陷入危机的概念　603

上——交叉的两个历史母题，但这种交叉仍是表面的，马克思没有给出交叉的形而上学逻辑。一定还有某种更深层、更紧要的东西，证明这种相遇不是偶然的，并要求必须有一个唯物主义原则来决定政治解放和经济解放是一回事。这种一定存在的东西藏身于马克思资本理论的最深处。在这个理论中，活劳动是所有生产、发展、创新的基石与动力。这一根本源头也给我们的研究注入了活力。活劳动对应死劳动，制宪权对应宪定权：这种简单的二极性贯穿马克思的整个分析构架，最终赋予其匠心独具的理论－实践一体化形式。[31]因此，从权力批判到劳动批判，再从劳动批判到权力批判，马克思话语的基础就在于，他巧妙地运用了活劳动概念：这个概念在揭示资本主义劳动理论含糊其辞的同时，表明资本主义权力理论本身就是死劳动对活劳动的过分确定。

　　反过来，活劳动代表着制宪权，给制宪权提供了它赖以生长的一般社会条件：在政治上，制宪权以活劳动固有的社会协作为基础，并因此而解释活劳动的生产能力——或更准确地说——创造能力。在活劳动自发的创造性中，制宪权发现了自己的创新能力；在活劳动的协作的创造性中，制宪权发现了自己的创造性变成大众消费品。[32]人们必须谨慎对待活劳动的这种核心作用。这种创造性的张力是政治的，也是经济的，可以产生民用的、社会的、政治的结构。一句话，它是制宪的。协作的活劳动产生一种社会本体，这个本体既是建构性的，又是创新性的，它是经济形式与政治形式的交织；活劳动产生不可分离的政治和经济混合物，这个混合物有一个创造性的比喻。[33]

　　马克思精心构建起这个将无产阶级视作历史承担者的制宪权理论，已是一百多年以前的事了。这个理论无疑产生了广泛的影响。尽管如此，和其他理论一样，现在它也走到了自己的历史尽头。[34]这个理论仅剩的东西，不是马克思把无产阶级树立成永恒革命的主体，并因而视其为绝对制宪程序的有效主体，而是他绞尽脑汁地在形而上学上，把制宪权推举为构成人类历史视域的那种普遍的社会政治决定的系谱机制。这个问题比以往什么时候都更具现实意义；在本书的结论部分，我们肯定会考虑回答马克思的问题：制宪权与共产主义一词之间的关系是怎样的——此关系是马克思综合整个历史进程所围绕的中心。无论如何，为了下一阶段的思考，在这里我们必须记住，当马克思将唯物主义传统对民主的定义归结为力量的表达，他至少可以帮助我们确定一些关系。我尤其看重的关系有两个：第一个是制宪权的基本时间性和有效主体的关系，第二个是在政治创新过程的中心提出的主体与结构的绝对关系。

最后再说一点。我们的论证将从历史的角度追寻制宪权概念的形成，但不会采取时序法，相反，我们会在各种各样的假说之间穿行。在下面的五章中，我会分析制宪权概念的一个特别的比喻和这个比喻奇特的命运。在马基雅维利著作中，制宪权走向了美德和命运之间的强烈辩证关系——这个辩证关系，让文艺复兴时期的革命冒险行为活跃起来。在英国资产阶级革命期间，我们将着意于哈林顿（Harrington）的宪法观和他对宪法的解读，也会讨论宪法遭受的挫折，或更准确地说，1688年以后对支持绅士阶层和资本主义积累的制宪条件的进行限制的"逆"革命趋势。美国革命时期，民主和帝国主义相互冲突，在这个空间里，强大的宪法的立宪原则是怎样的，我们将从亚当斯、杰斐逊及《联邦党人文集》各位同人之间的立宪观点争论的角度来讨论。

法国大革命首次提出，立宪原则就是绝对程序的原则，这个原则在普罗大众反对资本主义恢复主权原则的要求的运动中得到了确认。最后，在俄国革命时期，制宪权用乌托邦式的时间概念具体地检测了自己的深度，企图代表一个绝对程序。悲剧的俄罗斯革命，壮丽而惨烈，与我们的核心问题直接相关。因此，我们不是要提出制宪权概念的知识谱系：除非在现实的人类社会历史中，概念是没有历史的。相反，我们极力想做的是，通过制宪权的各种形态，找到一套不同的可能形态：不是一套由语言使用习惯统一起来的不同表述，而是一种来自过去的经验并在我们的根本存在中积累起来的表述的可能性（表述欲望、意志、建设经验的可能性）。

我们对制宪权的考古学不感兴趣。我们感兴趣的是一种阐释学。这种阐释学能通过词语在词语之外把握人类的政治构建能力的生命、可能性、危机及重构、培育与提升。因此，马基雅维利的武装起来的人民的美德与哈林顿对权力关系的物质决定性的发现之间有什么关系？美国对古典宪法的恢复与法国的社会解放意识形态有何重叠？共产主义的平均主义理想与布尔什维克的远大追求何以能相安无事？很明显，对于各自的历史事件，各个问题都有其特殊的意义。但同样正确的是，这些事件的意义也嵌入了我们所有人的意识，刻在了我们的存在中，因为这些事件已经以某种方式决定了我们的意识和存在。对我们来说，由于这些事件建造了新的理性视域，提出了历史存在的新维度，所以它们有些含义值得研究。我们计划的研究旅程不会终结于意识形态综合，也不会满足于追索这个制宪权概念的发展。相反，它将带领我们分析当代人性的力量。要想理解这个概念，唯一的道路是通过支撑着它的层层内涵理解我们的愿望。[35]

制宪权概念是政治本体论的核心。所以，即将展开的旅程的终点，显然会涉及当代立宪主义的危机，我们需要自问，今天怎样的主体才担当得起能够抗衡主权概念的绝对宪法程序。同时，我们还打算弄清楚：力量的活劳动隐藏在哪里，它是如何表现的，又是如何发挥作用的。

注　释

［1］ Herbert Sauerwein, "Die Omnipotenz des 'pouvoir constituant'", in Ein Beitrag zur Staats-und Verfassungstheorie（Frankfurt, 1960）, Chapter 5. 这个作者的局限性在于，他把主体性的主题化归因于 20 世纪 50 年代的新自然法学思潮。

［2］ 把"民族"看作制宪权的基础，是一个由来已久的传统。参阅 Erich Tosch, *Die Bindung des verfassungsändernden Gesetzgebers an den Willen des historischen Verfassungsgebers*（Berlin：Duncker & Humblot, 1979）。关于西耶斯宪法思想及其传统的大略情况，见本书（*Insurgencies：Constituent power and the Modern State*）第五章。

［3］ Etienne Balibar and Immanuel Wallerstein, *Race, Nation, Class：Ambiguous Identities*, trans. Chris Turner（London and New York：Verso, 1991）.

［4］ Hans Kohn, *The Idea of Nationalism：A Study in Its Origins and Background*（New York：Macmillan, 1967）; Hannah Arendt, *The Origins of Totalitarianism*（New York：Harcourt Brace, 1951）.

［5］ 卡尔·施密特的《宪法理论》在模棱两可的盎格鲁—撒克逊宪法传统之外，卓有成效地在理论上把"人民"建构为立宪基础。也可参考 Dietrich Schindler, *Verfassungsrecht und soziale Struktur*（Zurich：Schulthess, 1950）。

［6］ Luigi Taparelli d'Azeglio, *Saggio teoretico di dritto naturale appoggiato sulfatto*（Rome：1949）, 2：28.

［7］ 参阅 Santi Romano, "Mitologia giuridica", in *Frammenti di un dizionario giuridico*（Milan：Giuffrè, 1953）, 131ff., 126ff.；Giovanni Sartori（New York：Praeger, 1965）。

［8］ 参阅本章（"Constituent Power：The Concept of a Crisis"）第一节（"On the Juridical Concept of Constituent Power"）。

［9］ Romano, *Frammenti*, 223 ff.；Costantino Mortati, *La costituzione in senso materiale*. Ernst Forsthorf, "Zur heutigen Situation einer Verfassungslehre", in *Festgabe fur Carl Schmitt* (Berlin: Duncker & Humblot, 1968), 1: 185 ff.

[10] Michael Theunissen, *Hegels Lehre vom absoluten Geist als theologischpolitischer Traktat* (Berlin: de Gruyter, 1970); *Sein und Schein: Die kritische Funktion der Hegelschen Logik* (Frankfurt: Suhrkamp, 1980).

[11] 明显指向"第二个"福柯,《性史(第一卷)》《快感的享用》《关心自我》的作者,罗伯特·赫利译(New York: Random House, 1978 – 1986)。关于"第一个"福柯,参见拙文"Sul metodo della critica della politica", in Macchina Tempo, 70 – 84。

[12] Gilles Deleuze, *Foucault*, trans. and ed. Sean Hand (Minneapolis: University of Minnesota Press, 1988).

[13] 这些观点是福柯在 20 世纪 70 年代所作的众多演讲中提出来的。

[14] Gilles Deleuze, *Expressionism in Philosophy: Spinoza*, trans. Martin Joughin (New York: Zone, 1990).

[15] 从这个角度看,在形而上学和社会学层面上,福柯的立场与哈贝马斯的"公共领域"理论是相反的。但在我看来,福柯对法兰克福学派观点的阐述比这个学派的直接追随者更为忠实。

[16] 关于不能从纯粹政治的角度思考社会并将社会重新导向"极权主义"(如阿伦特的做法),关于抽象地掏空"极权主义"概念并(在最坏的意识形态意义上)加以完全错误地运用,参阅 Karl Polyani, *The Great Transformation: The Political and Economic Origins of Our Time* (Boston: Beacon Press, 1957),也可参阅 Richard Bernstein, *The Restructuring of Social and Political Theory* (Oxford: Oxford University Press, 1976)。

[17] 阿伦特在《极权主义的起源》(*The Origins of Totalitarianism*, New York: Harcourt Brace, 1966)中从各个角度对极权主义进行了研究。这本书无疑是她最糟糕的著作。形形色色的所谓冷战,无论怎么看都对她的观点产生了深刻影响。导致"真正社会主义"系统解体的大规模社会运动表明,这些冷战的错误是多么严重,其试错性的探索是多么危险。

[18] 关于将契约主义传统作为定义权力的超验性的基础,参见拙著《野蛮的异类》(*The Savage Anomaly*)。

[19] 将对民主概念的分析引到"可治理性形式"或"政府"层面上

的是福柯。

［20］Karl Marx, *Critique of Hegel's Doctrine of the State*, in Marx, *Early Writings*, trans. Rodney Livingstone (Harmondsworth: Penguin, 1975), 87.

［21］此观点是海德格尔在1927年的马尔堡研讨会上提出来的，也写进了《存在与时间》第一部分的第三节。马尔堡研讨会的记录在他生前从未出版，直到最近才面世。

［22］关于马克思对时间的理论阐述，除《大纲》中的著名段落外，参见我的 *Marx beyond Marx: Lessons on the Grundrisse*, trans. Harry Cleaver, Michael Ryan, and Maurizio Viano, ed. Ian Fleming (South Hadley: Burgin & Savey, 1984)，我们还需要记住《哲学的贫困》(*The Poverty of Philosophy*, New York: International Publishers, n. d.)，以及《致安年科夫的信》(英语版, *Letter to Annenkov*, Karl Marx and Fredrich Engels, *Selected Correspondence*, Moscow: Progress Publishers, 1975, 29－39)。在本书后面部分还会讨论到这一话题。关于马克思著作中时间范畴的前历史，参见 *Capital Times: Tales from the Conquest of Time*, trans. Georges Van Den Abbeele, Minneapolis: University of Minnesota Press, 1996。

［23］参阅 Jean-Marie Vincent, *Abstract Labor: A Critique*, trans. Jim Cohen (New York: St. Martin's Press), 1991。

［24］Karl Marx, *The Holy Family*, trans. R. Dixon (Moscow: Foreign Languages Publishing House, 1956), Chapter 4.

［25］Karl Marx, "On The Jewish Question", in *Early Writings* (New York: Penguin, 1975), 211－241. 我们后面将会看到，尤尔根·哈贝马斯在谈到他和阿伦特在"两次革命"问题上出现分歧并展开争论的时候，正确地指责道，阿伦特用纯粹形式的方式处理马克思关于政治解放的观点，或更准确地说，把马克思从社会解放的角度批评过的东西抬高为积极的东西。哈贝马斯认为，如果阿伦特坚持这种立论方式，但又改变其意义及所指，就会导致一种精致的诡辩术。

［26］Karl Marx, *The German Ideology*, pt I, ed. C. J. Arthur (New York: International Publishers, 1991), A4: 56－57. (借用中共中央马克思恩格斯列宁斯大林著作编译局译文，下同。——译者)

［27］ Ibid. , D2：92 – 93.

［28］ Karl Marx, *Revolution and Counter-Revolution*, ed. Eleanor Aveling Marx（London：Unwin, 1971）, Chapter 18.

［29］ Karl Alarx, *The Civil War in France*, in *The First International and After*, ed. David Sternbach（New York：Penguin, 1974）, 213, 217.

［30］ Karl Marx, Letter to Bolte, in Marx and Engels, *Selected Correspondence*, 253 – 255.

［31］ 再次烦请读者参阅我的 *Marx beyond Marx：Lessons on the Grundrisse*。前引马克思段落,《反叛》第五、六章有详细讨论。

［32］ E. P. Thompson, *The Making of English Working Class*（London：Gollancz）, 1968.

［33］ 关于这个问题, 请再次参阅我的 *Fabbriche del soggetto*（Livorno：XXI Secolo, 1987）。

［34］ Antonio Negri, *The Politics of Subversion*（Cambridge：Polity Press, 1989）, part 1.

［35］ Gilles Deleuze and Felix Guattari, *A Thousand Plateaus：Capitalism and Schizophrenia*, trans. Brian Alassumi（Minneapolis：University of Minnesota Press, 1987）.

第二十九章

当代激进政治[*]

尚塔尔·墨菲

新自由主义领导权不可一世的日子终于走到了尽头。我们发现，随着抗议运动大量增加，人们开始醉心于一种激进政治，这种政治或许可以在当下新自由主义全球化之外产生新的选择。然而，对于这种政治的方式和目标，人们的看法各不相同。这个运动应该采取怎样的策略？又应该如何处理现存体制？

本文将讨论两个不同的规划：第一个规划在社会运动中影响非常大，推行的策略是"撤离体制"（withdrawal from institutions）。第二个规划是我所主张的，呼吁人们"加入体制"（engagement with institutions）。我将首先从政治策略的角度考察两个规划的主要区别，接着探讨各自的哲学框架。这样的思路可以展示不同的本体论如何导致两种思想间的政治差异。

"撤离体制"的批判

迈克尔·哈特（Michael Hardt）和安东尼奥·奈格里（An-

---

[*] 选自 *Agonistics*, London: Verso, 2013: 65–85。

tonio Negri）在《帝国》《民众》和《大同世界》三部著作中提出的激进政治模式，要求放弃现代性而打造一种不同的方法。这种新方法，他们开初命名为"后现代"，现在倾向于称作"另类现代"（altermodern）。[1] 他们认为，自从20世纪最后10年以来，我们的社会经历了根本转型，因此需要改变政治形式。在他们看来，这些转型是全球化的结果，也是福特主义向后福特主义转变——生产过程中工人的斗争引起的转变——的结果，其含义可以简述如下：

1. 主权已经呈现为一种新形态，由一系列国家组织和跨国组织构成，国家和跨国组织服从于共同的统治逻辑。这种被他们称为"帝国"（Empire）的新型全球主权形式代替了帝国时代。在帝国时代，民族国家总是企图将主权延伸至边界之外。与帝国主义阶段不同，当代帝国没有地域意义上的权力中心，也没有固定边界。它是一个无中心的、非地域的统治工具，其边界是开放、延伸的，由此逐渐将整个世界包纳进来。

2. 这些转型是资本主义生产方式的转型造成的。当代资本主义生产方式发生了变化，工厂劳动的重要性降低，让位于交际的（communicative）、合作的、有情感的劳动。在全球经济的后现代化过程中，财富的创造倾向于生物政治生产。因此，帝国统治的对象是整个社会生活，是典型的生物权力。

3. 当代社会正从"规训的社会"（disciplinary society）转向"控制的社会"（society of control），一种新型的权力正在形成。规训的社会与资本积累的初级阶段相应，其命令是通过一个巨大的法规或国家机器网络建构起来的。这些法规或国家机器在监狱、工厂、收容所、医院、学校以及其他规训机构的帮助下，产生并维持风俗习惯及生产实践。

相反，在控制的社会中，命令机制是社会场域的固有特征。社会的凝聚和排斥方式通过对国民的大脑和身体进行直接组织的机制而逐渐内化。在本质上，这种新型的权力是"生物政治的"。权力中最紧要的是对生命本身的生产与再生产。

4. 哈特和奈格里声称，"大众智慧""非物质劳动""普遍智慧"的概念可以帮助我们把握社会生产和生物权力之间的关系。剩余价值生产中众多工厂工人的劳动力曾经扮演的核心角色，现在渐渐由知识的、非物质的、交际的劳动力担任。交往、协作、情感再生产涉及的非物质劳动人员，在资本主义生产格局中开始占据越来越关键的位置。

5. 在向后现代性和生物政治生产的转变过程中，劳动力日趋集体化、社会化。称呼这种集体化的工人，需要有一个新词，那就是"民众"（Multitude）。帝国的建构可以看作对各种劳动力机器和民众斗争的回应。他们认为，民众产生了帝国，而全球化让过去的剥削和控制结构真正超越了地域限制，因而是民众解放的条件。

通过结合福柯和德勒兹的分析——虽然这种结合并不总是忠实的——哈特和奈格里声称，在学校、工厂和收容所等封闭空间中施加于身体之上的规训统治结束了，取而代之的是与新出现的网络结构相关的控制程序，这种取代产生了一种新的管理方式。这种管理方式允许主体有更强的自主性和独立性。随着新型的协作交往的拓展和新型的生活交往形式的发明，主体可以更加自由地表达思想观点。由此，一种新的社会关系开始形成，最终它将取代资本主义体系。

毫无疑问，哈特和奈格里坚信，向帝国的转型为民众的解放开启了新的可能。作为帝国基石的民众其创造能力能够建立一个反帝国（counter-empire）——交流的全球流动和全球化的另一种政治组织方式——由此对交流的全球流动进行重组，将其引向新的目标。

保罗·维尔诺（Paolo Virno）——另一位后工人主义（postoperaist）思想家——在其著作《民众的语法》（Grammar of the Multitude）中所做的分析与哈特、奈格里的分析多有吻合之处[2]，但也有一些重要区别。例如，维尔诺对未来远没有那么乐观。哈特和奈格里预言民众会产生救世主一样的作用，必定会让帝国降临人世，建立起"绝对的民主"，而维尔诺虽然承认在后福特主义阶段出现了特有的新型支配关系和临时工化（precarization），但他认为，目前发展的结果还不明朗。

人民固然不像以前那样被动了，但那是因为他们现在已经成了自己临时工化的积极行动者。因此，与哈特和奈格里把非物质劳动的普遍化看作"自发的共产主义"不同，维尔诺倾向于把后福特主义看作"资本的共产主义"的表现。他解释道，今天，某些资本家为了自己的利益，创造性地把那些物质和文化条件精确地组合起来，而当机缘凑巧时，这些条件可能会开辟一条道路，通往潜在的共产主义的未来。

关于民众如何解放自身的问题，维尔诺宣称，后福特主义时代要求创造出一个"民众共和国"。根据他的解释，"民众共和国"意为一个不再由国家来管理公共事务的环境。他提出两个关键术语，来说明以民众为特征的政治行动的含义，"脱离"（exodus）和"非暴力反抗"（civil disobedience）。"脱离"是一个成熟的政治行动类型，它可以应对现代政治的挑战。脱离是指人民大规模地与国家断绝关系，试图在工作之外并作为其对立面发展起"智慧的公共性"。脱离要求建设和试验以社团、委员会、联盟组织为中心的非代表制、外议会制（extra-parliamentary）的民主，由此建立起非国家的公共环境和全新的民主类型。

民众的民主呈现为行使权力的少数群体的集结，这些少数群体绝不企望转变为多数群体，他们培育的权力拒绝成为政府。这种民主是"一致行动"，它谋求解构最高权力，但又不会让自身变成国家取而代之。这就是为什么非暴力反抗基本上产生于自由传统，但又必须从自由传统中解放出来。具体到民众个例上，"非暴力反抗"并不是说，因为不遵守宪法规定的原则，就对具体的法律置若罔闻。遵守具体法律仍是忠诚于国家的表现。这里的关键是，激进的反抗方式质疑国家的发号施令能力。

谈到更适于解放民众的政治行动，维尔诺和哈特、奈格里的观点没有根本区别。哈特、奈格里也是倡导出走（desertion）与脱离的。在规训时代，蓄意破坏是基本的反抗形式，而在帝国控制时代，他们认为，基本的反抗形式是出走。在他们看来，正是通过出走，通过从权力领域撤离，反抗帝国之战才会取得胜利。对他们来说，出走和脱离是反对资本主义后现代性的阶级斗争的有力形式。

哈特、奈格里和维尔诺另一个重要的一致观点是他们对民众民主的理解。诚然，维尔诺从不使用"绝对民主"这个提法，但我们发现，双方都拒绝代表制民主模式，并在民众和人民之间严格划清界线。他们声称，人民概念的问题是，它表示的是一个统一体，只有一个意志，与国家的存在相关。相反，民众避开了政治统一。民众是不能代表的，因为民众是独特的多样性。民众是积极的自我组织的行动者，永远不能获得法人的地位，永远不能汇聚为公共意志。它是反国家的，反流行的。如哈特、奈格里一样，维尔诺认为，民众民主再也不能通过作为人民代表的主权来构想，需要建立的是非代表制的新民主形式。

根据这种方法，激进政治是通过"脱离"现存体制、以促进民众的自我组织来构想的。这种策略得到了另一个观点的支撑：在以非物质劳动为中心的后福特主义新型生产形式下，组织生产再也不一定需要资本家了。资本家成了寄生虫，只会占有公共智慧产生的价值，却不发挥什么积极作用。这让人想起马克思关于资本主义是自己的掘墓人的论断。用这种方式，哈特、奈格里和维尔诺把发展"认知资本主义"看作为消灭资本家寄生虫创造条件。民众应该加快这个过程，脱离所有体制，让资本家失去拼命想用来奴役他们的工具。

"加入体制"的批判

与"脱离"策略相反，我想从"加入"体制的角度提出一个不同的激进政治构想，目的在于形成一种新的领导权（hegemony）。我同意上述理论家的观点：从福特主义向后福特主义的转变导致资本主义统治方式在根本上发生了转型，这个因素是构想激进政治必须考虑的。此外，一定不能认为这些转型仅仅是技术进步的结果。不过，在我看来，这个转变在领导权理论的框架中才能更好地理解。这个转变是很多因素造成的，我们必须认识到这些因素之间复杂的接合（articulation）。

工人主义和后工人主义视角的问题是，他们倾向于认为，福特主义向后福特主义的转变仅仅源自这样一种逻辑：工人对剥削的反抗迫使资本家重新组织生产过程，转向以非物质劳动为核心的后福特主义。对他们来说，资本主义只能是反应性的。他们拒绝承认资产阶级和劳动阶级都具有创造性。事实上，他们否定的是领导权之争在这个转变过程中所起的作用。

从领导权之争的角度构想福特主义向后福特主义的转变，意味着放弃那种认为在劳动的进化中只有一种单一的逻辑——工人的斗争——在起作用的观点，意味着承认资本在这个转换过程中也起着肯定、积极的作用。为了理解这个作用，我们可以在吕克·博尔坦斯基（Luc Boltanski）和夏娃·希亚佩洛（Eve Chiapello）的著作中发现很有意思的洞见。在《资本主义的新精神》（*The New Spirit of Capitalism*）中，博尔坦斯基和希亚佩洛揭示了资产阶级最终如何利用了 60 年代新运动提出的自治要求，如何在后福特主义网络化经济的发展中将其驯化，并将其转化为新的控制形式。[3]"艺术批判"——在博尔坦斯基和希亚佩洛的著作中,意谓反文化运动的艺术策略——被资本家用来创造新的资本主义统治形式所需的条件,取代福特主义时代特有的规训结构。

我认为,这种研究方法的重要意义是,它说明了福特主义向后福特主义转变的一个关键点:现存话语和实践在话语意义上的再接合(re-articulation)。这就是为什么我们可以从领导权介入的角度观察福特主义向后福特主义的转变。诚然,博尔坦斯基和希亚佩洛从未使用领导权一词,但他们的分析显然是对葛兰西的"通过中立化获得领导权"或"消极革命"观点的运用——葛兰西描述的状况是,挑战领导权秩序的诉求被现存制度用来安抚挑战者,减弱挑战者的颠覆力量。

在这样的理论框架下思考福特主义向后福特主义的转变,我们就可以把这个转变看作资产阶级在60年代末70年代初受到严峻挑战的情况下重新确立其领导地位、恢复其合法性的领导权运动。这反过来又让我们可以构想如何在各种已经建立了让资本主义得以施行后福特主义统治的领域内发动反统治权的攻势,以挑战新的资本主义秩序。这是一个复杂的过程。这个过程不可能仅仅在于把不同的因素分开,虽然这些因素的话语链接构成当前领导权的结构。第二个阶段——再接合的阶段——才是关键的。否则,我们面临的将是纯粹一盘散沙的混乱局面,把再接合的机会拱手让给非进步力量。的确,在历史上,统治秩序的危机导致右翼掌权,这样的例子不在少数。对现存领导权的批判和解接合(disarticulaiton)不能采取出走策略,因为它应该和再接合过程齐头并进。

解接合与再接合的双重时刻,不仅主张脱离的理论家没能把握住,而且所有以物化观或虚假意识观(false consciousness)为基础的方法都没能把握住。这些方法认为,建立一个没有压迫和强权的新秩序,只需要解除意识形态重负就行了。

两种策略之间的另一个分歧，来自领导权政治对在各种民主诉求之间建立"等同链"（chain of equivalences）的重视。很明显，这些诉求的方向不一定一致，甚至是相反的。要想这些诉求能挑战现存权力关系结构，必须在政治上把它们接合起来。

这里的关键是创立一个共同的意志，一种"我们"，而这就需要确立一种"他们"。确立一种"他们"以保证共同意志的统一性是必要的，许多倡导民众政治的理论家却忽视了这一点。他们认为，民众天然地具有统一性，不需要政治接合。例如，在维尔诺看来，让民众得以形成的各种独特性本来就有共同点：普遍智慧。他批评道（哈特、奈格里也持这种观点），人民概念是同质的，是一个统一的公共意志表达出来的，这公共意志没有给多样性留下空间。维尔诺的批评，当谈到通过等同链构建人民的时候，是无中生有的。毫无疑问，在这里，我们面对的是一种尊重多样性、不排斥差异的统一性。等同关系并不取消差异性——否则，就只是同一性了。只有在这些民主差异都反对忽视它们的力量或话语的意义上，它们才可以相互代替。这就是建构集体意志需要确定一个对手的原因。

这样的对手不能用大而无当的诸如"帝国"之类或意为"资本主义"之类的术语来界定，而应该用权力节点一类的术语来界定。权力节点需要他者来攻击、转换，从而为新领导权创造条件。这是一次"立场战争"（葛兰西语），需要在多个领域内打响，要求社会运动、党派和商会等不同参加者展开协作。其中的关键，不是多样性赖以组织的国家或各种体制的"式微"。相反，通过议会斗争和议会外斗争的结合，我们必须让这些体制发生深刻变化，令其成为表达各种各样的民主诉求的渠道，将平等原则推广到尽可能多的社会关系中去。这样，就可以通过领导权方法构想激进政治了，而这样的事业要求以争胜的（agonistic）姿态加入体制。

近年来南美进步政府在民主上的重大推进证明：通过代表制政治，让体制发生根本转型是可能的。在委内瑞拉、玻利维亚、厄瓜多尔、阿根廷和巴西，左翼政府已经能挑战新自由主义力量，完成了一系列大大改善大众话语环境的改革。这让政府与各种社会运动合作成为可能。这些经验表明，与主张撤离的理论家的观点相反，国家和代表性体制非但不会成为阻止社会变革的障碍，而且可以极大地推动这个进程。

就我的论点而言，阿根廷的情况极为有趣。在关于撤离体制的文献中，有很多是对拦路者运动（piquesteros）致敬的。这个运动的主体是贫民，其中主要是下岗工人。他们在20世纪90年代末开始有组织地在路上安插尖木钉阻断交通，抗议卡洛斯·梅内姆（Carlos Menem）的新自由主义政策。在2001—2002年的经济危机期间，他们以合作社（cooperatives）的形式联合起来，积极参加群众示威，并在2001年推翻了总统德拉鲁阿（de la Rúa）的政府。

以"离他们远远的"为口号，他们宣称拒绝所有政客，呼吁群众进行自我组织。后工人主义理论家将拦路者运动看作民众政治表达的典范，把他们拒绝与政治党派合作视为出走策略的楷模。但他们似乎没有意识到，拦路者运动恰恰说明了这一策略的局限。诚然，他们在把总统拉下台这件事上起了重要作用，但轮到提出新的政治方案的时候，他们拒绝参与选举，这让他们无法影响事件的后续发展。要不是内斯托尔·基什内尔（Nestor Kirchner）赢得了选举并开始采取积极措施恢复阿根廷经济、改善穷人状况，民众抗议的结果将会完全是另一种模样。

内斯托尔·基什内尔和克里斯蒂娜·费尔南德斯·基什内尔（Cristina Fernandez de Kirchner）领导下的阿根廷在民主上取得了进步，这一进步之所以可能，得感谢政府和一系列社会运动达成了协作（其中包括一些拦路者团体，他们接受了基什内尔的提议并与之合作），共同应对国家面临的社会和社会-经济挑战。阿根廷个案绝非出走策略的成功榜样。它所呈现的，倒是这一策略的短板。它让人们明白一个道理：将议会斗争和非议会斗争结合起来，共同努力，在体制框架内重组权力，是非常重要的。

正是出于这个原因，尽管对诸如西班牙愤怒者运动（Indignados）的近期抗议形式或各种"占领"形式抱有同情，我们还是有理由担心他们已经采纳的基于撤离模式的反体制策略。诚然，这些运动变化多样，并非全部受着主张撤离的理论家的影响，但其中许多都认同这些理论家对代表制民主的完全拒绝。此外，他们还相信，他们自己的社会运动是有可能产生一个新社会的——这个新社会，具有"真正的"民主，不需要国家或其他什么形式的政治体制。然而，事实上，没有体制的承续，他们将无法在权力结构中引起任何重大改变，他们对新自由主义秩序的抗议可能会被迅速遗忘。

内在论与激进否定

在对比"撤离体制"和"加入体制"两种方法的政治策略之后，我将仔细分析它们各自的哲学假设。我的观点是："撤离体制"方法倡导的激进政治源自对政治的错误理解，这种理解不承认政治带有与生俱来的对抗（antagonism）维度。哈特和奈格里主张的撤离策略的基础是内在论本体论，其主要的本体论范围是关于多样性的本体论。

这种内在论本体论的问题是，它不能对激进否定（radical negativity），即对抗性，进行解释。不可否认，哈特、奈格里等理论家的著作也曾谈到否定，他们甚至也使用"对抗"一词，但这种否定不是作为激进否定来看待的。他们对否定的思考，要么以辩证矛盾的方式展开,要么纯粹作为真正的反对来展开。事实上,撤离策略是马克思著作中的共产主义观点的翻版,只是用了不同的词汇来表达而已;后工人主义者的观点和传统马克思主义者的观点之间,有着非常明显的相似。当然,在后工人主义者看来,肩负神圣使命的政治主体不再是无产阶级,而是民众。但无论后工人主义者还是传统马克思主义者,都认为国家是整体划一、不可转变的统治工具。为给一个调和的社会在法律、权力、主权之外提供空间,国家必须"消隐"。的确,绝对民主假定:通过救赎似的跳跃,进入政治和主权之外的社会是可能的。在这个社会中,民众可以直接管理自己,行事步调一致,无需法律和国家——这是一个不再有对抗的社会。

如果说有人已经把我们的方法称作"后马克思主义",那恰是因为我们挑战了潜藏在撤离策略下面的本体论。正如我和厄内斯特·拉克劳(Ernesto Laclau)在《领导权与社会主义策略》(*Hegemony and Socialist Stradegy*)一书中表明的,以对抗方式构想否定需要一种不同的本体论方法。[4] 如果不放弃同质的、纯粹社会空间的内在论观念,不承认异质性的作用,激进否定观就不可能产生。的确,如同拉克劳指出的,对抗的两极不属于同一个再现空间,他们在本质上是互不相同的。正是出于这种坚实的异质性,他们才交汇在一起。[5]

所以,政治总是发生于对抗力相互交织的场域。将政治想象为"步调一致的行动",会导致取消我称之为"政治性"的对抗的本体论维度,而对抗为政治提供了准先验的可能条件。相互冲突的夺取领导权的行动都声称,自己关于公共利益的观点是"真正"的普遍真理的化身。在这些行动之间总是存在着斗争。在逻辑上,这种斗争是不可能终止的。至于政治批判,永远也不可能是完全对立的,不可能被想象为彻底的出走,因为政治批判为了了解接合/再接合自己的构建要素,总是和现存领导权的某

第二十九章　当代激进政治　621

个方面有着扯不断的联系。

我想强调一下，反领导权介入进来，目的不是要揭示"真正的现实"或"实际的利益"，而是要在一种新的配置中再接合出一个特定形势。与布鲁诺·拉图尔（Bruno Latour）所说的相反，用这些术语构想批判过程说明，批判并未丧失力量。虽然拉图尔承认批判可能在揭示偏见和幻觉上成效显著，但他声称，批判最终还是暴露了自己的局限性，因为批判依赖于把自然和文化截然分开，依赖于假设现象的面纱后面存在一个"真正的"世界。拉图尔说，现在人们已经不再相信存在这样的世界，是时候寻找一个新观念了。他以问题的形式描述自己的计划："改造批评，让一个人增加实际的问题（matters of fact）的真实性，而不是降低其真实性，这样的改造真的可能吗？"[6]这就是拉图尔以合成主义（compositionism）命名的新观念。为了克服自然、客观性、现实一方与文化、主观性、现象一方的分野，拉图尔提出的解决办法是"合成"一个共同世界。在对比合成主义与批判及批判所主张的此世界之外还存在另一个世界的观点的时候，他说："对合成主义而言，不存在一个超越的世界。一切都是关乎内在性的。"[7]这话的意思是，合成主义者认为，人们应该放弃把构建和非构建对立起来的做法。相反，应该提出的问题是一个事物构建得好还是不好。

我同意拉图尔的观点，挑战传统的现代主义认识论的确很重要，我们不能假定在人类主体和非人类的客体之间存在根本界限。我们的话语方法与他的构成主义方法在好几个方面是吻合的。当然，因为所探讨的领域的性质不一样，我们的方法有很多不同，但可以说，我们基本上属于同一个认识论阵营。我们都拒绝在文化和自然之间进行区分，都不承认存在着一个独立于拉图尔所说的"关心的问题"（matter of concerns）之外的实际世界。

然而，在对政治性问题的思考上，我们之间有重大分歧。这些分歧的性质,最好通过指出这一点来理解:拉图尔认为共同世界需要"合成";我和拉克劳与他的观点不一样,我们主张,共同世界需要"接合"而成。用语上的区别意在突显合成过程所发生的环境是以权力关系为特征的——或用我们的语汇说,共同世界总是构建"领导权"的结果。因此,只问这个世界构建得好还是不好是不够的。我们还必须考察在合成过程中起作用的权力关系。拉图尔写道:"被合成的东西,在某个时刻,也会被分解。"[8]诚然,这就是我们所说的解接合/再接合的过程,这个过程是反领导权斗争的本质。但是,这个过程在根本上是政治的,不是发生在一个中立的、观察者可以不偏不倚地判断事物合成得"好"还是"坏"的环境中。在对公共世界进行领导权式的接合时,相互冲突的利益是关键,所以,在任何解接合(分解)的努力中,都有批评因素的影子。拉图尔出于批判维度建立在无效的认识论之上而提议清除批判维度,试图将批判着力点引向合成主义,在我看来,这些努力减弱了政治的效用,因为它们阻止了揭露、挑战权力关系的可能性。

我想提醒一下:说到政治,我们的话语领导权方法和拉图尔的合成主义之间的区别源自我们不同的本体论。这牵扯到内在论方法不能接受激进否定和对抗的永恒性。拉图尔的合成主义的问题是,其基础是一个不能解释社会分化的本体论。这与主张撤离的理论家一样,尽管拉图尔和他们所处的政治策略语境迥然不同。在哈特和奈格里方面,这导致他们相信,只要民众战胜了帝国,"绝对民主"就唾手可及。拉图尔完全没有这种救世主幻觉(messianism)。他的政治学不作激进状,但其合成主义同样不承认每一种社会秩序都具有领导权性质。

无论哈特、奈格里,还是拉图尔,都阻断了构想一个深刻地改变现存权力关系的"立场战争"(war of position)的可能性。哈特和奈格里没能把握社会-经济秩序的领导权性质,因此他们看不到改变这些秩序是可以通过内部的再接合过程来实现的。在拉图尔方面，他想把实际的问题转换为关心的问题，这是正确的；他也赞扬论战与竞争。但他的政治学思想近乎"没有对抗的争胜（agonism）"，其缺陷我已在第一章中讨论了；这种思想缺乏的，也是政治的对抗维度。

共产主义或激进民主

我坚决认为，我们得承认激进否定、放弃存在一个超越分化和权力的社会的观点。考虑到这一点，就不难理解我为什么不同意左翼知识分子复兴"共产主义思想"的努力。[9] 他们声称，"共产主义假说"对构想解放的政治是绝对必要的。他们认为，平均主义理想与共产主义地平线如此紧密地联系在一起，平均主义理想的未来有赖于恢复这样的模式。

有个广泛流传的观点，说鉴于苏联模式的灾难性失败，人们不得不放弃整个解放计划。左翼知识分子不承认这个观点。他们的做法无疑是正确的；但我觉得，我们可以从那个"真实存在的社会主义"的悲惨经历中得到宝贵的教训，而这需要对共产主义事业的某些核心理念重新进行严肃思考。

苏联模式代表一种错误的实现那个仍需要真正实践的理想的方式，这一点自不待言。诚然，共产主义理想误入迷津，其中的很多原因都可以避免。目前的环境也许提供了更为有利的平台。但它面临的某些问题不能简单地归结为实施上的偏差。这些问题与共产主义理想的理论构想方式有关。要想忠实于那些曾激起种种共产主义运动的理想，有必要通过细查这些运动是如何构想目的的，来理解这些理想为何会被灾难性地引入歧途。

"共产主义"本身就是一个需要质疑的概念，因为这个概念强烈地蕴含着反政治的社会图景。在这样的社会中，对抗被消除了，法律、国家以及其他管理机制都不相干了。马克思主义方法的主要缺陷在于，它不能承认我所说的"政治性"具有的关键作用。传统马克思主义声称，共产主义的出现和国家的式微在逻辑上相辅相成；我和拉克劳则认为，解放事业再也不能理解为权力的消除，或理解为由代表社会整体性观点的社会代理人管理公共事务。对抗总是存在，社会总是有斗争和分化，斗争和分化总是需要体制来处理，这些都是亘古不变的道理。

在《领导权和社会主义策略》中，通过将社会主义置于更广阔的民主革命场域中，我们指出，让人们最终超越资本主义社会的政治转型应该建立在社会代理人和社会斗争的多样性上。这样，社会冲突的场域便得到了扩展，不再局限在如工人阶级这样的"被选定的代理人"身上。

出于这种考虑，我们根据民主的激进化重新阐述了人类的解放问题。我们强调，民主斗争的扩大和激进化永远也没有终点，不可能完全实现社会的解放。所以，那种把共产主义看作一个透明的、调和的社会——这样的社会明显意味着政治的终结——的迷思必须予以摒弃。

注　释

［1］Michael Hardt and Antonio Negri, *Empire* (Cambridge, MA: Harvard University Press, 2000); Michael Hardt and Antonio Negri, *Multitude: War and Democracy in the Age of Empire* (New York: Penguin Press, 2004); Michael Hardt and Antonio Negri, *Commonwealth* (Cambridge, MA: Harvard University Press, 2009).

［2］Paolo Virno, *A Grammar of the Multitude* [Los Angeles: Semiotext (e), 2004].

［3］Luc Boltanski and Eve Chiapello, *The New Spirit of Capitalism* (London and New York: Verso, 2005).

[4] Ernesto Laclau and Chantal Mouffe, *Hegemony and Socialist Strategy: Towards a Radical Democratic Politics*, Second Edition (London and New York: Verso, 2001).

[5] 参见 Ernesto Laclau, *On Populist Reason* (London and New York: Verso, 2005), Chapter 5。

[6] Bruno Latour, "Why Has Critique Run out of Steam? From Matters of Fact to Matters of Concern", *Critical Enquiry* 30, No. 2 (2004): 232.

[7] Bruno Latour, "An attempt at a 'Compositionist Manifesto'", *New Literary History* 41, No. 3 (2010): 475.

[8] Ibid., 474.

[9] Costas Douzinas and Slavoj Žižek, *The Idea of Communism* (London and New York: Verso, 2010).

第三十章

论政治意志[*]

彼得·霍瓦德

在我看来,讨论解放政治学实践问题的最佳途径,是将这些问题置于政治意志的视角之下。这个视角可以立即凸显非自愿和自愿的社会生活维度之间的根本区别,从而帮助我们将前者还原或转换为后者。在其适用的各种境遇里,它有助于阐明我所认为的政治实践中最重要的问题:一个被支配、被压迫的团体或阶级怎样才能从压迫之下解放出来,获得他们所需的能力,从而在面对必将遭遇的具体障碍和对抗时,有意识地、自觉地、"自愿"地决定行动的路线?

一

这个课题的指导思想是,"人民的意志"这一老生常谈的短语依然是切入民主政治的最佳方式,是区分真民主和假民主的最佳方式。与寡头政治截然相反,真正的民主意味着人民治理——人民不是少数的特权统治精英,而应该理解为数量巨大的、多数

---

[*] 选自 *Politics and Culture*,2014。

的人口。只要人民的意志（无论怎样阐述或表达出来的）能够压倒那些试图剥削、压迫或者欺骗他们的少数人的意志，这样的情形就是民主。

人民和意志这两个模糊的术语，均难给出精准的定义。尽管两个词都有着革命历史和含义，它们经常被用于反动的——在某些情况下甚至是极端反动的——政治目的。分开来看，人们普遍认为，两个术语作为政治范畴，几乎都站不住脚。特别是意志的概念，在20世纪大部分时候，一直是各种哲学无情攻击的对象，这些攻击至少可以追溯到海德格尔对尼采的批判，并在众多思想家如阿尔都塞、德里达、阿甘本、德勒兹以及很多其他人的作品中一再出现。然而，我想说，这两个术语的结合——"人民的意志"的构想——即使不能回答大多数解放政治学理论需要讨论的普遍问题，至少也能帮助厘清这些问题。

与其他更传统的阐述民主问题的方式相比（例如国家政体、选举制度、市场结构、"公民社会""自由价值"，等等），我们的老生常谈有几个好处。

首先，没有人知道其确切含义。在现代政治理论和哲学问题中，人民意志的概念可能是所有相关基本概念中最模糊的一个。每个人都熟悉这两个词，熟悉它们的组合，但今天的情形是，其意义足可谓人言人殊，特别是近二三十年来，人们在各种情况下以不同的方式援引这个概念。

一方面，在现代政治词汇中，对"人民的意志"的外交式引用一直是程式化的措辞之一。在对当代事务的主流讨论中，通常这只是对"形式民主"机制的一个象征性肯定，以确保在选择政治代表时，至少有最小的机会。因为这种选择都得到了控制，任何挑战都被限制在现有事物规则之内，显然尊重人民的意志是当前世界现状不可分割的一部分，这种情形已经持续很久了。即使像法国作家本杰明·康斯坦（Benjamin Constant）1815

年描述的保守宪法，也"承认人民主权原则，也就是说，同个人意志相比，公众意志至高无上"。[1]今天，人们普遍认为，以拂逆人民意志的方式管理人民是非法的，可能没有哪种现代政治原则比这个原则更深入人心了。正是在这个意义上，即使极具贵族气质的寡头执政者温斯顿·丘吉尔也要听从人民意志的表达[2]，美国总统也乐于告诉他们所统治的世界人民：他们"支持所有的人民追求民主"，在其中几个国家，"人民的意志已被证明比独裁者的法令更为有力"。[3]即便是被康奈尔·维斯特（Cornel West）辛辣地嘲讽为"华尔街寡头的黑色吉祥物和企业财阀的黑色木偶"[4]的总统也豪不犹豫地将"自主"定义为"追求梦想生活的机会"[5]。

另一方面，对人民意志的专注和主张一直是整个现代革命实践的核心。从1793年的法国雅各宾宪法，到1955年非国大（ANC）的《自由宪章》和2009年玻利维亚新宪法，再到2011年的阿拉伯革命，这一悠久的、丰富的解放传统坚称，人民的意志是政治行为和合法性的基础。例如，非国大的《自由宪章》开篇便称，"任何政府均不可在违背人民意志的基础上索要权利"，并以"人民管理一切"为第一诉求，接着严厉谴责了种族隔离、种族歧视和社会不平等。[6]从阿尔及利亚到津巴布韦的民族解放运动则围绕相似的"独立意志"而展开。2011年的突尼斯和埃及起义，同样也是坚决要求人民意志的结晶。起义者的口号众多，其中有"人民想要推翻政权"，这些口号已经改变了中东的面貌。[7]众多的革命思想家，从罗伯斯庇尔、圣茹斯特，到列宁、葛兰西，到毛泽东、法农，他们的政治理论和实践都以解放的政治意志为支撑。在赋予人民决定自身命运和政治议题的关键问题上，托尼·本恩（Tony Benn）声称，民主是所有议题中最具革命性的，是"世界上最具有革命性的事情"，他的说法是正确的。[8]

不确定性赋予我们的提法以独特的战略价值。不同于那些与传统马克思主义或共产主义有更直接联系的概念，"人民的意志"这一提法可以唤起革命性的实践，而且完全保留了"主流"的意义。

第二个也是更重要的好处源于"人民"和"意志"这两个术语特殊且可疑的结合。如果我们不考虑稍显例外的古代雅典，那么，在17世纪40年代英国大革命期间被平均党（Levellers）、掘土派（Diggers）以及其他平均主义运动"彻底颠覆"世界之前，这两个概念的结合几乎是不可想象的。从那时开始直到现在，它一直是特权阶层政治焦虑的主要原因。尽管早期现代思想家马基雅维利和霍布斯做出过重要贡献，但是我认为，直到卢梭，集体意志或"普遍"意志的概念才得到充分的理论阐述。后来，在法国大革命和海地革命期间，有了卢梭的雅各宾派崇拜者，这样的概念才开始指导政治实践，而在马克思之后，此类实践才有了深刻影响具体形势的战略价值所需的那种历史决定性。如果我们能够清楚阐释人民和意志这些模糊术语的意思，以及它们的结合的条件和意义，那么，我们也可以弄清如何才能从形式上的民主过渡到真正的民主。

我的假设是，这两个词语的结合本身便足以提供一种标准的民主实践的基础，因而也提供将由少数人治理并享用的世界转变为由多数人治理并享用的世界这一政治伟业的基础。恰恰因其普遍性和超历史性，这两个术语为控制种种不同的情境打下了坚实的基础。与通过身份、职业或历史等先在的范畴来过滤人民范畴的解放视角相比，或者与通过本能、智力、食欲、情感或人际交往等观念过滤（或被这些观念所取代）的意志力概念相比，意志和人民这两个概念就像赋权和解放概念本身一样是广泛而通用的。

然而，我们需要同样强调，这些概念也必须是具体的。众所周知，人民这一范畴总是和抽象包含（人民被简单地视为每个人，或全部人口，或作为和谐整体的政权或国家）与具体排斥（人民范畴排除了那些剥削、压迫、统治他们的敌人）之间的张力联系在一起的。唯有在这种与具体政治实践的结合中，人民的方向性才得以确定，才决定朝这个方向还是那个方向前进。政治意志实践同样需要在自主决定原则和适当压制的必要性之间进行调停——对那些阻碍人民进行自主决定的，给人民追求表达愿望、行使权利制造分裂、孤立、欺骗等障碍的，或表现出此类趋势的，必须进行压制。

人民和意志否认那种只是形式上的政治民主观念（例如寡头政治），因为它掩盖了所达成的阶级权力平衡，真正或真实的民主政治可以表述为努力通过"人民"和"意志"两个中的一个来思考或实践另一个。"人民"的意志理所当然地一定包含了集体联合行动，并依靠一种力量来创造和保护各种大众集会（例如，通过示威游行、会议、联盟、政党、网络和网站，等等）。另外，如果这个行动来自人民的意志，那么，其中的核心就是在深思熟虑基础上做出的自由或自愿行动。因为对意志这个术语的含义并无一致意见（甚至根本就不存在意志），在使用这个术语前，需要作更进一步的说明。

我所说的意志，首先是切实"有志于"（willing）一个特定的目标或目的。正是出于这个原因，我更愿意用那个宽泛的词语"行动者"来代替"主体"，因为这个词避免或扬弃了主体的某种明显的含混［如同代理人（agent）和属从（substrate），积极和消极，自由和"屈从"，等等］，以直接承续动词"行动"，而"行动"这个词的不确定性可以给人以诸多启发。"有志于"某种东西是一个实践问题，而不是理论问题，而作为一个实践问题，它包含了主体或行动者有意识、有目的的直接参与、行动和努力（而非被想象成本质或身份的"真正"表达）。积极参与有意的行动和由外部观察者来再现、评价或阐释，二者有根本的不同。

　　自愿和非自愿的行动之间同样存在着本质的差别。不同于非自愿的行动或活动（譬如由反射或本能决定的活动，或是在重复或习惯的推动下已形成常规的活动），也不同于被强迫或强制的行动，自愿或有意行动的选择、计划、推进多多少少都是自由的，是建立在或多或少都博识而理性的思考基础之上的。（同形而上学对意志是一种绝对的几近神圣的自由理解相反，我们讨论的自由是一种"或多或少"的行为，因为自由在这里也可被理解为一种实践，一个自由或解放的过程——一种行动者从他们遭遇的掣肘中或多或少地解放自己，并获得一定程度的自主权实践。）

　　此类在意志指导下的行为目的和那些仅仅是心血来潮或兴之所至的行为也是多多少少不一样的。大部分关于自由意志的学术研究或许可以视为对"自由的奇想"的思考，而感兴趣的政治意志概念，也就是起源于卢梭和马基雅维利的政治意志概念，却把意志和"美德"与行动的权利及能力联系在一起。和一时的心血来潮不同，也和简单的意见及偏爱表达不同，"有志于"（to will）一个目的自身就是踏上可能实现此目的的行动征途，尽管一定会遭遇种种阻碍与不测。毫无疑问，这种不同主要是辩证的过渡问题，而非范畴的差异：这么说吧，一定量的意愿很容易跨过把它和意志分开的临界值。但是，一旦跨过临界值——意志也是随相关形势与困难的变化而变化的——这句老话就仍然是至理名言：有志者，事竟成，只要有志于目的也就有志于方法。

　　我说的这种平等主义政治意志的例子不胜枚举：除拉丁美洲的玻利瓦尔革命与近年来北非的运动（以及眼下已变得相对平静的横跨欧洲及世界大部分地区的反新自由主义示威）以外，还包含了南非联合民主战线（United Democartic Front）、海地拉瓦拉斯运动（Lavalas）、巴勒斯坦大起义（Intifada），这些行动都是为了反抗种族、文化、特权、阶级造成的不平等和不公正。对我而言，最具启发意义的例子依然是那些大革命，首先是法国和海地的革命，接着是俄罗斯、中国、古巴的革命，以及从这些革命中得到鼓舞的反殖民解放运动。

在每个例子中，当行动者应用丹东的原则（此原则后来得到了恩格斯、列宁和许多其他人的借用）"大胆！大胆！更大胆！"[9]，便可跨越门槛。在每个例子中，斗争的决定性因素是，各个行动者展开行动的意愿和能力——也就是那些控制着政权经济杠杆和国家镇压机器的人的能力，另外是人民集体追求共同目标的慎重而强有力的行动能力。当斗争到达一个关键点时，参与其中的人必须在恐惧和斗争之间做出选择。任何参与人民斗争的人都知道，如果想继续斗争，直到胜利，就必须保持团结，反对分裂，改进组织纪律管理方式，鼓励负责的、果断的领导方式。当目的明确，原则清晰，并做好了一步一步贯彻这些原则的准备时，对民众的鼓动就会取得胜利。正如弗雷德里克·道格拉斯（Frederick Douglas）在早期长久的反对帝国主义的斗争中总结出来的，"如果不提要求，权利不会承认任何东西"。[10]同理，越南武元甲将军，通过同样的反帝国主义斗争总结，认为当人民的要求是明确、自觉、有序的，当他们有不可动摇的信念，就能控制无敌的力量并"战胜任何困难，打败那些最初比自己强大几倍的敌人"。[11]一直以来，不计其数的人们在同各种强大的敌人做斗争时，都在重复着这样一个信念：无论何时，只要下定应有的决心，就一定会取得胜利，"众志成城，无坚不摧"。人民意志曾经终结了奴隶制、殖民主义、童工和种族隔离，只有以同样的意志，才能在将来终结资本主义剥削、帝国主义压迫、核扩散问题和环境灾难。

二

现在，我尝试从两个角度来处理这一系列观点和历史事件：一个是比较宽泛的综合角度，另一个是更具系谱性的角度。综合的角度打算对观念，以及对持有这些观念的人民的意志进行较为系统的研究。一方面，我将用部分篇幅解释人民，另一方面，我将用一部分篇幅解释意志，我还将把二者联系起来进行有效研究，例如，通过马克思和布朗基，以及随后的卢森堡、列宁和其他同时代的人的努力，认为坚定、果断、自主的无产阶级观念是全民政治和经济解放运动的"关键力量"。综合角度也包括对某些作为政治意志有序施展条件的基本实践的讨论。这些实践包括协会、联合和集会的实践（例如雅各宾俱乐部、法国大革命的市政部门、商会、工会、政党、小教堂和解放神学的基层教会团体等）；赞同集体优先性、集体目标、集体决议的关于教育、通报、思考和决定的实践；不管形势如何，不管面临怎样的反对势力，都能够作出决断并实现其制定的目标的实践；鼓励培养集体主义精神、纪律和勇气（被卢梭、毛泽东和格瓦拉描述为政治美德的实践）以抵制鼓励追求私有、小派别或分裂利益的必然趋势的实践；使民众政治意志能够团结地（但不一致）、果断地（但不武断）、自我批评地（并不是愤世嫉俗的）、坚定不移地（但并非一成不变）进行实践。

这种思考解放政治学的方法有几个基本假设：

其一，行动者有意识的、刻意的意图，在政治斗争决断中起着重要（当然并不是唯一的）作用。自从20世纪60年代早期开始的反萨特和存在主义以来，这一因素被很多极具创造力的大陆哲学家系统地淡化了（如果不是被完全抛弃的话）。而自从离开曾经得到卢梭、康德、黑格尔等人辩护，但又遭到叔本华、尼采、维特根斯坦、斯大林及其追随者,以及随后的海德格尔、德勒兹、德里达批斥的唯意志论的道德和政治哲学之后,那种淡化的方式也多种多样了。任何对譬如帝国主义和新殖民主义政策的分析,或者对新自由主义政策的分析,或者近些年来致力于劳工运动、移民工人、反帝国主义者等等的政策的分析,总之,对行动者那绝对明显、绝对有意的意图不予关注的分析,都无法把握其中包含的阶级和权力斗争——当然,对反对这些政策的解放运动也同样如此。

我在这里捍卫唯意志论,认为对问题的决策不存在"中立"的方法。唯意志论意味着不把压迫过程和解放过程看作"客观趋势"或"系统规则"的反映,而是看作明确自主的行动者所构想的多少算得上深思熟虑的策略,虽然在某些情况下他们是被强迫的而不是自由选择的。与长期主导整个人文学科,尤其是主导欧洲哲学的理论思考相反,这种方法需要认识到:如果不考虑"心理"或政治心理因素,不强调行动者自己的希望和动机,那么,就不能充分解释政治行动。此方法要求,在草率地认为行动者所说的原因仅仅掩盖了深层次的(无意识的、不自愿的、意识形态的……)决定形式之前,应该仔细倾听行动者自己给出的行动原因。这种方法承认:一些境况只有从参与改革的人的角度才能得到理解,人民应当被视为"自己的戏剧的作者和行动者",而不是被视为一个受着他们所不能理解的力量戏弄的木偶。[12]

其二,那些寻求剥削和统治特定群体或全体居民的行动者,会费尽心机掩盖他们的意图,控制自己的表现形式,令其看上去像公共的信息和教育手段。当然,理想的统治形式能够让统治的目标群体自愿接受这种形式,甚至被当作一种生活方式,一点也不觉得这是统治的一部分。作为强制"占有无偿劳动"[13]的资本主义的神奇之处在于,尽管它有暴力的起源和前提,但它最终表现为表面的自由自愿形式，由劳动力市场调和，在这个市场中，买家和卖家似乎拥有平等的地位。同样，帝国主义的"人道主义"干预——例如，长期控制海地经济和政府的"援助国"近来发展成熟的那种干预——的神奇之处是，它强调受援国明显的依赖和可能存在的感激，强调受援国需要援助国的保护，以免国内的政治运动对现状造成威胁。

其三，提出了意志与其影响的关系问题，肯定了意志目的更为重要。当然，即便如圣茹斯特（Saint-Just）这样彻底的政治唯意志论者，也懂得"环境的力量（la force des choses）可能导致我们从未预料的结果"（1793年2月26日）。说慎重的考虑和有意识的目的很重要，并不是认为只要考虑彻底，就能够决定将要发生的所有行动。目的不是行动的虚拟蓝图，行动并不是简单地让此蓝图在现实中转变为成果。决心要达到某个目的或结果，不是在着手处理问题之前就期望有一个完全成形的解决方案；相反，它是准备去遵循一个意在解决问题的决议和原则，是乐意做一些事情，去克服在执行决议的过程中可预见的但尚未出现的障碍。如果着意于结果意味着着意于方式，那么，参与政治意志就意味着参与行动，此行动总是针对特定情况的斗争，并协调方法和目的的关系，保证方法最大限度地适应目的。意愿不能事先决定结果，但是那些认可这个意愿的人们，或多或少都能随着事态的偶然发展，做一些必要的事情，以获得期待的结果，而不受制于刻板的教条，也不寄望于临时的投机取巧。

还有一个假设，这个假设关系到政治意志的行动者或主体。我认为意志的能力是普遍的、非常普通的人类能力，就像是说话和思考能力。一个人之所以能有这个能力，其根本条件在于我们作为一个物种的进化方式。和别的能力一样，这种进化规定了说话、思考、有意志的行动者是个体（而不是群体），同时还确定了有独立意志的个体或多或少具有集体性，确保了人类个体在根本上总是具有无可置疑的社会性。于是，在个人的意志行动和集体的意志行动之间，存在一个不断的序列，此序列穿过各个不同的规模和能力等级。"个体是全人类的因子"，布朗基（Blanqui）认为，"正如针织物上的针脚"——缺少有意志的、接受过政治教育的个体，必将一事无成；但是，如果他们构建的政治结构太松散，或者不成型，那么当遇到社会或经济斗争时，孤立的个体必定是虚弱无力的。[14]虽然个体才有意志，但事实上，唯独有组织的由个体组成的集体才有能力实施政治意志，并挑战他们的就业条款，直面雇主阶层，与统治者作斗争。

贯穿所有这些假设的是意志和能力的联系，是与他人商议的能力，是阐述目标的能力，是承担其后果的能力，等等。我目前展开的两个项目中的另一个的目的是分解这些假设，探索意志和能力的联系。探索这种联系的方法很多，但我觉得，目前最经济的方法是聚焦于我认为的对当代解放政治理论做出突出贡献的三个重要人物：卢梭、布朗基和马克思。

三

通过这三个人来构建政治意志的理论基础，我是想强调这样一个事实：没有哪一个哲学家或政治思想家能单独提供足够的对政治实践的阐述，或值得认作完全够格的向导。当然，卢梭、布朗基和马克思在很多方面不同，有时甚至差异极大。但是，我仍然希望说明，我们可以有效地把他们的理论看作对一个共同事业的推进，而且一旦这样联系起来看待，他们就以极为简练的方式为行动、解放的政治意志的普遍阐述打下了基础。当然，如果要开一个更全面的名单，还应该加上其他许多思想家［如马基雅维利、康德、罗伯斯庇尔、马拉（Marat）、费希特、巴贝夫（Babeuf）……］。然而我独选这三位，不仅因为他们的超然地位和对其他人物的直接影响,还因为他们三人加起来似乎能以重叠最少、最有力而且最具启发性的方式构建这个问题。

在历史性和概念性两个层面上,卢梭无疑都是现代传统理论最初的奠基人,因为他主张,这一点是基本且不可或缺的出发点:"任何行为的原则都基于自由个体的意志",因此,"不是'自由'这个词毫无意义,而是'必然性'这个词"。[15]卢梭总结道,人的自由,"不在于只做他想做或愿做的事情,而在于从不做他不想做的事情"。[16]意志与行动只有通过实践与实验才能紧密结合,这种结合为集体的、平等的自由概念建立了基础。卢梭接下来依据此原则,勾勒出一个规范的政治共同体与社会正义的草图,此草图很快被罗伯斯庇尔、马拉,以及其他众多的雅各宾派与长裤汉(sans-culottes)等运用于革命实践。[17]与否定法国革命的重要性、试图弱化其意义或将其局限为一种过时的历史时刻的诸多观点相反,我赞同另一种观点:法国革命是革命的开端,而且时至今日仍有发展余地,它尤其是"雅各宾－布尔什维克"事业的先声,其意义远未得到充分挖掘——不管它在过去几十年曾遭受怎样的攻击与诋毁。

如果说罗伯斯庇尔是法国大革命雅各宾派时期的主要政治人物,那是因为他非常清楚地懂得:要想实现目标,那么,"我们需要一个意志,一个统一的意志",即人民整体的意志——因为这种整体意志的主要阻力"来自资产阶级"。由此,罗伯斯庇尔认识到,"要打败资产阶级,我们必须团结人民"。[18]罗伯斯庇尔之后,圣茹斯特总结了整个雅各宾派的政治课题,他拒绝了"纯思想"或"知识性"的正义概念,觉得"法律是品味的表达,而非公共意志"。从这个角度来说,独立自主的自我决定的唯一合法依据反而是"人民的实质性意志,是人民同时拥有的意志;其目标是遵从最大多数人主动的而非被动的兴趣"。[19]热月政变之后,巴贝夫很快意识到,走向资源和机会分配更加平等的"第一步,也即关键的一步",是"实现能够充分表达人民意志的真正有效的民主"。[20]

继巴贝夫与博纳罗蒂(Buonarrati)之后,布朗基再次采取了新雅各宾派计划的目的和手段,他毕生"推动革命"的努力,首要的、最主要的工作是面对那些如今阻碍着人民意志转变为主权政治现实的具体障碍。作为一个革命活动家,马克思与布朗基的共同点远比近代评论家认为的要多。当然,尽管马克思更为关注这种转变的社会经济层面,但是,如果我们将他理解为政治理论家,那么卢西奥·科莱蒂(Lucio Collettid)的评论就不是毫无见地了。他认为,马克思只添加了很少或者说"根本没添加什么内容到卢梭的理论中,除了对国家消亡的'经济基础'的分析(这当然是相当重要的)"。[21]

我们可以说,卢梭构想了一个由大众意志支配的自治社会,布朗基思索了实现该构想需要采取的步骤,而马克思分析了促成或压制这些步骤的历史和经济的趋势。就三人对革命解放普遍理论的贡献而言,最好采用颠倒时间顺序的方式理解他们的观点:马克思重构了人民革命的根基与起因,布朗基探索了触发与支撑人民革命需要什么,卢梭思考了其结果和后续发展。

或者,我们大胆进行一个更抽象的概括:卢梭思考了我们的行动能力、集体行动者的构成以及共同目标的判定(行动者与行动的原因),马克思思考了促成或阻碍政治解放行动的条件和趋势(行动地点及时间),布朗基则思考了行动本身(相关因素及如何成功的方案)。

虽然关于卢梭的近期研究大都着意于他所谓的独裁倾向(以及随之而来的问题,即想方设法论证他包容自己深恶痛绝的方式:议会民主制和自由市场的自由主义),但我希望不会有读者怀疑他的在这个更为广大的计划中的奠基地位。布朗基也一样,虽然他被某种马克思主义传统和某些更"稳健"的共和主义边缘化一个多世纪，但选择他也是明智的。尽管布朗基不如卢梭或马克思等思想家周密，创造性和影响力也比不上卢梭和马克思，而且他的观点有明显的局限性和模糊性，但是，布朗基仍值得关注，因为他以罕见的气魄提出了革命政治的基本问题，即夺取和维护政治权力问题，认为这是改变以统治和压迫为基础的社会的唯一方法。新一代革命活动家，卢森堡、列宁、托洛茨基和葛兰西（更不要说毛泽东、切·格瓦拉或武元甲）等，对于布朗基的追随几乎可以和对马克思的追随相比，尽管他们自己可能不知道（或不愿意承认这一点）。[22]

将马克思与任何一种唯意志论关联起来可能都争议更大。因为马克思的每个读者都知道，他反对"纯粹的"政治意志；这种"纯粹的"政治意志，他在不同场合中说，是和罗伯斯庇尔、黑格尔、鲍尔（Bauer），以及布朗基的一些被流放的支持者联系在一起的。在我看来，马克思自己的著作在另一个方向——即反唯意志论——上也有过火之处，导致不断出现一种论调，指责马克思犯了简单化的社会历史决定论，应该予以摒弃。如果不用政治实践与组织方面的考虑来平衡，而是一味强调"社会存在决定意识"，有时就会导致马克思忽视无产阶级的主体性和目的，只分析"无产阶级现在以及将来被迫做什么，并与社会存在保持一致"。[23]马克思很少考虑无产阶级活动家的思考和行动可能与塑造他们的无产阶级身份并迫使他们和资本家进行革命斗争的深层社会趋势不一致。[24]类似的自信让马克思能够异常简洁、随意地宣称"资本主义生产本身由于自然变化的必然性，造成了对自身的否定"。[25]不可否认，马克思这方面的遗产造成了不良后果。

然而，与辩称马克思更关心的不是历史必然性而是政治可能性的其他人一道，我希望表明，他最关注的问题可以精确地追溯到黑格尔和康德从卢梭那里继承的自由和必然性的重要联系。青年马克思坚持认为，和其他动物不同，人以独特的方式，"使自己的生命活动本身变成自己意志的和意识的对象"[26]，而在《资本论》的关键一章中，老年马克思以类似的表述，坚称人具有"主权"与"改变自己本性"的能力，具有审慎地、有意识地确定自身目标，并保持达到目标所需的有纪律的、"有目的的意志"的能力。[27] 同样，青年马克思强调"人的自主性"[28]，强调民主作为一个充分的"人类存在"的政治形式的独特优点，其中"法律的存在是为了人"，而不是相反[29]，法律被阐述为"人民意志的有意识的表达，因此起源于人民意志并由人民意志所创造"[30]；老年马克思则拥抱1871年的巴黎公社（很大程度上由布朗基的拥护者发起并组织），认为巴黎公社是这种民主实践的典型实例。从这个角度理解，政治决策绝非局限于被动地表现社会生活物质"基础"层面发生的变化。巴黎公社的意义之一就是，它证明了我们有能力发明一个插入这一社会物质基础"之下"的政治杠杆，"一个能消灭那造成了阶级存在并进而造成了阶级统治存在的经济基础的杠杆"。[31] 而且，此基础本身就是由阶级关系的绝对政治体现塑造出来的，并由生产力的绝对"人类的"，进而"有目的的""创造性的"特征来维持。至少在革命机遇期，如1871年，或1848年至1850年，最首要的不是某种不可改变的历史宿命论，而是一个独立、果敢而有完全意识的政治行动家采取的有力而明确的行动［这个行动参照的是马克思与布朗基的拥护者之间另一个（暂时）有效的合作模式：共产主义同盟］。[32]

马克思一生都将共产主义理解为"通过人类，并为了人类而对人类本性的真正运用"，"自由和必要性之间的冲突的真正解决"。[33] 从资本主义向共产主义的革命性过渡中，关键是"人类全部能力的发展"[34]，以及"对人与人作用过程中体现出来的能力的控制和自觉掌握；这种能力，此前一直作为完全异己的力量威慑并统治着人类"[35]。恩格斯补充道，一旦我们理解了我们塑造社会关系的方式，"我们就可以自如地令其越来越服从我们的意志，并且通过它们实现我们的目的……在这之前，人类的社会组织一直都是作为自然和历史强加的必然性来对抗人类，现在则变成了人类的自由行动的结果"，实现了"人从必然王国向自由王国的上升"。[36]

马克思比卢梭或布朗基更深入而准确地揭露了资本主义的压迫为什么从表面上看是不具有强制性的，而且解释了一旦完成其"原始积累"的残酷行为，资本的"占有无偿劳动"如何用依赖性和不安全感的"无形联系"和"无声强制"，而非用臭名昭著的奴隶制度枷锁来包装它。[37]马克思帮助我们认识到，现代的压迫形式如何摆脱了明显排斥和直接支配的单纯策略，而完成对我们的意志本身更为微妙的操控。由此，马克思阐述了当代政治意志理论的核心问题：在新自由主义盛行的时代，我们如何能够挑战表现为自由的奴役和压迫？如果说在世界上几乎每个地方，过去近三十年最显著的历史发展都包含了权力与资源从较贫困者到较富裕者的巨大转移，那么，其中影响最为深远的变化或许就是，其倡导者已经成功地诱使大多数人接受、信奉它们，认为它们是必需而且无法回避的。除非我们重建政治意志能力，否则我们无法有力地回应那让人气闷的老生常谈："别无选择。"

四

就他们在政治意志实践认识方面所做的贡献而言，假如孤立地看这三个思想家，似乎每一个都是片面的、不完整的。卢梭肯定了民众意志或普遍意志的自由和权力，但太过依赖"纯粹"意志的抽象性（预示了康德的思想），而轻视了其形成与运作的历史与经济背景。马克思强调"发展性"因素（继承自黑格尔）

对于政治行动和意图的偶然损害。卢梭倾向于过于相信纯粹的意志和意图，而马克思可能会过于依赖历史发展进程。布朗基只关注对公平与正义的直接追求，却没有充分考虑到它与人民和大众组织的关系，也没考虑到它与历史唯物决定因素的关系。当今需要的不是马克思主义本质的更新，更不是布朗基主义或卢梭主义（或列宁主义、毛泽东思想，或者其他什么人的主义），而是建立一个更为强大的、自信的、普遍的政治唯意志论，即需要阐述从必然性中解放出来。这种必然性充分准备突出它对所有政治心理因素（包括目的、意图、意识、审慎、决心）部分而又是关键的依赖。如果要让从必然性到自由的转变成为主流并持续下去，那么这个转变本身必须能自由地进行。

若单个考虑，卢梭、布朗基与马克思都有明显的局限，但三者结合，我认为毫不夸张地说，他们预示了后来一系列的唯意志论政治思想家的大多数概念及观点，这些思想家包括列宁、托洛茨基、瑟奇、葛兰西、毛泽东、萨特、切·格瓦拉、法农、武元甲、杜塞尔、本赛德、巴迪欧……尽管背景和关注点有很大差异，但这一系列的唯意志论政治思想（只要我们不试图将其追溯到单个的思想奠基人）在骨子里显然是一致的。譬如，列宁或毛泽东提出的重要政治概念几乎没有哪一个不能在马克思、卢梭或布朗基那里找到源头。而且，如果从三个相对独立但又完全统一的影响的角度观察列宁和毛泽东思想，就会得到更好的理解，而单独将其视为正统的马克思主义，却达不到这样的认识效果。当然，虽然试图将它们仅仅理解为某一范例的变体是无效的、简单化的，但我认为，要说明在特定的语境和关注点的条件下，法农与切·格瓦拉如何复兴了卢梭的某些中心思想，本赛德与巴迪欧又怎样复兴了布朗基的某些思想，等等，总是很容易的。总的来说，深层的连续性以及这些思想家和其他可以比较的思想家之间的关联，比他们的创新性和特异性更为重要（换个角度看，这些创新性和特异性是值得注意的）。

葛兰西或许是此三重遗产（如果我们可以这样称呼的话）最具启发性和最富深意的实例。就葛兰西对卢梭的借鉴近乎布朗基与马克思或列宁的关系而言，葛兰西寻求"将'意志'作为哲学的基础，因为意志说到底是等于实践活动或政治活动的"。[38]现实最好被理解为"人的意志作用于社会事物的产物"，所以，"如果一个人排除了所有的意志因素……就毁坏了现实本身。只有那些强烈渴望某些东西的人才能识别实现他的意志的必要因素"。[39]葛兰西以更具马克思主义色彩的方式阐述道："意志是对目的的意识，反过来，这意味着对自身能力以及将其付诸行动的方式的准确认识。"参与此类意志活动，意味着我们有了"毫无偏差或毫不犹豫地追求具体目标的能力。它意味着开辟出一条直通最终目标的路，而无须绕道进入快乐友爱的绿草地"[40]和"快乐王国"的错误社区。

如卢梭一样，葛兰西知道"在付诸现实之前，行动必须先是思想上的"，也知道"每个行动都是不同意志的结果，这些不同的意志，其强度和自觉性各不相同，所组成的集体意志的同质性也千差万别"。[41]当它们通过集结和联合的形式结合起来"构成一个社会的、集体的意志"，葛兰西预测道，人民意志最终将获得一种能力，"用意志控制经济现状，直到集体意志变为经济的驱动力，一种塑造现实本身的驱动力，以致客观现实成为一股鲜活的、蓬勃的力量，就像一道熔岩的涌流，随心所欲地通向意志所指的任何地方"。[42]

如布朗基一样，葛兰西信仰"人，人的意志和人的行动能力"[43]，并把人定义为"具体的意志，即，抽象意志或生命冲动在实现这种意志的具体方式中的有效应用"[44]。葛兰西将党派的政治斗争理解为"一种为某个明确的、确定的目标进行的有意识的斗争：它是一种清醒的意志行为，一种在大脑和意志中已经形成的自律",一种让"党内工人成为工人国家中的行业先锋,就像在发展无产阶级力量的斗争时期,他们是革命的先锋"。[45]

最后,如马克思一样,葛兰西知道,如果说"社会不会给自己提出尚不具备物质条件来解决的问题",一旦承认这一点,"立刻会引出集体意志的形成问题":

> 为了批判性地分析这个命题的意义,我们有必要研究永久的集体意志是如何形成的,意志又是如何给自己制定具体的短期与长期目标(即集体行动的路线)的。这或多或少是一个漫长的发展历程问题,而不大可能是突然的、"合成的"爆炸的问题。它需要对每个细节都进行穷尽性的、极度细致精微的分析,这种分析所做的文献包括不计其数的书籍、小册子、评论和报纸文章,还包括无数次的重复的对话和辩论。这些海量的文献资料体现着产生具有某种同质性的集体意志所需要的漫长的劳动——集体意志的同质性是必要的、充分的,它让历史事件发生的行动在时间和地理空间上协调一致。[46]

我认为,重新展开这种研究与分析的最好方法是回顾让·雅克·卢梭的政治哲学的出发点。这是我在未来数月的首要任务,然后我会接着简略地研究布朗基和马克思的理论。我希望,将来我能更好地对普遍政治意志进行综合阐述,并且驳斥一些针对规定政治学的反对意见。

注 释

[1] Benjamin Constant, *Principes de politique*, in his *Écrits politiques* [Paris: Gallimard (Folio), 1997], 310.

[2] Martin Gilbert, *The Will of the People*: *Churchill and Parliamentary Democracy* (2006).

[3] Barak Obama, "State of the Union Address", January 25, 2011, http://www.whitehouse.gov/the-press-office/2011/01/25/remarks-president-state-union-address, accessed February 2, 2014.

[4] Chris Hedges, "The Obama Deception: Why Cornel West Went Ballistic", *Truthdig* May 16, 2011, http://www.truthdig.com/report/print/the_obama_deception_why_cornel_west_went_ballistic_20110516, accessed February 2, 2014.

[5] Obama, speech of May 19, 2011, http://www.guardian.co.uk/world/2011/may/19/barack-obama-speech-middle-east, accessed February 2, 2014.

[6] Cf. Peter Hallward, "Fanon and Political Will", *Cosmos and History*: *The Journal of Natural and Social Philosophy* 7 (1) (2011): 104–127, http://www.cosmosandhistory.org/index.php/journal/article/view/244/329.

[7] Cf. John Rees and Joseph Daher, *The People Demand*: *A Short History of the Arab Revolutions* (London: Counterfire, 2011); Elliott Colla, "The People Want" (May 2012), http://www.merip.org/mer/mer263/people-want; Gilbert Achcar, *The People Want*: *A Radical Exploration of the Arab Uprising* (London: Saqi Books, 2013).

[8] Tony Benn, interviewed in Michael Moore, *Sicko* (2007).

[9] 安东万·圣茹斯特的说法更直接:"一定要大胆!——这句格言浓缩了我们整个的革命逻辑"(安东万·圣茹斯特在1794年2月26日国民会议的演讲)。还有:"从事革命就像第一次在未知水域航行,都是靠胆量行事的。"(1794年3月13日在国民大会的报告)

[10] "没有斗争就没有进步。说向往自由,却害怕动乱,就像想收割庄稼却不耕地……如果不提要求,权利不会承认任何东西。过去没承认过,将来也不会承认。弄清了人民会屈从于什么,就弄清了有多少不公与错误强加在他们身上;这些不公与错误会一直延续下去,直到他们用语言或武力或兼用语言和无力来抗拒。暴君是受压迫者惯出来的。"(Frederick Douglass, "The Significance of Emancipation in the West Indies" (August 3,

1857), *The Frederick Douglass Papers*, ed. John W. Blassingame (New Haven: Yale University Press), Vol. 3, 204.

[11] Vo Nguyen Giáp, "The South Vietnamese People Will Win" (January 1966), in *The Military Art of People's War* (New York: Monthly Review Press, 1970), 204.

[12] Karl Marx, *The Poverty of Philosophy* (1847), *Collected Works* (London: Lawrence & Wishart, 1975 – 2000), Vol. 6, 170.

[13] Marx, *Capital*, Vol. 1, trans. Ben Fowkes (London: Penguin, 1976), 672.

[14] Louis-Auguste Blanqui, Manuscripts, Bibliothèque Nationale Collection NAF9591 (2), f. 520 (October 19, 1866).

[15] Rousseau, *Emile*, in his *Oeuvres complètes*, Vol. 4 [Paris: Gallimard (Pléiade), 1969], 576.

[16] Rousseau, *Reveries of the Solitary Walker*, in his *Oeuvres complètes*, Vol. 1, 1059.

[17] 罗伯斯庇尔在1794年自豪地宣称："我们已经将过去被轻蔑地叫作好心人的梦想的永恒争议法则变成了现实。道德一度只躺在哲学家的书里，现在我们已经把道德融进了国家政府。"[Maximilien Robespierre, *Oeuvres complètes* (Paris: PUF, 1910 – 1967), Vol. 10, 229.]

[18] Robespierre, notes written in early June 1793, in J. Marx Thompson, *Robespierre*, Blackwell, Oxford, 1935, II, 33 – 34.

[19] Saint-Just, *Oeuvres complètes* [Paris: Gallimard (Folio), 2004], 547.

[20] R. B. Rose, *Gracchus Babeuf: The First Revolutionary Communist* (Stanford: Stanford University Press, 1978), 104; cf. Ian Birchall, *The Spectre of Babeuf* (Houndmills: Palgrave, 1997).

[21] Lucio Colletti, "Rousseau as Critic of 'Civil Society'", *From Rousseau to Lenin* (London: NLB, 1972), 185; cf. Eugene Kamenka, *Ethical Foundations of Marxism* (London: Routledge & Kegan Paul, 1962), 37 – 47.

[22] 正是由于这个原因，试图在"民主的"马克思和"独裁的"列宁之间加进一个楔子的人，通常都是将他们的阐释建立在对布朗基的批判

之上。例见 Hal Draper, *The Dictatorship of the Proletariat from Marx to Lenin* (New York: Monthly Review Press, 1987), 13, 25 – 26; Richard Hunt, *The Political Ideas of Marx and Engels* (University of Pittsburgh Press, Pittsburgh, 1974), 1, 13 – 16, 191, 289。

[23] Marx and Friedrich Engels, *The Holy Family*, in Collected Works Vol. 4, 37.

[24] Marx and Engels, *The German Ideology*, in Collected Works Vol. 5, 52. 对强制和逼迫的这种强调，甚至在像卢卡奇的《历史与阶级意识》（Cambridge, MA: MIT Press, 1972）这种声称对马克思进行的"唯意志论"解读中也有回应。例见此书第 41—42 页。

[25] Marx, *Capital*, Vol. 1, 929.

[26] Marx, "Economic and Philosophical Manuscripts" (1844), *Early Writings*, 329.

[27] Marx, *Capital*, Vol. 1, 283 – 284.

[28] Marx, *Critique of Hegel's Doctrine of the State* (1843), *Early Writings*, 89.

[29] Marx, *Critique of Hegel's Doctrine of the State* (1843), *Early Writings*, 88.

[30] Marx, "The Divorce Bill" (1842), *Collected Works*, Vol. 1, 309.

[31] Marx, *Class Struggles in France* (1871), *Collected Works*, Vol. 22, 334.

[32] 特别参见 Karl Marx and Friedrich Engels, "Address of the Central Committee to the Communist League" (March 1850), *Collected Works* Vol. 10, 277 – 287。

[33] Marx, *Economic and Philosophical Manuscripts* (1844), *Early Writings*, 348; cf. Marx, *Capital* Vol. 3, 959.

[34] Marx, *Grundrisse*, 488.

[35] Marx and Engels, *The German Ideology* (1846), *Collected Works* Vol. 5, 51 – 52.

[36] Engels, *Anti-Dühring* (1877), *Collected Works* Vol. 25, 266, 270.

[37] Marx, *Capital*, Vol. 1, 719, 899.

[38] Antonio Gramsci, "Study of Philosophy", *Selections from the Prison Notebooks*, ed. and trans. Quintin Hoare and Geoffrey Nowell Smith (London: Lawrence & Wishart, 1971), 345; cf. Gramsci, "The Modern Prince", *Selections*, 125 – 133, 171 – 172.

[39] Gramsci, "The Modern Prince", *Selections*, 171. 与已经存在的实实在在的现实相比，"'应该的'状况是具体的。实际上，'应该的'状况是对现实进行的现实主义和历史主义的唯一解释。它本身就是形成中的历史和哲学，它本身就是政治"（Ibid., 172）。

[40] Gramsci, "*Our Marx*", *Pre-Prison Writings* (Cambridge: Cambridge University Press, 1994), 57.

[41] Gramsci, "Class Intransigence and Italian History", *Pre-Prison Writings*, 69; Gramsci, *Selections*, 364.

[42] Gramsci, "The Revolution Against Capital", *Pre-Prison Writings*, 40.

[43] Gramsci, "Socialism and Co-operation", *Pre-Prison Writings*, 14.

[44] "人塑造自己品格的方式有三：（1）通过赋予自己的生命冲动和意志一个明确具体的（理性的）方向；（2）确定一种方法，令这个意志明确具体，而不武断；（3）为以最有效的形式、尽自己的最大能耐实现此意志而努力改变各种具体条件。"（Gramsci, *Selections*, 360.）

[45] Gramsci, "The Communist Groups", *Pre-Prison Writings*, 176.

[46] Gramsci, *Selections*, 194, referring to Marx: "mankind thus inevitably sets itself only such tasks as it is able to solve" [Marx, *A Contribution to the Critique of Political Economy* (1859), *Collected Works* Vol. 29, 263].

第三十一章

交际资本主义：传播与拒绝政治[*]

乔蒂·迪恩

无回应

虽然美国主流媒体机构为布什政府进攻伊拉克的主张提供了支持的、非批评的甚至鼓励性的平台，但批判性的观点仍然很好地在全球资本主义技术文化信息流中表现了出来。非主流媒体、独立媒体和非美国的媒体提供了有深度的报道，有见地的评论，对于伊拉克存在"大规模杀伤性武器"的"证据"也给予了批判性的评价。艾米·古德曼（Amy Goodman）的联合广播节目"今日民主"定期播出强烈反对布什政府国家安全政策的黩武主义和单边主义的评论。《国家》杂志对布什政府所称的攻打伊拉克的各种原因提供了详尽而微妙的批评。互联网上到处都是国会电话和传真号码表、请愿书，以及关于游行、抗议和讨论直接行动的公告。随着战争的层层推进，成千上万的博客对每一步行动都进行评论，同时引用其他媒体来支持自己的立场。虽然美国主流新闻机构未能报道一些游行示威，如9月伦敦的40万人抗议，

---

[*] 选自 *Cultural Politics* 1 (1) (March 2005): 51 – 74。

或10月华盛顿的25万人包围白宫的游行，但无数进步的、非主流的、批判性的左派新闻媒体频繁地提供了关于地面行动的可靠消息。总而言之，一个强烈反战的信息明摆在那里。

然而，这个信息并没有被接收。它在媒体上传播，然后在媒体上沉寂。即使当白宫承认2003年2月15日爆发了大规模全球示威的时候，布什也只是重申存在着反战信息，并且在传播——示威者有权表达自己的意见。他并没有真正回应他们的信息。他没有将示威者的语言和行动看作在向他发送信息，一种在某种意义上他有义务做出回应的信息。相反，他承认存在着一些与他不同的观点。有他的观点，有其他人的观点；所有观点都有权存在，有权表达出来——但这绝不意味着，或者说布什不想让这意味着，这些观点彼此关联。所以，尽管有成兆字节的评论和消息，一场真正关于战争的辩论并不存在。相反，在美国入侵伊拉克前的一两个月里，反战的消息演变成如此多的传播内容，就像所有其他的文化臭气通过网络世界飘荡出去。

对于左翼评论与国家战略之间的脱节，我们可以从政治作为传播内容与作为官方政策的区别的角度进行说明。一方面，有各种各样的媒体声音，从电视名嘴、广播强人、整个平面媒体到拥有RSS（真正简易聚合）订阅的网站、博客、电邮列表以及数量激增的即时短信。在这方面，政客、政府和活动家为争取曝光度、赞助以及精神占有率（一个来自网络公司时代的已经显得古怪的词语）而展开斗争。另一方面是体制的政治，是官僚机构、立法者、法官、警察机关和国家安全机构的日常活动。这些政治体系要素似乎独立于作为传播内容的政治而运转。

乍一看，政治作为传播内容与作为官员活动之间的区别并没什么意义。毕竟，自由民主的前提正是人民的主权。而且，对民治的思考采用的依据已经普遍是言论、集会和出版的交流自由，强调透明度和问责制的公开原则，以及公共领域中的认真实践。

理想地说，公共领域的交际活动，即我一直说的传播内容以及媒体言论，应该对官方政治有所影响。

然而，在今天的美国，公共领域的交际活动对官方政治没有影响，或说得委婉些，作为传播内容的政治与作为官方活动的政治之间明显脱节。如今，这些内容在密集而迅猛的全球通信网络中的传播使顶层的参与者们（企业的，机构的和政府的）摆脱了回应的义务。他们不回应由活动家和评论家发出的消息，却用自己的供稿对网络中传播的信息进行反击，并希望有足够的力度（或者是供稿的数量多，或者是供稿的性质特殊）赋予他们的供稿以主导地位或吸引力。我们看到的不是热烈的辩论，不是使用共同的术语、参照点或划定的边界进行争论，而是种种抵抗与强势声明，这些抵抗与声明花样之多，以致让强烈的反霸权局面难以形成。交际渠道和机会的扩展、传布、加速和强化，远未加强民主治理或民主对抗，却导致了正好相反的结果——后政治的交际资本主义的形成。

毫无疑问，我并非说网络通信从未帮助形成政治对抗。在众多反例中，最显著的一个或许是塞尔维亚 B92 广播公司的经历。B92 广播公司曾利用互联网来规避政府的审查，传播反对米洛舍维奇政权的大规模示威的新闻（Matic and Pantic 1999）。我的观点是，网络媒体的政治效能取决于环境。在媒体数量密集而广泛扩散的条件下，信息更容易石沉大海，仅仅增加了一点内容传播而已。在一个环境里增强了民主的要素，在另一个环境里却成为一种新形式的霸权。或者说，交际资本主义中信息内容的剧烈传播预先排除了政治必须具备的对立性。在相对封闭的社会里，这种对立不仅已经存在，而且在开放与封闭之间的边界上非常明显。

我的论证继续如下。为清晰起见，我首先把交际资本主义的概念放在当下强调交流与可交流性不断变化的其他理论背景之下。然后，我将根据赋予其活力的幻觉重点阐述交际资本主义具体的特征。首先，我将考察对丰富的幻觉，讨论这种幻觉怎样导致了交流的基本单位从信息变为对信息的供稿。其次，我将讨论行动或参与的幻觉。我认为，这种幻觉是通过技术拜物主义而具体化的。最后，我将探讨整体性的幻觉，它依赖并产生了一个既虚假又真实的世界整体。我认为，这种幻觉妨碍了在敌友之间进行明确区分，反而造成了更危险、更奸诈的算计，将他者当作需要除掉的威胁。我阐述交际资本主义的目的是解释在欢呼交际的时代竟然没有回应。

交际资本主义

交际资本主义思想是对一个司空见惯的观点的概念化：在今天，市场是民主诉求的场所。这个观点所说的，实为人民意志用以体现自身的机制。我们不妨在此想想广为传播的关于流行性的主张。麦当劳、沃尔玛与电视真人秀被认为是很受欢迎的，因为它们似乎提供了人们想要的东西。我们怎么知道它们提供人们想要的东西？因为人们选择了它们。因此，它们肯定是受欢迎的。

这个等式的明显问题是它处理商业选择（选择本身的典型形式）的方式。但市场不是传递政治结果的体系——尽管政治运动与广告和营销活动难以区分。政治决定——如开战，或建立正常的周边关系——涉及的不只是有口无心地反复重申信仰、信念和无根据的主张（我此刻想到的是布什政府以信仰为基础的外交政策，以及其将伊拉克和基地组织联系在一起的思维方式）。交际资本主义的概念试图捕捉民主和资本主义这一奇怪的交融。通过揭示网络通信将二者结合在一起，交际资本主义实现了这个目的。

交际资本主义是晚期资本主义形式，在这个阶段，民主的核心价值观在网络化的通信技术中具有了物质的形式（参阅 Dean 2002）。访问、跟帖、讨论和参与的理想在全球通信的扩张、强化以及互联中（并通过这些方式）得以实现。但是，对世界上大多数人来说，影视和图片的泛滥并未使财富和影响力分配更加均衡，也未让生活方式和实践自由的形式更加丰富多彩，反倒减少了政治机会，降低了政治效力。

有关经济全球化影响的研究说明电子通信的速度、即时性与互联性如何造成了财富的大规模聚集（Sassen 1996）。金融与服务结合体中超额利润的可能性不仅会导致资本过度活动和制造业贬值，而且会导致金融市场本身获得制约国家政府的能力。此外，在美国，媒体的扩展一直伴随着政治参与中的一个变化。政治不是在党派和工会中自动组织起来的，而是已经成为以广告宣传、公共关系以及大众传播手段为中心的，以财政为媒介的专门化实践领域。事实上，随着交际的商品化，生活中越来越多的领域似乎已经依据市场和景观（spectacle）被重新格式化了。直白地说，金融及消费驱动的娱乐文化的标准创造了当下民主治理的条款。改变这个体系——联合起来对抗、挑战交际资本主义——似乎需要强化这个体系：否则，一个人怎能组织并理解信息？还不是得筹集资金、购买电视广播时段、注册域名、建立网站、制作链接？

我对交际资本主义的阐述，源自基奥乔·阿甘本（Georgio Agamben）关于景观社会中的异化语言的讨论，以及斯拉沃热·齐泽克（Slavoj Žižek）对后政治的强调。虽然本文与迈克尔·哈特和安东尼奥·奈格里一样，都将通信描述为资本主义生产，但我不同意他们对政治变革的可能性所作的评估。

更具体地说，阿甘本指出，"在旧政权里……对人类交际本质的疏离实质上是一种发生共同基础作用（民族，语言，宗教等）的前提"（Agamben 2000：115）。然而，在目前情况下，

"正是这同样的交际,这同样普遍的本质(语言),构成了一个自治领域,以致它变成了生产周期的必备要素。因此,阻碍可交际性的,正是交际本身:人类正在被联结他们的东西分离开来"。阿甘本指明了如何从语言和宗教群体角度来思考民族国家的共性。为延伸他的观点,我们可以回想一下:在如尤尔根·哈贝马斯(Jürgen Habermas)的理论中,宪政国家的理念也是通过人类的基本交际来思考的——那些能辩论,能与他人至少在原则上达成协议的人,相互间可以在政治上建立关系。然而,正如阿甘本表明的,交际已经与归属和联合的政治理念脱离了关系,成了一种主要的经济形式。换句话说,信息交换不是民主政治的基础,而是资本主义生产的基本要素。

齐泽克(Žižek)通过"后政治"概念来思考当代拒绝政治这一相同问题。齐泽克解释说,后政治"强调需要摒弃旧的意识形态分歧,通过掌握必要的专业知识,掌握尊重人们的具体需要和要求的自由思考方法,来面对新问题"(1999:198)。因此后政治始于共识和合作这个前提。真正的对象或异议被预除了。此前认为需要辩论和斗争的问题,现在被视为个人问题或技术问题。我们或许会想到,心理学和社会学的专业话语对愤怒与憎恶进行解释,基本上是将它们当作综合征来管理,而非作为问题进行政治化。或者我们可能想到当代风险管理特有的概率、措施和评估。这里的问题是,所有这些对差异的宽容和关注,对听取他人的疾苦的强调,都会阻碍政治化。问题不会被再现(represent)——问题不代表自身以外的任何的东西。人们只依据它们的全部特质,把它们被当作具体问题进行简单处理,进行有效、公正、公开、严谨地解决,而不是当作更大的表意链或政治构建中的要素来处理。事实上,这就是第三条道路的社会拥护全球资本的方式:它们阻止政治化。它们专注于管理,预除了用其他方式处理事务的可能性。

于是，后政治世界的特征便是：强调价值的多重来源，强调信仰的多样性，强调人们需要与已经渗透到自己的价值观中的意外事件进行妥协，并包容与自己不同的信仰。朋友和敌人之间的区分被对我们每个人的重视所取代。同样，政治不再被认为局限于特定的制度领域，而是被看作全部生活的一个特征。换言之，存在着一种面向日常微观政治的调谐。但正是这种容纳，排除了政治所必需的冲突与对立。

最后，哈特与奈格里关于当前全球技术资本主义形态的描述，与阿甘本关于无交际性的交际的阐述不谋而合，也与齐泽克关于以偶然性、多样性和独特性为特征的全球形态的解释相一致。例如，他们一致认为，"交际是资本主义的生产形式，资本已经将社会完全地、整体地纳入了自己的统治，并且阻断了其他所有的可能道路"（Hardt and Negri 2000：347；参阅 Dean 2002b：272－275）。哈特和奈格里强调帝国新秩序没有边界，同时将整个帝国看作一个"开放的战场"。在这个战场上，斗争的不可交流性——而非问题——是一种财富，因为它从组织的压力下释放出对立，并且阻止合作。正如我在其他地方论证过的，这个观点虽然颇有启发，但它不仅在政治与经济之间进行了取舍，而且在做出取舍的同时，放弃了经济的主导地位，寄希望于帝国内部剧烈的、即时的危机。我主张的观点没有这么乐观。我不认为凡事都必然是政治的。相反，我认为，政治化是一个艰难的挑战，它需要将具体观点和行动再现为普遍事物，因而是第一位的。（参阅 Laclau 1996：56－64）具体或独一的反抗行动，观点陈述或违规事例，就其本身而言，不是政治的。更确切地说，需要对它们进行政治化，那就是，在反对共同敌人或对手的过程中或背景下，必须将它们与其他的斗争、抵抗行动和理念结合（articulate）在一起。（参阅 Laclau and Mouffe 1986：188）于是，这个任务的关键就是理解交际资本主义是如何阻碍政治化的，尤其是因为交际资本主义所依靠的是网络通信。为此，我现在要谈谈赋予交际资本主义以生命的幻觉。

对丰富的幻觉：从消息到供稿

对速度、容量和连通性的巨大信任掀起了互联网时代的狂热。例如，信息处理速度和交易量本身就会产生新的"协同效应"，并因此形成财富。在类似信念的支撑下，人们相信，提高通信方式可以促进民主。以前从未有过这么多人能让自己的观点为他人所知。例如，网络的便捷性使数以百万计的人不仅可以获取信息，而且能够发表他们的观点，表示同意或反对，投票和发送消息。于是，足够丰富的信息就被视为具有民主潜力的表现。

事实上，乐观主义者和悲观主义者有着相似的丰富幻觉。关于网络通信对民主实践的影响，那些持乐观态度的人强调的是互联网提供的信息丰富多样，"社交"和"公共领域"包含着千百万人的声音或观点。悲观主义者则担心监管的缺失、数据烟雾和"各种人"都可以参与对话的事实（Dyson 1998；参阅 Dean 2002a：72-73）。尽管乐观主义者和悲观主义者对丰富性的价值评价不一，但他们都认为：网络通信的特点是发送和接受信息的机会呈爆炸式增长。

对丰富的幻觉掩盖了事实、观点、图像和反应在海量信息流中传播的方式：它们失去了自身的具体性，汇入了数据流。因此，任何特定消息都是一次向这个不断流通的内容的供稿（contribution）。我的论点是，交际资本主义的构成特征正是这种从消息到供稿的变形。下面我解释为什么这样。

通信概念最基本的表达方式之一是消息与对消息的回应。在交际资本主义条件下，情况就不同了。信息成了向传播内容供稿——而非需要回应的行动。[1]换句话说，信息的交换价值超越了使用价值。所以，信息不再主要是从发送者到接收者的信息。将信息从行动和应用的语境——如网络媒体、印刷和广播媒体——剥离出来，信息便仅仅是一个不断传播的数据流的一部分。其具体内容无关紧要。谁是信息发出者无关紧要。谁接收信息无关紧要。需要有人回应也是无关紧要的。唯一紧要的是传播，向信息库增加信息。任何具体的供稿都从属于供稿这一实事。任何具体供稿的价值同样是与开放性、包容性或循环数据流的规模成反比——意见或评论越多，一个特定信息能产生的影响就越小（一个供稿就必须越让人震惊，越壮丽，越新奇，才能达到或获得某种影响效果）。总之，交际在症候上起着否定自己的作用。或者，再次用阿甘本的话说，交际性阻碍着交际。

因此，交际资本主义中的交际，并不像哈贝马斯说的那样，是一种以达成理解为目标的行为（Habermas 1984）。在哈贝马斯的交际行为模式里，信息的使用价值取决于它的目标。在发送消息时，发送者的目的是让发送的信息被他人接收和理解。对信息的任何接受或拒绝都依赖于这种理解。因此，理解是沟通交流不可或缺的部分。然而，在交际资本主义里，信息的使用价值小于交换价值，小于它对一个更大的信息库、信息流或传播内容的供稿。供稿无须被理解；它只需要重复、再生、转发。传播是供稿的语境，是它被接受或拒绝的条件。换个稍微不同的说法，供稿的流通方式表明它是否已被接受或拒绝。而且，正如生产者、劳工退出了商品交换的场景，发送者（或作者）在供稿中也是无形的。徽标、品牌媒体的身份、谣言、标语，甚至观点和论据的传播，均体现了这一点。供稿的普及、渗透和持续标志着它得到了接受或获得了成功。

从使用价值角度思考信息，从交换价值角度思考供稿，可以看出，有些信息被接受了，有些讨论延伸到了它们的传播背景之外。要不是使用价值和交换价值的视角，交际资本主义中的这些事实就会显得不正常。当然，很多商品是有用的，人们需要这些商品，这的确也是事实。但是，让它们成为商品的，不是人们对它们——或明白地说，对它们的用途——有需求。相反，是它们的经济功能和在资本主义交换中的作用让它们成为商品。同样，信息可以保有与理解的关联，绝不会否定信息传播的核心地位。诚然，这种关联对于交际资本主义意识形态的再生产是至关重要的。一些消息、问题、辩论是有效的。一些供稿是有影响力的。但是，更重要的是体系，是交际网络。即使我们知道我们的具体供稿（我们的信息、海报、著作、论文、电影、给编辑的信等）在快速移动和变化的内容洪流中，在供稿、在参与中仅仅在传播，我们也表现得好像不知道一样。这表明，意识形态作为信念支撑着行为，并对交际资本主义进行再生产（Žižek 1989）。

对丰富的幻觉表现并掩盖了从信息到供稿的转变。它说明这个转变的方式是强调通信的扩展——通信更快、更好、更便宜、更广泛、更方便；有高速、宽带，等等。然而，尽管对丰富的幻觉强调这些多重扩展和强化措施，但它闭口不谈可能出现的个别供稿的贬值。社交网络分析清楚地表明，博客与其他引文网络一样，都遵循幂律分布（power law distribution）的规律。它们不是均匀分布的：相反，前几个比中间几个远远更受欢迎，中间几个又比垫底的几个受欢迎得多。有人将此称为出现了"A 名单"（A list）或二八法则（80/20 rule）。正如克莱·舍基（Clay Shirky）总结的，"多样性加上自由选择会造成不平等。多样性越强，不平等就越严重"（Shirkey 2003）。[2] 侧重一个人可以对讨论有贡献，可以让观点为他人所知，会误导人把注意力从供稿所属的那个更大的交际系统转移开去。

换个方式讲，网络通信以让人人都能发言、参与，让意见能到达听众而著称。于是，该通信采用的形式是公开的。人们对媒体、网络乃至信息泛滥都有充分的认识。但是，在行动中，他们好像不知道这一点，觉得自己的供稿是重要的，认为有人会读自己的博客。为什么呢？这就是我在下一部分要解释的，我认为这涉及网络通信会引起一种注册效应，此效应支撑起了参与的幻觉。

参与的幻觉：技术崇拜

在线交流中，人们往往倾向于表达强烈的情感、亲密的感觉，以及他们对自己认识中的一些更为私密或更为重要的方面。几年前，在浏览雅虎主页时，我发现一个人在他的主页的显要位置，上传了他的狗、他的父母以及他本人在受性虐捆绑时生殖器完全勃起的照片。他的主页底部是典型的"感谢串门！不要忘记留言告诉我你的想法！"我谈这些奇怪的照片是想指出，许多人在互联网上展示自我都非常随意。人们不仅习惯于把自己的想法放在网上，而且在这么做的时候，认为自己的想法和意见正为人所知——留言并告诉我你的想法！我们可以说，对信息流的供稿有一种主观的注册效应。有人认为这是要紧的、有用的、有意义的。

正是因为注册效应，人们相信他们对于传播内容的供稿是一种交际行为。他们认为他们是活跃的，甚至只需点击一个键，在请愿书上签个名，或对一个博客评论几句，都会产生影响。齐泽克将这种虚假的活动描述为"交互被动性"。当我们交互被动时，一个别的东西——迷恋的客体——就活跃起来了，它会顶替我们的位置。齐泽克解释道："你以为你是积极的，但在迷恋中体现出来的真正状况却是被动的……"（Žižek 1997：21）疯狂的迷恋行为会阻止实际行动，让一些事情无法真正发生。在我看来，这表明网上的活动，疯狂的供稿和内容传播，带有强烈的被动性。这种活动尽管互相关联，彼此沟通，但仍是被动的。让我们回过头来，从供稿的流通角度来思考——供稿不能互相结合为实际辩论，也不能成为需要回应的消息——我们或许可以认为将这种奇怪的交互被动性看作一种特别的内容：此内容与其他内容有关联，但永远也不能完全连接。

于是就出现了一个奇怪的现象：通信传播是去政治化的，不是因为人们不关心或不想参与政治，而是因为我们很在乎，我们很想参与！或者，更确切地说，通信传播去政治化是因为我们参与的形式最终激活了它本该抵制的因素。网上斗争重现了现实生活的斗争，但就在这个重现中，它们取代了现实斗争。而这种取代反过来巩固和保护了"官方"政治空间。这表明现今通信像拜物教般起作用的另一个原因：通信物神是对更基本的政治丧权或去势的否定。换一个角度来观察通信物神的否定作用，我们可以问，如果弗洛伊德所说的物神不仅遮盖了创伤，而且在掩盖创伤的时候，还帮助人从创伤中恢复过来，那么，今天相应的社会政治创伤是什么呢？在我看来，在美国，一个可能的答案是：产生政治影响、提高政治效能的机会的丧失。面对各州被迫接受全球市场需求和条件，工会成员的急剧减少，企业薪资与福利提升到极高的水平，以及政党内从个人集中型到资金密集型组织策略的转变，对大多数美国人开放的政治机会要么是投票（越来越多的人不选择这种方式），要么是出钱。于是，很多人想更加活跃，觉得网上活动是一种发声方法，一种供稿方式，这些都不足为奇了。

事实上，交互式通信技术公司日益流行，在一定程度上是因为认为它们是用来增强政治权力的工具。有人可能会联想到泰德·尼尔森（Ted Nelson）、斯图尔特·布兰德（Steward Brand）、人民计算机公司（People's Computer Company）与其关于计算技术的解放者形象。在20世纪70年代初旧金山湾区反战行动主义的背景下，他们将计算机推举为提升民主参与的手段。或许也会有人想到苹果电脑投放的图像。苹果公司自许将改变世界，将带给人民技术以拯救民主。1984年，苹果公司投放了一则麦金塔电脑（Macintosh）广告，广告将该型号电脑的图片放在卡尔·马克思图像的旁边。广告词是："资本家该开始革命了。"最后，人们还可能回想起公民通道的保证、数以百万人计的城镇集会的诱惑、民主和教育的承诺，这些驱动了阿尔·戈尔（Al Gore）和纽特·金里奇（Newt Gingrich）在20世纪90年代的政治修辞，同时，国会则通过了《信息基础设施与技术法案》《国家信息基础设施法案》《1996年电信法案》（前二者均于1993年通过）。这些法案让民主和资本主义的合流昭然若揭，并赋予这种修辞的合流以物质形式。正如1996年法案所称，"市场将推动互联网和信息高速公路"（Dyer-Witheford 1999：34-35）。在所有这些情况中，推动网络的正是对政治效率的承诺，以及对通过公民通道与新的通信技术提升民主的承诺。但是对参与的承诺不只是宣传。相反，它是一种更深层的、基础性的幻觉，其中技术作为物神掩盖了我们的无能，让我们觉得自己是积极的。这种幻觉的运作方式在关于新的设备、系统、代码或平台的政治影响的讨论中已经非常明确了。一种特别的技术创新变成了屏幕，上面投放有各种各样的政治行动的幻觉。

我们在这里可能会想起对等网络（peer-to-peer）文件共享，尤其它早期像催眠、符咒似地诉诸Napster音乐网站。尽管事实上Napster是商业性的，却被誉为一个华丽的蜕变；它令私有制转型，让资本主义垮台。Napster不仅仅是侵权行为，还是对私有制的大肆攻击。例如，尼克·戴尔·威则夫特（Nick Dyer-Witheford）认为，Napster，以及其他的对等网络，展示了"大规模侵犯版权导致市场瓦解的现实可能性"。他评论道：

> 虽然像Napster这样的一些对等网络是作为商业程序被创建的，但其他软件，如Free Net，作为政治项目，在设计

时就有着明确的目的，那就是要摧毁国家审查和商业著作权。……北美青年文化采用这些知名系统作为核心成分，显示了数字共享区（digital commons）的草根扩张，并至少对数字共享区目前的封闭化计划提出了严厉的质疑。（Dyer-Withefor 2004：142）

这种颂扬的言辞忽略了一个事实：资本主义从来没有依赖于某个行业。行业有兴衰起伏。像索尼和贝塔斯曼这样的公司的某个部门可能不景气，但其他部门仍然获得巨大利润。约书亚·盖姆森（Joshua Gamson）关于互联网膜拜的后果的观点在这里很恰当：对特定技术实践的政治影响广泛而错位的热情导致出现一种趋势，"把制度与所有制用括号搁置起来，研究并阐述括号外的新媒体的用途与用户，让'新奇'掩盖历史的连续性"（Gamson 2003：259）。担心钟爱的平装书被奇怪的电子书替代，并没有被看作唱衰出版业或攻击私有制政权。为什么分享音乐文件会有所区别呢？

不会有区别——这是我的观点；Napster 音乐网站是一个技术物神，在它身上投射了各种各样的政治行动幻觉。这里的幻觉当然是音乐迷所深信的：音乐可以改变世界。在一片叫嚷"还不够激进！""噢！太照顾消费者了！"的娱乐文化中，美国大学生以联网的个人电脑作为选择武器，这些有线革命者可能认为他们正在改变世界，同时始终为这个世界什么也没有真正改变（或者，他们顶多可以让唱片公司降低光盘价格）而感到舒适。

技术物神掩盖并维持了主体的一种缺失。也就是说，它通过充当主体的替身，保护了主体很积极、敢于斗争的幻觉。技术物神对我们来说"是政治的"，它使我们无须在余生背负没有履行职责的负罪感，让我们笃信自己毕竟是有见识、有行动的公民。技术物神的悖论是，技术代我们行事，实际上使我们在政治上处于消极。我们不必承担政治责任，因为技术再一次替我们承担了。

技术物神还掩盖了社会秩序里的一种根本缺乏或缺失。它保护统一性、整体性或秩序的幻觉，提前为这些东西的不可能性进行了补偿。换而言之，技术与投资被赋予了希望和梦想，以及对更好的东西的渴望。当一个人通过倡导一种具体的技术性修复，来否认永远在分裂着（却在制造着）社会的这种缺失或者根本对抗的时候，技术物神就在发生作用了。这种"修复"让我们认为，我们只需普及一种特定技术，然后就会拥有一个民主的或和谐的社会秩序了。

盖姆森对同性恋网站的阐述为这种拜物教功能提供了精彩的例证。盖姆森认为，在美国，互联网已经成为转变同性恋媒体功能的一个主要推动力。以前的同性恋媒体"至少一定程度上是满足区域和政治社区的组织"，现在是"主要回应广告商与投资商的企业"（2003：260）。他重点考察了同性恋门户网站及网站作出的为同性恋团体提供安全和友好的空间的承诺。然而，他注意到这些安全的同性恋空间现在的作用是"将市场份额移交给企业"。正如他解释的，"社区需求与消费欲望合二为一，团体等同于市场"（Ibid.：270—271）。作为物神，门户网站是一个屏幕，上面可以投映关于连接的幻觉。这些幻觉让人不大能注意到网站的商业背景。

更清晰地指明技术物神的作用过程，可以让我们更好地理解新的通信技术强化交际资本主义的方式。我重点说明三个作用过程：压缩、转移和预除。

技术物神通过压缩发生作用。政治的种种复杂问题——组织、斗争、延续、决断、划分、表现，等等——都被压缩成一件事，一个需要解决的问题和一个技术解决方案。因此，民主的问题在于人们获取信息不灵通；他们缺乏有效参与政治所需的信息。好！信息技术为人们提供信息。然而，这种策略遮蔽了组织化（organizing）和政治意志问题。例如，在美国——如玛丽·格雷厄姆（Mary Graham）在关于公开化学物质的排放、食品标签和医疗错误政策的政治研究中指明的——每当立法行动不大可能的时候，透明性就开始以监管机制的形式发挥作用了。政客认可人们有知情权，他们会主张贴警示标签、提供更多的数据，同时规避艰难的或不受欢迎的决定。企业会遵守并掌握使用政客的报告的方法，以提高自身的市场地位。"公司常常会赞成国家公开资料的要求"，格雷厄姆写道。"他们这么做"，她继续说，

> 乃是因为他们认为，公开信息可以减少遭到更强硬的监管的可能性，消除多种州政府规定的威胁，或增加竞争优势。……同样，大型食品加工企业和大部分行业协会赞成用国家营养标签代替多种州政府规定和新法规，或代替出于健康原因作出的严惩。一些企业或协会也期望从贴标中获得竞争力，因为消费者掌握了准确信息后，就更会购买真正有益健康的产品。（Graham 2002：140）

当网络理论家与活动家强调独特的网站、博客和事件时，压缩的其他例子凸显出来。博客 Media Whores Onlin 算得上知名的对主流和保守的报纸杂志进行评判的站点，但该博客实在太小，以致未能像 daypop 或 Technorati 那样出现在博客排名网站中。

技术物神的第二个作用模式是转移。我在阐述 Napster 的时候，以及阐述技术物神对我们来说为何是政治的时候，已经提到了这个概念。但是，我想扩充转移的这个概念，以解释一些理论写作中将政治力量转移到其他地方的趋势。政治被转移到普通饮食男女的活动之上——言下之意，好像作家、读者、学者和活动家，对了，甚而还有政治家，是不怎么普通的。日常男女在日常生活中的所作所为，被认为充满了政治活动：冲突、谈判、解

释、抵抗、勾结、阴谋、侵犯和洗涮。因此，网络——还有手机、寻呼机以及其他通信设备（但不包括普通的旧电话，很奇怪）——充满了政治。创立一个网站、破坏一个网站、推广其他网站、屏蔽一个网站、链接到一个网站，这些都被诠释为真正的政治行动。在我看来，这种侧重让政治力量偏离了组织化和斗争的艰苦工作。这种侧重也是怪异的、片面的；因为贪图方便，它忘记了这些活动有更大的媒体背景，仿佛改革论者的印刷出版与组织从未有过，或好多年前就已经消失了；它还忘记了网络通信的政治背景——共和党以及各种其他保守组织和游说者对互联网的使用，即便不多于改革派，也是旗鼓相当的。

谈到社交软件群体网络日志"多对多"（Many-2-Many）的时候，克莱·舍基提出了一个类似观点来解释为何霍华德·迪恩（Howard Dean）在互联网上似乎大获全胜，而在爱荷华州预选会议上却表现不佳。舍基写道：

> 根据以往利用社交软件组织团体进行政治改革的尝试，我们清楚地认识到，那很难，非常难，因为参与网上社区常常给人一种满足感，这种满足感实际上抑制了与真实世界互动的意愿。当你与志同道合的人交流时，你觉得你好像完成了一件大事，你把你完美的未来世界的最小细节都说清楚了，而那个不完美的现实世界一仍其旧，丝毫没有注意到你的观点。
>
> 对于这种情况，原因有很多，但主要的原因似乎是线上生活的乐趣正在于它们提供了一个暂时远离变幻莫测的现实世界的机会。无论是网络环境让互动变得平面化，还是网上的一切安排是为了方便用户，都加宽了谈论改变世界与真正改变世界之间的鸿沟。[3]（Shirkey 2004）

这并不意味着基于网络的活动是微不足道的，或者社交软件是没用的。网络为连接与交流提供了重要的媒介，迪恩的竞选在利用社交软件掀起一个围绕自己竞选的重要支持活动方面是创造性的。但是，我们不能因为媒介的乐趣便忽略政治变革需要的东西，远不仅仅是网络通信，忽略媒介的确会生成一种阻止现实行动的障碍。正如迪恩竞选也证明的，缺乏有组织的现实行动，缺乏与譬如爱荷华州预选会议参会者的相互回应，互联网政治只有这个结果——以新媒体为来源、以新媒体为手段的政治，仅此而已。

技术物神的最后一个作用方式是预除，它源自前面所讲的两种作用方式。我说过，技术物神的政治购买物事先就交付了：它是即时的、假定的、默认的。文件共享是政治的。网站是政治的。博客是政治的。但是，这种即时性依赖于别的东西：预先排除。被排除的是政治化本身的可能性。看看希尔特·罗文克（Geert Lovink）和弗洛里安·施耐德（Florian Schneider）声嘶力竭的赞叹：

> 我们这个时代的革命的到来应该不会让人惊奇。早就有人宣布了。开源思想较于古老的财产条款的优势已经预示了革命的到来。它的根子是传统的客户端—服务器架构的不断消退和 P2P 技术的大幅提升。它在日常生活中已经实行：开放标准、免费软件和文件共享工具的巨大成功略略展示了一下将把知识产品转化为可写世界模式的代码的胜利。今天，革命意味着将世界维基百科化（wikification）：它意味着创造许多不同的世界变体，人人都可以读、写、编辑和处理。(Lovink and Schneider 2003；参阅 King 2004)

要想"革命意味着将世界维基百科化"，就得采用不合理的捷径。更具体地说，它依赖于一种本体论，使世界的政治性质由特定技术实践来产生。斗争、冲突和背景消失了，迅速而不可思议。或者说，为了创造一个乌托邦式的推崇开放资源的空间，它们被预除了，被提前取消了。

以本体论观点看待政治，需要消解政治化所必需的象征性空间，即一种事物与它的再现能力（也就是它代表自己之外的事物的能力）之间的空间。技术物神的力量源于这种对政治的预除。简单地讲，宣称一些事物——譬如，网络电台或开放源代码——具有直接的政治特性的条件之一，不是单单否定其他政治斗争；相反，它依赖于先行排除反对条件，即反对网络电台与开放资源的出现、反对它们嵌入残酷的全球资本、反对它们为了自身的存在而依赖于种族化暴力和划分的条件。技术能够而且应该被政治化。在服务于与一些超越它们自身的事物的斗争中，它们应该去代表一些超越它们自身的事物。只有这样才能避免物神崇拜。

整体性幻觉：全球零机构

到目前为止，我已经从伴随着将信息转变为供稿的丰富幻觉和伴随着技术拜物主义的参与幻觉两个角度，讨论了交际资本主义的政治预除。这些幻觉给人的感觉是我们的网上行动在政治方面是很重要的，它们是有作用的。我现在转向进一步促进网络通信的整体性幻觉。这个幻觉将我们对传播内容的供稿置于最为重要的可能性空间（即全球）中，让我们进一步相信，我们的供稿是重要的。当然，我并不认为世界充当了交际资本主义的空间，一个类似于国家为工业资本主义提供的空间。相反，我的观点是交际资本主义的空间是互联网，网络空间导致了统一性、整体性幻觉的出现，这些幻觉反过来又把网络交易作为真正的全球资本主义予以强化。

为解释缘由,我借鉴一下齐泽克对克劳德·列维·斯特劳斯（Claude Lev-Strauss）提出的零机构概念的阐释（Žižek 2001：221-223）。一个零机构是一个空洞的能指。它没有确定的意义,而是表明意义的存在。它是一个没有积极功能的机构——它的全部作为就是表示一个体制具有的体制性（例如,与无序相对）。在首倡者列维·斯特劳斯那里,零机构概念有助于解释为什么一些人对他们的集体性的描述全然不同,但依然认为他们是同一个部落的成员。在列维·斯特劳斯的观点的基础上,齐泽克加入了他对国家和性别差异如何作为零机构而起作用的洞察。国家表示的是社会面临激进对抗、阶级间不可调和的分歧与斗争时所具有的统一性；与此相反,性别差异表示的是性别上的不同,是等级为零的绝对差异,这种差异总是会由语境赋予的差别来填充或决定。

鉴于国家的体制象征性趋于下降,互联网已经呈现为交际资本主义的零机构。它使网民大众觉得,即使他们绝对互不认可,不能互相联结,居住的网络空间分散而孤立,他们依然是同一个星球的一部分。互联网不是一个完全开放的空间,其节点以及节点之间的链接并非随机分布,一个网站和另一个网站获得点击的可能性完全可能不一样。那种无差别地提供无穷机会的开放、流畅、虚拟的世界是一个幻觉。事实上,阿尔伯特-拉兹洛·巴拉巴希（Albert-Laszlo Barabasi）对无标度网络的指向性的研究表明,万维网可以分为四个主要"大陆",每个"大陆"拥有自己的导航需求（Barabasi 2003：161-178）。循着一个大陆的链接或许永远不会将一个用户链接到另一个大陆；同样,循着某个方向的链接并不意味着用户可以回溯链接返还到起点。因此,尽管其架构（像一切有方向性的网络一样）蕴含着分成独立空间,互联网仍然呈现为统一而圆满的全球世界。在这里,全球是现象的，也是现实的。互联网不只是交际资本主义用来加强自身控制力、产生它的世界的方式，也作为极其强大的零机构发挥作用，因为它是在全球统一幻觉下产生的。

互联网为行动和归属感提供了一个虚构的场所。这个想象出来的整体以自由、无边界著称，它充当了一种全球存在。一方面，互联网虚构、展现、制定了全球资本的全球性。但另一方面，这种全球性与"世界"毫不相同——仿佛这样一种整体是可能的，仿佛人能够指定一个不受外部观察视角干扰的客观现实，或一个经得起对抗性破坏的完全一致的基本整体（Žižek 2002：181）。

20世纪90年代关于互联网特征的你来我往的争论可以澄清这一点。在辩论中，网民看上去要么是积极介入的公民——这些人渴望进入电子市政厅并定期与市镇代表交流意见；要么是网上冲浪的生活废物——他们在又暗又脏的房间下载色情内容，投注无名的网络股票，或收集美国政府在51区的外星人研究工作的证据（Dean 1997）。在其他版本关于这一人群的描述中，用户要么是天真无邪的孩子，要么是玩恐怖战争游戏的青少年。良好的互动在亚马逊网。不好的互动是隐蔽的，涉及毒品、儿童色情、迷幻药和钚。这些熟悉的观点差异提醒我们，网络一直是特殊的，有关互联网调控的努力总是以能够并应该采纳什么样的特殊性为中心。互联网的影响力、吸引力与可访问性并不是无限的，相反，互联网是在围绕具体实践、具体主体性而展开的冲突中——并通过这种冲突——发展起来的。不是怎样都行。

我们甚至可以说，那些想要清理互联网，想要摆脱或隔离色情和赌博，想要以更加有利于著名企业而不是小的地方企业的方式来集中、合理安排和组织商业交易的人，对电子通信和金融网络营造、体现出来的社会与更依赖社会的、人际交往和法外网络的社会之间实实在在的严格区别的表达，是作为互联网上的区别表达出来的。正如厄内斯特·拉克劳（Ernesto Laclau）所言，社会和非社会的界限，或社会与社会的他者（外部的、预示性的他者）的界限，只能表现为社会内部的差异（Laclau 1996：38）。如果今天的资本贯穿全球，那么我们和他们之间的差异如何来表现？互联网辩论中的观点冲突表明，差异存在于这样的两方之间：一方是好色的、散漫的、暴力的、不讲理的、懒惰的、放纵的和极端的人，另一方是文明的、主流的、勤奋的、平和的、正常的人。用心理分析的话说，网上的他者是真正的他者——不是我想象出来的像我的他者，也不是应受到抽象规范和权利的承认与尊重的象征性他者。他者是真实的这一事实说明一个道理：清理互联网不只是与形象的斗争，涉及的内容不限于赌博和色情。互联网的形象是作为全球统一性幻觉而发挥作用的。任何破坏这种统一性的东西都不可能是整体的一部分。

全球性幻觉的特殊性对互联网的影响是惊人的。例如，理查德·罗杰斯（Richard Rogers）关于万维网上的链接的研究表明，网络是有地方性和偏狭性的。在他关于荷兰食品安全争论的阐述中，他指出"在小小的荷兰'食品运动'之外，'网络对话'或链接没什么障碍"（Rogers 2002）。个性化新闻及美国在线（AOL）提供的受保护的世界的评论家触及了同样的问题：网上世界被缩小为一个非常具体的全球图像（Patelis 2000）。即使不存在语言问题，incunabula. org 或 ollapodrida. org 博客的边缘文化粉丝怎么会接触到为现代穆斯林提供古兰经教义的网站？而且，他们为什么要自找麻烦？何必呢？事实上，正如许多评论家一段时间以来担心的，定制自己阅读的新闻和公告的机会——更不用说关于感兴趣的主题的多得无法消化的信息量——会加剧将用户隔绝、孤立在自己已经赞同的观点的气泡内。

这些全球性幻觉的特殊性是重要的，因为它就是网络通信产生的世界。我们的网络互动产生了我们的具体世界，来作为全球资本的全球性。这些互动创造了交际资本主义的预期和效果,这些预期和效果必然是随着一个人背景的改变而改变的。此外,正是因为具体交往和交流想让全球性是什么样子,全球性就是什么样子,所以,这些交流的经验或理解之外的任何东西要么是不存在的,要么是必须予以摧毁的非人的、来自其他世界的外来威胁。故而,如果一切都在互联网上,任何我未能遇到的事情——或者我想不出会遇到的事情——不是简单地被排除了(一切都已经存在),那么,它便是被预除了。承认或接近被预除的东西会破坏通过预除才产生的秩序。因此,虚构的全球统一性,即通过具体语境的特殊性填充而成的幻觉,是一个没有政治的统一性,一个已经达成协议的统一性。传播内容无法在这种世界产生变化,因为这个世界已经是完备的了。唯一的他者是使我们的世界破裂的现实,即那个我无法想象与之共享这个世界的邪恶他者。整体性幻觉让我的网络交际如此重要,如此要紧,却造成世界一方面对政治关闭了大门,另一方面又受着邪恶的威胁。

结　论

　　拉康有个众所周知的说法:一封信总会到达它的目的地。对网络通信,这句话意味着什么呢?这意味着,在交际资本主义中,一封信,一条消息,并未真正发出去。没有回应,是因为没有到达。有的仅仅是对传播内容的供稿。

　　许多读者可能会不同意。有人会说,我对作为传播内容的政治与作为管理的政治的区分是没有意义的。非营利组织的网站、商业网站、政府网站在人事、政策和立场方面明显都是相互连接、相互交织的。然而,正因为它们是相互连接的,辨认批判性的反对者对这些网站的影响变得难上加难。

　　其他读者可能会提到 MoveOn(www.moveon.org)的成功。

从早期推动国会指责克林顿，然后继续"move on"（前进），成为一股反对伊拉克战争的力量，再到最近努力阻止布什总统连任，MoveOn 网站已经成为美国主流政治的一个重要力量，自称在全球拥有两百多万会员。除了传播请愿书、给国会发电子邮件和传真外，MoveOn 最好的活动之一是虚拟静坐：超过 20 万人在同一天的规定时间进入华盛顿，导致首都电话线停工数小时。2004 年初，MoveOn 赞助了一个广告大赛：获胜的广告将在超级碗（Super Bowl）橄榄球赛期间投放到一个主要电视网络上。该广告很精彩——但哥伦比亚广播公司拒绝播放。

在我看来，MoveOn 远不是反对我的观点的证据，反倒体现了技术拜物教，而且印证了我对政治预除的阐述。MoveOn 的活动总监伊莱·帕里泽（Eli Pariser）说，该组织是"选入性加入的，是分散的，你在家里就可以做"（Boyd 2003：14）。没有谁必须投入无聊的会议或受其烦扰。安德鲁·博伊德（Andrew Boyd）在对该群体的积极评价中写道："MoveOn 的力量在于……它为那些工作繁忙的人提供了一个家，这些人不希望成为一个定期开会、以章程为基础的组织的一分子……通过将灵活的创业风格与倾听成员心声——通过在线帖子和民意投票——的强烈道德感结合起来，MoveOn 已建成一个反应灵敏的、民粹的、相对民主的虚拟社区"（Ibid.：16）。忙碌的人们可以认为自己是积极的——技术将代他们行动，减轻他们的罪责，同时向他们保证什么都不会改变太多。这个反应灵敏、相对民主的虚拟社区对他们不会有太多的（实际上没有任何）要求，完全明白它的民主是交际资本主义的民主——意见将流通，观点将被表达，信息将被访问。通过发送电子邮件，签署请愿书，回应博客上的一篇文章，人们觉得自己在参与政治。这种感觉滋养了交际资本主义，因为它忘记了费时的、不断增多的、危险的政治努力。MoveOn 喜欢强调它无关意识形态，讲究一视同仁。当我发现这明显是言不由衷的——MoveOn 的政治是激进的、反战的、左翼民主的——我忽然明白这种无立场正是我描述过的对政治的否定：这是拒绝选择立场，拒绝勇敢地进入危险的政治化领域。

或许，当人们考察另一种政治的时候，也就是当人们专注于互联网在群众动员中的作用，在连接来自世界各地的参与者以及在提供独立的媒体资源中的作用的时候，可以找到更好的理由来反驳我。最突出的例子是，2003 年 2 月 15 日，世界各地 1000 万人被动员起来，抗议布什政府对伊拉克发动战争。还有一个例子是，MoveOn 发起的 2003 年 3 月 16 日烛光守夜活动，该活动涉及 130 个国家，100 多万人。互联网的这种用途对政治活动家十分重要——考虑到企业控制的媒体的影响越来越广泛，情况更是如此。通过它们，活动家互相建立起社会联系——即使没有达到他们的圈子之外的人。但是，这并未回答这些具有强烈社会含义的例子是否会展开更大规模的组织工作，并促使实现更持久的政治团结。因此，我依然认为，最积极地宣称新技术对政治有莫大影响的论点恰好走向了反面，即走向了后政治方向。即使全球网络通信为斗争提供了工具和平台，但全球通信让政治比以往更加困难、更加必要。在这个意义上讲，致力于改变现存条件的政治可能需要脱离、超越使我们依恋交际资本主义的各种幻觉。

注　释

[1] 如果对供稿进行彻底的历史分析，可以发现信息与反应是如何一步一步脱离关系的。这样的分析能解释对无特定观众预期的电视节目得到的回应作为注意力进行分类，并根据等级进行测评的方法。换句话说，尼尔森测评体系替我们所有人作出了回应。然而，如同文化研究、媒体和交际领域的工作反复强调的那样，测评并非回应，基本上不能从中看出观众的真实反应。我们可以说，这些真正的反应与广播信息脱钩了，融入了交

际的其他环节。

［2］感谢达拉则恩·潘提科（Drazen Pantic）提供的这个网站的链接。

［3］特别感谢奥科·陶斯拉格（Auke Towslager）提供了这个网址及其他博客的网址。

参考文献

Agamben, Giorgio. (2000) *Means without End: Notes on Politics*, trans. by Vincenzo Binetti and Cesare Casarino, Minneapolis, MN: University of Minnesota Press.

Barabasi, Albert-László. (2003) *Linked: How Everything Is Connected to Everything Else and What It Means*, New York: Plume.

Boyd, Andrew. (2003) "The Web Rewires the Movement", *The Nation* (August 4/11): 14.

Dean, Jodi. (1997) "Virtually Citizens", *Constellations* 4 (2) (October): 264 –282.

——. (2002) *Publicity's Secret: How Technoculture Capitalizes on Democracy*, Ithaca, NY: Cornell University Press.

——. (2004) "The Networked Empire: Communicative Capitalism and the Hope for Politics", in Paul A. Passavant and Jodi Dean (eds.), *Empire's New Clothes: Reading Hardt and Negri*, New York: Routledge, pp. 265 –288.

Dyer-Witheford, Nick. (1999) *Cyber-Marx: Cycles and Circuits of Struggle in High Technology Capitalism*, Urbana, IL: University of Illinois Press.

——. (2004) "E-Capital and the Many-Headed Hydra", in Greg Elmer (ed.), *Critical Perspectives on the Internet*, Lanham, MD: Rowman & Littlefeld.

Dyson, Esther. (1998) "The End of the Offcial Story", *Brill's Content* (July/August): 50 –51.

Gamson, Joshua. (2003) "Gay Media, Inc.: Media Structures, the New Gay Conglomerates, and Collective Sexual Identities", in Martha McCaughey and Michael D. Ayers (eds.), *Cyberactivism: Online Activism in Theory and Practice, New York: Routledge.

Graham, Mary. (2002) *Democracy by Disclosure: The Rise of Technopopulism*, Washington, DC: The Brookings Institution.

Habermas, Jürgen. (1984) *The Theory of Communicative Action*, Volume I: *Reason and the Rationalization of Society*, trans. by Thomas McCarthy, Boston, MA: Beacon Press.

Hardt, Mihael and Negri, Antonio. (2000) *Empire*, Cambridge, MA: Harvard University Press.

King, Jamie. (2004) "The Packet Gang", *Mute* 27 (Winter/Spring), available at www.metamute.com.

Laclau, Ernesto. (1996) *Emancipations*, London: Verso.

Laclau, Ernesto and Mouffe, Chantel. (1986) *Hegemony and Socialist Strategy*, London: Verso.

Lovink, Geert and Schneider, Florian. (2003) "Reverse Engineering Freedom", available at http://www.makeworlds.org/?q=node/view/20.

Matic, Veran and Pantic, Drazen. (1999) "War of Words", *The Nation* (November 29), available at http://www.thenation.com/doc.mhtml?i=19991129&s=matic.

Patelis, Korianna. (2000) "E-Mediation by America Online", in Richard Rogers (ed.), *Preferred Placement: Knowledge Politics on the Web*, Maastricht: Jan van Eyck Academie, pp. 49–64.

Rogers, Richard. (2002) "The Issue has Left the Building", paper presented at the *Annual Meeting of the International Association of Internet Researchers*, Maastricht, the Netherlands, October 13–16.

Sassen, Saskia. (1996) *Losing Control?* New York: Columbia University Press.

Shirkey, Clay. (2003) "Power Laws, Weblogs, and Inequality", available at http://shirky.com/writings/powerlaw_weblog.html. First published February 8, 2003 on the "Networks, Economics, and Culture" mailing list.

——. (2004) "Is Social Software Bad for the Dean Campaign?" Many – 2 –

Many, posted on January 26, available at http://www.corante.com/many/archives/2004/01/26/is_social_software_bad_for_the_dean_campaign.php.

Žižek, Slavoj. (1989) *The Sublime Object of Ideology*, London: Verso.

——. (1997) *The Plague of Fantasies*, London: Verso.

——. (1999) *The Ticklish Subject*, London: Verso.

——. (2001) *Enjoy Your Symptom* (second edition), New York: Routledge.

——. (2002) "Afterward: Lenin's Choice", in *Revolution at the Gates: Selected Writings of Lenin from 1917*, London: Verso.

第三十二章

政治十论[*]

雅克·朗西埃

论点一[1]：

政治并不是行使权力。政治应当根据其自身来定义。政治应该被定义为某类具体的主体根据一种特别的理性而付诸实践的行动模式。有了政治关系，才能思考政治主体（及主体性）[le sujet politique] 的可能性[2]，而不是相反。

如果把政治等同于行使权力，或等同于为获得权力而斗争，那就完全抹杀了政治。但如果把政治仅仅视为一种关于权力的理论，或视为对权力合法性基础进行的研究，我们也缩小了政治作为一种思维方式的范围。如果说政治有什么特别之处，让政治不仅仅是在更大范围对群体进行分类，也不仅仅是围绕合法化展开的权力模式，那是因为政治涉及此处所说的独特的主体，而且政治是通过一种特别的关系模式——这种关系模式正是政治本身——把主体牵涉进来的。这就是亚里士多德在《政治学》第一卷中区分政治统治（平等人的统治）与其他形式的统治时表

---

[*] 选自 *Theory and Event* 5（3）（2001）：1–16。

达的意思，也是他在《政治学》第三卷中定义公民时表达的意思，"公民是既参与统治又参与被统治的人"。有关政治的一切都包含在这个特别的"参与－分离"（part-taking）（avoir-part）的关系之中[3]；此关系的含义及其可能性的条件，我们应细细追问。

追问什么才是"真正的"政治，必须小心地和当下流行的"政治回归"论相区别。过去几年，在全民共识的背景下，我们到处听到这种欢呼，说什么人们已经从社会场域的迷误中醒悟过来，政治已经回归其"纯粹"面目。无论从阿伦特的理论还是从斯特劳斯的理论看，这些说法一般围绕我们前面提到的亚里士多德的著作而展开。这些解读基本上都是将"真正的"政治秩序等同于 eu zen 的秩序（即，领悟了善的秩序），以区别于 zen 的秩序（即，仅仅为了生存的秩序）。在这个基础上，民生与政治之间的界线就成为社会与政治之间的界线；与从共同的善的角度定义城邦这一观念相反的，是把当代民主视为对大众及其必备生存基础的管理这一可悲的现实。在实践中，这种对纯粹政治的赞颂将"政治的善"的优点归于由"专家"引导的政府寡头；也就是说，他们心目中的纯粹的政治，那种不受民生和社会之必备生存基础所束缚的政治，不折不扣地来自将政治简约为国家[l'étatique]。

我们需要警惕，在当下这种荒诞的"政治回归"论（包括政治哲学的回归）后面，隐藏着政治哲学特有的恶性循环。只要将政治关系和政治主体联系起来，就会出现这个恶性循环。这个恶性循环假定，存在这样一种生活方式，一种可以名之为"真正的"政治的生活方式。于是，政治关系就可以从这个具体的生存秩序的特征中演绎出来，并通过一个拥有善的或具体的普遍性的个体存在的角度（而不是通过私人的或民生的必备生活基础或利益世界的角度）进行阐述。简言之，政治被解释为一种生活的完成：此生活对那些注定如此生活的人来说是适当的。这种分离——它本是政治的对象——被假定为政治的基础。

因此，如果把政治视为一种具体的生活方式，那么，一开始就把"真正的"政治给弄丢了。定义政治，不能以任何先在的主体（subject）为基础。政治所具有的让思考其主体成为可能的"特异之处"，必须在其关联中寻找。如果返回亚里士多德的定义，我们会发现，当通过参与一种行动（archein，统治），并参与此行动相应的承受（archesthai，被统治）来给主体下定义的时候，主体就被赋予了一个名称。如果政治有什么"根本性规定"，那它就完全在于这种关系之中：这种关系不是主体之间的关系，而是用来给主体下定义的两个矛盾话语之间的关系。一旦割裂了主体和联系之间的纽带，政治就消失了。所有虚构作品，无论冥想的还是经验的，只要是在主体特征和促使主体聚在一起的条件中寻找政治关系的源头，都会导致这种情况。传统的"人们为何会组成政治共同体"的问题，其本身已经是一种回应。这种回应让它承诺解释或实现的对象消失了——这个对象就是政治的参与—分离形式，此形式在社会性的元素或原子（atoms）的相互作用中消失了。

论点二：

政治的根本在于存在着由参与两种相反活动来定义的主体。政治是一种矛盾的行动。

政治是平等人的统治，公民是参与治理也参与被治理（即接受治理）的人，这个表述包含的悖论必须得到严格的、彻底的思考。为了理解亚里士多德的这个表述的深刻之处，我们应该放弃对议会制度观念（doxa）的陈腐阐述，这种阐述看到的只是权力与责任的交互。亚里士多德的表述展现了一个既是行动的主体同时又是行动的客体的人。[4]它与通常意思上的关于行动的"因果"模式相反。"因果"模式认为，一个具有某种能力的主体对客体施加了作用，此客体相反地具有接受此作用的能力。

解决这个问题，也不能返回到古典思想中这两种行为的对立上：一种是生产（poiesis），其特征是赋予物质以形式的创造；另一种是实践（praxis），它从这种联系中排除了致力于政治的人的"交互存在"（inter-being）（l'inter-etre）。[5]我们知道，这两种行为的对立——取代了领悟了善的政治秩序和仅仅为了生存的政治秩序的对立——为政治纯洁性观念奠定了基础。例如，在汉娜·阿伦特的著作中，实践的政治秩序是具有统治权（archein）的人建立的秩序。统治权被视为重新开始的能力，阿伦特在《人的条件》中解释道："在最普遍的意义上，行动意谓创新、开始［如古希腊词语archein（'开始'，'引导'，到最后，'统治'）体现的那样］"；顺着这个思路，她最后将统治权与"'自由原则'联系了起来"。[6]一旦阿伦特将统治权和自由原则定义为正确的行动方式和范围，一条让人眩晕的捷径就建立起来了，让人可以在"开始""统治""自由"以及城邦生活等等之间画上等号。（如阿伦特书中所说，"获得自由和生活在城邦中是一回事"。）

荷马诗歌的英雄共同体中有一个公民平等运动，这些英雄具有同等的参与统治活动的权力。在这个运动中，我们可以找到与上文所说的一系列等式的对等物。然而，第一个目睹并反对荷马这种田园情怀的，正是荷马本人。为了驳斥饶舌的特西特斯（Thersites）——尽管此人没有发言的资格，但他有卓越的公开演讲的才能——奥德修斯强调说：希腊军队有而且只有一个统帅：阿伽门农。奥德修斯让我们想起统治的意思：走在前面。如果有人走在前面，其他人必须走在后面。统治能力、自由和城邦之间的连线不是连贯的，而是断裂的。为了证明这一点，只消看看亚里士多德总结出来的城邦里三个可能的阶级的特征。每一个阶级都有一个特定的属性：贵族（*aristoi*）的属性是"美德"，寡头（*oligoi*）的属性是"财富"，人民（*demos*）的属性是"自由"。在这个分类中，"自由"是平民身上的悖论；奥德修斯告诉我们，平民唯一要做的事情就是：保持沉默、俯首听命。

简而言之，实践与生产的对立模式决不能解决政治（*politès*）的定义中的悖论。就统治而言，如同其他一切一样，传统逻辑认为，存在着一种特殊倾向，让行动施加到"具有承受此倾向"的人身上。因此，统治的逻辑预先假设了一个确切无疑的优先性，它要施加到同样确切无疑的滞后性上。为了让政治主体（性）出现，进而为了让政治出现，必须阻断这个逻辑。

论点三：

政治是统治逻辑中的具体断裂。它不单单预设了行使权力的人与承受权力的人在地位的"正常"分布上存在断裂，还要求人们对"适合"这种分类的资格的认识存在断裂。

在《法律篇》第三卷中，柏拉图专门对统治的资格（*axiomata*）以及与之相关的被统治者的特征进行了系统阐述。在他主张的七种统治资格中，有四种都是传统的，以自然区别即出生差异为基础的。那些具有统治资格的人都是"出生早的"或"出生高贵的"。这保证了父母对后代、年长者对年幼者、主人对奴隶、贵族对平民拥有统治权。第五种资格是作为主要的原则引入的，这种资格总括了所有天然差异，那便是出身高贵者拥有的权力，强者对于弱者拥有的权力——不幸的是，根据《高尔吉亚篇》中的详细讨论，这种权力是不确定的。于是，接下来的第六种资格提出的差别只对柏拉图本人有意义。那就是有知识（*savoir*）的人对无知识的人拥有的权力。于是，就有了四个传统的关于资格的对子,以及两个理论性的对子,后面两个对前面四个有统领的地位。具体地说,两个理论性的对子是"出生的"优先性和体现为知识的"科学"的统治地位。

10. 这个资格表本应就此结束,但且慢,还有第七个资格,"上苍的选择",或者说,通过"抓阄"[le triage au sort]决定谁来统治。这一点柏拉图没有展开论述。但很明显,这种"选择"讽刺地意味着:上苍指定了一个先前被认为只有上苍才能拯救的制度——此制度便是民主。于是民主的特征就是:由谁来统治是纯粹凭运气的,或完全不需要什么资格的。民主是例外的状况,在民主中,没有任何对立在起作用,角色分配没有先在的原则。"参加统治和被统治"是一个迥异于对应性的东西。简言之,构成统治与被统治关系的例外性正是对应性的缺失,无资格行使民主统治权反倒成为有资格行使这权力。在这个逻辑中,被破坏的是统治权的特殊资格,即统治权的再生性,所谓再生性,就是说,统治权在它倾向于具有此权力与实施此权力的循环中总是先于自身。但是,在更大的范围里,这种例外性就是真正的政治的条件。

论点四:

民主不是一种政治制度。因为民主是一种始元逻辑的中断——即,期望通过民主进行统治——所以民主是作为规定具体主体的关系的政治制度本身。

参与(metexis)之所以能成为真正的政治,是因为:在统治过程中,所有的进行角色分配的逻辑都存在着断裂。人民的"自由"构成了民主的公理,这种"自由"的真正内容是统治公理中的断裂。统治公理的断裂,即是统治能力和被统治能力的关系中存在的断裂。人民(demos)是一个破坏了一系列相关能力之间的关系的人，只有在人民这一概念的基础上，才能想象一个参与"统治与被统治"的公民。因此，民主肯定不是种种特殊体制意义上的政治制度，它不是要把人民召集到一个共同的权威下。相反，民主是政治体制本身，是包含了主体及其联系方式的体制。

我们知道，民主一词是反对者杜撰出来的，也就是所有那些在资历、年龄、财富、德行、知识（savoir）方面占优势而"有资格"进行统治的人。他们认为，民主是很可笑的，它史无前例地把一切秩序都颠倒过来；"人民（demos）的权力"意味着那些没有统治资格甚至没有共同点的人成了统治者。"人民"在成为共同体的名称之前，指的是共同体的一部分——"贫民"。然而，"贫民"的意思不是说这些人在经济上处于弱势地位，而只是说，这些人"不能算数"，没有资格参加统治，没有资格被计算在内。

这正是荷马在上文所引的特西特斯片段中描述的情况。如果一个人属于人民，属于笼统的"不被计算在内"［l'hors-compte］（anarithmoi）的群体，那么，如果他想说话，就会被奥德修斯用权杖戳背。这不是演绎，而是定义：一个"不被计算在内"的人，一个没人听他说话的人，是属于"人民"这个群体的。《伊利亚特》第十二卷中一个精彩的段落证明了这一点。波吕达马斯的意见不被赫克托尔采纳，就抱怨道，"一个人如果属于人民，就永远没有说话的权力"。波吕达马斯可不是像特西特斯那样的无赖，他是赫克托尔的兄弟。由此可知：人民不是指一群社会地位低的人。人民是说了话等于没说、参加了等于没参加的人。这样的人，就属于人民。

论点五：

"人民"是民主的主体，因而是政治的主要主体。人民不是共同体的某些成员的集合，也不是人口中的劳动阶层。人民是人口中的任何部分的附加成分，它可以让"不是任何部分的部分"［le compte des incomptés］[7]等同于整个共同体。

人民（demos）的存在，只是为了表示统治逻辑中的断裂，即，开始/治理［commencement/commandement］逻辑中的断裂。决不能把人民看作那些发现相互间具有共同渊源或相同出身的人构成的种群，也不能看作人口的一部分，甚至不能看作人口的各个部分的总和。"人民"［peuple］是附加成分，它让人口通过悬置种种关于统治的合法性逻辑而与自身决裂。这种裂隙，在赋予雅典民主以应得的地位的关键改革中体现得极为充分。在一系列改革中，克里斯梯尼对各个部落[8]在城邦中的地域进行了重新分配。克里斯梯尼在三种不同的区域分布——以城市为界、以海岸为界、以岛屿为界——的基础上构建部落。在过去，部落贵族首领的权力通过神话一样的出生得以合法化，其实质性好处是土地上的经济权力。克里斯梯尼打破了这种古老的由本地贵族来统管部落的规则。简言之，"人民"是人为想象出来的，是对以财富原则继承出生原则的逻辑的偏离。人民是一种抽象的附加物，是任何真实的人口构成之外的附加物，是参与共同体活动的资格之外的附加物，是因这些资格而获得的共同份额之外的附加物。"人民"作为一种附加物，写下了"不被计算在内的部分"（the count of the unaccounted for）或"不是任何部分的部分"（the part of those who have no-part）。

不能从民粹的角度理解这些表述，而要从结构的角度来理解。不是说受苦受难的劳动大众要占据政治活动舞台、等同于共同体。在民主世界中，与共同体的角色相等同的，是一个虚空的、附加的因素，这个因素将共同体与社会肌体各部分之和区分开来。这种区分反过来把政治建立在附加性的主体的行为之上；

附加性的主体，即是社会人口的各个组成部分之外的附加物。于是，政治的所有问题就在于阐释这种虚空。"空无"构成了政治的主体，有些批评试图污蔑民主，便将空无曲解为过去出现过的无知、贪婪民众横行天下的局面。克劳德·勒福尔（Claude Lefort 对民主的阐释倒是赋予了民主的虚空以结构意义。[9] 但是，结构虚空理论可以用两种迥然不同的路线来阐释：第一条路线是，结构虚空指无-统领（an-archy）、不存在统治称号，统治称号的不存在构成了政治空间的根本属性。第二条路线是，空虚是国君的肉身和神性两个身体的"分离"造成的。[10] 根据后面这种观点，民主始于弑君，换句话说，民主始于符号的崩溃，符号崩溃造成社会分崩离析。提出民主与弑君在起源上有关联，目的是要异想天开地重构一个"人民的光辉象征"；这个象征是国君的不死肉身的后嗣，一切极权主义都是在这个象征基础上发展起来的。

以这两种阐释为背景，我们可以说，人民之所以具有身体的二重性，不是牺牲君主身体造成的现代结果，而是政治的应有之义。首先拥有二重身体的，不是君主，而是人民。这种二重性，正是政治赖以存在的附加物，即所有社会人员构成之外的附加物，也是所有统治逻辑的例外。

柏拉图说，第七个资格是"上苍的份额"。我们认为，属于上苍的这一份蕴含着政治的神性维度。当代对"神性政治"主题的强调将政治问题融入权力问题中，融入作为政治问题基础的根本事件问题中。它复制了与最初的牺牲的再现相联系的自由虚构。但是，统治的分裂将政治与民主连接在一起，这种分裂并非根本性的牺牲，而是一切根本性牺牲的中立化。这种中立化在《俄狄浦斯在克洛诺斯》中有一个典型的寓言：需要以牺牲的尸体的消失为代价，以不寻找俄狄浦斯的尸体为代价，雅典民主才能从俄狄浦斯的埋葬中得到好处。想把这个尸体挖出来，不仅会让民主形式带有某种原罪或原始的诅咒的色彩,更紧要的是,会将政治逻辑退回到最初的权力场景问题上,也就是把政治还给国家。通过从精神病角度解释虚空,最初象征性的灾难的戏剧性描述把政治例外性转变为民主的牺牲表明,它把政治的好斗性置于林林总总、不可计数的想象性"罪行"或"谋杀"。

论点六:

如果说政治勾勒一幅差异消除、社会份额均分的景象,那么,随之而来的推论是,政治的面貌并不是必然的,相反,政治是统治形式史上临时的、偶然的事件。还有一个推论是,政治争端的根本对象是政治本身的存在。

人民聚集为共同体是有必要的,但政治不能从这种必要性演绎而来。政治是一种例外,它处于聚集所依据的原则之外。事物的"正常"秩序是,人类共同体依据那些有资格统治的人制定的规则聚集起来——他们具有合法资格,是因为他们在统治。这些统治资格可以根据两个核心原则来概括:第一个原则是将社会看作父子关系——可能是人性的,也可能是神性的——的秩序结构。这是出生的作用。第二个原则把社会看作活动的重要原则。这是财富的作用。于是,社会的"正常"演化就表现为年长者的治理发展为富裕者的治理。政治是作为对事物的正常秩序的偏离而存在的。这种不正常,就是政治主体的本质所蕴含的内容;政治主体不是社会群体,而是各种形式的对"不是任何部分的部分"的书写。

只要不把"人民"理解为种族或人口,不把穷人等同于特殊的劣势人群,不把无产者看作产业工人,等等,而是把"人民"视为所有社会群体的附加意义上的主体,视为拥有"不是任何部分的部分"的特别的人,那么,政治就现身了。这种

"不是任何部分的部分"是否存在,是政治的全部问题,也是政治争讼的所有内容。政治争端不是界限分明的利益群体之间的冲突,而是不同的计算共同体内的党派和群体的逻辑之间的对立。例如,"富人"和"穷人"的冲突,是关于这两个词能否配对、能否成为又一种计算共同体成分的方法的冲突。计算共同体成分的方法有两种。第一种方法只作经验性的成分计算——所谓经验性的成分,就是构成社会肌体的实际群体,其区分标准包括不同的出生、职能、籍贯、利益等。第二种方法"额外"计算出"不是任何部分的部分"。我们把第一种称作"治安"方法,把第二种称作"政治"方法。

论点七:

政治与治安是截然相反的。治安是"对可感物的划分"[le partage du sensible],以虚空和附加物的缺席为基本原则。

治安不是一种社会功能,而是社会的象征性构建。治安的本质不是压制,甚至也不是对人的控制。治安的本质是对可感物的某种划分形式。我们愿把"可感物的划分"称作一个基本规则,这个规则通过决定感知的方式而决定了统治—分离的形式,统治—分离的形式存在于人的感知方式之中。可感物的划分是划分出客观世界和"人的世界"。共同体的法则(nomoi)得以建立的基础是管理(nemeïn)。这种划分应该在"划分"一词的两个意义上来理解:一方面,划分隔离并排斥;另一方面划分允许参与(参见注释2)。可感物的划分是指,在何种形式上"共享权"[un commun partagé]与被排斥物的分布之间的关系通过可感物而得到决定。反过来,后一种分布形式本身就要求在可见者与不可见者、可听者与不可听者之间进行划分。

政治的本质是可感物的划分,其特征是虚空和附加物的缺席。社会是由这样的主体构成的：这些主体在应展开工作的地方以某种方式行动，并以和这种工作及工作地相适应的方式存在。这种与工作、工作地及存在方式的相符，没有为虚空预留位置。对"不存在"的拒斥，正是居于国家实践中心的治安的原则。于是，政治学的本质就是，通过附加一个等同于整个共同体的"不是任何部分的部分"，破坏这种安排。政治争讼/斗争是这样的：它通过把政治和治安分离，将政治带上前来，而治安反倒总是想通过残酷地否定政治，或通过把政治的逻辑纳入自己的逻辑之下来消弭政治。政治首先而且主要是对可见者和可说者的介入。

论点八：

政治的主要功能是配置真正的政治空间。政治将揭示主体的世界及其运作。政治的本质是彰显歧见，是把两个世界显示在一个世界中。[11]

让我们从一个经验事实开始：公共空间的治安介入主要不在于质询示威者，而在于阻止示威。警察不是对个人进行质询的法律（譬如在阿尔都塞的"嘿，那一位！"中），除非有人把它和宗教主体化混淆在一起。[12]警察首先是对明显有什么或没有什么进行提示："走开！这里没什么好看！"警察让人走开，说路上没什么好看的，没什么好做的。治安声称，流动空间（space of circulating）仅仅是流通空间（space of circulation），其他什么都不是。相反，政治在于将这个"走开"的空间转换为主体即人民、工人、公民现身的空间。政治在于重新排列空间，告诉人们那里有什么可做、可看、可说。在管理（nemeïn）的基础之上建立法则（nomos）的是已见分晓的对可感物的争讼。

这种构成政治的划分绝不是以运气的形式给出的，不是以必然导致政治的某种属性给出的。那些属性在理解和引申上都有争议。在这方面,最典型的属性是亚里士多德主张的。他主张的属性把政治能力定义或引申为"为了让生活变得美好"。最明显的无疑是他在《政治学》第一卷中所做的区分:一种是人类的具有政治性质的符号,这种符号是因为人类掌握了逻各斯而形成的,是能够表现共同体的正义与非正义感觉的明晰的语言;与之相对的是动物的语音(phone),它只适于表达快乐或悲伤的感觉。如果你面对一只动物,这只动物能说出明晰的语言,能用语言呈现观点,那么,你就会知道,你正在和一个人打交道,在和一个政治动物打交道。唯一的实际问题在于弄懂辨识这种符号需要怎样的符号;那就是说,一个人如何才能确认,站在自己面前的人形动物发出的声音是真正的话语,而不是仅仅表明了一种存在状态?如果有一个人,你不想承认他是一个政治动物,那么,你可以这样开始:不认为他具有政治性,不去理解他说的话,不去听他嘴里说出来的话语。这个办法可以轻易移植到晦暗的家庭、私人生活和平等人的敞亮的公共生活之间的对立上。在过去,为了否认某一类人——如工人、妇女等——的政治主体资格,只消声称他们属于"家庭"空间,属于和公共空间隔离的空间就行了。"家庭"空间只能发出表达痛苦和饥饿的呻吟、哀号,而不能发出表达共同感觉的真正话语。这些类别的人的政治一直都在于让自己的地位重新合法化,在于让自己的空间被承认为共同体的空间,在于让自己作为说话的主体(即使只能以争讼的形式)被看见、被听见,一句话,在于让他人承认自己是公共感觉的参与者。这在于让不曾被看见的东西变得可见,在于让只被当成噪声的东西作为话语被听见,在于证明过去看起来仅仅是快乐或痛苦的东西其实是共同的"善"或"恶"的感觉。

政治的本质在于歧见(dissensus)。歧见不是利益、观点的冲突。歧见是可感物与自身的距离的显示。政治让没有理由被看见的东西变得可见,政治把一个世界装进另一个世界(例如,把工厂属于公共空间的世界,装进工厂被视为私人空间的世界;工人可以大声武气地说话的世界,对应于工人的声音仅仅是痛苦的哀号的世界)。正是由于这个原因,不能把政治和交际行为模式等同起来,因为交际行为模式预先假定了交际双方在事先就已构成,还假定了交流的话语形式意味着一个话语共同体,而且这个共同体中的压制总是明目张胆的。相反,政治歧见的特征是,参与者不是预先就已构成,如同讨论的对象或讨论的场景不是预先构成的一样。一个人得清楚地说明他属于一个其他人看不见——或占不到便宜——的共同世界,这是实用交往主义的潜在逻辑。主张"内部"事务具有公共性的工人,必须展示一个特别的世界:在这个世界中,他的主张被计算为主张,并且对那些在认识框架上不能将其接纳为主张的人而言,他的主张必须显示为主张。政治主张必须一次性地展示一个可能的世界。在这个世界中,主张被计算为主张,其说话人是一个有资格的主体,他在谈论一个既定的话题,听众是一个被要求去看、去听的人,而"在正常情况下",他或她是不必去看、去听的。一个悖论的世界建立起来,将两个独立世界联系在一起。

  因此,政治是没有"真正"场所的,政治也没有任何"天然的"主体。示威之所以是政治的,不是因为示威发生在一个具体的地方、与特定的对象有关系,而是因为示威是两种划分可感物的方法之间的冲突。政治主体不是利益或观点的群体。政治主体是某种特殊的主体化和争讼的操作员;通过主体化和争讼,政治才存在。于是,政治示威总是当下的,政治主体总是临时的。政治差异总是处于消失的边缘:人民总是接近于沉入人口大海或种族大海,无产者总是倾向于成为保卫自身利益的工人,人民的公共示威空间总是倾向于成为商人的市场,等等。

  认为政治来源于具体的平等人或自由人的世界,而不是来源于另一个祈望于必然性的世界,会将争讼的对象作为基础。这样,它就必然无视那些因不拥有让自己可被看见的场所而"看不见"的人。在这方面,典型的是阿伦特《论革命》中的一段话。这段话讨论约翰·亚当斯把穷人的不幸与"被忽视"的事实等同起来。[13] 阿伦特评论道,做出这种等同的人,只会来自平等人组成的特权共同体。反过来,这一类别的人对某些东西"很难理解"。"穷人"不满意自己的隐身状态,进行示威和抗诉,而从阿伦特的观点看,她出人意料地对那些多种多样的示威和抗诉话语充耳不闻,对此我们很难不惊诧莫名。但是,她充耳不闻绝非偶然。她一方面充耳不闻,另一方面把本是斗争——此乃政治之根本——的永恒对象的东西视为原初划分并在此基础上建立政治,二者之间是恶性循环的。她一方面充耳不闻,一方面将劳作的人(homo laborans)纳入"生活方式"划分中进行定义,二者之间也是恶性循环的。这种循环不是某个特定理论家的循环,而是整个"政治哲学"的循环。

论点九:

因为"政治哲学"的根本在于将政治行动建立在具体的存在方式上,所以,"政治哲学"抹杀了构成政治核心的争讼性。正是通过以这种方式描述政治世界,哲学实现了对政治的抹杀。非但如此,这种对政治的抹杀在对世界的非哲学或反哲学描述中得到了强化。

政治的独特性在于存在一个没有资格统治却在统治着的主体;开始/统治的原则因此而无可挽回地分开了;政治共同体在本质上是一个争讼的共同体——所有这些,是哲学一开始就碰到的"政治的秘密"。如果说"古人"比"现代人"靠谱,那是因为他们最先觉察到了这个秘密,而不是因为他们最先把

"善"的共同体和"有用"的共同体区别开来。"政治哲学"这一温和的表达法所掩盖的，是哲学与政治那不服从任何统治法则的桀骜品格狭路相逢这一事实，还有哲学试图将政治驯服在统治法则之下的企望。《高尔吉亚篇》《理想国》《政治学》和《法律篇》，所有这些著作都折射出一种努力：消除悖论性的或丑闻式的"第七种资格"——将民主变成"强者治理"不定原则的一个选择，而人们对此能提出的不同原则，只有专家 [les savants] 治理这一种情况。这些著作采用了一个基本相同的策略：把共同体置于唯一的划分法则之下，把人民的虚空之分逐出共同体。

然而，这种驱逐不是简单地体现为好的政体与坏的政体的对立——好的政体是指共同体符合其统一原则，既团结一致，又等级分明；坏的政体是指共同体分裂无序。相反，驱逐表现为在前提上将政治形式、生活方式等同起来。这种前提在描述"坏"的政体尤其是民主的过程中，就已经发生作用了。所有的政治，我们前面讨论过，都发生在对民主"无政府状态"的阐述过程中。柏拉图将民主"无政府状态"视为民主的人肆意释放自己的欲望，从而把政治形式转变为一种存在方式，把虚空转变为充盈。在成为"理想的"或"封闭的"城邦的理论家之前，柏拉图就已经是政治的人类学概念的奠基人了；这个概念认为，所谓政治，就是一类人或一种生活的特性的展开。这种"人"，这种"生活方式"，这种城邦：在这里，在关于法则的任何话语、关于理想城邦的教育方法产生之前，甚至在将共同体划分为阶级之前，对可感物的划分就已经取消了政治的独特性。

于是，政治哲学首先的姿态就产生了一个带有二重性的结果。一方面，柏拉图建立了一个实现了统一原则、不分裂原则的共同体——这是一个严格意义上的共同的集体，有着共同的场所和功能，还有共同的内化形式。他建立了一个第一政治。[14] 这个第一政治，需要理解为把城邦的"事务"——包括其伦常（ethos，也就是它在住所中居住的形式）和礼法（nomos，既是法，又是伦常据以显示自身的特定"风习"）——统一起来的法则。这种关于共同体的伦常观念再一次把政治和治安搅和在一起。政治哲学想给共同体一个唯一的基础，这注定它必然再次把政治和治安等同起来。其本意是建立政治，结果却把政治勾销了。

但柏拉图还发明了一个"具体"的方式，来描述政治形式的产生。简言之，他发明了反对"理想的城邦"的方式，将这个对立固定下来：此对立，一方是哲学"先验论"，另一方是对作为表达生活方式的政治形式进行社会学或政治科学的具体分析。与第一个遗产相比，第二个遗产的影响更深远、更长久。政治哲学的第二个手段——它的第二招（deuteron plous）——是政治的社会学。通过社会学，政治哲学完成了它的基本任务（在必要的时候，会以"反对"它为掩饰）：把共同体建立在对可感物的唯一划分方式上。在这里，需要注意阿历克西·德·托克维尔（Alexis de Tocqueville）对民主的分析，他提出的多种变体和替代版本在当下关于现代民主、大众年龄、大众个体等等的话语中，有很大影响。这种分析，和那种在理论上取消"没有资格的资格""无分之分"的人的结构独特性的行动是一回事。它们都把民主重新描述为一种社会现象，或描述为一类人的特性的集体性展开。

反过来，主张政治生活（bios politicos）是纯洁的，主张共同体具有和个人或民主大众相反的共和构架，以及把政治与社会对立起来，都是在强化重建"共和"所据的先验论和对民主的社会学描述之间的关联。无论从哪边开始，政治和社会的对立都完全是在政治哲学的框架内定义的；即是说，这个对立是哲学对政治的压迫的核心所在。目前人们欢呼"政治的回归"和"政治哲学的回归",这种欢呼仅仅是在模仿"政治哲学"最初的姿态,而没有真正抓住其中的关键原则或问题。在这个意义上,他们的欢呼只表明,他们已彻底忘记了政治,忘记了政治与哲学间的紧张关系。从社会学角度宣称后现代社会中"政治终结了",从政治学的角度宣称"政治回归了",两种观点都源于政治哲学与生俱来的二重性姿态,会导致同样的对政治的遗忘。

论点十:

"政治终结"论和"政治回归"论是两个互补的取消政治的方式,它们将政治消弭在社会国家和国家机器国家之间的简单关系中。"共识"是这种取消的通俗叫法。

政治的本质在于不同的主体化方式,这些方式揭示了社会与其自身的差异。共识的本质不是与冲突或暴力相反的和平讨论与理性协商。共识的本质是取消歧见(此歧见是可感物与自身的分离),是取消剩余主体,是将人民降格为社会各个构成部分之和,将政治共同体降格为这些构成部分的利益和欲望关系。共识是将政治降格为治安。共识是"政治的终结":换句话说,政治不是政治目的的实现,而只是事物的"正常"状态的回归。所谓事物的"正常"状态,就是政治不存在的状态。"政治的终结"是政治的永不离去的海岸(le bord de la politique),而政治自身总是当下的、临时的。"政治回归论"和"政治终结论"是两个对称的阐释方法,其效果却是一样的:它们消除了政治,消除了作为政治基本要素之一的不稳定性。"政治回归论"通过宣告社会僭越的结束和"纯粹"政治的回归,断然否定了这一事实:"社会"绝非一种特殊的存在氛围,而是政治的争议对象。于是,它所宣告的社会僭越的结束,就是在宣告对于世界划分方式的政治争讼的结束。所以,"政治回归论"不过是主张存在一个具体的政治场所而已。在如此隔离之后,这个具体的场所除了是国家的场所,别的什么都不是。因此,"政治回归论"理论家事实上在宣告政治的消亡。他们把政治和国家实践等同起来,而国家实践的原则恰恰是压制政治。

宣称"政治终结"的社会学观点相应地假设道,目前已经出现了这样一个社会国家:在这个国家中,政治再也不必存在了,不管是因为政治已经让这种国家出现了,其目的已经实现(易懂的美国黑格尔—福山主义版本),还是因为政治形式不再适应当代经济社会关系的流动性和人工性(晦涩的欧洲海德格尔-情境主义版本)。这种社会学观点相当于认为,资本主义合乎逻辑的发展必然导致政治的消亡。于是,这种观点在作结时,要么假仁假义地哀悼政治在面对胜利的、现在已成为非物质的利维坦时消亡了,要么将政治转变为片段的、破碎的、赛伯空间的、游戏的或其他什么形式,以令其适应资本主义最高阶段的社会形式。由此,这种观点认识不到政治实际上没有义务出现在任何社会国家中,认识不到两种逻辑之间的矛盾是一个不可改变的事实,此事实决定了政治特有的偶然性和不稳定性。即是说,通过绕道马克思主义,"政治终结论"——以及共识论——把政治建立在一种特殊的生活中,从而把政治共同体和社会等同起来,进而把政治实践和国家实践等同起来。所以,"政治回归论"哲学家和"政治终结论"社会学家之间的争论,不过是在讨论如何才能更好地把政治哲学的根本命题用于阐述取消政治的共识论实践。

注 释

[1]《十论》最初由 Rachel Bowlby 译为英语,其中某些短语是 Davide

Panagia 向雅克·朗西埃本人求证后修改的。方括号中的术语是朗西埃原来的法语表达。

［2］英语的"political subject（ivity）"［主体（性）］不能充分表达朗西埃的"*le sujet politique*"的意思。朗西埃的这个术语既指政治主体性，又指"真正的"政治主体。

［3］朗西埃玩了一个文字游戏，法语中 *avoir-part* 有两个意思，"参与"和"分离"。

［4］参见阿伦特的观点，"通过制造人际关系网络，人类追求自由的能力似乎把能力的拥有者卷入一个困境，以致他看上去更像自己行为的受害者、承受者，而不像发出者、施动者"（*The Human Condition*, pp. 233 - 234; Chicago: The University of Chicago Press, 1989）。

［5］这是一个利用了"inter-est"的双层含义的文字游戏。"inter-est"既指相互联系的原则，又有社会"利益"的意思。朗西埃借用了阿伦特在《人的条件》一书中所作的区分（第50—58页）。

［6］Hannah Arendt, *The Human Condition*, p. 177.

［7］这个表达的法语直译是"不被计算在内的计算"，《歧见：政治与哲学》（*Dis-agreement: Politics and Philosophy*, trans. Julie Rose, Minneapolis: University of Minnesota Press, 1999）英语译本中对这个概念的表达法依然写在了这里，以求理解上的衔接一致。

［8］部落（deme）是古阿提卡的城镇或分区。在现代希腊，这个词意为社区。

［9］参见 *Democracy and Political Theory*（Minneapolis: University of Minnesota Press, 1988），特别是 Part Ⅳ: "On the Irreducible Element"。

［10］朗西埃谈的是 Enst Kantorowicz 对中世纪政治神学的研究，这种研究在 Leffor 的著作中也留下了影子。

［11］在朗西埃看来，歧见这个概念是民主政治特有的"一与多"悖论的实例。

［12］朗西埃此处指的是阿尔都塞的"Ideology and Ideological State Apparatuses"（见 *Lenin and Philosophy*, New York: Monthly Review Press, 1971）。

［13］参见阿伦特"The Social Question"，载 *On Revolution*；特别是第

68—71 页（New York: Penguin Books, 1990）。

［14］关于这个概念的详细讨论，参见 Rancière's *Dis-agreement*（Chapter 4）。

［本汉语翻译主要以《当代马克思主义理论》第三十二章收录的 Rachel Bowlby 与 Davide Panagia 合作翻译的英语版为原本，个别地方参照 Steven Corcoran 的英译本（见 *Dissensus: On Politics and Aesthetics*, 2010: 27 - 44）］

第三十三章

物质与物质形式的矛盾[*]

克劳斯·彼得·沃特里伯

增长的内在动力,资本的历史扩张及其物质限制

在一个仅仅追求物质财富的社会中——单凭这一点,这个社会还不成其为资本主义——生产力的提高只会引发少量问题(这些问题很容易通过技术解决),却能减轻人类生活的负担:虽然人类付出的劳动减少,但有用产品的数量仍会增加。正因为如此,人们普遍认为,生产力的提高是人类的福祉,因为技术可能会解决人类几乎所有的问题。但在不曾受到质疑的资本主义生产方式框架中,这些理想必然意味着相信存在这样一种资本主义:此资本主义能以某种方式与不断减少的剩余价值总量共存。[1]毫无疑问,资本主义做不到这一点。

"当价值成为财富的形式,生产的目的必然是剩余价值。也

---

[*] 选自"A Contradiction between Matter and Form: On the Significance of the Production of Relative Surplus Value for the Dynamics of the Final Crisis", in *Marxism and the Critique of Value*, ed. Neil Larsen, Mathias Nilges, Josh Robinson, and Nicholas Brown Chicago and Alberta: MCM′, 2014: 71 – 113。

第三十三章 物质与物质形式的矛盾

就是说，资本主义生产的目的不单单是创造价值，而是不断扩大剩余价值。"[2] 其中的原因在于，在资本主义生产过程中，自我增殖的资本必须通过吸收、剥削越来越多的劳动力，"在逐渐增长的规模上"[3] 进行自我再生产，并由此"生产"出不断增长的剩余价值。

随着生产力的提高，增长的压力在物质层面上以几何级数再次增强：如果为了创造同样的剩余价值，所需生产的物质财富必须越来越多，那么，资本的物质产出必须相应地比剩余价值总量增长得更快。正如我们所见，这个规律适用于剩余价值下降的阶段，即多年前达到的那个阶段。现在，由于不仅要使物质财富持续增长，还得找到买家，如果这一扩张运动达到极限，不可逆转的危机动向便开始了：当物质产出保持不变，或者虽然增加，但较生产力增加得慢，剩余价值就会不断减少；于是，物质产出的销售机会越来越少，这又造成剩余价值总量下降得更快，如此循环不已。这样的下降趋势绝不是不加分别地影响着所有的个别资本：生产力较低的资本是最早受到冲击的，它们必须从市场上消失，最终导致整个国家经济的崩溃，如 20 世纪 90 年代初东欧国家发生的情况。剩余的资金可能会填补腾出来的空白空间，并暂时再次扩大，在表面上让人觉得资本一切正常。对不同情况下的幸存者来说——对当时来说——可能确实如此，但这丝毫也不能改变整体的下降趋势。

相对剩余价值量的增加——只要生产力在提高——和物质生产的相应增加（甚至更快的增加）是资本存在的潜在理由，也是资本主义生产方式持续存在的必要条件。过去，资本在前所未有的扩张过程中循从内在的增长冲动——即，资本的无限积累的必然性。库尔茨（Kurz）指出了两个重要时刻：首先，逐步取代之前存在的独立于资本主义的生产类型，并同时逼迫劳动人口依赖雇佣工资，这也涉及"穿越整个地球表面追逐资本主义"

的地理征服[这受到了《共产党宣言》的激赏（尽管是带着战栗的激赏），被认为是"扩大产品销售市场"的压力]。其次，为新需求创建新的生产类型（需要先把新需求创造出来），同时通过大众消费，征服"游离的"、阴性的劳动力再生产领域（这个征服最近体现为逐渐悬置劳动时间和业余时间之间的区分）。[4]

资本进入的空间具有物质属性，因此必然是有限的，并且必将在某个时刻趋于饱和。至于空间扩张这一资本主义的首要的本质时刻（见上文），地球作为资本增殖的唯一、整体的材料资源，将被耗费殆尽已成为一个不可逆转的事实：今天，地球上已没有哪一块空地、没有哪一个生产部门不受制于资本。甚至一些地方还存在的自给自足的生产方式也无法改变这一事实，因为这种自给自足的生产不是前现代性的残留，而是退出资本主义生产的人所能采用的以某种方式确保自身生存的权宜之计。

相反，资本主义扩张的第二个时刻——新生产类型的产生——是否已经结束这一问题还未见分晓。这一阶段在根本上依赖于大众消费的扩张——然而，只有实际工资充分增加，大众消费才有可能；反过来大众消费也会影响相对剩余价值的生产。第二次世界大战后福特主义高涨，实现了充分就业，有段时间甚至可以满足工会提出的像生产力的增长速度那样涨工资的需求……库尔兹将出现在20世纪80年代的现象总结如下：

> 但现在，资本主义扩张的两个根本形式或时刻都达到了绝对的物质极点。20世纪60年代，资本化已达到饱和点；这种吸纳活劳动的来源趋于停滞。同时，自然科学的微电子技术和劳动科学的融合意味着物质劳动革命到了一个全新的阶段。微电子技术革命对直接生产的活劳动的消除不是局限于这个或那个具体的生产技术，而是作用于更宽的范围，涵

盖了所有生产类型，甚至介入非生产领域。这个过程才刚刚开始，到20世纪80年代后期才会加速，很可能将持续到本世纪末甚至下世纪。这一过程创造了新的生产类型，如微电子生产或基因技术生产，就这一点而言，较于直接生产方面，这些生产类型从一开始就不是劳动密集型的。这导致过去的弥补资本主义生产模式绝对本质局限性的方式发生崩溃，此前这种弥补方式一直通过相对剩余价值的渠道发挥作用。活的生产劳动作为价值创造的来源，其大规模的减少无法通过新的廉价产品的大量生产得到弥补，因为这种大规模的生产不再是通过重新整合其他多余的劳动人口实现的。这造成了那对关系的历史性的不可逆的翻转：那对关系的一方是通过科学化裁减活劳动，另一方是通过资本化或增加新的生产行业吸收活劳动。从现在起，裁减的活劳动多于增加的活劳动，这一点是必然的。所有预期的技术革新倾向于进一步裁减劳动力，所有新的生产行业从开始产生的时候直接参与生产的劳动力就越来越少。[5]

海因里希（Heinrich）带着嘲笑的口吻把库尔兹直接指向微电子革命的瓦解论描述为"技术决定论"；他声称，技术决定论对"马克思主义工人运动"来说是最合适不过的，但马克思主义工人运动却遭到库尔兹的猛烈抨击。[6]不过，这里的关键不是某种个别的技术，而是技术在很大程度上使劳动力变得多余——对此海因里希很清楚，海因里希在他的"更长的批判文章"中对这个观点不曾有半点否定。[7]但这确实应该让价值理论家停下来好好想一想，因为如果价值和剩余价值不是通过劳动时间来衡量的，那么，资本危机就不会发生，但相反，自然科学技术已经代替了直接劳动，成为价值的来源，正如哈贝马斯等人认为的那样。但海因里希没想到那么多。

另外——假使情况正如海因里希所言，那么他就是对的——需要承认，基于此时此地而做出的预测，即"裁减的活劳动多于增加的活劳动，这一点是必然的"，不可能仅仅凭着建立在更抽象的基础之上的相对剩余价值范畴而得出。它还需要实证性的观察。这些观察大量存在，库尔兹也曾提到过。但实证表象也可能有欺骗性，而资本也可以再次集中——问题只在于，会给资本和人类带来怎样的后果。

危机趋势在未来的发展是不确定的，这种不确定性丝毫不影响资本主义的结局：即便没有被有意识的人类行为所征服，资本主义也会因为自身的趋势而灭亡。造成这结果的原因很简单：一方面阻力无限增长，另一方面是资本主义所依赖的人力物力都是有限的。

克努特·胡勒（Knut Hüller）已经让人们注意到这样一个事实：正因为提供给全球资本的劳动力是有限的，而恒定的利润率要求劳动人口成倍增加，所以总的社会利润率（积累率）一定会下跌。[8]这一结论的得出还没有考虑相对剩余价值的生产。如果考虑了相对剩余价值生产，那么，很明显，当"实际增长率"太低（低于生产增长率）的时候，稳定甚至成倍增长的物质生产将导致剩余价值总量急剧下降（有效生产人口也会随之下降）。

"裁减的活劳动必将多于增加的活劳动"这一观察在根本上是基于这个预设做出的：资本无法通过产品创新弥补过程创新导致的在价值和剩余价值生产上的损失。有很多现象证明这种说法，但即使在22年后的今天也没有出现这类创新。如前所述，这不是关于新产品和对新产品的相关需求的问题，而是生产要求大量劳动力，此需求量如此之大，以致能够至少部分弥补微电子技术的生产高效化潜力。然而，如果这种预测被证明是错误的，那么，这里体现出来的物质与物质形式之间的矛盾就无法解决，导致会在其他方面得到猛烈释放。

导致增长与环境破坏的内部强制性：资本主义农业的任何进步，都不仅是掠夺劳动者的技术的进步，而且是掠夺土地的技术的进步，在一定时期内提高土地肥力的任何进步，同时也是破坏土地肥力持久源泉的进步。一个国家……越是以大工业作为自己发展的基础，这个破坏过程就越迅速。因此，资本主义生产发展了社会生产过程的技术和结合程度，只是由于它同时破坏了一切财富的源泉——土地和工人。[9]

资本需要物质财富作价值的载体；正因为这样，物质财富必不可少，从数量角度说（如上所述）更是如此。但资本关注的不是免费的、不会成为所生产的价值量和剩余价值量的一部分的那种物质财富。和资本积累的必要性相比，这种财富的储存充其量也只是有一点不大的作用——换句话说，如果物质财富的破坏有利于价值增殖，那么物质财富将会遭到破坏。就这么简单。在过去五十年关于环境破坏的文章中，人们关心或提到的所有形式的物质财富都属于这种类型：马克思提到过的需要长期保持土地肥沃；对生命或肢体无害的、人们可以呼吸的空气和可以饮用的水；生物多样性和完好的生态系统（甚至仅仅强调视其为食物的可再生来源）；或适宜人类生活的气候。

因此，问题不在于为了价值增殖，环境是否遭到了破坏，而顶多是遭到了多大程度的破坏。在这个问题上，生产力作为相对剩余价值的生产，依然是和作为财富的主要表现形式的价值联系在一起的，生产力的提高扮演着一个完全不祥的角色。其原因是，等量的剩余价值的实现需要不断增长的物质产出，甚至还需要更多地消费资源……为了使旧技术向新技术过渡，以减少所需的劳动时间，人们通常用机器来代替或者加快人类劳动。例如，我们可以假想一个理想的、典型的情况……使用旧技术生产10000 件衬衫可能需要 1000 个工作日，而且生产过程中只需要布料和劳动力。新技术可以把生产相同数量的衬衫所需的工时减少到500个工作日，但是引进和使用机器花费的工时，处理零部件耗费的额外能源加起来相当于300个工作日。在这种情况下……为了实现与旧技术条件下同等的剩余价值，新技术不仅需要以资本主义方式生产超过10000件衬衫，而且在生产过程中还需要额外的机器和能源。这就意味着获得同等的剩余价值需要消耗更多的资源，这种消耗比所需的物质生产更多，其增长比所需的物质生产的增长更快。

这就是说，如果库尔兹错了，资本会不受限制继续累积，那么，其必然后果不仅仅是资本增殖的物质基础遭到破坏，连人类生活也会遭到破坏。

波斯顿（Postone）分析了物质财富与价值形态的相对剩余价值生产创造的财富之间的矛盾，他得出以下结论：

> 如果不考虑资本积累可能遇到的极限或阻碍，资本主义特殊的趋向——这一趋向导致物质财富的增加远远大于剩余价值的增加——造成的结果之一便是自然环境被加速破坏。马克思认为，由于生产力、物质财富与剩余价值三者之间的关系，剩余价值的持续增长对自然和人类均会造成巨大危害。[10]

波斯顿明确反对霍克海默和阿多诺，因为他们认为人对自然的支配本身已经是一种"堕落"了。波斯顿强调说："大自然日益遭到破坏不应简单视作……人类持续控制和支配自然的后果。"[11]尽管资本主义社会的自然遭到剥削和破坏，的确不是因为物质财富，而是因为剩余价值，但这样的批判是不够的，因为它没有将价值与物质财富区分开来。对于两种不同形式财富之间的失衡不断加剧，波斯顿的结论是：

我所描述的格局表明,在一个普遍商品化的社会中,生态考量与作为财富形式和社会中介的价值之间存在着潜在的紧张局势。这意味着,在资本主义社会框架中,任何通过限制这个社会的扩张模式来从根本上做出回应的企图,从长远看可能都是无效的——不仅因为这会伤害资本家或国家管理者的利益,而且因为如果不能扩大剩余价值,必然会导致严重的经济困难,让社会付出巨大代价。根据马克思的分析,资本积累的必然性与资本主义社会财富的创造之间存在本质联系。而且……因为在资本主义社会,劳动被认为是个体再生产的必要方式,所以,即使雇佣劳动者的劳动带来的生态及其他结果不利于自己和他人,他们也离不开资本的"增长"。当生产力提高,特别是在经济危机和失业率高涨期间,商品形式和生态需求之间的紧张会导致一个巨大的困境。这一困境及其深层矛盾植根于资本主义内部:只要价值还是社会财富的决定性形式,就难以找到最终的解决方法。[12]

这里描述的困境有多种表现形式。举个例子:在环境方面,人们普遍认为,在全球范围内传播"美国生活方式"或者仅传播西欧生活方式,会给环境带来前所未有的灾难性破坏,然而,各发展组织仍然必须以此为追求目标,即便这目标已经变得不切实际。或者,以本文的术语说,雇佣目前已达到的资本持续所需的劳动力,即使只雇佣全球一半的可用劳动力,以现有的生产力水平,加上相应的物质产出和资源消耗,也将导致地球的生态系统即刻崩溃。

这个困境的又一表现是,现在气候灾难一触即发——这仅仅是众多环境问题中的一个——其中涉及的政治问题如此艰难,以致人们每个星期都如履薄冰地面临着"生态必要性"和"经济可行性"这两个已经水火不容的东西。政治不可能摆脱资本的束缚,因为政治依赖于成功的剩余价值生产,否则就无法得到税收,政治机器就无法运转。现在,政治已经不得不违背本意通过一些决议。这些决议远低于所要解决问题的客观要求,可即便如此,都还会在一些代表"经济可行性"的游说者的压力下,在一周内被大大削弱。剩下的只是些自吹自擂的"实干家",这些人大言不惭地说,问题仍在他们的掌控之中,而事实上,问题早已到了无法解决的地步。

结　论

本章以较为简略的方式分析了资本主义趋向的一个特别的、但仍然起着决定性作用的方面——相对剩余价值的生产及其对资本增殖的影响。减少展开此研究所必要的复杂性——有时还遮蔽了这个已经陷入危机的商品生产父权社会的所有其他方面——是为了让研究易于理解(希望是成功的)而付出的代价。例如,本章没有讨论伴随着危机的发展而出现的意识形态扭曲,也没有讨论不同群体遭受的危机冲击的大小日益不均:女人比男人遭受的冲击更大,中产阶级(暂时)比大多数岌岌可危的人受到的冲击要小。[13]

本章也没有探讨金融资本的作用——对于这一点,我要说几句,因为有些人认为金融资本是造成危机的真正原因,而另外一些人认为金融资本最终可以把资本主义从崩溃中拯救出来。这两种观点都是错误的。其实,在晚期资本主义,如果没有金融资本,价值不可能增殖,因为在当今的生产力水平下,资本必须大量集中,而私人资本无法提供如此庞大的资本积累。但这只让金融资本成为一种不可或缺的"润滑剂",而不是生产剩余价值的

"燃料"，剩余价值的生产仍然是与劳动力的消耗联系在一起的。价值增殖并不是因为资本（危险地）流向了金融领域而停滞的——相反，这话应该倒过来说。因为几十年来资本增殖一直停滞不前，资本流向了收益更高的（尽管从整个经济看，这是一种假象）金融行业。如果放弃所有新自由主义意识形态的视角，而采用全球凯恩斯赤字消费的视角来看，那么，资本的这种逃离就是延迟危机的第一步。但是，延迟的时间越长，危机带来的后果就越严重。总之，认为资本主义会慢慢通过不断升级的、不会被实际剩余价值生产抵消的金融产业而"变得安稳"的观点——这种观点来源于后现代虚拟幻觉——至少与单纯把科学作为生产力、而不使用人力进行剩余价值生产一样，都是在冒险。

然而，如果剩余价值生产的前提是直接劳动的使用和与之密切相关的物质财富的生产，那么，剩余价值生产（根据马克思的观点，剩余价值生产尤其适合发达资本主义）——也就是相对剩余价值的生产——的结果是，为了实现等量剩余价值，物质产出需要越来越大，资源消耗也需要越来越大。于是，资本主义的积累和扩张过程就是在走向物质的绝对极限，循从这个过程必然会撑破资本主义的价值增殖逻辑，而不循从这个过程则会破坏资本主义的物质基础、剥夺人类的资本主义消费方式的可能性。

这里提出的选择——一方面是劳动力的逐渐减少及其在资本主义社会中必然导致的社会后果，另一方面是生态环境毁灭的无尽深渊——不是非此即彼的。相反，两者似乎是同时到来的：剩余价值的生产在减少，资源消耗在加快，同时，人们为争夺被资本增殖浪费，以致越来越稀缺的物质资源而调兵遣将，以求获得利用最后仅存的物质进行资本增殖的机会。

在本研究基础上做出的关于这种消亡的预测终究是纯粹的推想；但无论如何，我们应该把资本主义的消亡作为一种社会构建来谈论——不过，不同于海因里希讨论"库尔兹崩溃理论"时所说的原因："过去，崩溃理论对左派一直有免罪功能：无论自己目前的失败多么严重，对手终将会灭亡。"[14]

这一点上，海因里希也错了。问题不是"对手"的终结，而是我们自己的结束。无论表现为慢性病还是急症，资本主义社会的可预见的终结——社会成员通过价值形式与社会相连，他们认为价值形式是自然的，因而认识不到即将来临的灾难——造成的历史破坏，最好的境况也只是让幸存者像植物那样漫无目的地生长，当一个没有商品的商品主体。那将是又一次——虽然是最后一次——失败。反过来，建成某种自由的后资本主义社会的唯一机会就是：我们得以自觉的人类行为战胜资本主义——进而战胜价值形式的财富以及这种财富构成的主体形式。然而，这必须赶在强制性的资本增殖的增长和相对剩余价值生产将世界夷为平地之前。时间不多了。

注　释

[1] 另外，在全球范围内减轻人类生活负担，需要有意识地规划物质财富，也就是说，或多或少地违背市场方向。此外，在一个拥有当今生产水平的非资本主义社会中，这不是仅仅减轻劳动的问题，更是完全废除劳动的问题。

[2] Moishe Postone, *Time, Labor, and Social Domination: A Reinterpretation of Marx's Critical Theory* (Cambridge: Cambridge University Press, 1993), 308.

[3] Karl Marx, *Capital: A Critique of Political Economy*, Volume I, trans. Ben Fowkes (London: Harmondsworth, 1976), 725 and following.

[4] Karl Marx and Friedrich Engels, "Manifesto of the Communist Party", trans. Samuel Moore, *The Marx-Engels Reader*, 2nd ed., ed. Robert C. Tucker (New York: W. W. Norton, 1978), 476, and Kurz, "Crisis" (23). 这里讨论的仅仅是资本增殖的客观趋向的数量方面。在为适应价值增殖（及其必要

第三十三章　物质与物质形式的矛盾　709

前提——价值形式的社会化）而训练（阳性的）主体的过程的阴面，即价值分离这一面，我们有必要考察是否以及在何种程度上资本会将"阴性的"、在劳动的社会分工中与价值分离的领域资本化，以致毁坏了自身的基础。之所以说资本这么做会毁坏自身的基础，是因为资本为了增殖而发掘这种阴性领域的重要的再生产功能，在这过程中破坏了发展的远景。精神疾病的增加，以及因精神健康问题而过早地失去劳动能力，证明了这个假设是成立的。国家出资照顾儿童、病人和老人等服务，一旦受制于资本的微观经济管理体制，也会成为一个巨大的灾难，令人难以忍受，这些情况都证明我们的假设是正确的。

[5] "The Crisis of Exchange Value", trans. Neil Larsen, Mathias Nilges, Josh Robinson, and Nicholas Brown, in *Marxism and the Critique of Value*, ed. Neil Larsen, Mathias Nilges, Josh Robinson, and Nicholas Brown (Chicago and Alberta: MCMc, 2014), 71–113, 48–49.

[6] *Kritik der politischen Ökonomie. Eine Einführung* (Stuttgart: Auf age, 2005), 178.

[7] Michael Heinrich, "Untergang des Kapitalismus? Die Krisis und die Krise", *Streifzüge* 1 (1999).

[8] Knut Hüller, *Eine Aufwertung des Werts gegenüber dem Preis*, 2006. 相反，源于对马克思的新李嘉图批判的所谓置盐定理，人们认为是在批驳"利润率趋于下降的规律"：甚至海恩里希（*Die Wissenschaft vom Wert*, Münster: Westfälisches Dampfboot, 1991, 327 and following and *Kritik*, 148）也接受这一定理，认为或倾向于认为这个定理否定了资本的"崩溃趋势"。其实，置盐定理无非是说，一个特定的数学模型（一个相对静态的、线性的生产模型，有人荒唐地认为这是马克思提出来的）不能证明利润率的下降，反倒证明了利润率的上升。这不过是说明，人们不能像线性模型那样，简单地从绝对数字及其极限得出抽象结论。

[9] Marx, *Capital* I, 638.

[10] Postone, 311.

[11] Max Horkheimer and Theodor W. Adorno, *Dialectic of Enlightenment*, trans. Edmund Jephcott (Stanford, CA: Stanford University Press, 2002); Pos-

tone, 312.

[12] Postone, 313.

[13] Compare Frank Rentschler, "Die kategoriale Abwesenheit des Geschlechts", *EXIT!* 3 (2006): 176 - 209; Roswitha Scholz, "Über flüssig sein und 'Mittelschichtsangst'", *EXIT!* 5 (2008): 58 - 104.

[14] Heinrich, "Untergang", 178.

第三十四章

贫困与债务：论过剩人口与过剩资本的逻辑与历史[*]

艾伦·贝南纳富 约翰·克莱格

我们总想用先辈的周期理论来解释当前的经济危机。当主流经济学家苦苦寻找经济复苏"迹象"的时候，挑剔的批评家却只追问"恢复"经济增长是否会花更长的时间。如果从周期理论，甚至从长波理论（long waves）着手，确实很容易发现，经济萧条之后必然是经济繁荣，经济下行总是为经济回升铺路垫石的。但是，这场烂摊子清理之后（如果能清理的话），我们看到新的资本主义黄金时代的可能性有多大呢？

让我们首先回顾一下，上一个神奇的资本主义黄金时代（约1950—1973年）之所以出现，不仅是因为世界大战和国家支出的剧增，还因为前所未有的农业人口向工业人口的转移。在"现代化"进程中，农业人口被证明是强有力的武器，因为农民为新一轮的工业化提供了廉价的劳动力。1950年，在德国有23%的人从事农业，法国有31%，意大利有44%，日本有49%。到2000年，这些国家的农业人口都在5%以下。[1] 整个

---

[*] 选自 *Endnotes* 2（April, 2010）: 20–51。

19世纪和20世纪初，资本主义处理大规模失业的方法是，每当出现大规模失业的时候，资本主义便将城市工人逐回土地，或迁移到殖民地去。通过将本土的农民转变为工人，并极力进行殖民扩张，资本主义发展了起来，但也耗尽了传统的复苏机制。

同时，工业化浪潮对被迫放弃农业的人口的吸收，在20世纪70年代达到了限度。从此，主要资本主义国家出现了前所未有的工业就业大幅下降现象。在过去30年里，这些国家的制造业就业占总就业比下降了50%。甚至在新兴的工业国家和地区如韩国、中国台湾，过去20年的工业相对就业水平也在下降。[2]与此同时，在非正式领域工作的低薪服务工人或贫民窟居民数量大大增加，成为萎缩行业的剩余工人的唯一去处。

在马克思看来，资本主义生产方式的根本危机不限于经济活动的周期性低迷，其最有力的表现是工人生活的永久性危机。资本主义"经济"危机的特征（differentia specifica）——有好收成却闹饥荒，产品匮乏却闲置生产资料——只是更大危机的一个时刻——所谓更大的危机，即是社会反复陷入商品过剩、就业不足的状况。这个危机——劳资关系的再生产危机——的趋向，就是本章的研究内容。[3]

简单再生产与扩大再生产

虽然资本带来的结果很复杂，但是其基本前提只有一个：人们无法通过直接方式获得生活必需品，相反，只能通过市场中介来获取。于是就有了"工人阶级"（proletariat）这个词语。这个词最初指古罗马时代生活在城市里的没有土地的公民。他们没有工作，开始有城邦提供面包和马戏场，但最后只能作为职业雇佣者（mercenaries）受雇于他人。但是，工人阶级出现的条件在历

第三十四章 贫困与债务：论过剩人口与过剩资本的逻辑与历史 713

史上是不同寻常的：纵观历史，世界各地的农民阶级大多是自给自足的农民或牧民，即便总是被迫向统治精英集团上交一部分产品，绝大部分都可以直接拥有土地的产出。于是就需要"原始积累"：将人与土地——他们最基本的生产资料——分开，让他们完全依赖于商品交换。[4]

人与土地的原始分离，一旦实现，就没有止境。这个过程必须永久重复下去，资本与"自由"劳动力才能在市场不断相遇。一方面，资本来到劳动力市场后，要求有大量的人缺乏生产资料，需要通过劳动换取工资。另一方面，资本来到商品市场后，要求有大量的人已经得到了工资，需要用钱换取商品。没有这两个条件，资本的积累能力就会受到限制：既无法大规模生产，也无法大规模销售。1950年以前，除美国和英联邦外，大规模生产受到限制，正是因为市场规模不大，即是说，存在大量的、自给自足的农民，他们主要不是依靠工资生活。战后的趋势是消灭全球剩余的拥有土地并自己耕种的农民，首先让他们不能自给自足，然后完全剥除他们的农民身份。

马克思在《资本论》第一卷论"简单再生产"的一章中解释了资本主义的这一结构特征。我们把它理解为劳资关系在生产—消费的循环中（并通过这个循环）的再生产。[5]简单再生产能持续进行，不是由于"习惯"，也不是由于工人错误或不清醒的意识，而是由于迫切的物质需求。这便是对雇佣工人的剥削，即，他们凑起来也只够买小部分他们生产的产品。

> ［资本不让］这些有自我意识的生产工具在它不断使他们的劳动产品从他们这一极移到资本那一极时跑掉。个人消费一方面保证他们维持自己和再生产自己，另一方面通过生活资料的耗费来保证他们不断重新出现在劳动市场上。[6]

由此，资本积累不是一个只关系到生产领域的组织或只关系到消费领域的组织的问题。过分强调生产或过分强调消费，都可能导致对资本主义危机的片面理解："生产过剩"或"消费不足"。雇佣劳动将再生产过程作为一个整体来思考：工资把工人分配到生产中，同时把产品分配给工人。这是资本主义的常项，与具体的地理、历史无关。再生产过程的崩溃既会导致过度生产危机，也会导致消费不足危机，因为在资本主义中，二者是一回事。

但是，我们不能这么直接从展示简单再生产的结构跳转到危机理论。因为简单再生产，就其本质来说，也是扩大再生产。如同劳动力必须回到劳动力市场以补充薪金，资本也必须重返资本市场，把利润重新投入扩大再生产中。资本必须不断积累，否则就会在与其他资本的竞争中落后。部门内的价格竞争机制与可变成本结构会导致部门内利率不同，反过来会推动提升效率的创新，因为将成本降低到部门内平均水平以下，公司便可通过获得超额利润或以低廉的卖价赢得市场份额。但成本降低必定导致价格下降，因为资本追求高额利润的过程驱动供应上下波动，让新的投资也围绕部门的平均利润上下波动，于是资本在部门间的流动导致部门内部利率趋于一致。资本的这种永久性运动也会推动降低成本的创新跨越不同部门进行传播——由此形成利润规律，这一规律促使所有资本不顾政治、社会配置，追求利润最大化。相反，当利润下降，就无法重建资本积累过程，因为缺乏重建获利条件的"屠杀资本价值"和"释放劳动力"。

可是，这种形式主义的对价值增殖过程的理解无法捕捉马克思的分析暗示出来的历史趋向。仅仅靠利润规律，无法确保扩大再生产，因为扩大再生产需要有新行业、新市场建立起来。利润率的升降对于资产阶级来说是一种信号，告诉他们某些具体产业中已经发生了创新。但更重要的是，长此以往，产品的构成——

以及随之而来的就业——发生了改变：曾经在产出和就业上占有很大份额的行业现在发展得慢了，而新兴的工厂在两方面占有的份额都提高了。这里，我们得分析一下独立于供应因素的需求因素。[7]

对特定产品的需求是随价格的变化而变化的。价格高的时候，产品只有富人购买。随着节省劳动力的创新的推进，价格下降了，产品变为大众消费品。在这个转变的开始，创新让需求这一产品的市场急剧扩大，以致超出了现存工厂的生产能力，于是价格下降比成本下降慢，导致出现一段高利润率时期。接着，资本涌进这个产品线，同时拉来了劳动力。然而，到某个点上，市场达到极限；即是说，市场饱和了。[8]这时，在创新的推动下，整个生产能力高于市场容量：价格下降比成本下降快，导致出现低利润率时期。资本退出，劳动力也被释放。[9]

这一被经济学家称作行业"成熟"的过程，已经发生过很多次了。在近代英国率先发生的农业革命最终达到了农产品国内市场的极限。劳动过程创新，如整理碎片化私有地，废除休耕地，根据自然优势区别使用土地——这些都是在资本主义再生产条件下进行的——意味着，劳动者和资本被系统性地逐出了乡村。结果，英国迅速城市化，伦敦成为欧洲最大的城市。

这时，关键的扩大再生产趋向发挥作用了。从农业分流出去的劳动者不会在城市里永远消沉下去。当时英国正处于工业化时期，他们最终受雇于制造业，尤其是新兴的从羊毛到棉布过渡的纺织业。但是，纺纱机、细纱机、动力织布机等劳动过程创新再次意味着行业要开始裁减劳动力与资本了。这些第一次工业革命里被解雇的劳动力与资本为第二次工业革命开辟了道路（如化工品、电信、电力及发动机驱动的行业）。正是利润率差别引起的劳动力、资本在一个产品线的进入与流出，确保了连续扩大再生产的可能性。

如果没有可供支配的人身材料，没有不取决于人口绝对增长的工人的增加，扩大再生产是不可能的。工人的这种增加，是通过使一部分工人不断"游离"出来的简单过程，通过使就业工人人数比扩大的生产相对减少的方法造成的。因此，现代工业的整个运动形式来源于一部分工人人口不断地转化为失业或半失业的人手。[10]

因此，扩大再生产就是不断地再生产出简单再生产所需的条件。由于利润率下降，资本无法再次投入相同的行业，于是资本会在劳动力市场寻找那些从其他行业分流出来的劳动者。这些"自由流动"的资本和劳动力会流入正处于扩大阶段的高利润率的市场，也可能进入全新的产品线，为市场生产出不曾有过的产品。就这样，越来越多的活动被纳入资本主义的价值增殖过程，原来的奢侈品流入大众市场。

资产阶级经济学家约瑟夫·熊彼特（Joseph Schumpeter）在其商业周期理论中描述了这个过程。[11]他指出，旧的产品线的萎缩，很少是顺利而平和的。它通常伴随着工厂的倒闭和破产，资本也试图在价格大战中将损失转嫁到其他资本上。当几条产品线同时萎缩时（情况通常都是这样，因为它们是以相关技术创新为基础的），经济萧条就开始了。熊彼特把这种资本和劳力的撤离称为"创造性破坏"——"创造性"不仅是说这种撤离是创新引起的，而且是因为破坏为新的投资和创新创造了条件：在危机中，资本以折扣的价格在市场上找到了生产资料和劳动力。因此，经济萧条如森林大火一样，为新一轮经济复苏扫清了障碍。

许多马克思主义者赞同类似于熊彼特的周期性增长理论的观点，只补充了工人抵抗因素（或许还有社会生态）作为经济周期的外部压力。于是，通过确信危机提供了肯定劳动者力量

（或纠正资本主义的生态破坏趋势）的机会，马克思主义者将危机视为自我调节机制的观念得到了补充。在这些时刻，"另一个世界是可能的"。可是，在马克思的资本主义理论中，并没有关于内部趋向与外部压力的区分的内容。他认为正是在扩大再生产的过程中（并通过这个过程），资本的趋向呈现为资本的发展限度，但呈现方式不是通过周期性的繁荣与萧条，而是通过资本自身的积累条件的持续恶化。

再生产危机

马克思关于利润率下降趋向的笔记，经恩格斯整理，编为《资本论》第三卷第13—15章。人们往往从中寻求"持续下降理论"。这些笔记指出，各行业的利润率趋于均等的倾向——以及各行业的生产力趋于提高的倾向——导致所有经济部门的利润率都趋于下降。几十年来的争论都集中在导致这种趋势的"资本不断增高的有机构成"上，以及相关的各种趋势及反趋势的复杂联动上，却常常忽略了另一个事实：对资本构成的这种阐述，是发现另一个规律的基础。这个规律可以从周期性的、连续的危机趋势看出来，人们可以将这个规律看作马克思对资本构成阐述的重新表达——那就是《资本论》第一卷的第25章"资本主义积累的一般规律"。[12]

这一章紧随论简单再生产和扩大再生产的三章，人们一般认为其作用非常有限。读者只关注马克思论证的第一部分，即他指出的决定工资比例的内部因素。在这一部分中，马克思展示了工资如何通过在结构上维持一定水平的失业，从而与资本积累需求保持一致。当劳动力需求增加，"产业后备军"降低，工资随之增高。增高的工资会吃掉一部分利润率，导致资本积累减缓。当劳动力需求又一次下降，后备军人数再次增加，先前的工资增长便被蒸发掉。如果这一章只谈这些,那么"一般规律"只不过是简单再生产与扩大再生产理论的注脚。但是,马克思才刚刚拉开论证的序幕。如果失业人口会作为产业后备军吸收进资本循环中——依然处于失业状态,但对劳动市场的调节至关重要——那么,他们同样会超越这个功能,呈现为绝对过剩。

> 社会的财富即执行职能的资本越大,它的增长的规模和能力越大,从而无产阶级的绝对数量和他们的劳动生产力越大,产业后备军也越大。可供支配的劳动力同资本的膨胀力一样,是由同一些原因发展起来的。因此,产业后备军的相对量和财富的力量一同增大。但是同现役劳动军相比,这种后备军越大,常备救济的贫民也就越多。这就是资本主义积累的绝对的、一般的规律。[13]

换言之,资本积累的一般规律就是:伴随着资本的增长,资本在劳动人口中产生出相对过剩人口,相对过剩人口倾向于成为固定的多余人口,即资本的需求绝对用不着的人口。[14]

尽管马克思描述的趋向在当下这个失业性复苏、贫民窟城市、危机普遍化的时代表现得越来越明显,但他是如何得出上述结论的,依然很难看明白。在《资本论》法语版第一卷中,他进行了清晰的论证。他指出,为维持就业水平,资本有机构成越高,资本积累就必须越快,"但是这一过程本身就会导致新的技术革新,会进一步减少相对劳动力需求"。这不仅仅是某些高度密集产业的特点。随着资本积累增加,产品过度堆积,利润率下降,产业间竞争加速,迫使所有资本家"节约劳动力"。于是,生产力的提升"被控制在这一强大的压力之下;生产力的提高被吸收进技术革新,而技术革新让所有环绕这些巨大的生产场域部门的资本构成都发生变革"。[15]

那么，新兴产业如何呢？新兴产业是否会挽救就业不景气现象呢？马克思发现，在商业周转过程中，并通过商业周转，劳动密集型产业会转变成资本密集型产业，导致所有生产部门——无论新兴的还是原有的——对劳动力的需求都会减少。"一方面……在资本进一步积累中形成的追加资本对工人的需求相对减少。另一方面，原有资本在循环中也迫使越来越多以前受雇的工人失业。"[16]这便是"一般规律"的秘密所在：节省劳动力的技术在行业内及行业间都具有普遍化趋势，使劳动力需求相对减少。此外，这些创新是不可逆转的：当利润率得到恢复的时候（如果可能的话），创新并不会消失。（的确，我们将看到，利润率恢复常常是以新兴产业或扩张产业的进一步创新为条件的。）因此，劳动力需求的相对减少成为定局，它将超过资本积累，变成绝对减少。[17]

马克思并非简单地通过对价值规律进行抽象分析而演绎出这一结论的。《资本论》第 15 章对这一趋向也有实证研究。在这一章中，马克思引用了 1861 年的英国人口普查数据，这些数据表明，从就业角度说，因技术革新而出现的新工业"影响甚微"。例如，"煤气厂、电报业、照相业、轮船业、铁路"等高度机械化或较为自动化的生产，总就业人数不到 10 万，纺织、冶金等工业的就业人数却超过了 100 万，这还是引进机械之后的就业人数。[18]仅从这些数据就可以明显看出，与第一次工业革命中的产业开始出现时相比，第二次工业革命的产业吸收的劳动力微不足道。在第 25 章，马克思提供了更多的支撑数据。1851—1871 年，只有在未引进机械化的旧工厂，就业人数才继续大幅增长。因此，马克思对劳动力需求先相对减少后绝对下降的长期性变化趋势的预测，在当时就得到了他所能获得的数据的证明。

这里马克思描述的"危机"并非马克思主义理论通常所说的生产、消费甚至积累的周期性危机。通过这些周期性危机，并在这些周期性危机中，一个长期性危机出现了，即资本－劳动力关系自身的生产的危机。如果说扩大再生产意味着从萎缩的产业释放的工人、资本将极力在新兴产业中寻求立足之地，那么资本积累的一般规律表明：随着时间的推移，越来越多的工人与资本会发现它们无法再次进入新的扩大再生产过程。从这一点来说，无产阶级逐渐成为自己的再生产的局外人，他们没有了再生产资料，也没有了工作。

这一危机显示了资本主义生产模式的根本矛盾。一方面，资本主义社会关系中，人们被迫成为工人。另一方面，他们又不能成为工人，因为在工作过程中，他们破坏了自身存在的可能性条件。雇佣劳动与资本积累密不可分，也与不断出现的节省劳动力的技术创新密不可分，但资本积累和技术创新让劳动力需求日渐减少："工人人口在生产资本积累的同时，也以日益扩大的规模生产出使他们自身成为相对过剩人口的手段。"[19]从表面上看，节省劳动力的创新会导致商品丰富，商品丰富必然导致就业宽裕。但是，在雇佣劳动社会中，社会必要劳动时间的减少——这让商品如此丰富——只会表现为就业的减少，表现为不稳定就业的大量增加。

马克思对一般规律的表述本身就是一个再次表述，一个对第 25 章开始就定下的论点的戏剧化展开。在那一章中，他直截了当地说："资本的积累就是无产阶级的增加。"[20]以前的马克思主义者把这句话理解为资本扩张必然导致无产阶级的壮大。但是，无产阶级并不等于工人阶级。根据马克思在本章的最后论述，毋宁说无产阶级是处于过渡期的工人阶级，其工作可能被剥夺的工人阶级。我们的这个解释得到了马克思在《资本论》中对无产阶级的唯一定义的证明，此定义是在上述论点的脚注中给出的：

无产阶级在经济学上只能理解为生产和增殖"资本"的雇佣工人，**只要他对价值增殖的需要成为多余时，就被抛向街头**。[21]

从再工业化到去工业化

"资本主义积累的一般规律"对《资本论》的阐释无疑有巨大意义，可是在当今却被忽视了，因为在20世纪进程中，人们多次以"贫困化理论"为名，将它拿起又放下。人们认为，马克思预测的失业增加以及由此引起的贫困化加深与资本主义的历史相悖：在马克思死后，工人阶级规模壮大，生活水平也在提升。然而，非但这些趋势的普遍性被过分夸大，最近，与之明显相反的趋势使得贫困化理论似乎更加可信。但是，过去30年，全球工人相对数量的增加趋于停滞。在低GDP国家，城市贫民以及非正式工人的数量空前激增，而在高GDP国家，服务业工资水平很低，扯平了高GDP国家与低GDP国家的差异。[22]那么，贫困化理论就是正确的吗？不应该这么问。应该问的是：在什么条件下这一理论才适用呢？

马克思阐述常备剩余人口增长问题是在1867年。他认为，第二次工业革命出现的新兴产业因其高度自动化，吸收的劳动力及资本比例会低于原有的机械化产业所释放的。这一趋势并没有按他的预想上演。从图34.1可以看出，在那个时代的英国，他说的是对的：第二次工业革命早期的新兴产业，如化工业、铁路业、电报业等，无法完全吸收第一次工业革命的产业释放出来的剩余人口。结果是，制造业雇佣人口增长比例持续下降，在20世纪初的一段时间是绝对的下降。马克思没有料到的是，19世纪90年代，某些新兴产业，主要是汽车业、生产耐用品的行业，同时吸收了劳动力与资本，使得这一下降推迟了半个多世纪。这些新兴行业的发展与20世纪的两个变化有关：国家在经济调控中的作用越来越大，消费服务转变为消费商品。[23]

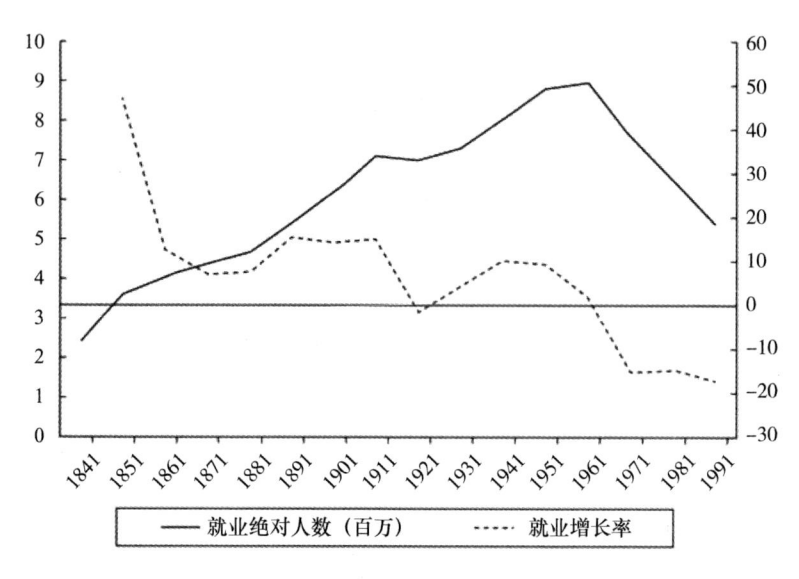

图34.1　英国制造业就业统计（1841—1991）
来源：布莱恩·米歇尔：《世界历史数据：欧洲（1750—2005）》（Basingstoke：Palgrave Macmillan，2007）。

马克思19世纪60年代讨论的煤气厂、电报业、铁路（我们还能加的只有电力行业）等新兴产业在当时就已开始投入消费。可从这些技术产业衍生的消费服务业——最初主要为富有的精英阶层提供服务——在产业公司内部的经营计划中是从属于他们所提供的服务的。铁路业是作为矿业的劳动力节省创新而出现的，随后又扩展到其他行业。唯有国家支持的联合企业使得铁路基础设施遍布全国，铁路业才成为服务业。甚至当成本下降、越来越多人都能够使用机械化的铁路运输的时候，铁路作为服务业，仍然保留了许多当初作为"工业过程创新"的雇佣员工的特点。国家铁路在运送货物之外，还运送旅客，在建造过程中吸收了大量的劳动力与资本,但后来也较为自动化了,其维护过程对资本与劳动力的需求大为减少。[24]

国家投资修建道路,导致出现了汽车工业,汽车工业最终将机械运输的消费服务转变为个人可以买来消费的产品。这种产品的分裂与复制——劳动力节省创新转变为能吸收资本和劳动力的"产品创新"——意味着汽车工业能随着市场的扩大而吸收更多资本与劳动力。类似的情况也发生在电报业向电话业的转变中,以及电子制造业向电子服务业的转变过程中。在所有这些事例中,集体消费服务——往往起源于工业中的中介服务——被转变成了个人可以购买的商品,开辟了新市场。随着成本下降,生产水平提高,新市场变成大众市场。这为20世纪的"大众消费主义"奠定了基础,因为这些新兴产业能够吸收大量的资本与劳动力,即便当生产力的提高降低了相对生产成本,以致越来越多的农民变成了工人,越来越多的工人有了稳定的工作。

可是,正如维持这一过程的政府赤字消费表明的,资本并无让持续的产品创新完全抵消劳动力节省的过程创新的必然趋势。相反,产品创新本身就是服务于过程创新的,以致成功的产品创新只会使问题更加严峻。[25] 20世纪60年代到70年代,汽车业、耐用品制造业开始释放劳动力与资本,微电子产业等新兴产业甚至在几十年后都无法吸收这些过剩人口和资本。如前述第二次工业革命的创新一样,微电子产业也是从工业或军事产业的具体过程创新中产生的,只是近来才转变成各种消费商品。从创造新就业的角度来说,这一转变的难度不仅仅在于规划软件市场很困难,更在于微电子产业的新产品只能吸收越来越少的劳动力与资本。事实上,电脑行业不仅本身迅速地减少了劳动力需求(芯片产业,现在全球仅存几家,机械化程度之高,让人难以置信),而且往往在各个行业推进自动化,降低劳动力需求。[26] 因此,与熊彼特的预言相反,电脑产业的兴起并未复兴停滞的产业，恢复扩大再生产，而是如马克思所预测的，电脑产业促进了去工业化过程，缩小了资本积累的规模。

去工业化导致的人口过剩：服务业与贫民窟

去工业化始于美国。20世纪60年代，美国的制造业就业人口比重开始减少，到80年代则直线下降。这一趋势在大多数高GDP国家蔓延开来，甚至扩展到所谓的工业化国家和地区。[27]低薪服务业爆炸式的发展部分补偿了制造业就业数量的下降。然而，服务业终究无法取代制造业在新一轮扩大再生产中的基础地位。过去40年里，欧美GDP平均增长速度在周转过程中越来越慢（只有20世纪90年代晚期美国出现一次例外），实际工资停滞，工人越来越依靠信贷维持生活水平。

根据我们的观点，如果说随着生产力的提高，劳动力和资本从一些产业中释放出来，然后在其他新兴产业中重新组合，扩大再生产由此形成了动态增长，那么，这对于理解服务业的增长就有着重要的意义。服务是效率很难大幅提升的活动，这几乎是服务业的天性。[28]目前人们知道的大幅提升服务业效率的唯一途径是，将其转变成产品，然后在生产该产品的过程中逐步提高效率。实际上，许多产品之前就是服务。例如，以前在富贵人家，仆人洗碗，现在洗碗机可以更有效地提供这种服务，而且生产洗碗机所需的劳动力越来越少。依然保持服务业本色的活动，恰恰是那些至今仍然无法用产品来代替的行业。[29]

当然，资本主义的"服务"概念极不准确，包括从所谓"金融服务"到办公活动、宾馆清洁的一切活动，甚至包括一些外包制造工作。许多马克思主义者将服务概念竭力归入非生产劳动，但如果我们回想一下上面所说的特点，就会明白这与马克思所说的"形式包含"联系更紧密。马克思批判史密斯（Smith）

形而上学地理解"生产劳动"与"非生产劳动"——前者生产产品，后者不生产产品。他代之以一个技术区分：作为资本增殖过程的一部分的劳动与资本增殖过程之外、直接针对消费者的活动。在《直接生产过程的结果》一文中，马克思论述道：从理论来说，所有的非生产劳动都可以变成生产劳动，只要在形式上将它纳入资本增殖过程就行。[30]然而，仅仅在形式上包含的活动只创造绝对剩余价值。而要创造相对剩余价值，它必须转变物质生产过程，以适应生产力的快速提升（协作、工场手工业、大规模产业、机械化）——即，真正的包含。若瑟恩（Rowthorn）等资本主义经济学家谈论"技术上不变的服务业"的时候，他们并没有真正理解马克思所说的服务业内涵——只在形式上而非真正被包含的劳动过程。

于是，随着经济的增长，服务业的实际产出趋于增加，但只能通过增加雇佣人数或加强现有工人的工作强度才能实现，即通过绝对剩余价值生产，而非相对剩余价值生产。在大多数类似的服务业，工人的工资几乎是所有的成本，所以要想生存下去并有利可图，必须压低工资，尤其是当购买这些服务的人本身很穷的时候：看看美国的麦当劳和沃尔玛，或者是印度、中国规模巨大的非正式无产阶级。[31]

在某些行业里，人们错误地认为，高GDP国家的去工业化归咎于低GDP国家的工业化，而在其他行业里，人们认为低GDP国家的去工业化是由于国际货币基金组织、世界银行等只为高GDP国家的利益服务所致。实际上，世界上几乎所有国家都介入了"相同的全球性转变"，只是程度不同。战后早期一段时间，许多国家转向"福特主义"——由政府赞助，从高GDP国家引入大规模生产的方法。"福特主义"通常被看作一种国家经济发展政策，以劳资之间为分享生产力提升带来的收益达成的协议为基础。但是，福特主义几乎从一开始就建立在制造业贸易的国际化基础之上。20世纪五六十年代，国际贸易复苏，欧洲、日本获益最大：这些国家的资本可销售到全球，形成了大规模市场，打破了本国市场的局限。到60年代中期，巴西、韩国等低GDP国家采取了同样措施。即使在迅速扩大的全球市场中只占据很小的份额，但是其经济增长的速度依然远远超过本国市场。因此，截止到1973年，贸易国际化与所有工业化国家的高速发展密切相关。

1973年后，形势大变。商品市场趋于饱和，几个国家的生产就能满足全球需要（目前中国的一家公司能提供全世界一半以上的微波炉），这一现象已越来越常见。于是便导致劳资关系危机，即，过度生产与过低消费的双重危机，其信号是全球利润率下降，失业与不稳定就业状况加剧。一直建立在全球良性增长率基础之上的劳资和谐一旦打破，工资便停滞不前。各国资本越来越依靠全球贸易，但从现在开始，一些国家的资本扩张只能通过牺牲其他国家的资本才能实现。虽然低GDP国家还未赶上高GDP国家，可它们卷入了同样的世界危机。《结构调整方案》（Structural Adjustment Programs）只能使之加速转变为新的不稳定的国际构架。20世纪八九十年代，去工业化，或至少说，工业就业停滞，几乎席卷了所有工业化国家。[32]

那些仍然依靠农业，或依靠传统资源出口的国家，危机一旦发生，需求下降，传统商品价格暴跌，他们遭受的打击更是毁灭性的。在这里，我们也必须回顾一下长期以来的趋势。战后早期，农业迅速发展，提供了大量低价食品。个中原因有二：首先，第二次世界大战后停产的军需品制造厂改为生产复合肥，提高了土地产值，农产品种类越来越多样；第二，电动机械化提高了农业劳动的生产效率。这两项技术都适用于热带气候农业生产。于是，全球农民刚刚进入朝鲜战争带来的高价农产品市场，价格便开始持续下跌。20世纪50年代，低GDP国家农业就已经开始削减。这不仅是根据市场能力对农民进行分类及拒斥的结果,也是全球人口急剧增加的结果(低价食品、现代化医疗保证了人口增长)。扩大的家庭规模意味着传统的继承形式已粉碎了土地所有权,而人口密度的增加逼近了生态极限。[33] 八九十年代的《结构调整方案》要求负债国家停止补贴农业,无疑是对已经疲惫不堪的农民的最后一击。

现在可以很清楚地明白,去工业化并非"第三世界"的工业化造成的。世界大部分工人阶级生活在"第一世界"之外,世界大多数人口也同样如此。低GDP国家绝对拥有更多的工业就业人数,但相对本国人口而言,就不多了。即使农业就业下降,相对工业就业也在下降。正如高GDP国家的去工业化源于制造业失业且服务业无法顶替上来,低GDP国家贫民区的暴增也源于农业人口失业而工业又无力吸收剩余的农村人口。以前世界银行认为全球过剩人口增加只是一个短暂现象,但现在他们不得不承认这是永久性的状况。现在,世界上有10多亿人口不停地在城市贫民窟和农村贫民窟之间来回迁移,竭力寻找临时的、不稳定的工作,以维持艰难的生计。[34]

过剩资本与过剩人口

前面已经描述了资本积累如何在长期循环中导致了旧生产线解雇劳动力与资本,进而导致了这些劳动力和资本在新兴产业中得到组合。这就是资本的趋向,这趋向同时也是资本的局限。当无论找不找得到生产投资的途径,资本都必须被解散的时候,那个时刻就到来了:剩余资本及其不再雇佣的剩余劳动开始在系统中积聚。马克思在《资本论》第三卷名为"剩余资本与剩余人口"的一节中讨论了这些现象。[35] 本章着重探讨的是剩余人口,主要是因为人们在读马克思的时候大都不曾留意剩余人口趋势。

在这最后一节中,我们将考察一下剩余资本,因为剩余资本调节、扭曲着过剩人口。遗憾的是,在这里我们只能简略地提一下,更详尽的讨论留待《尾注》第三辑。

美国在第二次世界大战中毫发无伤,一跃成为资本主义的领军者,不仅拥有最大的国内市场,最少的农业人口(以就业人数比例而论),而且有最先进的工业技术。据估计,美国的产出占全世界一半多。[36]美国还是天字一号的全球债权国,黄金储备占全球三分之二,并且因其雄厚的财力,在国际联盟中拥有极大的权力。凭借这些条件,美国在大萧条后的一片混乱中以自己的方式重建国际货币体系。在《布雷顿森林体系》(Bretton Woods)中,美元成为黄金直接保驾护航的唯一国际储备货币,所有其他货币都围着美元打转(创立了可调整的固定汇率体系)。一方面,欧洲国家的货币与美元挂钩,使他们在重建过程中平衡预算方面暂时缓了一口气。另一方面,美国在帮助他国重建的时候,确保了本国资本出口市场,这反过来又方便了欧洲大国购买美国商品。于是,欧洲预算赤字通过美国资本出口得到了填补,一个持续的跨大西洋不平衡贸易有效地写入了《布雷顿森林协议》。然而,这种不平衡很快就消失了。

通过直接的国外(军事)投资、借贷或信贷等方式,美元大量流入欧洲,欧洲各国和在欧洲开展业务的美国企业,不断地将美国产品输入欧洲,提高了欧洲生产力。相同情况在日本也发生了,其中朝鲜战争扮演着马歇尔计划的角色(尽管在日本,美国资助常常不能到位)。所有这些都有赖于美国的支持,美国向全世界输出其批量生产与分配技术。但是,到20世纪60年代,许多国家的生产力得到了提高,不再依靠美国进口,而且一些国家开始与之前所依靠的美国生产商竞争市场。这种竞争首先在第三市场上演,之后又蔓延到美国本土市场。最终,60年代中期美国贸易发生了平衡逆转,说明全球制造能力

第三十四章 贫困与债务：论过剩人口与过剩资本的逻辑与历史 729

的积累正在接近极限。从此以后，出口竞争将是一场收支相抵的游戏。

在战后的经济高速发展期，美国通过向国外直接投资的方式出口美元，促进了赤字国家迅速发展，但是，这一阶段性的变化使美国的资本出口逐渐通货膨胀了。[37]越南战争中美国预算赤字的螺旋式上升让通货膨胀问题更加严峻。当时，似乎不可避免的美元贬值随时可能导致把赌注全部押在固定汇率系统上的各个国家的储备价值下降，进而威胁着这些国家的支付平衡。结果便是，一方面，许多中央银行开始把手中的美元换成黄金（迫使美国1968年迅速关闭了兑换系统）；另一方面，积压在欧洲美元市场的剩余美元开始向出口经济货币施加投机压力，如果美元贬值，首当其冲的就是这些出口经济货币。这些国家既包括把货币拴在美元上的发展中国家，也包括发达国家。一旦问题爆发，发展中国家将眼睁睁地看着自己的主要出口产品的价值量不断下降，而所必需的进口工业品的价值量却相对上涨；发达国家出口市场的风险则是，其货币要根据美元价值的变化重新估价。随后，美国放弃了布雷顿森林体系，以及对赤字的"善意忽视"政策，以美元贬值为由将灵活的美元储备货币新标准强加于其他国家，有效地把维持美元价值的工作分配给其他国家的中央银行，而其他国家的银行被迫把过剩美元用来维持美国的稳定，以保证自己的货币对美元的兑换率。这样美国便达到了目的，消除了预算限制，可随意发放美元，其他国家别无选择，只能将美元循环送回美国金融市场，尤其是回到美国政府债务，迅速使美元代替黄金成为全球储备货币。[38]

回流的过剩美元极大地促进了全球金融市场的发展，成为迅速大幅波动起来的货币市场的关键因素——既是造成波动的原因，又是避免波动的唯一可用资源。过剩美元还改变了后来30年的经济地图，改变了全球的经济发展格局。因为远远高于全球投资需求,"这一巨款"造成了国家和个人消费的扩张,并导致了金融投机泡沫。就金融投机泡沫来讲,过剩美元将像幽灵一样在全球逡巡,一旦哪个国家不幸被它盯上了,就会出现前所未有的财富泡沫。[39]

20世纪70年代晚期,这一连串的泡沫和破产开始在拉美上演。石油业大量美元回流美国(受美元兑换实际利率为负零的刺激),促生了一整套金融风险创新体系(包括臭名昭著的"可调整性利率贷款"),而随着沃克尔股票让利率回升,所有创新体系全部崩溃。正是从日本回流的过剩资本使美国经济幸免此后的通货紧缩,促进了里根总统凯恩斯消费计划功效加倍。可是美国以德报怨,在1985年《广场协议》对日元重新估值,把美元贬值,让日本经济陷入更大的资产-价格泡沫,此泡沫最终于1991年破灭。由于日本出口产品主要面向东亚(为了使日元升值),因此又引发了东亚经济的一系列泡沫。这次美国对日本的美元重估造成的结果姗姗来迟。在1995年的反《广场协议》中,东亚经济以及拉美那些与美元挂钩的经济体终于遭遇了严重下滑。不久,泡沫返回美国,互联网泡沫取代由美元增值带来的股市鸿运。随着美国公司债券需求无法吸纳全球过剩美元,2001年互联网泡沫又转变成房地产泡沫。这两个泡沫大部分都只发生于美国(虽然房地产泡沫也扩展到欧洲),这是由于美国经济量大而且长期拥有特权,是现在唯一可以承受这些过剩美元长期流入的经济体。

倘若把这一现象放到前面谈到的去工业化、经济停滞的背景下,将其比喻成"抢椅子游戏"应该是妥当的:受不断提高的生产力推动,产能在全球传播,导致全球产能过剩不断加剧。那么,要想保持发展过剩的产能,就只能不停地把过剩产能从一个通货膨胀的经济体转移到下一个。下一个经济体只能在极低的短期利率及其产生的虚拟财富基础上举债吸收过剩产能,而利率一

第三十四章 贫困与债务：论过剩人口与过剩资本的逻辑与历史 731

旦回升，投机热潮降温，所有泡沫便不可避免地一个接一个破灭了。

许多人用"金融化"这一模糊的术语来称呼上述现象，意在说明金融资本主宰了工业资本、商品资本。但是形式多样的金融增长，既模糊了金融资本的来源，也模糊了它作为一个部门不断增长的原因，甚至在金融业越来越难以维持回报率时，依然如此。就金融资本的来源而言，不仅要考虑前面已经讨论过的"过剩美元库"，而且要考虑这一事实：陷入停滞的非金融产业越来越倾向于将投资需求转向IPO，转向企业合并、产权收购，这些都会给金融公司带来费用及红利。在回报率方面，生产投资机会的减少、货币政策的放宽让短期和长期利率都低于常规，迫使金融资本为获取相同的投资回报率而愿意冒越来越大的风险。反过来，升高的风险（金融为应对利润率下降采取的措施）却被复杂的金融"创新"掩饰了；当其崩溃时，政府需要提供定期的紧急救助。

1997年至2009年，高GDP国家增长速度迅速跌落，前所未有；家庭收入以及各行业就业均为零增长；GDP几乎完全依靠建筑产业和个体家庭的负债维持。所有这些都有力地证明，金融形式的过剩资本不可能与过剩劳动力结合，也不可能维持扩大再生产的动态运转。[40]19世纪中期的泡沫让欧洲建成了全国性铁路系统。即便20世纪80年代的日本泡沫也留下了未曾得到充分发展的新产能。可是，在过去的几十年，两次以美国为中心的泡沫却只给日益无线化的世界留下大量的远程通信线路以及在经济、生态上都不可持续的大片住房。"格林斯潘对策"——用刺激帮助泡沫经济复苏——失败了。这只能说明，向已经负债累累的系统注入更多的债款，其回报在不断下降。

……中国呢？

当全球经济处于停滞，中国却是一个明显的例外，尤其是在这个绝对全球性的去工业化与就业不足的时代。于是，可能有人会以中国为例，反驳我们上面的阐述。诚然，近些年来，中国已成为世界工业的动力，但其并非通过开放新市场或创新生产技术，而是通过消耗其他国家来大规模地提高制造产能。[41]人人都认为中国工人阶级规模会出现前所未有的增长，但这种说法明显是错误的。最新统计数据显示：总的来说，1993 年至 2006 年间，中国制造业并未创造任何新岗位，工人阶级总人数一直在 1.1 亿左右徘徊。[42]乍一看，很让人吃惊，事实上并非如此。原因有二。

第一，过去 30 年里，中国南部新兴产业的工业化——起初以从香港、台湾地区进口为基础——已经与东北老工业基地并驾齐驱。这可能部分说明了为什么中国不像战后德、日、韩那样，在奇迹般迅速增长的几十年里，实际工资几乎没有提高。

第二，中国经济的发展不是仅仅以劳动密集型制造业为基础。低工资也让中国在从纺织业、玩具制造业到汽车制造业以及电脑产业的众多产业中具备竞争能力。节省劳动力的创新被运用到包括中国在内的发展中国家的公司中，意味着即使这些国家工业化地域扩大，各行各业所需工人数量还是在减少（相对于整体劳动力）。即是说，中国不仅原有制造业就业人数减少，而且新兴产业吸收的劳动力，相对于产品增长来说，也呈下降趋势。

19 世纪，当英国是世界工厂时，世界 95% 的人口是农民。现在，全球绝大多数人口的生存依靠全球市场，当一国的生产能满足所有其他国家的需求，对那些被迫保持贫穷以维持出口价格的国家来说，以及对那些劳动力不再派得上用场，但同样也不再能依靠自己的资源而活下去的大众来说，这将是致命的。在这一背景下，全球剩余农民不再能成为现代化的武器——加速工业化速度可以依赖的劳动力大军及消费大军。他们只能成为纯粹的过剩人口。印度和撒哈拉以南的非洲如此——中国也是如此。

结　语

现在许多人在谈论"失业性复兴"，但如果"资本积累的一般规律"在这里是适用的，那么所有的资本主义复兴都会导致越来越严重的失业。产业的成熟在促成扩大再生产的同时趋向于解雇劳动力，由此让下一轮扩大再生产无法吸收的过剩人口无从翻身。这些都是因为劳动力节省技术是适用于不同行业的，这意味着新产品的制造趋向于采用最新的生产过程。然而，生产过程创新永不停止，而且会跨越新旧资本的界限得到普遍传播，产品创新在产量和雇佣人员的净增长能力却有自身的限制。那么问题就不仅仅是产品创新要不断加速，以吸纳由于过程创新而带来的过剩人口，更紧要的是，产品创新加速本身导致了过程创新的加速。[43]

不过，如果说由于前述原因，"一般规律"在20世纪大部分时间都没有体现出来，那么，对于现在全球失业人口不断增加，也不能说是"一般规律"起作用了，至少不是简单意义上的"一般规律"。原因是，过剩资本的轨迹会扭曲马克思所说的过剩人口的轨迹，并且不只是以我们前面描述的方式来扭曲。更重要的是，过去30年国际货币市场积累起来的过剩资本随着工薪家庭债务的增加而掩盖了绝对贫困。这一趋势阻止了社会底层脱离全球总需求，也同样阻止了任何可能的复苏，因为复苏只能通过"舍弃资本价值"和"解雇劳动力"来实现。实物价格紧缩可能掀起投资新热潮，而在这一背景下，劳动力的贬值只会导致更严重的消费者缺席，进而导致金融风暴。[44]因此现在不仅有增加就业的问题，还有复苏的可持续性问题。

未来几十年，如果各国不能有效应对全球通货紧缩的压力，就可能突然爆发一系列问题，也可能慢慢出现长期的经济下降。虽然我们在本质上不是灾难论者，但还是要警告那些可能忘记历史有时会突然往前乱冲乱撞的人。不管怎样，我们预期的灾难不是什么未来的事情，而是眼下一步步错误的趋势的延续。近几十年已经见证了贫穷及失业的不断加剧。一些人在谈论工业化停滞的国家时说，情况没那么糟糕，人们挺得过去的———一句话，无产阶级已经穷惯了。这些人的说法在不久的将来会得到检验，那时负债能力和家庭收入会继续下降。无论如何，世界相当一部分人大祸临头，种种预兆是无法否认的。对于吸收这些剩余人口，话已经说完了。现在只差怎么动手了：关进监狱、隔离到贫民窟或集中营，警力伺候，还可以送上战场当炮灰。

注　释

[1] *FAOSTAT* Statistical Database, Food and Agriculture Organization of the United Nations, http://www.fao.org/FAOSTAT (2009).

[2] Robert Rowthorn and Ken Coutts, "Deindustrialisation and the Balance of Payments in Advanced Economies", United Nation Conference on Trade and Development Discussion Paper 170 (May 2004): 2.

[3] 我们说资本有造成商品丰富却就业不足的趋势（商品会因有效购买力差而导致人为不足），当然不是在为要求提供"更多的就业"寻找依据。只要出卖劳动力仍是获取生活资料的首要选择，要求提供更多的就业就是无济于事的。

[4] 这种需求并非总是如马克思描述的，通过暴力途径发生。20世纪，许多农民失去土地的直接使用权，并非由于土地被剥夺，而是由于土地在世代相传的过程中，他们拥有的土地被过度切分。在越来越依赖于市

第三十四章　贫困与债务：论过剩人口与过剩资本的逻辑与历史　735

场的时代，拥有土地较少的农民发现，和拥有土地较多的农民相比，他们处于劣势，于是最终失去土地。在欧洲，此过程20世纪五六十年代就完成了。就全球而言，现在开始接近尾声（撒哈拉沙漠以南的非洲、南亚部分地区及中国之外）。

［5］马克思有时将简单再生产称作一种抽象思维试验——无增长的资本主义——但如果只这样理解，便会错过这一概念要揭示的资本积累过程的内部机制。"简单再生产"一章结尾时说："可见，资本主义生产过程，在联系中加以考察，或作为再生产过程加以考察时，不仅生产商品，不仅生产剩余价值，而且还生产和再生产资本主义关系本身，一方面是资本家，另一方面是雇佣工人。"［Marx, *Capital*, Vol. 1 (*MECW* 35), 573.］［借用中共中央马克思恩格斯列宁斯大林著作编译局译《资本论》（2004年版）译文。本章对《资本论》其他引文的翻译作类似处理，不另行说明。——译者］

［6］Marx, *Capital*, Vol. 1 (*MECW* 35), 573.

［7］马克思主义者倾向于避开需求问题，他们觉得这个话题只应由新古典主义讨论，马克思本人却没有这种忌讳。开拓市场、争夺市场份额的必要性是马克思价值规律研究的基础，读者可以参阅 *Capital*, Vol. 1 (*MECW* 35), 434。

［8］饱和，并非指定的买卖产品绝对数量的饱和，而是生产能力与需求在增长率上的饱和。

［9］这一过程仅适用于消费品（consumer-goods）行业。资本品（capital-goods）行业会随着特定消费品的需求的变化而扩大或缩小（消费品的需求引领着变化周期）。但两个"部门"之间的关系绝不会这么简单。我们将看到，第一个部门的节省劳动的"生产过程创新"可能导致第二个部门的"产品创新"，从而在整体上扩大市场。

［10］Marx, *Capital*, Vol. 1 (*MECW* 35), 627.

［11］Joseph Schumpeter, *Business Cycles: A Theoretical, Historical and Statistical Analysis of the Capitalist Process* (Mansfield Centre, CT: Martino Pub, 2005).

［12］虽然出版了的《资本论》第一卷（写于1866—1867年）在卷号

上早于第三卷,但实际写作时间晚于第三卷,第三卷的大部分材料写于 1863—1865 年。因此,似乎可以这样解释第一卷第 25 章与第三卷第 15 章之间惊人的平行关系:马克思把第三卷的主要内容放到出版了的第一卷中,是因为他料到第三章很难及时出版。

〔13〕Marx, *Capital*, Vol. 1 (*MECW* 35), 638.

〔14〕这些剩余人口并不需要完全脱离资本主义社会关系。资本可能不需要这些工人,但他们仍然必须工作。于是他们被迫从事小规模的生产和服务,以获取最低微的薪水。

〔15〕译自法文版 *Capital*, Vol. 1 转引自 Simon Clarke, *Marx's Theory of Crisis* (New York: St Martin's Press, 1994), 172-175。

〔16〕Marx, *Capital*, Vol. 1 (*MECW* 35), 622-623。

〔17〕有时,马克思将其视为一次革命危机:"发展生产力减少绝对劳动人口,即能使整个国家在更短时间内完成全部生产,这将引起一场革命,因为大量人口会被踢出生产过程。"〔Marx, *Capital*, Vol. 3 (*MECW* 37), 262.〕

〔18〕Marx, *Capital*, Vol. 1 (*MECW* 35), 449.

〔19〕Ibid., 625.

〔20〕可以想象这样一个世界:节省劳动力的创新导致了每个工人工作时间的减少,而不是某一产品线的工人数量减少。然而,因为资本家从剩余价值——工人创造的除他的工资以外的价值——中获取利润,资本家从不对每个工人工作时间的减少感兴趣(当然,除非国家法规、工人暴动迫使他们这么做)。这会直接导致利润下降,除非工人工资也随之降低。所以,由于雇佣劳动社会的特殊性,资本家必须减少工人的数量,而不是每个工人的工作时间,以此减少相对劳动成本,把一大批人逐到街头。

〔21〕Ibid., 609(强调部分后加)。

〔22〕本章选择使用"高 GDP 与低 GDP"(人均 GDP)来描述占少数的富裕资本主义国家与占多数的贫穷资本主义国家两个世界的区别。之所以选择这一对不是非常让人满意的术语,是由于其与模糊的政治及理论分析没有牵连,而其他术语则与之纠缠不清(例如,第一/第三世界,中心/边缘,发达/欠发达,统治者/受压迫者)。

[23] 在下文我们只讨论后一个现象。对前一个现象的阐述，请参阅论文"Notes on the New Housing Question", *Endnote* 2（April 2010）：52-66。

[24] 铁路运输为消费者带来的时间节约的价值与为资本家带来的时间节约的价值之区别在渐渐消失，因为资本家追求最大效率的时间观念在起初是少见的，后来则渐渐成为整个社会的基本观念。

[25] "为了吸收一定数目的追加工人，甚至为了在旧资本不断发生形态变化的情况下继续雇用已经在职的工人，就不仅要求总资本以不断递增的速度加快积累。而且，这种不断增长的积累和集中本身，又成为使资本构成发生新的变化的一个源泉，也就是成为使资本的可变组成部分和不变组成部分相比再次迅速减少的一个源泉。"[Marx, *Capital*, Vol. 1 (*MECW* 35), 623-624.]

[26] 参见 Beverly Silver, *Forces of Labor* (Cambridge and New York: Cambridge University Press, 2003).

[27] 没有哪个国家（除了英国）的去工业化会导致实业产能减少。1999年，美国制造业仍然占全国总利润的46%，但劳动力只占14%。

[28] Robert Rowthorn and Ramana Ramaswamy, "Deindustrialization: Causes and Implications" (*IMF Working Paper* 97/42, April 1997).

[29] Jonathan Gershuny, *After Industrial Society?: The Emerging Self-Service Economy* (Atlantic Highlands, NJ: Humanities Press, 1978).

[30] Marx, "Results of the Direct Production Process" (*MECW* 34), 121-146.

[31] 许多服务业就业能存在，仅仅是因为工资不同，即明显的社会不平等。马克思注意到，在英国维多利亚时期，家庭服务人员多于工厂工人。[Marx, *Capital*, Vol. 1 (*MECW* 35), 449] 但随着工业工资上涨，中产阶级家庭（如马克思一家）越来越难雇佣仆人。20世纪大多数时候，这一劳动力缺乏现象成为一种记忆，只作为遍布现代世界各个角度的"服务工人"而再次出现。

[32] Sukti Dasgupta and Ajit Singh, "Will Services Be the New Engine of Indian Economic Growth?" *Development and Change* 36, No. 6 (2005).

[33] 这并不是说世界人口已经多得让粮食生产无力承受。我们已经

证明，农业失业是和农业生产力的大幅提升联系在一起的。人均食品产量甚至在人口增长随着世界人口转型结束而减慢的时候，仍在持续上升。要不是谷物产量太高而导致政府补贴用玉米喂养牲畜以提高肉类生产，人均粮食产量甚至会更高。马克思的过剩人口理论与马尔萨斯人口理论没有关系，人口过剩是因为资本积累，而非别的什么原因。

[34] 参见 Mike Davis, *Planet of Slums* (London: Verso, 2006)。

[35] "资本的这种生产过剩伴随有相当可观的相对人口过剩，这并不矛盾。使劳动生产力提高、商品产量增加、市场扩大、资本在量和价值方面加速积累和利润率降低的同一些情况，也会产生并且不断地产生相对的过剩人口，即过剩的工人人口，这些人口不能为过剩的资本所使用，因为他们只能按照很低的劳动剥削程度来使用，或者至少是因为他们按照一定的剥削程度所提供的利润率已经很低。" Marx, *Capital*, Vol. 3 (*MECW* 37), 254–255.

[36] Daniel Brill, "The Changing Role of the United States in the World Economy", in John Richard Sargent, Matthijs van den Adel (eds.), *Europe and the Dollar in the World-Wide Disequilibrium* (Leiden: Brill, 1981), 19.

[37] 大多数马克思主义者要么将这段时间的通货膨胀归咎于美国爆发的预算赤字（大部分由于越南战争），要么归咎于劳动力的提高。然而安瓦尔（Anwar Shaikh）作出了让人信服的解释：限制性供应（与之相关的是通货膨胀，过度需求的表现）并不是充分就业或劳动抗议，而是最大程度的积累或最大容量的利润率——这些因素的下降才是这一时期导致滞胀的主要因素。Anwar Shaikh, "Explaining Inflation and Unemployment", in Andriana Vachlou (ed.), *Contemporary Economic Theory* (London: Macmillan, 1999).

[38] 参见 Michael Hudson, *Super Imperialism: The Origin and Fundamentals of U. S. World Dominance* (London: Pluto Press, 2003)。

[39] 以下分析得益于罗伯特·布伦纳（Robert Brenner）甚多，尤其是其《全球性混乱的经济学》(*Economics of Global Turbulence*) 西班牙语译本的前言 "What Is Good for Goldman Sachs Is Good for America: The Origins of the Current Crisis" (2009)。

第三十四章　贫困与债务：论过剩人口与过剩资本的逻辑与历史　739

［40］Josh Bivens and John Irons, "A Feeble Recovery: The Fundamental Economic Weaknesses of the 2001 – 07 Expansion", *EPI Briefing Paper* 214, Economic Policy Institute (2008).

［41］20世纪90年代，日本把大量劳动密集型工厂转移到亚洲发展中国家或地区——首先到"亚洲四小龙"，然后到东盟国家，然后到中国。但中国对这些产业的吸收改变了该地区的生产等级秩序。

［42］Erin Lett and Judith Banister, "Chinese Manufacturing Employment and Compensation Costs: 2002 – 2006", *Monthly Labor Review* 132 (April 2009): 30.

［43］参见上面的注释27。

［44］参见 Paulo Dos Santos, "At the Heart of the Matter: Household Debt in Contemporary Banking and the International Crisis", *Research on Money and Finance*, Discussion Paper No. 11 (2009). 关于资本方面，Phelps and Tilman 概括了利用危机可能遭遇的一系列限制，见 Edmund Phelps and Leo Tilman, "Wanted: A First National Bank of Innovation", *Harvard Business Review* (January-February 2010)。

（张贯之　译）